北京文化艺术年鉴

BEIJING CULTURE-ART YEARBOOK

2014

《北京文化艺术年鉴》编辑部　编

方志出版社
Publishing House of Local Records

图书在版编目(CIP)数据

北京文化艺术年鉴.2014/《北京文化艺术年鉴》编辑部编.
—北京:方志出版社,2015.3
ISBN 978-7-5144-1684-8

Ⅰ.①北… Ⅱ.①北… Ⅲ.①文化事业—北京市—2014—年鉴
Ⅳ.①G127.1-54

中国版本图书馆CIP数据核字(2015)第210043号

北京文化艺术年鉴(2014)

主　　编:《北京文化艺术年鉴》编辑部
责任编辑:陈　菁
出 版 人:冀祥德
出 版 者:方志出版社
地址　北京市朝阳区潘家园东里9号(国家方志馆4层)
邮编　100021
网址　http://www.fzph.org
发　　行:方志出版社发行中心
电话　(010)67110500
经　　销:各地新华书店
排　　版:北京宝蕾元科技发展有限责任公司
印　　刷:北京印刷集团有限责任公司印刷二厂
开　　本:787×1092　1/16
印　　张:22.5
彩插印张:6
字　　数:777千字
版　　次:2015年3月第1版　2015年3月第1次印刷
ISBN 978-7-5144-1684-8　定价:150.00元

▲ 中共北京市委常委、宣传部部长李伟在首都图书馆百年纪念会议上致辞

▲ 北京市副市长苟仲文（前左）参观北京第二实验小学图书馆

▲ 北京市文学艺术界联合会第八次代表大会

▲ “双甲之约——纪念梅兰芳诞辰 120 周年巡演活动”启动仪式

▲ 首届北京文学艺术品展示会开幕式演出

▲ 首届北京诗歌朗诵大赛获奖选手合影

▲ 非物质文化遗产传承展示——北京民间手工艺展

▲ 第十三届京味文化之旅赴台演出

◀ 国家大剧院暑期高雅艺术体验活动

▶ 朝阳区副区长张立新（前右一）代表朝阳区在文化部、财政部国家公共文化服务体系示范区授牌仪式上接牌

◀ 伊朗文化周展览在首都图书馆举行开幕式

▶ 新疆维吾尔自治区和田市玉都文工团进京培训交流演出

▶ 2013 国家文化遗产日——朝阳区级非物质文化遗产项目颁奖仪式

◀ 潘家园街道图书馆暨数字文化社区被文化部评为首批“全国文化信息资源共享工程公共电子阅览室示范点”

▶ 密云县开展净网行动联合执法检查

◀ 海淀区对“网吧”进行检查

北京作家协会网络文学创作委员会成立

北京市文联领导与第二届精品项目制签约作家合影

第六届《北京文学》奖暨第五届《北京文学·中篇小说月报》奖颁奖

▲ 网络与文艺：2013·北京文艺论坛

▲ 北京作家协会小作家分会成立

▲ 郑小驴长篇小说《西洲曲》研讨会

老舍散文奖获奖作家向贵州安顺市龙宫镇火麦村叶浩霖希望小学捐赠书籍和文具

澳大利亚义学周在首都图书馆举行

清明·陶然诗会

“北京人艺之前途与传统”课题开题研讨会

2013 北京青年戏剧节开幕式上青年导演与观众见面

话剧《白夜》（国家话剧院出品）

话剧《六个寻找剧作家的剧中人》（北京人民艺术剧院演出）

话剧《大宅门》(国家话剧院演出)

话剧《伏生》(国家话剧院演出)

话剧《正南正北一条街》(北京市曲剧团演出)

▶ 话剧《致我们终将逝去的青春》（北京国大创艺文化有限公司出品，北京国大创艺文化有限公司出与中国煤矿文工团联合制作）

▶ 小剧场话剧《幸福像草儿一样》（雷子乐笑工厂演出）

▶ 小剧场话剧《梵高》（北京人民艺术剧院演出）

第三届中国儿童戏剧节开幕

儿童剧《小布头奇遇记》(中国儿童艺术剧院演出)

大型魔幻人偶剧《巴啦啦小魔仙之甜心公主》(北京儿童艺术剧院有限公司演出)

儿童剧《口袋里的中国故事》(中国儿童艺术剧院演出)

儿童剧《洛克王国大冒险》（北京儿童艺术剧院有限公司演出）

儿童剧《心愿》（中国儿童艺术剧院演出）

校园剧《我爱北京我的家》（北京儿童艺术剧院有限公司演出）

中国儿童艺术剧院2013年赴云南文化下乡演出

◀ 中宣部副部长孙志军（右四）考察中国木偶艺术剧院股份有限公司

▶ 大型舞台剧《喜羊羊与灰太狼之三个愿望》（中国木偶艺术剧院股份有限公司演出）

◀ 中国木偶艺术剧院股份有限公司获得 2012 年度中国文化创意产业“创意中国榜”奖

▶ 中国木偶艺术剧院股份有限公司成为北京文惠卡首批签约商户

▶ 京剧《昭代箫韶》（北京京剧院演出）

◀ 第二届青年京剧演员（北京）擂台邀请赛颁奖典礼

◀ 王蓉蓉舞台生活 30 年专场演出现场收徒

◀ 昆曲《仰望星空》（北方昆曲剧院演出）

▶ 昆曲《风云会·送京》（北方昆曲剧院演出）

◀ 昆曲艺术片《红楼梦》首映式

▶ 昆曲《风筝误·前亲》（浙江京昆艺术中心昆剧团演出）

◀ 昆曲《蝴蝶梦·说亲》（浙江永嘉昆剧团演出）

▶ 昆曲《烂柯山·痴梦》（江苏省苏州昆剧院演出）

◀ 昆曲《天下乐·嫁妹》（江苏省演艺集团昆剧院演出）

◀ 昆曲《凤凰山·赠剑》（湖南省昆剧团演出）

◀ 昆曲《牧羊记·望乡》（上海昆剧团演出）

◀ 评剧《狸猫换太子》(中国评剧院演出)

▶ 国粹传承——首届评剧电视大赛

▶ 谷文月（中）非物质文化遗产继承人演唱会

◀ 李惟铨（左二）、刘萍（左三）收徒

▲ 河北梆子原创历史剧《定都》（北京市河北梆子剧团演出）

▲ 复排传统戏《金铃记》（北京市河北梆子剧团演出）

▲ 北京市河北梆子剧团到房山区大韩继村慰问演出

◀ 北京市河北梆子剧团赴延庆县永宁镇参加第十五届黄龙潭庙会演出

▶ 北京市河北梆子剧团参加“打开艺术之门”系列演出

▶ 北京曲剧《黄叶红楼》(北京市曲剧团演出)

◀ 北京曲剧《五女拜寿》(北京市曲剧团演出)

▶ 北京戏曲艺术职业学院曲剧班唱腔课考试

▶ 川剧《欲海狂潮》(成都市川剧院演出)

◀ 评剧《我那呼兰河》(沈阳评剧院演出)

▶ 五音戏《云翠仙》(山东省淄博市五音戏剧院演出)

◀ 黑光剧《飞吧！小单车》(捷克布拉格第一黑光剧团演出)

◀ 河南坠子《走马见诸葛》（马玉萍、沈阳、杨惠乔表演）

▶ 梅花大鼓《湘子上寿》（王玉兰、杨菲表演）

◀ 单弦《北京小吃赞》（张蕴华、路晨表演）

▶ 拆唱牌子曲《当皮箱》（赵俊良、顾伯岳表演）

◀ 京韵大鼓《坐楼杀惜》（赵玉明、种玉杰表演）

◀ 青年演员李宽、杨凯在第四届北京青年相声节表演相声

▶ 青年演员刘金霏、陈曦在第四届北京青年相声节表演相声

▶ 青年演员苗阜、王声在第四届北京青年相声节表演相声

▶ 青年演员张攀、刘铨淼在第四届北京青年相声节表演相声

▶ 青年演员赵松涛、高瑞在第四届北京青年相声节表演相声

◀ 第四届北京青年相声节评委

◀ 北京曲艺家参加首都文艺家走基层系列活动

北京市少儿曲艺培训成果展示暨第六届全国少儿曲艺比赛北京地区选拔赛（一）

北京市少儿曲艺培训成果展示暨第六届全国少儿曲艺比赛北京地区选拔赛（二）

北京市少儿曲艺培训成果展示暨第六届全国少儿曲艺比赛北京地区选拔赛（三）

北京市少儿曲艺培训成果展示暨第六届全国少儿曲艺比赛北京地区选拔赛评委

▲情境杂技《一品一三绝》获第八届中国杂技"金菊奖"第三次杂技剧目奖"优秀剧目奖"(中国杂技团出品)

▲获第九届全国杂技比赛金奖节目《协奏·黑白狂想——男子技巧》(中国杂技团出品)

▲原创杂技剧《金小丑的梦》(中国杂技团出品)

北京魔术演员参加首都艺术家走基层系列演出

魔术演员王立民在房山长阳大华天坛服装有限公司厂区举办的“中国梦·衣之梦”杂技专场演出中表演魔术《钓鱼》

北京杂技家协会魔术研讨会

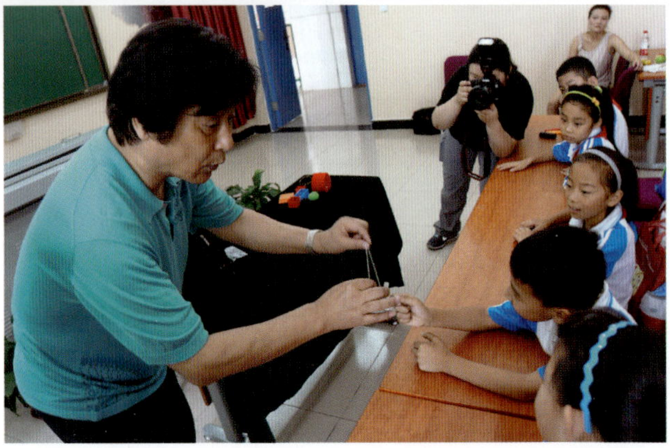

魔术演员罗秉松为魔术培训班小学员们表演魔术

◀ 2013 北京新年音乐会

▲ 首都庆祝中华人民共和国成立 64 周年音乐会

▲ 逍遥月色——华侨华人艺术家中秋音乐会

◀ 2013 年北京音乐家协会少儿小提琴学会新年音乐会

◀ 北京交响乐团在奥地利布鲁克纳音乐厅演出

▶ 北京交响乐团在墨西哥第四十一届塞万提斯艺术节上演出

◀ 纪念瓦格纳 200 周年诞辰音乐会（中央歌剧院演出）

▶ 北京交响乐团在瑞士伯尔尼文娱宫演出

◀ 罗西尼歌剧《塞维利亚理发师》(国家大剧院制作)

▶ 瓦格纳歌剧《女武神》(中央歌剧院演出)

▲ 普契尼歌剧《图兰朵》(中央歌剧院演出)

◀ 音乐剧《蝴蝶》（国家话剧院演出）

▶ 大型童话音乐剧《桃花公主》（中国木偶艺术剧院股份有限公司演出）

◀ 音乐剧《莎翁的情书》（北京天艺同歌国际文化艺术有限公司出品）

▶ 大型音乐诗画《鄞地九歌》（中央歌剧院演出）

中央歌剧院交响乐团携手卡雷拉斯在国家大剧院演出《北京 · 世界》独唱音乐会

傅庚辰作品北京音乐会

第十七届全国音乐作品“合唱，室内乐”颁奖仪式暨获奖作品音乐会

中国音乐金钟奖声乐比赛北京地区选拔赛

北京交响乐团 2013 音乐季开幕式演出

▲“七夕中国”——2013 情歌演唱会

▲2013“鹦鹉杯”第三届北京手风琴艺术节

▶ 北京交响乐团专场室内乐音乐会

▲“高雅艺术进校园”北京交响乐团专场演出

▲ 首都艺术家走基层系列演出

▲ 中央歌剧院举办“三下乡”慰问农民工专场音乐会

◀ 大型音乐舞台秀《弹琴说爱》（北京歌剧舞剧院民乐团演出）

▶ 同心共筑中国梦——2013 北京合唱节开幕式

◀ “我的中国梦”西城原创歌曲演唱会

▶ 向阳花——谢天笑“降噪”不插电摇滚音乐会

第 13 届北京舞蹈大赛业余中老年组（创作）金奖作品《放飞梦想》

第 13 届北京舞蹈大赛业余中老年组（创作）金奖作品《母亲》

第 13 届北京舞蹈大赛业余青年组（创作）金奖作品《荷风盛世》

◀ 第 13 届北京舞蹈大赛专业青年组群舞（创作）金奖作品《撒梅姑娘的鸡冠帽》（中央民族大学舞蹈学院表演）

▶ 第 13 届北京舞蹈大赛专业青年组单项（创作）金奖作品双人舞《水语》（中央民族大学舞蹈学院表演）

▲ 第 13 届北京舞蹈大赛闭幕式

第15届CBDF国际标准舞“院校促进杯”公开赛暨北京轮椅舞蹈公开赛

第五届“怀柔杯”国际标准舞全国公开赛

2013首届杨丽萍国际舞蹈季·北京会场新闻发布会

舞蹈家陈爱莲（右）携学生符浩（左）表演双人舞《梁祝》

现代舞《重置》（雷动天下现代舞团演出）

北京舞蹈家志愿服务到社区

▲“与时代同行”中国美术馆建馆 50 周年馆藏作品展

▶“疆域行歌”——北京画院少数民族题材作品展

▶ 从毕加索到巴塞罗——20世纪西班牙雕塑艺术展

▶ 北京意象·创意大兴画展

“’85 与一所艺术学府”画展

布拉格国立美术馆研究院贝米莎在齐白石艺术国际研究中心与传统中国绘画研究中心 2013 工作年会上发言

“松窗采薇——溥心畬绘画作品展”研讨会

书法篆刻

▶ 第四届北京国际书法双年展开幕式

▶ “情系北京”首届北京刻字艺术作品展嘉宾合影

▶ 国际书法名家精品邀请展

◀ 中国美术馆当代书法邀请展

◀ 国家民委廉政文化书画展

▶ 中国书法城·乌海书法美术摄影展

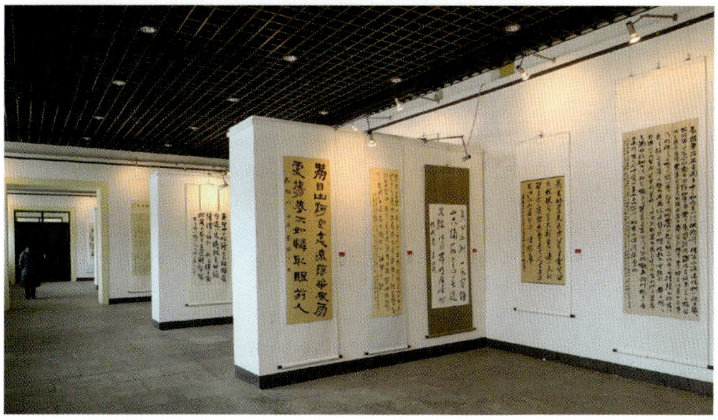

▶ 中日知名女书家作品邀请展

◀ “北京精神”群众摄影文化活动优秀作品展

▶ “我爱北京”摄影展

◀ 第一届北京摄影艺术展览

▶ 美丽中国·和谐家园——民族题材摄影大赛获奖作品展

◀ 同筑中国梦、百年跨越史——中国摄影与科技摄影展

▶ 一百年前的北京社会——西德尼·甘博摄影图片展开幕式

“牡丹花城”全国摄影展

静山远韵——郎静山摄影艺术特展

邓伟肖像摄影作品选展

▲“城市与图书馆”学术论坛暨首都图书馆百年纪念会议

◀ 领导观看首都图书馆建馆100周年展览

▶ 国家图书馆馆长周和平在“城市与图书馆”学术论坛暨首都图书馆百年纪念会议上作主旨发言

首都图书馆馆长倪晓建在“城市与图书馆”学术论坛暨首都图书馆百年纪念会议上致辞

“城市与图书馆”学术论坛暨首都图书馆百年纪念活动

首都图书馆与法国蓬皮杜国家艺术和文化中心公共信息图书馆签署合作协议

◀ 市文化局局长陈冬（中）到首图调研

◀ 文化部全国公共图书馆第五次评估定级合影

◀ 参加国际图联第十三届馆际互借与文献提供会议的代表在北京大学合影

▶ 第三届北京换书大集在首都图书馆举行

◀ 世界读书日优秀图书推介活动

▶ “乡土课堂”十周年纪念仪式暨 2013 年讲座计划新闻发布会

◀ 北京市红领巾读书活动——讲故事比赛

▶ 青少年科普剧比赛

“书香中国·让知识的阳光照亮每一个人的心灵”——图书馆文化助残系列活动在国家图书馆举行

国家图书馆藏清宫“天禄琳琅”珍籍修复项目启动会

第十四届全国省、自治区、直辖市、较大城市图书馆馆长联席会议

北京大学、清华大学、南开大学、台湾新竹清华大学和云南师范大学五校图书馆馆长共同签署《战略合作框架协议》

首都图书馆

首都医科大学图书馆

首都经济贸易大学校本部图书馆

朝阳区图书馆新馆

“舞动北京”群众舞蹈大赛原创精品节目展演

北京市第二十四届农民艺术节开幕式演出

第五届北京市“京、评、梆”现代戏票友大赛决赛暨颁奖仪式

中共北京市委常委、宣传部部长李伟（右二）为北京市获第十届中国艺术节“群星奖”的单位颁奖

◀ 地坛春节文化庙会

▶ 龙潭公园庙会

◀ 北京大观园第十八届红楼庙会

▶ 朝阳区第九届高碑店五月节漕运庙会

“我们的节日”——2013年通州区清明主题活动文艺演出

“五月的鲜花”群众歌咏文艺汇演

“中国梦、北京韵、房山情”——2013年第十八个“世界读书日”群众诗歌朗诵会

2013 年“欢乐飞飏”北京社区舞蹈大赛

北京市第二十四届农民艺术节“乡村大舞台”（顺义专场）

2013 年东城区第一期群众文化干部培训班

天桥市民文化广场举办天桥街头艺术展演

▶ 密云县文化志愿者书法提高班

▶ 西城区第二文化馆“艺术一点通”月末公益文化艺术讲座

◀ 丰台区基层文艺骨干舞蹈培训班

◀ 艺术家深入通州宋庄疃里村进行舞蹈教学

第十届北京景山合唱节

“绿港之声”张广平京胡演奏会

海淀区星火工程文艺演出

通州区图书馆新馆内景

北京文化艺术年鉴（2014）

图片摄影及供稿者（按姓氏笔画排序）

王　俭　王　琪　王小京　王雨晨　毛重渝　邓又星　纪　鸣
李　克　李　静　李春光　吴赣生　别立谦　张小野　张弘宇
张宇英　张志峰　张连元　陈川平　陈尚彬　周晓南　周梓芸
庞立平　费　斌　姚大伟　夏　阳　顾伯岳　徐有成　高　尚
焦爱民　谢万幸

图片提供单位

北京市文联　北京作家协会　北京美术家协会
北京戏剧家协会　北京书法家协会　北京音乐家协会
北京舞蹈家协会　北京摄影家协会　北京曲艺家协会
北京杂技家协会　北京文学月刊社　北京市文联研究部
北京京剧院　北方昆曲剧院　北京交响乐团
北京市曲剧团　中国评剧院　中国杂技团有限公司
北京画院　首都图书馆　北京市河北梆子剧团
北京市艺术研究所　北京戏曲艺术职业学院　北京人民艺术剧院
中国木偶艺术剧院股份有限公司
北京儿童艺术剧院股份有限公司
中国儿童艺术剧院　北京市演出有限责任公司
北京市对外文化交流有限责任公司
国家大剧院　国家图书馆
东城区文委　西城区文委　朝阳区文委
海淀区文委　丰台区文委　石景山区文委
通州区文委　顺义区文委　怀柔区文委
平谷区文委　昌平区文委　门头沟区文委
房山区文委　大兴区文委　密云县文委
延庆县文委　燕山文化卫生分局

前　言

前些年在一个法国朋友家里，见到一本《巴黎年鉴》，上面还登着中国团体和名人在巴黎的活动，很是新奇。

那个法国朋友在法国电视台工作，他藏有历年的《巴黎年鉴》，他说他是当哲学去读的。这句话让我半天想不明白，他听说我参加编辑《北京文化艺术年鉴》，很是高兴，让我给他送书，后来我真的送过他几本，我本以为他只是摆在家里装装样子，没想到他说每本他都读过一些章节，他太太是中国人，是太太读给他听的，他说这书让他觉得和中国更近，和北京更近，我想他说的是真话。

这本 2014 年年鉴是我们编辑出版的第十本年鉴，想起十年前在延庆，策划编辑出版这本书的情形，感慨万端。十年来，我们走的是一条山路，虽然艰难，但是步步登高，总会看到新的风景。想起这十年，决不能忘记一位一直陪伴我们的老人，他就是赵庚奇先生。赵老师年轻时是做文化宣传工作的，后来遭受不公正待遇，在石景山当了二十年兽医，他的专业是给猪看病和做骟猪手术，手法精准，远近闻名，老百姓骟猪都指名要找他。赵老师是国内著名的方志专家，我们的年鉴从初稿到成书，他都会细加评点，每当他侃侃而谈时，我就会想起他手里那把骟猪的手术刀，好锋利、好精准啊！我们也很想把我们手里的笔变成赵老师那样的刀，但是我们做不到。

望着 2013 年远去的背影，真有点恋恋不舍，这是一个平凡而又平静的年份，安乐祥和，和往年无大不同，就像登山一样，我们又越过了一座新的山峰。法国文豪雨果说过，你可以阻止一支部队的入侵，但不能阻挡时代的潮流。世界在前进，中国在前进，这就是当今时代的潮流，我们身处其中，倍感幸福，倍感责任，豪迈之情油然而生。

还是回到我们这本书的那些篇章吧。文学方面，作家们注意探索本土经验和民族语言风格的表达，无论在乡土还是城市、现实还是历史、社会还是人心等叙事维度上，都取得了可喜的收获。在题材选择上，作家普遍突出了“中国梦”的主题。这一年的戏剧演出活动空前繁荣，各种戏剧节戏剧演出季目不暇接，剧场票房也大有突破。创作方面收获颇丰，新作不断涌现。有的作品气度不凡，很有可能成为经典。曲艺永远是我们生活中不可或缺的，这一年各种曲艺演出热度不减，创作上也偶有佳作出现，说不上丰收，但年景不错。杂技家们极富想象力，在演出形式、演出风格方面都有大的开拓。钢琴第一次登上杂技舞台，颠覆了人们对传统杂技的认识，开拓了新的杂技视野。音乐创作空前繁荣，各种歌剧、音乐剧和其他音乐作品大量涌现，题材之广泛、风格之多样都为历年罕见，特别是一些大专院校和民营团体显示了他们在音乐创作和演出方面的雄厚实力。舞蹈也有新的面貌，各种交流频繁，异彩纷呈。创作上，一批传统题材作品的出现，展示了东方文化特有的神韵。美术总是引领创新的潮头，这一年各种主题、各种形式的美展展现了新的姿态，创作方面也多有新理念、新视角的体现。书法展览很活跃，这是人们恬淡祥和心情的最好写照。摄影越来越成为人们生活的一部分，专业摄影成绩斐然，庞大的业余摄影队伍也推动摄影艺术迈向更高的境界。图书馆在坚持传统服务的基础上，拓展了数字服务，特别以微博、微信为平台，打造的移动图书馆已经逐渐进入人们的生活。公共文化服务体系已经在北京的城乡普遍建立，群众文化活动在规模、质量和数量方面都在稳步提升，文化惠民政策逐步落实。

有一位年轻人对我说，生活就是哲学，我又想起那位法国朋友把年鉴当哲学读的话，忽然有种感悟和冲动。我们的年鉴当然是一本工具书，何尝又不是一本哲学书呢。这话听起来有些矫情，也许是年鉴编久了生出的一种亲切和偏爱，但它却是我此时此刻很真实的想法。

徐恒进

2014 年 11 月 23 日

编 辑 说 明

一、《北京文化艺术年鉴》是一部大型文化艺术类资料工具书和史料文献，由北京市文化局主办，北京市文学艺术界联合会支持，《北京文化艺术年鉴》编辑部组织编写。本年鉴以马克思列宁主义、毛泽东思想、邓小平理论和“三个代表”重要思想为指导，贯彻落实科学发展观，力求准确、客观地反映北京地区文化艺术的发展和现状。

二、本年鉴采用条目和文章两种体裁，以条目体为主，直陈其事，文字力求言简意赅。

三、本年鉴从2005年开始，为配合续修《北京志·文化艺术志》，逐年编纂。2014年卷为第10本。当年出版的年鉴，记述上一年度北京地区文化艺术（按照《北京志·文化艺术志》的编写体例，目前暂不含电影、电视、文物内容，下同）各门类的发展和变化，为国内外各方面人士了解和研究北京文化艺术提供最新的翔实信息，为文化艺术发展留存宝贵资料，为领导决策提供可资参考的依据。

四、本年鉴采用“大北京”的概念，记述北京市属文化艺术企事业单位情况和中央、部队在京文化企事业单位的情况。

五、本年鉴正文内容包括：规范性文件目录、大事记、综合、文学、戏剧、曲艺、杂技魔术、音乐、舞蹈、美术、书法篆刻、摄影、图书馆、群众文化和区县文情，共15个部类。

六、本年鉴所刊载的文章和条目内容，主要来源于各文化艺术单位提供的资料，均经该类目撰稿人及责任编辑核实。

七、本年鉴反映2013年1月1日～12月31日期间北京文化艺术界的情况。凡在这一时限内发生的事情，均直书月、日，不再注明年份。部分内容因跨年度前后延伸的，则写明年份。

八、本年鉴目录按上述15个部类顺序排列；索引按笔画、拼音分别排序，检索范围仅限于条目内容。

中英文对照目录

(Contents)

目　　录

探索与研究

培训

出版物

文 学

作品

·长篇小说·

·中篇小说·

机构

活动

赛事、奖项

交流

纪念

研究与评论

培训

捐赠、收藏

出版物

戏　　剧

机构

剧目

·戏　曲·

活动

演出

评奖

交流

纪念

研究与评论

培训与传承

探索与研究

培训、传承

出版物

杂技 魔术

节目

机构

活动

赛事与奖项

交流

研究与评论

音 乐

作品

赛事与评奖

评论与研究

纪念

出版

舞　　蹈

作品

演出

会议、活动

评奖　比赛

研究与评论

交流

美　　术

机构

展览

活动

交流

评奖

捐赠、义演

纪念

出版物

书法　篆刻

机构

展览

活动

交流

赛事、奖项

捐赠、慰问

摄　　影

机构

展览

会议　活动

交流

纪念

赛事　奖项

图　书　馆

机构

活动

·会议与研讨·

·考　察·

·讲座与论坛·

·读者活动·

基础建设

区县文情

索　　引

规范性文件目录

名　　称	发布日期	实施日期
北京市文化局关于印发《2013—2015 年北京市游艺娱乐场所总量与布局发展规划》的通知	2013 年 3 月 18 日	发布 30 日后
北京市文化局　北京市文化市场行政执法总队　首都社会管理综合治理委员会办公室关于进一步规范对小剧场演出活动服务管理工作的意见	2013 年 6 月 17 日	2013 年 6 月 17 日
北京市文化局关于印发《北京市原创动漫形象作品专项扶持资金管理办法（试行）》的通告	2013 年 7 月 5 日	发布 30 日后
北京市文化局　北京市商务委员会关于联合下发《关于促进文化与商务融合加快发展新型文化业态的实施意见》的通知	2013 年 12 月 18 日	2013 年 12 月 18 日

大 事 记

2013年北京文化艺术大事记

2012年10月31日~2013年2月1日，“镜头里的中国和新西兰”布莱恩·布瑞克摄影展在中国国家博物馆展出。

2012年11月3日~2013年2月3日，“观念维新——中国当代影像简史展”在寺上美术馆展出。

2012年12月11日~2013年1月18日，“澳门青年发展图片展”在澳门特别行政区政府驻北京办事处等地点展出。

2012年12月16日~2013年1月26日，百年街景影像展在“云起时”珍宝花园展出。

2012年12月19日~2013年1月3日，“前尘影事——最早的中国影像”摄影展在华彬艺术博物馆展出。

2012年12月30日~2013年1月2日，儿童剧《卖火柴的小女孩》在中国儿童剧场举行首轮演出。

1 月

1月1日，BALIS与CALIS原文传递融合系统启动。

1月3日~9日，中央民族乐团携《泱泱国风》音乐会赴台湾进行交流演出。

1月4日，音乐理论家汪毓和因病在北京逝世。

1月4日，北京地区高校图书馆2012年年会在中国人民大学举行。

1月4日~5日，2013年全国文化厅局长会议在北京举行。

1月5日，国家舞台艺术精品工程授牌仪式在北京举行。

1月5日，“中国声音·新年问候——2013年廖昌永独唱音乐会”在人民大会堂举行。

1月5日~6日，第十届中国文化产业新年论坛在北京大学举办。

1月5日~7日，中央国家机关干部职工摄影作品展在中国人民革命军事博物馆展出。

1月5日~14日，“时代影像、奋进中国”摄影艺术大展在中国美术馆展出。

1月5日~14日，“维尔纳·贝格——从表现主义到波普艺术”在中国美术馆举办。

1月6日，由亚太文化创意产业协会主办的针对两岸42个城市文化创意实力的调查在北京揭晓，北京被评为“两岸城市文创竞争力”首位。

1月8日，第八届全国戏剧文化奖在北京揭晓。

1月8日，北京人艺举办斯坦尼斯拉夫斯基表演体系与北京人民艺术剧院研讨会。

1月11日~24日，首届北京曲剧艺术节在北京举办。

1月12日，“乡土课堂”十周年纪念仪式暨2013年讲座计划新闻发布会在首都图书馆举行。

1月12日~13日，中国文联第九届全国委员会第四次会议在北京召开。

1月12日~18日，中国艺术摄影学会会员作品展在中国人民革命军事博物馆展出。

1月12日~27日，第三届“挖掘·发现——中国油画新人展”在中国油画院美术馆举办。

1月13日，中国文学艺术界2013春节大联欢在人民大会堂举行。

1月15日，《中国散文报》在北京创刊。

1月15日，第十七届全国音乐作品（合唱、室内乐）评奖结果揭晓。

1月15日，中国民族民间工艺美术家协会成立大会在北京召开。

1月15日，BALIS馆际互借中心委员馆工作会议在北京邮电大学图书馆召开。

1月15日，北京高校网络图书馆虚拟参考咨询系统升级建设需求可行性论证会在首都医科大学图书馆召开。

1月16日，首批“国家级非物质文化遗产保护研究基地”在北京命名并颁牌。

1月16日~20日，民族音乐剧《大红灯笼》在天桥剧场进行首轮演出。

1月16日~3月1日，“北京故事——优秀小剧场贺岁剧展演”在北京进行。

1月17日~20日，双语音乐剧《蝴蝶》在中国国家话剧院国话剧场上演。

1月17日~2月3日，话剧《大宅门》在国家大剧院进行首轮演出。

1月17日~3月9日，中国国家交响乐团在美国进行商业巡演。

1月18日~20日，台湾相声表演团体相声瓦舍在北京保利剧院演出《那一夜，在旅途中说相声》。

1月18日~2月24日，中国美术馆癸巳新春楹联书法大展在中国美术馆展出。

1月18日~2月26日，全国十大美术馆藏精品展在中国美术馆举办。

1月19日，中国音协管乐学会2013年年会在北京举行。

1月19日~2月5日，“守望呼伦贝尔”自然风光与人文摄影展在玉渊潭公园展出。

1月20日，西路评剧研究会在北京成立。

1月20日，话剧表演艺术家于是之在北京逝世。

1月21日，中国杂技团有限公司的节目《俏花旦·空竹》和《圣斗·地圈》获第37届蒙特卡洛国际马戏节“金小丑奖”。

1月21日~25日，话剧《梦行者》在9剧场进行首轮演出。

1月22日，中国艺术科技产业联盟在宋庄成立。

1月22日~2月17日，中央美术学院油画系全体教师作品展在美国纽约艺术学院举办。

1月24日，中国煤矿作家协会第五次会员代表大会在北京召开。

1月25日，“纪念王长友诞辰100周年研讨会”在北京举行。

1月26日，“邓丽君诞辰60周年演唱会”在万事达中心举行。

1月26日~3月1日，“自圆其说”摄影展在798艺术区百年印象摄影画廊展出。

1月28日，国家图书馆与中国延安精神研究会合作备忘录签约仪式在国家图书馆举行。

1月28日，八路军老战士文工团进行“爱国主义教育进社区”首场演出。

1月28日~2月2日，内蒙古生态摄影展在全国政协机关展出。

1月29日，第二届“中国美术奖·终身成就奖”颁奖仪式在文艺家之家举行。

1月29日~2月26日，“年画中的记忆——国家图书馆藏年画精品暨国家级非物质文化遗产年画项目代表性传承人作品展”在国家图书馆展出。

1月29日~2月27日，北京画院藏书法作品展在北京画院美术馆举办。

1月，由首都图书馆主办的“阅读的力量”大型主题展在北京大学图书馆展出。

2　月

2月1日，2013年军民迎新春文艺晚会在人民大会堂举行。胡锦涛、习近平、吴邦国、温家宝、贾庆林、李克强、张德江、俞正声、刘云山、王岐山、张高丽等与首都军民共贺新春。

2月1日，儿童舞台剧《洛克王国大冒险》在梅兰芳大剧院首演。

2月1日~5日，话剧《风把我带到这个地方》在中华世纪坛剧场进行首轮演出。

2月1日~5月9日，“道法自然：大都会艺术博物馆馆藏精品展”在中国国家博物馆展出。

2月2日，由中国驻意大利使馆和北京市政府主办，市文化局承办的2013年“欢乐春节”活动，在意大利首都罗马的帝国大道上举办。

2月3日，美国芝加哥交响乐团音乐会在国家大剧院演出。

2月3日，摄影家邓伟在北京逝世。

2月3日~5日，2013（癸巳）年小年文化庙会在历代帝王庙博物馆举办。

2月4日，文化部颁布《娱乐场所管理办法》。

2月4日，人民文学出版社编审陈斯庸在北京逝世。

2月4日~2月24日，新华影廊图片展在王府井步行街展出。

2月5日~5月19日，“北京精神”群众摄影文化活动优秀作品摄影展在首都博物馆展出。

2月7日，北京新春音乐会在人民大会堂举办。

2月7日~15日，话剧《六个寻找剧作家的剧中人》在首都剧场进行首轮演出。

2月9日~16日，第28届地坛春节文化庙会在地坛公园举行。

2月9日~16日，“我眼中的北京城”影像展在地坛春节庙会展出。

2月10日~14日，2013年春节厂甸庙会在东、西琉璃厂和陶然亭公园同时举办。

2月10日~14日，北京图书大厦举办第三届春节文化庙会。

2月10日~15日，第十二届北京民俗文化节暨第十五届北京东岳庙春节文化庙会在东岳庙举办。

2月10日~15日，2013第四届圆明园皇家庙会在圆明园举办。

2月11日~14日，市民新春联欢会在国家大剧院演出。

2月11日~15日，评剧相声贺岁剧《杨三姐》在中国评剧大剧院进行首轮演出。

2月11日~19日，中国曲协代表团赴加拿大温哥华市和多伦多市进行交流访问。

2月14日，当代诗人、作家雷抒雁在北京逝世。

2月17日~24日，第五届新春文化庙会在中华民族艺术珍品馆举办。

2月18日，2012年中国当代文学最新作品排行榜公布。

2月18日~22日，北京现代舞团携舞剧《二十四节气·花间十二声》在以色列首都特拉维夫演出。

2月21日，“传统节日文化论坛”在中国艺术研究院举办。

2月22日，2012中国散文排行榜评选结果正式揭晓。

2月22日，由国家图书馆与总后勤部共建的军队后勤数字图书馆正式开通。

2月22日，小剧场话剧《从前有座山》在北京人艺实验剧场首演。

2月23日，2013年北京曲艺家协会新春联谊会在北京文联小剧场举办。

2月25日，第四届中国传记文学优秀作品奖揭晓。

2月25日，清华大学金融图书馆开馆。

2月25日~3月1日，话剧《建家小业》在北京人艺实验剧场进行首轮公演。

2月25日~3月18日，镜泊湖四季风光摄影图片展在玉渊潭公园展出。

2月26日，昆曲电影《红楼梦》在北京大学百周年纪念讲堂首映。

2月26日，民国时期文献整理出版专家咨询会在国家图书馆举行。

2月26日，中国美术家协会民族美术艺委会在北京成立。

2月28日~3月2日，台湾云门舞集的舞剧《九歌》在国家大剧院演出。

3 月

3月1日，《中国航天事业发展的哲学思想》一书捐赠仪式在国家图书馆举行。

3月1日~12日，中国油画名家写生研究展在中国美术馆举办。

3月1日~28日，“20世纪中国美术之旅——留学到苏联”美术作品展在中国美术馆举行。

3月1日~4月25日，李叔同油画珍品研究展在中央美术学院美术馆举办。

3月2日，中国音乐剧研究会第五届会员代表大会在北京举行。

3月3日，唐弢百年诞辰纪念座谈会在中国现代文学馆举行。

3月3日~8日，庆“三八”文化活动周在北京举办。

3月4日~6日，以色列卡梅尔剧院携话剧《手提箱包装工》在首都剧场演出。

3月4日~30日，中荷肖像画及室内绘画展在今日美术馆举办。

3月5日，市委常委陈刚到首都图书馆参与北京志愿服务活动。

3月5日，戴玉强与未来“剧”星音乐会在北京保利剧院上演。

3月5日，庆“三八”女书家书法创作品评会在北京文联会议室举行。

3月6日~10日，美国芭蕾舞剧院在国家大剧院演出现代芭蕾集锦和《天鹅湖》。

3月6日~16日，国家大剧院举办首届黄梅戏艺术周。

3月7日~4月10日，“时间——时间设计·设计时间”展览在中央美术学院美术馆举办。

3月8日~9日，韩国歌舞剧《爱舞动》在北京保利剧院演出。

3月8日~10日，以色列盖谢尔剧院在首都剧场演出《唐璜》。

3月8日~4月16日，大熊猫回归自然之路摄影展在北京市地铁五号线三个地铁站展出。

3月9日，嘻哈包袱铺在民族文化宫大剧院举办“一人一成名作”专场演出。

3月9日~16日，2013·中国女美术家年度提名展在北京规划展览馆举办。

3月9日~4月10日，“卡洛斯·克鲁兹-迭斯艺术展：色彩环境与模糊”2013年中国校园巡展首站在中央美术学院美术馆举办。

3月10日~31日，“潘公凯——弥散与生成”展览在今日美术馆举办。

3月11日~17日，2013嘻哈包袱铺精品相声周活动在广茗阁鼓楼剧场举办。

3月12日，悬疑喜剧《开膛手杰克》在国话先锋剧场首演。

3月12日~4月26日，第二届中国女美术家作品展在中国妇女儿童博物馆举办。

3月13日~22日，“千年帝都、牡丹花城”全国摄影精品展在王府井步行街展出。

3月14日，《世纪交响——中国杰出音乐家访谈录》和《交响世界》杂志等资料的捐赠仪式在国家图书馆举行。

3月15日~20日，国家级非物质文化遗产民族民间舞蹈展演活动在中央电视台演播大厅举行。

3月15日~24日，“于希宁诞辰一百周年艺术展”在中国美术馆举办。

3月16日~4月3日，“民族百花”美术交流展在民族文化宫举办。

3月17日，北京作协小作家分会成立。

3月17日，世界作曲家谱写中国音乐会在国家大剧院演出。

3月17日，盲人有声阅读活动在首都图书馆举行。

3月18日，李云迪在德国格平根举行欧洲巡演首场音乐会。

3月19日，文化部文化艺术人才中心青少年艺术人才档案库在北京建立。

3月19日，河北大学与北方昆曲剧院共建“中国曲学研究中心”签约仪式在北京举行。

3月19日，2012全球旅游摄影大赛颁奖典礼在北京798映艺术中心举行。

3月20日，首届“白鹿当代文学编辑奖”颁奖典礼在北京举行。

3月20日，首都公共文化工作会议暨2012北京群众文化论文颁奖会在北京文化艺术活动中心召开。

3月21日，2013年中国“土耳其文化年”开幕式演出在北京保利剧院举行。

3月21日，“中国之声”（第一届）作曲比赛颁奖仪式暨获奖作品音乐会在中国音乐学院举行。

3月21日~24日，第15届CBDF国际标准舞“院校促进杯”公开赛暨北京轮椅舞公开赛在地坛体育馆举行。

3月21日~24日，张公者诗书画印展在北京画院美术馆举办。

3月22日，“与雷锋同行”征文颁奖会在中国现代文学馆举行。

3月22日~23日，原创杂技剧《金小丑的梦》在天桥剧场进行首轮演出。

3月22日~4月7日，“1870—1950：英国收藏的中国影像展”在北京JW万豪酒店展出。

3月23日，“聆听草原”马头琴精品音乐会在北京保利剧院举办。

3月23日，北京书法家协会第五届第七次理事会在北京文联召开。

3月23日~5月23日，“拂去心中的霾”藏地掠影展在白玛梅朵艺术中心展出。

3月24日，“音画梦想坊”儿童摄影展览暨摄影画册发布会在雨枫书馆举办。

3月25日~31日，嘻哈包袱铺在安贞剧场举办相声传承周系列演出活动。

3月26日，北京中传文化金融产业研究院挂牌。

3月26日，北京地区高校数字图书馆专业委员会工作会议在清华大学举行。

3月26日~30日，“一人一品·《中国国家画廊》年度学术邀请展”在中国国家画院美术馆举办。

3月27日~29日，第二届中国演艺交流会在北京举办。

3月29日，北京曲艺传承基础工作恳谈会在北京文联会议室召开。

2013年3月29日~2014年3月28日，馆藏明清扇面艺术展在国家博物馆举办。

3月30日~5月3日，首届风筝春花文化节在陶然亭公园举办。

3月31日，第六届北京清明诗会在石景山体育馆举行。

3月31日，“亲历民族音乐”活动在中国音乐学院举行。

3月31日~4月9日，卜希旸书法展在攀天红艺术馆举办。

3月，北京市文化局主办首期“非遗市场化运作”高级研修班。

3月，《中国文化产业发展报告（2012~2013）》由社会科学文献出版社出版。

3月，盛大文学公布第二届“寻找中国100座文学之城”榜单，北京位居网络文学作者聚集最多城市的第二名。

3月，《马思聪百年诞辰纪念文集》由中央音乐学院出版社出版。

4　月

4月1日~14日，话剧《如梦之梦》在北京保利剧院进行首轮演出。

4月2日，2013全国少年儿童阅读年系列活动启动仪式在国家图书馆举行。

4月2日~3日，第二次“中国——澳大利亚文学论坛”在北京举行。

4月2日~4月16日，台湾近现代名家经典作品展（1911~2011）在中国美术馆举办。

4月3日，2013年沙特杰纳第利亚遗产文化节中国主宾国活动在沙特阿拉伯首都利雅得开幕。

4月3日~7日，第一届全国中国画学术展在中国人民革命军事博物馆举办。

4月3日~11日，“墨缘书韵——王念堂、王明明、王卫明书法展”在北京画院美术馆举办。

4月3日~17日，“纪念王琦从艺75周年暨95华诞——王琦‘水墨新旅程’书画展”在中国美术馆举办。

4月5日~11日，中国曲协代表团赴韩国进行交流访问。

4月7日~8日，中央音乐学院与北京舞蹈学院协同创新培养高端舞蹈创编人才计划成果汇报音乐舞蹈晚会——“音舞集”，分别在中央音乐学院、北京舞蹈学院各演一场。

4月8日~28日，上圈组村民与艺术家影像实验大展在今日美术馆展出。

4月10日~21日，话剧《青蛇》在国话剧场上演。

4月10日~7月3日，第八届“中法文化之春”艺术节在北京举办。

4月11日，北京印刷学院文化产业安全研究院揭牌。

4月11日，中国城市文化产业发展联盟在北京成立。

4月11日，盛大文学编剧公司在北京成立。

4月11日，国家大剧院新制作的歌剧《奥赛罗》在国家大剧院首演。

4月11日~14日，话剧《俄狄浦斯王》在国家大剧院进行首轮演出。

4月12日，“诗意中国”图片摄影大赛获奖名单揭晓。

4月12日，“数字环境下图书馆外语学习资源建设与服务”研讨会在北京外国语大学召开。

4月12日~14日，现代舞《白夜》在雷动天下剧场上演。

4月12日~5月20日，小剧场话剧《解药》在人艺实验剧场进行首轮演出。

4月13日，第五届三影堂摄影奖揭晓。

4月13日~14日，魔幻人偶舞台剧《巴啦啦小魔仙之甜心公主》在首都图书馆剧场进行首轮演出。

4月14日~6月4日，藏书印与藏书票联展在北京石刻艺术博物馆举办。

4月15日，德云社墨尔本分社成立。

4月15日，“爱国教育进校园”八路军老战士文工团巡回文艺演出在北京市第二十七中学举行。

4月15日~21日，第四届北京国际书法双年展在北京举办。

4月16日~5月28日，松石斋藏陆俨少书画精品展在北京画院美术馆举办。

4月17日~18日，新西兰皇家芭蕾舞团与中国国家芭蕾舞团交响乐团在国家大剧院联袂演出《吉赛尔》。

4月18日，第四批《国家珍贵古籍名录》暨古籍普查重要发现在国家图书馆正式发布。

4月18日~19日，全国美术工作会议在北京举行。

4月18日~6月28日，2013年北京合唱节举办。

4月19日~20日，第三届“北京换书大集”举办。

4月19日~22日，第十六届中国国际照相机械影像器材与技术博览会在国家会议中心举办。

4月19日~5月12日，国际媒体艺术辑选展览在中国美术馆举办。

4月20日，第二届中国少数民族风格室内乐新作品比赛颁奖仪式暨获奖作品音乐会在中央民族大学举行。

4月20日，“癸巳上巳·妙乐雅集”在北京天泰宾馆举行。

4月20日~28日，中伊摄影家四人展在798映艺术中心展出。

4月21日~6月30日，20世纪西班牙雕塑艺术展在中国美术馆举办。

4月22日，2013第二届北京市老年舞蹈大赛颁奖晚会在北京剧院举行。

4月22日，“北京精神给我力量”系列文化活动颁奖晚会在东城区文化馆举行。

4月23日，2013年“文化志愿者基层服务年”系列活动在北京启动。

4月23日，第三届北京市中小学阅读指导活动启动会在京源学校召开。

4月23日，世界读书日优秀图书推介活动在国家图书馆举办。

4月23日，首都图书馆举办世界读书日主题活动。

4月23日~5月12日，“琉璃之人间探索——杨惠姗、张毅联展”在中国美术馆举办。

4月23日~7月10日，张伯驹潘素书画展在故宫博物院神武门展厅举办。

4月24日，马泽尔与慕尼黑爱乐乐团音乐会在国家大剧院举办。

4月24日，中国美协水彩画艺委会、漫画艺委会换届大会在北京召开。

4月25日，展期三个月的“印度宫廷的辉煌——英国国王维多利亚与艾伯特博物馆珍藏展”在故宫开展。

4月25日，中国艺术研究院中国版画院成立。

4月25日，“新型数字图书馆的多元化应用学术研讨会”在北京市第九中学召开。

4月25日~29日，中国曲艺家协会艺术团赴新加坡访问交流。

4月25日~7月25日，慈禧与德和园演剧文物展在颐和园德和园展出。

4月26日，解放军军事文学研究中心揭牌。

4月26日~28日，北京京剧院“29少in上海”演出在上海东方艺术中心进行。

4月26日~28日，军地书画研究院作品展在中国人民革命军事博物馆举办。

4月26日~6月16日，“杜尚·与/或/在·中国”展览在尤伦斯当代艺术中心展出。

4月27日，童话音乐剧《桃花公主》在中国木偶剧院大剧场首演。

4月27日，卡雷拉斯“北京·世界”独唱音乐会在国家大剧院举办。

4月27日，北京国际和平艺术家作品展在人民大会堂举办。

4月27日，《中国图书馆事业发展报告(2012)》（蓝皮书）出版座谈会在国家图书馆举行。

4月27日~5月30日，第十三届“相约北京”联欢活动在北京举行。

4月29日~30日，京剧武生行当教学研讨会在北京戏曲艺术职业学院举行。

4月29日~30日，中国广播说唱团在民族宫大剧院举办相声小品专场演出。

4月29日~5月1日，中国乐谷·2013北京迷笛音乐节在平谷区举行。

4月29日~5月28日，“IDO 2013北京国际女性戏剧节”在北京举办。

4月30日，2013凤凰传奇演唱会出在北京工人体育场举办。

4月30日~5月1日，北京市曲艺团在中国儿童中心剧院举办新人新作相声专场演出。

4月，《中国艺术发展报告（2012)》由中国文联出版公司出版。

5　月

5月1日，奥地利—匈牙利海顿爱乐乐团音乐会在国家大剧院举办。

5月1日~2日，土耳其国家歌剧院在国家大剧院演出德语歌剧《后宫诱逃》。

5月1日~25日，国家大剧院2013五月音乐节举办。

5月1日~26日，英国野生生物摄影年赛2012年度获奖作品巡展在北京动物园展出。

5月2日~19日，小剧场话剧《完美先生》在雷动天下剧场进行首轮演出。

5月3日，民国时期文献整理出版项目专家评审会在北京召开。

5月3日，中国人民大学移动图书馆启动。

5月4日，歌剧《尼伯龙根的指环》交响乐队版在国家大剧院上演。

5月5日~6日，歌剧《钓鱼城》在国家大剧院上演。

5月5日~14日，崔如琢指墨书画展暨所藏《石涛罗汉百开册页》展在清华大学美术学院美术馆举办。

5月6日，国家图书馆新浪官方认证微博开通试运行。

5月7日，女作家梅娘在北京逝世。

5月7日，修旧复原的清代宫廷连台本戏《昭代箫韶》在长安大戏院首演。

5月7日，北京交响乐团2013保利院线全国巡演首场演出在青岛大剧院举行。

5月8日~13日，中国力量·什邡壮歌——第二届金秋影友摄影作品联展在中国人民革命军事博物馆展出。

5月8日~6月1日，西班牙约瑟普·布歌马尔蒂作品展“眼睛的故事”在中华世纪坛举办。

5月9日，“学在清华·真人图书馆”项目启动。

5月9日~11日，中国版芭蕾舞剧《春之祭》在国家大剧院进行首轮演出。

5月11日，“沂蒙女儿——褚海辰2013人民大会堂演唱会”在人民大会堂举办。

5月11日，曹勇艺术世界在798艺术区举行揭幕仪式。

5月11日，中国摄影家协会第八届主席团第二次会议在北京召开。

5月11日~13日，中国力量·什邡壮歌——援建者诗词京川书法展在劳动人民文化宫举办。

5月11日~17日，韩国新锐摄影家朴正民艺术个展在东方之光艺术中心展出。

5月11日~26日，2013中法文化之春视觉艺术之阿尔摄影节北京摄影展在时态空间画廊展出。

5月12日~6月9日，“心象·诗性”风景油画邀请展在筑中美术馆举办。

5月13日，走向世界的中国文学高端论坛在北京举行。

5月13日，“青年创作系列研讨·‘80后’批评家研讨会”在北京举行。

5月13日，中国曲艺牡丹奖艺术团成立。

5月13日，郎朗获美国芝加哥音乐学院颁发的杜希金大奖。

5月14日，“中国—中东欧国家文化合作论坛”在北京举行。

5月14日，孙犁百年诞辰纪念座谈会在中国现代文学馆举行。

5月14日，首届“中阿丝绸之路文化之旅”活动在北京启动。

5月14日~15日，歌剧《红帮裁缝》在中央歌剧院剧场进行演出。

5月14日~17日，北京曲剧艺术中心携《正红旗下》《骆驼祥子》等剧目赴台北演出。

5月14日、29日，北京曲艺教材及从业标准编纂工作碰头会在北京文联会议室召开。

5月15日，中国作家协会第八届主席团第四次会议在北京召开。

5月15日~16日，中国作家协会第八届全国委员会第三次全体会议在北京召开。

5月15日~26日，靳尚谊经典作品版画展在中央美术学院美术馆举办。

5月16日，“第七届AAC艺术中国·年度影响力评选（2012）”颁奖盛典在故宫举行。

5月17日，中国笔会中心会员大会在北京召开。

5月17日，第五届京剧学国际学术研讨会在北京召开。

5月17日，期刊发展与评价学术论坛在北京大学图书馆举办。

5月17日~19日，京剧《梅兰霓裳》在梅兰芳大剧院演出。

5月17日~25日，胡文阁专场展演在长安大戏院举办。

5月17日~26日，“亲历与见证——中国梦·景山情”主题摄影展在中国美术馆展出。

5月17日~7月16日，故宫藏历代书画展（第六期）在故宫武英殿书画馆举办。

5月18日，第三届“包商银行杯”全国高校文学作品征集、评奖、出版活动颁奖仪式在中国现代文学馆举行。

5月18日，少儿音乐剧《岳云》在中国儿童剧场首演。

5月18日，2013年北京市红领巾读书活动青少年原创科普剧比赛在首都图书馆举行。

5月18日~19日，舞蹈剧场《肥唐瘦宋》在天桥剧场演出。

5月18日~21日，第二届全国音乐分析学学术研讨会在北京举行。

5月18日~6月3日，中国当代象牙雕刻艺术成就展暨敦煌题材·象牙雕刻艺术展在华夏珍宝博物馆举办。

5月18日~7月8日，中国美术馆建馆50周年藏品大展在中国美术馆举行

5月19日，中国戏曲学院梅兰芳艺术研究中心挂牌成立。

5月19日，《艺术》杂志（月刊）在天利大厦举行创刊100期庆典和学术座谈会。

5月19日~25日，山西省百处古代壁画遗址掇英展暨山西古代壁画摄影展在中央美院美术馆举办。

5月19日~6月2日，“2013中国水墨漫画精品展—798展”在798艺术区北京元素画廊举办。

5月20日，第26届中国戏剧梅花奖揭晓，北京地区6人获奖。

5月20日~31日，北京电影学院老年摄影展在北京电影学院展出。

5月21日，全国政协文史馆与中国戏曲学院共建的中国戏曲艺术家传记中心揭牌。

5月21日，北京作协青年创作委员会成立。

5月21日，纪念李叔同创作第一首合唱曲100周年音乐会在国家大剧院举办。

5月21日~6月1日，“走进西非——当代中国画精品展”在科特迪瓦首都阿比让举办。

5月22日，国家大剧院新版歌剧《纳布科》在国家大剧院演出。

5月22日，中国合唱一百年研讨会在北京举行。

5月22日~24日，国家大剧院2013世界歌剧院发展论坛在北京举行。

5月22日~26日，话剧《隆福寺》在东方剧院进行首轮演出。

5月22日~6月2日，黑色幽默舞台剧《你好，疯子!》在先锋剧场进行首轮演出。

5月23日，中国文艺志愿者协会成立。

5月23日，庆祝中国作家书画院成立书画展在中国现代文学馆开幕。

5月23日~28日，中国美术家协会副秘书长、中国书法家协会草书委员会副主任张旭光访问纽约，为联合国国际学院作中国书法讲座和现场教学。

5月23日~31日，京味儿音乐剧《骆驼祥子》在天桥剧场上演。

5月24日~6月18日，纪念阿里吉·沙梭诞辰100周年回顾展在中央美术学院美术馆举办。

5月25日，2013“后街男孩”北京演唱会在万事达中心举办。

5月25日，北京2013中华玉雕精品展在中国地质博物馆举办。

5月25日，中国国家画院（国展）美术中心启动暨美丽中国·中国国家画院美术作品展开幕式在国展美术中心举行。

5月25日，图书馆文化助残系列活动在国家图书馆启动。

5月25日~6月23日，罗曼·罗尼克摄影展在泰吉轩画廊展出。

5月26日，“第三届中国文化产业前沿论坛”暨《中国文化企业报告（2013）》发布会在北京大学举行。

5月26日，中国农村金融摄影家协会在北京成立。

5月26日，中国女摄影家协会第四次全国代表大会在北京举行。

5月26日，“爱我家、唱我家，我的北京我的家”大型群众歌曲演唱电视竞赛总决赛暨颁奖典礼举行。

5月27日，豫剧交响合唱版《朝阳沟》在国家大剧院演出。

5月27日，儿童音乐剧剧场——天天百老汇剧场开业。

5月27日~30日，音乐剧《纳斯尔丁·阿凡提》在世纪剧院进行首轮演出。

5月27日~6月10日，2013年北京电影学院摄影学院师生作品展在时代美术馆展出。

5月28日，民盟清华大学委员会向清华图书馆捐赠《清华盟讯》。

5月28日~31日，中国文联团体会员负责人研修班在北京举办。

5月29日~6月13日，“恭王府艺术系列展——金石藏印汇展”在恭王府举办。

5月30日，海峡两岸四老遗墨展在全国政协礼堂举办。

5月30日，中国政协文史馆言恭达艺术研究院、西沐文化产业研究院成立。

5月30日~6月12日，2013年北京阳光少年文化节中小学生摄影作品展在首都博物馆展出。

5月30日~6月18日，北京画院少数民族题材作品展在北京画院美术馆举办。

5月31日，日本小提琴家宓多里·果在中山公园音乐堂与北京交响乐团合作举办音乐会。

5月31日，儿童环保舞剧《羚羚的故事》在国安剧院演出。

5月31日~6月6日，舒乙“我眼中的世界”画展在巴黎中国文化中心举办。

5月，《中国文情报告（2012~2013）》由社会科学文献出版社出版。

5月~6月，首届北京诗歌朗诵大赛在北京举行。

6　月

6月1日，少儿戏剧场启动仪式在北戏排演场举行。

6月1日，多媒体儿童剧《小布头奇遇记》在中国儿童艺术剧院假日经典小剧场首演。

6月1日~6日，首届中国绘本展在中国人民对外友好协会举办。

6月1日~30日，第一届“两岸三地青年戏剧节”北京演出单元在木马剧场举行。

6月1日~30日，首届圆明园鸟类摄影展在圆明园公园展出。

6月1日~8月31日，2013年北京“春苗行动”优秀少儿题材剧目展演在北京举办。

6月3日，钓鱼岛文献整理出版座谈会在北京召开。

6月5日，文化部等多个部委联合出台《关于支持转企改制国有文艺院团改革发展的指导意见》。

6月5日~9日，话剧《面包屑》在东宫影剧院进行首轮演出。

6月5日~9日，德国柏林芭蕾舞团在国家大剧院演出“芭蕾精品荟萃”和芭蕾舞剧《仙媛》。

6月6日，“第二届中华非物质文化遗产传承人薪传奖”颁奖仪式在北京举行。

6月6日，首批中国戏剧梅花奖获奖演员优秀剧目数字电影在北京首映。

6月6日，中国国家交响乐团与美国费城交响乐团音乐会在国家大剧院举办。

6月6日，意大利作曲家、钢琴家鲁多维科·艾诺迪在中山音乐堂举办钢琴独奏音乐会。

6月6日，第二届华乐论坛暨“新绎杯”经典民族管弦乐（协奏曲）作品评奖颁奖音乐会在北京音乐厅举行。

6月6日~12月1日，中央美术学院美术馆藏：北平艺专精品陈列（中国画部分）在中央美术学院美术馆举办。

6月7日，首都图书馆获北京市科学技术委员会、北京市科学技术协会联合颁发的“2013~2015年北京市科普基地”称号。

6月7日~14日，非物质文化遗产保护讲座周在国家图书馆总馆举办。

6月7日~16日，中国大漆髹饰暨国家级非物质文化遗产项目代表性传承人作品大展在国家图书馆总馆举办。

6月8日，国家级古籍修复技艺传习中心揭牌。

6月8日，“端午魂——爱国歌曲大家唱”在北京联合大学特教学院礼堂上演。

6月8日，刘云山在北京调研文化改革情况。

6月8日，中国文化的价值应用与传播路径论坛在北京举行。

6月8日，第四届端午诗会在北京举行。

6月8日~9日，北方昆曲《续琵琶》在长安大戏院进行首轮演出。

6月8日~12日，“良辰美景·恭王府2013年非遗演出季”在恭王府大戏楼举行。

6月9日，中国作家协会诗刊社子曰诗社在中国现代文学馆成立。

6月9日，美籍华裔作曲家谭盾的“武侠三部曲”在朝阳公园万人广场上演。

6月10日，2013年北京少儿创意硬笔书法大赛在亚运村图书大厦举办。

6月10日~11日，功夫舞剧《门》在北京大学百周年纪念讲堂上演。

6月10日~12日，第五届北京端午文化节举办。

6月10日~28日，和田市玉都文工团赴京文化交流活动在北京举办。

6月12日，京昆版《白蛇传》在梅兰芳大剧院上演。

6月14日，中国社会科学院文学研究所成立60周年所庆活动在北京举行。

6月14日，作曲家李遇秋在北京逝世。

6月15日，法国卡菲舞团携新作《有机体》在解放军歌剧院演出。

6月15日，展洲国际艺术区举行开园典礼。

6月15日~22日，2013年北京合唱节合唱比赛在中国音乐学院举行。

6月15日~7月15日，中国梦·生态文化艺术精品展在中国生态书画院举办。

6月16日~7月8日，2013中国雕塑年鉴展在国家大剧院举办。

6月18日，北京作家协会、北京第二外国语学院国际传播学院驻校作家基地揭牌仪式在北京第二外国语学院举行。

6月18日，由北京市文联主办、北京作协承办的文学精品项目签约仪式在北京举行。

6月18日，手风琴演奏家杨文涛在北京逝世。

6月18日~20日，中国国家画院扇面作品邀请展在美国华盛顿子午线国际中心举办。

6月18日~7月11日，“一百年前的北京社会”西德尼·甘博摄影图片展在首都图书馆新馆展出。

6月19日，总政歌舞团建团60周年理论研讨会在北京举行。

6月19日~21日，全国鼓舞邀请赛在大兴区南海子郊野公园举办。

6月19日~7月21日，小剧场话剧《燃烧的梵高》在人艺实验剧场进行首轮演出。

6月20日~21日，歌剧《苏武》在北京保利剧院进行首轮演出。

6月20日~26日，“伊朗文化周”系列活动在北京举办。

6月20日~7月16日，“灵怀独诣——吴镜汀书画艺术精品展”在北京画院美术馆举办。

6月21日，中国国际科技促进会书画研究院、中国国际艺术研究院揭牌仪式暨“中国梦·沂蒙情”刘文祥画展，在北京武青会议中心举行。

6月22日，中国新闻出版书法家协会成立。

6月22日~23日，2013年戏曲学青年论坛在北京举行。

6月22日~7月6日，中国山水画学术研究邀请展在炎黄艺术馆举办。

6月23日，杨珊珊钢琴独奏音乐会在德国柏林爱乐音乐厅举行。

6月23日，韩美林艺术基金会在北京成立。

6月25日，大数据时代图书馆创新服务研讨会在北京师范大学图书馆举办。

6月25日~30日，2013北京律师摄影作品展在798艺术区梯级艺术中心展出。

6月26日，青春歌舞剧《执着》汇报演出在人民大会堂举行。

6月26日~30日，话剧《南锣鼓巷7号》在东宫影剧院进行首轮演出。

6月28日，国家图书馆团中央分馆揭牌。

6月29日，中国岩画学会成立大会暨首届中国岩画遗址遗产研讨会在北京举行。

6月29日~30日，北京第九届“舞燃情”国际标准舞（体育舞蹈）、交谊舞全国邀请赛在大学生体育馆举行。

6月29日~7月7日，“悦·读”读书风景摄影展在西城区文化中心举行。

6月，《诗刊·子曰增刊》第一期正式出版。

6月，《2012年度中国当代文学年鉴》由百花洲文艺出版社出版。

7 月

7月1日，“唱支山歌给党听”大型男声交响合唱音乐会在国家大剧院举行。

7月1日~4日，萧晖荣中国画·书法·雕塑艺术展在全国政协礼堂举办。

7月2日，舞剧《警幻绝》在天桥剧场演出。

7月2日，第七届中华图书特殊贡献奖评选结果揭晓。

7月2日~15日，“注目法国青年艺术家”摄影作品展在映艺术中心展出。

7月3日，北京大学图书馆数字特藏主页发布。

7月5日，北京市阅读示范社区评选结果公布。

7月5日~7日，话剧《离婚》在青蓝剧场进行首轮演出。

7月5日~13日，第二届北京国际芭蕾舞暨编舞比赛在北京举行。

7月6日，首届“诗词中国”传统诗词创作大赛在全国政协礼堂举行颁奖礼。

7月6日，抗战诗人丁力逝世20周年座谈会在北京举行。

7月6日，北京青春国粹联盟在梨园剧场举办“骆韵百年”鼓曲演出。

7月6日，歌剧《女武神》在国家大剧院首演。

7月6日~18日，“2013穷尽：德国新表现主义/当代艺术展”在中华世纪坛举办。

7月6日~8月10日，博蒙特·纽霍尔摄影作品展在泰吉轩画廊展出。

7月7日，第十三届北京舞蹈大赛决赛颁奖晚会在国安剧场举行。

7月9日，总政话剧团召开建团60周年座谈会

7月9日~14日，中日百名儿童系列摄影展在中华世纪坛展出。

7月10日~17日，中国少数民族作家学会组织少数民族优秀作家对俄罗斯进行访问交流。

7月11日，“衣之梦·中国梦”杂技专场演出在房山区长阳大华天坛服装有限公司厂区进行。

7月12日~13日，传统魔术的传承与发展研讨会在昌平区举行。

7月12日~14日，美国潘多斯儿童剧院在北京保利剧院演出儿童音乐剧《小美人鱼》。

7月12日~14日，第六届“两岸四地大学生魔术交流大会”在清华大学举行。

7月12日~18日，第二届PSA China国际摄影展在金融街购物中心展出。

7月12日~8月4日，中国美术馆藏路德维希夫妇捐赠国际作品选展在中国美术馆举办。

7月12日~8月28日，以北京为主会场的第三届中国儿童戏剧节在全国举行。

7月13日，第十届北京景山合唱节评选结果揭晓。

7月13日~15日，美丽中国·全国书法名家邀请展在劳动人民文化宫举办。

7月13日~19日，善美保定好风光摄影展在王府井步行街展出。

7月13日~28日，“in China”外国摄影家影像作品展在炎黄艺术馆展出。

7月14日，“中国梦、世界梦——‘企盼和平’百位联合国官员、中国书法家相聚中国太庙同书《联合国宪章》百米长卷暨联合国官员与中国书画名家作品展”在劳动人民文化宫举行。

7月14日~26日，2013北京舞蹈双周在北京举行。

7月14日~8月24日，全国艺术职业教育师资培训（第一期）在北京进行。

7月15日，文化部下发《地方戏曲剧种保护与扶持计划实施方案》。

7月15日，第五届“雪花纯生·中国古建筑摄影大赛”——寻踪营造学社之路颁奖典礼在北京举行。

7月17日，《中国首都图书馆与白俄罗斯国家图书馆合作协议》在钓鱼台国宾馆签署。

7月17日~23日，“2013·四季水墨——当代优秀艺术家中国画提名展”在北京画院美术馆举办。

7月18日，中国曲协与北京城市学院就曲艺人才培养事宜签署合作协议。

7月18日，中央戏剧学院与中国歌剧舞剧院共同签署《中国歌剧舞剧院与中央戏剧学院合作培养2014级舞剧表演本科班协议》。

7月18日~25日，“走进东非——当代中国画精品展”在毛里求斯中国文化中心举办。

7月19日~21日，美国原版芝麻街音乐剧《艾摩和超级英雄》在北京工人体育馆演出。

7月19日~28日，“显微无间”国际摄影展在北京时代美术馆展出。

7月19日~8月22日，2013·凯撒艺术新星·今日美术馆第8届艺术院校大学生年度提名展在今日美术馆举办。

7月20日，中关村二小金帆交响乐团在美国莫德斯音乐厅进行演出。

7月20日，2013中韩友好音乐会在国家大剧院举办。

7月20日，“《读字》——发现汉字之美”主题讲座在首都图书馆举行。

7月23日，中国区尼克尔俱乐部在北京成立。

7月23日，老北京民俗表演在京城老物件陈列室举行。

7月23日~24日，英国BBC音乐会管弦乐团在国家大剧院举办音乐会。

7月23日~8月4日，小剧场话剧《悔三观》

在国话先锋剧场进行首轮演出。

7月23日~8月19日，中国美术馆当代书法邀请展（2013）在中国美术馆举办。

7月25日，画家、美术教育家朱乃正在北京逝世。

7月25日~31日，第七届“小荷风采”全国少年儿童舞蹈展演在清华学堂举行。

7月25日~8月1日，相约北京——2013国际青少年大联欢在北京举办。

7月25日~9月2日，于非闇、陈之佛精品展在北京画院美术馆举办。

7月26日，指挥家陈贻鑫在北京逝世。

7月26日~28日，捷克第一黑光剧团携《飞吧！小单车》在国家大剧院演出。

7月26日~8月26日，纪念北京建都860周年暨宫廷艺术·景泰蓝当代最高成就展在华夏珍宝博物馆举办。

7月28日~8月3日，2013舞蹈教育与科学研习会在北京舞蹈学院召开。

7月29日~30日，全国城区少年宫系统舞蹈专场展演在北京进行。

7月29日~31日，2013第八届“永远跟党走”中国青少年艺术节在北京举行。

7月29日~8月7日，全国写生美术作品展在中国人民革命军事博物馆举办。

7月30日，卓有成就的美术史论家表彰大会在北京举行。

7月30日，北京社科院古籍编目建库工作完成。

7月30日~8月18日，“美丽中国·幸福江山”摄影展在玉渊潭公园展出。

7月30日~8月31日，国家大剧院推出2013年的“中国舞蹈十二天”系列演出。

7月31日，第五届“我爱祖国”全国青少年才艺电视展演在北京落幕。

7月31日，唱响强军战歌主题歌咏会在二炮机关礼堂举办。

7月，“我心中的最美消防员”消防士兵摄影大赛评选结果揭晓。

7月，中国科学院文献情报中心（国家科学图书馆）入选2013年知识产权分析评议服务示范创建机构。

8　月

8月1日，苗族歌舞剧《仰欧桑》在国家大剧院上演。

8月1日~6日，2013国家大剧院京港台青少年系列音乐会在国家大剧院举办。

8月1日~9月30日，珠海蝴蝶摄影作品展在北京国家动物博物馆展出。

8月3日~8日，第二届北京国际诗会在北京举行。

8月3日~18日，2013金刺猬大学生戏剧节在北京举办。

8月3日~30日，北京工笔重彩画会成立34周年特展在玺·美术馆举办。

8月3日~9月12日，中国当代影像展在宋庄美术馆展出。

8月4日，韩国亚洲爱乐乐团在国家大剧院举办纪念马勒逝世100周年音乐会。

8月4日~29日，心中的曼陀罗——嘎玛·多吉次仁（吾要）艺术作品展在白玛梅朵艺术中心举办。

8月4日~10月8日，青海热贡唐卡美术大师作品联展在莲生妙相唐卡艺术中心举办。

8月5日，中国政协文史馆油画研究院成立。

8月5日~10日，中央文史研究馆书画院院长马振声率艺术家赴俄罗斯圣彼得堡举办“交流与交融——中国书画展”并进行文化艺术交流。

8月5日~14日，金鸿钧从艺60周年回顾展在中国美术馆举办。

8月5日~14日，湖南省平江县失散老红军肖像摄影展在中国美术馆展出。

8月7日，中国曲协增设权益部。

8月7日，“纪念连阔如诞辰110周年”座谈会在北京举行。

8月7日，第二届廉政书画笔会在圆明园举行。

8月7日~19日，李可染画院首届院展在中国美术馆举办。

8月7日~25日，第四届前门历史文化节在前门商业区举行。

8月7日~26日，韩国摄影家眼中的中国——北京摄影展在韩国首都首尔中国文化中心展出。

8月8日，第一届神华文学奖在北京颁奖。

8月8日，庆祝中国作家书画院成立一周年笔会在鲁迅文学院举行。

8月8日~9日，儿童情景剧《魔力小星艾塔》在东宫影剧院进行首轮演出。

8月8日~11日，加拿大太阳剧团在北京万事达中心举办“迈克尔·杰克逊不朽传奇世界巡演”。

8月8日~12日，中国曲协代表团赴蒙古国乌兰巴托交流访问。

8月8日~18日，黑色幽默话剧《奈何桥外1KM》在大隐剧院进行首轮演出。

8月9日~10日，河北梆子《定都》在天桥剧场进行首轮演出。

8月9日~13日，“情定运河、梦圆北京”首届北京七夕节在通州区举行。

8月9日~15日，“云淡风清”摄影名家风光作品展在北京艺术8展出。

8月9日~25日，2013全国小剧场戏剧优秀剧目展演在北京举行。

8月9日~11月10日，中国民族舞台剧《马可·波罗传奇》在美国布兰森市白宫剧院演出。

8月11日，2013北京音乐剧导·表演艺术研讨会在北京大学举办。

8月12日，文化部出台《网络文化经营单位内容自审管理办法》。

8月12日~29日，第六届中国国际青年艺术周在北京等地举行。

8月13日，中宣部等部委联合发出通知，要求制止豪华铺张、提倡节俭办晚会。

8月13日，卢沟晓月·中国梦杂技专场演出在红星美凯龙文化广场举办。

8月13日，中央电视台青歌赛30年研讨会在梅迪亚中心举行。

8月14日，中国国际标准舞总会第二次全国代表大会在北京举行。

8月14日~10月29日，首届北京惠民文化消费季在北京举办。

8月15日~18日，国家大剧院版歌剧《费加罗的婚礼》在国家大剧院进行首轮演出。

8月16日，连派评书与京剧合作专场演出在梅兰芳大剧院举行。

8月16日~17日，舞剧《双城》在国家大剧院小剧场上演。

8月16日~17日，民族舞剧《孔子》在国家大剧院歌剧院上演。

8月16日~9月16日，“黄永玉九十画展”在国家博物馆举办。

8月16日~9月30日，2013年国家艺术院团演出季在北京举行。

8月17日~18日，“不能说的秘密Ⅴ——世界著名近台魔术大师展演”在北京保利剧院举办。

8月17日~18日，芬兰魔术儿童剧《遗失光芒的灯泡头》在中国儿童剧场上演。

8月18日，移动交易平台“艺术交易中心”在北京上线。

8月18日~26日，侯一民两幅历史画学术解析展在中国美术馆举办。

8月18日~9月6日，美丽的苏木山摄影展在玉渊潭公园展出。

8月18日~9月17日，北京油画学会第二届作品展在北京银河空间美术馆举办。

8月19日，视觉中国集团首届图片故事征集大赛揭晓。

8月20日，第一届中国广播影视摄影艺术大赛颁奖典礼在北京举行。

8月20日~27日，“拍拍拍”2013手机摄影大赛作品展在西城区第二文化馆展出。

8月21日，人体摄影家、摄影理论教育家、清华大学美术学院教授韩子善在北京逝世。

8月21日~31日，中国曲艺艺术团赴德国、丹麦进行交流访问。

8月22日，音乐孔子学院中方代表团联合丹麦皇室，在法国举办丹麦皇室夏季音乐会。

8月22日~23日，国家大剧院举办“纪念威尔第200周年歌剧音乐会”。

8月22日~9月1日，第一届北京摄影艺术展览在首都图书馆展出。

8月22日~9月7日，邵华泽世界风情摄影展在中国人民革命军事博物馆展出。

8月23日，中国摄影著作权协会第二次会员代表大会在北京召开。

8月23日~25日，京剧《洛水伊人》在梅兰芳大剧院进行首轮演出。

8月24日，保加利亚国家广播童声合唱团音乐会在中山公园音乐堂举办。

8月24日~25日，美国儿童英语互动魔术剧《奇幻魔法学校》在东方剧院演出。

8月24日~26日，21世纪的徐悲鸿研究及中国美术的发展国际学术研讨会在中国人民大学召开。

8月25日~26日，首届华文书法国际文化节在首都师范大学举办。

8月25日~9月23日，“物语”新井卓银版法摄影展在泰吉轩画廊展出。

8月26日，歌舞晚会“水墨中华·雅”在世纪剧院演出。

8月26日~9月25日，2013海峡两岸当代艺术展在中国美术馆举办。

8月28日~10月15日，环宝岛骑行图片展在辽金城垣博物馆展出。

8月29日，首届中国文化金融高峰论坛在北京召开。

8月29日，国家动漫公共素材库上线。

8月29日，澳门文艺评论家协会主席朱寿桐等到中国现代文学馆参观访问。

8月29日~9月1日，“璀璨艺术2013——第十六届北京国际艺术博览会”在全国农业展览馆新馆举办。

8月30日，中华爱国文化教育发展基金启动式在北京举行。

8月30日，二胡名家宋飞·名曲赏析音乐会在中山公园音乐堂举办。

8月30日，北京市中小学图书馆建设研讨会在紫玉饭店召开。

8月30日，世界和平合唱团在北京音乐厅举办“歌声带我去旅行”童声合唱音乐会。

8月30日~9月11日，2013国家数字文化产业高级研修班在清华大学举办。

8月31日，首届国风文学奖在北京颁奖。

8月31日，庆祝周末相声俱乐部500期演出在风尚剧场举行。

8月31日，中国戏曲学院与瑞士苏黎世艺术大学之间开展的跨文化、跨学科的国际艺术交流活动“共同舞台2013”在中国戏曲学院进行。

8月31日，台湾歌手蔡健雅在北京工人体育馆举办“美丽突然发生”北京演唱会。

8月，第十二届全军文艺优秀作品奖评选结果揭晓。

8月，《北京京剧百部经典剧情简介标准译本（中英对照）》由旅游教育出版社出版。

8月~9月，“动漫北京”第二届民族原创动漫形象大赛在北京举行。

9 月

9月1日，舞蹈晚会“天涯若比邻”在世纪剧院上演。

9月1日~2日，中德作家论坛在北京举行。

9月1日~30日，中国文联首届全国中青年文艺人才高级研修班在北京举办。

9月2日，《远东国际军事法庭庭审记录》首发出版座谈会在国家图书馆举行。

9月2日~6日，解放军医学图书馆举办首届生物医学外文新书展。

9月3日，德国汉堡塔利亚剧院携小剧场话剧《契克——远方的世界》在国家大剧院演出。

9月3日~9日，“中国名家画北京”主题创作展在中华世纪坛举办。

9月3日~29日，2013北京青年戏剧节举行。

9月4日~16日，卢沉写意人物画展在北京画院美术馆举办。

9月5日，“中国，陆在易作品音乐会”在国家大剧院举行。

9月5日~14日，话剧《推拿》在国家大剧院进行首轮演出。

9月6日~7日，德国柏林德意志剧院携话剧《俄狄浦斯城》在国话剧场演出。

9月6日~7日，歌剧《天鹅》在北京保利剧院演出。

9月6日~11月2日，2013年北京金秋优秀剧目展演举办。

9月7日，中国工笔画学会第二次全国会员代表大会在北京召开。

9月7日~8日，2013年中国北京国际体育舞蹈公开赛在地坛体育馆举行。

9月7日~10日，第二届中国（北京）国际提琴及琴弓制作比赛在中央音乐学院举行。

9月7日~11月15日，“社会雕塑：博伊斯在中国”展览在中央美术学院美术馆举办。

9月8日，“艺术史研究的进展与前瞻”学术研讨会在北京大学举行。

9月8日，“2013中国文化产业高端峰会”在北京举行。

9月8日，“国风绕梁”中央民族乐团音乐会在国家大剧院举办。

9月8日，宋庄书法院成立。

9月8日~9日，歌剧《为你而来·王选之歌》在北京大学百周年纪念讲堂举办首轮演出。

9月8日~11日，小剧场话剧《杜子春》在9剧场进行首轮演出。

9月10日，第六届《北京文学》奖暨第五届《北京文学·中篇小说月报》奖在北京颁奖。

9月10日，丰台区教师艺术团成立。

9月10日~11日，网络资源采集与数字资源长期保存研讨会在北京会议中心举办。

9月10日~18日，曹春生从艺60年作品展在中国美术馆举办。

9月11日~15日，小剧场话剧《我是天使》在国话小剧场进行首轮演出。

9月13日，中国电影乐团追忆老电影音乐会在国家大剧院上演。

9月13日~14日、20日~21日，“青年艺术家现代舞作品专场——《秋分》”在雷动天下舞团剧场公演。

9月13日~15日，北京景山学校在北京保利剧院演出英文音乐剧《绿野仙踪》。

9月13日~16日，第二届国际创意舞蹈研讨会在北京师范大学举行。

9月14日，谭利华获德沃夏克国际音乐节特殊贡献奖。

9月14日，首图讲坛“社科讲堂”成立仪式暨首场讲座在首都图书馆举行。

9月14日，中国国家交响乐团合唱团在韩国大田文化艺术中心举办“中外经典名曲合唱作品音乐会”。

9月14日，台湾歌手庾澄庆在万事达中心举办“我要给你——2013庾澄庆世界巡回演唱会”北京站演出。

9月15日，第六届（2012年度）中国作家鄂尔多斯文学奖颁奖典礼在中国现代文学馆举行。

9月15日，中国曲协艺术团赴新西兰奥克兰市举办“庆中秋、迎国庆”专场演出活动。

9月15日~21日，北京文学艺术品展示会在奥林匹克公园中心庆典广场举办。

9月16日，中国民营文化产业商会在北京成立。

9月16日，首届中国舞蹈家协会街舞委员会成立大会在北京召开。

9月16日，第八届亚洲大学生摄影展优秀作品评选揭晓。

9月17日，中国音乐学院华夏民族乐团在澳大利亚国立大学音乐厅举办中秋音乐会。

9月17日~21日，第六届北京卢沟晓月中秋群众文化节在北京举办。

9月17日~10月7日，爱新觉罗启骧·李味辛伉俪书画展在北京饭店举办。

9月18日，《红楼梦》鼓曲荟萃专场演出在西城区文化馆举办。

9月18日，中央芭蕾舞团“心灵守望——新人新作芭蕾荟萃”专场演出在北京大学百周年纪念讲堂举办。

9月18日，西班牙穆尔西亚舞蹈团在新清华学堂演出舞剧《卡门》。

9月18日~19日，香港舞蹈团在国家大剧院演出舞蹈《兰亭·祭侄》。

9月18日~20日，第二届“动漫北京”活动在石景山区举办。

9月18日~20日，2013中国国际文化艺术博览会在北京全国农业展览馆新馆举行。

9月18日~28日，第三届世界戏剧院校联盟国际大学生戏剧节在中央戏剧学院举行。

9月19日~21日，儿童剧《心愿》在中国儿童剧场进行首轮演出。

9月20日，舒群百年诞辰纪念座谈会在中国现代文学馆召开。

9月20日，法国广播爱乐乐团在国家大剧院举办音乐会。

9月21日，第七届北京家庭才艺大赛在世纪剧院举行颁奖晚会。

9月21日~28日，天津泥人张彩塑优秀作品进京展在中国美术馆举办。

9月21日~10月18日，安塞尔·亚当斯原作摄影展在吉泰轩画廊展出。

9月21日~10月20日，2013年“北京798艺术节”在798艺术区举行。

9月22日~10月25日，第四届曹雪芹文化艺术节在北京举办。

9月23日，第二届国际摄影教育高峰论坛会在北京电影学院召开。

9月23日~26日，中国美术家眼中的世界美术作品展在炎黄艺术馆举办。

9月23日~27日，浙江永嘉百岁老人图片展在北京金仕德国际会议中心展出。

9月23日~28日，“2013年北京国际书法邀请展”在首都图书馆举办。

9月23日~30日，全国海洋摄影展在王府井步行街展出。

9月24日，第七次全国青年作家创作会议在北京召开。

9月24日，第九届全国优秀儿童文学奖颁奖典礼在北京举行。

9月24日~10月8日，第七届中国现代手工艺学院展在中华世纪坛举办。

9月25日，中国铁路2013摄影大展评选在北京揭晓。

9月25日，国家级非物质文化遗产项目花钹大鼓传承基地在昌平区小汤山镇后牛坊村成立。

9月25日~10月3日，中央芭蕾舞团在法国巴黎夏特莱剧院演出《天鹅湖》和《红色娘子军》。

9月26日，第二届“中国文化产业资本大会”在北京举办。

9月26日，首届京台民间艺术交流展在北京老舍茶馆展厅展出。

9月26日~10月21日，话剧《明枪暗箭》在人艺实验剧场上演。

9月27日~29日，北京杂技团的杂技节目《对手蹬人》在法国第14届瓦兹河谷国际马戏节获“法国兴业银行奖”和“评委会特别奖”。

9月27日~10月7日，李琦书画展暨李琦、冯真家藏展在保利艺术博物馆举办。

9月27日~10月9日，“苍茫无语——班禅画师尼玛泽仁绘画艺术展”在书画频道美术馆举办。

9月28日~10月27日，儿童剧《跟屁熊》在丑小鸭动漫亲子剧场进行首轮演出。

9月29日，全国文化市场技术监管与服务平台上线运行暨推进试点工作视频会议在北京举行。

9月29日，贾斯汀·比伯2013北京演唱会在万事达中心举办。

9月29日，诗人、散文家牛汉在北京逝世。

9月29日～10月13日，2013美丽中山摄影征集活动集萃图片展在中山公园展出。

9月29日～11月15日，“安迪·沃霍尔：十五分钟的永恒”回顾展在中央美术学院美术馆举办。

9月30日，《永乐大典》入藏国家图书馆仪式暨《永乐大典》特展开幕式在国家图书馆举行。

9月30日～10月7日，京剧《天下归心》在国家大剧院进行首轮演出。

9月30日～10月8日，东北油画艺术邀请展在中国美术馆举办。

9月，北京工商大学图书馆推出移动终端图书书目检索、移动阅读等服务。

10　月

10月1日，北京市人民政府办公厅印发《关于进一步鼓励和引导民间资本投资文化创意产业若干政策》的通知。

10月1日～15日，发现丰台之美图片展在首都博物馆展出。

10月1日～20日，千山风光大型摄影图片展在玉渊潭公园展出。

10月4日，纪念威尔第与瓦格纳200周年诞辰音乐会在国家大剧院举办。

10月6日，第七届“创意中国·和谐世界”文化产业国际论坛在北京国家广告产业园区公共服务中心举办。

10月7日～22日，北京交响乐团2013年美洲巡演在墨西哥和美国进行。

10月7日～23日，北京京剧院在巴西进行演出并开展京剧知识的讲座、宣传活动。

10月7日～12月7日，第十一届北京国际戏剧·舞蹈演出季暨2013国家大剧院舞蹈节在北京举行。

10月8日，杭州爱乐乐团与伦敦之声合唱团在北京保利剧院联手演绎歌剧《彼得·格莱姆斯》。

10月9日～27日，第四届北京青年相声节举办。

10月10日，独角戏《一个陌生女人的来信》在蜂巢剧场首演。

10月10日，北京市第二十四届农民艺术节在大兴剧院开幕。

10月10日，首都老干部2013老年节音乐会在国家大剧院举行。

10月10日～14日，话剧《梵高自传》在中间剧场进行首轮演出。

10月10日～17日，朝鲜美术作品展在公共外交文化交流中心举办。

10月11日，2013年北京文化志愿者敬老爱老月活动启动。

10月11日～13日，第五届“怀柔杯”国际标准舞全国公开赛暨首届北京怀柔金秋舞蹈节在怀柔体育馆举行。

10月11日～17日，大家·当代岭南十人邀请展在保利艺术博物馆举办。

10月11日～30日，郎静山摄影艺术特展在中国美术馆展出。

10月12日，北京建都史主题展在首都图书馆展出。

10月12日，第六届“中复杯”舞蹈普及推广赛在朝阳体育馆举行。

10月13日，当代中华诗词学术研讨会在北京举行。

10月13日～18日，北京曲剧《黄叶红楼》在天桥剧场进行首轮演出。

10月14日～30日，第十三届世界意大利语言文化周在北京、上海、广州等多座城市举办。

10月15日，京胡音乐会在东方剧院举办。

10月15日，台湾朱宗庆打击乐团在国家大剧院演出音乐戏剧《木兰》。

10月15日，北京高教学会图书馆工作研究会高等艺术院校专业委员会第一次工作会议在北京电影学院召开。

2013年10月15日～2014年1月5日，“新境——中国当代艺术展”在西班牙马德里孔德杜克中心举办。

10月16日，“盛世唐音——唐·至德丙申九霄环佩之声《李祥霆古琴经典古曲及即兴演奏作品集》”新闻发布会在人民大会堂举行。

10月16日，中国政协文史馆工艺美术研究院成立。

10月16日，中国曲协在北京召开相声小品创作研讨会。

10月16日，首都图书馆少年儿童图书馆新馆正式接待小读者。

10月16日，城市与图书馆学术论坛暨首都图书馆百年纪念会议在首都图书馆举行。

10月16日～18日，国际图联第13届馆际互借与文献传递会议在北京大学举办。

10月17日～20日，佳能影像之桥摄影展在太古汇展出。

10月18日，上海四重奏团在北京音乐厅举办“向大师致敬音乐会”。

10月18日，“走进博物馆、图书馆”青少年摄影比赛颁奖典礼在西城区青少年儿童图书馆举行。

10月18日，北京市健身腰鼓大赛暨第五届“白纸坊杯”健身腰鼓邀请赛在大观园举办。

10月18日～19日，“莫言，地方与普世的交汇国际研讨会”在巴黎举行。

10月19日，谭霈生戏剧理论学术研讨会在北京举行。

10月19日，大都美术馆开馆。

10月19日，中国财政摄影家协会在北京成立。

10月19日，北京翠湖影缘摄影俱乐部暨纽约摄影学院北京学习中心举行成立挂牌仪式。

10月20日～11月3日，待发现的立陶宛摄影展在中华世纪坛展出。

10月21日，太行盲艺人刘红权在北京皇家粮仓举办“向天而歌又十年”北京答谢音乐会。

10月21日～23日，第二届全国开放获取推介周在北京举办。

10月22日～23日，首届“艺术与创意城市北京论坛”在北京大都美术馆举行。

10月22日～28日，2013中法艺术展在法国巴黎香榭丽舍大道举办。

10月23日，“中国演艺项目对美交流研讨会”在北京召开。

10月23日～27日，蒙特卡洛芭蕾舞团在国家大剧院演出《罗密欧与朱丽叶》《天鹅湖》。

10月24日，《世界文学》杂志创刊60周年纪念活动在中国社会科学院举行。

10月24日～26日，2013“曼谷文化艺术节”在首都图书馆新馆举办。

10月24日～30日，“北京国际摄影周2013”大型摄影主题活动在北京举行。

10月24日～11月23日，“由来已久”——当代摄影艺术展在北京大戚收音机电影机博物馆展出。

10月25日，中国高校魔术社团联谊会揭牌成立。

10月25日～27日，中国北京亚洲大学生魔术交流大会在昌平区举行。

10月25日～30日，2013“我爱北京”大栅栏国际摄影展在大栅栏西街展出。

10月25日～11月3日，中日代表书法家作品展在国家博物馆举办。

10月25日～11月20日，溥心畬绘画作品展在北京画院美术馆举办。

10月25日～11月30日，第8届中韩书法名家邀请展在韩国驻华文化院举办。

10月26日，“2013年中国文化艺术政府奖——文华表演奖”获奖名单公布。

10月26日，北方昆曲《红楼梦（上、下本）》获第十四届文华奖“文华大奖”。

10月26日，感·天桥杂技活动在北京杂技剧场举行。

10月26日，“北京青年魔术师之夜”——2013北京昌平“魔术之都”慈善夜在昌平职业学校举行。

10月26日～28日，第八届中国（北京）国际大学生动画节在中国传媒大学举行。

10月26日～28日，湖南常德鼓书进京学术观摩展演及常德鼓书传承发展学术研讨会在北京举办。

10月28日～11月2日，在第九届全国杂技比赛中，中国杂技团有限公司的杂技节目《协奏·黑白狂想——男子技巧》获金奖和创新奖。

10月29日，张光年百年诞辰纪念座谈会和光未然作品朗诵音乐会在中国现代文学馆举行。

10月29日～11月3日，法国音乐人类学专家萨宾娜、尼古拉斯在中国音乐学院举办学术讲座。

10月29日～11月7日，2013·北京师范大学国际文学周在北京举行。

2013年10月29日～2014年2月10日，法国卢浮宫博物馆藏文物精品展览在中国国家博物馆举办。

10月30日，网络文学大学开学典礼在北京国子监举行。

10月30日，由法国爵士口琴演奏家罗朗·穆赫在中山公园音乐堂举办口琴音乐会。

10月31日，第三届百人会英才奖（艺术）颁奖典礼在北京举行。

10月31日，北京作家协会网络文学创作委员会成立。

10月31日，评书《B超神探贾立群》在北京市检察院首演。

10月31日～11月13日，台湾中部美术协会60年北京首展在北京台湾会馆举办。

11　月

11月1日～3日，台湾果陀剧场携侦探悬疑喜剧《步步惊笑》在海淀剧院演出。

11月1日～3日，京城百工坊举办首届“民间传统文化艺术节”系列活动。

11月1日～31日，“青青北京·青年盛汇”2013（第三届）北京青年艺术节在北京举办。

11月1日～12月31日，2013首届中国国际芭蕾演出季在天桥剧场举办。

11月2日，清华大学美术学院、清华大学艺术与科学研究中心联合主办“艺术史论新思维——全国艺术学理论学科发展高端论坛”。

11月2日，“敦煌壁画伎乐天男子舞学术展演”

在国家大剧院举行。

11月2日~4日，维也纳爱乐乐团在国家大剧院举办贝多芬作品音乐会。

11月2日~13日，第六届“春华秋实——艺术院校舞台艺术精品展演周”在国家大剧院举办。

11月3日，第三届中国话剧表演“学院奖”在北京揭晓。

11月5日，由文化部和哈萨克斯坦文化与信息部、哈萨克斯坦驻华大使馆共同主办的“哈萨克斯坦文化日”开幕演出在北京国家大剧院举行。

11月5日，全国科学院联盟文献情报分会在北京成立。

11月5日，影像国际网在中国摄影家协会举行开通仪式。

11月5日~7日，岭南名家墨迹展在中国政协文史馆举办。

11月5日~7日，西安中国书法艺术博物馆馆藏书法精品展暨“道在瓦甓”秦汉砖瓦拓片书画名家题跋艺术展在北京大学图书馆举办。

11月5日~11日，第二届波兰文化节在北京举办。

2013年11月5日~2014年2月15日，“鲁本斯、凡·戴克与佛兰德斯画派——列支敦士登王室珍藏展”在中国国家博物馆举办。

11月6日，全国文化干部网络学院在北京成立

11月6日，第五届全国服务农民、服务基层文化建设先进集体表彰座谈会在北京举行。

11月6日~10日，第八届中国北京国际文化创意产业博览会主场活动在中国国际展览中心（老馆）举办。

11月6日~19日，2013国家动漫产业高级研修班（动漫编导方向）在北京电影学院举办。

11月7日，“Discovery Korea——韩国文化之夜”活动在北京举办。

11月8日~9日，瑞士日内瓦大剧院芭蕾舞团在国家大剧院演出舞剧《吉赛尔》。

11月8日~10日，2013中国音乐产业大会在北京举行。

11月8日~17日，海宁中青年摄影家作品晋京联展在北京艺术博物馆展出。

11月8日~19日，上海美术作品进京展在中国美术馆举办。

11月9日，中国文化产业项目服务平台正式上线。

11月9日，中国人民大学和文化部产业司联合在北京发布了2013年度中国省市文化产业发展指数，北京的综合指数位居全国第一。

11月9日~10日，舞剧《情·缘》在国家大剧院演出。

11月9日~13日，中国首届百名企业家摄影联展在国粹苑艺术展览画廊展出。

11月10日，“展望未来、成就梦想——2013北京市区县（局）、产（行）业文联优秀原创文艺节目展演颁奖汇报演出”在大兴剧院举行。

11月10日，小剧场京剧《惜·姣》在北京人艺实验剧场首演。

11月12日，中国诗歌学会会长韩作荣在北京逝世。

11月13日，美国杨百翰大学当代舞蹈剧场演出团舞蹈作品晚会在国家大剧院演出。

11月13日~14日，荷兰阿姆斯特丹皇家音乐厅管弦乐团建团125周年纪念演出在国家大剧院举行。

11月14日~15日，舞剧《生长》在国家大剧院进行首轮演出。

11月14日~17日，新歌剧《洛神赋》在北京保利剧院进行首轮演出。

11月14日~24日，话剧《屈打成医》在北京人艺实验剧场上演。

11月14日~25日，中国美术馆藏邓伟肖像摄影作品选展在中国美术馆展出。

11月14日~12月1日，话剧《水面之下》在9剧场进行首轮演出。

11月15日，瑞士钢琴家安德烈·汉弗里格在国家大剧院举办音乐会。

11月15日~16日，艺术高校图书馆的创新服务年会在北京召开。

11月15日~17日，2013秋季大型艺术品拍卖会暨中法绘画及奢侈品亚洲首场拍卖会在亚洲大酒店举办。

11月15日~25日，北京意象——创意大兴绘画作品展在中国美术馆举办。

11月15日~12月11日，中关村国际音乐剧节在北京举行。

11月16日，中国文字著作权协会第二次全国会员代表大会在北京召开。

11月16日~17日，第一届全国青年文艺论坛在北京举行。

11月17日，中国歌剧舞剧院携大型情景歌舞晚会“四季情韵”在悉尼市政厅演出。

11月18日，2013“兴涛杯”二胡、高胡、板胡小型作品展演决赛在中央音乐学院举行。

11月18日，北京市少年宫迁入新址。

11月18日~20日，话剧《一鸟六命》在北京

保利剧院进行首轮演出。

11月18日~26日，音乐剧《大梦神猴》在民族文化宫大剧院进行首轮演出。

2013年11月18日~2014年1月18日，2013北京曲艺（相声）新作品展演举办。

11月19日~21日，“濠江丹青——澳门中华文化联谊会书画摄影作品展”在中国政协文史馆举办。

11月19日~26日，十竹斋木版水印非遗艺术传承文献展在国家图书馆古籍馆展出。

11月19日~12月15日，2013北京小剧场戏剧联盟优秀作品展演举行。

11月20日，厄瓜多尔驻华使馆向中国国家图书馆捐赠图书及交接单签署仪式在中国国家图书馆总馆举办。

11月20日~12月1日，2013·中国写实画派九周年展在中国美术馆举办。

11月21日，全国产（行）业文联工作座谈会在北京举行。

11月21日~27日，第八届OVIP时尚商业摄影展在北京展出。

11月21日~12月15日，贺岁剧《小丑爱美丽》在海淀剧院进行首轮演出。

11月22日~26日，第二届“生命人寿杯”全国摄影展在中华世纪坛展出。

11月22日~27日，工农兵形象摄影展在西城区第二文化馆展出。

11月23日，正观美术馆开馆仪式暨“正观·文脉30家中国画展”开幕式在琉璃厂举行。

11月23日，第七届北京电视书法大奖赛举行颁奖仪式。

11月23日，首都家庭阅读国际文化推广活动在首都图书馆举行。

11月23日~27日，对联知识和对联书法展览在北海公园举办。

2013年11月23日~2014年1月9日，“走向西部——中国美术馆馆藏精品展”在中国美术馆举办。

11月25日，第四届“中坤国际诗歌奖”在北京大学颁奖。

11月25日，北方昆曲剧院制作并演出的昆曲《续琵琶》在第十三届中国戏剧节上获中国戏剧节优秀剧目奖。

11月25日，音乐剧《罗阳》在北京航空航天大学上演。

11月25日~27日，中国美术家协会第八次全国代表大会在北京召开。

11月26日，14家会员单位被评为2013年北京科技情报学会优秀会员单位。

11月26日~28日，第九届“天桥杯”鼓曲展演在北京举办。

11月26日~30日，民族音乐剧《曹雪芹》在东方剧院进行首轮演出。

11月26日~12月5日，北京收藏家协会2013年摄影展在首都博物馆展出。

11月26日~12月8日，“美丽中国·和谐家园”民族题材摄影获奖作品展在民族文化宫展出。

11月28日，中国国家画院博士后科研工作站挂牌仪式在中国国家画院美术馆举行。

11月28日，中国少数民族美术促进会第五次会员代表大会在北京召开。

11月28日~12月1日，国家大剧院版歌剧《意大利女郎在阿尔及尔》在国家大剧院举行首轮演出。

11月28日~12月1日，第九届中国（北京）国际园林博览会优秀美术摄影作品展在中国人民革命军事博物馆举办。

11月29日，起点中文网作品研讨会在中国作协举办。

11月29日~30日，由《大河之舞》制作团队推出的爱尔兰舞蹈《舞起狂澜》在首都体育馆演出。

11月30日，2013年度中国散文年会颁奖大会在北京举行。

11月30日，中文版百老汇音乐剧《拜访森林》在中央戏剧学院实验剧场首演。

11月30日，“舞动北京——群众舞蹈大赛”原创精品节目展在石景山区举行。

11月，北京地区获得多项第九届中国舞蹈“荷花奖”。

11月，首都图书馆微信公众账号开通。

12　月

12月1日~8日，纪念《开罗宣言》发表70周年图片展在北京台湾会馆展出。

12月1日~19日，2013全国昆剧优秀剧目展演暨首届当代昆剧名家收徒传艺工程汇报演出在北京举行。

12月2日，“我梦最美”第八届全国残疾人艺术汇演优秀节目展演在世纪剧院举行。

12月2日，塔吉克斯坦代表团访问首都图书馆。

12月2日，盲人有声阅读全年展演活动在首都图书馆启动。

12月2日，国际志愿者日北京文化志愿服务主题活动在大兴区文化馆举行。

12月3日，“汉学家与中外文化交流”座谈会在中国国家博物馆举行。

12月3日，舞剧《夜宴》在天桥剧场首演。

12月3日，特殊儿童美术作品展在朝阳区文化馆举行。

12月3日，北京市第五中学第十届校园合唱节在东城区图书馆影剧院举办。

12月3日～5日，首届北京刻字艺术作品展在中国人民革命军事博物馆举办。

12月3日～13日，“写意中国——中国国家画院美术作品展”暨“上善若水——第三届‘艺术水立方杯’国际书画大展”在国家游泳中心举办。

12月3日～17日，2014青少年新年系列音乐会在国家大剧院举办。

12月3日～25日，古籍普查重要发现暨第四批国家珍贵古籍特展在国家图书馆总馆展出。

12月4日，2013年鲁迅文化奖在北京颁奖。

12月4日，“中国电影博物馆之夜——忆之声”经典名曲音乐会在民族文化宫大剧院举行。

12月4日，首都公共文化年度会议和北京市群众文化论文颁奖会议在昌平区召开。

12月5日～6日，“国际艺术学院院长网络研讨会”在北京召开。

12月5日～7日，2013相声小品二人转优秀节目展演在民族宫大剧院举行。

12月5日～7日，智利圣地亚哥国家芭蕾舞团在国家大剧院演出舞剧《卡门》。

2013年12月5日～2014年1月3日，李可染的世界系列作品展（书法篇）在北京画院美术馆举办。

12月6日，中国职工摄影家协会在北京成立。

12月6日～8日，“中国梦·美丽中国——2013大型国画展”在炎黄艺术馆举办。

12月7日，第六届“人民领袖毛泽东颂”诗歌朗诵会在北京举行。

12月7日～8日，俄罗斯马林斯基交响乐团在国家大剧院举办斯特拉文斯基作品音乐会和斯特拉文斯基钢琴作品介绍音乐会。

12月7日～15日，重大历史题材中国山水画展在中国美术馆举办。

12月7日～15日，全国正书六家展在北京三品美术馆举办。

12月8日，俄罗斯小提琴家马克西姆·文格洛夫与中国爱乐乐团在中山公园音乐堂举办音乐会。

12月9日，首届中国音乐文化海外传播国际高端论坛及主题音乐会在中央音乐学院举办。

12月9日～10日，辽宁芭蕾舞团在国家大剧院演出芭蕾舞剧《斯巴达克》。

12月10日，江西省吉安市采茶歌舞剧院和井冈山大学附属艺术学校在北京保利剧院演出情景主题歌舞《记忆庐陵》。

12月10日，北京高科大学联盟图书馆资源生态系统启动仪式在北京化工大学图书馆举行。

12月10日，中国京剧艺术基金会向国家图书馆捐赠《京剧艺术传承与保护工程——老艺术家谈戏说艺》大型音像出版物。

12月10日～11日，首届中关村国际音乐剧研讨会在北京大学举行。

12月10日～11日，纪念李凌百年诞辰系列活动在北京举行。

12月10日～12日，舞台剧《两只蚂蚁的地下室》在木马剧场进行首轮演出。

12月10日～20日，第十一届“北京七日”摄影大赛优秀作品展在首都博物馆展出。

12月11日，2013年度“茅台杯”人民文学奖颁奖典礼在鲁迅文学院举行。

12月11日，话剧《白夜》在国家话剧院小剧场首演。

12月11日，“中国室内歌剧创作推动计划”颁奖作品音乐会在中央音乐学院举行。

12月11日～12日，首届“京剧启蒙、国粹传承”节目展演在长安大戏院举办。

12月11日～19日，杨丽萍国际舞蹈季北京分会场在风尚剧场举办。

2013年12月11日～2014年1月29日，中国国家画院扇面作品展在法国巴黎中国文化中心举办。

12月12日，21世纪年度最佳外国小说（2013）颁奖典礼在北京举行。

12月12日，中国杂技团为近百个国家和国际组织的驻华使馆外交官和在京工作的外国专家代表等表演了杂技音乐剧《天地宝藏》。

12月12日～17日，话剧《正南正北一条街》在国家话剧院剧场进行首轮演出。

12月13日，第一届管乐队（青少年组）新作品征集比赛决赛作品音乐会在解放军军乐厅进行。

12月13日，新苏商昆曲传承促进基金在北京为11位杰出昆曲艺术家颁发“当代昆曲名家传承奖”。

12月13日，首届全国戏曲教育文献资源共建共享学术研讨会在北京举行。

12月13日，北京市曲艺大赛总决赛在鑫融剧院举行。

12月14日，“网络与文艺：2013·北京文艺论坛”在北京举办。

2013年12月14日～2014年1月10日，2013北京喜剧艺术节举办。

12月15日，《十月》杂志在中国现代文学馆颁发“创刊35年最具影响力作品奖”和“第十届十月文学奖”。

12月15日～19日，北京首届剧本及曲艺作品推介会在中华世纪坛举行。

12月16日，第二期青年作曲家计划在国家大剧院颁奖。

12月17日，紫禁城室内乐团与新西兰弦乐四重奏音乐会在中山公园音乐堂举行。

12月18日，陈荒煤诞辰100周年纪念会在北京举行。

12月18日，小剧场话剧《情感操练2012》在9剧场首演。

12月18日，北京市图书馆协会第五次会员代表大会在首都图书馆召开。

12月18日～21日，第四届中国榜书书法大展在国粹苑举办。

12月18日～22日，2013北京市群众美术、书法、摄影大赛作品展在首都图书馆新馆展出。

12月18日～22日，2013DAZZLE刘谦魔术巡回之旅——北京站在北京保利剧院演出。

12月18日～23日，“追寻中国梦”摄影家采风创作基层行作品展在中国文艺家之家展出。

12月18日～26日，2013第九届中国工笔画大展在中国美术馆举办。

12月19日，第二届“中华艺文奖”颁奖典礼在人民大会堂举行。

12月19日，首都图书馆接受北京市委机关各处、室捐赠文献近3万册件。

12月20日，文化部公布39家“全国地方戏创作演出重点院团”名单。北京地区的中国评剧院、北京市曲剧团名列其中。

12月20日，法国政府授予中国作曲家陈其钢法国文学与艺术骑士勋章的授勋仪式在法国驻华大使馆举行。

12月20日，中国摄影展览馆开馆。

2013年12月20日～2014年3月18日，故宫博物院藏清宫戏曲文物特展在国家大剧院展出。

12月21日，儿童剧《口袋里的中国故事》在中国儿艺假日经典小剧场首演。

12月21日，2013年北京市群众艺术精品展演及表彰活动在首都图书馆举行。

12月21日～22日，2013全国乐器学研讨会在北京举行。

12月22日，童话音乐剧《公主的盛宴》在民族文化宫大剧院首演。

12月22日～28日，中国56个民族人文情怀影像纪实摄影展在民族文化宫展出。

12月23日，台湾新竹清华大学人文社会学院院长黄一农向国家图书馆捐赠明刻版《古今形胜之图》高仿复制件。

12月23日～29日，“中国少数民族非物质文化遗产展示周”活动在民族文化宫举办。

12月24日～29日，禅文化书法展在中国政协文史馆展出。

12月25日，话剧《伏生》在国家话剧院剧场首演。

12月25日，纪念毛泽东120周年诞辰音乐会在国家大剧院举行。

12月25日，北京市中小学教育文献信息研究会“2013学术年会”在北京教育学院召开。

2013年12月25日～2014年1月4日，“东方红·中国梦——2013美术作品邀请展”在中国国家博物馆举办。

2013年12月26日～2014年1月9日，纪念洪毅然百年诞辰作品文献展在炎黄艺术馆举办。

12月27日～28日，2013年北京地区高校图书馆年会在怀柔举办。

12月28日，2013《民族文学》年度奖颁奖典礼在中国现代文学馆举行。

12月28日，第三届中国航空航天摄影大赛颁奖仪式在北京航空航天大学举行。

12月30日，国家艺术基金在北京成立。

12月30日，唐家三少成立全版权运营工作室启动仪式在北京举行。

12月30日，2014年新年戏曲晚会在国家大剧院举行。习近平、李克强、张德江、俞正声、刘云山、王岐山、张高丽等与首都近千名群众一起观看演出。

12月31日，德国班贝格交响乐团在人民大会堂举办2014北京新年音乐会。

12月，《京剧传统剧本汇编续编——丑角戏》由北京出版集团、北京出版社出版发行。

（张燕鹰）

综　　合

2013年，北京文化艺术界认真贯彻落实中共十八大精神，推动了首都文化艺术的进一步发展。北京出台了一些新的文化艺术政策，成立了一批新的文化艺术机构，文化艺术市场活跃，文化体制改革推出了新举措，创意文化产业有了新进展，国内外各种与文化艺术相关的会议相继召开，进行了一系列高层次的文化艺术培训，国内外的文化交流活跃。

2013年，北京市全面落实中共中央关于改进工作作风、密切联系群众的八项规定的重要举措，积极响应中宣部等五部门节俭办晚会的号召，使全市文化艺术界呈现清新气象。

2013年，文化部颁布了《娱乐场所管理办法》，出台了《网络文化经营单位内容自审管理办法》，并会同中组部、中宣部等九部门，联合出台《关于支持转企改制国有文艺院团改革发展的指导意见》，大力支持转制院团改革发展，提升演艺业发展水平。

2013年，中国评剧院、北京市河北梆子剧团、北京市曲剧团等转企改制单位进一步深入改革，积极创作新剧目。其中，中国评剧院和北京市曲剧团创作的剧目入选首批全国地方戏演出重点院团及曲艺木偶皮影剧目扶持名单。

中国人民大学和文化部产业司联合在北京发布了2013年度中国省市文化产业发展指数，北京连续四年居全国第一。北京市发改委对新出台的《进一步鼓励和引导民间资本投资文化创意产业若干政策》进行了解读，提出16条政策打破阻碍民间投资进入文化创意产业的壁垒，提振民间投资文创产业的意愿。在政府的积极引导下，第十届中国文化产业新年论坛、文化产业高端峰会、第二届“动漫北京”等一系文化产业的论坛、峰会、活动在京举办。

2013年，北京举办了第十三届“相约北京”联欢活动、2013中国少儿国学文化节、第六届中国国际青年艺术周、“打开艺术之门——2013暑期艺术节”、2013年国家艺术院团演出季、北京金秋优秀剧目展演、北京青年艺术节、艺术院校舞台艺术精品展演周、第十一届北京国际戏剧·舞蹈演出季等艺术演出活动。

2013中国国际文化艺术博览会、2013海峡两岸当代艺术展、大都会艺术博物馆馆藏精品展、北京国际和平艺术家作品展、丝路文明主题展览、第十六届北京国际艺术博览会、北京文学艺术品展示会、2013年“北京798艺术节”等展览活动在京举办。

2013年，首批国家级“非遗”保护研究基地在京颁牌；“第二届中华非物质文化遗产传承人薪传奖”在京颁发；中国少数民族非物质文化遗产展示周、2013北京“文化遗产日”系列活动在京举办；市文化局举办了“非遗市场化运作”高级研修班。

2013年，首都文艺界51部作品获市文学艺术奖，10部市文艺作品获“五个一工程奖”。47部民族原创动漫精品获“动漫北京”奖。多位艺术家获“2013年中国文化艺术政府奖——文华表演奖”。

2013年，北京举办了文化产业前沿论坛、首届中国文化金融高峰论坛、艺术史研究的进展与前瞻、首届“艺术与创意城市北京论坛”、全国艺术理论学科发展高端论坛等系列论坛，专家们围绕文化企业经营与商业模式创新、金融视野中的文化产业、艺术史的纵深发展、艺术塑造城市未来等议题进行了深入探讨。2013年，北京还组织了国家大剧院舞台管理培训班、首届全国中青年文艺人才高级研修班、2013国家数字文化产业高级研修班等高层次的文化艺术培训。

2013年，北京还多次组织艺术家、文艺理论家、民间艺术家到国内外进行交流、考察，举办了2013中国土耳其文化年开幕式演出、第八届“中法文化之春”艺术节、印度宫廷艺术珍品展、“中阿丝绸之路文化之旅”、“2013中国文化聚焦”系列活动、“伊朗文化周”系列活动、曼谷文化艺术节、意大利语言文化周、2013年波兰文化节等一系国际交流项目。《2012中国艺术发展报告》、2013年《文化蓝皮书》的发布，分别对2012年度各艺术门类及我国文化市场总体情况进行了客观分析，并提出切实可行的建议。

（白　莲）

机　构

【北京市文化局】　北京市文化局是北京市政府的组成部门。主要职责：（一）贯彻执行国家关于文化艺术和文化市场方面的方针、政策和法律、法规、规章，起草本市相关地方性法规草案、政府规章草案，依法监督检查执行情况。（二）拟订本市文化艺术事业发展规划并组织实施；推动文化艺术领域的体制机制改革。（三）管理本市文学艺术事业，指导艺术创作与生产，推动各门类艺术的发展；管理重大文化活动。（四）推进本市文化艺术领域的公共文化服务，规划、引导公共文化产品生产，指导重点文化设施建设和基层文化设施建设。（五）拟订本市文化艺术产业发展规划，指导、协调文化艺术产业发展，推进对外文化产业交流与合作。（六）拟订本市非物质文化遗产保护规划，起草有关法规草案，组织实施非物质文化遗产保护和优秀民族文化的传承普及工作。（七）管理本市社会文化事业，指导群众文化工作；管理图书馆事业，指导图书馆、文化馆（站）和基层文化建设。（八）拟订本市文化市场发展规划，负责对文艺演出、文化娱乐和文化艺术品市场以及其他有关文化市场进行监管；负责对从事演艺活动民办机构的监管工作。（九）负责本市文艺类产品网上传播的前置审核工作，负责对互联网上网服务营业场所实行经营许可证的管理，对网络游戏服务进行监管（不含网络游戏的网上出版前置审核）。（十）拟订本市动漫、游戏产业发展规划并组织实施，指导协调动漫、游戏产业发展以及产业基地、项目建设、会展交易和市场监管工作。（十一）拟订本市文化科技发展规划并组织实施，推进文化科技信息建设。（十二）管理本市对外及港澳台的文化交流工作，负责组织大型对外文化交流活动。（十三）依法对本市文化艺术行业的安全生产工作承担管理责任，对以市文化局名义组织的各类活动的安全工作承担主体责任。（十四）承办市政府交办的其他事项。内设机构：办公室、研究室、法规处、公共文化事业处、非物质文化遗产处、演出艺术处、产业发展处、对外文化交流处（港澳台事务办公室）、审批服务处、安全监管处、计划财务处、组织宣传处、人事处、机关党委、工会、离退休干部处、纪检监察处。主要领导有：局党组书记、副局长张文华，局长（2月免）、局党组副书记（1月免）肖培，局长、局党组副书记陈冬（2月任），局党组副书记（7月免）、副局长（8月免）何昕，副局长王珠、王鹏、关宇、张晓、吕先富，纪检组组长崔国红（9月免）。

（王朝晖）

【北京市文学艺术界联合会】　北京市文学艺术界联合会（以下简称北京市文联）是中共北京市委领导的由全市各文学艺术家协会、各区县文学艺术界联合会和市属各局、产（行）业文学艺术工作者联合会组成的人民团体。北京市文联的宗旨是：高举中国特色社会主义伟大旗帜，以马克思列宁主义、毛泽东思想、邓小平理论、“三个代表”重要思想、科学发展观为指导，坚持党的基本理论、基本路线、基本纲领、基本经验，以社会主义核心价值体系为引领，坚持文艺为人民服务、为社会主义服务的方向和百花齐放、百家争鸣的方针，遵守宪法和法律。团结动员首都文艺家和文艺工作者积极投身改革开放和社会主义现代化建设，大力弘扬践行“爱国、为民、崇德、尚艺”的文艺界核心价值观，大力弘扬北京精神，繁荣发展首都文学艺术事业，为加快推进社会主义先进文化之都建设贡献力量。北京市文联的职责是：贯彻党的文艺方针政策，充分发挥党和政府联系文艺界的桥梁和纽带作用；负责对所属各文艺家协会的联络、协调、服务和管理工作；负责对各区、县文联及市属的产业文联的联络、协调、服务和业务指导工作；团结全市文学艺术家和文艺工作者，反映和听取文艺界的情况和意见；组织召开北京市文学艺术界代表大会，理事会和主席团会议；组织团体会员文艺创作和评论、学术交流、人才培训和调研工作，推动文艺理论研究和评论工作的开展；负责市文联系统优秀创作、表演等文艺奖项的表彰奖励和推荐工作，推动文学艺术的思想水平和艺术质量的提高；兴办为文艺事业发展服务的文化产业，负责所属文艺报刊社和事业单位的管理工作；协同有关部门组织中外文艺界的国际、国内文化交流活动，开展同香港、澳门特别行政区和台湾地区的文化交流；依法维护团体会员和文学艺术家及文艺工作者的知识产权等合法权益；承担市委、市政府交办的其他事项。北京市文联实行团体会员制。北京市各文艺家协会和各区、县文联为北京市文联的团体会员；北京市市属各局文联和产（行）业文联在提出申请并经北京市文联主席团批准后，可成为北京市文联团体会员。截至2013年年底，北京市文联拥有北京作家协会、北京戏剧家协会、北京美术家协会、北京书法家协会、北京摄影家协会、北京民间文艺家协会、北京音乐家协会、北京舞蹈家协会、北京曲艺家协会、北京杂技家协会、北京电视艺术家协会、北京电影家协会、北京文艺评论家协会，以及北京16个区县的文联、北京铁路局文学艺术工作者协会等6个局、产（行）业文联共35个团体会员。北京市文联下设办公室、人事部、组织联络部、事业发展部（8月更名为社会工作部）、文艺指导和维权部（8月增设）、机关党委6个机关职能部门和研究部、机关服务中心、老干部活动站、文艺中心管理处（8月更名为信息中心）、北京文学月刊社、北京纪事杂志社、东方少年杂志社7个事业单位。主要领导有：主席金铁霖（4月免）、张和平（4月任），党组书记、常务副主席、秘书长陈启刚，副主席朱明德（4月免）、吕浩材（4月免）、王学勤（4月免）、王明明、王海平（4月任）、王黎光（4月任）、叶用才、刘冠军（刘恒）、刘铁梁（4月任）、吕艺生（4月免）、孙向东（4月任）、李宁（4月任）、李廷芝（4月免）、李金斗、李恩杰（4月任）、陈冬（4月任）、陈世崇（4月免）、陈志强（4月免）、陈祖芬（4月免）、陈维亚（4月任）、林岫、降巩民（4月免）、赵书（4月免）、索谦（4月免）、顾小英（4月任）、郭启宏（4月免）、彭利铭（4月任）、谭利华、黎晶（4月免）、濮存昕。驻会副主席刘开阳（4月任）、张光一（4月任）、程惠民（4月任）。

（张燕鹰）

【北京中传文化金融产业研究院】　3月26日，北京中传文化金融产业研究院在北京挂牌。该院是以“文化金融”命名的民办公益性产业研究机构，由中国文化传媒集团与包商银行共同发起创办。双方在“互利共赢、共同发展”的原则之上，根据各自的资源优势和发展战略需要，打造具有全国影响力的文化金融服务中心，共同研发金融产品，创新金融工具，合理发展文化金融，从而推动文化产业全面、协调、快速发展。

（白　莲）

【北京成立文化艺术领域专业法律服务机构】　4月2日，北京冠和权律师事务所与北京宋庄文化创意产业集聚区百名艺术家签约，为其提供常年私人法律顾问服务。此次签约标志着北京拥有了文化艺术领域专业法律服务机构，开辟了艺术品市场的专业化法律服务新模式。

（白　莲）

【北京印刷学院文化产业安全研究院】　4月11日，北京印刷学院文化产业安全研究院揭牌，首届文化产业安全与文化软实力论坛同时举行。该研究院主要从产业安全的视角对我国文化产业安全领域的理论和实践问题进行研究，立足于文化产业安全领域的学科前沿，研究支撑学科发展的基本理论，并且通过与相关大学、政府、企业、研究机构等部门合作，聚焦文化产业安全领域的热点和难点问题。

（白　莲）

【中国文艺志愿者协会】　5月23日，中国文艺志愿者协会在中国文艺家之家成立，近400位各艺术门类的老中青艺术家出席成立大会。大会通过了《中国文艺志愿者协会章程》，选举产生了中国文艺志愿者协会第一届理事会理事和负责人，姜昆当选中国文艺志愿者协会主席，唐国强、濮存昕、殷秀梅、宋祖英、韩红、刘全利、解海龙、李士杰、季国平、康健民、徐沛东、吴长江、董耀鹏、冯双白、罗扬、王瑶、赵长青、邵学敏、张显、罗成琰当选为协会副主席，罗成琰兼任协会秘书长，廖恳、邵志军任副秘书长。共133名各门类艺术家和中国文联各团体会员单位、文艺志愿服务中心以及副省级文联负责人当选协会第一届理事会理事。中国文艺志愿者协会是由文艺志愿者、文艺志愿服务组织以及关心支持文艺志愿服务的相关单位自愿组成的非营利性社会团体组织，接受中国文联和民政部的指导。

（白　莲）

【中国政协文史馆言恭达艺术研究院】　5月30日，中国政协文史馆特别批准成立言恭达艺术研究院，双方的签约仪式同时举行。全国政协文史馆馆长赵珩向言恭达颁发了全国政协文史馆首批文化艺术指导委员会委员、研究馆员聘书。言恭达艺术研究院旨在整理近代中国艺术发展史，梳理相关艺术创新成果和学术思想，完成相关存史及档案保留工作。

（黎　明）

【中国政协文史馆西沐文化产业研究院】　5月30日，中国政协文史馆特别批准成立了中国政协文史馆西沐文化产业研究院，同时举行了双方的签约仪式。中国政协文史馆馆长赵珩向西沐颁发了中国政协文史馆首批文化艺术指导委员会委员、研究馆员聘书。该研究院旨在围绕国家文化艺术创新战略和大力发展文化产业的战略目标，努力把研究院建成文化艺术产业的思想库、信息库、人才库，推动文化艺术产业市场的体系化建设，并着重研究与突破长期制约艺术品市场发展的瓶颈问题，力争在学科建设、产业拓展及人才培养等方面成为顶尖的文化艺术产业研究高地，为中国文化艺术产业的发展做出贡献。

（张燕鹰）

【中国民营文化产业商会】 9月16日，中国民营文化产业商会在北京成立，百度创始人李彦宏当选为首届会长。该商会是国内首个专门服务民营文化产业发展的全国性大型商会组织，汇聚了来自中央和地方政府、民营企业、投资机构等多方力量，致力于打造集文化产业规划、资源配置和信息共享于一体的国家级文化产业战略合作平台。

（白　莲）

【全国文化干部网络学院】 11月6日，由文化部人事司主办，中央文化管理干部学院承办的全国文化干部网络学院在北京成立。该学院是一个面向文化系统党政干部、经营管理人才和专业技术人才，满足多层次培训需求，依托于国际互联网络技术，覆盖全国文化干部与人才队伍培训的综合应用服务平台。

（白　莲）

文化艺术市场

【文化部颁布《娱乐场所管理办法》】 2月4日，文化部颁布《娱乐场所管理办法》（以下简称《管理办法》）。《管理办法》于2013年3月11日起正式施行。《娱乐场所管理条例》（以下简称《条例》）自2006年颁布实施以来，为依法审批设立娱乐场所，加强对娱乐经营活动的监管提供了法制保障。《管理办法》是在《条例》的基础上结合近年来各地的管理实际和制度创新，进一步厘清《条例》调整的范畴，明确娱乐场所的设立条件，规范娱乐场所的审批流程，强化管理部门的服务意识，提高政府公共服务的效率。《管理办法》设立和完善的主要制度包括娱乐场所设立条件、娱乐场所文化产品内容审核制度、筹建娱乐场所行政指导制度、娱乐场所设立听证制度、日常活动监督管理规范等方面的内容。

（白　莲）

【文化部出台《网络文化经营单位内容自审管理办法》】 8月12日，文化部出台了《网络文化经营单位内容自审管理办法》（以下简称《办法》）。《办法》要求，网络文化经营单位应当建立内容审核制度，对拟上网运营的文化产品及服务内容进行事前审核，确保文化产品及服务内容的合法性。《办法》对文化市场管理机制进行了创新，原来主要由政府部门承担的网络文化产品内容审核和管理责任将更多地交由企业承担，通过做实企业自我约束机制和提升企业自我管理能力，同时政府加强对企业服务及后续监管，来确保文化产品与服务内容的合法性。《办法》规定，网络文化产品及服务的内容审核工作，由取得“内容审核人员证书”的人员实施。内容审核人员由各省级文化行政部门组织培训考核。《办法》要求企业保障内容审核人员的独立表达权，同时也明确了其承担的责任，对于玩忽职守造成严重社会影响或者出现重大审核失误的，将由发证部门注销其“内容审核人员证书”。

（白　莲）

【艺术移动交易平台上线】 8月18日，由高盛艺术品（香港）投资管理有限公司投资，翰墨千秋（北京）书画院有限公司负责平台经营与管理的APP（Application）移动交易平台“艺术交易中心”在京都信苑酒店国际会议厅举办新闻发布会。该平台向社会承诺，其所销售的艺术品100%保真，在不影响第二次销售的情况下，可在30天内无条件退换作品。该平台的成立旨在克服中国艺术行业艺术赝品较多，当代艺术家作品缺乏权威销售平台的弊端。

（白　莲）

【北京产权交易所发售艺术品】 11月6日，在北京产权交易所（以下简称北交所）的交易平台上发售了首批艺术品——国画家刘伯骏的32幅精品。此次转让以单件艺术品为交易单位，按照权威第三方专业机构评估的市场均价8折定价发售，艺术品均由刘伯骏本人鉴定，同时进行公证，出具保真法律声明并设有防伪标识。此批艺术品在北交所的平台完成转让交易后，由昆明元盛文化产权交易所提供业界专业服务资源，为认购艺术品的收藏投资人提供后续专项增值服务和保障机制。

（白　莲）

【首届剧本及曲艺作品推介会】 12月15日~19日，由市委宣传部、市文联主办的“讲好中国故事，传递正能量”北京首届剧本及曲艺作品推介会，在中华世纪坛当代艺术馆举行，共有3000部剧本及曲艺作品参与推介。推介会现场设置了多媒体推广区、剧作家交流区、自由洽谈区、收购区、超市自选区，并以电影、电视、曲艺、戏剧、舞蹈为主题举办了主题论坛。推介会期间，共有48部作品正式签约，200部作品签订合作意向书，90部作品达成合作意向。

（白　莲）

【文化市场经营单位】 截至2013年年底，北京地区共有：艺术表演团体620家（其中，市属11家，区县属7家，文化部及中央其他部委属17家，部队院校17家，民营社办568家）。备案的营业性演出场所123家（舞台数）。累计审批登记的演出经纪机构1646家，互联网上网营业场所1536家，经营性互联网文化单位989家，娱乐场所2094家。

（程　青）

文化体制改革

【蔡武到中国东方演艺集团调研改革发展情况】　4月12日，文化部部长蔡武到中国东方演艺集团有限公司（以下简称东方演艺集团）调研。蔡武观看了演员排练，并听取了基层演员的心声。在随后召开的座谈会上，蔡武指出，作为国有文艺院团体制改革的“排头兵”，东方演艺集团要坚决贯彻、落实中央要求，以更加坚定的决心和更加明确的思路深化改革，努力实现新突破、取得新成就，为全国国有文艺院团在新的历史起点开创体制改革新局面发挥引领示范作用。文化部副部长董伟和中宣部、财政部有关负责人，文化部有关司局负责人陪同调研。

（白　莲）

【《关于支持转企改制国有文艺院团改革发展的指导意见》出台】　6月5日，文化部会同中组部、中宣部、中央编办、发展改革委、财政部、人力资源与社会保障部、税务总局、工商总局，联合出台《关于支持转企改制国有文艺院团改革发展的指导意见》，要求各地积极落实和强化对转制院团的政策扶持，促进转制院团自我发展能力建设，强化转制院团改革发展支撑体系建设，大力支持转制院团改革发展，提升中国演艺业发展水平。

（白　莲）

【刘云山在北京调研文化改革发展情况】　6月8日，刘云山到北京工业设计创意产业基地、中关村科技园雍和园、歌华有线电视网络公司，了解文化改革发展情况，并就文化科技融合、文化业态创新、文化人才培养等问题，同相关负责人和员工交流。刘云山对北京市文化改革发展工作给予肯定。在专门召开的调研座谈会上，相关人员踊跃发言，积极建言献策。刘云山在认真听取发言后指出，文化体制改革不能满足于已经取得的成绩。改革由问题倒逼产生，关键是要通过改革破解难题、解决问题。要确立文化改革发展的新目标，着力在转变职能基础上提高文化宏观管理能力，在转企改制基础上增强文化市场主体竞争力，在规范秩序基础上建立现代文化市场体系，在统筹城乡基础上加快建立公共文化服务体系，在统筹各种资源基础上提高文化“走出去”水平。要加大工作力度，在体制机制创新、内容业态发展、传播能力建设、政策法规保障等多方面采取新举措，巩固提高、深化拓展、攻坚克难、科学发展，推动文化改革发展取得新进展。要加强组织领导，加强战略谋划和顶层设计，注意把握好政府、市场、社会的关系，把握好经济效益与社会效益的关系，把握好意识形态属性和文化产业属性的关系，调动各方面积极性、主动性，形成推进文化改革发展的正能量。中共中央政治局委员、北京市委书记郭金龙一同调研。

（白　莲）

【刘奇葆出席文化体制改革工作座谈会】　6月14日，中共中央政治局委员、中宣部部长、中央文化体制改革和发展工作领导小组组长刘奇葆出席文化体制改革工作座谈会并讲话。刘奇葆在讲话中强调，要深入学习贯彻中共十八大精神和习近平总书记一系列重要讲话精神，深刻把握文化改革发展的新阶段、新形势、新要求，按照加大力度、巩固提高、深化拓展、攻坚克难、科学发展的要求，树立新观念、确立新目标、采取新举措，推动文化改革发展取得新进展，为实现民族复兴中国梦提供强大文化力量。

（白　莲）

文化建设

【中国艺术科技产业联盟成立】　1月22日，由中国宋庄网发起的中国艺术科技产业联盟在宋庄当代艺术集聚区成立，同时启动中国宋庄网与淘宝合作的首场宋庄当代艺术专场拍卖。该联盟由奇虎360、淘宝等科技企业，30余家画廊等艺术机构，宋庄艺术促进会，艺术家和科技产品设计师组成，旨在建立中国原创当代艺术和科技产品设计融合互动的新平台，让艺术家与科技产品设计师对接。

（白　莲）

【国家大剧院开辟中小学“歌剧兴趣培养基地”】　3月16日，国家大剧院“歌剧兴趣培养基地”授牌活动在国家大剧院小剧场举行。北京市第二中学、和平街第一中学、北京师范大学附属中学、翠林小学等150所北京市中小学校被授予国家大剧院“歌剧兴趣培养基地”的牌匾。基地将通过“歌剧艺术讲堂”“歌剧工作坊”等课堂教学，以及“歌剧彩排观摩”“歌剧幕后行”“艺术空间观摩”等课外活动，让孩子们了解歌剧艺术。

（白　莲）

【文化部青少年艺术人才档案库建立】　3月19日，文化部文化艺术人才中心青少年艺术人才档案库在北京成立。该库是文化部文化艺术人才中心为贯彻落实《国家中长期人才发展规划纲要（2010～2020）》关于“加强人才工作基础性建设”的要求而正式组建的，以培养青少年艺术人才为核心，在宣传党和国家艺术教育方针政策、法律、法规，以及报道各地艺术教育动态、艺术培训资讯等方面起到舆论导向作用及宣传指导作用，同时还力图及时、准确地为各地教育行政部门、学校、老师、学生提供全方位、多层次的艺术培训信息服务，使其成为反映艺术教育的重要窗口。

（白　莲）

【中国城市文化产业发展联盟成立】 4月11日，中国城市文化产业发展联盟在全国政协礼堂举行成立大会。该联盟由泛华集团、中国文化管理学会、国家发改委国际合作中心等34家单位联合发起，以“守文化之正、出经济之奇、聚合共分享、携手创未来”为宗旨，以为城市文化产业发展提供综合服务，推动中国由文化大国向文化强国转型为目标，力图搭建中国城市文化产业发展综合服务平台，培育高效、统一的全国城市文化资源交易市场，推动中国文化产业健康、快速发展。

（白　莲）

【中国徽文化艺术展示中心成立】 5月26日，中国徽文化艺术展示中心在北京正东艺术馆挂牌。该中心是在中国文联、中国美协、中国书协、中国民间文艺家协会的指导和支持下，经中共安徽省委宣传部批准，由安徽省文联和北京正东国玉文化发展有限公司联合主办，安徽省美协、安徽省书协、安徽省民协联合承办的艺术展示场所，是向国内外展示、宣传和推介徽文化的窗口。该中心挂牌当天，举办了首届皖籍书法、美术（中国画）、民间工艺名家精品邀请展开幕式。

（白　莲）

【中华爱国文化教育发展基金启动】 8月30日，由中国妇女发展基金会主办，黄金佳投资集团等单位协办的中华爱国文化教育发展基金启动式在北京举行，来自全国妇联、企业界、文化界等200余位代表参加启动仪式。中华爱国文化教育发展基金主要开展爱我中华——爱国文化教育邮包项目、中华行万里——爱国文化自驾游项目、中华爱国主义教育基地项目及中华书院项目4个公益项目，促进爱国文化教育事业的发展。

（白　莲）

【全国文化市场技术监督与服务平台上线运行暨推进试点工作视频会议举行】 9月29日，全国文化市场技术监管与服务平台上线运行暨推进试点工作视频会议在北京举行。上海、浙江、安徽、江苏、山东、黑龙江、四川7个试点省市的文化厅局执法机构人员在分会场参加会议。该平台计划通过5年时间，依托信息网络技术，逐步建成支撑文化市场的宏观决策、市场准入、综合执法、动态监管和公共服务等核心应用，实现市场准入、动态监管、综合执法业务的集中和统一，提供对不同利益相关者信息化应用的全方位服务支持，推进文化市场管理执法的标准化、规范化、信息化和科学化，为文化大发展大繁荣创造良好社会文化环境。试点工作期从平台正式上线运行之日起至2014年2月28日。

（白　莲）

【文化使者基金启动】 12月9日，由黄俭发起，中国友好和平发展基金会与北京常青藤联盟教育投资有限公司共同设立的文化使者基金在北京启动。该基金以在国际上传播中国传统文化为工作重点，促进青少年国际文化交流，推动中国非物质文化遗产的传承。

（白　莲）

【国家艺术基金成立】 12月30日，经国务院批准，国家艺术基金在北京成立。该基金是由国家设立、政府主导、专家评审、面向社会的公益性基金，其主要资金来源于中央财政拨款，同时依法接受自然人、法人或者其他组织的捐赠。该基金重点围绕创作生产、宣传推广、征集收藏和人才培养四大方向进行资助，申报主体面向全社会，国有或民营、单位或个人，均可按申报条件申请基金资助。

（白　莲）

文化（创意）产　业

【第二届“动漫北京”活动】 9月18日～20日，由北京市文化局、石景山区委、区政府及首钢集团共同主办的第二届“动漫北京”活动在北京石景山首钢举办。本届动漫北京活动以“动漫创造快乐”为主题，举办民族原创动漫形象大赛、北京动漫游戏成果展、动漫互动体验展、民族原创优秀漫画动画展、动漫游戏嘉年华、桌游大赛、中国动漫TOP Cosplay大赛、商务大会等14项系列活动，全方位展示北京动漫游戏优秀成果，为动漫游戏爱好者提供参与动漫游戏新成果的平台。

（白　莲）

【第二届“中国文化产业资本大会”】 9月26日，由《融资中国》杂志等主办的第二届“中国文化产业资本大会”在北京举办。大会旨在打造多层次资本市场与不同发展阶段文化企业的对接平台。来自投资基金、文化企业、文化产业园区、银行、文化旅游、天使投资等机构的百余名嘉宾，探讨文化产业金融生态环境，解构成功文化企业资本运营途径与模式，分享文化企业成功路径和背后故事。会议上还举办了最佳投资机构10强、最具投资价值企业10强、最佳并购案例10强、最佳上市公司10强的颁奖典礼。

（白　莲）

【北京出台《关于进一步鼓励和引导民间资本投资文化创意产业若干政策》】 10月1日，北京市人民政府办公厅印发了《关于进一步鼓励和引导民间资本投资文化创意产业若干政策》的通知，公布了北京市引导民间资本投资文化创意产业的十六项政策。即：鼓励民间资本进入文化创意产业领域，支持民营企业健康、快速发展；放宽企业工商登记条件；加强政府服务保障，加大政府资金支持；鼓励民间资本参与国有文化企事业单位改革；鼓励民间资本参与重大文化项目的建设与运营；鼓励民间资本改造存量设施资源；鼓励民间资本新（配）建文化设施；鼓励民间资本投资文化共性服务平台建设；鼓励并引导文化核心要素向园区集聚；鼓励民营文化创意企业出精品；鼓励民营文化创意企业"走出去"；鼓励民间资本和民营企业参与投融资服务体系创新；鼓励民营企业创新文化产品与服务；支持民营企业、机构、团体加强文化创意人才队伍建设；鼓励民间资本扩大文化消费；鼓励民营文化创意机构开展国内外文化交流。

（白　莲）

【第七届"创意中国·和谐世界"文化产业国际论坛】 10月6日，第七届"创意中国·和谐世界"文化产业国际论坛在北京国家广告产业园区公共服务中心举办。论坛由中国传媒大学主办，来自20多个国家的30多位专家、学者对"城市建设与文化发展实现互动平衡的规律与路径"主题进行了研讨。与会专家、学者还围绕文化发展与城市可持续发展的关系、数字信息时代如何激发人们的创造力、媒介对城市发展的影响等细分议题交换了意见，为中国的文化产业与新型城镇化提供了国际化发展经验。论坛期间，发布了《中国文化产业年鉴》和《文化产业与新型城镇化》的最新统计数据。

（白　莲）

【中国文化产业项目服务平台上线】 11月9日，由文化部主办，中国人民大学文化科技园建设运营的中国文化产业项目服务平台正式上线。该平台面向电影、电视剧、软件、音乐、文字、动漫、游戏七大行业，综合运用市场法、收益法、成本法构建价值评估模型，实现版权价值的在线智能评估；针对文化企业的信用结构和风险特点，构建信用分析体系，建设文化企业信用数据库，推动企业与金融机构对接；针对文化产业项目的运营模式及特点，从经济效益、项目风险、社会效益等维度对文化产业项目价值做出评估，推动政府、企业、金融机构三方准确了解项目价值。

（白　莲）

【北京文化创意产业发展连续四年位居全国第一】 11月9日，中国人民大学和文化部产业司联合在北京发布了2013年度中国省市文化产业发展指数，北京的综合指数位居全国第一。2013年度中国省市文化产业发展指数由中国人民大学文化产业研究院调查统计，使用2012年统计数据及调研数据计算全国各省、市、自治区的文化产业发展情况。在综合指数方面，北京连续四年居全国第一。

（白　莲）

活　　动

【中国文学艺术界2013春节大联欢】 1月13日，由中国文联主办的"百花迎春——中国文学艺术界2013春节大联欢"在人民大会堂举行。大联欢主要由浙江、宁夏回族自治区、江西、河南4个地方板块的节目构成，近200名不同艺术门类的老中青三代知名艺术家和1000余名演职人员参加了联欢。

（白　莲）

【2013年军民迎新春文艺晚会】 2月1日，由全国双拥工作领导小组、民政部、国家广播电影电视总局和中国人民解放军总政治部联合举办高举旗帜向未来——2013年军民迎新春文艺晚会在人民大会堂举行。胡锦涛、习近平、吴邦国、温家宝、贾庆林、李克强、张德江、俞正声、刘云山、王岐山、张高丽等与首都军民欢聚一堂，共贺新春。中共中央、全国人大、国务院、全国政协、中央军委有关领导观看演出。观看演出的还有中央和国家机关有关部门、全国双拥工作领导小组成员单位、北京市和解放军四总部、驻京部队各大单位、武警部队和军委办公厅的领导，全国双拥模范城（县）、双拥模范单位和个人代表，以及驻京部队官兵与首都各界群众代表。

（白　莲）

【"文化志愿者基层服务年"系列活动在北京启动】 4月23日，由文化部、中央文明办组织的

2013年“文化志愿者基层服务年”系列活动在北京启动。该系列活动以文化志愿者为骨干力量，以大讲堂、大舞台、大展台为主要形式，面向基层、贴近生活、服务群众，组织招募文化志愿者在各级公共文化服务设施、广大城乡基层群众之中，广泛开展文艺演出、文化艺术知识普及、技能辅导和展览展示等形式多样的文化志愿服务活动。“文化志愿者基层服务年”系列活动由2项示范活动和9个主题活动组成。2项示范活动是由文化部、中央文明办指导实施的“大地情深”——国家艺术院团（馆）志愿服务走基层活动和“春雨工程”——全国文化志愿者边疆行活动；9个主题活动是各省（区、市）文化厅（局）、文明办指导本地组织实施的“传递书香、见证成长”公共图书馆志愿服务活动，“精彩生活、幸福使者”文化馆（站）志愿服务活动，“共享历史、感受快乐”博物馆志愿服务活动，“感受艺术、美丽心灵”美术馆志愿服务活动，“文化惠民、为您服务”文化惠民工程志愿服务活动，“文化暖心、点亮生活”关爱特殊群体文化志愿服务活动，“欢乐节日、爱我中华”节日纪念日文化志愿服务活动，“文化公益、社会责任”企业文化志愿服务活动和“关爱成长、快乐生活”乡村学校少年宫志愿服务活动。

（白　莲）

【第十三届“相约北京”联欢活动】　4月27日～5月30日，由文化部、国家新闻出版广电总局、北京市人民政府共同主办，中国对外文化集团公司、北京市文化局联合承办的第十三届“相约北京”联欢活动举行。本届活动以“浪漫春天”为主题，邀请来自西班牙、美国、法国、波兰等20个国家的60余个艺术团体，进行了50场剧场演出、100场广场演出以及多个展览和青少年艺术教育活动。联欢活动分为音乐、舞蹈、戏剧、展览、节中节等板块。

（白　莲）

【八喜·打开艺术之门——2013暑期艺术节】　7月7日～8月31日，在中共北京市委宣传部、市文化局的支持下，“八喜·打开艺术之门——2013暑期艺术节”在中山公园音乐堂举办。艺术节演出种类丰富，涵盖古典音乐、民族器乐、传统艺术、杂技、儿童剧等艺术门类。参与演出的单位有北京交响乐团、中国爱乐乐团、中国歌剧舞剧院交响乐团、歌剧团和民乐团。本届“打开艺术之门”共推出9个特色夏令营以及11场艺术和环保主题讲座，首次开设“打开艺术之门·圆梦空间”。艺术节期间，共举办演出66场，听众近8万人次，演出上座率为90%，600多名孩子参加夏令营活动。

（白　莲）

【第八届“永远跟党走”中国青少年艺术节】　7月29日～31日，由文化部民族民间文艺发展中心指导，中国艺术家协会、中国教育事业促进会、中国儿童戏剧研究会等10家单位共同主办的2013第八届“永远跟党走”中国青少年艺术节在北京举行。艺术节活动包括“中华儿女爱国篇”“中华艺术风采篇”两大篇章的十余项异彩纷呈的活动。其中，“中华爱国篇”推出了“2013永远跟党走”党史知识竞赛、“2013爱我中华”中国地图绘制比赛等活动；“中华艺术风采篇”系列活动吸引了全国青少年1000多万人次参与，5000余名来自内地28个省、区、市和港澳台地区的青少年组成30多个代表队，分少儿组、少年组、青年组参与北京总决赛。决赛项目涉及声乐、器乐、舞蹈、影视、戏剧、书画、朗诵、曲艺等各个艺术门类，最终评选出各个专业组别1名金奖、3名银奖、6名铜奖以及全国十佳新人奖和优秀奖。艺术节举行期间，由中国艺术家协会主办的“2013情耀中华”第九届全国艺术教育成果展演在北京同期举办，展览展现了中国专业艺术教育的最新成果。

（白　莲）

【“我爱祖国”全国青少年才艺电视展演】　7月31日，由中国儿童音乐学会、中国教育电视协会等联合主办的第五届“我爱祖国”全国青少年才艺电视展演在北京落幕。展演历时5个月，以“中国梦”为主题，共有来自全国近30个省、区、市的30多个艺术团体参与，近千名少年儿童和百余名指导老师参加排演节目。节目形式分声乐、器乐、舞蹈、书画四大类，参加展演的节目均是经全国各地青少年宫、中小学校、幼儿园以及艺术培训机构前期选送、专家团评比后脱颖而出的。7月28日晚，活动方在中国传媒大学举办了颁奖典礼，评出了优秀节目、优秀指导老师和优秀培训基地。晚会于8月16日在中国教育电视台1台播出。

（白　莲）

【第六届中国国际青年艺术周】　8月12日～29日，由中国对外文化交流协会和中国对外文化集团公司共同主办的第六届中国国际青年艺术周（以下简称青艺周）在北京等地举行。青艺周是由政府主导、以青年为主题的国家级、国际性文化交流活动。本届青艺周以“传承—飞跃”为主题，在主会场北京和分会场上海、广州、兰州、厦门、西宁举办了253场演出、展览、艺术讲座等活动。

（白　莲）

【中宣部等五部门叫停奢华晚会】 8月13日，中宣部、财政部、文化部、审计署、国家新闻出版广电总局联合发出通知，要求制止豪华铺张、提倡节俭办晚会。通知要求，各地、各部门要把制止豪华铺张、提倡节俭办晚会和节庆演出，作为落实中央关于改进工作作风、密切联系群众的八项规定的重要举措，作为开展党的群众路线教育实践活动、整治“四风”的重要抓手，切实抓好，使文艺晚会进一步规范，奢华之风、铺张浪费现象明显扭转。各地党委政府要树立正确的政绩观、节庆观，带头把制止豪华晚会和节庆演出作为开展群众路线教育实践活动、杜绝铺张浪费的一项重要任务，切实解决好群众反映强烈的问题。不得使用财政资金举办营业性文艺晚会。不得使用财政资金高价请演艺人员，不得使用国有企业资金高价捧“明星”“大腕”，坚决刹住滥办节会演出、滥请高价“明星”“大腕”的歪风。原则上不得使用财政资金为公祭、旅游、历史文化、特色物产、行政区划变更、工程奠基或竣工等节庆活动举办文艺晚会。不得与企业联名举办文艺晚会和节庆演出。不得利用行政权力向下级事业单位、企业以及个人摊派所需经费。中央和国家机关及其所属机关、事业单位等原则上不得与地方联合举办文艺晚会及节庆演出。

（白　莲）

【首届北京惠民文化消费季】 8月14日～10月29日，由北京市政府主办，北京市国有文化资产监督管理办公室等单位承办的首届北京惠民文化消费季在北京举办。消费季由剧目展演、电影展映、家庭阅读、文物艺术品拍卖等9个专项活动和北京艺术博览会等9个展销板块，以及北京16个区县的专题活动组成，旨在培养市民文化消费理念，激励文化消费行为，培育新的消费增长点。消费季期间，各项文化活动总成交金额达52.3亿元，累计文化消费人次2654.3万，线上、线下申领北京文化惠民卡人数16.7万人，产生直接消费金额约425.8万元。

（白　莲）

【2013年国家艺术院团演出季】 8月16日～9月30日，由文化部主办的2013年国家艺术院团演出季在北京举行。期间，国家京剧院、中国国家话剧院、中国歌剧舞剧院、中国东方演艺集团有限公司、中国交响乐团、中国儿童艺术剧院、中央歌剧院、中央芭蕾舞团、中央民族乐团9家文化部直属艺术表演团体和特邀的德国柏林德意志歌剧院等，在首都各大剧场演出28台剧目，共计65场。演出季的举办旨在展示国家艺术院团的保留剧目和新创剧目，更好地发挥国家艺术院团的导向性、代表性和示范性作用，进一步推动我国艺术事业的繁荣发展。除了演出外，文化部还组织了2013年国家艺术院团演出推介会、2013年国家艺术院团演出季研讨会等，为院团提供展示和交易平台。

（白　莲）

【2013北京天桥系列文化活动】 9月3日～10月下旬，在西城区文化委员会等部门的支持下，北京天桥演艺区建设指挥部举办了北京天桥系列文化活动。活动采用剧院演出和露天展演相结合的方式，包括展示大师艺术生涯、“非遗”项目，举办芭蕾舞知识讲座，街头艺术表演、达人秀绝活和天桥技艺展演、鼓曲专场演出以及北京杂技表演等。首场活动是9月3日在万胜剧场的“忆·天桥走出的评剧大师新凤霞”专场演出。活动期间，还开展了“走近天桥、领略艺境”“北京天桥鼓曲专场晚会”“街头艺术展演”等系列文化活动。其中，天桥传统技艺展演包括天桥摔跤、把式、杠子、空竹、高跷、中幡、砸石等传统表演。本次活动全部免费向市民开放，通过定向邀请、群众申请、网络抽奖、电台赠票等多种方式，邀请市民参加，惠及青少年、企事业单位职工、社区居民、曲艺爱好者等多个群体5000余人次。

（徐　玲）

【2013年北京金秋优秀剧目展演】 9月6日～11月2日，由北京市文化局主办的“2013年北京金秋优秀剧目展演”举办。此次共展演了28家单位的25台剧目（其中3个剧目为2家单位合办），演出形式有话剧、形体戏剧、歌剧、音乐剧、交响合唱音诗、舞剧、现代舞、京剧、评剧、昆曲、河北梆子、曲剧、黄梅调音乐剧、儿童剧和杂技魔术剧。

（白　莲）

【第四届曹雪芹文化艺术节】 9月22日～10月25日，由海淀区人民政府、北京市公园管理中心、北京曹雪芹学会发起，中共海淀区委宣传部、北京植物园承办的第四届曹雪芹文化艺术节在北京举办。文化节活动包括“曹雪芹小道”标识系统发布会暨红楼梦化装游园会、中国原创音乐短剧剧本征集大赛、纪念曹雪芹逝世250周年大会暨曹雪芹西山故里项目动工仪式、中国经典百万人阅读与传递活动、红楼特色植物展、黄叶村菊花雅集、“曹雪芹西山传说”小学生故事会、红楼梦诗词书法作品展、“文化遗产的国内传承与国际传播”国际文化论坛、第四届曹雪芹文化艺术节闭幕式暨昆曲折子戏《红楼梦》演出等。

（张燕鹰）

【第十一届北京国际戏剧·舞蹈演出季】 10月7日～12月7日，由北京市文化局主办、国家大剧院承办的第十一届北京国际戏剧·舞蹈演出季暨2013国家大剧院舞蹈节在北京举行。演出季将来自中国内地、英国、西班牙、瑞士、智利、丹麦、波兰，以及中国台湾地区的26台、100余场、近10个艺术门类的演出呈现给了北京观众。戏剧类剧目有：北京人民艺术剧院复排的话剧《小井胡同》，林兆华的戏剧作品《刺客》，北京京都文化投资管理公司、北京都市海棠文化交流有限公司和梦戏剧黄凯工作室联合出品的话剧《招租启示》，中国台湾亲爱的话剧团的话剧《收信快乐》，中国台湾果陀剧场的悬疑喜剧《步步惊笑》，波兰波兹南新剧团的话剧《十二怒汉》，英国1927剧团的话剧《上街的动物和孩子们》等话剧作品；国家大剧院制作的京剧《天下归心》，北京京剧院的京剧《宋家姐妹》，北方昆曲剧院的昆曲《红楼梦》，吴琼戏剧工作室的黄梅戏《严凤英》等戏曲作品；国家大剧院制作的歌剧《意大利女郎在阿尔及尔》，北京新陆地文化艺术中心、北京木马星座文化传播有限公司、杭州演出有限公司出品的大型多媒体舞台剧《毛泽东和他的长子》，中国台湾朱宗庆打击乐团的音乐戏剧《木兰》，东方剧院的大型民族音乐剧《曹雪芹》，还有融合了苏州评话与北京单弦曲艺节目《北曲南音》。舞蹈类有：中国国家芭蕾舞团的芭蕾舞《堂·吉诃德》，北京舞蹈学院的古典舞《情·缘》，迪庆藏族自治州民族歌舞团创作的大型原生态民俗舞蹈诗画《香格里拉》，王亚彬与比利时编舞家共同创作的“亚彬和她的朋友们”第五季《生长》，中国台湾云门舞集2的《断章》，西班牙国家舞蹈团的《弗拉明戈精选－法鲁卡·波莱罗·美狄亚》，瑞士日内瓦大剧院芭蕾舞团的《吉赛尔》，智利圣地亚哥国家芭蕾舞团的《卡门》，摩洛哥蒙特卡洛芭蕾舞团的《罗密欧与朱丽叶》和《天鹅湖》，丹麦国家舞蹈团的芭蕾舞《爱之歌》。国家大剧院作为本届戏剧舞蹈演出季的承办方，精心策划了“云门舞集”编导大师课、话剧《刺客》编剧徐瑛讲座、丹麦国家舞蹈团展示爵士风情的花样之舞等14场院内艺术普及教育活动和10余场艺术“走出剧院”的公益活动。朱宗庆打击乐团、西班牙国家舞蹈团、中国国家芭蕾舞团、台湾果陀剧场、北方昆曲剧院等艺术团体和艺术家走进校园、社区、企事业单位等，以表演、讲座、互动等形式，让大众“亲密接触”高雅艺术。

（张燕鹰）

【第八届中国（北京）国际大学生动画节】 10月26日～28日，由中国传媒大学主办，中国传媒大学动画与数字艺术学院、中国动画学会教育委员会、数字动画技术研究北京市重点实验室承办的第八届中国（北京）国际大学生动画节在中国传媒大学举行。动画节活动主要由大师课程、动画展映和颁奖典礼三部分组成。大师课程有加拿大国家电影局、英国阿德曼动画公司、波兰西马弗公司和美国梦工厂动画公司的艺术大师的4个课程。展映活动包括加拿大 Ishu Patel 作品回顾展、英国阿德曼动画工作室作品展、法国动画电影展、年度环球学生动画短片精选、白杨奖入围作品展映、《功夫兔与菜包狗》第一季试映会等9场动画片展映。颁奖典礼为从全球20多个国家100多所高校的1000多部优秀作品中由终审委员会评出的“小白杨奖”最佳动画短片奖、最佳动画导演奖、最佳动画故事奖、最佳角色动画奖、最佳动画音乐与声音奖、最佳动画视觉风格奖、最佳故事漫画奖、最佳单幅漫画奖、土豆最具网络人气奖和专家特别推荐奖等10余个大奖举行了颁奖仪式。

（白　莲）

【2013第三届北京青年艺术节】 11月1日～31日，由共青团北京市委员会、中共北京市委宣传部、北京市文化局联合主办，北京市青年宫、北京青年艺术团承办，中国网络电视台、中国传媒大学协办的“青春北京·青年盛汇”2013第三届北京青年艺术节在北京举办。艺术节以“青春北京·青年盛汇”为主题，以“青年汇·青春梦”为口号，以演出、比赛、参观、体验为主要形式，以“青春艺术奖”评选为激励，以“网上青艺节”评选展示为补充。艺术节活动包括开幕式、第三届“青春艺术奖”评选、青年汇K歌大赛、新青年文化艺术体验营、网上青艺节和闭幕式六大板块，共举办声乐、器乐、舞蹈、戏剧曲艺及K歌大赛等各类演出20余场；新青年艺术体验营共走进20余个院团、博物馆等文化艺术场所。整个青艺节举办期间参与活动青年达到10万人次。

（白　莲）

【春华秋实——艺术院校舞台艺术精品展演周】 11月2日～13日，第六届“春华秋实——艺术院校舞台艺术精品展演周”在国家大剧院举办。展演周旨在展示艺术院校教育、教学成果，鼓励支持舞台艺术精品创作生产、挖掘扶持优秀青年艺术家。展演周汇集了北京舞蹈学院、美国杨百翰大学、中国台北艺术大学、天津音乐学院、中国音乐学院、西安音乐学院、中国戏曲学院、中央戏剧学院、沈阳音乐学院共9所中外艺术院校，呈现了9台12场演出。展演期间还开展了艺术教育、交流活动。

（白　莲）

【第八届全国残疾人艺术汇演优秀节目展演】　12月2日，由中国残联、教育部、文化部、民政部等共同主办的“我梦最美”第八届全国残疾人艺术汇演优秀节目展演在世纪剧院举行。演出分为序篇“梦幻童年”和“虔诚寻梦”“激情追梦”“我梦最美”4个主篇章。本届汇演分为福建、北京、湖南、甘肃4个赛区。全国31个省（区、市）和新疆生产建设兵团的5000余名演职员参加了声乐、器乐、舞蹈和戏剧小品四大类的比赛，节目总数达到348个，直接参与到各级汇演的残疾人超过了10万余人。在汇演中，北京市残疾人取得历届比赛最好成绩，共获得6个一等奖、5个二等奖、1个三等奖、7个创作奖和团体总分一等奖。

（白　莲）

【北京天桥演艺区文化系列活动】　12月6日~12日，由西城区文委、北京天桥演艺区建设指挥部主办的“北京天桥演艺区文化系列活动”在天桥演艺区举行。该系列活动包括邀请导演田沁鑫、编剧邹静之等艺术家及专家、学者，举办旨在对公众进行艺术普及教育的艺术课堂；邀请市民免费观看四场由龙马社及田沁鑫导演制作的话剧（实验剧）演出；展陈天桥演艺区及周边各演艺院团文化交流海报、经典剧照、天桥历史、天桥演艺图片展览，以及天桥演艺区文化艺术展；邀请国内著名艺术家、演艺院团等共同研讨天桥发展的未来趋势，进一步扎实推进天桥演艺区的建设，促进演艺区演艺产业的聚集和发展的天桥演艺区发展座谈会。

（张燕鹰）

【国家大剧院举办“公众开放日艺术节”】　12月22日，国家大剧院一年一度的“公众开放日艺术节”举行。从当日9点到16点30分，19场剧场演出、11场艺术讲座及交流活动、6大艺术展览、50余场空间演出和活动等集中上演，接待观众超过1.5万人。自2008年起，国家大剧院将每年的12月22日，即其正式开幕运营的日子，定为“公众开放日”，并从2012年起升级为“公众开放日艺术节”。

（白莲）

展　览

【第十六届北京国际艺术博览会】　8月29日~9月1日，“璀璨艺术2013——第十六届北京国际艺术博览会”在全国农业展览馆新馆举办。艺博会共有展商213家，展出中外艺术作品1300余件，云集了原创艺术、设计、奢侈品、佛学艺术、艺术衍生品、创意产业、古董艺术几大板块。展会除了常规的以画面呈现的艺术表现形式，还特别引进欧美最具影响力的视觉艺术，借助声、光、电结合等形式，多方位、立体地呈现此次盛会。

（白　莲）

【北京文学艺术品展示会】　9月15日~21日，由北京市文联主办、北京文艺中心管理处承办的北京文学艺术品展示会在奥林匹克公园中心庆典广场举办。展示会包括文联成果展、文学艺术大讲堂、文学艺术品展示和新人新作推荐四大板块，共有129位艺术家携1935件原创艺术作品亮相。展品包括文学作品、画作、书法作品、摄影作品，以及民间手工艺品如绢人、鼻烟壶等。

（白　莲）

【2013中国国际文化艺术博览会】　9月18日~20日，由中国人民对外友好协会、文化部艺术发展中心主办，北京成聚会展有限公司承办的2013中国国际文化艺术博览会（Art China）在北京全国农业展览馆新馆举行。本届博览会共吸引了115家参展单位，12个国家的知名艺术机构，52家知名画廊，328位现当代名家和实力派艺术家，10位国家级传承艺术大师。博览会共展出油画、书法、国画、雕塑等作品6000余件，组织了19场涵盖艺术品鉴、收藏，油画和水墨画研究等不同主题的讲座及论坛，吸引观众3万余人，成交额近亿元。

（白　莲）

【2013年“北京798艺术节”】　9月21日~10月20日，2013年“北京798艺术节”在798艺术区举行。艺术节以“艺象·融合”为主题，活动内容包括开闭幕式、主题系列展、同盟系列展、特别展、摄影展、学术研讨、特色活动、戏剧演出、雕塑展共十大项近百小项艺术活动。本届艺术节注重宣传推介园区的重要文化艺术展览。主题系列展、同盟系列展采取艺术机构参与联合展出的形式，力图以前沿性的态度，彰显798艺术区的重要性与影响力。艺术节期间，部分艺术家工作室定期对外开放，小柯剧场、玫瑰之名剧场、798剧场举办了戏剧节。

（白　莲）

【“中国梦、美西城”原创作品展】　10月26日~30日，由中共西城区委宣传部、西城区文联举办的“中国梦、美西城”原创作品展在民族文化宫展出。展览展出的书法、美术、摄影、手工艺等艺术作品共二百余幅（件）。作品集中反映了西城区各协会艺术家坚持双百方针，深入基层，采用多种艺术形式，诠释西城的厚重历史以及西城环境的变化。

（吴赣生）

【第八届中国北京国际文化创意产业博览会】 11月6日~10日，由文化部、国家新闻出版广电总局和北京市政府共同主办的第八届中国北京国际文化创意产业博览会（以下简称"第八届文博会"）主场活动在中国国际展览中心（老馆）举办。第八届文博会以"促进文化贸易、加快经济升级"为主题，安排了综合活动、展览展示、推介交易、分会场活动、论坛峰会、创意活动6大系列100多场活动，全国23个省（区、市）和计划单列市派出代表团参会，来自国际复制权联合会、国际授权业协会、国际博物馆协会等国际组织及美国、法国、英国、荷兰、俄罗斯、韩国等26个国家以及中国港澳台地区的30多个代表团组专程赴会。文博会共吸引来自海内外文化创意产业界及相关业界的120多万人次参与，达成各类项目签约额1190.36亿元人民币。

（白　莲）

第八届中国北京国际文化创意产业博览会

【第九届中国（北京）国际园林博览会优秀美术摄影作品展】 11月28日~12月1日，第九届中国（北京）国际园林博览会优秀美术摄影作品展在军事博物馆举办。此次活动由第九届中国（北京）国际园林博览会宣传活动部、北京市丰台区文联主办，共展出美术和摄影作品300余幅。展览的举办，延伸了北京园博会在时间和空间上的影响力，全方位展示了本届园博会的建设过程、园林景观与丰富多彩的文化活动。

（白　莲）

会　　议

【全国宣传部长会议在京召开】 1月4日，全国宣传部长会议在北京召开。中共中央政治局常委、中央书记处书记刘云山出席会议并讲话，强调宣传思想文化战线要坚持以邓小平理论、"三个代表"重要思想、科学发展观为指导，按照高举旗帜、围绕大局、服务人民、改革创新的总要求，以学习宣传贯彻中共十八大精神为主线，稳中求进、开拓创新、扎实开局，贴近实际、贴近生活、贴近群众，切实做好宣传思想文化工作，为全面建成小康社会、夺取中国特色社会主义新胜利提供强大的精神文化力量。中共中央政治局委员、中央书记处书记、中宣部部长刘奇葆主持会议并作工作部署。中共中央政治局委员、国务委员刘延东，全国政协副主席、中国社会科学院院长陈奎元出席会议。

（白　莲）

【2013年全国文化厅局长会议】 1月4日~5日，2013年全国文化厅局长会议在北京举行。部分与会代表列席全国宣传部长会议，听取了刘云山、刘奇葆在会上所作讲话。文化部党组书记、部长蔡武出席2013年全国文化厅局长会议并作工作报告。他系统回顾总结了全国文化系统2012年的工作，对深入贯彻落实中共十八大精神、扎实做好2013年文化工作和切实改进工作作风作出部署。全国各省、自治区、直辖市和新疆生产建设兵团及各计划单列市、省会城市文化厅（局）长，文化部各司局、各直属单位的主要负责人，国家文物局有关负责人，驻外文化参赞，海外中国文化中心和有关艺术院校的主要负责人以及中央国家机关有关部门、单位负责人参加会议。

（白　莲）

【中国文联第九届全国委员会第四次会议】 1月12日~13日，中国文联第九届全国委员会第四次会议在北京召开。全国政协副主席、中国文联主席孙家正出席并主持会议。中宣部副部长翟卫华、中国文联党组副书记、副主席覃志刚出席会议并讲话。中国文联党组书记、副主席赵实在会上作了工作报告。会议审议通过《关于更替和增补中国文联第九届全委会委员的决议》，确认汪天行、张汉平、陈田、顾久4人为中国文联第九届全委会委员；庄保斌、部海镭2人不再担任中国文联第九届全委会委员。中国文联党组副书记、副主席李屹通报了中国文联第九届全委会委员的变动情况。在分组讨论中，委员们围绕贯彻落实中共十八大精神，推动文艺事业和文联工作创新发展，中宣部领导讲话，全委会工作报告以及如何落实以人民为中心的创作导向及工作导向等展开讨论，并就如何更好地开展文联工作交流了经验，提出了建议。中国文联党组成员、副主席杨承志，中国文联党组成员、书记处书记夏潮、李前光，以及中国文联主席团成员，200余名中国文联全委，中宣部文艺局、干部局有关负责人参会。部分全国文艺家协会主席，各全国文艺家协会领导班子成员，中国文联机关局级以上干部，各直属单位领导班子成员和15个副省级城市文联主要负责人列席会议。

（张燕鹰）

【全国产（行）业文联工作座谈会】　11月21日，由中国文联国内联络部主办、中国检察官文联承办的全国产（行）业文联工作座谈会在北京举行。中国文联党组副书记、副主席覃志刚出席会议并讲话。会上，中国石油文联、中国铁路总公司文联、中国煤矿文联、中国电力文协、中国水利文协、中国化工文联、中国石化文联、全国公安文联、中国检察官文联、中国人民银行文联共10家中国文联团体会员的相关负责人，就各自工作经验和做法、问题和困难、新的思考和举措以及对中国文联的意见和建议进行了发言。

（白　莲）

【中国艺术管理教育学会第八届年会】　11月29日~12月1日，由中国艺术管理教育年会、中央美术学院主办，中央美术学院人文学院艺术管理学系承办的中国艺术管理教育学会第八届年会暨2013年全国大学生艺术创意创业项目大赛总决赛在中央美术学院举办。年会以“新十年：面向未来的艺术管理学科定位与规划”为主题，由主题研讨会、2013年全国大学生艺术创意创业项目大赛总决赛以及常务理事会议等一系列活动组成。年会邀请了国内外知名学者深入探讨当前艺术市场和艺术管理所面临的焦点议题。研讨会分为“艺术的边界与产业发展”“艺术管理专业规划与学科布局”“艺术管理学科的文化推动力”三大主题板块；创业项目总决赛和常务理事会议分别于11月30日和12月1日举办。

（白　莲）

非物质文化遗产保护

【首批国家级非物质文化遗产保护研究基地在京颁牌】　1月16日，首批国家级非物质文化遗产保护研究基地在北京命名并颁牌。文化部副部长董伟，中国艺术研究院院长、中国非物质文化遗产保护中心主任王文章出席仪式并为入选单位颁牌。此次入选首批国家级非物质文化遗产保护研究基地的传承单位分别是苏州市苏绣艺术创新中心、南通蓝印花布艺术馆、禹州市苗家钧窑有限公司和福建省仙作古典工艺家具研究开发有限公司。

（白　莲）

【国家图书馆藏年画精品暨国家级非物质文化遗产年画项目代表性传承人作品展】　1月29日~2月26日，由文化部非物质文化遗产司和国家图书馆共同举办的中国记忆项目系列展览之“年画中的记忆——国家图书馆藏年画精品暨国家级非物质文化遗产年画项目代表性传承人作品展”在国家图书馆展出。国家图书馆从馆藏的4000余幅传统年画中，遴选出120幅参加此次展览，展品多为杨柳青、朱仙镇等地制作，题材包括戏曲演义、福寿吉祥、神话故事、日用杂事、风土民俗等不同主题。此外，展览还展出了来自天津杨柳青、河南朱仙镇、山东潍县、陕西凤翔、河北武强、山东高密等地年画项目代表性传承人的代表作品110幅。结合此次展览，国家图书馆中国记忆项目上线发布了“中国年画”主题资源库，通过在线展览形式，集中展示不同地域的年画艺术特色和“非遗”保护工作的重要成果。

（白　莲）

【“传统节日文化论坛”举行】　2月21日，由文化部主办、文化部非物质文化遗产司和中国非物质文化遗产保护中心承办的“传统节日文化论坛”在中国艺术研究院举办。中国社会科学院荣誉学部委员刘魁立、中国艺术研究院副院长吕品田、中央民族大学教授陶立璠、中国艺术研究院音乐研究所所长田青、中国社会科学院副研究员施爱东、中国文学艺术界联合会研究员刘锡诚、中国艺术研究院研究员李荣启等参加论坛。专家们就当下传统节日文化的异化、空洞化以及传统节日在城镇化进程中面临的危机进行了分析，并在理论层面上给予了建议和指导，呼呈让传统节日更多回归民间。

（白　莲）

【首期“非遗市场化运作”高级研修班】　3月，由北京市文化局主办的首期“非遗市场化运作”高级

“年画中的记忆”——国家图书馆藏年画精品暨国家级非物质文化遗产年画项目代表性传承作品展开幕式

研修班在北京举办。北京100项非物质文化遗产的传承人、项目单位负责人参加培训，共同学习如何将手中技艺推向市场，对“非遗”技艺进行更好地活态传承。此次培训共有40个课时，数据分析专业委员会专家根据不同类型的“非遗”项目进行细化培训。

（白　莲）

【“第二届中华非物质文化遗产传承人薪传奖”在京颁发】 6月6日，由中国艺术研究院·中国非物质文化遗产保护中心主办，中国泛海控股集团有限公司协办的“第二届中华非物质文化遗产传承人薪传奖”（以下简称薪传奖）颁奖仪式在北京举行。中国艺术研究院院长、中国非物质文化遗产保护中心主任王文章为获奖“非遗”传承人颁奖并讲话。“薪传奖”是我国首个由非物质文化遗产专业工作机构设立的国家级奖项，旨在表彰为中华非物质文化遗产传承做出杰出贡献的各级“非遗”传承人。该奖每次评选传承人60名。本届评奖共有全国各地共60位非物质文化遗产代表性传承人获此殊荣。其中，来自北京的有：谭派京剧传人谭元寿、北京评书传人连丽如、象牙雕刻大师李春珂、内联升千层底布鞋制作技艺传人何凯英。

（白　莲）

【良辰美景·恭王府2013年非遗演出季】 6月8日～12日，为纪念中国第8个“文化遗产日”，由文化部恭王府管理中心和中国昆剧古琴研究会共同策划主办的“良辰美景·恭王府2013年非遗演出季”在恭王府大戏楼内举行。该活动由“昆曲专场”和“古琴专场”2部分共5场演出组成。在昆曲专场中，浙江昆剧团和永嘉昆剧团演出了《十五贯》和《狮子楼》《牡丹亭·拾画》《风筝误·前亲》《疗妒羹·题曲》《吕布试马》《折桂记·牲祭》《荆钗记·见娘》《西厢记·佳期》《琵琶记·吃饭、吃糠》9部精品折子戏；古琴专场中，陈长林、吴钊、龚一、成公亮、丁承运、余青欣、赵家珍7位国家级非物质文化遗产项目古琴艺术代表性传承人献上了《梅花三弄》《流水》《渔樵问答》《潇湘水云》等耳熟能详的名曲，以及《幽兰》《那罗法曲》《风云际会》《南风操》等一些很少听到的古曲。活动还在国家图书馆举办了古琴知识系列讲座。

（薛晓金）

【2013北京“文化遗产日”系列活动】 6月，2013北京“文化遗产日”期间“十个一”重点活动在国家大剧院、长安大戏院等处举办。活动内容包括：由北京市文化局主办的“名家传艺——非物质文化遗产代表性传承人收徒传艺工程”启动仪式，梅葆玖等8位“非遗”代表性传承人公开收徒，27位学徒向老师行拜师礼；北京市推出百集《守望——北京非物质文化遗产纪录片》首发式暨“非遗”10日电视展播；“2013年度北京市非遗保护贡献奖”颁发；命名传统节日北京特色活动；命名2013年度“北京市非遗生产性保护示范基地”和“北京市非遗传承示范校”；举办“非遗”师徒作品展及“恢复经典、再现传统”——“非遗”展演等系列活动，其中复排昆曲《续琵琶》、评剧《良宵》、北京皮影戏《樊梨花》等经典传统剧目，均是首次登台亮相。

（白　莲）

【中国少数民族非物质文化遗产展示周】 12月23日～29日，由国家民委、文化部主办，民族文化宫承办的“中国少数民族非物质文化遗产展示周”活动在民族文化宫举办。此次展览是中国首次以少数民族非物质文化遗产为专题的大型展览，是对中国少数民族非物质文化遗产的全面展示，旨在让更多的人了解中国丰富多彩的少数民族非物质文化遗产，争取各界对少数民族非物质文化遗产抢救保护工作的关心和支持。展览涉及已公布的三批国家级非物质文化遗产名录中的少数民族项目433项，与项目相关的20个省、直辖市、自治区参展。展览设“剪刻绘画”“文学史诗”“纸张印刷”“制茶工艺”“木作编扎”“民族器乐”“陶泥烧造”等多个主题展区，展出实物600余件、图片800余幅、影像资料20部，现场演示及演出项目60多项。

（白　莲）

赛事、奖项

【国家舞台艺术精品工程授牌仪式在京举行】 1月5日，国家舞台艺术精品工程授牌仪式在北京举行。文化部部长蔡武等出席仪式，并为“2010～2011年度国家舞台艺术精品工程重点资助剧目”及“2011～2012年度国家舞台艺术精品工程资助剧目”授牌。授牌仪式上还首次颁发了“国家舞台艺术精品工程组织工作奖”。秦腔《西京故事》、越调《老子》、桂剧《七步吟》等15部作品被评为“2010～2011年度国家舞台艺术精品工程重点资助剧目”，每部奖励100万元，用于修改、加工、演出。儿童剧《想飞的孩子》、评剧《赵锦堂》、话剧《雾蒙山》等38部作品入选“2011～2012年度国家舞台艺术精品工程资助剧目”，每部奖励50万元。北京市文化局等12家单位获得“2010～2011年度国家舞台艺术精品工程组织工作奖”。

（白　莲）

【北京位居“两岸城市文创竞争力”首位】 1月6日，由亚太文化创意产业协会主办的针对两岸42个城市文化创意实力的调查在北京揭晓，北京被评为“两岸城市文创竞争力”首位。调查共选出中国大陆35个文化创意评估城市，以及台北、台中、台南等7个台湾城市作为评估对象，以电子邮件及实体问卷发放的方式，总计回收问卷2018份，根据问卷撰写调查报告。调查的目的是希望两岸城市的市长和相关负责人互动沟通，改善文创氛围，提高各自城市的软实力。除北京位居首位外，排名前10位的城市分别是上海、台北、杭州、南京、深圳、厦门、成都、苏州、大连。

（白　莲）

【第七届AAC艺术中国大奖揭晓】 5月16日，“第七届AAC艺术中国·年度影响力评选（2012）”颁奖盛典在故宫举行。汪建伟获装置多媒体奖，毛焰获油画类奖，骆丹获摄影类奖，李津获水墨类奖，石开获书法类奖，刘建华获雕塑类奖，张湘溪获青年艺术家奖，尚扬获终身成就奖，《立场：邹跃进美术理论与批评文集》获年度艺术出版物奖，“重新发电”2012第九届上海双年展获年度艺术展览奖，中国雕塑学会获年度特别贡献奖，“最具中国影响力外国艺术家奖项”由已故女艺术家路易斯·布尔乔亚获得，始终力求使品牌与艺术完美契合的商业品牌马爹利，获得艺术普拉斯奖。

（白　莲）

【“动漫北京”第二届民族原创动漫形象大赛】 8月～9月，由北京市文化局、首都精神文明建设办公室、共青团北京市委员会主办，北京动漫游戏产业联盟承办的“动漫北京”第二届民族原创动漫形象大赛在北京举行。大赛征集到1191幅作品，经专家评审，共评选出获奖作品47部。其中，聂峻《一条名叫河流的街巷》获单幅漫画类第一名，武阳《小野猪毛豆的幸福生活》获四格漫画类第一名，北京电影学院制作的《花语男孩的梦游日记》获叙事漫画类第一名，北京电影学院制作的《绿荫岛》获动画短片类第一名，北京青青树动漫科技有限公司《魁拔之大战元泱界》获动画长片类第一名，蓝港在线（北京）科技有限公司的《王者之剑》获手机游戏类第一名，北京昆仑在线网络科技有限公司的《绝代双骄》获网页游戏类第一名，完美世界（北京）网络技术有限公司的《笑傲江湖》获客户端游戏类第一名。

（白　莲）

【第十二届全军文艺优秀作品奖评选揭晓】 8月，第十二届全军文艺优秀作品奖评选结果揭晓，长篇小说《碑》、中篇小说《终将远去》、短篇小说《俄罗斯陆军腰带》、诗集《记住那些地方》、散文集《原木在移动》、长篇传记文学《吴孟超传》、评论集《当小说成为哲学的仆役》、话剧《共产党宣言》、歌剧《永不消逝的电波》、歌曲《让导弹飞》、舞剧《铁道游击队》、小品《沙海绿荫》、快板《军营新唱》、杂技《力与美——男女对手》、晚会《不朽篇章放光芒》等作品分获220个奖项。

（白　莲）

【“2013年中国文化艺术政府奖——文华表演奖”公布】 10月26日，“2013年中国文化艺术政府奖——文华表演奖”获奖名单公布，殷秀梅、阮余群、张剑、曾昭娟、王平、张俊玲、史佳花、谷好好、陈美兰、翁国生、吴亚玲、刘莉莉、汪荃珍、朱世慧、杨俊、陈巧茹、侯丹梅、杨丽萍、李东桥、边肖、洪涛21人获奖。文化部为每位获奖者颁发奖杯、证书及10万元奖金。

（白　莲）

【北京地区多个剧目获第十四届“文华奖”】 10月26日，第十四届“文华奖”颁奖仪式在青岛市青岛大剧院举行。北方昆曲剧院的昆曲《红楼梦（上、下本）》、中国歌剧舞剧院的歌剧《红河谷》、总政歌舞团的舞剧《铁道游击队》获文华大奖；总政话剧团的话剧《生命档案》、中国国家话剧院的话剧《四世同堂》、中国儿童艺术剧院的儿童剧《特殊作业》、北京儿童艺术剧院股份有限公司的儿童剧《想飞的孩子》、中央芭蕾舞团的芭蕾舞《过年》获文华优秀剧目奖。

（张燕鹰）

【百人会英才奖（艺术）揭晓】 10月31日，第三届百人会英才奖（艺术）颁奖典礼在北京举行，来自中央美术学院、中国美术学院、清华大学美术学院和广州美术学院等15所高等艺术院校的15位研究生荣获该奖项。上述15所高校每校推荐3至5名候选人，由水天中、王镛等8位专家评委对入围候选人做出艺术评鉴，最终遴选出优秀者获此殊荣。此奖项于2010年由重彩油画奠基人周昌新以周昌新艺术基金名义发起设立，用于鼓励高等艺术院校品学兼优和勇于创新的学生。

（白 莲）

【北京市区县（局）、产（行）业文联优秀原创节目颁奖】 11月10日，“展望未来、成就梦想——2013北京市区县（局）、产（行）业文联优秀原创文艺节目展演颁奖汇报演出”在大兴剧院举行。此次展演共有曲艺、舞蹈、音乐等15个节目参加。2013年年初，各区县（局）、产（行）业文联创作生产了一批原创的、富有地域特色和时代精神、反映北京生活的作品。10月19日至20日，46个优秀原创作品进行集中调演，经评选，最终快板《血压降蓬山》、小品《亲情》、女声独唱《梦绕魂牵大前门》、男女声对唱《祝英台》、舞蹈《都市白领》获一等奖。

（白 莲）

【2013年鲁迅文化奖颁奖】 12月4日，由搜狐网与鲁迅文化基金会联合主办的2013年鲁迅文化奖在清华大学颁发12个奖项，涵盖多个文化艺术领域。鲁迅文化奖由专家评委投票，并参考网友投票数据，最后选定获奖作品。金宇澄的《繁花》获“年度小说奖”，李亚伟的《河西走廊抒情》获“年度诗歌奖”，傅高义的《邓小平时代》获“年度图书奖”，章燕紫的《止痛帖》获“年度艺术奖”，中国美术馆的展览“留学到苏联”获“年度文化艺术表现奖”，宋冬野以专辑《安和桥北》获“年度音乐奖”，话剧《蒋公的面子》获“年度戏剧奖”，电影《一代宗师》获“年度电影奖”，《丝路，重新开始的旅程》获“年度纪录片奖”。文化奖还将“年度彷徨事件”和“年度呐喊事件”两个奖项，分别颁给了“纠结小时代”和“迟来的道歉”。前者因电影《小时代》掀起的论战搅动了2013年的文化圈并波及大众，各方围绕物欲与价值观的争论折射出的是当下社会的迷茫；后者则因个体敢于为其在“文化大革命”中的错误而忏悔受到人们的尊重，使更多的个体勇于反思和忏悔，给社会带来了震撼。“年度致敬人物”则颁发给了苏利文，他以独特的眼光在西方重新评价了20世纪的中国美术，有助于西方人重新认识中国美术。

（白 莲）

【第二届“中华艺文奖”颁奖】 12月19日，第二届“中华艺文奖”颁奖典礼在人民大会堂举行。该奖项由中国艺术研究院主办，中国泛海控股集团有限公司出资设立。该奖项旨在表彰具有高尚精神、卓越才华和杰出成就的中华文化艺术英才，以推动中华文化艺术的繁荣与发展，体现当代中华优秀文化艺术的审美取向和价值取向。经过一年的评选，“中华艺文奖”评选委员会最终投票产生了“中华艺文奖”各个奖项共19名获奖者，其中“中华艺文奖终身成就奖”10名，分别为才旦卓玛、朱琳、吴良镛、沈鹏、周小燕、尚长荣、欧阳中石、侯一民、贺敬之、秦怡；“中华艺文奖”9名，分别为叶小钢、田黎明、朱乐耕、余隆、李雪健、罗中立、赵汝蘅、莫言、裴艳玲。

（白莲）

交　流

【“2013年北京舞台艺术香江行”启动】 1月16日，由北京文创国际集团和香港经纬集团主办的“2013年北京舞台艺术香江行”在香港新光戏院启动，拉开了2013年京港两地文化交流活动的序幕。开幕演出中，京剧梅派传人梅葆玖、京剧叶派传人叶少兰为香港观众献上了京剧《蝶海情僧》，京剧梅派男旦第三代传人胡文阁、京剧演员李宏图等悉数登场。“2013年北京舞台艺术香江行”活动贯穿全年，北京京剧院梅兰芳京剧团、北方昆曲剧院、中国杂技团、中央戏剧学院、中央音乐学院等，将为香港观众奉献京剧、昆曲、杂技、现代舞、曲剧、木偶剧、交响乐等多种形式的文艺演出。

（白 莲）

【道法自然：大都会艺术博物馆馆藏精品展】 2月1日~5月9日，“道法自然：大都会艺术博物馆馆藏精品展”在中国国家博物馆展出。此次展出的展品是从美国纽约大都会艺术博物馆的17个专业部门中的12个部门里精选而来的，在时段上涵盖了整个西方艺术的发展历程，上可追溯至公元前3000年左右，下至20世纪。展品按主题被划分为“理想化的自然”“人与自然”“自然生灵”“花卉与花园”“镜头中的自然”“大地与天空”和“水的世界”七个章节，每个章节内部按时间顺序排列，以不同主题展现人类自古以来对于大自然的感触与思索。

（白　莲）

【意大利2013年“欢乐春节”活动】　当地时间2月2日，由中国驻意大利使馆和北京市政府主办、市文化局承办的2013年“欢乐春节”活动，在意大利首都罗马的帝国大道举办。来自中国杂技团、北京歌剧舞剧院和万兴歌舞团的艺术家进行了四个小时的走街、露天舞台和焰火表演，庆贺中国新年。

（徐　玲）

【北京与威尔士签署文化谅解备忘录】　3月1日，北京市文化局与英国威尔士政府住房建设及文化遗产保护部签署了关于在文化、艺术和文化遗产领域开展交流与合作的谅解备忘录。2011年，北京市曾与威尔士地方政府签署谅解备忘录，旨在加强双方在经贸、文化、教育等领域的友好合作，实现互利共赢的良好局面。为落实备忘录中的内容，此次，双方文化部门商定，将共同寻求艺术和文化领域的互利合作，鼓励并推动两地区间相关机构的交流与合作，邀请伙伴方地区人员参与文化、艺术和文化遗产领域的相关会议，支持伙伴方机构组织的项目与活动，在人员、艺术表演及展览等方面开展广泛而务实的合作。

（白　莲）

【2013年“中国土耳其文化年”开幕式演出】　3月21日，2013年“中国土耳其文化年”开幕式演出在北京保利剧院举行，中国文化部部长蔡武、土耳其文化旅游部部长欧麦尔·切利克、土耳其驻华大使穆拉特·萨利姆·埃森利出席开幕式并观看开幕演出。中土互办文化年中方委员会各成员单位代表和多位土耳其政要、驻华使节共同出席。来自土耳其国家歌剧芭蕾舞总局的近百位艺术家和10余位中国艺术家为观众奉献了演出。中土两国互办文化年是两国领导人达成的重要共识。2012年土耳其“中国文化年”在40座土耳其城市举办了85项活动和400多场表演。2013年3月开始至此后的一年间，中国“土耳其文化年”活动在中国12座城市中举办，活动以“2013土耳其就在这里”为主题，内容涵盖视觉艺术展览、音乐、舞蹈、歌剧演出以及文学、电影和电视节目的展示，中土两国艺术家间的相互交流活动等，展示土耳其灿烂的古代文明和优秀现代艺术作品。

（白　莲）

【杰纳第利亚遗产文化节中国主宾国活动】　4月3日，由中华人民共和国文化部、国家宗教事务局、北京市人民政府、江西省人民政府、甘肃省人民政府、中国驻沙特大使馆联合主办的2013年沙特杰纳第利亚遗产文化节中国主宾国活动在沙特阿拉伯首都利雅得拉开帷幕。此次中国主宾国活动为期17天，以“璀璨中华”为主题，通过中国馆展示、“中国风”户外演出等内容，向沙特民众展示中华传统文化与现代中国风貌。在2000平方米的主宾国场馆内，设置有“文明的创造”“文明的分享”“文明的交融”三大板块，以与民众生活息息相关的“衣、食、住、行”四方面为核心主线，设计了“锦绣人间”　“品味醇美”“文明天下”“跨越世纪”四个篇章的展出内容。展品包括首都博物馆提供的文物精品，景德镇瓷器、瓷乐，中国各类丝织技艺，高级定制成衣“华服”系列等能够代表中国传统文化的艺术精品及民族遗产。

（白　莲）

【第八届“中法文化之春”艺术节】　4月10日~7月3日，第八届“中法文化之春”艺术节在北京举办。艺术节通过电影、戏剧、舞蹈、音乐、绘画、摄影、文学、新马戏、街头艺术、新媒体等表现形式，在国内20多个城市举办超过160场活动。在古典音乐方面，有图卢兹国立交响乐团的演出和菲利普·卓丹指挥中国国家交响乐团的音乐会；在视觉艺术方面，有“杜尚在中国”　“阿尔勒在北京”等文物展和艺术展；还有法国电影及现代音乐在中国5个城市举办音乐会。

（白　莲）

【2013京台文化创意产业展在台北开幕】　4月24日，2013京台文化创意产业展开幕式和京台文化创意产业高端圆桌会议在台北举行。展览以“创意、合作、共赢”为主题，设置传统工艺美术珍精品、动漫网游及衍生产品、旅游及文博衍生品、出版发行精品四个主题展区。展览现场举行的签约仪式暨推介会上，共有21家机构和企业签订了11项协议，现场签约金额超过7.2亿元人民币。在当日举行的京台文化创意产业高端圆桌会议上，与会的京、台两地文创产业主管部门负责人、工商团体代表、企业界人士和专家、学者，就“传统文化资源的开发与利用”“文化金融创新”“文化创意产业集聚区的发展与功能提升”“文化保税区在两岸文化交流中的作用”等议题进行了探讨。

（白　莲）

【印度宫廷艺术珍品展】　4月25日，“印度宫廷的辉煌——英国国立维多利亚与艾伯特博物馆珍藏展”在故宫午门开展，展期3个月，策展人安妮。此次参展的113件文物均来自英国国立维多利亚与艾伯特博物馆，包括绘画、织品、武备、饰物等印度宫廷艺术珍品，从宫廷朝会、宫廷生活、宫殿之外、西方的影响4个方面展示了18至19世纪丰富多彩的印度王权文化。

（白　莲）

【“第十三届京味文化之旅”两岸文化交流活动】　5月6日～15日，由北京市台办、北京市文联、北京市新闻办联合主办的“第十三届京味文化之旅”在台湾举行。北京百余名艺术家先后到台中市港区艺术中心剧场、台南市社区、台南艺术大学、屏东市露天公园演出四场，艺术家们把原汁原味的北京传统文化艺术带给台湾民众，让他们感受到了京味文化的魅力。

（白　莲）

北京舞蹈学院古典舞系在台湾交流演出

【中国文联与美国纽约艺术基金会达成文化艺术交流合作意向】美国当地时间5月7日，以中国文联副主席赵实为团长的中国文联代表团与美国纽约艺术基金会在纽约进行了实质性工作会谈，并就中美文化艺术交流合作达成意向。赵实与基金会主席共同签署了《合作谅解备忘录》，确定于2013年7月由中国文联选派近30名文艺工作者赴美进行培训。之前，中国文联组派了民间工艺展演团于当地时间5月6日至15日在达拉斯参加“聚焦中国·国际节”，有18名民间手工艺人在克罗亚洲艺术博物馆和艾迪森市会展中心进行现场展演，展演内容包括芦苇画、蛋雕、面塑、内画、剪纸、风筝、泥塑、料器等民间工艺展示，以及宫灯展、布鞋文化展和皮影戏现场演出等。

（白　莲）

【中国—中东欧国家文化合作论坛】　5月14日，“中国—中东欧国家文化合作论坛”在北京举行，来自阿尔巴尼亚、波黑、保加利亚、克罗地亚、捷克等16个国家的文化代表团出席了论坛。论坛主题为“深化务实合作，共创美好明天”。论坛上，中华人民共和国文化部部长蔡武做主旨发言，简要回顾了中国与与会各国文化交流的历史，总结了近年来双方文化交流的特点、趋势并就发展中国和各国文化关系提出几点建议。与会各国文化部部长和代表就加强与中国的文化关系，提升文化交流水平发表了各自看法，提出了建设性的建议，并就未来合作原则和重点领域达成了广泛的共识。论坛结束后，与会各国一致通过了《中国—中东欧国家文化合作行动纲领》。

（白　莲）

【“中阿丝绸之路文化之旅”启动】5月14日，首届“中阿丝绸之路文化之旅”活动在北京启动，中国100多个活动登陆阿拉伯国家联盟22个国家的几十个城市，全国各类单位团体近100个，近千人参与。活动内容涉及综合文学艺术、文物、“非遗”、新闻出版、广播电视、体育武术、宗教、社会科学等多个领域的文化资源。此项活动由中国文化部、外交部、国家新闻出版广电总局、国家体育总局、国家宗教局、国家文物局、中国文学艺术家联合会、中国作家协会等部门共同组织开展，自2013始，每年在阿拉伯国家联盟成员国举办。

（白　莲）

【“2013中国文化聚焦”系列活动】　5月23日，由文化部联合商务部、国家新闻出版广电总局、国家体育总局、国家文物局共同主办，上海、天津、吉林、河南、内蒙古自治区、福建、南京、深圳等地文化厅局、文化机构以及近30个中国驻非洲国家使馆共同承办的“2013中国文化聚焦”系列活动暨首届“中非产业圆桌会议”新闻发布会在北京举办。此次贯穿全年的系列活动在非洲30多个国家以及国内10余个省、区、市举行。活动期间，文化部重点落实中非合作论坛第五届部长级会议通过的《北京行动计划（2013～2015）》有关条款，积极实施“中非文化合作伙伴计划”，推动国内8个省、区、市与非洲16个国家建立文化机构间的长期对口合作关系。同时，陆续举办50余场歌舞演出、36场各类展览、20余起人力资源培训、11个中国电影周（节）、12场中国文化讲座，以及图书沙龙、音乐会、艺术家客座创作、文化考察调研等共计200多项活动。

（白　莲）

【和田玉都文工团赴京交流】 6月10日~28日，由北京市文化局、北京市援疆指挥部主办，北京文化艺术活动中心承办的和田市玉都文工团赴京进行文化交流活动。活动期间，玉都文工团先后到北京13个区县演出了15场新疆传统文化节目，并且走进剧场、文化馆、学校以及北京园博园进行专场演出。在北京期间，演员们在北京舞蹈学院接受了舞蹈、声乐等专业培训。

（白　莲）

【首都文艺家代表团赴拉萨文化交流活动】 6月19日~28日，北京市文联主办的“共话京藏情，同筑中国梦”首都文艺家代表团赴拉萨进行文化交流活动。来自7个艺术门类的60多位首都文艺家深入拉萨社区、农村、军营、工地进行5场综艺演出和4场书画笔会，演出与书画作品受到当地藏汉同胞喜爱。

（白　莲）

【“伊朗文化周”系列活动】 6月20日~26日，由中国文化部、伊朗文化与伊斯兰联络组织联合主办，中国对外文化集团公司、伊朗驻华大使馆文化处和首都图书馆共同承办的“伊朗文化周”系列活动在北京首都图书馆举办。中华人民共和国文化部部长蔡武、伊朗文化与伊斯兰联络组织主席霍拉姆沙德、伊朗驻华大使马赫迪·萨法里等中伊两国嘉宾出席开幕式。“伊朗文化周”系列活动旨在通过艺术展览、传统体操、乐器演奏、电影等文化艺术形式，全面展现伊朗的文化。

（白　莲）

【第二届京澳洽谈会】 7月10日，第二届京澳洽谈会在澳门的地标性建筑——旅游塔中正式开幕。北京市市长王安顺、澳门特别行政区行政长官崔世安等出席了开幕式。洽谈会为期两天，设置了京澳商协会合作协议签约、京澳合作项目签约仪式、京澳合作交流项目推介会、京澳合作交流项目洽谈会等经贸活动内容。其中，来自文化创意、中小企业、服务贸易、旅游、科技等领域近120名代表参加了推介洽谈签约板块，文化创意和服务贸易合作项目尤为集中。北京的23家文创企业与澳门对口企业及机构进行了洽谈，实现了“澳门中华文化广场”、澳门“智慧旅游”合作协议等项目的签约；在第二届中国（北京）国际服务贸易交易会上，京澳企业新增合作项目8个，签约涉及金额约合人民币5200万元。

（白　莲）

【“翰墨长河”乌海书法美术摄影展】 8月16日~25日，由中国书法家协会、内蒙古自治区文化厅、中共内蒙古乌海市委员会、内蒙古乌海市人民政府共同主办的“翰墨长河”中国书法城　乌海书法美术摄影展在中国美术馆举办。展览通过展出书法、摄影、绘画以及雕塑等多种门类的150余件作品，呈现乌海地区的自然人文景观和城市文化发展脉络，展现乌海艺术的独特魅力与成就。其中，乌海书法家群体的书法作品是此次展览的重点。

（白　莲）

【兰州市美术书法摄影作品晋京展出】 8月24日~31日，为纪念兰州解放64周年，充分展示兰州市文艺发展成果，由兰州市委、市政府主办，兰州市文联承办的“黄河之都·金城兰州——兰州市美术书法摄影作品晋京展”在中华世纪坛举办。展览共展出了兰州艺术家们创作的116件作品，集中展示了兰州美术、书法、摄影创作的整体实力。开幕式上，《黄河之都·金城兰州——兰州市美术书法摄影作品晋京展画册》同时首发。

（白　莲）

【首届京台民间艺术交流展】 9月26日，由北京市台湾同胞联谊会、中华青年企业家协会主办，北京大碗茶文化发展有限公司、北京老舍茶馆有限公司承办的首届京台民间艺术交流展在北京老舍茶馆展厅展出，展期一个月。展览汇集了台湾木雕、游山茶坊精品茶、台湾作坊茶器、北京老舍茶馆老尹茶礼、北京福人福地民俗手工艺品等京台两地多家著名品牌企业和多位民间艺术家共同参与，国家级非物质文化遗产项目——河北易水砚和宜兴紫砂壶的代表企业也参加了展示。展览期间，老舍茶馆还安排了“台湾雕刻艺术发展与展望”讲座、茶会、京味文化新书《京范儿》首发式等多项活动。

（白　莲）

【第十三届世界意大利语言文化周】 10月14日~30日，第十三届世界意大利语言文化周在北京、上海、广州等多座城市举办。本届文化周的主题是“知识的意大利：研究、发现、创新”，通过展示意大利语在文学、影视、音乐、科技等方面的发展，促进人们对意大利语的了解和应用。意大利语言文化周每年由意大利政府在世界各地举行，旨在通过语言沟通、艺术交流的形式推广意大利的语言和文化，展示意大利的生活方式及人文精神。本届文化周涵盖了讲座、音乐会、电影放映、读书见会面等形式。

（白　莲）

【中国演艺项目对美交流研讨会】 10月23日，由文化部外联局主办，中国对外文化集团公司、中国文化国际旅行社承办的“中国演艺项目对美交流研讨会”在北京召开。文化部外联局副局长孙建华出席了研讨会。研讨会上，美国中西部艺术联盟主席兼CEO大卫·法拉尔、宾夕法尼亚州立大学表演艺术中心主任乔治·特鲁多、美国中西部艺术联盟中国事务高级顾问凯西·巴尔巴什就美国演艺市场构架、走进美国主流演艺市场的路径等问题进行了阐述，并着重介绍了美国演艺产品“推出人”（Presenter）的概念，详细讲解了“推出人”选择艺术家和产品的过程。来自国家京剧院、中国国家话剧院、中国歌剧舞剧院、中国东方演艺集团有限公司、中国交响乐团等多个演艺团体的代表参加了研讨会，并与美国专家深入交流、展开讨论，为扩大和深化中美两国的演艺交流探索新的渠道。

（白　莲）

【2013曼谷文化艺术节】 10月24日~26日，为庆祝北京市与曼谷市建立友好城市关系20周年，由两市市政府主办，北京市文化局和曼谷市文化体育旅游局承办的“2013曼谷文化艺术节”在首都图书馆新馆举办。泰国驻华大使伟文·丘氏君、曼谷市市长素坤攀·巴里帕、北京市副市长杨晓超出席了活动开幕仪式。艺术节活动包括泰国民俗特色展览和泰国特色文艺演出两部分，旨在全面展示泰国的民俗、人文和传统文化。

（白　莲）

【“美丽中国·魅力白银”书画摄影展】 11月2日~3日，甘肃省白银市文化产业发展推介会暨“美丽中国·魅力白银”书画摄影展在北京全国政协礼堂开幕。展览由白银市委、白银市政府主办，由中国书法家协会、中国美术家协会协办，共展出来自全国的数百名书画摄影名家的160余幅作品。

（白　莲）

【哈萨克斯坦文化日】 11月5日，由文化部和哈萨克斯坦文化与信息部、哈萨克斯坦驻华大使馆共同主办，中国对外文化集团公司承办的“哈萨克斯坦文化日”开幕演出在北京国家大剧院举行。中华人民共和国文化部部长蔡武和哈萨克斯坦文化与信息部部长库尔-穆罕默德出席开幕式并致辞，多国驻华使节共同观看了演出。开幕演出有哈萨克斯坦民族音乐、西方歌剧选段和民族舞蹈。“哈萨克斯坦文化日”是遵照中哈两国文化部年度文化合作计划开展的最高级别文化交流活动，除了开幕演出外，还包括11月5日~15日在中国国家博物馆举办的“哈萨克古代珍宝展”；11月7日在北京世纪剧院举办的阿斯塔纳芭蕾舞团访华演出等。

（白　莲）

【第二届波兰文化节】 11月5日~11日，第二届波兰文化节在北京举办。本届文化节旨在介绍波兰文化新面孔，展现青年一代的波兰艺术家如何演绎波兰文化传统，以及中国艺术家在波兰文化之都引发的思考。艺术节期间，先后推出了18岁的天才钢琴家杨·李谢茨基“乐”在波兰音乐会、中国艺术家波兰-克拉科夫创作之旅作品展以及波兰艺术家超现实主义“异度想象”数字画展览等6场活动。

（白　莲）

【韩国文化之夜】 11月7日，“Discovery Korea——韩国文化之夜”活动在北京举办。此次活动包括韩国美食体验、韩国国乐表演与韩纸时装秀。其中，全州韩纸时装秀将韩国书法、壁画等元素融入时装设计，共推出“根源”“书生思想”“和谐”等系列共计75套韩纸时装。

（白　莲）

【濠江丹青——澳门中华文化联谊会书画摄影作品展】 11月19日~21日，为庆祝澳门回归祖国十四周年，推动澳门与内地艺术交流，由中华文化联谊会、中国文联港澳台办公室、澳门中华文化联谊会主办的“濠江丹青——澳门中华文化联谊会书画摄影作品展”在中国政协文史馆举办。此次书画摄影展共展出澳门中华文化联谊会组织所属的各个艺术社团艺术家创作的百余幅书画、摄影作品。作品以不同视角和表达方式，展现了澳门繁荣和谐、欣欣向荣的景象。

（白　莲）

【“汉学家与中外文化交流”座谈会】 12月3日，由文化部主办，中国艺术研究院和中外文化交流中心承办的“汉学家与中外文化交流”座谈会在中国国家博物馆举行。来自17个国家的21位知名汉学家和15位中国文化学者，围绕“文化交流：碰撞与交融，共性与差异”“中国当代作品译介”“世界文学中的中国文学：现状与发展”3个议题进行了探讨。中华人民共和国文化部部长蔡武在开幕式致辞，德国汉学家施寒微和莫言分别代表海外汉学家和中方学者在开幕式致辞。与会汉学家认为，经过思想的碰撞与交流，大家对海外汉学研究现状，对汉学研究在促进中外文化交流、增进中国与各国人民的相互了解和友谊等方面所发挥的重要作用有了更加清晰的认识。

（白　莲）

【扬州首届金丝楠阴沉木艺术品展在京举办】 12月15日～28日，由北京金漆镶嵌有限公司和扬州漆器厂联合主办的扬州首届金丝楠阴沉木艺术品展在北京举行。此次金丝楠木艺术品展共有展品80余件（套），包括中国工艺美术大师作品暨国际工艺美术精品博览会的金奖作品，以及家具、茶具、办公套具等成套金丝楠木家具系列。

（白　莲）

探索与研究

【2013第十届中国文化产业新年论坛】 1月5日～6日，由北京大学联合中共海淀区委、海淀区人民政府主办的2013第十届中国文化产业新年论坛在北京大学举办。论坛以“文化创新战略：创意与科技”为主题，共举办8场各类专题研讨，150多名各界代表分别围绕文化软实力与美丽中国、特色文化城市与创意驱动力、数字出版与未来阅读、文化遗产的科学保护与文化复兴、两岸文化产业案例经典、创意战略与文化影响力、文化内容跨界融合等议题，展开了对文化创意与科技创新“双创”融合之道的探讨。

（白　莲）

【《艺术》百期庆典暨学术座谈会】 5月19日，《艺术》杂志（月刊）在天利大厦举行了创刊100期庆典和学术座谈会。该刊由中国文物学会书画雕塑艺术委员会主办，2005年在北京创办。内容涉及绘画、书法、艺术理论、艺术经济、雕塑、艺术品鉴定及价值评估、艺术品收藏、戏剧摄影、中外艺术交流等领域。段端武、袁运甫、舒乙、江有生、夏硕琦、李福顺、袁宝林、廖开明等出席座谈会并发言。与会专家对《艺术》杂志创办100期以来取得的成绩给予肯定，并真诚地提出了建议。

（张燕鹰）

【第三届中国文化产业前沿论坛】 5月26日，以“文化企业经营与商业模式创新”为主题的“第三届中国文化产业前沿论坛”暨《中国文化企业报告（2013）》发布会在北京大学英杰交流中心举行。论坛由北京大学文化产业研究院主办，参加论坛的嘉宾有文化产业领域的研究专家、学者，业界精英，文化机构经营管理人员等60余人，围绕“文化企业经营和商业模式创新”论坛议题进行了研讨。与会嘉宾就文化产业发展趋势与走向、文化产业的商机等议题提出了具有启发性的对策思路，在促进文化企业经营与商业模式创新等方面达成了共识。论坛当天，由北大文化产业研究院副院长陈少峰主编的《中国文化企业报告（2013）》发行。

（白　莲）

【“文化‘走出去’：中国文化的价值应用与传播路径”论坛】 6月8日，由北京师范大学主办，国家外国专家局支持，首都文化创新与文化传播工程研究院承办的“文化‘走出去’：中国文化的价值应用与传播路径”论坛在英东学术会堂举行。中国人民大学新闻学院院长赵启正，北京师范大学中国文化国际传播研究院院长黄会林，中国艺术研究院院长助理贾磊磊，国家外国专家局局长张建国，北京市文化创意产业促进中心主任梅松，外交学院院长赵进军，谷歌全球副总裁、大中华区总裁刘允，冰岛驻华使馆公使Ragnar Baldursson，英国48家集团副主席、剑桥李约瑟研究所董事Alistair Michie（麦启安），中央电视台英语频道新闻主播Edwin Maher，中国日报社周日版执行主编Pauline Dawn Loh，中国日报社高级编辑John Patrick Lydon等出席论坛。与会人士针对文化创新、复兴、发展与对外传播路径问题进行了发言。

（白　莲）

【纪念钟敬文诞辰110周年座谈会】 6月29日，由中国文联、北京师范大学与中国民间文艺家协会联合主办的“纪念钟敬文先生诞辰110周年座谈会”在人民大会堂举行。中国文联荣誉主席周巍峙高度赞扬钟敬文晚年参与《中国民族民间十部集成志书》搜集整理工作所取得的成就。钟敬文是中国民俗学的主要创建者。座谈会上首次推出了钟敬文的经典著作全编——《钟敬文全集》（全四十二册）。

（王凌雨）

【首届中国文化金融高峰论坛】 8月29日，由北京中传文化金融产业研究院独家主办的首届中国文化金融高峰论坛在北京召开。来自中国艺术产业研究院、北京大学、中央财经大学、西安交通大学等高等院校的专家、学者以及中央文史馆、中国文联、天津文交所、亚洲金融合作联盟、包商银行等相关单位的领导和业界资深人士100多人出席了论坛。北京中传文化金融产业研究院院长王德恭、中央财经大学文化经济学院院长魏鹏举、北京大学文化产业研究院副院长陈少峰、西安交通大学东方管理学院院长雷原、中国艺术品资产共同市场秘书长徐永斌、中国艺术产业研究院副院长西沐等以金融视野中的文化产业为主题，围绕文化与金融整合的路径、文化金融产业链体系构建等方面展开研讨。

（白　莲）

【“艺术史研究的进展与前瞻”学术研讨会】 9月8日，由北京大学艺术学院主办的“艺术史研究的进展与前瞻”学术研讨会在北京大学举行。丁宁、李松、朱良志、傅谨和王耀华分别做了主题发言。来自中国道教协会，中国艺术研究院，中央美术学院，中国戏曲学院，中央音乐学院，清华大学，首都师范大学，福建师范大学，北京大学社科部、中文系、历史系、哲学系等几十家单位的专家、学者，与五位报告人围绕艺术史研究相关议题，从学术成果的创新推进、艺术学理论建设乃至艺术学学科建设等由内到外多个层面展开了讨论。

（白　莲）

【2013中国文化产业高端峰会】 9月8日，由中国传媒大学发起主办，中国传媒大学文化发展研究院承办的“2013中国文化产业高端峰会”在北京朝阳规划艺术馆举行。高端峰会以“文化产业协同创新”为主题，探讨新型城镇化与文化发展、城市文化与文化产业发展、文化产业的产业融合与区域合作、文化传承创新与文化产业发展等议题，进一步推动文化产业资源整合和理论创新。来自全国30位知名高校的业界专家、学者及行业主管部门相关负责人、文化企业代表参与探讨。

（白　莲）

【艺术与创意城市北京论坛】 10月22日~23日，由联合国教科文组织、教育部、中国联合国教科文组织全国委员会、北京市人民政府共同主办，北京市文化局承办的首届“艺术与创意城市北京论坛”在北京大都美术馆举行。论坛以“艺术塑造城市未来”为主题，包括“城市创意空间的培育”“文化多样性与油画艺术”等多个学术论坛。来自全球的文化艺术界人士就“艺术塑造城市未来”进行研讨并通过了《北京共识：艺术对城市可持续发展和创造力的贡献》，强调在全球化时代，创造力、创新和想象力等软实力应当在城市发展进程中扮演重要角色。

（白　莲）

【全国艺术学理论学科发展高端论坛】 11月2日，由清华大学美术学院、清华大学艺术与科学研究中心联合主办的“艺术史论新思维——全国艺术学理论学科发展高端论坛”在清华大学美术学院举行。论坛围绕艺术学理论学科的规划和建设等多方面问题展开，旨在各高校相互借鉴在艺术史论发展规划上的成果及经验。清华大学美术学院副院长张敢、北京大学艺术学院院长王一川等来自17个院校的特邀代表出席了研讨会，并分别结合所在院校的学科发展特点，就艺术学理论的学科构架体系、课程设置、人才培养、专业布局等学科发展方面的问题作了专题发言。参会的还有来自全国各高校的100余名代表。

（白　莲）

【第一届全国青年文艺论坛】 11月16日~17日，由中国艺术研究院马克思主义文艺理论研究所主办的第一届全国青年文艺论坛在北京举行。论坛的主题为“转型年代、青年与中国故事”。来自中国社会科学院、北京大学、中国艺术研究院等科研机构和高校，以及《光明日报》《中国艺术报》《小说选刊》等媒体的青年学者与评论家围绕“新视野中的当代文艺批评”“三十年中国故事新解读”“文艺前沿与未来生长点”等议题展开了讨论。

（王凌雨）

【2013鲁迅文化论坛】 12月5日，“2013鲁迅文化论坛”在全国政协礼堂举行，来自全国政协，中国文联，相关部委和北京、上海、广州、绍兴等城市的领导，以及全国6所鲁迅纪念场馆、7所鲁迅校际交流会学校代表等200余人与会。会议围绕“中华文化‘走出去’”“多元背景下的文化发展”“应对文化贸易逆差”“文化金融与文化强国战略”四个议题进行对话和交锋。鲁迅文化论坛前身为“鲁迅论坛”，由鲁迅之子周海婴提议创办，2006年至2012年在香港、深圳、长沙和上海等城市举办过七届，2013年起更名为“鲁迅文化论坛”。

（王凌雨）

【国际艺术学院院长网络研讨会】 12月5日~6日，“国际艺术学院院长网络（IPAM）研讨会”在中央美术学院美术馆召开。此次会议由中央美术学院院长潘公凯、美国芝加哥艺术学院校长托尼·琼斯联合发起，二人共同担任联席会议主席并发言，来自国内外的艺术学院院长围绕“全球化趋势下的多元化艺术教育”展开讨论。与会者认为，在全球化的趋势当中，不同的国家、地区由于不同的环境和不同的文化传统，艺术教育形态呈现出各自的特色。通过自我展现与交流合作，可以为各自今后发展和探索提供基础。

（白　莲）

【网络与文艺：2013·北京文艺论坛】 12月14日，由北京市文联主办，北京市文联研究部承办，中国人民大学文学院协办的“网络与文艺：2013·北京文艺论坛”在北京召开。北京文艺评论家协会主席谢冕，副主席曾庆瑞、陈履生、孟繁华，中国人民大学人文学院院长孙郁，南京大学中文系教授王彬彬，苏州大学文学院院长王尧、北京师范大学教授蒋原伦、张柠，北京电影学院教授宿志刚、刘旭光，中国作家网副主编马季，中央音乐学院教授吴粤北，中国传媒大学教授赵宁宇，中国艺术研究院研究员刘彦君、赵小青、宋宝珍，北京大学中文系副教授邵燕君，作家王家新、张悦然、崔曼莉，网络作家宋丽晅、古筝等60余位各艺术门类的专家、学者出席会议并发言。本届论坛以“网络与文艺”为主题，强调对网络的阵地意识。与会专家通过总结实践经验，分析得失，围绕“当代文学艺术的网络化生存”“网络时代文学艺术生态的重构”“网络文艺经典化的可能性”等话题展开研讨。与会专家认为文艺评论工作应该积极介入网络文艺，担当起对当前网络文艺进行规范和引领的责任。

（张燕鹰）

培　　训

【中国文联团体会员负责人研修班】　5月28日～31日，由中国文联主办，中国文联文艺研修院承办的中国文联团体会员负责人研修班在北京举办，共有来自全国各地的49位中国文联团体会员负责人参加。研修班通过专题讲座、现场教学、分组研讨、第二课堂等多种形式，为学员们安排了研修课程。研修班上，黑龙江省文联、浙江省文联、中国舞协、全国公安文联、江苏省文联、四川省文联6个团体会员单位有关负责人还进行了文联工作经验交流。

（白　莲）

【全国艺术职业教育师资培训（第一期）】　7月14日～8月24日，由文化部文化科技司和全国文化艺术职业教育教学指导委员会联合主办，中央文化管理干部学院院艺术学院等承办的全国艺术职业教育师资培训（第一期）在北京举办。此次培训共设音乐基础课程、美术与设计、舞蹈、戏曲、公共文化5个班次，共有来自全国153个单位的328名艺术职业院校的院（校）长及专业教师参加了培训。该项培训是按照《全国艺术职业教育师资培训规划（2013～2015）》要求举办的。

（张燕鹰）

【2013国家数字文化产业高级研修班】　8月30日～9月11日，2013国家数字文化产业高级研修班在清华大学举办。研修班由文化部文化产业司与财政部文资办联合主办，清华大学新闻与传播学院承办。来自国内外的数字文化领域的专家讲授了20多门“专家讲座＋案例分析”式课程，全国各地的60多位动漫、游戏、影视等文化产业高层管理人员，就移动互联网时代的数字文化产业发展等问题展开了研讨和学习。

（白　莲）

【中国文联首届全国中青年文艺人才高级研修班】　9月1日～30日，由中国文联主办，中国文联文艺研修院承办，各全国文艺家协会协办的中国文联首届全国中青年文艺人才高级研修班在北京举办，41人参加学习。研修班以探索新时期文艺发展普遍规律、促进文艺事业创新发展为主题，共分国情时政、文艺讲坛和艺术创新三个课程模块，邀请了尚长荣、王一川、李前宽、赵汝蘅等二十余位各领域的专家、学者作专题讲座。研修班采取了学员讲坛、小组研讨、剧目赏析、实地调研、现场教学、座谈交流、研究式教学等多种方式对参加研修班的人员进行培训。

（白　莲）

【第一期全国演艺企业经营管理人才培训班】　11月4日，全国第一期全国演艺企业经营管理人才培训班暨大中型演艺企业负责人培训班在中央文化管理干部学院开班。该班是文化部改革办根据《关于支持转企改制国有文艺院团改革发展的指导意见》中关于“加强转制院团改革发展支撑体系建设，对转制院团主要经营管理人员进行分批轮训，为转制院团发展提供人才支撑”的要求举办的。来自全国演艺企业的49名企业负责人参加了培训。该班围绕企业发展战略的主题，设立了企业产品战略、营销战略、品牌战略、投融资战略、产业链战略和人才战略共六大专题板块，邀集了学界、业界企业发展战略方面的专家、企业家授课。同时为实现充分交流研讨，还设计了企业战略分诊台、专家总裁面对面、中国演艺企业总裁交流会等环节。

（白　莲）

【2013国家动漫产业高级研修班】　11月6日～19日，2013国家动漫产业高级研修班（动漫编导方向）在北京电影学院举办。研修班共66名学员，包括来自全国24个省市各大动漫产业相关公司的董事长、总经理、导演等业务骨干，和各大高校的专业教师等。研修班邀请了来自法国《卑鄙的我》制片导演等一线导演，美国梦工厂、迪斯尼、美国国家电影网、美国加州大学、法国安纳西动画节、法国电影局等相关负责人、教授，以及国内的优秀学者授课。

（白　莲）

【第二期全国演艺企业经营管理人才培训班】　11月27日，由文化部改革办主办，中国戏剧文化管理协同创新中心承办的“第二期全国演艺企业经营管理人才培训班（试验班）暨大中型演艺企业专业团体负责人培训班”在中央戏剧学院昌平校区开班。来自全国29个省、市、区的剧院团负责人参加了培训。为期5天的培训包括专题授课和座谈交流，全体学员共同分享了剧院团经营管理的经验与成果。

（白莲）

出版物

【《中国文化产业发展报告（2012～2013）》】 3月，《中国文化产业发展报告（2012～2013）》由社会科学文献出版社出版。该报告指出，经过了10年的发展，中国文化市场从总体“短缺”转向了“短缺”与“过剩”并存，将迎来大规模洗牌和兼并、重组浪潮。因此，该报告建议加快文化产业的立法进程，并组建相关综合文化管理机构。同时，文化产业要从单纯追求量的增长转变为既要有量的增长又要关注质的提高，要从主要依靠增加资源投入和加大政府财政支持力度实现文化产业发展，转变为主要依靠企业竞争力提升和产业结构优化、更好地满足多样化文化消费需求以实现文化产业发展。

（白　莲）

【《中国艺术发展报告（2012）》】 4月，《中国艺术发展报告（2012）》由中国文联出版公司出版，中国文学艺术界联合会编。该书为年度行业发展报告，是中国文联及所属各文艺家协会组织文艺界知名专家、学者，对中国艺术年度总体发展状况，包括戏剧、电影、电视、音乐、舞蹈、美术、摄影、书法、曲艺、杂技、民间文艺等各艺术门类年度发展状况的汇集、概览、辨析、总结的综合性文献。

（白　莲）

【《历史文化名人传》丛书】 12月，由中国作家协会主持的国家级文化工程《中国历史文化名人传》丛书，首批10部作品由作家出版社出版发行。它们分别是：王充闾《逍遥游——庄子传》、王兆军《书圣之道——王羲之传》、郭启宏《千秋词主——李煜传》、浦玉生《草泽英雄梦——施耐庵传》、杜书瀛《戏看人间——李渔传》、陈益《心同山河——顾炎武传》、陈世旭《孤独的绝唱——八大山人传》、周汝昌《泣血红楼——曹雪芹传》、何香久《时代大儒——纪晓岚传》、徐刚《烂漫饮冰子——梁启超传》。

（王凌雨）

文　　学

2013年，是全面贯彻落实中共十八大和十八届三中全会精神的一年。

2013年，北京地区在小说创作方面，体现出作家们增强了主体意识、人生关怀、创造精神，以及探索本土经验和民族语言风格的表达。无论在乡土还是城市、现实还是历史、社会还是人心等叙事维度上，都取得了可喜的成绩。

2013年，北京地区发表和北京地区作家创作的长篇小说成果丰富，作品直面当下现实、切近日常生活，透过表面的世态变迁，生发令人深省的人文意蕴，显示出动人的魅力。贾平凹的《带灯》以虚实相生的叙事结构，叙述了一个名叫带灯的女子的人性之光，在错综复杂的细切铺陈中显示出强烈的现实意义。乔叶的《认罪书》以细腻的女性感觉叩问人的耻感和罪感，深刻阐释了忏悔与救赎的精神内涵。王华的《花河》以极大的同情心和耐心，描写了白芍、红杏两姐妹的人生苦难，及苦难中的人间温情，并由此折射出花团锦簇般的时代演进与社会变迁。苏童的《黄雀记》通过保润、柳生与仙女各自的不同命运，叙述了一个时代的惶惑、脆弱和逼仄。项小米的《记忆洪荒》是从记忆深处打捞的刻骨铭心的追记，跟随作家的沧桑记忆，我们听到了传自历史深处的振聩之音。

中短篇小说创作在思想与艺术方面的探索取得了较高的成就。就女性叙事价值而言，马金莲的《长河》可以说是一部当代《呼兰河传》，和萧红一样写出了家乡父老乡亲苦难中的人性美，写出了死亡的洁净和生命的尊严。作品在平淡叙述中蕴藏着一股力量，这种力量来自信仰，来自优美而质朴的语言，也来自对人性、对自然、对灵魂的无限关怀。陈河的《猹》通过主人与不速之客浣熊的对视与较量，生动传达出海外新移民群体的生存焦灼，引发人们对于人与动物的生存竞争思考以及故事背后的精神追索。肖江虹的《蛊镇》氤氲着我们久违了的人文情味，这处隐蔽在深山密林中的蛊镇渗透了作者对于家乡特质文化与民间生存情有独钟的体悟和认知。方方的《涂自强的个人悲伤》，以一个普通青年的悲伤蕴含着的时代的自强、时代的悲伤和深广忧思，引起读者强烈共鸣。毕飞宇的《大雨如注》深刻地反映了现在中国父母对于子女教育的无奈与悲哀。铁凝的《火锅子》通过描写一对相亲相爱的老夫妻极为平常的一天生活，实现了对人性、情感的深层挖掘。

报告文学的时代感很强，2013年，报告文学突出体现了“中国梦”的主题。李春雷的《我的中国梦》是当代报告文学创作的一个可喜收获，罗阳身上所体现出来的中国知识分子的科学精神、敬业精神和奉献精神超越了个人梦想，同国家和人民的利益紧密联系，是整个中国的梦想。在王宏甲、刘建的《农民——一户中国农民的百年历史》中，展现的农民是中国人口最多的群体，他们的梦想是中国梦的重要组成部分。作品在对历史和当下的真实叙写中，还思考着如何改变乡村面貌和命运。

非虚构写作在2013年度成果斐然，展现了独特的魅力。阿来的《瞻对：两百年康巴传奇》记述和反思康巴地区的隐秘历史，具有强劲的思想力量。徐怀中的《底色》从亲历者角度回忆越南战争，是宝贵的历史证言。马娜的《滴血的乳汁》，一合、薛景辰的《红脸——国家审计在行动》，丁燕的《工厂女孩》，傅剑仁的《上访》等作品，从不同侧面真实地展示了社会万象，具有很强的现实意义。

2013年的散文随笔创作，出现了以往并不多见的景象：若干学者或学者型作家，推出了一批直接为新世纪中国把脉的随笔作品，展开了以思想解放为底色、直面社会热点或重大问题的知性言说。王蒙的《文化梦的高度》，由“中国梦”说到“文化梦”。他指出，以“中国梦”为旗帜的文化建设，应当重在推出高端的文化人才与经典的文艺成果，重在培育与中国文化相匹配的高雅的国民精神气质。这对于文化领域迄今每每见到的过度市场化、娱乐化、快餐化的现象，是一种强力矫正与反拨。张颐武的《2020年给朋友的一封信》，通过虚拟的通信方式，预支了自己八年之后的一次发言。而之所以要做这样的预支，则是因为作者坚信，随着时间的推移，中国的社会和国情会越来越好，中国式的发展道路和前进方向会越来越深入人心，越来越获得各方的认同。

2013年，文学评论对创作的引导作用进一步加强，评论家们坚持以人民为中心的创作导向，充分运用马克思主义中国化的最新成果，认真践行文学评论在中国社会主义文学发展和社会主义核心价值体系建设中的重要作用。如各类作家作品的研讨会、2013鲁迅文化论坛以及中国作协举办的全国散文创作会议、全国青年作家创作会议、“80后”批评家研讨会、起点中文网作品研讨会等。文学评论对于文学创作的及时研究，有力地介入和参与了文学的创作实践，在对北京地区作家的研究及引领方面发挥了重要作用。

2013年，北京文学界深入开展党的群众路线教育实践活动，认真学习领会习近平总书记系列重要讲话精神。按照中央确定的指导思想、目标要求和方法步骤，紧紧围绕“为民、务实、清廉”主题和“照镜子、正衣冠、洗洗澡、治治病”的总要求，聚焦形式主义、官僚主义、享乐主义、奢靡之风问题。结合文学界思想实际，加深理解群众观点、群众路线对于文学工作的特殊重要性，增强了使命意识、责任意识、阵地意识，取得明显成效。

2013年，北京地区文学对外交流活动丰富多彩，对中华文化“走出去”战略起到了有力地促进作用。中国作协组织出访团组25个，加强了与南非、冰岛、西班牙、英国、加拿大等国文学界的友好交流。铁凝主席率中国作家团参加了伊斯坦布尔书展并访问越南，在传播中国文学方面产生了积极影响。2013中德作家论坛、巴黎莫言作品国际研讨会、作家出版社海外推广计划、第二十届北京国际图书博览会在中国国际展览中心举办了1000多场文化交流活动，中外作家对话频繁。

2013年，北京地区文学事业开创了新局面，文学园地百花齐放，优秀作品不断涌现，为推动社会主义文艺大发展大繁荣做出了积极贡献。北京文学界正在以习近平为总书记的党中央领导下，谱写出反映时代的华丽篇章，为实现中华民族伟大复兴的“中国梦”而团结奋进，为“中国梦”提供丰沛的正能量！

（王凌雨）

作　　品

·长篇小说·

【《洋嫁》】 长篇小说，1月由北京出版社出版，作者汪洋。《洋嫁》是一部从女性视角探究情爱的小说，作者围绕这些女性及其周围男人们的遭遇，描绘了美国华人世界一个小角落里的众生相。小说记叙了3个华人女性到大洋彼岸，为实现“洋嫁”之梦所经历的曲折故事。最终，她们都体验到了“理想幻灭的悲凉”。

（王凌雨）

【《带灯》】 长篇小说，1月由人民文学出版社出版，作者贾平凹。小说的主人公是一个名叫带灯的女乡镇干部。带灯是镇综合治理办公室的主任，主要负责处理乡村所有的纠纷和上访事件。农村的琐事让人心烦又让人同情，带灯在矛盾中完成着自己乡镇干部的职责，她既不愿意伤害百姓，又要维持基层社会的稳定。她每天面对着最让人无法摆脱的杂乱，内心却不断向上飞升，在现实中无处可逃的时候，远方的乡人元天亮成了她在浊世中的精神寄托，她不断地给他写信，向他诉说。

（王凌雨）

【《蝌蚪》】 长篇小说，1月由作家出版社出版，作者弋舟。小说的主人公白玉大学毕业，打算归园田居，其父白长河认为他不求上进，将白玉逐出家门。白玉流落街头，为收破烂的老张收留，并收作螟蛉之子。老张的长女张小榆，曾嫁他人，因不能怀孕而遭遗弃。张小榆对白玉百般宠爱，白玉也热恋着她。张小榆因自己不能生育而将白玉让给妹妹张小杨。对白玉一见倾心的张小杨与白玉订婚后，因一场误会又退了婚。最后，白玉又回到了张小榆的身边。

（王凌雨）

【《记忆洪荒》】 长篇小说，1月由北京出版社出版，作者项小米。作品讲述的是红卫兵许北北在“文化大革命”中参加了解放军。她本以为部队环境纯而又纯，不料也充满种种矛盾与纠葛，在“进步竞争”中，她的初恋毁于自己的偶像。一场特大洪水在吞噬万千生灵的同时，也吞噬了与她一起奋力抗洪的战友。许北北中学时代的朋友陈海平正直、能干。北北与海平在人生之旅上下求索，追寻着心中的理想与纯粹的爱情，尽管所求渐行渐远，却至死不渝，因为他们都来自那个特殊的年代。

（王凌雨）

【《花河》】 长篇小说，载于《当代》2013年第2期，作者王华。故事讲述了20世纪40年代，一场“鱼鳅症”降临花河两岸，夺去了许多人的生命，十三岁的白芍和妹妹红杏父母双亡，为了能与妹妹过上好日子，白芍带着红杏走进地主王土家干活。作者把这个地方各色人等的前途命运、经济瓜葛、婚姻家庭、爱恨情仇一一纳入视线之内，逐个加以剖析和描述，构成一幅绚丽多姿的农村画卷。

（王凌雨）

【《我之深处》】 长篇小说，2 月，作家出版社出版，作者柳营。小说的主人公云雷、雪竹两小无猜，他们和共同的朋友黑子自幼在一块长大，但是在上初中时，黑子却莫名其妙地失踪了。这件事对他们的心理及两人的关系造成了巨大的阴影，两人也由此而分手，走上了不同的人生道路，各自经历了不同的情感、婚姻，但他们彼此并未忘记对方，仍将对方当做最为亲近的人。随着小说的渐次展开，黑子的失踪之谜牵连到很多事情，作者以侦探小说的笔法，层层推进，深入到了人性及情感纠结的深处，而到故事的最后，两个历经沧桑的人又在医院中交错而过。

（王凌雨）

【《盛夏》】 长篇小说，载于《人民文学》2013 年第 2 期，作者艾伟。作品讲述了女孩小晖的男友丁家明因一次车祸瘫痪，她无意间在律师柯译予的微博上发现他就是车祸的肇事者，并就此开始接近对方。其间，还穿插了丁家明当警察的父亲、代表农药厂工人争取利益的工会主席王培庆同律师柯译予发生的纠葛。

（王凌雨）

【《纠缠》】 长篇小说，载于《十月》2013 年第 3 期，作者马原。作品讲述了姚清涧老先生留下遗嘱，将存款和房产变现捐赠母校檀溪小学，其女姚明和其子姚亮在执行遗嘱过程中却遇到的种种繁难——晚辈对捐赠的不解，经办机构官僚主义的刁难，辨别找上门来“同父异母”的哥哥的真伪，檀溪小学校长力拒将捐赠房产变现等。同时姚亮因在房产证上写了儿子名字陷入可能被要求提前分割房产的窘境，姚明也面临前夫觊觎房产的麻烦。

（王凌雨）

【《黄雀记》】 长篇小说，载于《收获》2013 年第 3 期，作者苏童。故事围绕一桩青少年强奸案所涉及的保润、柳生、仙女 3 人展开。仙女的身心受到伤害，柳生心怀内疚，而保润却蒙冤坐了十年大牢。作品通过 3 个人不同的视角，描述了他们后来的成长轨迹和不同的命运，同时反映了时代的变迁，表达了罪与罚、自我救赎以及绝望与希望的主题。

（王凌雨）

【《生死十日谈》】 长篇小说，4 月，人民文学出版社出版，作者孙惠芬。作品以“十日谈”这种精致的文学样式，以在场的方式直面辽南农村自杀问题，忠实地记录了自杀遗族的声音，呈现不同角色的立场和叙事者现场感受，折射出当下农民的精神生活现状和真实的情感困境。

（王凌雨）

【《返城年代》】 长篇小说，4 月，东方出版中心出版，作者梁晓声。“返城年代”是指 20 世纪 80 年代。作品讲述了那个时代在哈尔滨生活的几个家庭的悲欢故事。在“北大荒”插队的何凝之与丈夫——兵团营长林超然回到哈尔滨，与他们一起返城的还有林超然辖下的罗一民、杨一凡、张继红等一群知青。他们一起在城市里经历讨生活的艰辛和迷茫最终找到了自己的位置及归属。

（王凌雨）

【《颤抖》】 长篇小说，载于《人民文学》2013 年第 4 期，作者李凤群。作品的女主人公“我”是一位长江女儿。从乡村进入城市后，快节奏的生活几乎把“我”碾碎。“我”成为了一个严重的忧郁症患者，但由于“我”内心对生活的渴望，最终完成了自我救赎。

（王凌雨）

【《这边风景》】 长篇小说，4 月，花城出版社出版，作者王蒙。这是作者二十世纪六七十年代下放新疆农村劳动期间创作但未曾付梓的作品。小说从一桩公社粮食盗窃案入笔，用层层剥开的悬念和西域独特的风土人情，反映了汉、维两族人民在特殊的历史背景下的真实生活。小说还在每个章节后设计了“小说人语”，用 79 岁的王蒙的视角点评和阐述 39 岁的王蒙的创作及思考，形成“79 岁王蒙与 39 岁王蒙的对话”，为这部作品添加了现代感与时代感。

（王凌雨）

【《绝秦书》】 长篇小说，连载于《中国作家》2013 年第 4 期、第 5 期，作者张浩文。《绝秦书》描写了从民国 15 年（1926）到民国 18 年（1929）发生在陕西的旱灾。故事通过周克文与从军、从商、从学的三个儿子围绕着是赈济灾民还是乘机发家致富的问题展开的矛盾、斗争，刻画了面对灾难考验时，人性的善良与邪恶，温暖与冰冷。

（王凌雨）

【《认罪书》】 长篇小说，载于《人民文学》2013 年第 5 期，作者乔叶。小说讲述了某地官员梁知在省委党校进修期间，与一名“80 后”个性女孩金金发生婚外情，却在进修结束后，抛弃金金回到家乡。已经怀有身孕的金金发誓报复梁知。金金设局嫁给梁知的弟弟梁新，得以顺利进入梁家。她惊讶地发现这个家庭曾存在过一个跟她长得很像的女孩——梅梅。围绕梅梅的身世，金金不仅挖掘出这个家庭的一段隐秘家史，更在接近真相的过程中，将每一个人逼到了生死边缘。

（王凌雨）

【《耶路撒冷》】 长篇小说，载于《当代》2013 年第 6 期，作者徐则臣。作品通过几个“70 后”少年时的友谊和他们成年后离乡闯世界的经历映照出一代人的成长，以及当代中国青年从乡村走向城市、再走向世界的多个侧面。

（王凌雨）

【《第七天》】 长篇小说，6 月由新星出版社出版，作者余华。《第七天》用荒诞的笔触和意象讲述了一个普通人死后的七日见闻，让读者体会到一种寒冬腊月被囚禁于积年冰川里的寒冷，一种剧烈拉锯式、切肤的疼痛和虐心，一种茫茫荒野、身心俱疲后无着无落的绝望。

（王凌雨）

【《蓝先生》】 长篇小说，载于《中国作家》2013 年长篇小说增刊，作者王秀梅。作品通过外祖母的叙述和个人的联想，把 1938 年夏秋季节的抗战故事剥茧抽丝般地一点一点打开，抗战故事之间还穿插着浓浓的亲情和爱情故事。“蓝先生”是一只信鸽，小说中它不断地把敌人的动向传递给抗日力量。

（王凌雨）

【《无尽藏》】 长篇小说，载于《中国作家》2013 年上半年增刊，作者庞贝。小说通过破译一幅《夜宴图》，讲述了南唐后主李煜治理下的宫里宫外的斗争。史虚白、朱紫薇、秦蒻兰、樊若水、大司徒、小长老、耿炼师、李后主这些书中人物以他们各自不同的境遇，将读者带入到南唐的历史迷宫中。

（王凌雨）

【《米岛》】 长篇小说，8 月由作家出版社出版，作者王十月。作品描写了米岛几个同年同月同日出生的年轻人，在时代变革中的不同命运。有的成为称霸一方的企业家，有的当了默默无闻的乡村教师，有的远走他乡，在遥远的都市中寻找自己人生的梦想。

（王凌雨）

【《天使坠落在哪里》】 长篇小说，载于《人民文学》2013 年第 10 期，作者路内。作品描写了失业又失恋的路小路，认养孤儿的杨迟，在农药厂工作的小苏以及孤儿戴黛的故事。虽然他们和杨迟认养的孤儿戴黛建立了纯真的感情，但现实却迫使孤儿戴黛被送到美国，和他们永远分别。

（王凌雨）

【《连尔居》】 长篇小说，10 月由作家出版社出版，作者熊育群。作者笔下的连尔居原本是在人类大地上原始本真生存的一个模型。小说中人物表现出的好奇心、好胜心、权力崇拜、盲目性、同情心、自由天性、贪心等，呈现了人类的基本特性和天性。随着现代文明的侵入，原始村庄受到了现代器物、发明、观念、意识形态的影响，村里人不仅被“现代”所惊骇，所诱惑，他们的生存状态也被深刻地改写了。

（王凌雨）

【《镜子里的父亲》】 长篇小说，11 月由北京十月文艺出版社出版，作者李浩。作品借助于“我”和镜子的双重视角对“父亲”进行了描写。“父亲”是 1948 年出生的一个乡村知识分子，尽管“父亲”一直在努力地追赶着时代的步伐，拼命地试图进入历史的核心地带，但结果却总是事与愿违，总是成为与历史错位的失败者、边缘人。

（王凌雨）

【《满巴扎仓》】 长篇小说，载于《人民文学》2013 年第 12 期，作者阿云嘎。小说围绕蒙古民族的珍贵文化遗产——元上都药典的保护与争夺展开。这部药典是从元大都的大火中被抢救而幸存的，起初保存在民间，后被移送到满巴扎仓寺院。多年以来，只有住持知晓药典的藏身之所，每位住持都会在其老之将至时将这个秘密告诉下一代住持。但是，洛布桑堪布在他 53 岁那年遽然病逝，未及留下药典线索。于是，围绕药典展开了一系列扣人心弦的故事。最终，药典以手抄经卷的方式广布天下。

（王凌雨）

【《北京时间》】 长篇小说，载于《中国作家》2013 年第 12 期，作者荆永鸣。作品是以一个外地人的视角，叙述北京下层民众从 1998 年到 2008 年的日常生活。通过对不同人物性格、命运的塑造与描写，再现了老北京胡同里的传统文化与风土人情。小说描述了在时代变革和城市变迁中，一些北京人所经历的无奈、阵痛以及在现实中的生存状态。

（王凌雨）

·中篇小说·

【《手语者》】 中篇小说，载于《人民文学》2013 年第 1 期，作者蒋峰。小说有两条线，一是“我”许佳明的继父、聋子于勒被冤入狱、杀人越狱、流亡的一条惊悚“硬”线，二是“我”与理想主义者谭欣的一条爱情“软”线。于勒为了继子杀人、盗钱，谭欣为了老画家找“我”借腹怀胎，“我”

就在二人的“为了”中被裹挟前行。作品描写已经被判了死刑的“手语者”、冤犯于勒，为了洗刷罪名不惜杀死多人越狱出逃。颠沛流离又尝尽悲苦的逃亡之路对他来说都不算什么，最难忍受的是他最钟爱的人（继子“我”）的误解和鄙弃。他所做的一切就是要让“我”替他成就一番大事业。他的努力最终得到了“我”的理解和认可。

（王凌雨）

【《涂自强的个人悲伤》】 中篇小说，载于《十月》2013 年第 2 期，作者方方。作品讲述的是一个“蚁族”艰辛奋斗的悲剧故事。山沟里的涂自强是小山村第一个考上大学的人。带着村民们的殷切期望，他一路徒步打工来到武汉读书。大学四年，他一方面勤工俭学，另一方面为节省用度不敢回家。正在他拼命苦读想要考研时候，父亲因遭遇祖坟被修路破坏的变故，急气而亡；母亲因老屋被暴雪压塌而受伤。涂自强只得放弃考研，将母亲接到武汉同住。面对毕业即失业的窘境，他四处奔走谋职，艰难度日，过着典型的“蚁族”生活。由于母亲无法适应城市生活，谋生又历尽艰辛，涂自强积劳成疾，在安顿好母亲之后默默死去。

（王凌雨）

【《晚安玫瑰》】 中篇小说，载于《人民文学》2013 年第 3 期。作者迟子建。作品以日本侵占中国东北时，在哈尔滨实行的“玫瑰计划”为背景，讲述了流亡到哈尔滨的犹太人的故事。作品塑造了犹太女人吉莲娜、报社校对员赵小娥、记者黄薇娜、印刷厂老板齐苍溪等人物形象，记述了他们在欲望中挣扎，并通过神灵或自我救赎，走上精神的皈依之路。

（王凌雨）

【《暗杀刘青山张子善》】 中篇小说，载于《北京文学》2013 年第 4 期，作者李唯。骗猪匠刘婉香为躲避地主而成为特务，混入天津地委，几次三番意图暗杀时为天津地委主要领导的刘青山和张子善（当时天津属于河北下属的一个专区），均告失败。正当刘婉香惶惶不可终日之际，刘、张二人在“三反”运动中被查出严重贪污盗窃国家资财。河北省人民法院报请最高人民法院批准，判处刘青山、张子善死刑。不久，刘婉香也被抓获，并被枪毙。

（王凌雨）

【《刺客》】 中篇小说，载于《中国作家》2013 年第 5 期，作者严敬。作品讲述了冬生被三次“失去”造成的伤痛。第一次是他六岁的儿子被人杀害；第二次是妻子怀了孕，等来的却是一个死婴；第三次是一直忠实伴随其左右的狗“刺客”在归乡途中走失。

（王凌雨）

【《而黑夜已至》】 中篇小说，载于《十月》2013 年第 5 期，作者弋舟。作品中的“我”是一个患抑郁症的艺术史教授，并与儿子的小提琴教师杨帆保持着情人关系。杨帆介绍她的学生徐果前来“求助”——10 年前，徐果的父母因车祸身亡，肇事司机顶了罪。不久前，徐果找到了“真凶”。她认为“我”可以替她出面，让“真凶”宋朗赔偿 100 万元来“了事”。宋朗很快答应下来。紧接着，徐果在街头被一辆飞车误撞而死。“我”在狂怒中找到宋朗问罪，却发现了整个事件的真相：宋朗当年撞死的是另一对夫妻，徐果知道真相后冒名前来“讨债”。宋朗明知有诈，但为了减轻罪孽感，答应了赔偿。而徐果想要得到的 100 万元，除了给“我”的“代理费”之外，50 万元是为了男友出国留学，剩下的 30 万元是为了报效恩师杨帆。

（王凌雨）

【《蛊镇》】 中篇小说，载于《人民文学》2013 年第 6 期，作者肖江虹。小说营造的“蛊镇”是一个以“蛊”得名的村寨。在那里，药蛊、情蛊、幻蛊，话蛊、制蛊、下蛊等不同的“蛊”，曾经是凝聚村民的一种精神符号。但是，在城镇化大潮的汹涌激荡下，有活力的村民还是义无反顾地奔向了城市，留下的只有老弱妇孺。多少年来在村寨中形成的公序良俗也在进城后的村民中日益消解。

（王凌雨）

【《猹》】 中篇小说，载于《人民文学》2013 年第 7 期，作者陈河。作品讲述的故事发生在加拿大。为了能够保证食品安全，“我”妻子在花园里种植了有机蔬菜，并把一堆鱼杂碎埋在坑里准备积肥。没想到，这堆鱼杂碎却引来了浣熊的骚扰。结果，“我”因为伤害、殴打浣熊而被判处罚。在接受法庭审判之前，“我”无意间看到了记录纸上记着的三个举报电话。让“我”怎么都料想不到的是，三个举报人中，竟然还有“我”的妻子。

（王凌雨）

【《朗霞的西街》】 中篇小说，载于《北京文学》2013 年第 8 期，作者蒋韵。国民党军官陈宝印因思念妻女，放弃了去台湾的机会，被妻子马兰花和女佣孔婶藏在“谷城”的地窖里，一藏就是 8 年。后来此事泄露，陈宝印被枪毙，马兰花被判处五年徒刑，后来病死狱中。他们的女儿朗霞被孔婶带回到山区老家。朗霞从此变得沉默孤僻，仇恨一切。后来，赵大夫用善良感化了这颗被仇恨吞噬了的心。

（王凌雨）

【《长河》】 中篇小说，载于《民族文学》2013 年第 9 期，作者马金莲。作品以人的死亡和葬礼作为描述对象，记述了不同年龄、有着不同经历的人对死亡的感受。在作者的笔下，人的生老病死犹如自然界的春夏秋冬一样，只是无尽的时间长河中的一瞬，自然、宁静。

（王凌雨）

【《初雪》】 中篇小说，载于《中国作家》2013 年第 9 期，作者艾玛。作品通过暮年之“我”叙述年轻的“我”因为对法学认识的幼稚，引发了一场针对同校一位法学教授的批判大潮，最终导致教授迷离失踪。若干年之后，“我”又被自己年轻的学生无情批斗。时光流转，今天的年轻人又陷入了新的迷惑，各种利益游戏及潜规则涣散了对法的严肃追求。

（王凌雨）

【《卖礼数的狍子》】 中篇小说，载于《人民文学》2013 年第 11 期，作者张炜。作品讲述了住在林中小屋里的一位据说是由狍子变成的老人的故事，人们称这个老人为“老狍子”。凡拜访过他的人，都会变得十分懂礼数。村里的很多人对此十分不服气。后来经过村里最能辩论的二锅腰跟老狍子进行的一场关于礼数的辩论，村里的人们终于对他心服口服了。

（王凌雨）

【《我不认识你》】 中篇小说，载于《人民文学》2013 年第 12 期，作者杨少衡。小说通过“我不认识你”这一典型语言，塑造了清正廉明的领导干部孟奇。在孟奇口中，“我不认识你”在不同场合与不同的人面前，有着不同的含义。面对他所帮助过的人对他表示感谢时，这句话的含义是：我所做的事情都是我的职责所在，不用感谢；在面对企图和他套近乎，希望得到特殊照顾，谋取利益的人时，这句话的表明了他不会营私舞弊。同时，这句话也是他在官场上“如临深渊”，时刻谨慎小心的性格体现。

（王凌雨）

·短篇小说·

【《大雨如注》】 短篇小说，载于《人民文学》2013 年第 1 期，作者毕飞宇。作品讲述了一个在现代社会重压下出现的教育悲剧。女孩姚子涵背负着父母的期望，从四岁开始，她奔走于各种各样的“班”。跳舞、围棋、毛笔字、素剪纸、古筝、编程都拿得起来，学习也名列前茅。压力重重的她，在学习英语口语时，与美国少女米歇尔在大雨如注的足球场上疯狂发泄，大雨过后，姚子涵突然病倒了，最后导致精神错乱。父母望女成凤的梦想成了泡影。

（王凌雨）

【《晒画》】 短篇小说，载于《人民文学》2013 年第 1 期，作者尤凤伟。作品记述了不得志的画家坧泉，功力深厚，名声不大。一天，他正在晾晒的画被物业打扫卫生、修剪苗圃的老邱所盗。画的市值成为定案标准。被盗画的鉴定者为画界大腕，喜欢坧泉之画，有意将坧泉包装后隆重推出。老邱妻子上门求情，带来乡村小学王老师的画，意欲弥补。坧泉发现其画水平远在自己之上，顿觉自己为两张画送老邱坐牢，实属不仁，遂撤案。

（王凌雨）

【《某年的枪声》】 短篇小说，载于《作家》2013 年第 2 期，作者林白。作品描述了半个多世纪之前的一件往事。道良有一个出身大户人家的同学，曾经在日记里写下了自己出国留学的理想。解放后，贫管会的人让他交出日记。他不肯，还说：“你又不识字。”结果枪就响了，道良的这个同学被枪毙了。

（王凌雨）

【《醉意》】 短篇小说，载于《人民文学》2013 年第 3 期，作者张惠雯。小说记述了在一次家庭聚会后的公园夜游中，女主人公精神出轨的故事。丈夫对待她的态度，和她从别的异性那里获得的幸福感，都是她省察与发现自我的开始。她无法排遣内心深处对婚姻的不满，只能借助一次醉酒宣泄心中的失意。

（王凌雨）

【《透明》】 短篇小说，载于《人民文学》2013 年第 4 期，作者蒋一谈。小说写的是这样一些人：住在胡同里的孤独老人，独自赴异国他乡投奔女儿的老父亲，人到中年对生活和工作力不从心的大学老师，而立之年仍找不到方向的迷途男子，在前妻和情人之间摇摆不定的男人。他们对生活不满，却渺小、无力。他们精神状态是迷茫的，但不一定是痛苦的。

（王凌雨）

【《小流放》】 短篇小说，载于《人民文学》2013 年第 5 期，作者鲁敏。作品讲述了穆先生和妻子为了让儿子中考能考出好成绩，暂时离开条件优越的家，到离学校最近的小区租房子，过起了“小流放”的日子。为了儿子，穆先生虽然甘愿忍受这样的生活，但他逐渐感到没抓没落得简直像是与世隔绝了，于是开始进行自我调节。他上街和人交换名片，洽谈业务，以此缓解疲惫的心灵。然而，当他看到儿子以前读过的书和作业本堆得很高时，仍不禁流下“如老牛之泪”。

（王凌雨）

【《朝九晚不归》】 短篇小说，载于《中国作家》2013 年第 5 期，作者吕魁。《朝九晚不归》描写 32 岁的白领马山为事业艰辛打拼，辛勤谱写“青春梦”的故事。小说巧妙地用时间作每一章的标题，窥一斑而见全豹般地表现了他辛苦、忙碌、紧张的工作以及“北漂”生活的沉重压力。

（王凌雨）

【《穿军装的牧马人》】 短篇小说，载于《解放军文艺》2013 年第 6 期，作者曾剑。小说通过记述已经被边缘化的军队“牧马人”，由此折射出军队变革中所遗留下来的诸多问题，以及这些问题给这些“牧马人”带来的影响，其中的无奈和辛酸、煎熬与疼痛令人叹息。

（王凌雨）

【《火锅子》】 短篇小说，载于《北京文学》2013 年第 7 期，作者铁凝。小说通过描写一对相亲相爱的老夫妻极为平常的一天生活，展现了他们厮守一生、相扶相携的爱情态度。

（王凌雨）

【《父亲的桥》】 短篇小说，载于《人民文学》2013 年第 9 期，作者王秀梅。20 年前，母亲宣布和父亲离婚。从此，父亲在家中消失了。20 年后，父亲的名字再度从母亲口中吐出——缪一二要回来了。其时，父亲已经 65 岁，是被单位返聘的高级工程师，但父亲的脑子出了问题，成了一个无用的人，而此时母亲的生活中存在一个晨练时认下的交好。但母亲却对孩子们斩钉截铁地说：“你们的父亲绝不能住到别的地方去。他必须死在这个家里，这张沙发床上！”最后，父亲为了小区门口一个在建铁路涵洞而离奇失踪。母亲也失去了她的爱情。

（王凌雨）

·诗　歌·

【《中华史诗》】 诗集，5 月由作家出版社出版，作者华文峰。《中华史诗》包括《中华之歌》《中国人歌》《华夏神歌》3 部长诗，共 40716 行。第一部《中华之歌》分 3 卷，共计 13572 行。第一卷为《古老的长歌》，第二卷为《新中国之歌》，第三卷为《天地家园歌》。第二部《中国人歌》，全诗 13572 行，描写和歌颂了中国历史上各类名家 400 人。第三部《华夏神歌》共分 3 卷，全诗共 13572 行，描绘了神秘的地狱、灵园、天堂和人间。

（王凌雨）

·散　文·

【《流水》】 散文集，6 月由作家出版社出版，作者舒羽。作品集描绘了作者，游欧洲，访台湾，下江南，观富春江，听马友友，读普鲁斯特，吃螺蛳，赏花妖木魅的感受，兼记父母，叙师友，充盈着生活的趣味。

（王凌雨）

【《忐忑的中国人》】 散文选，6 月由光明日报出版社出版，作者梁晓声。作品力陈社会根本性问题，透视中国发展中的困惑，直陈社会中种种矛盾和纠葛，挖掘人性背后的心理，文化中的缺失，社会中的“看客”，揭示中国人精神与生活的压力和忐忑。

（王凌雨）

【《原来——梁晓声二十年散文精选》】 散文集，8 月由中华书局出版，作者梁晓声。收录 1993 年到 2013 年 20 年间的散文作品 40 余篇，其中包括作者获 2011 年、2012 年散文年度大奖的作品以及 2013 年新作。

（王凌雨）

【《父亲的雪山　母亲的草地》】 散文集，10 月由解放军文艺出版社出版，作者贺捷生。作品讲述了作者在父亲贺龙、母亲蹇先任和众多先辈关怀下成长的经历。

（王凌雨）

【《巨鲸歌唱》】 散文集，12 月由东方出版社出版，作者周晓枫。散文集收录了《巨鲸歌唱》《素描簿》《弄蛇人的笛声》《盛年》《夏至》《月亮上的环形山》《幼象》《毒牙》《紫禁红》《硬果核》《有关离开的三个梦》《纸艺里的乡村》《独唱》《齿痕》14 篇散文。

（王凌雨）

·报告文学、纪实文学·

【《我的中国梦》】 报告文学，载于 2013 年 1 月 9 日《人民日报》，作者李春雷。作品记述了沈飞工业（集团）有限公司董事长兼总经理、中国第一代舰载机现场研制总指挥罗阳的事迹。

（王凌雨）

【《看见》】 纪实文学，1 月由广西师范大学出版社出版，作者柴静。该作品是记者、主持人柴静讲述央视十年历程的自传性作品，既是柴静个人的成长告白书，亦可视作中国社会十年变迁的备忘录。

（王凌雨）

【《农民》】 长篇纪实文学，1 月由中国青年出版社出版，作者王宏甲、刘建。作品以茂德公为主要贯穿线索，着眼于具有中国文化传统的农民，在工业时代、信息时代的严重冲击下，如何在坎坷中寻求自己的生存与生活。

（王凌雨）

【《我因思爱成病》】 长篇纪实文学，1 月由人民文学出版社出版，作者李兰妮。作品描写李兰妮和她的小狗医生周乐乐在疗治疾病的过程中，为跨越彼此之间的巨大鸿沟所作出的努力。以第三人称客观陈述、第一人称独白以及拟人的狗医生情感描写穿插其中，多维度地分析了抑郁症的病理表现，在对疾病的拷问中表达了生命的尊严。

（王凌雨）

【《工厂女孩》】 长篇纪实文学，3月由外文出版社出版，作者丁燕。2011年，为深入理解东莞工厂女孩的生活，丁燕先后在两家电子厂、一家注塑厂打工，经历了200天的工厂生活，记录下这些工厂女孩青春、爱情与梦想的萌生和破灭。

（王凌雨）

【《底色》】 长篇纪实散文，4月由人民文学出版社出版，作者徐怀中。作品回忆了20世纪60年代“中国作家记者组”深入越南南方采访的情形。

（王凌雨）

【《国家情怀》】 长篇纪实文学，5月由作家出版社出版，作者裔兆宏。作品记述了无锡市、江阴市几代建设者援建西部边陲霍城的历程。

（王凌雨）

【《红脸——国家审计在行动》】 长篇纪实文学，载于《中国作家·纪实》2013年第6期，作者一合、薛景辰。作品从国家审计的视角，记述了审计厅厅长郭明勤在省长的支持下，加大审计力度从而将成百上千亿元的问题资金揭示出来。

（王凌雨）

【《瞻对：两百年康巴传奇》】 长篇纪实文学，载于《人民文学》2013年第8期，作者阿来。作品讲述了四川西部瞻对的200余年历史，在对这个号称铁疙瘩的部落“融化史”进行描述的同时，展现了汉藏交汇之地的藏民独特的生存境况。

（王凌雨）

【《上访》】 长篇纪实文学，载于《中国作家·纪实》2013年第9期，作者傅剑仁。作者以其在省委政法委工作二十年的经历，对群众上访问题形成了自己的理解和认识。作品以独特的视角，揭示了上访这一敏感的社会现象。

（王凌雨）

【《滴血的乳汁》】 长篇纪实文学，载于《中国作家·纪实》2013年第11期，作者马娜。20世纪30年代，红军撤离苏区，很多红军年幼的孩子寄养在当地老乡家里。国民党军队对这些孩子进行了疯狂的搜查与残害。作者通过采访，记述了当地百姓庇护、哺育这些孩子的故事。

（王凌雨）

机　　构

【北京作协小作家分会】 3月17日，北京作协小作家分会成立。14名小作家接受证书，成为首批会员。北京作协小作家分会由北京市文联领导，北京作协管理，东方少年杂志社主办，是非营利性的、少年儿童文学爱好者自愿参加的群众团体，旨在组织开展与少年儿童有关的各种文学活动。

（王凌雨）

【盛大文学编剧公司】 4月11日，盛大文学编剧公司在北京成立，这是中国首家编剧培训公司。盛大集团将以10亿元资金规模成立基金，助推编剧公司开展业务。该公司聘请海岩、王宛平、陆川、高群书、宁财神等为“编剧导师”，对首批签约的100位编剧进行指导。在发布会现场，该公司与莫言授权的《红高粱》剧组，深圳文交所及网络作家唐家三少、月关、猫腻等签署了剧本定制、剧本拍卖、建立个人编剧工作室等合作意向书，还举行了名为“从小说到剧本——编剧如何助推影视工业化”的主题论坛。

（王凌雨）

【解放军军事文学研究中心】 4月26日，解放军军事文学研究中心揭牌仪式在解放军艺术学院举行。总政宣传部部长周涛和解放军艺术学院政委孙健为解放军军事文学研究中心揭牌并分别讲话，中国作家协会、解放军总政宣传部驻京各大单位创作室领导出席此次仪式。揭牌仪式由该中心主任徐贵祥主持。该中心旨在系统梳理、总结、回顾、研究古今中外军事文学的创作成就和发展规律，挖掘提炼军事文学现实价值与审美启示，为推动繁荣当前解放军军事文学创作及研究提供参照和借鉴。该研究中心首批顾问有8人、首批研究员有30人。

（王凌雨）

【北京作协青年创作委员会】 5月21日，北京作协青年创作委员会成立。会议通过了青年创作委员会主任及委员人选，青年作家徐则臣当选为首届委员会主任，石一枫、付秀莹、张悦然、唐家三少、笛安、霍艳当选为副主任委员，文学评论家白烨、孟繁华、贺绍俊、陈福民被聘请为委员会顾问。

（王凌雨）

【子曰诗社】 6月9日，中国作家协会诗刊社子曰诗社在中国现代文学馆成立。诗社社长由中国作家协会副主席、《诗刊》杂志主编高洪波担任，副社长由诗人商震和冯秋子担任。该诗社是公益性质的组织，只需要提交2至5首原创诗歌作品即可加入，无需交费，也不需要他人介绍，并可随时入社。

（王凌雨）

【北京作协驻校作家基地】 6月18日，北京作家协会、北京第二外国语学院国际传播学院驻校作家基地揭牌仪式在北京第二外国语学院举行。驻校作家制度是北京作协探索实施的一项制度。由作家协会和高校联合建立的驻校作家基地把作家与高校联结起来，达到教学相长、互相提高的目的。揭牌仪式后，首位驻校作家刘一达做了“胡同和四合院的特色及文化内涵”讲座。

（王凌雨）

【网络文学大学】 10月30日，中国首家培养网络文学原创作者的公益性大学——网络文学大学开学典礼在北京国子监举办，莫言应邀担任名誉校长。中国作协副主席陈崎嵘、国家新闻出版广电总局数字出版司司长张毅君、中文在线董事长兼网络文学大学校长童之磊等出席了开学典礼。网络文学大学是在中国作协的指导下，由中文在线发起成立，并联合17K小说网、纵横中文网、创世中文网、逐浪小说网、塔读文学网、熊猫看书、百度多酷文学网、3G书城、铁血读书、17K女生网、四月天小说网等知名原创文学网站共同组建，为全国网络文学作者提供免费培训的高等教育机构。

（王凌雨）

【北京作协网络文学创作委员会】 10月31日，北京作家协会网络文学创作委员会成立。北京作协网络文学创作委员会由市文联、北京作协创立，是北京作协的第八个文学创作委员会。网络文学代表人物唐家三少担任该委员会主任，网络文学作家辰东、唐欣恬、宋丽晅，以及网络文学研究者毕建伟担任副主任。北京作协从2008年开始吸收网络文学作家入会，是最早开展这项工作的省级作协。

（王凌雨）

【唐家三少全版权运营工作室】 12月30日，盛大文学携手唐家三少成立全版权运营工作室启动仪式在北京举行。唐家三少成为首个拥有专属工作室的网络作家。该工作室的成立，有助于保护网络作家的作品以及衍生品版权。

（王凌雨）

活　　动

【中国少数民族文学联席会议】 1月17日，中国少数民族文学学会、中央民族大学“985工程”少数民族文学中心、民族文学杂志社在北京举行联席会议。20多名与会专者、学者总结了2012年少数民族文学创作与研究态势，研讨了中央民族大学“985工程文学中心”的民族文学研究成果，探讨了相关学术团体开展合作交流的事项。中国少数民族文学学会会长朝戈金分析了少数民族文学研究的现状和发展趋势。《民族文学》主编叶梅介绍了2012年《民族文学》的相关工作和中国少数民族作家学会的工作开展情况。

（王凌雨）

【中国煤矿作家协会第五次会员代表大会】 1月24日，中国煤矿作家协会第五次会员代表大会在北京召开。大会回顾了2009年以来煤矿文学事业取得的成就和经验，选举产生新一届煤矿作协领导机构。刘庆邦担任新一届煤矿作协主席，吴晓煜、荆永鸣、徐迅、冯俐、崔涛等担任副主席，徐迅担任秘书长。

（王凌雨）

【第六届北京清明诗会】 3月31日，第六届北京清明诗会——“诗韵清明”在北京石景山体育馆举行。诗会分为“时空之念”“心灵之忆”“天地之颂”三个篇章，诗会围绕着“我们的节日——美丽北京、幸福生活”主题群众性宣传文化教育活动的传播基点，众多演艺界人士和社区群众通过配乐诗朗诵、演唱歌曲、表演情景舞蹈等多种艺术形式表达清明情思，传扬“爱国、创新、包容、厚德”的“北京精神”。

（王凌雨）

【中国作协第八届主席团第四次会议】 5月15日，中国作家协会第八届主席团第四次会议在北京召开。中国作协主席团成员34人出席会议，中国作协党组副书记钱小芊列席会议。会议学习了中共十八大精神和全国宣传部长会议精神，审议了《中国作协2012年工作总结》和《中国作协2013年工作要点》，听取了关于中国笔会中心机构调整情况的报告，审议批准中国金融作家协会为中国作家协会团体会员，同意蒋惠莉、周洪成为中国作家协会第八届全国委员会委员。张健因超龄，不再担任书记处书记职务。

（王凌雨）

【中国作协第八届全国委员会第三次全体会议】 5月15日~16日，中国作家协会第八届全国委员会第三次全体会议在北京召开。会议深入学习贯彻中共十八大精神和全国宣传部长会议精神，总结中国作协2012年工作，研究部署中国作协2013年工作。中国作协主席铁凝主持会议，中国作协党组书记、副主席李冰作工作报告。与会委员们对李冰的工作报告进行了审议。会议增补钱小芊为中国作协第八届全国委员会委员、副主席，增补陈崎嵘为中国作协第八届全国委员会副主席。

（王凌雨）

【中国笔会中心会员大会】　5月17日，中国笔会中心会员大会在北京召开。会议审议通过了《中国笔会中心章程（修正案）》，选举产生了中国笔会中心新一届领导机构，选举丹增为中国笔会中心会长，张健为常务副会长，叶辛、叶梅、李存葆、何建明、张平、张抗抗、张胜友、阿来、陈忠实、陈建功、苏童、莫言、贾平凹、高洪波、廖奔、谭谈为副会长，刘宪平为秘书长。

（王凌雨）

【第四届端午诗会】　6月8日，由中国作家杂志社、中央人民广播电台、郭沫若纪念馆共同主办的第四届端午诗会在北京举行。中国作协党组副书记钱小芊、中央人民广播电台副总编辑杜嗣琨、郭沫若纪念馆馆长崔民选出席，在京的近百位文艺界人士参加了此次端午诗会。本届诗会分为“谁引诗情到碧霄”“谁忆故人天际去”“谁能坐看风云起”“谁肯把酒话桑麻”四部分，从多方面展现了中国的传统文化和诗歌精神。活动中，陆洋、于芳、季冠霖、月媚、任杰、晨笛等朗诵艺术家分别朗诵了屈原的《云中君》、郭沫若的《过汨罗江感怀》、雷抒雁的《中国的声音》、席慕蓉的《樱之约》、亚楠的《树冠上的月光》等作品。

（王凌雨）

【北京作协举行文学精品项目签约仪式】　6月18日，由北京市文联主办、北京作协承办的文学精品项目签约仪式在北京举行。张洁、解玺璋、曾哲、徐虹、王德领、兴安、徐则臣、付秀莹、霍艳9位作家与北京作协签订了“北京文学精品项目”立项合同，他们也成为继去年刘庆邦、林白、徐小斌等12位作家签约后的第二批签约作家。

（王凌雨）

【韩作荣担任中国诗歌学会会长】　6月，中国诗歌学会以全体理事书面投票的方式，选举中国诗歌学会常务副会长韩作荣为中国诗歌学会会长。

（王凌雨）

【第二届北京国际诗会】　8月3日～8日，由首都师范大学中国诗歌研究中心主办的第二届北京国际诗会在北京举行。会议组织了“诗歌创作与本土或外来经验”研讨会、“北京之夜朗诵会”等3场研讨会和2场朗诵会，40余位国内外诗人参加了此次活动。

（王凌雨）

【第七次全国青年作家创作会议】　9月24日～25日，第七次全国青年作家创作会议在北京召开。会议共有全国297名青年作家出席，其中女作家99人，代表平均年龄35.5岁。中国作家协会党组书记、副主席李冰在全国青年作家创作会议上讲话。会议总结了近年来我国青年作家创作成就，研究了青年作家队伍建设和文学创作的新情况、新特点，明确了青年作家在实现“中国梦”中担负的历史责任。

（王凌雨）

【王蒙文学生涯六十年展览】　9月27日～10月27日，由文化部、中国作协、国务院参事室中央文史研究馆主办，中国国家博物馆承办的“青春万岁——王蒙文学生涯六十年”展览在中国国家博物馆举办。展览共设“组织部来了个年轻人”“这边风景”“创作是一种燃烧”“大块文章”“接纳大千世界”5个部分，通过大量图片、实物和艺术品等展示了王蒙的文学创作历程及其文学成就。

（王凌雨）

【2013·北京师范大学国际文学周】　10月29日～11月7日，由北师大国际写作中心、北师大文学院联合主办的2013·北京师范大学国际文学周在北京举行。活动内容包括作家李洱谈媒体时代的写作、中法两国诗人对谈及诗歌朗诵会、北京师范大学校友作家展揭幕仪式，以及邀请穆沙、莫言、阎连科、刘震云等作家、批评家集中开展“校友作家系列：文学与青春，创伤与成长——苏童与北师大学生的对谈”“诗与思：中法诗人对谈”“从废都到带灯——贾平凹创作回顾研讨会”等多项文学活动。活动期间，贾平凹被聘请为北京师范大学首任驻校作家。

（王凌雨）

【中国文字著作权协会第二次全国会员代表大会】　11月16日，中国文字著作权协会（以下简称文著协）第二次全国会员代表大会在北京召开。来自全国各省、自治区、直辖市的88名文著协会员代表参会。国家新闻出版广电总局副局长、国家版权局副局长阎晓宏，中国作协党组副书记、副主席、书记处书记钱小芊，中国作协副主席、党组成员、书记处书记廖奔，原新闻出版总署副署长、中国期刊协会会长石峰和中国文联党组成员、书记处书记李前光等出席了开幕式。大会审议通过了第一届理事会《工作报告》和《财务报告》，并选举产生了新一届理事会。陈建功再次当选为会长。廖奔、高善罡、王春法、白玉良、张抗抗、曹效业、吕薇、汤兆志、刘晓霞、刘春田和李明德当选为副会长，张洪波当选总干事，王迁、阎晶明等22人当选为常务理事。

（王凌雨）

【第六届“人民领袖毛泽东颂”诗歌朗诵会】 12月7日，为纪念毛泽东120周年诞辰，由《新国风》编辑部、华夏新诗研究会等单位主办的第六届“人民领袖毛泽东颂”诗歌朗诵会在北京举行。石祥、岳宣义、曾镇南、朱先树、晨崧、郭曰方、丁慨然、康桥等60多位诗人在会上朗诵了各自最新创作的诗作。

（王凌雨）

赛事、奖项

【2012年当代中国文学最新作品排行榜】 2月18日，由北京文学月刊社主办的“2012年中国当代文学最新作品排行榜”揭晓，共有20篇作品入选。上榜的中篇小说是陈谦的《繁枝》、弋舟的《等深》、方方的《声音低回》、滕肖澜的《握紧你的手》、曹寇的《塘村概略》；短篇小说是叶山山的《意外伤害》、铁凝的《七天》、刘慈欣的《赡养上帝》、胡学文的《离婚》、鲍十的《洗阿芳的事》；报告文学是何建明的《国家——2011，中国外交史上的空前行动》、叶多多的《一个人的滇池保卫战》、陈启文的《北京风暴》、蒋巍的《致以共和国的敬礼——新疆生产建设兵团的昨天与今天》、北方的《神九，与天宫有约》；散文是莫言的《讲故事的人》、余秋雨的《中国文脉》、柴静的《没有深夜痛哭过的人，不足以谈人生》、朱零的《银锭桥抒怀》、贺捷生的《热血还在奔流》。

（王凌雨）

【2012中国散文排行榜揭晓】 2月22日，由《光明日报》文艺部、中国作家网、百花洲文艺出版社联合举办的2012中国散文排行榜评选结果正式揭晓。10篇佳作为云杉的《文化的非洲》、莫言的《莫言散文二篇》、余秋雨的《中国文脉》、李存葆的《渐行渐远的滋味》、李国文的《慈禧躺着也中枪》、王蒙的《文化瑰宝与文化泡沫》、韩少功的《一个伪成年人》、刘上洋的《万里长江第一湾》、史铁生的《昼信基督夜信佛》、贺捷生的《热血还在奔流》。

（王凌雨）

【第四届中国传记文学优秀作品奖揭晓】 2月25日，由中国传记文学学会主办的第四届中国传记文学优秀作品奖揭晓。共12部作品获奖，包括5部长篇、4部中篇、2部短篇和1部翻译作品。长篇是王蒙的《王蒙自传》，贾英华的《末代皇帝的非常人生》，张胜的《从战争中走来——两代军人的对话》，丁晓兵的《左手礼》和陈明福的《晚清名将左宗棠全传》；中篇是濮存昕的《我知道光在哪里》，王保国的《华侨抗日女英雄李林传》，乙林的《天仙妹妹》和郭冬的《难回故里——一个台湾老兵的故事》；短篇是张昌华的《故人清风——张充和她的琴棋书画》，西篱的《精神之灯照彻世界》；翻译作品是《张纯如：无法忘却历史的女子》，原著张盈盈，鲁伊［美］译。

（王凌雨）

【第二届唐弢青年文学研究奖颁奖】 3月3日，第二届唐弢青年文学研究奖颁奖仪式在中国现代文学馆举行。中国作家协会党组成员、书记处书记李敬泽出席并讲话。5篇作品获奖分别是：李丹梦的《现代中原“化石”——乔典运论》、齐晓红的《当文学遇到大众——1930年代文艺大众化运动管窥》、敬文东的《格非小词典或桃源变形记》、黄发有的《文学与年龄：从“60后”到“90后”》和邵燕君的《网络时代：新文学传统的断裂与“主流文学”的重建》。

（王凌雨）

【首届白鹿当代文学编辑奖颁奖】 3月20日，由人民文学出版社主办的首届“白鹿当代文学编辑奖”颁奖典礼在北京举行。该奖项由作家陈忠实提议并提供奖金，每两年评定一次，表彰两年中该社在当代长篇小说编辑工作上有突出成绩的责任编辑。首届的评定时限是2011年至2012年，杨柳、孔令燕获得该奖。此次在正奖之外特别设立了两个奖项，一个是“《白鹿原》出版纪念奖”，对在《白鹿原》的编辑、发表、出版过程中做出贡献的编辑予以奖励，该奖特别奖由何启治获得，荣誉奖由刘会军、朱盛昌、洪清波、高贤均、常振家获得。另一个是“当代文学编辑特殊贡献奖”，对过去几十年来在人民文学出版社当代长篇小说编辑出版工作中成绩突出的编辑予以奖励，奖项由于砚章、王建国等17人获得。

（王凌雨）

【“与雷锋同行”征文颁奖】 3月22日，由人民日报社和中国作家协会联合举办的“与雷锋同行”征文颁奖会在中国现代文学馆举行。“与雷锋同行”征文活动自2012年3月启动，到2013年1月截稿，共收到诗歌、散文、杂文、随笔、报告文学等各类作品5000多篇。《人民日报》副刊从来稿中遴选作品，共推出“与雷锋同行”专栏57期、专版5个，刊发作品近80篇。中国作家网也同步开设了“与雷锋同行”征文专题。曾凡华的《致雷锋》，关仁山的《爱心小院纪事》，雷抒雁的《同行的弟兄》，朱夏炎、王钢的《李文祥老人的夏天》，武歆的《一个叫乌宁朝格图的兵》，焦祖尧的《牡丹之歌》，郭严隶的《塔中花开入云端》，喻季欣的《爱，穿越戈壁高原》，杨明方的《京城好人》，李春雷的《我的中国梦》10篇作品（按发表时间排序）获征文优秀奖。

（王凌雨）

【北京位居中国100座文学之城第二名】　3月，盛大文学公布第二届“寻找中国100座文学之城”榜单。通过对旗下文学网站作者上传文章的IP地址进行统计、分析，得出了网络文学作者聚集最多的城市名单。北京位居第二名。

（王凌雨）

【首届人民文学新人奖在宁波颁奖】　4月19日，首届人民文学新人奖在宁波颁奖。路内（长篇小说）、哲贵（中篇小说）、张惠雯（短篇小说）、张发财（散文）、李天田（非虚构类）、钱利娜（诗歌）、王单单（诗歌）7位作家和诗人获得首届人民文学新人奖。该奖项是人民文学杂志社的常设性文学奖项，每年评选一次，评奖范围为年龄在40周岁以下，在《人民文学》发表作品的作家和诗人。

（王凌雨）

【第三届全国高校文学征文活动颁奖】　5月18日，第三届“包商银行杯”全国高校文学作品征集、评奖、出版活动颁奖仪式在中国现代文学馆举行。该活动以“十年文化战略工程，打造高校文学巨史”为主题，由作家网、人民文学杂志社、包商银行、漓江出版社共同组织举办。该届活动共评出117篇（首）获奖作品，郑州师范学院李会展的《雪夜》、长江大学李干的《抽陀螺》、北京师范大学江飞的《沉重的肉身》获一等奖，重庆理工大学杨康等9人的作品获二等奖，首都师范大学杨雷等15人的作品获三等奖，贵州民族大学若非等90人的作品获优秀奖。

（王凌雨）

【首届北京诗歌朗诵大赛】　5月~6月，由北京市文化局、北京市文联、石景山区人民政府联合主办的“放飞梦想——首届北京诗歌朗诵大赛”共有来自14个区县的293件作品、367名诗歌朗诵爱好者参加比赛。其中，年龄最大的87岁，最小的5岁。由曾柔朗诵的《假如我是蜗牛》，满运杰朗诵的《生命的激情》，王萍香、张喜莲朗诵的《大杂院小胡同》等作品取得优异成绩。《我们的太阳》《燕州梦谣》等作品获得原创作品奖。

（王凌雨）

【《人民文学》（2012年度）中短篇小说奖揭晓】　6月6日，由人民文学杂志社、石碣镇人民政府和东莞市文联共同主办的第三届“石碣崇焕杯”《人民文学》（2012年度）中短篇小说获奖作品颁奖典礼在广东东莞市石碣镇举行。荆永鸣的《北京邻居》获得中篇小说金奖，徐皓峰的《师父》获得短篇小说金奖。杨少衡的《隐隐作痛》、和晓梅的《连长的耳朵》、薛舒的《甘草橄榄》获得中篇小说年度奖。盛可以的《捕鱼者说》、姚鄂梅的《狡猾的父亲》、王小王的《邂逅是一件天大的事》获得短篇小说年度奖。

（王凌雨）

【首届“诗词中国”传统诗词创作大赛颁奖】　7月6日，由中华书局发起，《光明日报》、中央电视台、中华诗词学会、中华诗词研究院、中国移动共同举办的首届“诗词中国”传统诗词创作大赛在全国政协礼堂举行颁奖礼。大赛自2012年9月底启动，通过网站、电视、短信、飞信等途径吸引诗歌爱好者投稿。同时，与大赛相关的“诗词中国”普及读物也同步出版。评委会评出一等奖17名（空缺3名）、二等奖29名（空缺11名）、三等奖59名（其中，彩信1名，空缺21名）、优秀奖160名。

（王凌雨）

【第一届“神华文学奖”颁奖】　8月8日，由中国煤矿文联、中国煤矿作协、神华集团和阳光杂志社联合主办的第一届“神华文学奖”在北京颁奖。该奖项是一项面向基层、激励职工创作的活动。来自煤矿工作一线的文学爱好者的800多篇文学作品参与评奖，86部作品获奖。其中，特等奖2名、一等奖9名、二等奖15名、三等奖30名、优秀奖30名。

（王凌雨）

【首届国风文学奖颁奖】　8月31日，由华夏新诗研究会、华语红色诗歌促进会和《中华国魂》编委会共同设立的首届国风文学奖在北京颁奖。该奖评选对象为国内公开出版的小说、诗歌、散文、报告文学、文学评论等，每年评选一届，每届评选出不同体裁的获奖作品1部。本届获奖的是：胡松夏的长诗《诗记雷锋》、韩丽敏的长篇小说《将军楼》、苏沧桑的散文集《所有的安如磐石》、丁慨然的评论集《荆公诗评》、许庆胜的研究文集《蔡氏四兄妹诗歌研究》。

（王凌雨）

【第六届《北京文学》奖颁奖】　9月10日，由北京市文联主办、北京文学月刊社承办的第六届《北京文学》奖暨第五届《北京文学·中篇小说月报》奖在北京颁奖。获得第六届《北京文学》奖的共有18篇作品：陈应松的《一个人的遭遇》、方方的《声音低回》、荆永鸣的《北京房东》、杨少衡的《读一个句号》、丁力的《房东》获中篇小说奖；冯俊科的《家乡有人真儿气》、刘庆邦的《皂之白》、陈纸的《下山去看红绿灯》、汪文勤的《姓甚名谁》、潘绍东的《歌郎》获短篇小说奖；叶多多的《一个人的滇池保卫战》、朱晓军和李英的《让百姓做主——浙江省琴坛村罢免村主任纪事》、刘元举的《啼血试验——朱清时与他的南科大命运》、阎纲的《美丽的夭亡——女儿病中的日日夜夜》、苗秀侠的《迷惘的庄稼——农民工留守子女现状调查》获报告文学奖；毛建军的《北京人》、王海霞的《烟花》、郝中实的《鹰眼》获新人新作奖。获得第五届《北京文学·中篇小说月报》奖的是季栋梁的《上庄记》、邵丽的《刘万福案件》、蒋峰的《六十号信箱》、乔叶的《盖楼记》、张楚的《夏朗的望远镜》、杨争光的《驴队来到奉先畤》、东紫的《北京来人了》、孙频的《九渡》、刘庆邦的《东风嫁》、陈谦的《繁枝》。

（王凌雨）

第六届《北京文学》奖暨第五届《北京文学·中篇小说月报》奖颁奖

【第六届2012年度中国作家鄂尔多斯文学奖颁奖】　9月15日，由中国作家杂志社与鄂尔多斯市人民政府共同举办的第六届（2012年度）中国作家鄂尔多斯文学奖颁奖典礼在中国现代文学馆举行。肖亦农的长篇纪实文学《寻找毛乌素》、王蒙的中篇小说《悬疑的荒芜》、孙未的长篇小说《瓶中人》、阿来的电影文学剧本《普布与丹增》、范小青的中篇小说《高楼万丈平地起》、艾玛的短篇小说《井水豆腐》获优秀作品奖；邹瑾、杜文娟、王姝英、苏怀亮、紫金获新人奖；鄂尔多斯文学大奖空缺。

（王凌雨）

【第九届全国优秀儿童文学奖颁奖】　9月24日，第九届全国优秀儿童文学奖颁奖典礼在北京举行。共有114家出版社参与，有效参评作品达到460部（篇），20位作家获奖。其中，《鸟背上的故乡》（胡继风）、《丁丁当当·盲羊》（曹文轩）等7部（篇）小说获优秀小说奖；《我成了个隐身人》（任溶溶）、《月光下的蝈蝈》（安武林）获优秀诗歌奖；《汤汤缤纷成长童话集》（汤汤）、《住在房梁上的必必》（左昡）4部（篇）童话获优秀童话奖；《小小孩的春天》（孙卫卫）、《虫虫》（韩开春）获优秀散文奖；《巨虫公园》（胡冬林）、《三体Ⅲ·死神永生》（刘慈欣）获优秀科幻文学奖；《穿着绿披风的吉莉》（张洁）、《小嘎豆有十万个鬼点子·好好吃饭》（单瑛琪）获优秀幼儿文学奖；《风居住的街道》（陈诗哥）获青年作者短篇佳作奖。

（王凌雨）

【第四届“中坤国际诗歌奖”颁奖】　11月25日，由北京大学中国诗歌研究院主办的第四届“中坤国际诗歌奖”在北京大学颁奖。台湾诗人痖弦和波兰诗人亚当·扎加耶夫斯基获得本届中坤国际诗歌奖。

（王凌雨）

【2013年度中国散文年会颁奖大会】　11月30日，2013年度中国散文年会颁奖大会在北京举行。梁晓声的《龙！龙、龙》、李存葆的《乡村燕事》、丹增的《藏狗》、贺捷生的《木黄，木黄，木色苍黄》、唐兴顺的《太行九记》、周晓枫的《齿痕》等10篇散文获得一等奖，查振科的《童年呼啸》、王惠明的《父亲的水碾坊》等90余篇散文分别获得二、三等奖和最佳散文集奖。徐怀中的长篇纪实散文《底色》获年度军旅散文奖。袁明华凭借《闯荡在灰色的航道上》获得年度精锐奖。

（王凌雨）

【2013年度“茅台杯”人民文学奖颁奖】　12月11日，2013年度“茅台杯”人民文学奖颁奖典礼在鲁迅文学院举行。阿来的《瞻对：两百年康巴传奇》获非虚构大奖；乔叶的《认罪书》获长篇小说优秀奖；陈河的《猹》和肖江虹的《蛊镇》获得中篇小说优秀奖；毕飞宇的《大雨如注》和贾平凹的《倒流河》获得短篇小说优秀奖；

贺捷生的《父亲的雪山　母亲的草地》和周晓枫的《齿痕》获得散文优秀奖；刘年的组诗《虚构》和荣荣的组诗《声声慢》获得诗歌优秀奖。英国自由职业翻译魏友敦（Jim Weldon）获人民文学奖新增设的翻译奖。

（王凌雨）

【21世纪年度最佳外国小说（2013）颁奖】 12月12日，由人民文学出版社联袂中国外国文学学会举办的“21世纪年度最佳外国小说（2013）”颁奖典礼在北京举行。获奖的作品有：德国女作家安妮·格斯特许森（Anne Gesthuysen）的《我们是姐妹》，俄罗斯作家达尼伊尔·格拉宁的《我的中尉》，危地马拉作家罗德里格·雷耶·罗萨的《聋儿》，意大利作家亚历山德罗·皮佩尔诺的《形影不离》和法国作家奥利维埃·亚当的《边缘》。

（王凌雨）

【《十月》杂志“创刊35年最具影响力作品奖”和“第十届十月文学奖”同时颁奖】 12月15日，《十月》杂志在中国现代文学馆颁发“创刊35年最具影响力作品奖”和“第十届十月文学奖”。李准、陈世旭、白桦、宗璞、礼平、王蒙、古华、汪曾祺、高行健、张承志、铁凝、莫言、张洁、海子、贾平凹、池莉、方方、陈建功、范稳、叶广芩、刘醒龙等28位作家的35部作品获《十月》杂志“创刊35年最具影响力作品奖”。“第十届十月文学奖”各奖项获奖作品和获奖作者分别是：叶广芩的《状元媒》、林白的《北往》（《北去来辞》）获长篇小说奖；阿袁的《子在川上》、胡性能的《下野石手记》等6部作品获中篇小说奖；劳马的《短篇小说一束》、哲贵的《寄养的女孩》等4部作品获短篇小说奖；白描的《被上帝咬过的苹果》、耿占春的《沙上的卜辞》等4部作品获散文奖；于坚的《于坚的诗》、默白的《深蓝》等4部作品获诗歌奖；《摸黑记》的作者鲍尔金娜、《动物园》的作者甫跃辉获新人奖。

（王凌雨）

【2013《民族文学》年度奖揭晓】 12月28日，“2013《民族文学》年度奖”暨中国少数民族作家“我的中国梦”征文颁奖典礼在中国现代文学馆举行。《民族文学》年度奖的23篇（首）获奖作品是汉族、蒙古族、藏族、维吾尔族、和萨克族、朝鲜族6种文字版刊发的小说、散文、诗歌，包括翻译作品和少数民族文字的母语原创作品。

（王凌雨）

交　　流

【中外儿童文学国际传播高端对话】 3月27日，“书香飘万里——中外儿童文学国际传播高端对话”在意大利博洛尼亚书展中国少年儿童新闻出版总社展位举行。中国作协副主席高洪波、国际儿童读物联盟原主席帕奇·亚当娜、儿童文学作家曹文轩、布拉迪斯拉发插图展创始人埃利斯及来自俄、美等国的画家、出版人以高洪波的原创绘本“小猪波波飞系列”为话题，探讨了儿童文学在国际传播过程中的问题和特点。

（王凌雨）

【第二次“中国——澳大利亚文学论坛”】 4月2日～3日，由中国作家协会主办的第二次“中国——澳大利亚文学论坛”在北京举行。此次论坛的主题为“文学与包容”，徐小斌、莫言、李洱、刘震云、叶辛、卡斯特罗、库切等中澳作家，围绕文学的传统与现代性、文学的本地化与世界性、文化包容、文学体裁与阅读等话题进行了演讲。

（王凌雨）

【铁凝会见俄罗斯客人】 7月9日，中国作家协会主席铁凝在北京会见了俄罗斯总统国际文化合作事务特别代表、外交部特使什维德科伊。铁凝介绍了中国文学的发展状况以及中俄文学交流的举措和成就。什维德科伊简要介绍了俄罗斯文学的发展状况以及中国文学作品在俄罗斯的出版翻译情况。双方还探讨了继续开展中俄文学交流的项目和举措。

（王凌雨）

【中国少数民族作家赴俄罗斯访问交流】 7月10日～17日，中国少数民族作家学会在中国作协外联部指导下，组织少数民族优秀作家开展了对俄罗斯的访问交流。参加此次活动的作家来自藏族、满族、蒙古族、朝鲜族、鄂温克族、土家族、苗族、傣族、白族等多个民族。达真、庆胜、满慧文、吴道毅、活石、杨胜勇、海涛、刘照进、石继丽、汪家生、苍生荣、张雁、柏桦、尹金丹、娜仁托娅等与当地有关作家和专家、学者进行了文学交流。

（王凌雨）

【澳门文艺评论家协会代表团访问中国现代文学馆】 8月29日，澳门文艺评论家协会主席朱寿桐、副主席傅天虹、研究员杨青泉与澳门大学博士生李昂、张明明、张丽风等到中国现代文学馆参观访问。中国现代文学馆常务副馆长吴义勤、研究部主任李洱、诗人屠岸、北京师范大学教授章燕等，以及中国现代文学馆研究部、编联部部分研究人员与澳门客人就澳门文学和中国现当代文学研究的相关话题进行了讨论。朱寿桐介绍了澳门文学和澳门文艺评论家协会的基本情况，并向中国现代文学馆捐赠了《南国人文学刊》。傅天虹代表澳门文艺评论家协会向中国现代文学馆捐赠了全套《中外现代诗名家集萃》中英文版和台湾诗人张默的现代诗书法长卷。屠岸也向中国现代文学馆赠送了其书法作品。吴义勤向捐赠者颁发了收藏证书和纪念品。

（王凌雨）

【2013北京图书博览会BIBF文学之夜】 8月31日，2013北京图书博览会BIBF文学之夜在北京尤伦斯当代艺术文化中心举办。杨志军、江南、德米特里·格卢霍夫斯基、帕维尔·巴辛斯基四位中俄小说家及文学评论家与读者共同分享了他们创作和生活的故事。

（王凌雨）

【2013中德作家论坛】 9月1日~2日，由中国社会科学院外国文学研究所、柏林文学论坛、中国人民大学、中国对外翻译出版有限公司主办的中德作家论坛在北京举行。中国作家铁凝、莫言、贾平凹、刘震云、李洱、毕飞宇、方方、劳马、徐则臣、张悦然、金仁顺等与来自德国、瑞士的德语作家就“全球化时代的文学”“责任与自由”“家园与乡愁”“技术、交流与变化”“侨移与艺术创造”“间离与理解”以及诗歌艺术等主题展开对话。

（王凌雨）

【莫言作品国际研讨会在巴黎举行】 10月18日~19日，由法国巴黎第七大学东亚文化研究中心、巴黎第三大学比较文学研究中心和埃克斯－马赛大学亚洲研究学院联合发起组织的以“莫言，地方与普世的交汇”为主题的国际研讨会在巴黎举行。来自美国、瑞士、意大利和法国的100多位学者就莫言作品的特色、渊源及影响进行了研讨。

（王凌雨）

纪　　念

【陈斯庸逝世】 2月4日，人民文学出版原外国文学编辑室编审陈斯庸因病在北京逝世。陈斯庸（1919—2013），原名诗永，笔名斯庸。1940年开始发表作品。1956年加入中国作家协会。译著有《海鸥》《团的儿子》《波谢洪尼耶遗风》《陪嫁：一千名农奴》《水屋奇婚》《彼得大帝传》等。责编的图书《高尔基文集》（20卷）与《盗火》分获首届全国优秀外国文学图书奖特别奖和二等奖。

（王凌雨）

【雷抒雁逝世】 2月14日，当代诗人、作家雷抒雁因病在北京逝世。雷抒雁（1942—2013），陕西泾阳人，毕业于西北大学中文系。因纪念张志新所写的长诗《小草在歌唱》而成名。出版诗集有《小草在歌唱》《父母之河》《踏尘而过》《激情编年》等，出版散文随笔集《悬肠草》《秋思》《分香散玉记》等。曾获得过多种文学创作奖，并有多种文字翻译诗作发表于国外。曾任《诗刊》副主编、鲁迅文学院常务副院长。2012年5月，任中国诗歌学会会长，并担任中国作协诗歌专业委员会主任。

（张燕鹰）

【唐弢百年诞辰纪念座谈会】 3月3日，唐弢百年诞辰纪念座谈会在中国现代文学馆举行。中国作家协会书记处书记李敬泽出席会议并讲话。中国现代文学馆常务副馆长吴义勤主持会议。与会专家、学者回忆了唐弢的人品文品，探讨了其文学创作、学术成就及对文学事业的贡献。

（王凌雨）

【梅娘逝世】 5月7日，女作家梅娘因病在北京逝世。梅娘（1920—2013），本名孙嘉瑞，另有敏子、孙敏子、柳青娘、青娘、落霞等笔名。早年丧母，梅娘谐“没娘”之音。她11岁考入吉林省立女子中学，17岁出版中学时期习作集《小姐集》，后赴日本求学。1942年归国，在北平《妇女杂志》任职，先后在多种媒体发表小说、散文及翻译作品，并结集为《鱼》《蟹》出版。她的作品以婚姻恋爱为题材，凸显追求独立、自由的女性形象，关注女性的生存状态与困境。1942年，在北平的马德增书店和上海的宇宙风书店联合发起的“读者最喜爱的女作家”评选活动，梅娘与张爱玲双双夺魁，从此有“南玲北梅”之誉。2005年出版《梅娘近作与书简》。

（王凌雨）

【孙犁百年诞辰纪念座谈会】 5月14日，由中国作家协会主办，天津市作家协会、天津日报社和中国现代文学馆承办的孙犁百年诞辰纪念座谈会在中国现代文学馆举行。来自全国各地的专家、学者以及孙犁的家属100余人出席会议。铁凝在致辞中高度评价了孙犁的文学成就。张炯、从维熙、万镜明、管士光、曾镇南、浪波、滕云、李华敏以及孙犁家属代表孙晓达等也分别在座谈会上发言。座谈会上，天津百花文艺出版社向中国现代文学馆鞴送了重新修订、出版的《孙犁文集》。

（王凌雨）

【中国社科院文学研究所庆祝成立60周年】 6月14日，中国社会科学院文学研究所60周年所庆在北京举行。中国社会科学院副院长李捷、中国作协主席铁凝、中宣部文艺局局长汤恒到会祝贺。中国社会科学院文学研究所前身为1953年成立的北京大学文学研究所，1955年划归中国科学院哲学社会科学学部。1976年，原中国科学院哲学社会科学学部改为中国社会科学院，该所随之改为中国社会科学院文学研究所。该研究所成立后，出版了《古本戏曲丛刊》《中国文学史》《文学概论》《美学原理》《中国大百科全书·中国文学卷》《中国现代文学史》《中国当代文学思潮史》《中国文学通史系列》《中华文学通史》等集体研究项目以及钱锺书的《管锥编》等重要学术成果。为纪念建所60周年，该所编辑出版了《岁月熔金》《甲子春秋》《翰苑易知录》《告别一个学术时代》《文学研究所所志》，比较清晰地呈现了该所60年的历程。

（王凌雨）

【丁力逝世20周年座谈会】　7月6日，由中华诗歌文学会、华夏新诗研究会、《新国风》诗刊编辑部等单位联合主办的抗战诗人丁力逝世20周年座谈会在北京举行。丁力曾创作、出版《召唤》《灾区的小故事》《从乡下唱到城里》《大红花》《苦难的童年》《仇恨》《发光的日子》《北京的早晨》《踏天曲》《云雀之歌》《俯首吟》《觉先诗词》等十多部诗集，还出版了《诗歌创作与欣赏》等评论集。朱先树、绿岛、林克然等几十名诗人、评论家参加座谈会。中国萧军研究会常务副会长萧鸣致辞，丁力长子丁慨然致答谢词。与会者认为，诗人丁力是中国人民抗日战争时期涌现出的无数抗战诗人的杰出代表，自始至终和祖国与人民的命运连在一起，所以他自始至终坚持为祖国而歌、为人民而歌。

（王凌雨）

【舒群百年诞辰纪念座谈会】　9月20日，由中国作协举办的“舒群百年诞辰纪念座谈会”在中国现代文学馆召开。丹增、高洪波、王巨才、李敬泽、束沛德、柳萌、包明德、吴义勤、叶梅等来自全国各地的数十位作家、评论家以及舒群的亲朋故交共同追忆了舒群的待人之道与为文之风。铁凝在讲话中回顾了舒群的人生轨迹与创作历程，高度评价了他在文学创作方面的成就。舒群以短篇小说《没有祖国的孩子》成名，后来又写出了长篇小说《这一代人》等作品。

（王凌雨）

【牛汉逝世】　9月29日，中国诗歌学会名誉副会长、《中国》杂志执行副主编、著名“七月派”诗人、散文家牛汉去世。牛汉（1923—2013），原名史承汉，后改为史成汉，又名牛汉，曾用笔名谷风，山西省定襄县人，蒙古族。1940年开始发表文学作品，被归为“七月派”诗歌群。他所创作的《悼念一棵枫树》《华南虎》等诗被广为传诵，曾出版5卷本《牛汉诗文集》。作品被译成俄、日、英、法、韩等多种文字出版。2003年，获马其顿共和国“文学节杖”奖。2004年，获首届“新诗界国际诗歌奖·北斗星”奖。2011年，获第三届中坤国际诗歌奖。

（王凌雨）

【《世界文学》创刊60周年纪念活动】　10月24日，《世界文学》杂志创刊60周年纪念活动在中国社会科学院举行。该刊物凝聚了许多翻译家的智慧和才华，曾在《世界文学》工作的高莽、李文俊、金志平、黄宝生、林一安、苏杭、邵明瑞、李政文、邹海伦、庄嘉宁等参加了纪念会。活动特设“向前辈致敬”环节，由年轻编辑向前辈们送上鲜花，社科院和外文所的领导为翻译家们颁发了纪念奖杯。中国作协主席铁凝为《世界文学》创刊60周年写下贺词。中国社会科学院副院长张江，中共青海省委常委、宣传部部长吉狄马加，以及陈众议，副所长党圣元，《世界文学》主编余中先和来自全国各高校、有关文化单位的代表参加了纪念活动。《世界文学》杂志前身是1953年创办的《译文》杂志，1959年1月改名《世界文学》。1964年，《世界文学》改由中国科学院哲学社会科学部外国文学研究所主办。1966年，改为双月刊。同年，因“文化大革命”爆发而被迫停刊。1977年10月复刊，1978年起公开发行。

（王凌雨）

【张光年百年诞辰纪念座谈会】　10月29日，由中国作家协会举办的张光年百年诞辰纪念座谈会和光未然作品朗诵音乐会在中国现代文学馆举行。张光年笔名光未然，诗人、戏剧家、文艺理论家，《黄河大合唱》《五月的鲜花》等歌曲的词作者，曾任中国作协党组书记、副主席。中国作协主席铁凝在会上致辞，邓友梅、袁鹰、从维熙、高洪波等在座谈会上发言。

（王凌雨）

【韩作荣逝世】　11月12日，中国诗歌学会会长韩作荣因病在北京逝世。韩作荣（1947—2013），笔名何安，黑龙江海伦人，中国共产党党员。1966年毕业于黑龙江农业机械化学校。1968年参加工作，历任工人、解放军工程兵战士、排长、师政治部干事，转业后任《诗刊》编辑，《人民文学》编辑、副主任、主任、副主编、常务副主编、主编。2012月4月，当选为中国诗歌学会常务副会长，2013年6月，当选为中国诗歌学会会长。

（张燕鹰）

【陈荒煤100周年诞辰纪念会】　12月18日，陈荒煤100周年诞辰纪念会在北京举行，由中国电影出版社出版的《陈荒煤文集》（10卷本）同时与读者见面。国家新闻出版广电总局副局长童刚、中国作协书记处书记李敬泽等出席活动并致辞。来自首都文学界和电影界的众多作家、艺术家、文艺理论家以及陈荒煤的亲朋故友参加活动。国家新闻出版广电总局电影局、中国影协、中国社科院文学研究所、中国现代文学馆、中国电影资料馆、中国电影艺术研究中心共同举办此次活动。李敬泽回顾并高度评价了陈荒煤为我国社会主义文艺事业尤其是社会主义文学事业做出的贡献。活动现场，《陈荒煤文集》编委会主任童刚向中国现代文学馆和中国电影博物馆捐赠了《陈荒煤文集》。中国夏衍电影学会会长陈景亮向中国现代文学馆捐赠了陈荒煤的塑像。中国现代文学馆馆长吴义勤、中国电影博物馆党委书记陈志强接受捐赠。

（王凌雨）

【《儿童文学》庆祝创刊50周年】 2013年，《儿童文学》举行了庆祝创刊50周年活动。此项活动邀请50位全国知名的儿童文学作家走进全国各地的100所学校，1000个班级，以经典诵读、作家讲座、征文比赛、语文老师阅读课培训等多种活动形式，为孩子们送去最优秀的文学精品，最实用、最精彩的阅读讲座和写作指导，为孩子精神世界的健康成长助力。

（张燕鹰）

研究与评论

【走向世界的中国文学高端论坛】 5月13日，“走向世界的中国文学”高端论坛在北京举行。中国作家协会书记处书记李敬泽、中国社科院文学研究所所长陆健德、中国当代文学研究会会长白烨、复旦大学教授陈思和、北京大学教授陈晓明、中国人民大学文学院院长孙郁等著名学者和批评家，格非、李洱、西川、伊沙等著名作家、诗人，以及文艺界重要报刊主编等进行了主题发言，探讨未来中国文学的发展方向，并期望以此次活动为契机，拓展中国文学的研究空间。中组部人才工作局局长孙学玉，教育部高等教育司副司长刘贵芹等应邀出席。北京师范大学文学院、有关职能部处负责人、专家、学者、师生代表共300余人参加了活动。

（张燕鹰）

【“80后”批评家研讨会】 5月13日，由中国作家协会创研部、理论批评委员会和现代文学馆联合举办的“青年创作系列研讨·‘80后’批评家研讨会”在中国作家协会举行。参加会议的学者、评论家有南帆、雷达、吴秉杰、陈晓明、吴义勤、阎晶明、高建平、白烨、彭学明、何向阳、李国平、张燕玲、林建法、程光炜、李洱、陈汉萍、方宁、李朝全、李东华等。会议研讨了“80后”批评家的整体状况、发展态势及存在的问题，总结了中国作协扶持青年理论批评人才的经验，鼓励青年批评家发出自己的声音，推动青年文学的繁荣发展。“80后”批评家代表杨庆祥、金理、黄平、刘涛、何同彬、傅逸尘等结合自己的批评实践回答了批评如何建设性地面对文学和时代。

（王凌雨）

【当代中华诗词学术研讨会】 10月13日，由中央文史研究馆主办，中华诗词研究院承办的“雅韵山河”当代中华诗词学术研讨会在北京举行。国务院参事室党组书记陈进玉，中央文史研究馆馆长、中华诗词研究院院长袁行霈，中华诗词研究院顾问刘征，中华诗词学会会长郑欣淼，中华诗词研究院副院长蔡世平，中华诗词学会驻会名誉会长（《诗词之友》名誉主编）郑伯农以及知名诗人、学者70余人参加研讨会。与会者围绕中华诗词的价值取向、时代意义、继承与发展、普及与提高和政府相关政策以及当今社会如何繁荣中华诗词等问题进行了讨论。会议围绕中华诗词教育与传播等话题展开讨论。

（王凌雨）

【贺敬之新古体诗创作座谈会】 11月2日，由中国毛泽东诗词研究会主办的“贺敬之同志新古体诗创作暨《心船歌集》线装本座谈会”在中央文献研究室举行。座谈会由中央文献研究室副主任陈晋主持，贺敬之出席座谈会。60余位专家、学者对贺敬之的新古体诗作品进行集中研讨。座谈会上，由中国书籍出版社向贺敬之和中国毛诗会赠送线装本《心船歌集》增补本。

（王凌雨）

【韩少功长篇小说《日夜书》研讨会】 11月12日，由中国作协创作研究部、中国作协小说委员会和海南省作协联合主办的韩少功长篇小说《日夜书》研讨会在北京举行。来自全国各地的20多位作家、评论家就《日夜书》的精神世界、人物塑造、文体创新等方面进行了多角度、多层面的研讨。中国作协书记处书记李敬泽、海南省作协主席孔见分别在会上致辞。

（王凌雨）

【起点中文网作品研讨会】 11月29日，由全国网络文学重点园地联席会议组织与盛大文学联合召开的“起点中文网作品研讨会”在中国作协举办。中国作协副主席、书记处书记陈崎嵘出席会议并致辞。于爱成、庄庸、吴长青、白烨、郭艳、马季、欧阳友权、廖俊华、张柠、桫椤等专家、学者，以及全国网络文学重点园地联席会议成员单位出席了会议。会议对月关、鱼人二代、打眼、徐公子胜治和柳暗花溟5位起点中文网作者的作品进行了研讨。

（王凌雨）

【《李自成》出版五十年座谈会】 12月9日，《李自成》出版五十年座谈会在北京召开。高洪波、张炯、严家炎、王维玲等70余人参加了座谈会。与会者就在新的时代文化语境中如何认识和理解这部作品的内涵、审美价值与文学意义进行了深入探讨。部分参与和见证了《李自成》创作、出版过程的老同志，还回忆了姚雪垠潜心写作的具体情形。

（王凌雨）

【《新批校注红楼梦》座谈会】 12月15日，由北京曹雪芹学会、商务印书馆联合主办的《新批校注红楼梦》座谈会在北京举行。参加座谈会的有该书的评批者张俊、沈治钧，中国艺术研究院原常务副院长李希凡，研究员胡文彬、吕启祥、王湜华，中国红楼梦学会会长张庆善，民革中央宣传部原部长蔡义江，农工民主党红楼梦研究小组组长杜春耕，北京大学教授周先慎、陈熙中，首都师范大学文学院教授段启明、侯会，中国第一历史档案馆研究馆员张书才，北京曹雪芹学会秘书长李明新、副秘书长位灵芝，商务印书馆总经理于殿利等三十余位专家、学者。与会专家认为，该书不同于以往的“书商型”“文人型”及“综合型”评点，是一种“学者型”评点，有助于《红楼梦》的阅读接受和学术研究。

（王凌雨）

【长篇纪实散文《底色》作品研讨会】 12月19日，解放军军事文学研究中心召开“2013年度年会暨《底色》作品研讨会”。解放军报社原社长黄国柱、解放军艺术学院原副院长朱向前、总政艺术局原局长汪守德、文艺报社原总编范咏戈、解放军出版社原副社长韩瑞亭、首都师范大学文学院教授张志忠、解放军艺术学院原训练部部长黄献国、八一电影制片厂副厂长柳建伟、解放军出版社原副社长董保存、解放军出版社文艺图书编辑部主任张鹰、洛阳外国语学院教授李茂增、《解放军艺术学院学报》主编陈曦、《解放军报》青年评论家傅强等出席了研讨会。与会专家充分肯定了《底色》的史学与美学价值。

（王凌雨）

【熊育群长篇小说《连尔居》研讨会】 12月20日，由中国作协创作研究部、广东省作协、作家出版社、中国作家杂志社共同主办的熊育群长篇小说《连尔居》研讨会在北京举行。中国作协书记处书记李敬泽、《中国作家》主编艾克拜尔·米吉提、作家出版社总编辑张陵等出席研讨会。中国作协创作研究部主任梁鸿鹰主持会议。与会者认为，小说深层次地揭示了现代社会人的迷失，从人性内部观照社会的病灶，也折射出社会对人性的戕害。

（王凌雨）

培　　训

【鲁迅文学院第十八届中青年作家高级研讨班】 2012年9月6日～2013年1月8日，鲁迅文学院举办第十八届中青年作家高级研讨班。本届研讨班共举办了46次讲座、4次作品研讨会和4次文学沙龙。学员在鲁院高研班期间共创作中短篇小说近120篇，发表60余篇；创作修改长篇小说10余部；创作诗歌、散文、随笔、报告文学等其他文学作品100余篇，发表近60篇。

（王凌雨）

【鲁迅文学院第六届网络文学作家培训班】 1月15日～29日，鲁迅文学院第六届网络文学作家培训班在北京举办，共有44位网络文学作家参加培训。本次培训班教学内容分为“国情时政”“文学态势”“创作知识和技巧”“作家的素质与培养”“研讨、交流、自修”“社会实践”6个部分。

（王凌雨）

【鲁迅文学院第十九届中青年作家高级研讨班】 3月2日～4月27日，鲁迅文学院第十九届中青年作家高级研讨班（作家的责任与使命专题班）在北京举办，共有来自全国各地的50名学员参加。本届高研班的培训目的，是要使青年作家认清职责和使命，做无愧于历史、无愧于时代、无愧于人民的作家。按照教学要求，本届高研班加大了思想政治素质教育的课程，突出了文学与政治、文学与社会、文学与历史的结合。高研班安排了国情时政尤其是中共十八大精神的学习课程，组织学员观摩《复兴之路》等大型国情专题纪录片，邀请各领域专家、学者讲授精品课程20余次，内容包含政治、经济、文化、科技、艺术、宗教、文学，还设置了与老作家座谈交流、学员作品研讨和文学沙龙活动。学员在鲁院高研班学习期间共创作短篇小说100余篇，发表近30篇；创作修改长篇小说10余部；创作散文、随笔、报告文学等130余篇，发表60余篇。

（王凌雨）

【2013《民族文学》多民族作家改稿班】 4月15日~20日，由民族文学杂志社主办的“2013《民族文学》多民族作家改稿班”在北京举办。本次改稿班共邀请到来自13个民族的26位作家，他们都是在《民族文学》发表过作品，并引起一定反响的作者。他们将最新创作的小说、散文、诗歌作品，带到改稿班上，与编辑面对面交流研讨，吸取意见，精心修改，力争推出一批立得住、叫得响、好看、又耐读的精品力作。同时，改稿班还邀请了何建明、李敬泽、梁鸿鹰等文学界知名专家、学者为学员授课，并组织学员就创作观念、经验技巧、民族特色的寻找与彰显等话题进行座谈交流，进一步开拓创作视野，增强对文学事业的理解力和使命感。

（王凌雨）

【鲁迅文学院第二十届中青年作家高级研讨班】 5月13日~7月12日，鲁迅文学院第二十届中青年作家高级研讨班（作家的责任与使命专题班）在北京举办，共有来自全国各地的50名学员参加。高研班期间，组织了30多位各个领域专家的讲座，特别是在中共十八大精神解读和国情时政学习方面，学院安排了国内一流专家授课，组织了专题教育片观摩。学院还组织学员赴天津开发区、井冈山、南昌等地进行社会实践。本届学员在鲁院高研班学习期间创作中短篇小说120余篇，发表近40篇；创作修改长篇小说20余部；创作散文、随笔、报告文学等其他文学作品160余篇，发表80余篇。

（王凌雨）

捐赠、收藏

【赵勇田向中国现代文学馆捐赠手稿】 春节前夕，88岁的军旅作家赵勇田向中国现代文学馆捐赠了自己17部文学著作的手稿。这些手稿是他近30年来从事文学创作的结晶，包括《独脚虎将》《小八路日记》《板门店谈判》《虎穴殊勋》《百名将帅访谈录》《虎穴英雄传》《按下快门聚焦50年国事·家事》《槐花斋辑稿》《流年旧事》《抗美援朝纪实》《孙毅将军年谱》《名将孙胡子》《情愫》等，总计250万字。

（王凌雨）

【《北京文学》赴贵州希望小学捐赠书籍文具】 3月22日，《北京文学》组织老舍散文奖获奖作家陈启文、凸凹、马语、耿立等以及杂志社部分编辑到贵州省安顺市龙宫镇火麦村叶浩霖希望小学捐赠书籍文具，并给孩子们发放糖果。活动之后，作家们还在贵州和桂林采风，与当地作家进行了创作座谈与交流。

《北京文学》组织编辑、作家向叶浩霖希望小学捐赠书籍、文具，发放糖果

（王凌雨）

出 版 物

【《中国散文报》创刊】 1月15日，《中国散文报》在北京创刊。该报是经北京市新闻出版局批准，由中国散文学会主办的。该报为月刊，对开8版，常设版面主要有学会要闻、名家新作、会员作品、理论读书、散文之乡、军旅人生、同题擂台、书画专刊等。创刊号上分别刊载了中国散文学会第三次全国代表大会工作报告、章程、理事名单，并发表了贾平凹、肖复兴、裘山山、葛水平等作家的作品。

（王凌雨）

【《王朝柱精选文集》出版】 1月，《王朝柱精选文集》由作家出版社出版。文集精选了王朝柱历经40年创作的具有代表性的文学作品，共8卷，其中，包括纪实文学和长篇小说《李大钊》《周恩来在上海》《毛泽东周恩来与长征》《开国领袖毛泽东》《张学良和蒋介石》《谍海奸雄》《政坛败将》《囚徒的长征》等。

（王凌雨）

【《中国文学理论批评文选（2012）》出版】 3月，中国作协理论批评委员会编选的《中国文学理论批评文选（2012）》由北京大学出版社出版。该书收录了2012年中国文学理论批评方面较有特色的学术论文及评论，从不同侧面反映了中国文学理论批评的状貌与进展。

（王凌雨）

【《中国新诗编年史》出版】 3月，《中国新诗编年史》（套装上下册）由人民文学出版社出版，刘福春著。该书记述了1917年1月至2000年12月发生的有关中国新诗创作、出版、活动等史事。总字数约300万字。专家称其填补了新诗编年研究的空白。该书记述文字分为详略两种，一般史事略记，重要事项详述。详述文字主要有：1. 重要、优秀的诗集出版，包括内容提要，当时的批评、广告，版本的变化等。2. 重要的诗论著作出版，包括内容提要及主要论点等。3. 重要的诗刊和诗报创刊、改刊、停刊，包括创刊综旨，改刊、停刊原因，刊物基本情况等。4. 诗坛重要的活动、事件、论争，包括起因、过程、主要参与者和当时的反映等。5. 重要、优秀及当时具有代表性的新诗作品的发表，包括作者自述、当时的批评等。6. 重要的诗歌论文、文献摘要。7. 重要诗人的行踪，包括去世等。

（王凌雨）

【何建明报告文学《国家》英文版在伦敦首发】 4月15日，在伦敦国际书展开幕当天，作家出版社和英国新经典出版社在伯爵宫会展中心举行了何建明的报告文学《国家——2011·中国外交史上的空前行动》（以下简称国家）英文版的首发仪式。出席首发仪式的包括英国前外交大臣、“亚洲之家”主席约翰·博伊德爵士，英国前驻中国香港全权大使休·戴维斯，中国驻英国大使馆参赞和一等秘书刘芳，英国出版者协会跨国主管艾玛等在内的数十位中英政商界友好人士。该书以2011年的利比亚动乱危机中，中国有史以来规模最大、难度最大的海外撤侨营救行动为内容，描写了一大批中国外交官的感人事迹，塑造了由中国外交官群体的牺牲与奉献所挺立起来的中国国家形象。

（王凌雨）

【《中国文情报告（2012～2013）》出版】 5月，《中国文情报告（2012～2013）》由社会科学文献出版社出版，白烨主编。该报告分门别类地对2012年的中国文学和文坛的发展与走向、现象与成果、经验与问题等各类情况，进行了系统的梳理与细致的扫描，总结出年度文学的宏观走向及其发展演进中存在的主要问题。报告对一些文学领域的焦点现象和倾向性问题进行了捕捉与评说，如数字出版崛起的亦喜亦忧、类型小说发展失衡、青年作家成长的缺少引领等。

（王凌雨）

【《诗刊·子曰增刊》出版】 6月，《诗刊·子曰增刊》第一期正式出版。该刊以发表和评论古体诗为宗旨，每期80页，设有《视点》《巡礼》《方阵》《论坛》《诗林》《随笔》《新风》和《选萃》等栏目。

（王凌雨）

【《2012年度中国当代文学年鉴》出版】 6月，《2012年度中国当代文学年鉴》由百花洲文艺出版社出版，中国当代文学年鉴中心编委会编。内容主要分为“2012年中国文学发展状况”“年度文献”“文学创作概况”“文学理论与批评综述”“文学出版与阅读概况”“文学活动纪事”等方面。年鉴全面地记录了中国当代文学的发展状况以及当年的文学热点。

（王凌雨）

【《杨绛文集》（8卷本）出版】 6月，《杨绛文集》（8卷本）由人民文学出版社出版。该文集共约250万字。其中，第一卷至第四卷为创作部分。第一卷为“小说卷”，选收了长篇小说《洗澡》和短篇小说7篇；第二卷、第三卷为“散文卷”，选收《干校六记》《将饮茶》《杂写与杂忆》，及其20世纪90年代中后期至新世纪之初所创作的重要散文，如《我们仨》等；第四卷为“戏剧文论卷”，收入了《称心如意》和《弄假成真》两部喜剧，以及作者评析外国文学名著的理论作品，论述《红楼梦》与谈文学创作、翻译等论文14篇；第五卷至第八卷为译文部分，收入了作者重要译作《堂吉诃德》《吉尔·布拉斯》《小癞子》《斐多》等。杨绛还为文集撰写了《作者自序》《杨绛生平与创作大事记》，并为文集选定了80幅照片和插图。

（王凌雨）

【《2013年中国散文排行榜》出版】 12月，《2013年中国散文排行榜》由百花洲文艺出版社出版，周明、王宗仁主编。该书是中国散文学会在梳理、总结了2013年中国散文创作的实绩后，推荐编选了三十几篇散文，其中包括莫言的《讲故事的人》、周国平的《阅读与人生》、范曾的《为官之典则》，阎连科的《北京碎事》、邓友梅的《我走过的道路》、舒乙的《我家藏画故事系列（三题）》等。

（王凌雨）

戏　　剧

2013年，北京戏剧演出十分繁荣，国家大剧院、北京保利剧院、首都剧场、中国儿童艺术剧院等大剧场和星罗棋布的小剧场、表演艺术空间共同推进了戏剧演出业的迅速发展。

近几年的剧目建设在国家话剧院、中国儿童艺术剧院和北京人民艺术剧院取得显著地成果。3月开始的“国话之春”演出季，不仅包括《蝴蝶》《青蛇》《大宅门》3部新创剧目。还囊括了近年来国话创作演出的《活着》《欲望花园》《理查三世》《四世同堂》等14部保留剧目，剧目之丰富令“国话之春”形成品牌效应。中国儿童艺术剧院2013年推出大型儿童剧《卖火柴的小女孩》《岳云》《小布头奇遇记》，与近年来创作及复排的系列大戏，保证了剧院一年四季有新戏，演出票房实现跨越性的发展。北京人民艺术剧院在2013年年初就推出了经典剧目复排计划，《骆驼祥子》《天之骄子》《大将军寇流兰》《阮玲玉》《小井胡同》《白鹿原》等剧目名列其中，满足了北京观众对人艺的欣赏需求，取得了很好的票房成绩。

北京的戏剧节每年都吸引了全国乃至世界的优秀剧目。3月，首都剧场精品剧目邀请展演，既有上海话剧艺术中心的《原告证人》《资本·论》《活性炭》，天津人民艺术剧院的《蛐蛐四爷》，也有以色列的《手提箱包装工》《唐璜》，展示了话剧艺术的魅力。9月开幕的2013北京青年戏剧节，有来自12个国家和地区的59部风格各异的戏剧在北京12个剧场和艺术空间轮番进行了近百场演出。10月开幕的第十一届北京国际戏剧·舞蹈演出季，有来自中国、英国、西班牙、瑞士，以及中国台湾等8个国家和地区的26台节目，共计演出100余场，近10个艺术门类的精品演出与北京观众见面。此外，北京国际女性戏剧节、南锣鼓巷戏剧展演季、至乐汇“怪咖的戏剧梦想”第三季、首届“两岸三地青年戏剧节”、第三届中国儿童戏剧节、北京喜剧艺术节、全国昆剧优秀剧目展演等活动，将众多剧目汇聚到了北京。

2013年，北京的戏剧表演团体也积极的“走出去”，展示北京文化。“2013北京舞台艺术香江行”，由北京京剧院梅兰芳京剧团、北方昆曲剧院、中国杂技团、中央戏剧学院、中央音乐学院等院团，为香港观众带去昆曲、杂技、现代舞、曲剧、木偶剧、交响乐等多种形式的文艺演出。3月，北京人艺与保利剧场院线合作，开启《茶馆》深圳、武汉、重庆三地的巡回演出。这是该剧首次以联合院线的形式开展巡演。北京京剧“传承之旅”欧洲巡演，在荷兰、奥地利、意大利三个国家演出了《红娘》《白蛇传》等经典剧目。

2013年是中国戏剧梅花奖创办30周年，30年来推出了一大批戏剧名家和经典剧目。9月1日，在人民大会堂召开中国戏剧梅花奖创办30周年大会，邀请中宣部、中国文联、文化部、总政宣传部等有关领导，以及文化界、戏剧界知名人士和梅花奖获得者共同见证梅花奖走过的30年光辉历程，总结中国戏剧梅花奖创办30年来的艺术成就。9月初~9月底，有28台来自各地的精彩剧目晋京演出，北京的有关戏剧院团也举办了优秀剧目展演。这些由梅花奖演员主演的、荣获过国家级多项大奖的优秀剧目，代表了近年舞台艺术的成就。

随着北京剧院团改革一步步走向市场，院团经营与管理日益成为人们关注的焦点。6月2日，中央戏剧学院主办的“全球视野内的剧院团经营与管理——国际剧院团管理大师班”在北京开幕。来自英国、美国、俄罗斯、德国、西班牙等国家的院团和艺术机构的12位外国专家与全国剧院团共同分享剧院团经营管理的经验及成果。这是中国戏剧界第一次在全球范围内邀请如此多的业界专家，开设以“剧院团管理”为主题的戏剧管理大师班。经营与管理的学术交流将有效推动艺术表演院团的良性发展。

2013年，北京地区获得了诸多戏剧奖项，其中比较突出的是北方昆曲剧院的昆曲《红楼梦》摘得第十四届文华奖“文华大奖”；军艺创作的军事题材话剧《战争之上的战争》获得第八届全国戏剧文化奖“大型剧本金奖”；北京地区6人获第26届“中国戏剧梅花奖”。

2013年，北京地区在戏剧研究方面也有新的进展，成立了中国曲学研究中心、梅兰芳艺术研究中心、中国戏曲艺术家传记中心、西路评剧研究会等新的研究机构。组织召开了谭霈生戏剧理论学术研讨会、斯坦尼斯拉夫斯基表演体系与北京人民艺术剧院研讨会、第五届京剧学国际学术研讨会、京剧武生行当教学研讨会、2013年戏曲学青年论坛，以及首届全国戏曲教育文献资源共建共享学术研讨会等学术研讨活动。

2013年，北京地区在戏剧传承方面做了许多工作。北大启动了昆曲传承的新五年计划；中国戏曲学院、中央文化管理干部学院、北京师范大学等机构，依托资源优势，开办了一系列戏曲高研班；梅葆玖等京剧名家纷纷收徒；第二届当代昆剧名家收徒传艺工程拜师仪式在北京举行，13位昆曲名家收徒28人。这些举措都为戏曲的传承与发展储备了后备人才和力量。

（薛晓金）

机　　构

【西路评剧研究会】　1月20日，以评剧表演艺术家张淑桂为发起人的西路评剧研究会在北京成立。西路评剧现为北京市海淀区非物质文化遗产项目，张淑桂是该项目的传承人。西路评剧唱腔高亢、粗犷，在表演上既有生活的一面，又有夸张成分，是在“莲花落”基础上发展而成的。清朝“莲花落”艺人吸收了河北梆子的文武场，对莲花落进行了革新，称为“蹦蹦”是评剧的一个分支。中国评剧院1958年挖掘“西路蹦蹦”，并于张淑桂首演“蹦蹦”剧目《花亭会》时（1960年），将其命名为西路评剧。

（薛晓金）

【中国曲学研究中心】　3月19日，河北大学与北方昆曲剧院共建“中国曲学研究中心”签约仪式在北京举行。河北大学副校长王凤鸣和北方昆曲剧院院长杨凤一分别代表河北大学、北方昆曲剧院签署了协议。中国曲学研究中心将整合河北大学、北方昆曲剧院曲学研究和昆曲表演的优势资源，充分发挥理论研究与演出实践相结合的特色，在科研项目申报、人才培养、非物质文化遗产抢救、文化艺术产品开发等方面进行深度合作，为昆曲走向世界做出积极贡献。

（薛晓金）

【梅兰芳艺术研究中心】　5月19日，中国戏曲学院梅兰芳艺术研究中心在梅兰芳大剧院挂牌成立，梅兰芳之子梅葆玖担任该中心的名誉主任。该中心每月定期举办公益性的梅兰芳艺术讲座，编撰《梅兰芳全集》《梅兰芳全书》，组织拍摄《梅兰芳》大型文献片，举办梅兰芳艺术沙龙，并举办梅兰芳国际艺术节和梅兰芳国际京剧票友大赛等活动。

（薛晓金）

【中国戏曲艺术家传记中心】　5月21日，全国政协文史馆与中国戏曲学院共建的中国戏曲艺术家传记中心在梅兰芳大剧院内的梅兰芳艺术研究中心揭牌，全国政协文史馆馆长赵珩与中国戏曲学院副院长巴图分别代表全国政协和中国戏曲学院举行揭牌仪式，并确定首批京昆艺术家立传名单：谭元寿、梅葆玖、叶少兰、李世济、蔡正仁。该中心主任、中国戏曲学院戏文系主任谢柏梁表示，中国戏曲学院已经为31位京昆艺术家撰写并出版了传记，在与全国政协文史馆联手后，将加快立传速度，并力争真实、客观，将之修成正史、信史、雅史。

（薛晓金）

【少儿戏剧场】　6月1日，北京戏曲艺术职业学院少儿戏剧场启动仪式在北戏排演场举行。《少年马连良》作为北戏少儿戏剧场2013年夏季演出季首场剧目在少儿戏剧场上演。少儿戏剧场是北戏着力打造的，以少年儿童为服务对象，以适合少儿观看的剧（节）目为主要演出内容。该剧场以北戏在校学生为演出主体，是集演出、观摩、教育、交流于一体的少儿综合艺术演出场所。

（薛晓金）

剧　　目

·戏　曲·

【京剧连台本戏《昭代箫韶》】　5月7日，由全国政协京昆室专家委员提交调研报告，北京市旅游委和首都京胡艺术研究会策划主办，北京京剧院承办的修旧复原的清代宫廷连台本戏《昭代箫韶》在长安大戏院首演。该剧讲述的是杨家将的故事，演出是从121本的清宫乱弹秘本中精选辑成的，对所选情节不进行删改、修饰。主要截取杨家将为救家人盗取宝马，从而与朝中奸臣发生矛盾的故事，分为上下两本上演。此次《昭代箫韶》精选展演，分别由四套阵容来演绎，谭孝曾、温如华、韩巨明、胡文阁、梅庆羊、王盼、杨少彭、郑潇、翟墨等人参加演出。因为150年前京剧还没有女性演员，所以经典版《昭代箫韶》由男旦温如华、胡文阁，分别饰演萧氏、琼娥。

（薛晓金）

【京剧《梅兰霓裳》】 5月17日~19日，中国戏曲学院出品的《梅兰霓裳》在梅兰芳大剧院演出。该剧以艺术大师梅兰芳艺术创作高峰期排演的古装歌舞戏代表剧目《太真外传》为基础创作整理、改编，意在对传统经典的创造性继承和发展，忠实传承梅派表演艺术精髓，将文化与科技、传统与现代、古典与时尚融合，丰富传统舞台表现形式，提升传统艺术现代审美价值。并将演员表演、虚拟影像、舞台景置、立体音效有机结合，重现梅兰芳原影原声。艺术指导梅葆玖，剧本整理改编池浚，导演周龙，主演李胜素、于魁智、张晶、刘阳、贾劲松、刘维、刘琪等。

（薛晓金）

【复排完整版昆曲《续琵琶》】 6月8日~9日，北方昆曲剧院（以下简称北昆）新戏《续琵琶》在长安大戏院进行首轮演出。该剧是清初的一部昆曲传奇，由《红楼梦》作者曹雪芹祖父曹寅撰写，全剧共35折，讲述文姬归汉、重修汉书的故事。2010年北昆与中国戏曲学院合作排演节选版《续琵琶》，曾获得广泛好评。北昆在此基础上复排了完整版《续琵琶》。全剧以北曲为主，兼有南北合套，所有的音乐都采用原来的曲牌，有助于观众了解传统昆曲。导演徐春兰，主演魏春荣、王振义、许乃强、海军、王丽媛等。

（薛晓金）

【京昆版《白蛇传》上演】 6月12日，由中国戏曲学院科研与研究生工作处主办，京剧系承办的研究生创新项目——京昆版《白蛇传》在梅兰芳大剧院上演。该剧集合了京剧、昆曲两版《白蛇传》中的经典场次，头、尾两场戏《游湖》《断桥》为京剧，集合了不少经典的唱段。中间的几场戏《端阳》《盗草》《金山寺》《水斗》则为昆曲，其中的武戏部分有一定难度，颇能考验一个演员的综合能力。该戏由国家级"非遗"传承人沈世华担任艺术指导，沈斌担任排练导演，主演为中国戏曲学院2011级研究生路洁、曾宝玉、张丹、黄鑫洋等。

（薛晓金）

【新版京剧《红色娘子军》】 7月31日~8月1日，由北京军区政治部战友文工团京剧团出品的新版京剧《红色娘子军》在国家大剧院进行首轮演出。原编剧之一闫肃重新整理改编剧本，刘斌担任艺术总监、总导演，执行导演孙桂元，第一代"吴清华"扮演者杜近芳的弟子丁晓君与张建峰领衔主演。

（薛晓金）

【河北梆子《定都》】 8月9日~10日，北京市河北梆子剧团出品的河北梆子《定都》在天桥剧场进行首轮演出。全剧从描绘朱棣就藩期间，蒙汉如同一家和睦相处开始，讲述了朱元璋去世惊变，朱棣奔丧被拒之城外，再到建文帝实行削藩，朱棣发动靖难之役，直至最后定都北京结束。编剧旷达，总导演石宏图，执行导演白爱莲，作曲姬君超，主演王英会、王洪玲、殷新泉、张树群、郭砚夫等。

（薛晓金）

【京剧《洛水伊人》】 8月23日~25日，中国国家京剧院推出的新编历史剧《洛水伊人》在梅兰芳大剧院进行首轮演出。该剧讲述了由甄女、曹丕和曹植组成的一段扣人心弦的千古奇闻。演出舞台布置简洁，乐队阵容融入了笛子、古筝等元素，在唱腔、服装、人物造型上也具有创新之处。编剧吕育忠，导演荀皓，唱腔设计万瑞兴，主演李海燕、魏积军、田磊等。

（薛晓金）

【京剧《天下归心》】 9月30日~10月7日，国家大剧院原创京剧《天下归心》在国家大剧院进行首轮演出。该剧故事取材于《左传·郑伯克段于鄢》，通过描述春秋时期郑庄公在大臣颍考叔的劝解之下，与母亲重归于好的故事，表达出中国古人"血浓于水"的孝道亲情与非凡的智慧。舞台通过"一桌二椅"的无穷变幻，展现了传统美学中的"程式化"与"写意性"，并运用了中国传统文化中的水墨、皮影、宣纸等元素，在极尽简约却充满想象智慧的舞台时空之内，演绎了"克段""庆功""私访""天问""见母"5幕大戏。导演张艺谋，主创朱绍玉、陈霖苍、高广健、丰江舟，主演尚长荣、孟广禄、安平、陈少云、杨乃彭、李鸣岩、袁慧琴、史依弘、张慧芳、朱世慧、徐孟珂、康静、翟墨等。

（薛晓金）

【复排京剧《三拆磨》】 10月13日，由北京市京昆文化艺术团复排的京剧《三拆磨》在梅兰芳大剧院上演。《三拆磨》讲的是唐大历十三年（778）春，白渠畔旱情严重，王公权贵势力坐拥80多座水磨，却截断水源，造成百姓们无水浇田。清官赵纵与内兄郭暧以激将法请郭晴出面，说服了汾阳王郭子仪带头拆除自家水磨，卢国公程咬金等只得认输拆磨。最终白渠畔80多座水磨全部得以拆除，还水于民。该剧首创了程派从来没有用过的"反西皮"唱腔板式，同时花脸、老旦也都有好听的唱腔和新颖的伴奏手法。导演郭宝昌，主演朱宝光、侯连英、张永生、康静、张巨萍、郑潇等。

（薛晓金）

【北京曲剧《黄叶红楼》】 10月13日～18日，由北京市曲剧团创排的北京曲剧《黄叶红楼》在天桥剧场进行首轮演出。该剧既描述了曹雪芹在黄叶村的生活，又以“戏中戏”的方式，演绎了《红楼梦》里的几段故事，而曹雪芹对这些故事发出的感慨、点评，以及曹雪芹与其作品《红楼梦》中的人物同时出现在舞台上，则是该剧的重要特色。编剧王海平，导演陈蔚，作曲、创腔戴颐生，主演盛国生、卢雪文、杨海岗、陈虹菁、郭曾蕊等。

（薛晓金）

【小剧场京剧《惜·姣》】 11月10日，由北京京剧院创排的小剧场京剧《惜·姣》在北京人艺实验剧场首演。该剧源于传统京剧《乌龙院》，改编自古典名著《水浒传》中阎惜姣和张文远的故事。剧组的主创基本上都是“80后”，他们在尊重京剧流派艺术、程式动作的基础上，运用了“一桌二椅”、唱念做打等传统手法，以及旦角“踩跷”的表演技巧和小生的扇子、褶子等表演程式。导演李卓群，主演王梦婷、张琎。

（薛晓金）

·话　剧·

【话剧《大宅门》】 1月17日～2月3日，中国国家话剧院2013年首部新戏《大宅门》在国家大剧院进行首轮演出。该剧以电视剧《大宅门》中的京胡音乐开场，通过倒叙手法，以郭宝昌的旁白串联全剧。坐在台口的郭宝昌以今人的视角，对当下生活加以点评，将观众带回到一百年前的白家老宅。导演郭宝昌，主演斯琴高娃、刘威、朱媛媛、雷恪生、刘佩琦等。

（薛晓金）

【话剧《梦行者》】 1月21日～25日，话剧《梦行者》在9剧场进行首轮演出。该剧讲述了发生在北京的四个故事，塑造了渴求爱情的大龄女青年、追求事业梦想的大学死党、寻找幸福瞬间的电视台编导以及珍惜天伦之乐的普通人等生活在现代都市里的小人物。演出现场有五台摄影机同时拍摄，并通过现场剪辑与真人表演相结合的表现手法，营造出如梦似幻的舞台效果。编剧周健森、黄盈，导演黄盈，主演艾英悦、董汶亮、奉阳、高了、何思思、刘正直、王继涛、杨婕等。

（薛晓金）

【话剧《风把我带到这个地方》】 2月1日～5日，北京文艺广播原创话剧《风把我带到这个地方》在中华世纪坛剧场进行首轮演出。该剧根据北京电台的听众故事改编，通过主人公王嘉林的人生经历，反映了从“北漂”到“新北京人”的辛酸历程，揭示了“北漂”人丰富的内心世界。该剧由北京文艺广播自主原创打造，北京电台主持人盛博、嘉佳、王一、小忆加盟演出。

（薛晓金）

【小剧场话剧《建家小业》】 2月25日～3月1日，李伯男导演工作室话剧新作《建家小业》在北京人艺实验剧场进行首轮公演。该剧讲述了一个发生在北京老四合院里的故事，固执的老爷子、善良的二妈、游手好闲的老大、留洋回来的老二和他的外国女友各怀心思，围绕老爷子前妻留下的一套古董家具展开了一场“家庭争夺战”。同时，该剧还描述了老北京传统家庭模式中的家长里短。编剧苗九龄，导演孙哲，主演夏美、王璇、张丹妮、王森、魏智、泰然等。

（薛晓金）

【小剧场话剧《开膛手杰克》】 3月12日，杨婷个人戏剧工作室推出的悬疑喜剧《开膛手杰克》在国话先锋剧场首演。该剧源自英国历史上的真实案件：1888年，伦敦东区发生了多起凶杀案，凶手多次写信至相关单位挑衅，却始终未落入法网。“开膛手杰克”是凶手的代称。该剧描述了助理探长为了抓捕连环杀手“开膛手杰克”，遇到了伦敦东区形形色色的人物，在荒唐可笑的探案背后，隐藏着不为人知的真相。导演杨婷，主演陈明昊、赵红薇、赵晓苏。

（薛晓金）

【话剧《如梦之梦》】 4月1日～14日，由北京央华文化、台北表演工作坊出品的话剧《如梦之梦》在北京保利剧院首演。该剧讲述一位刚从医学院毕业的学生，第一天到大医院上班，结果病房中五位病人当天死掉四位。医生怂恿濒临死亡的“五号病人”说出他的故事。该剧时间上穿越民国初年与现代，空间则穿梭于台北、巴黎、上海、北京、诺曼底。演出共有十二幕九十五场，需八个小时，分两天演出。观众坐在舞台中央作三百六十度环回欣赏，演员环绕着观众，四个舞台同时在观众四周围延展开来。编剧、导演赖声川，服装造型总监叶锦添。剧中由32个演员出演100个角色，主演许晴、胡歌、金士杰、史可、李宇春、谭卓、孙强等。

（薛晓金）

【话剧《青蛇》】 4月10日～21日，中国国家话剧院的《青蛇》在国话剧场上演。该剧根据李碧华同名小说改编。讲述的是民间传说“白蛇传”的故事。剧中青蛇妖娆性情，白蛇坚贞多情，法海亦庄亦谐还卖萌，许仙则成了一个软弱自私的平凡男子。作品表现妖、人、佛三界的欲念和追求。剧中人物各自为自己眼中更高的境界奔忙，他们的生活虽是盘根错节，各自的理想却是彼此独立。改编、导演田沁鑫，主演秦海璐、袁泉、辛柏青、董畅等。

（薛晓金）

【话剧《俄狄浦斯王》】 4月11日~14日，由李六乙戏剧工作室出品的古希腊悲剧《俄狄浦斯王》在国家大剧院进行首轮演出。该剧是“李六乙·中国制造”戏剧计划继《安提戈涅》后第二部面世作品。该剧描写了俄狄浦斯为了平息国内瘟疫，按照神示寻找杀父娶母并与之生儿育女的凶手。结果他千方百计寻找的凶手就是他自己，为了保卫自己的祖国免受灾难，他刺瞎了双眼离开家园独自流浪。导演李六乙，主演姚橹、江珊、于洋、卢芳、李士龙、苗驰等。另有12名歌队男演员和8位歌队女演员现场吟唱。

（薛晓金）

【小剧场话剧《解药》】 4月12日~5月20日，北京人艺小剧场话剧《解药》在剧院实验剧场进行首轮演出。该剧只有两个人演出，剧情发生在一所静谧幽深的私人会所内，两个既是各自领域的成功者、又有着各自心理障碍的中年男人，为寻求“解药”而相遇，从冤家对头到患难兄弟，从互相蔑视到惺惺相惜。作品旨在揭示出真相与表象之间的距离以及人在真相面前的勇气和包容。编剧吴彤，导演丛林，主演杨佳音、李龙吟。

（薛晓金）

【小剧场话剧《完美先生》】 5月2日~19日，小剧场话剧《完美先生》在雷动天下剧进行首轮演出演。该剧讲述了剩女尤娜的一场梦，梦中她与凤凰男、伪娘、大款、许仙、《甄嬛传》中的皇帝四郎邂逅，在见识过各种极品男之后，尤娜最终发现曾经的初恋男友才是自己要找的“完美”先生。编剧、导演冯慧，主演冯昊、李昭翼、王星辰、杨铮、张歌洋、祝子嫣。

（薛晓金）

【话剧《隆福寺》】 5月22日~26日，由北京东方文化资产经营公司和东方国际戏剧产业基金联合出品，林兆华戏剧工作室创作的原创大戏《隆福寺》在东方剧院进行首轮演出。该剧截取了1976年、1949年、1901年隆福寺的三个时间节点，表现了老北京的历史文化和当代的人文情怀，同时也是一部关于北京民俗文化的画卷。其中，既有各种北京人文、历史、地理知识的科普，也有各种民间曲艺的展示；既有老者的追忆，也有年轻一代的探寻。编剧王禹哲，导演林兆华，主演高亚麟、李林。

（薛晓金）

【黑色幽默舞台剧《你好，疯子!》】 5月22日~6月2日，由哲腾文化出品的黑色幽默舞台剧《你好，疯子!》在先锋剧场进行首轮演出。故事发生在第七区精神病院。7个分别拥有教师、律师、公关经理、医生、司机、记者等不同身份的人，被以非正常手段关在这里。他们想尽办法，尝试向院方和所有人证明自己不是疯子。几位主角的伦理道德一次次地沦陷，为了能让自己走出这个精神病院，人性最丑陋的地方全都袒露无遗。为了取得预期的演出效果，舞美设计郑博对先锋剧场进行改装，用黑色的铁笼将观众和演员封闭在同一个空间里，剧场二楼两侧以前的加座位置都变成了表演区域。该剧由饶晓志执导，刘婧、饶晓志联合编剧。

（薛晓金）

【话剧《面包屑》】 6月5日~9日，由吴朱红戏剧工作室排演的以色列话剧《面包屑》在东宫影剧院进行首轮演出。全剧讲述了两对夫妻，在他们二十年的婚姻生活中，爱情、亲情、误会、怨恨交织在一起。但是对爱的执着和对生活的渴望，最终化解了积怨，亲人间的和解、原谅让远去的爱情重现，让破碎的亲情回归。导演、翻译吴朱红，主演王宁、唐萍。

（薛晓金）

【话剧《培尔·金特》】 6月14日~16日，由中国铁路文工团出品的话剧《培尔·金特》在国家大剧院戏剧场演出。《培尔·金特》是挪威戏剧大师易卜生的代表作品之一，它通过培尔·金特放浪、历险、辗转的生命历程，探索了人生是为了什么、人应该怎样生活的哲学命题。该次演出在现实主义创作原则下，糅合了西方现代戏剧的“表现”方法和中国传统戏曲的“写意”因素，创造出浓郁的诗化意象氛围。总导演廖向红，导演武雨泽，主演郭秋成、孙磊、杨瑞瑞、任春虹、于子恒、张继平等。

（薛晓金）

【小剧场话剧《燃烧的梵高》】 6月19日~7月21日，北京人艺推出的小剧场话剧《燃烧的梵高》在人艺实验剧场进行首轮演出。该剧展现了荷兰后印象派画家梵高短暂一生中一次又一次的惨败经历，和他追求艺术梦想的执拗与狂热。导演任鸣，主演王劲松、白荟等。

（薛晓金）

【话剧《南锣鼓巷7号》】 6月26日~30日，由北京典雅天地文化公司出品的话剧《南锣鼓巷7号》

在东宫影剧院进行首轮演出。该剧讲述了北京奥运会期间发生在北京南锣鼓巷一个家庭旅馆的故事。女主人公徐京京极力向外宾展示北京的祥和，自己的生活却乱成一团。整部戏充斥着矛盾和冲突，在探寻人类良知底线的同时，不断用冷幽默调剂观众的胃口。导演邵泽辉，主演关景利、李玉华、于歆玥等，网络红人芙蓉姐姐在剧中饰演片儿警。

（薛晓金）

【帐篷剧《赛博格·堂吉诃德》】 7月3日~7月7日，北京流火帐篷剧社推出的帐篷剧《赛博格·堂吉诃德》在798艺术区玫瑰之名剧场上演。该剧讲述了失忆的都市游击女兵和警员化身当代的堂吉诃德行侠仗义，与周围的人碰撞出的看似荒诞实则充满现实指涉的故事。帐篷剧是20世纪60年代日本小剧场运动的产物。演出中，可以随意拆装的帐篷会根据剧情创造出不同的演出效果。编剧周瓒，导演樱井大造［日］，演员为来自北京流火帐篷剧社，以及来自日本和中国台湾地区的帐篷剧社成员。

（薛晓金）

【话剧《离婚》】 7月5日~7日，由明戏坊戏剧工作室和北京本末国际文化艺术中心联合出品的话剧《离婚》在北京青蓝剧场进行首轮演出。该剧改编自老舍的同名小说，讲述了20世纪30年代北平财政所小职员老李等一伙人被卷入“离婚”风潮的故事。那些正派的或不那么正派的，有文化的或没什么文化的小职员，都在走马灯似的闹着离婚，从而透视出中国传统文化背景下市民阶层面对新式文明进退两难的尴尬与可悲。编剧方旭，主演方旭、郭笑、孙一明。

（薛晓金）

【话剧《悔三观》】 7月23日~8月4日，小剧场话剧《悔三观》在国话先锋剧场进行首轮演出。该剧男主人公付余是一个年轻的外科医生，被富婆佳丽姐“包养”，已经拥有了一间自己的诊所，过着平静、安逸、舒适的生活。然而，女护士的主动示爱，曾经暗恋对象的现身以及老同学提出的借款要求，不仅打破了付余的平静生活，也向他的世界观、人生观和价值观发出了挑战。编剧、导演关旭，主演谷锦朋、赵晨东、孙筱燕、叶文慧、高曦子等。

（薛晓金）

【话剧《奈何桥外1KM》】 8月8日~18日，北京大牌能量传媒有限公司出品的黑色幽默话剧《奈何桥外1KM》在世贸天阶大隐剧院进行首轮演出。该剧讲述了在“奈何桥”外1公里处，有三个孤独而执著的魂魄，他们拒绝饮用可以忘却往事的孟婆汤，只为找到一个生魂，带他们穿越回阳界，了却他们的前尘旧事，并把自己在世间做人的经验传授给后人，以免他们步上自己的后尘。导演张博，主演孔令美、陈竞、青鸟飞鱼组合等。

（薛晓金）

【话剧《推拿》】 9月5日~14日，国家大剧院与上海话剧艺术中心联合制作的原创话剧《推拿》在国家大剧院戏剧场进行首轮演出。该剧根据毕飞宇同名小说改编，塑造了“沙宗琪推拿中心”里一群盲人推拿师的群像。作品中的每个人都有梦想，有友情，有爱欲，有徘徊和挣扎，也有人性上的污点和缺陷，与健全人完全一样。唯一不同的是，一切都发生在黑暗之中。编剧喻荣军，导演郭小男，主演刘小锋、吴军、王一楠、胡可。

（薛晓金）

【小剧场话剧《杜子春》】 9月8日~11日，由IDRAMA戏剧工作室出品的小剧场话剧《杜子春》在9剧场进行首轮演出。该剧取材于中国古典文学《唐人传奇》，讲述了乡间恶少杜子春散尽家财，困顿之际在长安街头偶遇神秘老翁3次赠金，尝尽人间冷暖，最终走上坎坷的求仙之路，却意外开启了一场人生传奇之旅的故事。编剧、导演刘钊，主演顾浩然、马秋子、盛路悦、毕邵翔、松天硕、秦震、张翀等。

（薛晓金）

【小剧场话剧《我是天使》】 9月11日~15日，中国国家话剧院的小剧场话剧《我是天使》在国话小剧场进行首轮演出。该剧讲述了“小天使”小安帮助“屌丝”刁小思突破障碍、增加信心、鼓起勇气要回属于自己的生活的故事。导演汪玥，主演汪玥、姜明辰、孙焕钧、王思豪、陈晟恩等。

（薛晓金）

【话剧《明枪暗箭》】 9月26日~10月21日，北京人艺小剧场制作的话剧《明枪暗箭》在人艺实验剧场上演。该剧由加拿大当代剧作家杰森·舍曼创作于1993年。演出围绕一段“神秘”案情展开——武器专家唐纳德突然被杀，他的儿子保罗为寻找真相经历了一番曲折而惊心的过程。翻译、导演吴朱红，主演王宁、苗驰、仇晓光、梁国庆、吴珊珊等。

（薛晓金）

【小剧场独角戏《一个陌生女人的来信》】 10月10日，由先锋戏剧导演孟京辉执导，其工作室女演员黄湘丽主演的独角戏《一个陌生女人的来信》在蜂巢剧场首演。作品根据奥地利作家斯蒂芬·茨威格的同名小说改编而成，讲述的是一个陌生的女人在她生命的最后时刻，饱蘸着一生的痴情，写下了一封凄婉动人的长信，向一位著名的作家袒露自己绝望的爱慕之情的故事。该剧由黄湘丽一人独自演出，在剧中分别饰演青涩少女、女青年、未婚妈妈、交际花、女巫、女神经病、变态狂魔等十个角色，剧中的八首歌曲也全部由黄湘丽自己创作并演唱。

（薛晓金）

【小剧场话剧《梵高自传》】 10月10日～14日，由中间剧场出品，斯立戏剧周申、刘露、金晔共同创作的话剧《梵高自传》在中间剧场进行首轮演出。该剧通过对梵高生命中最后十年的讲述，展现了梵高走向绘画巅峰的过程，剖析了梵高走到疯狂境地的缘由。编剧周申、金晔、刘露，导演周申、金晔、刘露，主演周申、田晓威、任素汐、伏伟峰、魏雪漫、赵晨东。

（薛晓金）

【话剧《屈打成医》】 11月14日～24日，由华录出版传媒有限公司出品的话剧《屈打成医》在北京人艺实验剧场上演。该剧改编自莫里哀同名剧作，讲述了不成器的丈夫成天喝酒打老婆，妻子不堪其扰。妻子为了报复丈夫，把他说成是有怪癖的名医，并推荐给为患不治之症的小姐找大夫的下人，蒙骗他们说自己丈夫的怪癖是不挨打绝不承认自己是医生。一顿毒打后，下人强行将其带回去向老爷交差。为了不再挨打，丈夫只好把谎言继续下去，强装医生给装病的小姐看病。结果这一群人上演了一系列的幽默、滑稽的荒唐事。原作莫里哀［法］，导演刘坤、王孟侠，主演杜翊、龙月文棋、张瑾誉、王志轩、于金龙等。

（薛晓金）

【话剧《水面之下》】 11月14日～12月1日，话剧《水面之下》在9剧场进行首轮演出。该剧讲述一个小偷发现偷来的钱包里有一封没寄出情书，他良心发现，替钱包的主人将情书千里迢迢送给收信人。他来到一个偏远的小镇，收信人是一个单纯的女孩。小偷爱上了女孩，小镇淳朴的民风也感染了小偷，他决定做一个好人，并带着这个女孩一起离开。编剧刘杰，导演徐小朋，主演田蕾、张影伦、李峥、李虹辰。

（张燕鹰）

【话剧《一鸟六命》】 11月18日～20日，林兆华戏剧创作中心出品的话剧《一鸟六命》在北京保利剧院进行首轮演出。该剧取材自《喻世明言》里的《沈小官一鸟害七命》，讲述了宋朝因一只画眉鸟而陆续令六人丧命的故事。演出中，演员的表演与民间曲艺相结合，以独特的叙述方式讲述了一只鸟引发的血案，呈现出民乐式的“有唱有说”，打造了中国的R&B话剧。编剧徐冰，导演林兆华，主演李林、黄澄澄、崔永平等。

（薛晓金）

【贺岁剧《小丑爱美丽》】 11月21日～12月15日，开心麻花贺岁剧《小丑爱美丽》在海淀剧院进行首轮演出。该剧讲述在一个遥远的国度，新王后在老国王去世后颁布了一道法令：为了给老国王守孝，所有人都不可以笑。原来，这道法令的背后隐藏着一个惊天的秘密：新继任的年轻国王竟然是个痴蠢的傻子。滑稽小丑、娱乐中心老板、美丽盲女、复仇者等角色粉墨登场，他们都追求着一个共同的目标——获得笑的权利。编剧、导演闫非、彭大魔，主演马丽、常远、黄才伦、王成思、冷碗碗等。

（薛晓金）

【话剧《六个寻找剧作家的剧中人》】 12月7日～15日，由北京人艺与莫斯科艺术剧院联合推出的《六个寻找剧作家的剧中人》在首都剧场进行首轮演出。戏剧围绕着六个被剧作家遗弃的角色与正在排演的剧作家作品的演员间的冲突展开，演绎了一段“戏中戏”。台上的演员时而是观众，时而是演员，剧场和真实，外形与真相之间，真真假假虚虚实实，又一层一层地传递着剧作者对时代和生活的绝望。编剧路伊吉·皮兰德娄［意大利］，导演弗拉基米尔·彼得罗夫［俄罗斯］、王鹏、韩清，主演邹健、王欣雨、夏立言、米铁增、鲍大志、徐菁遥等。

（薛晓金）

【舞台剧《两只蚂蚁的地下室》】 12月10日～12日，由哲腾文化、深圳市八厘米文化传播有限公司、北京木马剧场联合出品制作的舞台剧《两只蚂蚁的地下室》在木马剧场进行首轮演出。该剧讲述了两个怀揣着戏剧表演梦的青年，在地下室相遇而各自发生的悲欢离合的故事。编剧李宝群，导演王根，主演张亦驰、钟艺。

（张燕鹰）

【话剧《白夜》】 12月11日，由国家话剧院出品的话剧《白夜》，在国家话剧院小剧场首演。该剧描写了一男一女四个晚上从相识到相知最终离别的故事，深刻表达了人与人之间沟通的渴望以及情感的依赖。尤其是原作中大量的心理独白式的对话描写，更是刻画了人们对于理想与现实之间的憧憬和彷徨，勾勒出既可笑又可悲的都市人心态。演出“二人饰一角”的形式将原作中人物内心的纠葛进行了“分体式展现”：代表真诚与虚伪、偏执与怯懦的两种人性被两位演员在前半场分别演绎，而在后半场，二人又合二为一，全面展现人物复杂内心。该剧改编自俄罗斯作家陀思妥耶夫斯基的同名小说。改编、导演杨申，主演傅晶、李晔、丁俨、程佳佳。

（薛晓金）

【话剧《正南正北一条街》】 12月12日~17日，由北京市曲剧团推出的话剧《正南正北一条街》在中国国家话剧院国话剧场进行首轮演出。该剧讲述的是华尔街一家公司向中国企业出售“金融鸦片”，几位好友帮助中国企业家维护正当权益的故事。导演顾威、王翼，编剧孟冰、李雷，主演孙宁、龚丽君、尹伟等。

（薛晓金）

【小剧场话剧《情感操练2012》】 12月18日，由北京火狐狸戏剧工作室和9剧场联合出品的小剧场话剧《情感操练2012》在9剧场首演。该剧以幽默的方式展现一对中年夫妻的情感危机，意在使观众能够在剧中看到自己，用心操练自己的情感。编剧、导演郑铮，主演孙筱燕、苏小刚、杨廼煌、祁劭媛等。

（薛晓金）

【小剧场话剧《从前有座山》】 12月22日，北京人艺的小剧场话剧《从前有座山》在北京人艺实验剧场首演。该剧讲述了一对年轻夫妻，面临着职业和生活的困境，他们迷茫、困顿、利欲熏心。男主人公决定与妻子假离婚，以此套住一个有钱的女人，不想他在欺骗的过程中却陷入了另一个谎言。编剧、导演张幼梅，主演魏小军、王阳、张胤哲、龙一仪、杜语庭、杨菀葶。

（薛晓金）

【话剧《伏生》】 12月25日，由中国国家话剧院出品的话剧《伏生》在国家话剧院国话剧场首演。该剧讲述了秦时统一天下，伏生通晓儒学精髓，被立为博士。随着时间的发展，秦始皇下令“焚书坑儒”，伏生将儒家大成之作《尚书》以背诵的方式保存下来，使其得以免受焚烧之祸，用个体生命扛起文化坚守。当坚守看似终得圆满时，伏生又受到了来自家庭和世俗的诋毁。编剧孟冰、冯必烈，导演王晓鹰，主演侯岩松、涂松岩等。

（薛晓金）

·儿童剧·

【儿童剧《卖火柴的小女孩》】 2012年12月30日~2013年1月2日，中国儿童艺术剧院的《卖火柴的小女孩》在中国儿童剧场举行首轮演出。剧中大胆尝试音乐剧演绎方式，用舞蹈和歌声来讲述这个感人至深的故事。该剧在创作上既忠实于原著，将原著中那些感人的场景唯美地再现于舞台，同时又增加了许多的人物和线索，如取自《老路灯》的点灯人以故事讲述者为该剧穿针引线，出自《踩着面包走的女孩》的傲慢女孩儿英格儿也串起了很多小女孩卖火柴的相关情节。导演焦刚，作曲邹野、刘君利，主演徐丽、邓晓光、徐英娜、李盟、常若曦、王瑶等。

（薛晓金）

【儿童舞台剧《洛克王国大冒险》】 2月1日，由线上儿童社区“洛克王国”与北京儿童艺术剧院股份有限公司、赛塔（北京）文化有限责任公司联合推出的儿童舞台剧《洛克王国大冒险》在梅兰芳大剧院首演。该剧讲述了小魔法师洛克为拯救被黑暗势力毁灭的魔法王国，在冒险过程中重拾自信、收获勇气的成长故事。在总长90分钟的演出中，演员演唱了20多首曲目，加上背景乐、配乐共有原创音乐50多首。剧中音乐类型丰富，包括优雅的芭蕾、激昂的探戈以及韵律感十足的爵士舞。舞台设计参考了诸多迪斯尼舞台剧原型。这是北京儿艺对线上、线下互动的儿童剧生产模式进行的一次尝试。编剧慕远，导演严永祺，北京儿童艺术剧院演出。

（薛晓金）

【儿童剧《甜心公主》】 4月13日~14日，由北京儿艺与广州奥飞文化传播有限公司合作推出的魔幻人偶舞台剧《巴啦啦小魔仙之甜心公主》在首都图书馆剧场首演。该剧表现活泼可爱的巴啦啦小魔仙美琪、美雪、莉莉参加魔仙堡的甜心公主选拔会，小坏蛋乌芝芝和坏心眼的黑皇后想彻底破坏甜心公主选拔会，善良又迷糊的雪菲菲要阻止破坏事件发生，但她必须得到小朋友们全心的帮助才可能让甜心公主选拔会成功。该剧改编自同名真人电视剧和动漫卡通片，造型设计、服装设计、原创音乐均出自海外团队；剧情导演、舞蹈编排、声音制作由台湾的专业机构完成；演出团队则是由北京儿艺担纲执行。

（薛晓金）

【多媒体儿童剧《小布头奇遇记》】 6月1日，中国儿童艺术剧院推出的多媒体儿童剧《小布头奇遇记》在中国儿童艺术剧院假日经典小剧场首演。该剧改编自孙幼军同名童话作品，讲述一个名叫“小布头”的布娃娃学会勇敢的过程。该剧首次大篇幅运用多媒体与演员现场互动的方式演出，剧中90%以上的内容都由演员与多媒体共同完成。编剧慕星，导演毛尔南。

（薛晓金）

【儿童剧《魔力小星艾塔》】 8月8日~9日，北京由甲申剧团出品的儿童情景剧《魔力小星艾塔》在东宫影剧院首演。该剧讲述来自金牛座的小恒星艾塔通过魔力咒语，在地球上收获友情、战胜怪博士的故事。

（薛晓金）

【儿童剧《心愿》】　9月19日~21日，由中国儿艺新创的大型儿童剧《心愿》在中国儿童剧场首演。该剧取材于真人真事，是一部关注当代儿童心声心愿的现实题材作品。全剧讲述了一个身患绝症的蒙古族小姑娘托娅渴望当上升旗手，梦想着有一天能到天安门看升旗仪式，却在生命最后做出了一个令众人意想不到的决定，用一种特殊而有意义的方式实现自己心愿的故事。编剧郭馨阳，导演王向明，主演李明珠、宋建霖、肖宇、李屹、邓莉等。

（薛晓金）

儿童剧《心愿》剧照

【儿童剧《跟屁熊》】　9月28日~10月27日，由北京丑小鸭卡通艺术团出品制作的成长性儿童剧《跟屁熊》在海淀工人文化宫的丑小鸭动漫亲子剧场进行首轮演出。该剧讲述的是一只胆小、害羞、莽撞却充满善良与正义的小熊的成长历程。这部儿童剧选择了笨鸟先飞、坐井观天、拔苗助长和狐假虎威4个成语故事，诠释了小熊的成长过程，并希望引起家长对于孩子过度保护问题的重视和思考。

（薛晓金）

【儿童剧《口袋里的中国故事》】　12月21日，中国儿童艺术剧院的《口袋里的中国故事》在中国儿艺假日经典小剧场首演。该剧讲述快乐的熊家四口在生活中遇到了难题，在熊爸爸的带领下，熊家四口分别用曹冲称象、司马光砸缸、路不拾遗、孔融让梨、邻女分光五个中国故事解决了生活矛盾，重温中华传统美德，最后熊家四口在快乐幸福的家庭气氛中顺利拍了全家福。该剧是中国儿艺首次将多个中国经典故事集中搬到舞台一次尝试。导演廖伟。

（薛晓金）

活　　动

【北京京剧院为京剧大师塑像】　1月14日，中国京剧艺术史上的“四大名旦”和“五大头牌”的半身塑像，在北京京剧院主楼的一层大厅内陈列。塑像由九位大师的后代和传承人共同揭幕。“四大名旦”——梅兰芳、尚小云、程砚秋、荀慧生和“五大头牌”之马连良、谭富英、张君秋、裘盛戎、赵燕侠，是北京京剧院的重要奠基人和全院九大艺术流派的创始人。

（薛晓金）

【“北京戏剧文学沙龙——剧本朗读”系列活动启动】　3月30日，由北京戏剧家协会主办的“北京戏剧文学沙龙——剧本朗读”系列活动在北京师范大学北国剧场启动，编剧李摩诘的剧作《鲁迅》成为“朗读沙龙”的开篇之作。该作品不是写实的历史剧，主人公鲁迅也不再是“斗士和导师”，而是通过鲁迅在临终时刻的意识流，映现他与妻子朱安、母亲鲁瑞、二弟周作人等人的关系，由此表现一个历史夹缝中丰富而痛苦的灵魂。剧本朗读是为了推进北京市文联举办优秀剧本征集、评选及推介活动的一项举措，为剧作者提供剧本展示的平台和发表的机会，为优秀剧作搬上舞台奠定基础。

（张燕鹰）

【颐和园德和园大戏楼重新开放】　4月25日，经过18个月的封闭修缮，颐和园德和园正式对外开放，园内大戏楼将安排戏曲、歌舞演出。德和园大戏楼由两层卷棚歇山顶的扮戏楼和三层歇山顶的大戏楼组成。通过修缮，德和园大戏楼东西看戏廊恢复了清光绪年间的原有格局和功能。在德和园内，还增设了视听室，通过电脑屏幕和音响效果，观众可以感受德和园大戏楼独特的视听效果。

（薛晓金）

【慈禧与德和园演剧文物展】　4月25日~7月25日，由颐和园与故宫博物院联合举办的“庆演昌辰——

慈禧与德和园演剧文物展”在颐和园德和园展出。此次展览展出了来自故宫、颐和园、中央美院美术馆、国家图书馆、第一历史档案馆的128件文物。展品主要包括昇平署的木印、档案，伶人使用的衣箱、道具、腰牌、照门（进宫门的凭证）、戏服，德和园大戏楼的图纸、模型，京剧在宫廷中发展到高峰期的图册、剧本等。展出文物中价值最高的是现为国家一级文物的三件春秋配戏曲人物泥塑，由第一代泥人张制作，是清朝大臣庆宽在慈禧太后七十寿辰时上贡的贺礼。而距今时间最久远的是乾隆年间制作的红白两面纱绣云纹飞虎旗。

（薛晓金）

【梅葆玖被聘为梅兰芳纪念馆荣誉馆长】　5月3日，聘任京剧表演艺术家梅葆玖为梅兰芳纪念馆荣誉馆长的仪式在北京梅兰芳纪念馆举行，中国艺术研究院院长王文章为他颁发了聘书。

（薛晓金）

【文化产业投资基金注资“开心麻花”】　5月20日，中国文化产业投资基金与北京民营舞台剧品牌“开心麻花”正式签约，成为开心麻花的股东。此次投资为开心麻花未来的快速成长注入了强大的推动力。开心麻花是立足于喜剧舞台剧的综合性娱乐文化公司，成立于2003年，其年度大剧场演出场次、票房收入、观众人数等指标都处于行业领先地位，是京城喜剧舞台最具有市场号召力的民营企业。2013年，开心麻花成为首个以两台原创小品登上同一年央视春晚舞台的国内演出机构，开心麻花成为全国观众瞩目的娱乐品牌。

（薛晓金）

【文化部下发《地方戏曲剧种保护与扶持计划实施方案》】　7月15日，文化部下发《地方戏曲剧种保护与扶持计划实施方案》，以5年为周期（首期实施时间为2013年至2017年），确立40个左右的全国地方戏创作演出重点院团；创作一批地方戏优秀作品；培养一批潜心地方戏曲艺术、德艺双馨的专门人才；挖掘、整理一批珍贵的地方戏曲史料，使其成为地方戏曲剧目创作中心、地方戏曲剧种保护中心、地方戏曲艺术传播普及中心和地方戏曲资料收集整理与研究中心，逐步建立地方戏曲艺术生态保护区。文化部将积极会同财政部门争取设立地方戏曲剧种保护与扶持专项资金对地方戏曲艺术给予扶持，以推动地方戏曲艺术表演团体健康发展，促进舞台艺术全面繁荣。

（薛晓金）

【北京青年戏剧编导赴甘肃采风】　9月22日~26日，为引导青年戏剧编导走入民间，通过采访、考察、观摩、参与、研讨等，深入生活，了解社会，为艺术创作积累经验及素材。北京剧协组织了11名青年戏剧编导赴甘肃采风，体验生活。

（张燕鹰）

【文化部公布全国地方戏创作演出重点院团名单】　12月20日，文化部召开新闻发布会，公布了39家“全国地方戏创作演出重点院团”名单。这是文化部组织专家严格按照《全国地方戏创作演出重点院团评估指标体系》，从剧目生产、队伍建设、演出经营、基础设备设施与经费、院团管理五个方面对申报单位进行了认真评审，从而确定的名录。同时，文化部对这些院团给予100万元资助资金。北京地区的中国评剧院、北京市曲剧团名列其中。

（薛晓金）

【故宫博物院藏清宫戏曲文物特展】　2013年12月20日~2014年3月18日，“壶天宣豫——故宫博物院藏清宫戏曲文物特展”在国家大剧院东展厅举办。展览通过行头、砌末、剧本、档案、戏画等140余件（套）珍贵的历史文物和资料，让观众感受清宫戏曲的“台前幕后”，领略中华戏曲文化的深厚底蕴和精深内涵。

（薛晓金）

【2014年新年戏曲晚会】　12月30日，2014年新年戏曲晚会在国家大剧院举行。与往年的京剧晚会不同的是，在京剧之外，晚会还增加了评剧、黄梅戏、越剧、豫剧、川剧、秦腔、粤剧、吕剧、晋剧、蒲剧、粤剧、桂剧等地方戏曲剧种。党和国家领导人习近平、李克强、张德江、俞正声、刘云山、王岐山、张高丽等，与首都近千名群众一起观看演出。

（薛晓金）

演　　出

【首届北京曲剧艺术节】　1月11日~24日，首届北京曲剧艺术节在北京举办。艺术节分别在中国政法大学礼堂和昌平区的乡镇及当地驻军营区演出了《正红旗下》《乡约青春》《少年天子》《烟壶》4部北京曲剧。该活动是纪念北京曲剧剧种命名60周年系列活动之一。

（薛晓金）

【北京故事——优秀小剧场贺岁剧展演】　1月16日~3月1日由北京市文化局主办的“北京故事——优秀小剧场贺岁剧展演”在北京各小剧场进行。2012年下半年，北京市文化局公开征集此次展演剧目，共有26家具有营业性演出资质的北京市属、民营团体创编的33台剧目申报。经专家评审后，10家民营团体的10台剧目入围。其中既有白眉工作室、繁星、盟邦、优戏剧、木马星座、至乐汇、芭其乐、怡明时空等业已形成品牌的民营戏剧公司，也有黄盈、李伯男等青年导演的创作团队。他们创作的《外星人老猫》《彼岸》《风把我带到这个地方》《梦行者》《暴雨骄阳》《合租时代》《北京味道之大前门》《建家小业》《戏王之王》《马路天使》等作品，从各自不同的角度讲述了原汁原味的北京故事。此次展演是为了逐步引导小剧场戏剧树立品牌、注重品质、提升品位，创作出更多有前瞻性，有思想深度，有意义，能穿透历史和时代的长久性作品。

（薛晓金）

【2013“国话之春”演出季开幕】 3月13日，2013中国国家话剧院的“国话之春”演出季开幕，期间共有17部剧目在全国27个城市演出近350场，其中包括《蝴蝶》《青蛇》《大宅门》3部新创剧目。此外还囊括了《活着》《欲望花园》《理查三世》《四世同堂》等14部保留剧目。

（薛晓金）

【2013年国家京剧院优秀青年演员展演】 3月19日～4月7日，2013年国家京剧院“年轻的朋友来相会”优秀青年演员展演在梅兰芳大剧院举办。此次展演由周婧、郭瑶瑶、王璐、马力、刘大可等11位第五届中国京剧优秀青年演员研究生和魏积军、吕慧敏、唐禾香、李博等10位中国京剧流派传承班学员担纲主演，共有40名青年演员登场，演出了17台大戏，13出折子戏和1场演唱会，充分彰显了中国国家京剧院“阵容齐整、舞台清新、艺术严谨”的艺术风格。

（薛晓金）

【2013北京国际女性戏剧节】 4月29日～5月28日，“IDO 2013北京国际女性戏剧节”在世贸天阶大隐剧院举办。本届女性戏剧节由北京戏剧家协会、北京妇女国际交流中心、北京市家庭建设促进会、北京婚姻家庭研究会主办，北京晴禾景田文化传媒有限公司承办，主题为“爱的仪式”。除了提出戏剧服务于生活的理念，戏剧节也希望能够引领都市家庭全新的艺术生活方式，让女性在社会和家庭中都得到心灵的升华。戏剧节上演了舞剧《水语》《仙境的谎言》、古典戏曲《情问三叠》《梅兰芳华》、话剧《何惧良辰梦醒处》《Hi，米克》，以及魔幻亲子互动剧《外星人来啦!》和音乐剧《张爱玲》8个剧目，共39场演出。除中国大陆和中国台湾地区的演出团队外，还得到了韩国、奥地利、意大利等多个国家艺术家的响应。此外，还举办了女性戏剧总评榜、都市女性论坛等主题活动，探讨了女性心灵和生活方式的建设。戏剧节期间，现场观众近万人，总体参与活动人数达50000人。

（薛晓金）

【胡文阁专场展演】 5月17日～25日，“文华积韵、阁溢梅香”——北京京剧院男旦头牌、京剧梅派传人胡文阁专场展演在长安大戏院举办。展演分为四场，分别是5月17日演出的《穆桂英挂帅》；5月18日演出的《梅华香韵》，包括《天女散花》《西施》和全部的《贵妃醉酒》；5月24日演出的《凤还巢》；5月25日演出的交响京剧《太真外传》。北京京剧院的谭孝曾、赵葆秀、李宏图、朱强、陈俊杰等名家也分别在展演剧目中出演主要角色。此次展演是胡文阁成为京剧艺术大师梅兰芳第三代传人和当今男旦领军人物之后的首次个人专场演出。

（薛晓金）

【2013南锣鼓巷戏剧展演季】 5月20日～7月31日，东城区文委联合交道口街道办事处等单位举办了2013南锣鼓巷戏剧展演季。此次展演季的活动由演出单元和交流板块两个部分组成。演出单元中，汇集了来自中国、法国、日本等国家的40个剧目，其中包括《隆福寺》和《南锣鼓巷7号》两部反映东城文化的原创话剧，分别在南锣鼓巷及周边的7个剧场演出。展演季还邀请到海内外著名艺术家、文艺评论家、文化主管部门负责人进行主题讲座，对“戏剧东城”建设献计献策。为了让更多喜爱戏剧的观众有机会走

2013南锣鼓巷戏剧展演季暨百场戏剧进基层新闻发布会

进剧场，活动主办方还购买了30%的票作为公益票免费发放。

（薛晓金）

【2013年北京“春苗行动”优秀少儿题材剧目展演】 6月1日～8月31日，由北京市文化局主办的“缤纷童年、乐在剧中——2013年北京‘春苗行动’优秀少儿题材剧目展演”在北京举办。展演活动从全市遴选出了30部国外、中央、市属、民营等院团演出的优秀少儿题材剧目，共演出百余场。这些剧目题材多样、内容丰富、质量上乘。通过展演，促进全社会对少儿题材文艺作品的关注，推动文艺表演团体积极创作并演出青少年喜闻乐见、益德益智的精品力作。

（薛晓金）

【国家大剧院推出“看戏话三国”】 6月7日～12日，国家大剧院夏季演出季推出“看戏话三国”特别策划板块，上演了一系列“三国戏”。此次“看戏话三国”系列按故事发生的时间顺序陆续上演，包括《卧龙出山》《舌战群儒》《长坂坡·汉津口》《群英会·借东风·华容道》《龙凤呈祥》《失空斩》六场大戏，演出汇聚了中国国家京剧院、北京京剧院、上海京剧院、天津京剧院和北京军区战友文工团的老中青三代京剧名角儿，著名的有中国国家京剧院的张建国，北京京剧院的杜镇杰，上海京剧院的尚长荣、奚中路，天津京剧院的杨乃彭、邓沐玮和北京军区战友文工团的叶少兰。

（薛晓金）

【至乐汇“怪咖的戏剧梦想”第三季】 6月12日～7月21日，民营剧团至乐汇“怪咖的戏剧梦想”第三季暨至乐汇三周年戏剧展演在9剧场举办。此次展演的主题为“中国梦”，意在突出每一个老百姓的梦想，普通人的家国天下梦。展演包括《一出梦的戏剧》《老佛爷的爷》《破阵子》《一个演员的自我修养》及新剧《狐狸小晶》。

（薛晓金）

【中国戏曲学院京剧系教学剧目展演出】 7月8日～10日，中国戏曲学院在梅兰芳大剧院举行了三场“2013青春国戏·京剧系教学剧目展演”。8日，演出的是经典传统剧目全本《四郎探母》，铁镜公主、杨四郎、萧太后、杨宗保、杨六郎和佘太君分别由2010、2011、2012三个年级本科班的学生饰演。9日，是折子戏专场，分别是2010级本科生李佳、张加杨演出的《李逵探母》，京剧系主任张尧教授和王晓燕副教授合作的《奇双会·写状》，以及2011级张琦、2010级王彦力主演的《双锔大缸》。10日，演出的是全本《黑旋风》，由京剧系副主任、“青研班”班主任舒桐主演，京剧系青年骨干教师贾劲松、李艳艳以及该校京剧系毕业生、北京京剧院演员张凯加盟助演。

（张燕鹰）

【第三届中国儿童戏剧节】 7月12日～8月28日，由中国儿童艺术剧院主办的第三届中国儿童戏剧节以北京为主会场在全国举行。儿童戏剧节历时48天，艺术品种涵盖世界经典童话剧、音乐剧、动漫舞台剧、多媒体儿童剧等，共有7个国家和地区的27家儿童戏剧团体奉献了45台剧目209场精彩演出，演出剧目既有中国儿艺新创音乐剧《岳云》、北京儿艺的《灰姑娘》等国内优秀儿童剧，也有德国菲里斯欧木偶剧团的《小红帽与睡美人》、阿根廷奥玛木偶艺术剧团的《坚定的锡兵》等国外优秀儿童剧，观众近16万人次。来自中国、美国、芬兰、阿根廷、土耳其、德国和中国台湾地区的近千名儿童戏剧工作者汇聚一堂，推进了国内外儿童戏剧交流与合作。戏剧节以北京为主会场，在济南、西安设立分会场，并在天津市、青海省、台湾地区等14个省市和地区巡演。戏剧节还特别推出公益专场和公益票，让困难家庭的孩子也有机会亲近儿童剧。

（薛晓金）

【中国国家话剧院2013“消夏戏剧广场”公益演出季】 7月24日～9月15日，中国国家话剧院2013“消夏戏剧广场”公益演出季在北京举行。该次公益演出季主打“青春牌”，演出剧目有《纪念碑》《四世同堂》《这是最后的斗争》《笑面人》《欲望花园》《我是天使》，演出场次将近40场，票价依然沿袭历年“消夏戏剧广场”的惠民政策，最低票价保持在30元。与此同时，国话还配合演出剧目推出公益讲座，邀请6部参演剧目的主创人员与观众近距离接触，为普及戏剧艺术、听取观众意见搭建了平台。

（薛晓金）

【2013全国小剧场戏剧优秀剧目展演】 8月9日～25日，由文化部艺术司、北京市文化局主办，北京东方文化经济发展集团有限公司承办的2013全国小剧场戏剧优秀剧目展演在北京举行。该次展演，全国各省、自治区、直辖市及中直院团、艺术院校共申报作品40多台，经文化部艺术司组织专家进行遴选推荐，共有25部优秀剧目入围，其中，既有中国国家话剧院、北京人民艺术剧院等知名院团演出的《纪念碑》《向上走，向下走》《解药》等，又有抚顺市满族艺术剧院、重庆市沙坪坝区文化馆303话剧社等基层地区话剧团体演出的《两个底层人的夜生活》《7080》等；既有转企改制艺术院团推出的《打不开的门》《保尔与冬妮娅》《惹尘埃》，也有民营艺术院团制

作的《彼岸》《建家小业》《空中花园谋杀案》。此次展演还有3部小剧场戏曲：北京京剧院的《浮生六记》，北京艺海欣添文化传媒有限公司的黄梅音乐剧《贵妇还乡》，山东省柳子剧团的地方戏系列剧《选民老冤蛋》。

（薛晓金）

【2013北京青年戏剧节】　9月3日~29日，由北京戏剧家协会、共青团北京市委员会和中国国家话剧院主办，北京青年戏剧工作者协会和北京国际广告传媒集团共同承办的2013北京青年戏剧节在北京举行。本届青年戏剧节的主题是“成长与自信”。来自12个国家和地区的59部风格各异的戏剧分别呈现在北京的12个剧场和艺术空间。戏剧节根据创作团队、风格形式、演出类别，将59部剧目划分为7个单元，即新作首演单元、年度关注单元、国际荟萃单元、阿维尼翁单元、致敬大师——梅特林克作品单元、创新单元和剧本朗读单元。其中，国内演出作品29部，国外演出作品12部；国内原创新作剧本朗读14部，国外大师剧作朗读4部。在国外的12个剧团中，除意大利的亿万代码剧团和波兰的达达剧团外，其他10个剧团都是首次参加北京青年戏剧节。

（薛晓金）

【第三届世界戏剧院校联盟国际大学生戏剧节】　9月18日~28日，第三届世界戏剧院校联盟国际大学生戏剧节在中央戏剧学院举行。本次戏剧节由活动基地中央戏剧学院主办，中国教育电视台协办。戏剧节包括演出和工作室两部分。保加利亚国立戏剧影视艺术学院、中国中央戏剧学院、德国恩斯特·布施戏剧学院等7所院校的师生分别演出了莎士比亚作品《仲夏夜之梦》和具有民族特色的代表剧目。工作室共分7场，由与会院校推荐的教授或学者主持。

（薛晓金）

【北京国际戏剧·舞蹈演出季】10月7日~12月7日，由北京市文化局主办，国家大剧院承办的第十一届北京国际戏剧·舞蹈演出季暨2013国家大剧院舞蹈节在北京举行。该项活动将来自中国、英国、西班牙、瑞士、智利、丹麦、波兰，以及中国台湾地区的26台、100余场、近10个艺术门类的演出呈现给了北京观众。其中，戏剧类演出有15台，舞蹈类演出10台，曲艺类演出1台。戏剧类剧目有：北京人艺复排的话剧《小井胡同》，林兆华的戏剧作品《刺客》，北京京都文化投资管理公司、北京都市海棠文化交流有限公司和梦戏剧黄凯工作室联合出品的话剧《招租启示》，台湾亲爱的话剧团的话剧《收信快乐》，台湾果陀剧场的悬疑喜剧《步步惊笑》，波兰波兹南新剧团的话剧《十二怒汉》，英国1927剧团的话剧《上街的动物和孩子们》等话剧作品；国家大剧院制作的京剧《天下归心》，北京京剧院的京剧《宋家姐妹》，北方昆曲剧院的昆曲《红楼梦》，吴琼戏剧工作室的黄梅戏《严凤英》等戏曲作品；国家大剧院制作的歌剧《意大利女郎在阿尔及尔》，北京新陆地文化艺术中心、北京木马星座文化传播有限公司、杭州演出有限公司出品的大型多媒体舞台剧《毛泽东和他的长子》，台湾朱宗庆打击乐团的音乐戏剧《木兰》，东方剧院的大型民族音乐剧《曹雪芹》。此外，国家大剧院作为本届戏剧舞蹈演出季的承办方，还精心策划了话剧《刺客》编剧徐瑛讲座等14场院内艺术普及教育活动和10余场艺术“走出剧院”的公益活动。

（薛晓金）

【第五届风马牛戏剧节】　10月15日~12月3日，由万通地产、立体城市主办，北京木马剧场承办的第五届风马牛戏剧节在北京木马剧场举办。本届风马牛戏剧节的主题为“大城市青年的痛与梦”，演出剧目有《任天堂》《维特的烦恼》《动物园的故事》《彼岸》《进化论》《我的妻子就是我》《招租启示》《世界尽头创作法》《南城，南城!!》9部。

（薛晓金）

【2013北京小剧场戏剧联盟优秀作品展演】　11月19日~12月15

德国塔利亚行政院长弗弗斯坦在2013北京青年戏剧节开幕式上致辞

日，由北京戏剧家协会主办，北京小剧场戏剧联盟承办的“2013北京小剧场戏剧联盟优秀作品展演”在北京举行。《恋爱的犀牛》《臭虫》《两只蚂蚁的地下室》《水面之下》《九种时刻》《嫁给经济适用男》《悍·爱》《离婚》《临时居所》《悟空传》《招租启示》《当青春不再怀念蝴蝶的伤》《在变老之前远去》《从前有座庙》14部作品分别在国话东方先锋剧场、蜂巢剧场、9剧场、木马剧场等6个联盟成员单位进行了演出。

（张燕鹰）

【2013全国昆剧优秀剧目展演】 12月1日~19日，由文化部艺术司和北京市文化局联合主办的“2013全国昆剧优秀剧目展演暨首届当代昆剧名家收徒传艺工程汇报演出”在北京举行。展演活动包括“姹紫嫣红开遍——2013全国昆剧优秀剧目展演”、“名家传戏——首届当代昆剧名家收徒传艺工程汇报暨全国昆剧青年演员展演”、第二届当代昆剧名家收徒传艺工程拜师仪式、昆剧艺术传承与发展学术研讨会、昆剧名家点评会5项内容。参加展演的9台剧目是从文化部资助扶持的7个昆曲院团上演的52台传统名剧和新创剧目中遴选出的代表性作品，其中，既有《长生殿》《牡丹亭》《西厢记》等古典名剧，又有《红楼梦》《梁祝》等新创剧目，还有昆曲史上“一出戏救活了一个剧种”的名剧《十五贯》，以及被誉为“南戏活化石”的《张协状元》和南戏经典《白兔记》，传统经典剧目《雷峰塔》，充分代表了全国7个昆曲院团的特色。

（薛晓金）

【2013北京喜剧艺术节】 2013年12月14日~2014年1月10日，由北京北奥集团有限责任公司、北京大道文化节目制作有限公司、大麦网共同主办，梅兰芳大剧院、世纪剧院、北京市海淀工人文化宫协办的2013北京喜剧艺术节在北京举办。此次艺术节由陈佩斯担任艺术总监，分别在梅兰芳大剧院、世纪剧院小剧场和海淀工人文化宫演出了《失恋33天》《贵妇还乡》《爷们儿·叁》《阳台》《P. S我爱你》《老佛爷的爷》《贼在囧途》《托儿》8个剧目。

（薛晓金）

评　　奖

【第八届全国戏剧文化奖在京揭晓】 1月8日，第八届全国戏剧文化奖在北京揭晓。大型剧本中有18部作品获金奖，68部作品获银奖，98部作品获铜奖；小型剧本中有19部作品获金奖，49部作品获银奖，89部作品获铜奖；4人获戏曲教学与研究终身成就奖，6部作品获戏曲史论丛书主编金奖；7本著作获戏剧专著金奖；论文有8篇获得金奖，18篇获得银奖，28篇获得铜奖；5个单位特别贡献奖。

（薛晓金）

【第二届青年京剧演员擂台邀请赛】 3月15日~4月10日，由北京京剧院、大兴区文委、长安大戏院主办的第二届青年京剧演员（北京）擂台邀请赛在北京举行。此次擂台赛有32台演出分别在大兴影剧院、长安大戏院进行，共有天津市青年京剧团、湖北省京剧院、山东省京剧院、沈阳京剧院、云南京剧院、江苏省演艺集团京剧院、大连京剧院、黑龙江省京剧院、福建京剧院、青岛京剧院、贵州京剧院、河北省京剧院、宁夏演艺集团京剧院、台北新剧团、台湾戏曲学院京剧团、台湾国光剧团、北京京剧院17个院团的140名演员报名，61名演员参加（含台湾地区5名展演演员）。经过评选，北京京剧院的铜锤花脸孟宪腾、老生马博通、老旦侯宇、武旦丁芸芸、小生刘明哲、花旦王岳凌和大连京剧院的武生杨程，山东省京剧院的架子花脸张宏建，贵州京剧院的武丑范玉10名演员成为擂主。

（薛晓金）

【话剧《战争之上的战争》获大型剧本金奖】 3月，第八届全国戏剧文化奖近日在北京揭晓，由解放军艺术学院张小兵和王建军创作的军事题材话剧《战争之上的战争》获得“大型剧本金奖”。全国戏剧文化奖是经国务院批准保留的全国大奖，是文化部评比达标、表彰8个保留项目之一。《战争之上的战争》是本届评奖中唯一获金奖的军旅作品，该剧聚焦“新军事变革”伟大实践，正面描写“心理战”这一全新战训模式，讲述了一支曾经辉煌的部队为打赢未来战争所经受的严苛考验和曲折历程。

（薛晓金）

【北京地区6人获第26届中国戏剧梅花奖】 5月20日，第26届中国戏剧梅花奖在成都揭晓。北京地区第一次获得梅花奖的有北京京剧院的姜亦珊、中国国家话剧院的袁泉、北京人民艺术剧院的王斑、中国歌剧舞剧院的陈小朵和中央戏剧学院的马力5人，第二次获得梅花奖的是中国国家话剧院的张秋歌。

（薛晓金）

【昆曲《红楼梦》获文华大奖】 10月26日，第十四届文华奖颁奖仪式在青岛市青岛大剧院举行。在中国舞台艺术最高奖文华奖的角逐中，北京地区选送的昆曲《红楼梦》摘得最高荣誉文华大奖，并收获剧目奖、导演奖、舞美奖和表演奖。

（薛晓金）

【第三届中国话剧表演“学院奖”揭晓】 11月3日，第三届中国话剧表演“学院奖”在北京揭晓。中国铁路文工团的《培尔金特》、国家话剧院的《青蛇》、北京人艺的《甲子园》等全国10个剧目获优秀剧目奖，北京人艺的孙茜、国家话剧院的辛柏青等10人获得最佳主角奖。本届评委会共收到报送剧目33部，选出10部作品参加展演，奖项最终由中国、俄罗斯、乌克兰、韩国、保加利亚5国评委评出。

（薛晓金）

【昆曲《续琵琶》获得中国戏剧节优秀剧目奖】 11月25日，在苏州举办的第十三届中国戏剧节上，北方昆曲剧院制作并演出的昆曲《续琵琶》获得中国戏剧节优秀剧目奖，主演魏春荣获优秀表演奖，刘杏林、胡耀辉、蓝玲获优秀舞美奖。

（薛晓金）

【新苏商昆曲传承促进基金为杰出昆曲艺术家颁奖】 12月13日，由北京苏州企业商会成立的新苏商昆曲传承促进基金在北京为11位杰出昆曲艺术家颁发了“当代昆曲名家传承奖”。获得该奖项的是文化部“名家传戏——首届当代昆剧名家收徒传艺工程”选出的首批昆曲艺术家：王芝泉、方洋、计镇华、刘异龙、汪世瑜、张继青、张洵澎、岳美缇、侯少奎、梁谷音、蔡正仁。

（薛晓金）

交　流

【越剧《江南好人》进京演出】 1月4日，由茅威涛、陈辉玲领衔主演的新概念越剧《江南好人》在国家大剧院戏剧场演出，这是从艺33年的茅威涛首次在越剧舞台上以女性角色示人。演出中，舞台上的演员不仅身穿西装、旗袍，以各种具有民国初年风格的服装造型示人，而且念白完全打碎越剧韵白，加入现代舞、爵士舞，甚至每一场都会出现一位演员跳出故事，以第三人称的方式讲述剧情进展。这是导演郭小男试图完成中国传统戏曲与布莱希特戏剧表演体系的一次隔空对话。

（薛晓金）

【史依弘进京举办系列演出】 1月9日～13日，上海京剧院演员史依弘在国家大剧院举办了“文武昆乱史依弘”系列演出，连续演出了五台传统大戏——《全本白蛇传》《牡丹亭》《全部穆桂英》《全部奇双会》和《玉堂春》，涉及京剧、昆曲两个剧种，且一人担当了青衣、刀马旦、武旦、闺门旦等不同行当，各剧目助阵演员既有德高望重的老艺术家，也有崭露头角的梨园新秀。

（薛晓金）

【广东人偶剧进京演出】 2月2日，广东原创动力创排的喜羊羊新人偶剧《喜羊羊与灰太狼之三个愿望》在中国木偶剧院大剧场上演。2013年开始，广东原创动力将该剧目授予中国木偶艺术剧院独家演出权。该剧讲述了羊羊们遇到一位从垃圾塑料瓶子里走出来的实习魔法师，魔法师利用从魔法国学来的古古怪怪的魔法，将喜羊羊和灰太狼的三个愿望爆笑演绎。主演有杨锐、沈萍、田宇等。

（薛晓金）

【上海话剧艺术中心进京演出】 3月1日～31日，上海话剧艺术中心携阿加莎·克里斯蒂经典法庭剧《原告证人》、原创舞台剧《资本·论》以及原创小剧场话剧《活性炭》，进京参加2013首都剧场精品剧目邀请展演。三部作品尽显海派文化广纳百川的多元特色，又因有多位“白玉兰奖”获奖演员参演而将此次进京演出的主题定为“玉兰绽香”。

（薛晓金）

【以色列卡梅尔剧院到京演出】 3月4日～6日，参加首都剧场精品剧目邀请展演的以色列卡梅尔剧院携剧作家哈诺奇·列文的经典之作《手提箱包装工》在首都剧场演出。这部戏的主角是以色列社会中的小人物，他们向观众展示了六个家庭、五对爱人、三个大龄剩女、九次死亡、八个葬礼、四个寡妇并不快乐但十分有趣的底层生活。

（薛晓金）

【黄梅戏艺术周在京举办】 3月6日～16日，国家大剧院举办首届“黄梅戏艺术周”。艺术周期间，湖北省黄梅戏剧院、安庆再芬黄梅艺术剧院、安徽省黄梅戏剧院等黄梅戏艺术院团演出了《李时珍》《牛郎织女》《女驸马》《贵妇还乡》等一批剧目，韩再芬、吴琼、张辉、魏蓓蓓等登台献艺，展示了黄梅戏的艺术魅力。

（薛晓金）

【北京人艺携《茶馆》巡演】 3月7日～21日，北京人艺与保利剧场院线合作，携话剧《茶馆》在深圳、武汉、重庆三地进行巡回演出。这是该剧首次通过联合院线的形式，集中巡演。

（薛晓金）

【以色列盖谢尔剧院到京演出】 3月8日～10日，参加首都剧场精品剧目邀请展演的以色列盖谢尔剧院在首都剧场演出了《唐璜》。该剧对莫里哀的原剧本进行了颇具现代风格的演绎。剧中的唐璜不只是个风流的花花公子，而且还被赋予了追求自我，挑战世俗的悲剧意味。

（薛晓金）

【纪念袁雪芬专场演出】 3月24日，“品洁如雪艺馥芬——纪念人民艺术家袁雪芬”专场演出在北京市东城区图书馆剧场举行。袁派传人方亚芬、华怡青，以及北京市南花越剧团、北京青年越剧团和北京小百花越剧团等民间表演团体演出了《断肠人》《西厢记》《祥林嫂》《相思树》《梁祝》《一缕麻》《香妃》《山河恋》等袁派优秀剧目片段。中国戏剧家协会分党组书记、驻会副主席季国平，北京戏剧家协会驻会副主席、秘书长杨乾武，戏剧专家龚和德、安志强等观看了演出。

（张燕鹰）

【北京京剧院青年演员赴沪演出】 4月26日～28日，北京京剧院“29少in上海”演出在上海东方艺术中心进行。“29少”是由北京京剧院的29位青年演员组成的演出阵容。在沪期间，他们演出了《白蛇传》《伍子胥》和《红鬃烈马》三部经典大戏。其中《红鬃烈马》作为第六届东方名家名剧月的闭幕式演出，呈现了六小时的完整版本。三台剧目集中呈现了包括青衣、花旦、老生、花脸、老旦、小生等各行当在内的18种流派。

（薛晓金）

【话剧《第二十九棵树》进京演出】 5月11日～14日，由四川人民艺术剧院与四川省演出展览公司合作推出的大型话剧《第二十九棵树》在中国国家话剧院演出。该剧以成都一家“苍蝇馆子”为背景，讲述一群与这家馆子有关的普通人在1982年至2012年30年间发生的曲折而感人的故事，反映出成都人身上朴实、坚韧的闪光品质和浓郁的成都风情。该剧由四川人民艺术剧院院长李亭编剧，总政歌剧团团长黄定山执导。

（薛晓金）

【北京曲剧艺术中心赴台演出】 5月14日～17日，作为“2013两岸城市文化互访系列——北京周活动”的重要戏码，北京曲剧艺术中心携《正红旗下》《骆驼祥子》等剧目在台北市中山堂演出，为台北观众带去了地道的京腔京韵，台北观众称北京曲剧为“京味儿音乐剧”。

（薛晓金）

【北京京剧“传承之旅”欧洲巡演】 5月21日～31日，北京京剧院在荷兰、奥地利、意大利3国举行了北京京剧“传承之旅”欧洲巡演。北京京剧院此次巡演携带了《红娘》《白蛇传》等经典剧目，共演出7场。

（薛晓金）

【第一届“两岸三地”青年戏剧节】 6月1日～30日，由中国话剧艺术研究会、北京戏剧家协会、北京典雅天地文化传播股份有限公司与台湾广艺基金会联合主办的“挚爱”第一届“两岸三地青年戏剧节”北京演出单元在北京木马剧场举行。台湾的剧团带来了《我为你押韵——情歌》、*I'm the man*、《三十而立》3部话剧，香港的剧团带来了《最后晚餐》《2012～1997：香港印象》《Death（作死）》3部话剧，共演出18场，展示了港台戏剧文化。本届戏剧节共有12部优秀作品，分别在台北、北京展演。台北演出单元已于5月20日结束，上演了《1988——我想和这个世界谈谈》等6部大陆话剧。戏剧节期间还举办了演后谈、两岸三地戏剧主创论坛、文学剧本朗读、戏剧工作坊等活动，为大陆、香港、台湾三地青年戏剧人提供了交流平台。

（薛晓金）

【三拓旗剧团赴欧洲演出】 6月6日，携形体戏剧《水生》及《署雷公》参加了在法国举办的阿维尼翁世界舞蹈节的演出。《水生》改编自蒲松龄《聊斋志异》之《王六郎》。该剧用西方观众易于理解的形体语言成功讲述了一个以“阴阳”“轮回”为核心价值观的中国传统故事。《署雷公》根据清代作家袁枚的《子不语》改编而成，是糅合了中国传统的傩戏、藏戏、武术、戏曲、皮影等元素创作的作品。该团在结束了阿维尼翁世界舞蹈节的演出后，还参加了阿维尼翁戏剧节和英国的爱丁堡艺术节。

（薛晓金）

【香港话剧团进京演出】 6月13日～15日，受第一届“两岸三地青年戏剧节”之邀，香港话剧团携剧目《最后晚餐》在北京的木马剧场演出。该剧用粤语演出，配有中文字幕。故事的主角是一对生活在香港社会底层的母子，这一天，他们买到同一个牌子的木炭，不约而同地计划在同一个夜晚离开人世。母亲的一通电话促成了最后的晚餐，一顿家常便饭吃得平淡无奇又惊心动魄。在了解对方的心思后，两人渐渐敞露心扉，彼此倾诉。最后，他们发觉其实一切痛苦的根源就是“一家之主”，那个未露面的男人，于是决议干掉他。故事的结局是，谋杀计划取消，儿子正准备回家，与此同时，男人进门了。编剧郑国伟，导演方俊杰，主演雷思兰、刘守正。

（薛晓金）

【武汉汉光谷客17排剧院进京演出】 6月18日，由武汉汉光谷客17排剧院出品的话剧《好听的都是伤心的歌》在北京风尚剧场上演。该剧改编方方的小说《树树皆秋色》。话剧围绕着“三个人和一个声音”展开，讲述了知名大学的美丽女教授与一个神秘电话之间孤独而诡秘的故事。该剧定位为雅皮士知趣的诙戏剧风格，是参加第四届北京南锣鼓巷戏剧节的演出的剧目。编剧方方，导演江兆旻。

（薛晓金）

【捷克第一黑光剧团到京演出】 7月26日～28日，捷克第一黑光剧团携《飞吧！小单车》在国家大剧院戏剧场演出。该剧讲述在世纪更迭之际，一位年轻的发明家终日痴迷于飞鸟翅膀的构造，总想制造出能够飞行的单车。经过反复尝试与失败，他最终发现唯有真爱可以抵抗地心引力。整部剧是哑剧形式，演员们必须要依托自己娴熟多变的肢体语言和面部表情去交代剧情，在演员们诙谐幽默、极富感染力的表演下，剧中人物的喜怒哀乐被刻画得活灵活现。

（薛晓金）

【北京人艺赴英国参加爱丁堡艺术节】 8月20日～21日，北京人民艺术剧院在英国的爱丁堡剧院演出了话剧《大将军寇流兰》。该剧译自莎士比亚剧作 *Coriolanus*，是北京人艺参加爱丁堡艺术节的演出剧目。翻译英若诚，导演林兆华、易立明，主演濮存昕、薛山。

（薛晓金）

【长江人民艺术剧院进京演出】 8月23日，由长江人民艺术剧院原创的悬疑题材小剧场话剧《打不开的门》在国家大剧院演出。这部话剧是受邀参加“2013年全国小剧场戏剧优秀剧目”展演的作品。该剧改编自法萨特的戏剧作品《禁闭》，剧中三个主要人物，官员、医生和老人展开了激烈的争辩。每个人都在为自己辩解和开脱，对他人进行攻击与谴责。而每个人又从对他人的攻击里发生了对自己过往的反思和对自己灵魂的救赎。编剧杨玥，导演郭蔡雪，主演刘瑜、罗曦、庞磊。

（薛晓金）

【共同舞台2013】 8月31日，中国戏曲学院与瑞士苏黎世艺术大学之间开展的跨文化、跨学科的国际艺术交流活动“共同舞台2013”在中国戏曲学院进行。5个表演区分散在校园不同位置，先后展演，观众随着节目转场，颇像新生入学参观校园。交流活动迄今已经有5年的历史，分别在北京和苏黎世举行。2013年“共同舞台”的主题是“环境保护”，内容既有室外露天的实景演出，也有在校区和周边环境搭配的情景表演，如《垃圾神——垃圾庙》《覆水难收》，还有经典的黑匣子和小剧场演出，如音乐剧《生意必须继续》，话剧《绝望的风景》，更有设计作品和装置艺术的展示《仅仅改变你自己》。室外、室内切换，中文、英文、德文并用，以中国戏曲学院学生为主的观众当晚进行了一次“艺术之旅”。

（薛晓金）

【香港话剧进京演出】 8月29日～9月1日，香港舞台剧导演林奕华的作品《三国》在北京保利剧院上演。这是林奕华继《水浒传》与《西游记》后四大名著系列第三部作品。他将《三国演义》中《桃园结义》《煮酒论英雄》《借东风》等家喻户晓的故事，演绎成12堂充满历史教训的“失败之课”，以现代眼光重新解读；透过《三国》的历史感，触碰现代人面对自我价值的重视与脆弱。他还一反以往男性英雄风格，以十二金钗等女性主体重新诠释阳刚味十足的《三国》。

（薛晓金）

【德国汉堡塔利亚剧院到京演出】 9月3日，德国汉堡塔利亚剧院携小剧场话剧《契克——远方的世界》在国家大剧院小剧场进行演出，拉开了“2013北京青年戏剧节”的帷幕。《契克——远方的世界》改编自德国作家沃尔夫冈·赫伦多夫的同名小说。改编者严格遵循了小说的气质，以大段描述性的台词，表现“垮掉的一代”的颓唐与彷徨。

（薛晓金）

【德国柏林德意志剧院到京演出】 9月6日～7日，受中国国家话剧院和北京德国文化中心·歌德学院的邀请，德国柏林德意志剧院携话剧《俄狄浦斯城》在中国国家话剧院国话剧场演出。该剧首次被纳入2013国家艺术院团演出季的特邀剧目。同时，该剧的演出也是“中德语言年”以及歌德学院（中国）建院25周年庆典的活动。导演希望通过这部作品讨论德国乃至欧洲政治生活中的权力、民主、暴力。作品虽取材于古希腊戏剧，却取消了古希腊戏剧中惯有用于评议剧情的歌队，服装也是极简的风格，其中，克瑞翁一角由德国女演员苏珊娜·沃尔夫反串演出，以表达对权力的欲望是不分性别的观念。

（薛晓金）

【国家大剧院携话剧《王府井》赴台湾巡演】 9月11日～22日，国家大剧院携原创话剧《王府井》在台湾地区巡演。该剧在台北两厅院戏剧院演出4场，在高雄文化中心至德堂演出3场。并于中秋节和教师节进行了公益专场演出。

（薛晓金）

【福州市艺术学校进京演出】 9月22日，为庆祝中国戏剧梅花奖创办30周年，在梅兰芳大剧院进行闽剧《红裙记》专场演出。该剧取材于清代福州王达官卖饼的真实故事，自问世以来，在福州等地已经传唱了百年，涌现出多种改编本、演出本。此次演出本为2011～2012年度国家舞台艺术精品工程资助剧目，由福州市艺术学校演出。剧本改编王仁杰，导演徐春兰，作曲陈德忠，领衔主演林梦萍。

（薛晓金）

【北京京剧院赴南美巡演】　10月7日～23日，北京京剧院在巴西的里约热内卢、彼得罗佩雷斯、圣保罗3个城市，进行了12场演出及4次京剧知识的讲座、宣传活动。此次北京京剧院携带的剧目有《孙悟空大闹天宫》《三岔口》《虹桥赠珠》《白蛇传》《霸王别姬》《锁麟囊》等。此次演出选择了纯商业运作模式，由北京京剧院承担基本费用，委托国内和当地顶级文化经纪机构参与策划、宣传与市场运营。

（薛晓金）

【台湾果陀剧场进京演出】　11月1日～3日，作为北京国际戏剧·舞蹈演出季剧目之一，由台湾果陀剧场带来的侦探悬疑喜剧《步步惊笑》在海淀剧院上演。该剧改编自美国作家约翰·巴肯小说《三十九级台阶》，讲述了一个平凡的单身汉意外卷入间谍组织“三十九级台阶”计划而遭到暗杀，由此展开一场“世纪大逃亡”的故事。该剧运用极为简单的道具和布景，融入电影化的手法，呈现出37个不同的场景。金士杰、天心、卜学亮和刘亮佐，4个演员共饰演了48个角色。

（薛晓金）

【梅兰芳艺术展赴新西兰展出】　11月27日，由梅兰芳纪念馆和新西兰路易·艾黎中文文化教育中心举办的“梅兰吐芳、香满梨园——京剧大师梅兰芳艺术展”在新西兰克赖斯特彻奇市的路易·艾黎中文学校拉开帷幕。展品包括梅兰芳生平介绍、京剧戏服以及梅兰芳、徐悲鸿、齐白石、张大千和黄宾虹等名家创作的多幅中国字画。开幕式上播放了梅兰芳生前演出及外访视频片段。梅兰芳重孙梅玮即席演唱了梅派京剧《穆桂英挂帅》选段。本次艺术展为期一周，除了在克赖斯特彻奇市展出外，还在新西兰的其他地方进行了展出。

（薛晓金）

【话剧《盗墓笔记》进京演出】　11月29日～12月8日，由中国探险类畅销书作家“南派三叔”（本名徐磊）携手锦辉旗下上海创·戏剧工作室所联手制作的话剧《盗墓笔记》在中国剧院上演。该剧以同名网络小说为基础，以华丽大气而又变幻莫测的舞台效果，营造出原著诡异、惊悚的气氛，以逼真的多媒体特效和特技表现出众多妖魔鬼怪，达到“裸眼3D”的视觉效果。该剧还融入了武术、魔术、杂技等表演，将原著中诡异多变的古墓、难以辨别的七星疑棺、令人产生幻觉的青眼狐尸等鲜活地展现在观众面前。

（薛晓金）

纪　　念

【于是之逝世】　1月20日，话剧表演艺术家于是之因病在北京逝世。于是之（1927—2013），原名于皛，原籍天津，生于河北唐山，后迁至北京。1942年，参加业余戏剧活动，1945年秋，考入北京大学，不久失学。后加入祖国剧团，参与《蜕变》《以身作则》等剧的演出。1947年，进入北平艺术馆，参加《上海屋檐下》《大团圆》等剧的演出。1949年2月，参加华北人民文工团（北京人民艺术剧院前身）。曾任祖国剧团、北平艺术馆、华北人民文工团演员。在北京人民艺术剧院期间，曾任演员、艺委会副主任、副院长。1985年当选为中国戏剧家协会副主席，1988年当选为北京戏剧家协会主席。主演过《龙须沟》《骆驼祥子》《茶馆》《洋麻将》等剧。他生动地塑造了话剧《龙溪沟》中的程疯子和话剧《茶馆》中的王利发等一系列舞台艺术想象以及一些影视形象。1984年，获第4届中国电影金鸡奖最佳男配角奖。1987年，被文化部批准为全国尖子演员。1989年，获中国话剧金狮奖“演员荣誉奖”和全国先进工作者称号。2006年，获表演艺术成就奖。2007年，获国家有突出贡献话剧艺术家称号。2009年，获首届中国戏剧奖·终身成就奖。他还是中国共产党第十二次、第十三次全国代表大会代表，全国政协第五届委员会委员，全国人大第七届、第八届代表大会代表。

（薛晓金）

【纪念张伯驹115周年诞辰京剧名家票友演唱会】　4月19日，由张伯驹京剧名家票友联谊会策划的“纪念张伯驹先生诞辰115周年京剧名家票友演唱会”在梅兰芳大剧院举行。演唱会得到国家京剧院、京剧名家及票友戏迷们的热情响应，余派女老生王珮瑜、孙惠珠和青年演员凌珂加盟演出。上海、天津、武汉、山东等地票友也前来助兴。

（薛晓金）

【王蓉蓉舞台生活30年专场演出活动】　6月19日～20日，由北京京剧院主办的“金声韵·王蓉蓉舞台生活30年专场演出活动”在长安大戏院举办。演出分为两场，包括王蓉蓉领衔主演的张

（张君秋）派经典剧目《状元媒》和另一场王蓉蓉专场演唱会。《状元媒》是王蓉蓉和她的丈夫杜鹏联手上演，第二场演唱会则请来了当年把她领进京剧之门的伯乐朱旭老师，讲述30年前她入行的偶然。

（薛晓金）

【总政话剧团60周年座谈会】 7月9日，为纪念建团60周年，中国人民解放军总政话剧团在八一剧场召开60周年座谈会。座谈会旨在展示与总结总政话剧团60年来所取得的理论成果，并思考其成果取得的启示及意义。胡可、阎肃、徐晓钟、黄宏等30余位军内外艺术家和学者参加了座谈会。与会者高度评价了总政话剧团60年来取得的艺术成就。大家认为，总政话剧团作为军旅话剧的一面旗帜，60年来一直致力于弘扬主旋律，忠实服务军队和人民群众，坚持以人民为中心的创作导向，尊重人才和艺术规律并紧跟时代发展的潮流，取得了辉煌的艺术成就。

（薛晓金）

【中国戏剧梅花奖创办30周年系列活动】 8月31日，由中国文学艺术界联合会、中国戏剧家协会主办的“中国戏剧梅花奖创办30周年系列活动”以一台由中国戏剧梅花奖艺术团汇报演出的《梅花赞》在北展剧场拉开帷幕。9月1日上午，在人民大会堂召开中国戏剧梅花奖创办30周年大会，邀请中宣部、中国文联、文化部、总政宣传部等有关领导以及文化界、戏剧界知名人士，梅花奖获得者共同见证梅花奖走过的30年光辉历程，总结中国戏剧梅花奖创办30年来的艺术成就。9月1日下午和2日上午，在北京会议中心举办中国戏剧梅花奖创办30周年研讨会。9月初至9月底，有28台来自各地的精彩剧目进京演出，在北京的有关戏剧院团也举办优秀剧目展演。中国剧协还编辑出版了大型画册《梅花谱》，全书汇集了26届634位梅花奖获奖演员的艺术简介、近5000幅剧照和生活照。

（薛晓金）

【李文敏教学生活50年纪念活动】 10月11日～12日，由北京戏曲艺术发展基金会、北京戏曲艺术职业学院主办的京剧教育家李文敏教学生活50年纪念演出在北京长安大戏院举办。演出中，李文敏的优秀学生代表郭玮、赵欢、张茜、莎霏、李丽等青年演员与京剧名家李宏图，须生新锐凌珂、穆雨、陈圣杰演出了《玉堂春》《汾河湾》《三娘教子》等程派经典剧目片段。李文敏是国家级有突出贡献专家、北京市“非遗”传承人。除纪念演出外，北京戏曲艺术职业学院还请全国程派研究专家举办了李文敏教学生活50年教学成果研讨会。

（薛晓金）

【瑞府戏苑票房举办十周年纪念演唱会】 10月27日，瑞府戏苑票房举办十周年纪念演唱会。瑞府戏苑票房成立于2003年。该票房以秉承弘扬民族文化的宗旨，以振兴国粹、以戏会友、策划演出、精彩展示为主导，曾举办了300多期演唱活动和几十场京剧名家名曲演唱会，并先后组织了名家送戏进社区、下部队活动，召开京剧理论与实践研讨会，京剧票房发展座谈会，赞助央视戏曲频道录制节目和院团演员赛事等多项大型活动，还投入了近百万元资金，支持公益性群众文化事业。此次演唱会除了一些京剧票友的演唱，专业京剧演员苏坤、张学浩、姜亦珊、曹馨月、康静、胡文阁等也纷纷登台献艺。

（薛晓金）

研究与评论

【斯坦尼斯拉夫斯基表演体系与北京人民艺术剧院研讨会】 1月8日，北京人艺为纪念斯坦尼斯拉夫斯基150周年诞辰举办“斯坦尼斯拉夫斯基表演体系（以下简称斯氏体系）与北京人民艺术剧院”的研讨会。表演艺术家蓝天野、郑榕、朱旭、李滨、濮存昕，导演顾威、任鸣及戏剧界专家、学者王晓鹰、童道明等出席。1952年北京人艺建立之初，曹禺、焦菊隐、欧阳山尊、赵起扬等建院创始人就明确提出，要把北京人艺建成像莫斯科艺术剧院那样的世界一流的剧院，斯氏体系则是中国话剧长期以来遵循的主要理论体系。

（薛晓金）

【中国儿童剧演出院线发展与探索座谈会】 1月10日，北京丑小鸭卡通艺术团有限公司在梅地亚中心召开了中国儿童剧演出院线发展与探索座谈会，该团经过6年的儿童剧全国巡演的摸索实践，2012年建立了首家儿童剧演出院线——丑小鸭儿童剧演出院线。目前院线覆盖北京、深圳、厦门、南京、合肥等7个省市12个剧场，北京有4个剧场。

（薛晓金）

【话剧《驴得水》研讨会】 3月12日，由北京戏剧家协会主办的话剧《驴得水》研讨会在北京文联大厦召开。该剧由至乐汇舞台剧、哲腾文化、上海话剧艺术中心出品。作品讲述民国时期的一个乡村学校，由于严重缺水，校长将一头驴虚报成英语老师。面临上级的检查，大家只能用更多的谎言去弥补。而事件的发展却越来越超乎校长和老师们的预料。北京戏剧家协会驻会副主席、秘书长杨乾武，北京戏剧家协会副主席李龙吟，国家话剧院导演林荫宇，著名作家徐坤，北京戏剧家协会理事王宝社等专家和该剧编剧、导演周申等参加了研讨会。与会专家认为这个戏，无论是文本还是表演以及它在“创作、表演、观众”三者高度共鸣上的努力，都标志着近些年小剧场戏剧上了一个台阶。

（张燕鹰）

【袁雪芬袁派艺术研讨会】　3月25日，袁雪芬袁派艺术研讨会在北京市文联大厦举行。龚和德、安志强、吴乾浩、谭志湘等戏剧理论家和北京戏剧家协会驻会副主席、秘书长杨乾武，上海越剧艺术研究中心主任黄德君，北京越剧艺术研究会会长丁苗芬，袁派传人方亚芬、华怡青，以及袁雪芬的家属等参加了座谈会。与会者回顾了袁雪芬对越剧事业的贡献和对越剧在北京发展的关注，同时对袁派艺术特色进行了总结。

（张燕鹰）

【谭孝曾：京剧舞台演出欠规范】　4月2日，在第二届京剧传承与发展国际学术研讨会上，京剧演员谭孝曾直言：现在京剧舞台上有很多演出都不规范，包括很多京剧名家都穿错服装，演出中马鞭随便放，不分马头和马尾。

（薛晓金）

【京剧武生行当教学研讨会】　4月29日~30日，由北京京剧昆曲振兴协会主办，北京戏曲艺术职业学院承办的“京剧武生行当教学研讨会”在北京戏曲艺术职业学院举行。王金璐、李幼斌、杨少春、张善麟、梁斌、阎邦健、苏德贵、李浩天、李卜春、侯少奎、李韵秋、松岩等京剧演员和北京戏曲艺术职业学院名誉院长孙毓敏，院长刘侗，副院长黄珊珊，以及中国国家京剧院、北京京剧院、天津京剧院、北方昆曲剧院、浙江京剧院、江苏京剧院、北京风雷京剧团的代表与中国戏曲学院、北京戏曲艺术职业学院、中国戏曲学院附中的武生教师等参加了研讨会。研讨会就京剧武生教学的现状及未来进行了研讨。

（薛晓金）

【第五届京剧学国际学术研讨会】　5月17日，由中国戏曲学院主办的“梅兰芳与京剧的传播——第五届京剧学国际学术研讨会”在北京召开。来自中国大陆与港澳台地区，以及美国、英国、法国、日本等国家和地区的160位京剧学专家、学者，京剧表演艺术家，京剧院团管理者及社会各界京剧爱好者提交了学术论文100多篇。与会者就梅派表演艺术研究、梅兰芳的美学精神、京剧与中华美学传统、京剧的传播等问题展开了研讨。

（薛晓金）

【《树立品牌的道路还很长》】　5月22日，《中国文化报》发表《树立品牌的道路还很长》一文，作者苏丹丹。文章认为：北京各类戏剧节此起彼伏，但量多质不精，其原因主要在于定位不明确。戏剧节虽各有侧重，但也多有重叠，定位找得不精准，没有明确的目标或所针对的群体。文章还谈到了举办戏剧节的资金问题，指出：北京的戏剧节多数是由民营剧社发起，在政府、行业协会或者企业的支持下举办，运营资金部分来自政府拨款，部分需要自筹。戏剧节的社会融资能力差，很难得到企业赞助或者基金会支持。戏剧节主办方既缺乏社会融资的意识，也缺少这方面的人才。

（薛晓金）

【王蓉蓉舞台生活30年艺术研讨会】　6月21日，由北京京剧院主办，中国戏曲学院、北京长安大戏院协办的“金声韵——王蓉蓉舞台生活30年艺术研讨会”在京举行。中国文联原副主席仲呈祥，京剧表演艺术家孙毓敏，著名京剧武生叶金援，戏曲理论家齐致祥，中国戏曲学院教授刘坚，中国戏曲学院教授、中国京剧艺术研究所所长赵景勃，中国戏曲学院教授张关正等10余名专家、学者出席研讨会。北京市文化局党组成员、北京京剧院院长李恩杰主持会议。

（张燕鹰）

【2013年戏曲学青年论坛】　6月22日~23日，中国艺术研究院研究生院主办的“2013年戏曲学青年论坛”在北京举行。此次论坛旨在为戏曲界青年学者提供理论探讨和交流平台。参加论坛的有全国各地戏曲科研究机构的科研人员、有关高校教师和研究生等40多人，研讨内容涉及戏曲史论研究，京剧、昆曲与地方戏研究，戏曲舞美和戏曲音乐等多个方面。戏曲界知名专家、学者对青年学子的发言进行了点评和指导。

（薛晓金）

【谭霈生戏剧理论学术研讨会】　10月19日，谭霈生戏剧理论学术研讨会在北京举行。2013年是著名戏剧理论家谭霈生80岁华诞，他是中国当代戏剧理论发展的开拓者与见证人，其《论戏剧性》《戏剧艺术的特性》《戏剧本体论》等著作奠定了中国现代戏剧理论与批评的美学基础。研讨会主要围绕“谭霈生戏剧思想研究”“中国戏剧理论30年的发展与问题”两方面展开。谭霈生在研讨会上表示：当今戏剧环境是“商业炒作取代了理论批评”，他认为“缺乏基础理论研究，甩开膀子大搞戏剧实践，是十分危险的”。廖奔、王文章、刘立斌、徐翔、于平、徐晓钟、黄会林、李希凡、王一川、周星、丁涛、何西来、童道明、何冀平等专家、学者、戏剧界同仁近百人参加了研讨会。

（薛晓金）

【小剧场京剧《惜·姣》作品研讨会】 11月13日，由北京戏剧家协会主办的小剧场京剧《惜·姣》作品研讨会在北京文联举办。京剧表演艺术家孙毓敏、北京演艺集团副总裁李龙吟、北京京剧院副院长刘宇宸、戏剧评论家解玺璋、国家话剧院著名导演林荫宇，以及该剧导演李卓群等主创人员出席研讨会。与会专家在对作品进行大胆的创新表示了肯定的同时，从编剧、表演、导演，包括对传统文化的理解对作品进行了深刻、细致的品评并提出了很多修改建议。该剧主创人员也针对创作中遇到的问题与专家们进行了讨论。

（张燕鹰）

【《戏剧评论与谁对话》】 11月15日，《中国文化报》发表《戏剧评论与谁对话》一文，作者徐健。文章指出：当前戏剧评论的现状，一是媒体评论占据主流，专业评论趋于边缘。前者多数是文化消费时代的快餐式评论，善于营造“文化现象”，甚至诉诸“恶趣味”。二是圈子化的熟人评论多，直面戏剧现场、发现问题、提出问题的评论少。三是专业戏剧评论队伍缺乏创新活力，青年戏剧评论家培养相对滞后。

（薛晓金）

【首届全国戏曲教育文献资源共建共享学术研讨会】 12月13日，由中国戏曲学院图书馆与戏曲文献研究所联合主办的首届全国戏曲教育文献资源共建共享学术研讨会在北京举行。此次研讨会受到了全国各戏曲院校图书馆的广泛关注。为了将戏曲教育文献资源共建共享落到实处，本次研讨会成立了“戏曲教育文献资源共建共享联盟”。希望通过各成员馆的努力，打破馆际之间的壁垒，建立统一的戏曲院校文献资源共建共享的网络平台，逐步实现戏曲院校书目信息共享、协调采购、集团采购、联合编目、馆际互借等服务。

（薛晓金）

培训与传承

【王玉海收胡小培为徒】 1月5日，由北京戏曲艺术职业学院主办，北京京剧昆曲振兴协会承办的“著名京剧鼓师王玉海收徒胡小培拜师仪式”在北京举办。王玉海是北京戏校首届毕业生，曾为尚小云司鼓。1978年开始与孙毓敏合作。胡小培是北京戏校京剧音乐毕业生，工司鼓专业。现为北京戏曲艺术职业学院教师。

（薛晓金）

【梅派男旦传人传承仪式】 1月10日，胡文阁“梅派男旦传人传承仪式”暨专场展演启动活动在北京电视台举行。胡文阁曾就读于西安市艺术学校，学习京剧男旦。后曾成为反串歌手。2001年拜梅葆玖为师，专攻梅派男旦。仪式上，胡文阁回答了梅葆玖提出的关于“功夫”“蜕变”“人品”3个方面的问题，并展示了京白、韵白、手、眼、身、法、步等梅派男旦基本功。仪式上还公布了胡文阁将主演4部梅派经典剧目的消息。北京京剧院院长李恩杰，京剧表演艺术家梅葆玖、叶少兰等参加了仪式。

（薛晓金）

【中国戏曲学院增设“戏曲衣箱技术与管理”专业】 1月21日，2013年中国戏曲学院本科招生专业考试在北京开始。应戏曲院团对戏曲衣箱管理人才的需求，学院增设了“戏曲衣箱技术与管理”专业。中国传统戏曲的服饰、道具等种类繁多而且穿戴、使用要求严格，合理地存放这些服饰、道具也是一门学问。该专业计划面向全国招收8人，学生主要学习传统戏曲衣箱管理的理论知识和舞台实践，掌握戏剧戏曲服装管理的基本规律，能独立进行服装管理与维修维护。

（薛晓金）

【评剧名家受聘北戏】 2月25日，北京戏曲艺术职业学院正式聘请评剧演员张德福、谷文月、刘萍、李惟铨和作曲家刘文田为教授，为该校评剧班学生授课。

（薛晓金）

【中国戏曲学院戏曲导演高级研修班】 3月11日，中国戏曲学院与黑龙江省文化厅合办的戏曲导演高级研修班正式开班。此次高研班旨在贯彻落实中共十八大报告“建设学习型社会”“积极发展继续教育，完善终身教育体系”的精神，帮助边疆省份培养更多优秀民族传统文化艺术高级人才。该班教学历时一年，课程从原来的700个课时增至1024个课时；并保证学员每周在校观摩一台精品剧目，每月在京观摩一台精品剧目。该班除邀请郦子柏、周传家、赵景勃、周育德、逯兴才、张关正等近30位专家授课外，还特邀40多位艺术家举办专题讲座。开班式上，主办方向此次高研班导师颁发了聘书。

（张燕鹰）

【北京大学昆曲传承新五年计划开启】 3月22日，北京大学昆曲传承新五年计划（2014～2018）

的启动仪式在北京大学燕南园51号院举行，白先勇、叶朗、王一川出席了启动仪式。北京大学昆曲传承第一个五年计划（2009～2013）期间，在北京大学开设了四期“经典昆曲欣赏”课程，并由全校本科生公选课升级为通选课；开设了昆曲表演工作坊，由昆曲表演艺术家、青年演员与大学生一对一教学，并排演了校园版《牡丹亭》，于2011年在上海戏剧学院举行了公演；举办昆曲展演文化周、经典昆曲折子戏演出等剧目展演，在北京大学和周边高校上演；另外，数字昆曲计划也一直在不断推进，与全球昆曲爱好者分享北大昆曲传承计划的数字资源。新五年计划是在现有成果的基础上，将“经典昆曲欣赏”课程精品化；继续深入推进校园昆曲传习工作坊，将昆曲表演带入校园；深入推进数字昆曲艺术档案的建设；制定青年昆曲人才培养计划等。

（薛晓金）

【中国戏曲学院舞台表演专业高级研修班】 4月8日，中国戏曲学院与江西省委宣传部、江西省文化厅合作举办的舞台表演专业高级研修班在北京举行开学典礼。本期高研班共有来自江西省11座城市区县21个院团的戏曲、话剧、舞蹈、声乐、器乐等不同表演领域的30名学员，开设“剧目”“表演功法”“表导演创作”“声乐”“舞蹈编创”等15门课程，共500多个课时。除邀请20位教师参与日常教学，还计划邀请20位专家、学者举办专题讲座，特邀10位资深艺术家担任教学顾问。文化部文化科技司教育处处长刘玉普，中国戏曲学院党委副书记李世英，江西省委宣传部副部长马玉玲，江西省文化厅副厅长任永新等出席了开学典礼。开学典礼上，还向高研班顾问钮骠、刘秀荣、张春孝、赵景勃、白光耀、张关正及任课导师邵宏超、张连、冉常建、杨菊英、闫骏、王九成、王强、姚红、李艳华、方彤彤、杨帆、陈琳、董汶亮等人颁发了聘书。

（张燕鹰）

【张建峰每月一剧传承年】 2013年4月～2014年1月，由北京京剧院、北京大桥唐人文化有限公司主办，华彬歌剧院协办的北京京剧“传承之旅”——“奚韵流长”张建峰每月一剧传承年活动在北京和台北举行。该活动由北京京剧院奚（奚啸伯）派老生张建峰在10个月中每月演出1台奚派剧目。4月4日，在长安大戏院进行了该活动的首场演出，演出剧目为《焚绵山》。此后又在北京的长安大戏院、台北的台湾戏剧院分别演出了《范进中举》《四郎探母》《失街亭·空城计·斩马谡》《问樵闹府·打棍出箱》《群英会·借东风》《白帝城》《烂柯山》《珠帘寨》和《大保国·探皇陵·二进宫》9台奚派剧目。

（薛晓金）

【梅葆玖收胡春华为徒】 5月19日，梅葆玖收徒胡春华拜师收徒仪式在梅兰芳大剧院举行。胡春华是云南省京剧院院长，国家一级演员，文华奖、梅花奖获得者，是新时期云南京剧的领军人物。

（薛晓金）

【国际剧院团管理大师班】 6月2日～5日，由中国戏剧文化管理协同创新中心主办的“全球视野内的剧院团经营与管理——国际剧院团管理大师班”在中央戏剧学院北剧场举办。来自英国、美国、俄罗斯、德国、西班牙等国家的院团和艺术机构的12位外国专家与中国剧院团共同分享剧院团经营管理的经验及成果。此次大师班以“学术共享，协同创新”为宗旨，围绕“剧院团人才培养”“剧院团市场化运作”“剧院团融资”“剧院团价格策略”“剧院团观众”“政府（基金会）与院团”“各国剧院团经营管理现状”“剧院团内部管理”“剧院团（剧场）文化”等议题展开讨论。

（薛晓金）

【评剧“流派传承”系列活动】 6月8日～23日，在中国评剧院举办的评剧“流派传承”系列活动在北京举办。系列活动包括6月8日的新闻发布会和评剧表演艺术家刘萍、李惟铨分别收王平、于海泉为徒的收徒授艺仪式，以及6月9日由谷文月弟子王丽京主演的新（新凤霞）派剧目《三看御妹》，6月16日由刘萍弟子王平主演的白（白玉霜）派剧目《良宵》（原名《马寡妇开店》），6月23日由李惟铨弟子于海泉主演的《包公梦蝶》等演出活动。

（薛晓金）

【王蓉蓉收徒8人】 6月20日，在“金声韵·王蓉蓉舞台生活30年专场演出活动”第二场演出结束后，张（张君秋）派演员王蓉蓉在长安大戏院举行了收徒仪式，山东艺术学院教师张倩、黑龙江省京剧院演员傅爽等8人向王蓉蓉行拜师礼，并一起向张君秋画像鞠躬行礼。

（薛晓金）

【第三期北京市优秀中青年编导研修班】 7月8日～10月18日，由北京市文联和北京师范大学共同举办的第三期北京市优秀中青年编剧导演研修班在北京师范大学举办。28名编剧、导演参加了研修。学员平均年龄35岁，涵盖了戏剧、杂技、电影、电视剧等创作领域。研修班通过集中学习交流的方式，深入解析当前剧本创作的现状、趋势和规律，探讨创作方法，破解创作难题，同时，打破了单一艺术领域的授课模式，课程安排从文学作品改编到戏剧影视剧本创作，再到导演、演员的二度创作，最后到走向市场，为学员立体呈现了“从剧本到市场”的每一个环节。在结业典礼上，展示了学员创作的10部优秀剧本。

（薛晓金）

【首届戏曲表演艺术高级研修班结业】 9月8日，由中央文化管理干部学院艺术学院与中国戏曲表演学会联合举办的“首届中国戏曲表演艺术高级研修班”结业。此次培训班共有来自北京、福建、浙江、山东、河北、海南岛、香港特别行政区12家单位的23位学员参加，涉及了包括京剧、昆曲、口梆子、婺剧、闽剧、越剧、赣剧、柳子戏、琼剧、粤剧在内的10个剧种。在本届戏曲高研班开班的20余天中，中央文化管理干部学院为学员们精心安排了梅葆玖、刘文峰、孙毓敏、江新蓉、沈世华、安志强、叶金援、周育德、赵景勃、吴然、宋丹菊、郦子柏、逯兴才、胡芝风、曹林、张尧、刘静、王锦文、崔光丽等专题授课29次，参观考察、观摩演出各5次，业务交流1次，研讨交流1次，并组织学员们在河北临城进行了一场完整的汇报演出。

（薛晓金）

【梅葆玖收胡桐为徒】 9月19日，京剧表演艺术家梅葆玖收胡桐为徒的收徒拜师仪式在梅兰芳大剧院举行。胡桐毕业于中国戏曲学院京剧系，学习了众多梅派剧目。现就职于中央电视台科教节目制作中心。

（薛晓金）

【李崇善收林庆、王宁为徒】 9月22日，京剧表演艺术家李崇善收徒仪式在北京梨园剧场举行。这是李崇善头一次收徒。此次共有2人拜李崇善为师，他们都是北京京剧院的演员。一位是毕业于中国戏曲学院首届研究生班的林庆，一位是毕业于北京戏校的王宁。他们都曾跟随李崇善学戏。

（薛晓金）

【中国戏曲学院聘请硕士研究生兼职导师】 9月，中国戏曲学院戏曲文学系邀请历届毕业生梅帅元、龚应恬、吕育忠、徐瑛、徐兵担任该系硕士研究生兼职导师。在兼职导师与研究生互动交流会上，五位中国戏曲学院校友结合自身经历，各自谈了他们对戏曲创作与文化交流的体会。他们长期工作在创作一线，积累了丰富的经验。此次学院聘他们为硕士研究生兼职导师，对开阔学生视野，提高学生实践创作能力，拓宽发展空间，均有很大的推动作用。

（薛晓金）

【燕守平收赵晶、纪雷光为徒】 10月5日，“京胡圣手”燕守平收赵晶、纪雷光为徒的收徒拜师仪式在长安大戏院举行。赵晶现为北京戏曲艺术职业学院教师，纪雷光现为山东省京剧院琴师。

（薛晓金）

【尚长贵收房志辉为徒】 10月18日，京剧月琴演奏家尚长贵收徒房志辉的收徒拜师仪式在京伦饭店举行，这是尚长贵在北京收下的首名琴票弟子。女琴票房志辉痴迷京剧艺术，迷恋京剧月琴，潜心请教业内诸多老师，并受到了尚长贵的精心指点。2012年举办过个人专场演奏会。

（薛晓金）

【13位昆曲名家收徒】 12月13日，第二届当代昆剧名家收徒传艺工程拜师仪式在中国评剧大剧院举行，共有13位昆剧名家收28位青年昆剧演员为徒。马玉森收徒邵峥、肖向平，传授剧目为《拾画叫画》《男监》。王奉收徒梅杨崑、胡娉，传授剧目为《寻梦》《题曲》。王世瑶收徒朱斌、田漾，传授剧目为《杀尤》《写状》。石小梅收徒施夏明、周鑫，传授剧目为《秋江》《琴挑》。张毓文收徒哈冬雪、王丽媛、潘晓佳，传授剧目为《昭君出塞》《痴梦》。张静娴收徒罗晨雪、邵天帅，传授剧目为《偷诗》《絮阁》。张铭荣收徒娄云啸、张暖，传授剧目为《盗甲》《问探》。张寄蝶收徒钱伟、刘啸赟，传授剧目为《小放牛》《卖兴》。沈世华收徒于雪娇、刘亚琳，传授剧目为《思凡》《寻梦》。林继凡收徒徐栋寅、束良，传授剧目为《议剑》《茶坊》。胡锦芳收徒徐思佳、朱冰贞、由腾腾，传授剧目为《投渊》《寻梦》《活捉》。黄小午收徒杨阳、章祺，传授剧目为《闹朝扑犬》《扫松》。雷子文收徒刘瑶轩、殷立人《山门》《罗梦》。

（薛晓金）

【中国戏曲学院招生新增3个剧种】 12月17日，中国戏曲学院公布2014年全国招生计划。其在多剧种办学方面新增了扬剧、河南曲剧2个国家级“非遗”剧种和吉剧3个地方剧种，并与地方戏曲院团、院校共建教学实践基地，实行表演人才“2+1+1”培养模式。

（薛晓金）

慰问与捐赠

【国家京剧院慰问首都建设者】 1月2日，国家京剧院在梅兰芳大剧院举行慰问首都建设者专场演出，来自中建一局二公司的几百名职工和家属观看了《天女散花》及国家京剧院保留剧目《强项令》。

（薛晓金）

【北京儿艺走进长峪城村】 1月19日，北京儿艺儿童剧《想飞的孩子》剧组到昌平区长峪城村，为孩子们奉献了精彩的演出。这次演出也被看做一次寻根之旅。2012年4月，北京儿艺的主创们来到昌平区长峪城村及老峪沟中心小学采风，最终创作出了以追逐“梦想”为主题的儿童剧。

（薛晓金）

【北京京剧院雷锋日太阳村义演】 3月5日，北京京剧院谭正岩、郑潇、由奇等青年演员到太阳村，为服刑人员子女献上一台精彩的公益演出。演员们在演出之前，先为孩子们进行京剧脸谱的化妆。演出由谭正岩担任主持人。太阳村的孩子们也在节目中穿插了自己排练的“模特服装秀”，并向北京京剧院的演员学习了一些京剧的基本动作。

（薛晓金）

【“点亮童心共筑中国梦”六一大型公益演出活动】 “六一”儿童节期间，由中国儿童戏剧研究会发起，中国儿童艺术剧院首次联合23家全国儿童剧院（团）开展“点亮童心共筑中国梦”六一大型公益演出活动。活动汇聚了36台剧目，近100场演出，覆盖了30个省、自治区、直辖市，将通过专场公益演出和派发公益演出票等形式免费邀请全国困难群体的少年儿童观看优秀剧目演出。

（薛晓金）

【中国京剧艺术基金会捐赠京剧音像资料】 12月10日，中国京剧艺术基金会在国家图书馆古籍馆举行捐赠仪式，将《京剧艺术传承与保护工程——老艺术家谈戏说艺》大型音像出版物向中国图书馆协会、各地图书馆、京剧院团、艺术院校的代表进行了公益捐赠。此套音像出版物由中国京剧艺术基金会组织拍摄，历时3年，是对北京、上海、天津、山东、辽宁、宁夏、河北、重庆、江苏、浙江等地的70位京剧老艺术家进行的访谈，记录了他们在学艺、表演、教学等过程中积累的宝贵经验。全国人大常委会原副委员长陈至立，文化部原常务副部长高占祥，国家图书馆馆长周和平，著名京剧表演艺术家刘长瑜等出席捐赠仪式。

（薛晓金）

出版与传播

【昆曲电影《红楼梦》在京首映】 2月26日，昆曲电影《红楼梦》在北京大学百周年纪念讲堂首映。该片由怀柔区文委和北方昆曲剧院携手创作的昆曲《红楼梦》（上、下本）原班人马出演，这是继越剧电影版、黄梅戏电影版之后，第三个版本的《红楼梦》戏曲电影。首映之后，昆曲电影《红楼梦》还将陆续在全国高校及海外高校展映，并在全国院线公映。

（薛晓金）

【首批戏剧梅花奖获奖演员优秀剧目数字电影工程影片在京首映】 6月6日，由中国文联和中国剧协出品的首批中国戏剧梅花奖获奖演员优秀剧目数字电影工程影片在京首映。入选影片包括晋剧《傅山进京》，龙江剧《木兰从军》，京剧《野猪林》和《兰梅记》，秦腔《大树西迁》，梨园戏《董生与李氏》和《节妇吟》。这7部影片分别由梅花奖获得者白淑贤、曾静萍、王平、谢涛、李梅、于兰、王艳主演，太原市实验晋剧院青年团、黑龙江省龙江剧院、福建省梨园戏剧院、天津京剧院、北京军区战友文工团京剧团、陕西省艺术研究院参与演出。

（薛晓金）

【三京剧名家传记首发】 6月22日，三位京剧名家李慧芳、李丽芳、李鸣盛传记在商务印书馆首发。其中《菊苑双葩慧丽同芳——李慧芳》《菊苑双葩慧丽同芳——李丽芳》由王军、刘连伦合著，讲述了菊坛姐妹花梅派名家李慧芳和李丽芳的艺术人生，二人均多才多艺，生、旦全才，享誉梨园，尤其是李丽芳演出现代京剧《海港》中的方海珍，在戏迷中影响巨大。《玉音响四方——李鸣盛》由刘连伦所著，讲述了京剧杨（宝森）派名家李鸣盛对发展和传播杨派艺术所做的贡献。

（薛晓金）

【《洛神——王海平剧作选》出版】 6月，《洛神——王海平剧作选》一书由北京出版集团有限责任公司出版。本书收录了王海平创作的《蔡元培》《定都北京》《黄叶红楼》《洛神》《天桥》《五朵梅》六部剧作。这些剧作，有的是音乐剧，有的是新歌剧，有的是新编历史剧。它们或用鲜活的语言展现了北京的地域文化；或用富有戏剧冲突的情节反映了中国历史，尤其是北京近现代的历史。

（薛晓金）

【《中国京剧脸谱图典》】 7月，中央编译出版社出版了《中国京剧脸谱图典》，刘曾复摹绘，盛华、和宝堂编。全书四册一函，共收录刘曾复手绘净、丑行当谱式近700幅。大部分是第一次公之于世。谱式包括六分脸、整脸、三块瓦脸等，几乎涵盖了清末民国初以来出现过的所有重要谱式，鲜明、生动地反映了京剧舞台脸谱近百年来递嬗、沿革的轨迹，是刘曾复一生研究、摹绘京剧脸谱的总结。此外，图典另附有多幅刘曾复早年研究、摹绘舞台脸谱留下的草图，非常珍贵。

（薛晓金）

【《北京京剧百部经典剧情简介标准译本（中英对照）》出版】　8月，旅游教育出版社出版了由北京第二外国语学院与北京京剧院共同组建的京剧传承与发展（国际）研究中心推出的《北京京剧百部经典剧情简介标准译本（中英对照）》。该书将100部京剧经典剧目的剧情，翻译成英文，图文并茂。

（薛晓金）

【传记片《演员、导演、教师——苏民》开播】　12月1日，由北京人艺影视中心制作的大型人物传记片《演员、导演、教师——苏民》在北京电视台开播。该片总共15集、450分钟，全片用丰富、翔实的影像资料，讲述了北京人艺著名戏剧家苏民的艺术人生。苏民自幼勤奋好学，能诗善画，打下了深厚的古典文学功底。在60多年的艺术实践中，他成为了集演员、导演、教师于一身的学者型戏剧艺术家。他成功地塑造了《雷雨》中的周萍、《蔡文姬》中的周近、《胆剑篇》中的范蠡、《智者千虑必有一失》中的格路莫夫等性格鲜明的艺术形象。苏民导演的《李白》成为了他导演艺术的代表作，也成了北京人艺的经典保留剧目，久演不衰。

（薛晓金）

【《京剧传统剧本汇编续编——丑角戏》出版】　12月，由北京市艺术研究所编纂，薛晓金主编的《京剧传统剧本汇编续编——丑角戏》由北京出版集团、北京出版社出版发行。书中收集整理52个丑角剧目，这些剧目一部分来源于北京市艺术研究所在二十世纪五六十年代搜集的手抄本，一部分来源于故宫和国家图书馆收藏的昇平署档案。

（薛晓金）

曲　　艺

2013年，北京的曲艺事业呈现出稳步发展的态势。曲艺演出市场平稳发展，演出场次稳定增长，周末相声俱乐部、德云社、嘻哈包袱铺、星夜相声会馆、鸣乐汇等曲艺演出团体常年演出，并不定时地推出特别演出，使演出市场保持了应有的热度。4月，中国广播说唱团在民族文化宫剧场举办了越来越好相声小品专场演出。冯巩、刘全和、刘全利、李伟建、武宾、刘全刚、刘惠、方清平、付强、万宇、王彤、随风、高晓攀、尤宪超、李鸣宇等演出了传统与新作相结合的优秀作品，市场反响良好，展现了国家级曲艺表演团体的演出实力。同期，北京市曲艺团在中国儿童中心剧院连续推出了两场新人新作相声专场。演出由何云伟、李菁领衔，以老带新，推出曲艺团郭天翼、张天雷、张硕等相声新秀的新作，使刚刚过完甲子寿辰的北京曲艺团展现出新的活力。嘻哈包袱铺为庆祝成立五周年，举办了丰富多彩的演出活动，不断推出新人新作。此外，乐活卉、听云轩等曲艺团体在经过一定的市场调整之后，喜迁新址，重张演出，也为北京的曲艺演出市场增添了新的活力。11月23日，北京周末相声俱乐部在密云县溪翁庄镇开设了分部，立足于将演出和旅游经济相结合，将演出票价调整至100元，这也成为周末相声俱乐部在经营多年的公益演出之外，对于演出市场的一次试水之举。

本年度，北京地区曲艺节目类型逐渐丰富，除了相声演出依旧保持着相当稳定的市场热度之外，鼓曲、快板、评书等其他曲艺形式的演出也逐渐升温。连丽如在走访了北京儿童医院之后，创作了评书新作《B超神探贾立群》，并由她的弟子、连派评书第三代传人，北京戏曲艺术职业学院表演教师张怡表演，反响良好。1月，至乐汇舞台剧与杨菲曲艺工作室联合制作的新京韵“北京的味道”第一部《大前门》在国家话剧院先锋剧场演出，京韵大鼓演员杨菲参演，并做主要大鼓表演。将鼓曲与戏剧相结合，该剧虽不是首创，但是在鼓曲艺术式微的今天，亦不失为对于鼓曲艺术如何发展进行的一次努力探索和尝试。6月1日，原北京市曲艺团西河大鼓演员钟声在赴欧洲发展十余年后回国在青蓝剧场举办了“喜荣归鼓曲专场”，表演了单弦、大鼓书、京剧、西河大鼓等多种艺术形式，展现了其扎实的艺术功底。11月，由北京时代秀文化传媒有限公司投资的“秀剧场”项目正式启动，该项目计划3年内在北京创作10部优秀原创相声剧，并将秀剧场打造成国内首个原创相声剧剧场。李菁及其相声团队负责相声剧的剧本创作、舞美设计、音乐，还包括相声演员的培养、团队建设等。北京国际版权交易中心利用自身综合性平台优势，为中国原创传统艺术传承、创新与发展提供丰富资源和发展空间。这一项目的推出，势必将对北京的原创相声剧发展起到一定的推动作用。

2013年，曲艺演出团体在积极开拓新的演出场所之余，也增强了对外交流的力度。中国的曲艺表演团体先后赴加拿大、韩国、新加坡、蒙古、丹麦、德国、新西兰等国演出，使北京曲艺的影响力进一步向全世界范围辐射。4月，德云社宣布在墨尔本建立分社，在筹建基地、影视制作、开设小剧场、招生授徒的同时，将商业触角深入到红酒、华服、餐饮等周边事务，初步显示出德云社产业经营的多元化趋势。

2013年，在曲艺创作方面，作者们逐渐回归，立足当下，从丰富的现实生活中汲取养料，创作出一些贴近生活、反映现实、观众喜闻乐见的艺术作品。尽管有的作品尚显粗糙和稚嫩，但是依然流露出创作者的真诚。

本年度，北京曲艺研究进一步深入，从作品创作、市场发展、曲艺的传承等方面进行了相关理论探讨。1月25日，北京文联举办了纪念王文友100周年诞辰研讨会，相声名家、专家、学者等在追思王文友相声成就的同时，也研讨了相声的现状和今后的发展方向。8月7日，纪念连阔如先生诞辰110周年座谈会在北京举办，会议回顾和缅怀了连阔如的艺术道路及人生轨迹，梳理和探讨了连阔如在评书艺术领域的丰硕成果与宝贵经验。10月16日，中国曲协召开相声小品创作研讨会，各地曲协、曲艺创作团体、曲艺艺术家代表参加了会议，共同总结相声小品创演经验，研究新媒体境遇下相声小品创作的困境与突围之法。在第三届中国曲艺高峰（柯桥）论坛上，来自全国曲艺界的专家、学者围绕“曲艺：自觉与自信”这一主题，就曲艺创作创新的途径和方法、经营性曲艺发展、文化体制改革与曲艺、现实题材与曲艺创作等话题展开了深入探讨。

（丁　琳）

机　　构

【德云社墨尔本分社】　4月15日，北京德云社掌门人郭德纲在澳大利亚星传媒总部举办的酒会上正式宣布成立德云社墨尔本分社。德云社墨尔本分社是北京德云社开设的第一个海外分支机构。

（丁　琳）

【中国曲艺牡丹奖艺术团】　5月13日，中国曲艺牡丹奖艺术团成立仪式在宁波凯洲大酒店举行。中国曲艺牡丹奖艺术团主要由获得历届牡丹奖表演奖和终身成就奖的艺术家组成，宗旨是为了更好地发挥牡丹奖获得者的示范引领作用，打造曲艺“国家队”。中国曲协主席姜昆任该团团长。

（丁　琳）

【中国曲协权益部】　8月7日，为进一步增强广大曲艺家和曲艺工作者的维权意识，切实维护曲艺家和曲艺工作者的合法权益，经中国文联党组批准，中国曲协将曲艺维权职能从研究部划出，并增设权益部。中国曲协权益部的主要职责是：对曲艺界知识产权状况的调查研究，推动曲艺界知识产权相关政策法规和行业规范的制定；积极开展曲艺领域知识产权保护等政策法规的宣传与普及；反映团体会员、曲艺家和曲艺工作者维护合法权益的诉求，接待来信来访；指导各团体会员开展维护合法权益工作等。

（丁　琳）

【北京周末相声俱乐部密云分部】　11月23日，北京周末相声俱乐部在密云县溪翁庄镇开设了分部。该分部设在溪翁庄镇文体活动中心的小剧场。

（丁　琳）

作　　品

【评剧相声贺岁剧《杨三姐》】　2月11日～15日，由中国评剧艺术中心和北京快乐印象文化传媒有限公司·星夜相声会馆联袂精心打造的评剧相声贺岁剧《杨三姐》在中国评剧大剧院进行首轮演出。该剧以经典评剧《杨三姐告状》为故事基础，是一部集评剧和相声两种舞台表现形式为一体的舞台喜剧。主要演员有高闯、王丽京、李菁、何云伟等。

（丁　琳）

【曲本《弟子规》】　4月～12月，《曲艺》杂志第4期至第12期连续刊载了北京军区战友文工团演员张文甫根据清代人李毓秀编写的《弟子规》创作的近60篇曲艺作品。曲种包括快板、山东快书等，内容以敬老孝亲、诚实守信、清正廉洁、友爱兄弟、倡导节俭为主。

（丁　琳）

【京韵大鼓《东来顺记忆》】　6月，《曲艺》杂志第6期刊载了京韵大鼓《东来顺记忆》，作者白云海。作品讲述了东来顺创始人丁掌柜从小本生意做起，苦心经营，童叟无欺，最终享誉京城的故事。

（丁　琳）

【评书《B超神探贾立群》】　10月31日，由评书表演艺术家连丽如牵头创作，并由她的女弟子、连派评书第三代传人北京戏曲艺术职业学院表演教师张怡表演的评书《B超神探贾立群》在市检察院首演。作品用艺术的语言细腻生动地讲述了北京儿童医院超声科主任贾立群和一个患儿家庭的感人故事，颂扬了贾立群为民、爱民的炽烈情怀与清廉无私的坚守、奉献的精神。

（丁　琳）

【梅花大鼓《园博赞》】　10月，《曲艺》杂志第10期刊载了梅花大鼓《园博赞》，作者崔琦。作品在细致描绘园博园美丽景色的同时，表达了对建立园林城市和美好家园的期盼。

（丁　琳）

【河南坠子《捞外快》】　12月，《曲艺》杂志第12期刊载了河南坠子《捞外快》，作者温淑萍。作品讲述工程处处长老蔡之子乖乖，以校外补课等借口向父母要钱，捞了不少“外快”。老蔡知道后痛责乖乖。乖乖则以老蔡利用职权捞取外快为由进行辩解，说这是“上梁不正下梁歪”。

（丁　琳）

活　　动

【杨菲参演舞台剧《大前门》】　1月30日～2月3日，由至乐汇舞台剧与杨菲曲艺工作室联合制作的“北京的味道”三部曲之《大前门》在国话先锋剧场上演。该剧是由北京市文化局主办的“北京故事”优秀小剧场贺岁剧展演的参演剧目。全戏以大前门作为时代的见证，以大鼓作为穿越时空的声音通道，描写了跨越半个多世纪的前门两代人的悲喜故事。杨菲在全剧担任大鼓表演。

（丁　琳）

【北京琴书加盟北京新春音乐会演出】　2月7日，在人民大会堂举行的第九届北京新春音乐会上，首次出现了北京琴书这一曲艺曲种的身影。北京琴书演员王树才在音乐会中演唱了歌颂北京风土人情的北京琴书《这里我喜欢》。

（丁　琳）

【2013年北京曲艺家协会新春联谊会】　2月23日，2013年北京曲艺家协会新春联谊会在市文联小剧场召开。中国曲协分党组副书记刁惠香、市文联党组副书记刘开阳到会并致辞。协会主席李金斗带领主席团成员贾德丰、郝金明、崔琦、邵军、种玉杰共同向到场参加活动的400余名会员致以新春祝贺。

（丁　琳）

【2013嘻哈包袱铺精品相声周】　3月11日～17日，嘻哈包袱铺在广茗阁鼓楼剧场举办2013嘻哈包袱铺精品相声周活动。韩凤霆、徐宇泽、刘凤帅、陈凤龙、韩硕、张涛、陈印泉、侯振鹏、王惟、连旭、刘金霏、陈曦、高晓攀、尤宪超等人共演出了《杂学唱》《快乐人生》《礼仪漫谈》《好好说话》《打元宵》《对座数来宝》《学唱日本戏》《戏曲与方言》《红事会》等节目。

（丁　琳）

【相声传承周】　3月25日～31日，为庆祝成立五周年，嘻哈包袱铺在安贞剧场举办相声传承周系列演出活动。传承周邀请了李增瑞、王谦祥、孟凡贵、王文林等老辈艺术家助阵，有不少相声老演员与青年相声演员一老一少合作的演出，如王文林和徐德亮合作，刘洪沂和王玥波组合，孟凡贵与高晓攀合说的相声。嘻哈包袱铺的“80后”相声演员也轮番登场。演出的节目有《夸住宅》《学京剧》《白事会》《报菜名》等传统段子和《大学往事》等展现“80后”青年生活的新创段子。

（丁　琳）

第九届“天桥杯”鼓曲展演

【第三届“包公杯”全国反腐倡廉曲艺作品征集活动在北京启动】　6月10日，由中国曲协、合肥市纪委、合肥市委宣传部等单位主办的第三届“包公杯”全国反腐倡廉曲艺作品征集活动在北京启动。本次征集活动以“清风扬正气、共筑中国梦”为主题，征集未经发表、上演过的评书相声、快书、快板、鼓曲唱曲、曲艺小品等原创作品，并在文字作品报送的基础上增设视频作品报送方式。

（丁　琳）

【听云轩迁址】　7月14日，由曹云金领衔的“听云轩”演出场所迁至广渠门的金台夕照会馆，并举办了重张的开箱演出。

（丁　琳）

【第九届天桥杯鼓曲展演】　11月26日～28日，由市文联、西城区天桥街道工委主办，北京曲协承办的第九届“天桥杯”鼓曲展演在北京举办。其中，26日举办的相声演员跨界唱鼓曲专场和27日举办的历届天桥杯比赛获奖选手经典作品展演均在前门饭店梨园剧场举行，王谦祥、应宁、连春建、张硕、杨菲、张曦文、王淑玲、王树才等人参加了演出。28日在民族宫大剧院举办的“曲韵流金、薪火传承——北京鼓曲艺术家师徒专场”展示，赵玉明、马增蕙、马玉萍、赵俊良、章学楷等老艺术家分别携弟子集体展示演出了经典曲艺节目。

（丁　琳）

【2013相声小品二人转优秀节目展演】　12月5日～7日，由中国文联、中国曲协、中国文学艺术基金会、吉林省文联、吉林省文化厅共同主办的2013相声小品二人转优秀节目展演在民族宫大剧院举行。5日、6日为相声小品专场，参演的17个节目皆为新作，冯巩、石富宽、刘全和、刘全利、李伟建、

武宾、刘捷、高晓攀、尤宪超、甄齐、李然等和全国各地的优秀曲艺演员登台献艺。展演作品有相声《手机》《出租司机》《大话多伦多》《感恩》《坑爹》《较量》《我这三十年》《山城布谷鸟》《歪批山海经》《百年树人》，相声剧《我就是这么一人》，小品《密码》《杀年猪》《练习场边》《我的儿子》《狭路相逢》《麻将人生》等。7日是二人转专场，两度获得中国曲艺牡丹奖表演奖的二人转表演艺术家闫淑平和盛喆、孙忠宏、尹为民等为观众展示了二人转表演技艺。中国文联党组书记、副主席赵实，中宣部副部长王晓晖，文化部副部长董伟，中国文联党组成员、书记处书记李前光，中国文联副主席、中国曲协名誉主席刘兰芳，中国曲协主席姜昆等嘉宾和首都观众一起观看了演出。

（丁　琳）

演　出

【相声乐苑成立四周年庆祝晚会】 1月11日，相声乐苑成立四周年庆祝晚会在丰台文化馆举行。中国曲艺家协会原主席刘兰芳，携李伟健、刘洪沂、奇志、方清平、高晓攀、尤宪超、付强、李增瑞、刘颖、张浩楠、甄奇、李然等在全国历届相声大赛中获得过“金奖”的演员登台助兴。

（丁　琳）

【中国曲协组织艺术家到北京边检总站演出】 1月24日，在中国曲协的组织下，一批艺术家到位于首都机场的北京边检总站进行“欢歌笑语贺新春”走进北京边检专场演出。参加演出的演员有姜昆、戴志诚、李金斗、李建华、刘全利、刘全和、奇志、张伟、贾玲、白凯南、任世和、高保利、韩延文、焦建东、石磊等。该次演出由中国文联副主席杨承志、中国曲协主席姜昆带队，北京边检总站领导及民警等观看了演出。

（丁　琳）

【蛇年破五相声专场演出】 2月14日，“爱乐汇·欢乐新年——蛇年破五相声专场演出”在世纪剧院举行。何云伟、李菁、王玥波共同合作了《竹声雅韵》《双簧》，孪生兄弟郭阳、郭亮与郭天翼合作了《花唱绕口令》，徐德亮、王文林表演了《训徒》等节目。

（丁　琳）

【“一人一成名作”专场演出】 3月9日，嘻哈包袱铺在民族文化宫大剧院举办了嘻哈包袱铺五周年系列之“一人一成名作”专场演出。该场演出集中展示了“嘻哈包袱铺”优秀演员高晓攀、尤宪超的《我要上春晚》，陈印泉、侯振鹏的《好好说话》，王惟、连旭的《铃铛谱》，张伯鑫、冯凤禹的《我是动画迷》，刘金霏、陈曦的《评书趣谈》，韩硕、张涛的《绕口令》等相声，还有马星野表演的快板书《“80后”的吃与喝》等，作品都是他们的成名作。

（丁　琳）

【中国广播说唱团相声小品专场演出】 4月29日~30日，中国广播说唱团在民族宫大剧院举办“越来越好”——玉京红之夜中国广播说唱团相声小品专场演出。冯巩、刘全和、刘全利、李伟建、武宾、刘全刚、刘惠、方清平、付强、万宇、王彤、随风、高晓攀、尤宪超、李鸣宇等演出了传统与新作相结合的优秀作品。

（丁　琳）

【北京市曲艺团新人新作相声专场】 4月30日~5月1日，北京市曲艺团在中国儿童中心剧院举办两场新人新作相声专场。这两场演出均由何云伟、李菁领衔，以老带新，重点推出曲艺团的新人新作。郭天翼、张天雷、张硕等相声新秀为观众演出了新节目，张志强、刘廷凯表演了双簧《欢声笑语》，在老包袱中加入了《乡村爱情》主题曲等时髦元素，也体现了相声常说常新的特点。

（丁　琳）

【嘻哈包袱铺五周年庆典演出】 5月16日、5月18日，嘻哈包袱铺在解放军歌剧院举行五周年庆典演出。5月16日的“嘻哈包袱铺与它的朋友们”专场演出邀请了鞠萍、严艺丹、延参法师，“开心麻花”“爱笑会议室”的喜剧明星，青年京剧演员谭正岩，脑浊乐队等众多明星以非相声表演形式登台。5月18日，嘻哈包袱铺的演员们举办的是一台相声新作品专场。

（丁　琳）

【四大名嘴端午话北京】 6月11日，为纪念北京建都860周年，由李伟建策划，梅兰芳大剧院和北京笑动百华文化传媒有限公司共同出品的“四大名嘴端午话北京”在梅兰芳大剧院演出。此次演出集结了李伟健、方清平、王玥波、纪连海四位土生土长的北京人，他们以相声、评书、脱口秀等形式为观众献上一台极具北京特色的原创节目。演出以北京悠久的历史文化特色为主题，通过语言艺术展示老北京的风土人情和新北京的发展变化。同时一些北京老艺人还登台表演了叫卖声等节目。

（丁　琳）

【嘻哈包袱铺相声专场】 7月5日、7月7日，嘻哈包袱铺在北京保利剧院举办了两场相声专场演出。7月5日的相声专场，高晓攀与搭档尤宪超合作上演了多个原创段子，通过串联一些社会热点娱乐事件，为观众讲述一群当代青年追求相声梦的爆笑经历。相声名家李增瑞登台助阵。此外，演出中还上演了《日本戏》《感恩》等7个风格迥异、不同题材的化装相声作品。7月7日，嘻哈包袱铺相声专场，作品内容以“攀比”“旅游”“北京出行”“谈恋爱”“职场”等为主题，跟现代观众的生活结合更紧密。

（丁　琳）

【“骆韵百年”鼓曲演出】 7月6日，由北京青春国粹联盟举办的“骆韵百年”鼓曲演出在梨园剧场举办。骆玉笙的弟子刘春爱、王冠丽、李想等登台献艺，演出了《七星灯》《剑阁闻铃》《伯牙摔琴》等曲目。姚雪芬、种玉杰、籍薇、刘秀梅等参加演出，分别演唱了铁片大鼓《太公卖面》、京韵大鼓《博望坡》、梅花大鼓《钗头凤》和单弦《鞭打芦花》等曲目。

（丁　琳）

【曲艺演员走进东城社区】 9月17日，由东城区文委主办，东城区第二文化馆和快板沙龙联合承办的东城区“送欢笑进社区系列文化活动”在东城区第二文化馆举行演出。快板书演员梁厚民表演了快板书《人间真情》，老演员莫歧跟他的搭档李世儒表演了双簧《人间百态》。另外，还有群板表演《快板沙龙我的家》、魔术《幻影》、口技手影戏《动物世界》等。

（丁　琳）

【《红楼梦》鼓曲荟萃专场演出】 9月18日，由西城区文委、西城区文化馆、西城区曲协联合主办的“清韵流芳——《红楼梦》鼓曲荟萃”专场演出在西城区文化馆举办。天津单弦演员刘秀梅表演了《怒打宝玉》，杨菲演唱了梅花大鼓《黛玉葬花》，种玉杰演出了京韵大鼓《双玉听琴》，北京曲艺家协会副主席崔琦和青年相声演员何云伟合说了相声《红楼百科》。

（丁　琳）

捐赠、义演

【乐活卉举办赈灾义演】 5月1日，相声表演团体乐活卉在天乐园大戏楼举办赈灾首演。乐活卉的演员演出了多段相声，演出节目的所得票款通过中国青少年发展基金会“爱心衣橱基金”全部捐赠给雅安地震灾区。

（丁　琳）

【曲艺名家园博园演出】 8月3日，由北京市文联主办的首都艺术家走基层系列演出走进了北京园博会，由老中青三代曲艺家组成的20余人的演出队伍，用相声、单弦联唱、快板等不同形式反映了“中国梦、百姓梦”。此次演出的作品都是曲协为“中国梦”特别创作的，其中包括崔琦为本次演出特意改编的单弦联唱《北京人儿》。青年相声演员应宁、王磊，老艺术家常贵田、王佩元，李金斗和弟子付强的分别表演了紧贴时代的相声作品。

（丁　琳）

会　　议

【北京曲艺传承基础工作恳谈会】 3月29日，北京曲艺传承基础工作恳谈会在市文联会议室召开。赵玉明、马玉萍、马增蕙、孙鸿宴、张蕴华等各曲种代表性人物、伴奏员、曲艺理论家、评论家及长期从事曲艺培训工作的艺术家出席了会议。与会人员针对北京曲艺发展现状、京城曲艺培训情况等问题进行了研讨，并提出了一些建议。

（丁　琳）

【北京曲协2013新会员见面会】 4月25日，北京曲协2013新会员见面会在市文联会议室召开。会议由曲协副主席崔琦主持，来自京城各行各业，分别从事相声、快板、鼓曲、山东快书等曲种表演及创作的近70名曲协新会员参加了会议。

（丁　琳）

【北京曲艺教材及从业标准编纂工作会议】 5月14日、29日，北京曲艺教材及从业标准编纂工作碰头会在市文联会议室召开，北京琴书、单弦、相声、快板、京韵大鼓等曲种代表人物参加。北京曲协副主席崔琦、李伟建以及张文甫、崔维克、张硕、孙靖等人及曲艺研究者蒋慧明参加了会议。

（丁　琳）

赛事、奖项

【2013优秀剧本及曲艺作品征集评选发表推介系列活动】 1月～12月，北京市文联面向全国开展优秀剧本及曲艺作品征集评选发表推介活动。此次活动旨在积极为广大文艺家、文艺工作者和文艺爱好者提供服务平台，发现推出优秀作品与文艺人才，并通过宣传推介活动，扩大影响，保护版权，促进成果转化，丰富首都银屏及舞台呈现，为群众提供更多、更好的文艺精品力作。推介活动分宣传准备、征集、评选、发表、确

定优秀剧本（作品）和成果转化共6个阶段。整个活动收集并整理的曲艺作品193部，分别来自18个省市，其中，相声类103篇，鼓曲唱词类29篇，快板、快书类28篇，小品类30篇，其他类3篇。经过专家的评选，最终入围作品30部，其中优秀作品10部。北京市文联于12月15日～19日，举办了首届剧本及曲艺作品推介会，来自国内外的2000余部剧本（含电影、电视、戏剧、舞剧剧本）及曲艺作品参加此次推介。其中既包括北京市文联历年征集来的剧本及作品，也包括征集之外收集到的北京地区和国内外符合条件的剧本及作品。

（丁　琳）

【第四届北京青年相声节】　10月9日～27日，由北京市文联、北京曲协主办的“第四届北京青年相声节”在北京举办。本次活动共分为“传统相声邀请赛”、“崔琦·相声三字经”专题讲座、“相声教育家马贵荣教学成果展示”等。其中传统相声邀请赛是首次列入青年相声节的活动，此次比赛的目的是为了正本清源，维护相声艺术的本真性，继承北京相声清新、儒雅的艺术风格，比赛分为预选赛和决赛两部分，来自北京周末相声俱乐部、星夜相声会馆、嘻哈包袱铺、鸣乐汇、乐丰斋、大逗相声、笑动百华相声剧场、广笑堂、乐活卉等十多个相声团队的近70对演员演绎了60多段传统作品。10月9日～11日举办的决赛中，老艺术家赵连甲、常贵田、刘洪沂、李立山、常祥霖、李增瑞、崔琦担任评委，43对青年相声演员演出了精彩节目。《相声三字经》是崔琦为便于更多的相声从业者了解相声的基本知识和基本规律而编写的一本相声小百科全书。“相声教育家马贵荣教学成果展示”活动，展示了马贵荣近30年在青少年相声教育工作中的成果。10月25日，举办了应宁、王玥波专场演出。10月26日，特邀请湖南、天津、上海、陕西等地的优秀演员与北京演员同台进行展示演出。10月27日，在民族宫大戏院举办本届青年相声节传统相声邀请赛颁奖典礼暨名家展演活动。由李金斗、王文林、李伯祥、杜国芝、常贵田、王佩元、王谦祥、李增瑞等京津相声名家与获奖青年演员刘金霏、陈曦、李宽、杨凯同台演出。

第四届北京青年相声节颁奖典礼

（丁　琳）

【2013曲艺（相声）新作品展演】　11月18日～2014年1月18日，“笑语欢歌中国梦——2013北京曲艺（相声）新作品展演”在北京举办。展演由北京市文化局主办，中国广播艺术团、北京曲艺团、周末相声俱乐部、嘻哈包袱铺等国有、民营团体参演。展演期间共有九台原创曲艺作品陆续在中国评剧院和东城、西城、丰台、石景山等区文化馆剧场上演，艺术家们还深入北京郊县的社区、部队、学校、厂矿，进行公益演出。

（丁　琳）

交　流

【相声瓦舍进京演出】　1月18日～20日，台湾相声表演团体相声瓦舍在北京保利剧院演出了赖声川的“相声系列”第七部作品《那一夜，在旅途中说相声》。作品讲述一个制作公司的前总裁和一个辞职的红牌导游在南太平洋小岛上相遇，无聊又无奈地聊各自的旅行经验及生活体会。编剧、导演赖声川，主演冯翊纲、屈中恒。

（丁　琳）

【中国曲协代表团赴加拿大交流访问】　2月11～19日，由中国曲艺家协会主席、中国文学艺术基金会副理事长兼秘书长姜昆，中国曲协分党组副书记刁惠香率领的中国曲协代表团一行11人，应加拿大中国文化促进会和中国专业人士协会的邀请，分赴加拿大温哥华市及多伦多市进行交流访问。2月15日和17日，代表团还分别在温哥华列治文河石剧场与多伦多中华文化中心剧院内举办了两场演出。代表团成员姜昆和中国广播艺术团相声演员戴志诚、郑健，二炮文工团青年相声演员周炜，喜剧小品演员刘全和、刘全利，天津相声演员赵津生以及湖南相声新秀朱少宇、张露曦等登台献艺，代表团为海外华侨、华人送上了饱含深情的新春祝福。

（丁　琳）

【中国曲协赴韩国交流】　4月5日~11日，应首尔中国文化中心邀请，中国曲艺家协会主席姜昆率团赴韩国交流访问。访韩期间，艺术家们分别在首尔中国文化中心、韩国外国语大学做了主题为“中国传统曲艺艺术”的专题讲座，并于4月7日在韩国南怡岛与韩国说唱团体联合进行了一场文艺演出。

（丁　琳）

【李梓庭、孟令一相声专场演出】4月6日，嘻哈包袱铺邀请天津市曲艺团青年相声队的演员李梓庭和孟令一，在9剧场举办个人专场演出，为北京的观众奉献了具有浓厚地域特征的天津相声专场。节目有李梓庭等演唱的京东大鼓《劝人方》，孟令一等表演的快书《武松赶会》，李梓庭、孟令一合说的相声《爱在2013》《学四省》，李梓庭、王世勇合说的相声《山东二簧》，魏文华、刘磊合说的相声《黄鹤楼》，高晓攀、尤宪超合说的相声《三节拜花巷》等。

（丁　琳）

【中国曲协艺术团赴新加坡访问交流演出】　4月25日~29日，应新加坡直落布兰雅和拉丁马士民众俱乐部邀请，以闫淑平为团长的中国曲艺家协会艺术团一行14人到新加坡访问交流，并于4月27日~28日，在新加坡大会堂举办了中国曲艺精品汇演。刘全利、刘全和表演了《橱窗模特》《小鸟与蜜蜂》《乘火车》等小品节目，刘颖、浩南表演了《说唱双截棍》《教你模仿》等相声，李世儒表演了快板《许愿井》，王政、吕嘉强演出了传统相声《学京剧》等。访问期间，中国曲协代表团成员还就“中、新文化现状”“中国曲艺精品汇演活动未来拓展”“构建中、新曲艺交流”“艺术探讨大平台”等话题与当地俱乐部、社团负责人等展开了交流。

（丁　琳）

【鼓曲钟声专场演唱会】　6月1日，喜荣归——鼓曲钟声专场演唱会在青蓝剧场演出。该场演出是由北京市曲艺团原西河大鼓演员钟声（原名钟喜荣）担纲的个人演唱会。她曾就读于北京艺校，毕业后就职于北京市曲艺团，曾与关学曾、李金斗、张蕴华等同台演出。2000年旅居法国。此次演唱会她表演了单弦《游春》，大鼓书《英台哭坟》，歌曲《前门情思大碗茶》和京剧《杜鹃山》等不同艺术形式的节目。

（丁　琳）

【中国曲协代表团赴蒙古国交流访问】　8月8日~12日，以中国曲协主席姜昆为团长的中国曲协代表团一行8人赴蒙古国乌兰巴托交流访问，对蒙古国说唱艺术的历史、发展状况等进行了解和考察。这是中国曲协历年来派出的第一个访蒙代表团，也是继日本、韩国之后，由中国文学艺术基金会、中国曲协共同实施的《东北亚说唱艺术散论》项目研修小组访问的第三站。8月8日，中国曲协代表团在蒙古国国立文化艺术大学，拜访有关方面专家和艺术家，该校校长索宁陶格斯热情接待了代表团一行。索宁陶格斯向曲协方面介绍了该校的基本情况，双方就下一步交流的目标、方向、方式等达成了初步共识。8月9日，中蒙两国曲艺交流座谈会在乌兰巴托宾馆举行。姜昆、刁惠香、中国驻蒙古国大使馆文化参赞魏宏胜、蒙古国内蒙古经济文化促进会会长刘巴特尔、中国作曲家恩克巴雅尔、蒙古国作曲家赞沁诺日布等中蒙两国文化艺术界人士参加了交流座谈。座谈会上，中蒙艺术家就中蒙说唱艺术的历史源流、传承方式、艺术特色、保护发展等相关问题，特别是蒙古族英雄史诗的传承、蒙古国喜剧小品的发展等展开了讨论，同时也就中蒙曲艺界未来合作交流提出了意见和建议。代表团访问期间，还观摩了蒙古国传统艺术演出。

（丁　琳）

【中国曲艺艺术团赴德国、丹麦交流】　8月21日~31日，应柏林中国文化中心和旅丹华人专业人士协会的邀请，以中国文联副主席夏潮为团长，中国曲协主席姜昆为艺术顾问，中国曲协分党组书记、主会副主席董耀鹏为秘书长的中国曲艺艺术团一行11人赴德国和丹麦进行交流访问，并在柏林、汉堡和哥本哈根举办了三场中国曲艺专场演出。访问期间，董耀鹏与柏林中国文化中心主任陈建阳等进行会晤，双方就今后将巴黎中国曲艺节的模式搬到柏林，举办柏林中国曲艺节的想法达成了共识，双方拟定于2014年在柏林举办第一届柏林中国曲艺节。在活动方式上，借鉴巴黎中国曲艺节的成功经验，即讲座和演出相结合、展示与评奖相结合，面向德国观众宣传推介中国曲艺。

（丁　琳）

【中国曲协赴新西兰演出】　9月15日，以中国曲协理事、中国广播艺术团说唱团团长刘全利为团长的中国曲协艺术团一行12人，应新西兰七彩中国文化传媒集团的邀请，赴新西兰在奥克兰市中心Aotea Center的ASB剧场举办了一场“庆中秋、迎国庆”的专场演出活动。参加演出的有中国广播艺术团刘全和、刘全利、殷秀梅、魏金栋、郑健，二炮文工团的周炜，中国铁路文工团的陈寒柏、王敏等。

（丁 琳）

纪 念

【纪念王长友100周年诞辰研讨会】 1月25日，纪念王文友100周年诞辰研讨会在北京市文联六层会议室举行。来自各地的20多位相声名家，以及专家、学者、王长友的亲属，共话相声名师王长友的相声人生。王长友作为享誉全国的一代相声大家，在相声界素有“相声仓库”“相声篓子”美称。在相声教育方面，他先后培养了赵振铎、李金斗、王谦祥、李增瑞等名家。在追思王文友相声成就的同时，与会者也谈到了相声的现状和今后的发展方向。

（丁 琳）

【相声名家新春晚会】 1月26日，“相声名家新春晚会——纪念著名相声艺术家王长友先生诞辰100周年”在中山公园音乐堂举行。姜昆、师胜杰、李金斗、李伯祥、常贵田、石富宽、王谦祥、魏文华、孟凡贵、刘洪沂、李嘉存、李增瑞、王佩元、杜国芝、戴志诚、康松广、寇更杰等参加演出，王长友的长子、相声名家王文林也加盟了当晚的演出。晚会中，康松广、寇更杰演出了《笑口常开》，刘洪沂、李嘉存合作了《智取威虎山》，魏文华、孟凡贵演出了《杂学唱》，常贵田、王佩元演出了《高人一头的人》，王谦祥、李增瑞合说了《三家店》，姜昆、戴志诚演出了《八扇屏》，李伯祥、杜国芝合说了《周游世界》，师胜杰、石富宽合说了《南腔北调》，李金斗、王文林合作了《汾河湾》。

（丁 琳）

【纪念连阔如110周年诞辰座谈会】 8月7日，为回顾和缅怀连阔如的艺术道路及人生轨迹，梳理和探讨连阔如在评书艺术领域的丰硕成果与宝贵经验，中国曲协、北京市文联、中华书局、北京市“非遗”保护中心、东城区文委、西城区文委在北京联合举办了“纪念连阔如先生诞辰110周年座谈会”。会上，中国曲协主席姜昆，作家苏叔阳，评书表演艺术家田连元，中国出版集团副总裁李岩，《北京日报》主任记者、《醒目惊天连阔如》作者彭俐，连阔如之女连丽如分别发言，畅谈了他们心目中的连阔如。欧阳中石、谭元寿、蓝天野、爱新觉罗·启骧、阎崇年、马未都、陈涌泉、常贵田、师胜杰、李立山、瞿弦和、李滨声等180余位文艺界知名人士，以及刁惠香、曲华江、李金斗、徐俊等有关单位负责人参加了座谈会。

（丁 琳）

【纪念连阔如110周年诞辰专场演出】 8月16日，为纪念评书表演艺术家连阔如110周年诞辰，连派评书与京剧合作专场演出在梅兰芳大剧院举行。此次合作与以往最大的不同是，评书与京剧不再只是相互穿插演出，而是让说书人与京剧演员同台，在一问一答间解析人物。演出首先播放了两分钟连阔如评书的精彩片段，演出中，曲艺演员连丽如、李菁、王玥波，京剧演员孟广禄、杨少鹏、王佩瑜等先后上台用评书、京剧两种方式评述三国这段历史。

（丁 琳）

【庆祝周末相声俱乐部500期专场演出】 8月31日，庆祝周末相声俱乐部500期专场演出在东城区第一文化馆风尚剧场举行。贾仑、连春建表演了相声《说说唱唱》，康松广、王辅庭演出了相声《上网须知》，刘庆福、王文安表演了相声《改行》，李伟健、武宾表演了相声《出租司机》，李金斗、方清平演出了相声《绕口令》等节目。

（丁 琳）

周末相声俱乐部500期专场演出

探索与研究

【相声小品创作研讨会】　10月16日，中国曲协召开相声小品创作研讨会，各地曲协、曲艺创作团体、曲艺艺术家代表参加了会议，共同总结相声小品创演经验，研究新媒体境遇下相声小品创作的困境与突围之法。针对目前小剧场相声异军突起、网络段子冲击传统曲艺创作、精品佳作严重匮乏、曲艺人才“青黄不接”等现状，中国曲协主席姜昆提出了“两破（破常规、破俗套）三求（求选材、求角度、求新意）一集中（集中创作）”的目标，倡导曲艺创新，推出一批“在社会上传得开、在群众中记得住、在艺术界叫得响、在历史上留得下的优秀作品”。中国曲协驻会副主席董耀鹏也表示，希望曲艺家研究发展中存在的问题以及如何加强引导，提高相声小品创演水平、培养推出优秀曲艺人才。

（丁　琳）

【第三届中国曲艺高峰论坛】　10月23日~24日，由中国曲协、浙江省绍兴县人民政府主办的第三届中国曲艺高峰（柯桥）论坛在浙江省绍兴县柯桥镇举办。来自全国曲艺界的专家、学者汇聚一堂，围绕“曲艺：自觉与自信”这一主题，就曲艺创作创新的途径和方法、经营性曲艺发展、文化体制改革与曲艺、现实题材与曲艺创作等话题展开了深入探讨。大家表示，曲艺艺术的传承与传播方式在今天已经有了很大的变化，人们接触曲艺艺术可以直接从各种文本中了解与体验，但曲艺人才的培养，口传心授依旧是重要一环。作为地方的文化、方言的艺术、群体的生活，任何一种曲艺的繁荣都是以充分体现其乡土味、方言味为特色，所以，将曲艺还归地方，还归于民，而非拔苗助长式地让曲艺进城，才是繁荣曲艺更合理、更长效的做法。本届论坛共收到论文近60篇，张颐武受邀做主旨发言。孙立生、陈爽、岳永逸、周锡山、张祖健、胡磊蕾、刘雷等专家、学者分别做了主题发言。

（丁　琳）

【常德鼓书传承发展学术研讨会在京举办】　10月26日~28日，由中国艺术研究院曲艺研究所、湖南省文化厅等联合主办的湖南常德鼓书进京学术观摩展演及常德鼓书传承发展学术研讨会在京举办。来自常德的30余名艺术家携孝鼓作品《传承》、渔鼓作品《武松打闹观音堂》等6个曲种的13个节目在中国艺术研究院、北京大学、中国音乐学院等进行了学术观摩展演。在10月26日下午举行的常德鼓书传承发展学术研讨会上，中国曲艺家协会名誉主席罗扬、中国文联副主席刘兰芳等专家、学者40余人，围绕常德鼓书的发展历程、艺术特色、传承经验等进行了研讨。

（丁　琳）

培训、传承

【北京曲艺传承基础工作恳谈会】　3月29日，北京曲艺传承基础工作恳谈会在市文联会议室召开。赵玉明、马玉萍、马增蕙、孙鸿宴、张蕴华等各曲种的演员和伴奏员、曲艺理论家、评论家及长期从事曲艺培训工作的艺术家出席了会议。与会者针对北京曲艺发展现状、京城曲艺培训情况等问题进行研讨，提出了一些有益的建议。

（张燕鹰）

【常宝华收徒高洪胜】　4月6日，相声表演艺术家常宝华收徒仪式在北京举行。83岁的常宝华正式收山东快书传人、高元钧之子高洪胜为徒，田连元、常贵田等曲艺名家赶往祝贺。常宝华告诫徒弟“要好好说相声，多说好相声”。按照以往曲艺界的规矩，收徒拜师仪式都要有引、保、代三位见证人。由于常宝华、高洪胜师徒二人都在海政文工团工作，因此高洪胜以“敬军礼”代替了传统的磕头礼，属于新事新办。当天的拜师仪式由李金斗主持。

（丁　琳）

【李春华收徒安子元】　4月16日，快板名家李春华收徒仪式在北京举行，安了元成为高派快板书的首位女传人。相声名家李伯祥、梁厚民、石富宽分别担任引师、保师、代师。李春华告诫女徒弟学习快板书的同时也不能忘了文化课。高中生安子元刚满16岁，曾是2011年央视“我要上春晚”特别节目的人气王，也是北京曲协最年轻的会员。

（丁　琳）

【赵国祝收徒仪式】　5月25日，北京快板沙龙副秘书长赵国祝收徒仪式在金昌盛酒店举行。本次赵国祝共收栾小宇、黄敏骢、祝龙、王玥、白日星、高宇、阚文轩、武杰八人为徒，王文长、王素明、王岩分别担任引师、保师、代师。王印权、陈涌泉、刘兰芳、李增瑞、梁厚民、张志宽、李立山、张文甫、张长来、周见崙等曲艺表演艺术家出席了仪式。

（丁　琳）

【曲艺大课堂系列活动】　5月31日，曲艺大课堂活动在东城区教育研修院举办，30余位东城区的音乐教师参加了进修。活动当天由崔琦老师讲解，青年曲艺演员何丹、赵润启现场示范演唱。此后的8月至11月的每个周六均在市文联会议室开设“鼓曲培训班”，由张蕴华、翟静婉、孙鸿宴、马小祥、白金鑫等担任主讲老师，为学员们讲解鼓曲知识。9月29日，赵连甲主讲的相声讲座在市文联会议室举办。他为30多名青年相声演员讲述了传统相声表演技巧，并传授了相声表演经验。

（丁 琳）

【杨永恩收徒】 5月，来自甘肃的裕固族原生态风格民歌手塔拉吉斯正式在快乐源农庄拜曲艺演员、西河大鼓传承人杨永恩为师，学习西河大鼓。杨永恩是西河大鼓名家白建章的徒弟，曾代表中国曲艺界赴美演出。中国曲艺家协会、铁路文工团、二炮文工团的领导、艺术家们出席了仪式。

（丁 琳）

【康有纯收徒】 6月16日，康有纯收徒、李涵拜师活动在东湖别墅举行，李红军、李菁、李增瑞分别担任引师、保师、代师。康有纯率李涵向王学义的大人行礼，并向高凤山、王学义遗像鞠躬后，李涵向师父、师娘行传统的叩拜大礼并互赠礼物。高凤山之子高学谦、高学柱及高凤山的弟子李世明、梁厚民、石富宽、张长来以及康有纯的师兄弟到场祝贺。陈涌泉、史文惠、马魁尧、王文友、王玉兰、王文长等艺术家出席活动。北京歌舞剧院总经理赵丽华，北京曲艺团团长王跃明应邀出席。

（丁 琳）

【中国曲协与北京高校签署曲艺人才培养协议】 7月18日，中国曲协与北京城市学院就曲艺人才培养事宜签署合作协议。双方协定共同探索具有创新精神、高层次、应用型曲艺高级人才的培养途径，坚持现代高等教育与师徒传承的传统培养方式相结合的特色，满足当前社会发展的实际需求，推动曲艺事业的繁荣发展。根据协议，中国曲协方面负责向教育管理部门申报曲艺表演专业本科招生计划、招生名额，负责办学教学和学生管理，起草曲艺表演专业的教学大纲与教学计划；北京城市学院方面主要负责招生宣传、专业测试和学生录取、学生培养工作，为曲艺表演专业学生创造实习条件、提供展示平台，做好毕业生就业推介工作。

（丁 琳）

【连派评书收徒仪式】 8月7日，纪念连阔如先生110周年诞辰暨连派评书收徒仪式在国际饭店会议中心举行。连丽如收北京戏曲艺术职业学院影视表演系女教师张怡为徒，这是连丽如收下的首位女徒弟。欧阳中石、谭元寿、蓝天野、苏叔阳、姜昆、李金斗、阎崇年、马未都、田连元、爱新觉罗·启骧等前往道贺。李菁也在现场收张硕为徒。仪式后，中华书局发布了特别印刷的精装本《江湖丛谈》《东汉演义》《卅六英雄》和《惊天醒木连阔如》。

（丁 琳）

【奇志收徒】 9月11日，相声演员奇志收徒仪式在北京举行，刘际、陈寒柏和李金斗分别担任引师、保师、代师。奇志当天收主旋、王金明、张伟等十人为徒，其中最小的年仅十岁，还有两位女徒弟。刘兰芳、侯耀华、常贵田、李金斗、刘洪沂、李国胜、李嘉存等出席仪式。

（丁 琳）

【李春华收徒】 11月9日，快板演员李春华收徒仪式在北海公园举行，王文林、李金斗、梁厚民分别担任引师、保师、带师。李春华当日收王科、孟媛、李嘉洋、孙嘉鑫等13人为徒，金京华、李春熠两位义子也正式叩头拜师。

（丁 琳）

【梁厚民收徒梁天】 11月22日，在姜昆、李金斗的见证下，54岁的影视演员梁天拜73岁的快板书表演艺术家梁厚民为师，成为梁厚民的关门弟子。拜师仪式上，梁厚民的18位徒弟悉数到场。梁厚民赠送给梁天一副亲手制作的快板。梁天表示，拜师不是为了跨界说快板，而是为从小就挚爱的快板书做一些事，希望能利用自己的影视特长拍摄快板儿书的专题片、纪录片，保护这门快要消失的传统艺术。最后，梁天和师父合说了一小段《劫刑车》。

（丁 琳）

出 版 物

【《一代相声名师王长友》出版发行】 1月25日，在北京市文联、北京曲协主办的纪念相声名师王长友诞辰100周年研讨会上，由姚振声编著，学苑出版社出版的《一代相声名师王长友》一书正式发行。该书分为上中下三篇，主要讲述了王长友的身世、学艺经历以及他的舞台表演技巧和教学经验等。

（丁 琳）

【《过得刚好》】 6月，《过得刚好》由北京联合出版公司出版，作者郭德纲。本书原名《人在江湖》，后改为《过得刚好》，是郭德纲对其四十年江湖生涯的记述。

（丁 琳）

【《东汉演义》（典藏本）】 7月日，《东汉演义》（典藏本）由中华书局出版。该书文本是最初连载于20世纪30年代的《立言画刊》上的连阔如口述本《东汉》。该书主要讲述了西汉末年王莽篡位后，汉室后裔刘秀率领三十六员云台大将兴兵讨莽，攻关斩将，恢复汉室天下；后来更始帝即位，奸臣暗害刘秀，光武帝二次中兴汉室的故事。此次由连阔如之女连丽如修订整理的文本，基本保持了作品原貌。

（丁　琳）

杂技　魔术

2013年，北京杂技、魔术艺术依然在全国走在前列。

2013年，北京杂技作品在艺术上开拓创新，努力诠释中国梦的精神内涵，取得了丰厚成果。中国杂技团原创剧《金小丑的梦》展现了中国杂技人昂扬奋进的精神风貌和不懈努力地追梦历程，艺术地诠释了“中国梦”的主题以及人类自强不息、开拓创新的文化内涵。中国杂技团的作品《协奏·黑白狂想——男子技巧》以钢琴的黑白世界为创意点，打破传统的杂技表演模式，颠覆性的运用芭蕾展现方式与杂技技巧的完美融合，为首都杂技艺术的创新发展历程增添了亮丽的色彩。

2013年，北京地区选派优秀杂技节目参加国际、国内比赛，并取得了优异成绩。中国杂技团《圣斗——地圈》和《俏花旦·空竹》两个节目共同荣膺第三十七届蒙特卡洛国际马戏节最高奖“金小丑奖”。中国杂协选派优秀杂技节目先后参加了8个国际马戏节的比赛，获得5金2铜的优异成绩，创造了中国杂协选派优秀杂技节目角逐国际赛场的最好成绩。在法国第14届瓦兹河谷国际马戏节上，北京杂技团的《对手蹬人》节目获得“法国兴业银行奖”和“评委会特别奖”。本年度是近年来国内重大杂技比赛最为密集的一年。第十四届中国吴桥国际杂技艺术节、第九届全国杂技（魔术）比赛、第一届中国国际马戏节，三个国家级的重大赛事先后在石家庄、重庆、珠海举办，北京杂技（魔术）界积极参与这些活动，并取得了较好成绩。北京地区魔术赛事如火如荼，第六届两岸四地大学生魔术交流大会、首届北京亚洲大学生魔术交流大会等一系列大型魔术赛事相继举行。这些杂技、魔术比赛和交流活动，对于杂技、魔术向专业化、普及化发展起到了积极的推动作用。

2013年北京地区杂技魔术演出活动频繁，杂技剧《金小丑的梦》开启全球巡演、北京青年魔术师之夜——2013北京昌平“魔术之都”慈善夜、“不能说的秘密”——世界著名近台魔术大师展演系列演出、美国儿童英语互动魔术剧《奇幻魔法学校》等在北京演出。除了商业演出活动外，为普及传统的杂技魔术艺术，北京地区举办了丰富多样的专场演出。北京杂技家协会落实宣传“中国梦”的要求，下基层举办5场“让艺术为中国梦插上腾飞的翅膀——首都艺术家走基层系列演出”演出活动，用观众喜闻乐见的艺术形式宣传“中国梦”，基层单位反响热烈，取得良好的社会效益。由市文联主办，北京杂技家协会承办的“北京文学艺术品展示会”杂技魔术“非遗”专场演出活动，对传统杂技魔术艺术的保护、继承和创新具有积极意义。

2013年，北京地区杂技设施建设有了新的突破性进展，在中国文联的领导统筹和中国杂协主席团的具体指导下，国家大马戏院的筹建工作正在有序展开。国家级表演场所的建设，对杂技事业整体发展、杂技人才培养、推动中国杂技与世界各国文化交流等都意义重大。

2013年，北京地区的杂技魔术交流活动非常活跃。北京杂协积极参加首都艺术家赴西藏自治区、内蒙古自治区、新疆维吾尔自治区等地区进行文化艺术交流的活动。由中国杂技家协会举办的第六届“两岸四地大学生魔术交流大赛”在北京举行，六年来，这项公益赛事的社会影响力越来越大，成为沟通港澳台、弘扬中华民族文化，促进海峡两岸暨香港、澳门大学生文化交流的一项文化品牌活动。由文化部艺术司、北京市文化局等共同举办的中国北京亚洲大学生魔术交流大会在北京举行，为喜爱魔术的大学生和青少年魔术爱好者，提供了一个平等、开放、互动的平台。北京地区杂技与国际杂技界的高层互访日益频繁，中国优秀杂技节目参加重大国际比赛取得了优异成绩，四个国际赛场设立了中国杂协“长城杯”奖项，拓展了对外文化交流的新途径，提升了中国杂技在国际杂技界的影响力，促进了北京地区杂技对外文化交流的深度与广度。

2013年，杂技魔术的理论研究进一步发展，研究的深度和广度都有大幅的提升。中国杂技家协会和中国吴桥国际杂技艺术节组委会共同主办了第八届国际马戏论坛，论坛的议题是“节庆产业与城市发展”，与会者从文化、经济、传统、创新等各个方面探讨了节庆产业与城市发展的关系。《国家大马戏院项目建议书》专家论证会在北京召开，对杂技事业整体发展、杂技人才培养、推动中国杂技与世界各国文化交流等都有重大意义。北京杂技家协会组织“传统魔术的传承与发展”主题研讨会，会议就传统魔术的传承与发展、对古彩戏法的申遗保护、魔术新生力量培养等问题进行了有益的探寻。本年度首都杂技魔术理论研究的进一步深化对杂技魔术的实践具有重要的指导意义。

（王凌雨）

原创杂技剧《金小丑的梦》剧照

节　　目

【原创杂技剧《金小丑的梦》】 3月22日~23日，原创杂技剧《金小丑的梦》在天桥剧场进行首轮演出。该剧分为序“梦”，以及“求梦”“梦幻”“追梦”“圆梦”4幕，展示了中国杂技团为实现夺得“金小丑奖”的梦想所走过的艰难历程。多位主演均为中国杂技团获得蒙特卡洛国际马戏节“金小丑奖”的演员。为了形象展现中国杂技人的追梦历程，演出借鉴了西方传统的叙事方式，洗练深情地讲述了一位当代杂技追梦少年顽强拼搏、克服困难，最终实现“金小丑奖”梦想的故事。演出将中国杂技团经典的地圈、空竹、转碟、摇摆高拐、拍球等杂技技巧巧妙地连贯起来，以情带戏，以情显技，全剧流淌着一种诗意的表达。

（王凌雨）

机　　构

【中国高校魔术社团联谊会】 10月25日，在中国北京亚洲大学生魔术交流大会开幕式上，中国高校魔术社团联谊会揭牌成立。中国高校魔术社团联谊会是在共青团中央、文化部、中国文联、北京市人民政府、中国杂技家协会的指导和支持下，由中国青年报社、北京市昌平区人民政府，面向全国高校魔术类协会与团体发起成立的大学生魔术文化交流平台和非盈利性组织。英文名称为China Alliance of Campus Magic Societies，缩写“CACMS”。联谊会旨在以魔术文化为媒介，促进中国高校魔术社团和青少年魔术爱好者的文化交流，培养青少年魔术人才，开展魔术表演、国际大学生魔术交流等公益活动，推动中国魔术产业起步与发展，搭建中国大学生魔术师和世界交流的平台。联谊会秘书处将通过多种途径整合资源、筹措资金，定期或不定期举办各类魔术交流活动。联谊会秘书处办公地点在中国青年报社和北京市昌平区文化委员会。

（王凌雨）

活　　动

【“姚记之夜·潮商之光——《金小丑的梦》”全球巡演启动】 3月22日，中国杂技团有限公司与上海姚记扑克股份有限公司在北京天桥剧场推出了原创杂技剧《金小丑的梦》，并同时启动《金小丑的梦》全球巡演之旅。为进行全球巡演，该剧除了可满足中国观众的审美需求，同时也面向西方主流观众，以国际化的艺术手法对中国杂技元素进行重新包装，打造能够为西方观众欣赏的杂技剧，以便将中国优秀的杂技艺术引入国际主流演出市场。

（王凌雨）

【“衣之梦·中国梦”专场演出】 7月11日，由北京市文联主办，北京纺织控股责任有限公司、北京杂技家协会联合承办，北京大华天坛服装有限公司协办的“让艺术给中国梦插上腾飞的翅膀”系列演出之“衣之梦·中国梦”专场演出在房山区长阳大华天坛服装有限公司厂区进行。演出形式包括杂技、魔术、曲艺、音乐、舞蹈等。荣获过“金小丑奖”的杂技节目《俏花旦——集体空竹》《肩上芭蕾》和魔术节目《魔环变幻》《钓鱼》等让工人们近距离地领略了杂技、魔术的魅力。市文联党组书记、驻会副主席陈启刚，市文联党组副书记王德新，北京纺织控投有限责任公司和北京大华天坛服装有限公司的领导与大华天坛服装有限公司的千余名员工一同观看了演出。

（王凌雨）

【“卢沟晓月·中国梦”专场演出】 8月13日，由北京市文联主办、北京杂技家协会承办的“卢沟晓月·中国梦”专场演出在红星美凯龙文化广场举办。整场演出以杂技、魔术为主，包括金奖杂技节目《蹬人》和《妙舞炫竹》，魔术节目《钓鱼》《小魔术》及传统节目《变脸》等，此外还有戏曲、相声、歌舞等多种艺术形式节目。千余名卢沟桥社区居民观看了演出。

（王凌雨）

【北京杂技团进校园演出】 月9日，北京市文联率部分首都艺术家走进北京二十中学，举办了“让艺术为中国梦插上腾飞的翅膀”——首都艺术家走基层教师节专场演出，并与全校师生进行联欢。除了音乐演出外，北京杂技团的演员还表演了《瞪人》《快乐的厨房》和魔术节目。二十中学500多名师生观看了演出。

（张燕鹰）

【“中国梦·昌平印象”专场演出】 9月14日，由北京市文联主办，北京杂技家协会承办的“让艺术为中国梦插上腾飞的翅膀”——首都艺术家走基层系列演出之“中国梦·昌平印象”专场演出在昌平区十三陵镇康陵村文化广场举行。节目包括《赛活驴》《四人蹬人》《快乐的厨房》《变脸》和男女口技等杂技、魔术节目，还有“中幡”表演及其他文艺节目。村民们兴致盎然地观看了演出。

（王凌雨）

北京杂技团演员表演杂技《快乐的厨房》

【“北京文学艺术品展示会”杂技魔术“非遗”专场演出】 9月16日，由市文联主办，北京杂技家协会承办的“北京文学艺术品展示会”杂技魔术“非遗”专场演出活动在北京奥林匹克中心广场举行。本次表演以传统“非遗”项目的展示为主，全部演出内容都为传统艺术形式。整场演出由国家级、北京市级和各区级“非遗”项目《口技》《变脸》《天桥中幡》，傅氏幻术《丝巾变幻》《空竹》《古彩戏法》及由传统技艺变化而来的《赛活驴》，小戏法《仙人摘豆》《魔术纸牌》《小魔术》等组成。参加演出的既有中国杂技团有限公司、空政文工团、武警文工团、铁路杂技团等专业团体的表演者，也有金玲艺韵文化艺术中心等民营团体和个体演员。

（王凌雨）

【“中国梦·超越梦想”专场演出】 10月24日，由北京市文联主办，北京杂技家协会承办，北京经济技术开发区工委宣传部、北京经济技术开发区社会发展局协办的“让艺术为中国梦插上腾飞的翅膀”——首都艺术家走基层系列演出之“中国梦·超越梦想”专场演出在北京二中亦庄学校礼堂举办。演出包括刘全和、刘全利的《摄影爱好者》，沈娟表演的《魔术纸牌》，中国杂技团带来的《拍球》和《荷韵·蹬伞》等节目。北京市文联党组副书记王德新、北京经济技术开发区宣传部和开发区社会发展局的领导与北京二中亦庄学校的师生们一起观看了演出。

（王凌雨）

【“北京青年魔术师之夜”——2013北京昌平“魔术之都”慈善夜】 10月26日，由昌平区人民政府和中国青年报社共同发起的“北京青年魔术师之夜”——2013北京昌平“魔术之都”慈善夜在昌平职业学校举行。来自国内外的18名魔术大师同场竞技。晚会分为“指手画脚”“手舞足蹈”“即兴创作”“才艺展示”和“炫技比拼”5个竞技环节。晚会募集到的40950元善款全部捐献给新成立的中国高校魔术社团联谊会，用于该联谊会的公益演出和青年魔术师的发展。

（王凌雨）

【“感·天桥杂技”活动】 10月26日，由天桥演艺区建设指挥部主办的“走近天桥、领略艺境”——“感·天桥杂技”活动在北京杂技剧场（万胜剧场）举行。在活动现场，中国古彩戏法传承人王立民向观众介绍了杂技与天桥的渊源，并现场传授魔术小技巧。北京杂技团演出了地圈、红绸、蹬鼓、双人舞、单手草帽、芭蕾、空竹以及爬杆等杂技节目。

（王凌雨）

赛事与奖项

【中国杂技团两节目获“金小丑”奖】 摩纳哥当地时间1月21日，第37届蒙特卡洛国际马戏节评委会宣布，由中国杂技家协会选送的中国杂技团有限公司的参赛节目《俏花旦·空竹》和《圣斗·地圈》共同荣膺这一赛事的最高荣誉——“金小丑”奖。此次马戏节共有来自俄罗斯、乌克兰、德国、法国、西班牙、朝鲜和中国等20个国家及地区的28个杂技、驯兽节目参赛。

（王凌雨）

【北京杂技团节目法国获奖】 9月27日～28日，法国第14届瓦兹河谷国际马戏节在法国巴黎大区瓦兹河谷省都蒙市举行。中国、意大利、西班牙、捷克、俄罗斯、越南、加拿大等国的杂技和马戏节目参加了本届比赛。加拿大的《男女双人爬杆》获最高奖——“法兰西共和国总统奖”。北京杂技团的杂技节目《对手蹬人》参加了该马戏节，并获得“法国兴业银行奖”和“评委会特别奖”。

（王凌雨）

【中杂节目获得第九届全国杂技比赛金奖】 10月29日～11月2日，第九届全国杂技比赛在重庆举行。参赛的有全国43支队伍、51个杂技和魔术节目、近千名演职员。该项赛事共有6个杂技节目和2个魔术节目获得金奖，8个杂技节目和3个魔术节目获得银奖，2个杂技节目获得评委会特别奖，6个杂技节目和4个魔术节目获得铜奖，以及创新奖、编导奖、表演奖、教师奖、道具设计奖等27个单项奖。中国杂技团有限公司选派的杂技节目《协奏·黑白狂想——男子技巧》获金奖和创新奖。

（王凌雨）

交　　流

【中国杂协代表团赴台交流】 4月24日～30日，中国杂协分党组书记、驻会副主席邵学敏和杂技与魔术杂志社副主编徐秋应邀赴台参加台湾戏曲学院建校56周年的校庆活动，并就中国杂协的杂技交流项目与台湾戏曲学院进行工作商谈。

（王凌雨）

【北京杂技家赴西藏、新疆、内蒙古开展文化援藏（疆）蒙活动】 6月20日～8月24日，市文联党组书记陈启刚率首都文艺家及媒体代表团赴西藏拉萨、新疆和田和内蒙古，开展文化援藏（疆）蒙活动。杂技家们深入7个藏族、维吾尔族、蒙古族群众家庭看望慰问、体验生活和座谈交流。在此次活动中，北京杂技艺术家在西藏演出5场，在新疆演出11场，在内蒙古演出5场。中国杂技团有限公司获第37届蒙特卡洛国际马戏节金奖的杂技节目《俏花旦·集体空竹》《邀月弄影·对手顶》，铁路杂技团的《双人拍球》，魔术师李学义、尹浩以及口技表演者方浩然、变脸演员张奇等先后参加多地多场演出。

（王凌雨）

【第六届“两岸四地大学生魔术交流大会”】 7月12日～14日，大型公益活动“东方电子杯”第六届“两岸四地大学生魔术交流大会”在清华大学举行。来自中国内地和中国香港地区、中国澳门地区、中国台湾地区的100多所高校的大学生参加了此次交流活动。来自香港教育学院、澳门科技大学、台南成功大学、台湾中国文化大学、大连东软信息学院、湖北工业大学、南京理工大学、西南交通大学等24所高校的选手入围总决赛。最终，舞台及近景魔术比赛金奖分别由来自香港专业教育学院的李晓阳，台南成功大学的黄大镕，大连东软信息学院的张昭龙，湖北工业大学的刘鑫资4位同学获得。“东方电子杯”和“博爱之星杯”分别由金奖获得者李晓阳和张昭龙获得。

（王凌雨）

【世界著名近台魔术大师展演】 8月17日～18日，“不能说的秘密Ⅴ——世界著名近台魔术大师展演”在北京保利剧院举办。参加展演的4位近台魔术大师分别是曾获得过国际魔术比赛成年组近台魔术比赛冠军的加拿大的年轻魔术师申林；曾获得伦敦麦克米兰国际魔术大赛冠军，擅长表演铁环、钱币等魔术的日本“魔术神童”舒特·欧嘎瓦；曾获得西班牙全国近台魔术冠军，擅长将幽默与魔术技艺融为一体的西班牙魔术师查哥和曾在国际魔术联盟魔术大会上夺得扑克牌魔术比赛冠军的西班牙魔术师米格·普伽。

（王凌雨）

【芬兰魔术儿童剧《遗失光芒的灯泡头》到京演出】 8月17日~18日，芬兰魔术儿童剧《遗失光芒的灯泡头》在中国儿童剧场上演。该剧讲述了一个发生在丽丽巨大的床头桌上的故事。床头桌上有一部移动电话、一盏台灯和一个装有丽丽照片的相框。有一天，灯泡突然熄灭了，他的好朋友电话卡——那部多功能移动电话帮助他寻找他遗失的光芒，从而引发了一系列神奇的魔术。该剧主演亚内·劳达斯考斯奇一直都活跃于欧洲的魔术戏剧表演，在芬兰国内外享有很高的荣誉。他除了传统的魔术表演之外，还十分善于将戏剧、魔术、小丑表演以及现代高科技融合在表演中。

（王凌雨）

【美国互动魔术剧《奇幻魔法学校》到京演出】 8月24日~25日，美国儿童英语互动魔术剧《奇幻魔法学校》在东方剧院演出。该剧改编自《哈利·波特》系列畅销小说中的部分故事和部分情节，剧本模仿了小说中的霍格沃茨魔法学校背景，小说中提到过的一些魔术技巧经魔术师改编后以自己的表现方式搬上了舞台。该剧是一个互动魔术表演节目，观众就是“魔法学校”的学生，魔术大师阿尼·克罗德纳扮演“魔法学校”的校长。“魔法学校”校长使用简单标准的英语，从而使节目具备了娱乐性和教育性的双重功能。演出中，为协助观众对表演内容的理解，一名中国主持人配合魔术师为台下观众解说和翻译部分演出内容。

（王凌雨）

【湖南杂技小学员进京参观学习】 10月21日~22日，湖南省杂技艺术剧院有限责任公司31名8~14岁的小学员在董事长刘军科的带领下，到北京参观学习。小学员们参观了中国文艺家之家和中国杂技家协会等。并在天地剧场观摩了中国杂技团有限公司演出的杂技剧《天地宝藏》。

（王凌雨）

【2013中国北京亚洲大学生魔术交流大会】 10月25日~27日，由文化部艺术司、北京市文化局、北京市昌平区政府、中国青年报社等共同主办的2013中国北京亚洲大学生魔术交流大会在北京昌平举行。大会内容包括开幕式暨国际魔术大师魔幻秀、近景魔术比赛、舞台魔术比赛、魔术沙龙、“魔幻青春”青年魔术师之夜、中国高校魔术社团联谊会一期培训班暨北京魔术学校教学示范课程研讨，以及闭幕式暨“魔幻青春”主题魔术演出。来自马来西亚、泰国、印度尼西亚、韩国、中国台湾等亚洲多个国家和地区的选手，通过魔术近景组和舞台组的比赛，最终来自亚洲8个国家和地区的20名大学生选手，分获“金长城杯”近景组、舞台组比赛金、银、铜奖、优秀奖和新人奖。其中，来自中国地质大学的钟志达和来自韩国东亚大学的金州贤分别摘得本届魔术交流大会近景魔术组和舞台魔术组桂冠。

（王凌雨）

【相聚北京——2013中外朋友迎新年专场演出】 12月12日，市政府外事办和市政府新闻办联合在天地剧场举办了“相聚北京——2013中外朋友迎新年专场演出”。来自近百个国家和国际组织的驻华使馆外交官、长城友谊奖获奖专家代表及在京工作的外国专家代表、驻京外企代表、驻京境外记者、外国留学生代表等近800名中外友人，应邀观看了中国杂技团的杂技音乐剧《天地宝藏》。

（徐 玲）

【2013刘谦魔术巡回之旅——北京站】 12月18日~22日，2013 DHZZLE刘谦魔术巡回之旅——北京站在北京保利剧院连续演出5场。演出中除了近景魔术之外，还有预言术、悬浮术、逃脱术以及心灵魔术等多种高难度魔术。

（王凌雨）

【中国杂协赴河南濮阳慰问演出】 12月28日，“我们的中国梦——送欢乐下基层”中国文联、中国杂协文艺志愿者服务团到革命老区濮阳，慰问演出在濮阳新建成的水秀国际大剧院举行，演出的节目多为国内、国际获奖节目，包括《俏花旦·集体空竹》《俏花旦·转毯》《天地轮回·生死轮》《追星逐月·流星》《垓下雄风·蹬人》《惊天飞旋·环球飞车》《腾·韵·顶碗》《水的魔力·魔术》等。中国杂协主席边发吉与当地1600余名观众一同观看了演出。

（王凌雨）

研究与评论

【《“二度创作”乃制胜秘诀》】 2月6日，《中国艺术报》发表了题为《“二度创作”乃制胜秘诀》的文章，作者何瑞涓。作者认为，2013年中国杂技屡获金奖的原因在于中国杂协在选送节目后对拟定参赛节目进行了艺术指导与再创作。中国杂协已经与蒙特卡洛马戏节和法国“明日”世界马戏节等数个国际马戏节组委会，在互相理解与信任的基础上，建立了艺术沟通及交流机制。一些杂技节目尚在胚胎中时就会得到关注，在选送之后会与组委会进行沟通，向对方提出或听取对方有针对性的艺术改进意见，确定创作方向，进行再生产和制作。这个过程中国杂协称其为参赛的二度创作。文章建议，中国杂技创作要面向市场，要研究世界马戏发展的趋势。杂技节目要突出观赏性，不能再沿袭传统做法，过分追求技巧难度。只有这样，中国杂技才能不断创造新的辉煌。

（王凌雨）

【《魔术，真的迎来了繁荣期吗》】 3月14日，《人民日报》发表《魔术，真的迎来了繁荣期吗》一文，作者王珏。作者认为，2009年央视春晚上，来自台湾的刘谦以另一种魔术形象引起了亿万人对魔术的重新认识，迅速掀起一阵学魔术、看魔术、解魔术的热潮。是否因此就可以说魔术繁荣期已经到来，情况并非如此。魔术热实际还是魔术解密热、欣赏热，而在魔术创作和表演人才里，拔尖者还很稀少。魔术文化内涵的缺乏，与魔术人才培养和教育的欠缺直接相关。目前，在国内还没有魔术的正规专门学校，魔术培养主要还是依靠师傅带徒弟的方式。我国大陆原创魔术发展很难的原因之一就是时常被抄袭、被“山寨”，连魔术道具都可以被很快盗版。文章呼吁魔术要提升原创力，创造出属于中国自己的科学、科幻和机械相结合的魔术。

（王凌雨）

【《中国杂技不能再去国外“打零工”》】 4月15日，《中国艺术报》发表了题为《中国杂技不能再去国外“打零工”》的文章，作者王春梅。作者认为，中国杂技团《金小丑的梦》是一部以国际化的艺术手法对中国杂技元素进行重新包装的杂技剧，创作初衷是想打破中国杂技长期在国外“打零工”的局面。给别人打工，就意味着主导权掌握在别人的手中，节目内容、演出方式、价格都要由别人决定。节目被任意修改，变得支离破碎，除了人和技术是中国的，内容上完全没有了中国印记。要改变这种状况，杂技人最重要的是树立品牌意识，精心打造拥有我们自主知识产权的杂技产品和中国杂技节目品牌。《金小丑的梦》还在制作阶段时就已经接下了不少海外订单，每场演出定价也创下了中国杂技在海外市场的最高纪录。中国作为杂技大国，拥有充足的杂技资源，所要做的就是如何将这些原材料烹制成一道道杂技大餐，再通过好的营销和运营模式输送到国外，这需要建立一个完整的产业链。

（王凌雨）

【“传统魔术的传承与发展”主题研讨会】 7月12日~13日，由北京杂技家协会、昌平区文委、昌平区教委共同举办的“传统魔术的传承与发展”的主题研讨会在昌平举行。秦鸣晓、王立民、罗秉松、房印庭、沈娟、徐凤美、胡金玲等“非遗”传承人和资深魔术艺术家，以及北京市文联党组副书记王德新、北京杂技家协会秘书长董蕾参加了研讨会。会议就促进传统魔术的整体申遗保护、昌平魔术品牌的打造强化、魔术的发展创新、人才培养等问题进行深入的交流、研讨。

（王凌雨）

【《魔术人才培养：见证奇迹的时刻到了么?》】 10月29日，《中国文化报》发表了《魔术人才培养：见证奇迹的时刻到了么?》的文章，作者陈慧。作者认为，专业艺术人才是推动魔术行业良性发展的中流砥柱。文章论述了专业魔术人才培养的现状。魔术专业缺乏正规教育的情况正在改变，北京电影学院继续教育学院已于2013年4月成立了魔术专业。天津艺术职业学院2013年也在曲艺系首设魔术表演方向，并面向全国招生。除了大专院校外，一些社会力量也在凭借发挥自身优势，积极推进魔术学校的成立。但是存在一些问题：要想设立国家承认学历的专业乃至学校，需要政府部门的大力支持。而成立学校所需具备的场地、资金更需要社会企业与政府的投入。缺少成熟的教材，他们所能做的就是凭借与国外魔术师、魔术学校的良好交流、合作，借鉴其较为成熟的发展模式，编写教材，力图使教材不仅涉及各种魔术技巧，也涵盖魔术的发展历史等方面。全面而专业的教材是魔术成为一门学科的前提。师资缺乏也是问题，目前已有一些专业魔术师在培训一批老师，作为师资的后备力量。毕竟，奇迹不是一天就能够造就的。

（王凌雨）

音　　乐

2013 年北京音乐创作的繁荣，体现在音乐舞台新剧目的大量涌现。一大批歌剧、音乐剧原创剧目的出台，表现出多种经营体制下音乐戏剧生产的繁荣，继续着媒体称为歌剧音乐剧创作“井喷”的势头。中央歌剧院近现代题材歌剧《红帮裁缝》，中国歌剧舞剧院历史题材歌剧《苏武》《天鹅》，中国儿童剧院历史题材少儿音乐剧《岳云》，中国木偶剧院的童话音乐剧《桃花公主》等作品的出品，显示出国有艺术院团的不断增长的创作实力。北大音乐剧研究中心民族音乐剧《大红灯笼》、北大歌剧研究院当代题材歌剧《王选之歌·为你而来》、北京航空航天大学音乐剧《罗阳》等由大学推出的歌剧音乐剧，显示了大专院校创作音乐戏剧能力的不断提高。北京意知尚文化传媒有限公司出品的青春励志音乐剧《纳斯尔丁·阿凡提》、北京国际文化艺术交流公司出品的新歌剧《洛神赋》、北京根华国际文化传媒有限公司出品的神话音乐剧《大梦神猴》、北京开心麻花文化公司出台的音乐剧《爷儿们·叁》等国营、民间文化公司创制的歌剧音乐剧，显示出市场运作条件下，公司制作舞台剧内容形式多样化的势头。

本年度音乐创作繁荣也体现在器乐创作方面。国内经济的发展带来文化投入的进一步增加，委约作品范围进一步扩大。国家大剧院不但通过“青年作曲家计划”向国内优秀青年作曲家委约，也通过“世界环保日”“乐咏中国”等音乐演出项目向世界作曲家委约，征集相关题材的音乐作品，吸引世界一流作曲家参加相关题材的音乐创作。北京音乐创作面向全球开放的做法，已经为更多的音乐活动所采纳。这些举措在繁荣创作的同时，也扩大了中国文化的对外影响力与交流范围，打破了以往只有西方向中国作曲家委约的单一局面。

本年度演出中的国际音乐节、合唱节、北京现代音乐节、北京迷笛音乐节等各类传统、现代、流行样式的音乐演出依然繁荣。上半年的演出以 4 月 27 日在国家大剧院开幕、5 月 30 日结束的第十三届“相约北京”规模为最大，一共举办了 50 场剧场演出、100 场室外演出。从 5 月 1 日 ~25 日，国家大剧院的“5 月音乐节”在院内举办了 19 场音乐会，院外 21 场公益演出活动在京城“花开遍地”，延伸到了福利院、医院、工程院、特教学校等地点。“五一”期间在平谷举办的“2013 北京迷笛音乐节”，三天的演出吸引了上万观众，随后扩展到上海、深圳两地演出。下半年的演出则以金秋十月开幕的“第十六届国际音乐节”为重头戏。

以纪念“威尔第、瓦格纳 200 周年诞辰”为主题的本届国际音乐节推出了一批经典西方歌剧剧目，有中央歌剧院的瓦格纳歌剧《女武神》，国家大剧院出品威尔第歌剧《奥赛罗》《纳布科》《假面舞会》以及“威尔第歌剧唱折子戏”等演出，作品质量均达到新的音乐制作水平。而中央民族乐团演出的苗族歌舞剧《仰欧桑》《印象·国乐》和《泱泱国风》，东方演艺集团的歌舞晚会《水墨中华·雅》则显示出国家院团充分利用传统文化资源，探索新的演出内容与样式，开拓新的演出市场的发展路向，取得较好效果。

日益扩大的国际音乐文化交流带来欧美一流交响乐团的访问演出，美国芝加哥交响乐团作为中美关系解冻首访北京的西方乐团，40 年后再次重访北京，举办专场音乐会并与国交联袂演出。法国广播交响乐团则是第一次访问北京演出。英国、德国、奥地利、俄罗斯等欧洲国家与日本、韩国等亚洲国家一流交响乐团赴北京演出逐渐成为常态性的音乐文化交流。与此同时，中国国家交响乐团 1 月访问美国，北京交响乐团 9 月出访欧洲，不但带去西方经典交响作品，也带去了中国原创新的交响曲目。

（傅显舟）

作　　品

【民族音乐剧《大红灯笼》】 1 月 16 日 ~20 日，由北京大学艺术学院民族音乐与音乐剧研究中心制作，北京恬橙国际文化传播有限公司出品的大型原创民族音乐剧《大红灯笼》在天桥剧场进行首轮演出。作品改编自苏童小说《妻妾成群》，讲述了民国时期的女大学生颂莲因家庭变故，嫁给江南财主陈佐千做四姨太，从而围绕几位太太与陈佐千的儿子所展开的故事。编剧彭峰，导演周映辰，作曲捞仔，主演王丽达、章小敏、汤子星、肖杰等。

（乐　工）

【双语版音乐剧《蝴蝶》】 1月17日～20日，由中国国家话剧院、澳大利亚墨尔本艺术中心、PlayKing制作公司出品的双语音乐剧《蝴蝶》在中国国家话剧院国话剧场上演。音乐剧《蝴蝶》改编自普契尼的歌剧《蝴蝶夫人》，将音乐剧的背景从日本搬到了20世纪30年代的中国上海，讲述中国少女蝴蝶嫁给美国船长平克顿后，独守空闺3载有余而惨遭抛弃，蝴蝶万念俱灰，以自杀了结尘缘的故事。剧中，不同文化背景的演员采用自已母语表演，音乐也采用中西混合风格，伴奏是现场室内乐与电声小乐队的混合，且人偶同台表演。编剧丹尼尔·金，剧本翻译王朝晖，导演彼得·威尔逊，作曲程进，澳大利亚男演员斯科特·阿文和中国女演员王筝分饰男女主人公。

（乐　工）

【国家大剧院版歌剧《奥赛罗》】 4月11日，国家大剧院新制作的威尔第歌剧《奥赛罗》在国家大剧院首演，同时拉开了国家大剧院第五届歌剧节的帷幕。该版歌剧《奥赛罗》由意大利强卡洛·德·莫纳科导演，首演领衔演唱者分别为美国男高音歌唱家弗兰克·博雷塔和中国女高音歌唱家张立萍。

（乐　工）

【童话音乐剧《桃花公主》】 4月27日，由中国木偶剧院出品的大型童话音乐剧《桃花公主》在中国木偶剧院大剧场首演。该剧讲述桃花公主用自己花瓣解救狗尾巴草的故事，是一部以音乐取胜的大型现代舞台剧，贯穿全剧的14首歌曲、舞曲现代时尚、朗朗上口，让观众耳目一新。其中《闻香识花仙子》《阳光》《水分》《空气》《桃花茶》《采撷清香》《我是天生舞蹈家》等绝大多数音乐为原创作品。编剧、导演石学海。

（乐　工）

【交响乐队版《尼伯龙根的指环》】 5月4日，由指挥大师洛林·马泽尔指挥并改编的瓦格纳歌剧巨作《尼伯龙根的指环》的交响乐队版在国家大剧院上演。在马泽尔执棒下，由12位柏林爱乐乐团演奏家和国家大剧院音乐厅管弦乐团共同组成的105人的演出阵容再现了这部瓦格纳歌剧的音乐精髓。

（乐　工）

【歌剧《红帮裁缝》】 5月14日～15日，中央歌剧院与宁波市演艺集团有限公司合作打造的原创歌剧《红帮裁缝》在中央歌剧院剧场进行演出。宁波“红帮裁缝”曾创立了中国服装史上的五个第一：中国第一套西装，第一套中山装，第一家西服店，第一部西服理论专著，第一家西服工艺学校。这部作品以近现代宁波服装业发展史为题材，讲述发生在清末民国初期宁波服装行业红帮与本帮两大帮派之间的互相竞争，以及男女主人公刘天意和阿绣忠贞不渝的爱情故事。该剧由剧作家胡绍祥和中央歌剧院艺术总监俞峰共同编剧，作曲家金湘担任作曲。杨阳、郭橙橙、李想、王海涛、隋晓方、王红等担任主要角色。

（乐　工）

【少儿音乐剧《岳云》】 5月18日，中国儿童艺术剧院新创少儿音乐剧《岳云》在中国儿童剧场首演。作品讲述岳飞长子岳云自幼追随父亲抗金、慷慨赴死的故事。全剧共有40余段乐曲，杂糅各种音乐，既有西方经典音乐剧元素，也有中国特色的传统戏曲元素，再加上说唱大鼓，音乐风格混搭。该剧改编自马少波的同名剧作，编剧王翔、赵宇，导演赵宇，作曲程进，主演赵宇、张薇薇、邓莉、王波文等。

（乐　工）

中央歌剧院在宁波大剧院首演原创歌剧《红帮裁缝》

【国家大剧院版歌剧《纳布科》】 5月22日～26日，国家大剧院的新版威尔第歌剧《纳布科》在国家大剧院演出。此次歌剧由世界三大男高音之一的72岁的普拉西多·多明戈领衔演出。这是多明戈首度登上中国歌剧舞台，也是他职业生涯中首次参演一家亚洲歌剧院制作的歌剧。中国海归歌唱家李晓良同台演出。

（乐　工）

【京味儿音乐剧《骆驼祥子》】 5月23日～31日，由北京曲剧团制作的京味儿音乐剧《骆驼祥子》在天桥剧场上演。该剧是老舍曲剧《骆驼祥子》的“升级版”，在原来复排版的基础上进行了大胆修改，新版本中从表演、台词到舞美设计都增强了“京味儿”元素，变换幕布上出现了前门楼子、臭河沟、老北京街景、破烂的贫民区的影像，展现了那个时代的老北京的色调。音乐采用京剧、曲剧、河北梆子等唱腔，还原地道的传统京味儿。该剧在台湾演出时，被观众称为“京味儿音乐剧”。编剧王新纪，导演张树勇，主演李相岿、卢雪文、郭曾忞。

（乐　工）

【励志音乐剧《纳斯尔丁·阿凡提》】 5月27日～30日，由北京意知尚文化传媒有限公司出品的青春励志音乐剧《纳斯尔丁·阿凡提》在北京世纪剧院进行了首轮演出。该剧以维吾尔族民间传说人物纳斯尔丁·阿凡提为原型，讲述了年轻人凯萨尔从小就崇拜并梦想成为阿凡提，在一位智慧老者的帮助下，用自己的勇气和智慧惩罚了贪婪的巴依老爷和傲慢的王子，最终成为了人们心目中的阿凡提的故事。总编剧王瑜，总导演肖杰，音乐制作刘洲，主演玉米提·帕日哈提、阿云嘎、王婧、孙葛川野、张兰馨、关文庆等。

（乐　工）

【歌剧《苏武》】 6月20日～21日，由中国歌剧舞剧院出品的歌剧《苏武》在北京保利剧院首演。歌剧以交响乐为主体，吸纳并融汇了歌剧、音乐剧、清唱剧和情景剧等元素，从不同侧面生动地刻画了苏武历尽艰辛，留居匈奴19年持节不屈，最终回归故土的心路历程。该剧作曲林戈尔，导演陈子度，主演金郑健、陈小朵。

（乐　工）

【中央歌剧院版歌剧《女武神》】 7月6日，由中央歌剧院制作演出的瓦格纳歌剧《女武神》在国家大剧院首演。这是首次没有欧洲瓦格纳歌手加盟的、全部由中国演员演出的瓦格纳歌剧。女高音阮余群饰演西格蒙德，女高音王威饰演布伦希尔德。《女武神》是瓦格纳四幕连环神剧《尼伯龙根的指环》的第二部，演出时长4个小时。

（乐　工）

【歌舞剧《仰欧桑》】 8月1日，由中央民族乐团、贵州省黔东南州歌舞团联合演出的大型民族管弦乐苗族歌舞剧《仰欧桑》在国家大剧院上演。该剧以仰欧桑与太阳哥一段凄美的爱情故事为内容，展现了苗族祭祀、姊妹节、游方、婚俗、苗年、鼓藏节、酒文化等丰富多彩的民间风俗。编剧韦文扬，作曲唐建平，编舞张建民，指挥许知俊。

（乐　工）

【国家大剧院版歌剧《费加罗的婚礼》】 8月15日～18日，由国家大剧院独立制作的莫扎特歌剧《费加罗的婚礼》首演。该剧由沈洋、黄英、周正中、于冠群领衔演出，国家大剧院管弦乐团、国家大剧院合唱团参加演出。

（乐　工）

【歌剧《天鹅》】 9月6日～7日，中国歌剧舞剧院原创歌剧《天鹅》在北京保利剧院演出。该剧《天鹅》是根据蒙古布里亚特部、巴尔虎部传说创作而成。一位名叫巴尔虎代·巴特尔的猎手，在湖边邂逅了一群天鹅，其中一位少女的衣装被巴尔虎代·巴特尔抱走，使她飞不回天上，所以就与猎手结为夫妻，并生下十一位儿子，这些儿子就成为蒙古布里亚特部、巴尔虎部十一个氏族的源头。作品展现了“天鹅”白嘎丽玛的善良美丽与猎手巴尔虎代的勇敢坚强。编剧克明，作曲乌兰托嘎、张宏光、张帅，主演韩延文、张英席。

（乐　工）

【歌剧《为你而来·王选之歌》】 9月8日～9日，北京大学原创歌剧《为你而来·王选之歌》在北京大学百周年纪念讲堂举办首轮演出。该剧以著名科学家、北大教师、汉字激光照排系统创始人王选为主人公，共分三幕，以王选夫妇的风雨人生为背景，以王选的科研为主线，通过舞台艺术和歌剧魅力抒写了王选的人格与情怀，展现了王选献身科学，淡泊名利，勇于创新，甘于奉献的人生。该剧主创和演出人员全部由北大歌剧研究院师生担任。

（乐　工）

【新歌剧《洛神赋》】 11月14日～17日，新歌剧《洛神赋》在北京保利剧院进行首轮演出。《洛神赋》是三国时期文学家曹植的文学名篇，新歌剧借洛神原型宓妃的传说演绎出一段凄美沉郁的爱情故事，抒发了人类追寻自由和纯洁爱情的美好情感。该剧编剧王海平，导演、作曲周文军，主演李飞。

（乐　工）

【神话音乐剧《大梦神猴》】 11月18日～26日，由北京根华国际文化传媒有限公司出品的大型原创新音乐剧《大梦神猴》在民族文化宫大剧院进行首轮演出。该剧以中国古典小说名著《西游记》中的“大闹天宫”为素材，围绕神猴的一段梦幻经历展开，重新演绎原创名著的经典故事。强烈的嘻哈曲风加上芭蕾舞和街舞元素，让整场演出充满喜剧特色。演员使用中英韩三种语言歌唱，现场用字幕翻译。该剧编剧 James Racheff，导演托尼·史帝麦克，中方导演胡晓庆，作曲 Louis St. Louis，百老汇青年演员阿波罗·莱文在剧中出演猴王。

（乐　工）

【音乐剧《罗阳》】　11 月 25 日，由北京航空航天大学与中国航空工业集团公司共同策划与出品的音乐剧《罗阳》在北航上演。该剧以北航校友、因公殉职的歼－15 战机研制现场总指挥罗阳为原型，以罗阳航空强国梦为主线，诠释了他身上浓厚的航空情怀、国防情怀以及淡泊名利、无私奉献的高贵的品质。导演陈蔚，主演张海庆，北航在校师生参加演出。

（乐　工）

【音乐剧《曹雪芹》】　11 月 26 日～30 日，由北京东方文化资产经营公司出品，北京大学艺术学院民族音乐与音乐剧研究中心制作的大型原创民族音乐剧《曹雪芹》在东方剧院首演。该剧采用“戏中戏”的舞台结构，讲述曹雪芹晚年困顿之中在北京西山黄叶村创作《红楼梦》的经历。编剧旷达，导演周映辰，作曲周雪石，主演汤子星、朱冰贞、肖杰、韩延文等。

（乐　工）

【国家大剧院版歌剧《意大利女郎在阿尔及尔》】　11 月 28 日～12 月 1 日，由国家大剧院制作的罗西尼喜歌剧《意大利女郎在阿尔及尔》在国家大剧院举行首轮演出。导演强卡洛通过夸张的舞美、服饰和表演，以及几句东北口音的幽默台词与本土化的表演处理，将一出经典歌剧转化为时尚歌剧，环形剧场的演出设计更是拉近了观众与演员的距离。意大利和中国演员西尔维亚·贝尔特拉米、恩佐·卡普尔诺、梅杰、石倚洁、杨阳、刘嵩虎等参加了演出。

（乐　工）

【中文版百老汇音乐剧《拜访森林》】　11 月 30 日，中文版百老汇音乐剧《拜访森林》在中央戏剧学院实验剧场首演。音乐剧将格林童话中的《小红帽》《灰姑娘》《杰克与魔豆》《长发姑娘》等故事和人物串联在了一起。编剧詹姆斯·拉派恩，导演汤姆·奥索夫斯基，词、曲斯蒂芬·桑德海姆，中央戏剧学院音乐剧系师生表演。

（乐　工）

【童话音乐剧《公主的盛宴》】　12 月 22 日，由中国对外文化集团公司、北京演艺集团公司、韩国 CJ 集团公司联合出品，亚洲联创制作的童话音乐剧《公主的盛宴》在民族文化宫大剧院首演。该剧讲述的是一个用爱唤醒味蕾的故事：美丽的公主失去了味觉，国王告知天下，谁的美味能够打动公主，就能成为驸马。来自世界各地的厨子展开了一场比“厨”招亲。

（乐　工）

演　出

【国家大剧院周末音乐会五周年庆典音乐会】　1 月 5 日，“交响魔方：国家大剧院周末音乐会五周年庆典音乐会”在国家大剧院音乐厅举行。音乐会上，国家大剧院管弦乐团演出了《平凡人的号角》《老实人序曲》《帕凡误区 Op. 50》《轻骑兵序曲》《e 小调第九交响曲（自新大陆）》等作品。

（乐　工）

【2013 年廖昌永独唱音乐会】　1 月 5 日，由中国音乐家协会和上海音乐学院主办的“中国声音新年问候——2013 年廖昌永独唱音乐会”在人民大会堂举行。中国男中音歌唱家廖昌永与俄罗斯圣彼得堡塔夫里切斯基乐团合作，演唱了《父亲的草原母亲的河》《我们就是中国》《大森林的早晨》等歌曲。

（乐　工）

【北京新春音乐会】　2 月 7 日，由中共北京市委宣传部、共青团北京市委员会、中国国际文化交流中心、北京市青年联合会联合主办的北京新春音乐会在人民大会堂举办。程志、戴玉强、董文华、蔡国庆、韩芝萍、万山红及黄华丽、陈俊华、崔京浩、陈小涛、米线、阿不都拉、阿鲁阿卓、蒋宁、央金、苏大为、张原铭、王树才等演唱了《山丹丹开花红艳艳》《春天的故事》《逛新城》《想亲亲》《桃花红杏花白》《映山红》《北风吹》等歌曲和北京琴书《这里我喜欢》。音乐会除继续以票房收入中的 20 万元资助 60 名贫困大学生学习音乐外，还邀请了部分北京环卫工人和北京市的劳动模范代表到现场观看演出。

（乐　工）

【北京交响乐团 2013 音乐季开幕演出】　2 月 22 日，北京交响乐团 2013 音乐季开幕演出在中山公园音乐堂举办。上半场演奏了郭文景为北交赴伦敦奥运文化周创作的交响序曲《莲花》，旅欧女高音歌唱家和慧演唱了威尔第歌剧《命运之力》中的《安宁，安宁》，

《游吟诗人》中的咏叹调《乘着爱的玫瑰色翅膀》，普契尼歌剧《托斯卡》中的《为艺术，为爱情》，中国歌曲《那就是我》等；下半场演奏了贝多芬的《第七交响曲》。

（乐　工）

【戴玉强与未来“剧”星音乐会】 3月5日，“为你歌唱——戴玉强与未来‘剧’星音乐会”在北京保利剧院上演。此次音乐会完全“不插电”，只有人声和一架钢琴伴奏，连麦克风也不用。音乐会上，戴玉强演唱了普契尼歌剧《托斯卡》中的《奇妙的和谐》，薛皓垠演唱了普契尼歌剧《艺术家的生涯》中的《冰凉的小手》，戴玉强之女戴梓伊演唱了亨德尔歌剧《雷纳多》选段《让我痛哭吧》，以及《费加罗的婚礼》中的《求爱神给我安慰》。戴玉强还与魏松等表演了意大利歌曲联唱，包括《重归苏莲托》《我的太阳》等耳熟能详的名曲。

（乐　工）

【“缤纷玫瑰”音乐会】 3月8日，国际妇女节“缤纷玫瑰”音乐会在国家大剧院举行。此次音乐会由北京交响乐团演奏，演奏曲目有国家大剧院委约首期“青年作曲家计划”前三甲获奖者创作的最新作品：上半场是由陈琳指挥的杜薇的《陨星最后的金色》、刘畅的《蕙质兰心》以及金秋月的《远行》，下半场是由郑小瑛指挥的《边寨音画》《意大利随想曲》等曲目。

（张燕鹰）

【新声首唱会】 3月23日，美妙音乐股份有限公司在万事达中心M空间举办了“新声首唱会”。徐良、汪苏泷、Super131组合以及安心亚等年轻的歌手带来了他们的最新作品。汪苏泷、徐良、Super131组合演唱了《不要睡懒觉》《那时雨》等作品，安心亚带来了新专辑《单身极品》的主打歌《呼吸》，汪苏泷还与安心亚对唱了情歌《有点甜》。

（乐　工）

“怀情思远”清明音乐诗歌朗诵会

【“怀情思远”音乐诗歌朗诵会】 4月3日，市文联、北京音乐家协会在总政军乐团军乐厅共同举办了“怀情思远”音乐诗歌朗诵会。来自各行各业的700多名观众与首都文艺家共同通过音乐诗歌朗诵，寄托清明情思。诗歌朗诵演出的声乐节目有：雪韵女子合唱团演唱的《清明雨》，范晓霞演唱的《白发亲娘》，吴永飞演唱的《父亲》，陈苏威演唱的《怀念战友》《你是这样的人》，吴俐智演唱的《好人别走》《忘不了》以及韩婷演唱的《好人一生平安》《与爱同在》，金秋合唱团和金隅两支合唱团共同演唱《阳光三叠》《沁园春·雪》。朗诵节目有：殷之光朗诵的《老人与海》，杜宁林朗诵的《海棠花祭》，王谓朗诵了他自己创作的诗歌《人生》，海淀区少年宫口才班朗诵的《清明》。

（乐　工）

【2013凤凰传奇演唱会】 4月30日，凤凰传奇在北京工人体育场举办2013凤凰传奇演唱会出。玲花和曾毅等演唱了《心驰神往》《香香》《荷塘月色》《月亮之上》《最炫民族风》等20余首歌曲。

（乐　工）

【褚海辰2013人民大会堂演唱会】 5月11日，山东省临沂市委宣传部和中国国际文化传播中心联合主办“沂蒙女儿——褚海辰2013人民大会堂演唱会”。空政文工团独唱演员褚海辰登台主唱，阎维文、王宏伟、多亮等助阵演出。演唱会分为五大部分，序幕以“沂蒙情”为引子，以沂蒙发展为线索，用“黑白”“红”“绿”“蓝”四种色调，引领观众回顾革命历史，重温沂蒙精神，珍惜今日辉煌，畅想美好未来。

（乐　工）

【中央音乐学院作曲系本科毕业生作品音乐会】 5月15日，2013中央音乐学院作曲系本科毕业生作品音乐会在北京音乐厅举办。音乐会由中央音乐学院指挥系教授、俄罗斯克麦罗沃交响乐团艺术总监林涛及他的两名学生执棒。《面朝大海，春暖花开》《血太阳》《纹》《千里之行》《光斓》《青葱岁月》《彩虹》《未沉寂的启示》《墨意》《假面戏》《昼与夜的光》《道Ⅱ》12首毕业作品依次演奏。

（乐　工）

【“爵士乐与孩子”慈善音乐会】 6月1日，“爵士乐与孩子”慈善音乐会在北京798艺术区的小柯剧场举行。13岁的爵士钢琴少年阿布与他的爵士三重奏乐队为观众们奉献了一场精彩的演出。现场募集的所有善款均用于为山西贫困学校的孩子购买电钢琴。

（乐　工）

【杨曙光“汇梦成歌”师生音乐会】 6月4日，中国音乐学院声歌系教授杨曙光“汇梦成歌”师生音乐会在中国音乐学院国音堂音乐厅举行。音乐会由外国作品、中国作品和音乐剧三个部分组成，杨曙光学生章婷、邓洁琼、代立飞等参加了演出。

（乐　工）

【环保主题音乐会】 6月5日，国家大剧院特别策划举办了一场以环保为主题的音乐会，五位享有国际声誉的当代作曲家受特别委约，全新创作五部交响乐作品，指挥吕嘉执棒国家大剧院管弦乐团，为观众呈现这些当代音乐佳作。英国作曲家瑞秋·波特曼的作品《濒危》，鲁多维科·艾奥迪交响乐《湿地》给人印象深刻。《黑色噪音》《月浪》《群岛之海》则反映了“城市噪音”“海洋石油泄漏”“岛屿沉没”等环境主题。进场的每一位观众，都在入口处拿到了“独一无二”的环保节目单。这2000多份节目单，由3000多名孩子绘制。

（乐　工）

【吴琍智硕士毕业独唱音乐会】 6月5日，中国音乐学院声歌系硕士研究生吴琍智硕士毕业独唱音乐会在中国音乐学院国音堂音乐厅举办。吴琍硕师从中国音乐学院声歌系教授王士魁。音乐会上，吴琍智演唱了《崖畔上酸枣红艳艳》《杠凝眉》《情深谊长》《贵妃醉酒》《白发亲娘》《来生来世把你爱》等曲目，展示了自己的学习成果。

（乐　工）

【中国国家交响乐团与美国费城交响乐团音乐会】 6月6日，中国国家交响乐团与美国费城交响乐团音乐会在国家大剧院音乐厅举办。为了纪念美国费城交响乐团与中国国家交响乐团40年前的首次合作，音乐会上半场由中国国家交响乐团的40名音乐家与美国费城交响乐团的40名音乐家共同演出，下半场则由两个乐团的全体音乐家联袂演出。演出曲目是：贝多芬《普罗米修斯的生民》序曲，华彦钧、吴祖强弦乐合奏《二泉映月》，关峡第一钢琴协奏曲《奠基者》第一乐章及勃拉姆斯第二交响曲。音乐会开始时，还由美国费城交响乐团指挥家唐纳德·尼科斯指挥演奏了中国国歌，中国国家交响乐团首席常任指挥李心草指挥演奏了美国国歌。

（乐　工）

【王潇希硕士毕业独唱音乐会】 6月8日，“妙音希声”——王潇希硕士毕业独唱音乐会在中国音乐学院举办。王潇希师从中国音乐学院声歌系教授赵云红。音乐会上，王潇希先后演唱了中国歌曲《思乡》《摇篮曲》《雁南飞》，外国歌曲《我仍然热爱他》《谁想出了这首歌》《敞开你的心》以及歌剧选段《亲爱的朋友们》《哈巴涅拉舞曲》《哦，我的费尔南多》等曲目，展示了自己的学习成果。

（乐　工）

【端午魂——爱国歌曲大家唱，走进特教学院活动音乐会】 6月8日，“端午魂——爱国歌曲大家唱，走进特教学院音乐会”在北京联合大学特教学院礼堂上演。参加2013北京合唱节的北京金声合唱团、北京职工合唱团、老战友合唱团3支合唱团及第九届中国音乐金钟奖声乐比赛北京地区选拔赛的部分获奖选手们参加演出。音乐会上，合唱团的演员们演唱了《端午魂》《生死不离》《元日》《天路》《在灿烂的阳光下》等合唱歌曲；李君、伊丽媛、郑燕演唱了《亲吻祖国》《美丽心情》等独唱曲。

（乐　工）

【乔军、梁智和朋友们爱心演唱会】 6月19日，由中国传统文化促进会主办的“乔军、梁智和朋友们爱心演唱会”在国家大剧院举行。这场演出以爱心为主线，用歌声呼唤大家积极加入到公益事业中。音乐会演唱了颂扬救助被车辆碾压的2岁的小悦悦的拾荒人陈贤妹和坚守农村小学的安徽女教师王美荣的歌曲《扶起你》《阳光下的守望》。演唱会还演唱了公益歌曲《儿行千里》《黄河船夫曲》《泪蛋蛋抛在沙蒿蒿林》《千古绝唱》《曙色》等歌曲。参加演出的还有王庆爽、王喆、朱之文、楼兰、孔子雯、王姝颖等。演唱会邀请了30名曾参与建设国家大剧院的普通建筑工人现场观看。演唱会得到了二炮文工团，国家大剧院，东方交响乐团的大力支持和中共长春市委宣传部，安徽淮南潘集区委、区政府的公益支持。

（乐　工）

【威尔第歌剧精粹音乐会】 6月23日，中国爱乐乐团2012～2013音乐季闭幕演出——威尔第歌剧精粹音乐会在北京保利剧院举行。女高音张立萍、男高音张建一、男中音袁晨野等参加演出。音乐会演唱了威尔第歌剧《命运的力量》《茶花女》《假面舞会》等歌剧选段独唱、重唱、合唱曲目。

（乐　工）

【“唱支山歌给党听”大型男声交响合唱音乐会】 7月1日，纪念中国共产党建党92周年——“唱支山歌给党听”大型男声交响合唱音乐会在国家大剧院音乐厅举行。中国武警文工团男声合唱团、交响乐团参加演出。音乐会演唱了《十送红军》《周总理，你在哪里》《沁园春·雪》《太阳最红，毛主席最亲》《打靶归来》，以及新创军旅歌曲《当那一天来临》《战士与母亲》等。

（乐　工）

【歌舞晚会“水墨中华·雅”】 8月26日~27日，由中国东方演艺集团打造的大型歌舞晚会“水墨中华·雅”在北京世纪剧院演出。“水墨中华·雅”是中国东方演艺集团继“水墨中华”“水墨中华·风”之后推出的又一台大型歌舞晚会。演出节目有女子群舞《茉莉花开》、男子群舞《水墨天书》等。晚会由交响乐团现场伴奏，指挥顾欣。

（乐　工）

【宋飞·名曲赏析音乐会】 8月30日，纪念华彦钧诞辰120周年——不朽的经典——二胡名家宋飞·名曲赏析音乐会在中山公园音乐堂举办。音乐会上，宋飞演奏了《二泉映月》《大浪淘沙》《汉宫秋月》《阳关三叠》等传统音乐作品。

（乐　工）

【2013北京音乐厅“打开音乐之门”演出季闭幕音乐会】 8月30日，由中国爱乐乐团演出的北京音乐厅“打开音乐之门”演出季闭幕音乐会在北京音乐厅举行。音乐会演出了约翰·施特劳斯歌剧《蝙蝠》的序曲，门德尔松的《g小调第一钢琴协奏曲》，苏克的《童话》，阿涅利的《雀鸟》等。指挥黄屹。

（乐　工）

【中央民族乐团“国风绕梁”音乐会】 9月8日，“国风绕梁”中央民族乐团音乐会在国家大剧院音乐厅举办。音乐会有混声合唱《老北京》、女声独唱《江南谣》、男声合唱《花儿漫高原》、原生态独唱《天下黄河》，也有各族风情的表演唱《敬酒歌》、女声合唱《这山唱那山》、四重唱《香巴拉并不遥远》等曲目。

（乐　工）

【作曲家李晓琦作品音乐会】 9月13日，“莫斯科郊外的晚上——中国电影乐团追忆老电影音乐会”在国家大剧院上演，这是作曲家李晓琦的个人作品集中展示。音乐会演奏了交响序曲《黄陵祭》，小提琴协奏曲《聊斋印象》，以及《猎中情》《春歌》《云南花灯》《小河淌水》《赶牲灵》《沂蒙山小调畅想曲》等18首雅俗共赏的器乐作品。

（乐　工）

【京胡音乐会】 10月15日，由首都京胡艺术研究会主办，北京京剧院和天街集团承办的京胡音乐会在东方剧院举办。音乐会的主旨是追溯京剧乐队的发展历程，并以此为脉络遴选京剧曲目，让观众在欣赏京剧音乐京剧唱腔的同时，了解京剧乐队的历史沿革及创新和探索。音乐会按发展脉络分为历史回顾、名段欣赏、华彩乐章三个部分。京剧琴师燕守平、王鹤文、李祖铭、赵旭、艾兵、舒健、迟彦春、赵建华、王彩云等参加演奏，京剧演员李维康、耿其昌、赵葆秀、谭孝曾、王蓉蓉、杜镇杰、马小曼、李宏图等参加演唱9个经典唱段。华彩乐章部分由京剧乐队与中国广播民族乐团合作演出。

（乐　工）

【“中国电影博物馆之夜”——“忆之声”经典名曲音乐会】 12月4日，由中国报纸副刊研究会、北京市文联、中国音协合唱联盟、中国电影博物馆主办的“中国电影博物馆之夜”——“忆之声”经典名曲音乐会在民族文化宫大剧院举行。音乐会以交响合唱为主，围绕“领袖与人民”的主线，演出曲目有：混声合唱《毛主席，我们心中的太阳》，配乐朗诵《人民万岁》，由《十送红军》和《听妈妈讲那过去的事情》等歌曲改编成的一组老歌联唱，《沁园春·雪》等一组为毛主席诗词谱曲的合唱，以及经典歌曲《祖国永远是春天》《边疆处处赛江南》《毛主席走遍祖国大地》等。中国歌剧舞剧院交响乐团和中国音协合唱联盟经典合唱团组成近200人的演出阵容，指挥家刘凤德执棒，歌唱家刘秉义、程志、李初建、孙少兰、尤泓斐、王立民、谢一曼等担任独唱、领唱。

（乐　工）

【情景歌舞晚会“一路风情嘉年华”】 12月14日~15日，中国歌剧舞剧院推出的大型情景歌舞晚会“一路风情嘉年华”在北京保利剧院上演。晚会上演出了舞蹈《天女散花》《时代节奏》《江南style》《一路风情嘉年华》《月光》《玫瑰》《激情时刻》，意境歌舞《菊花台》，时尚歌舞《九妹》《纯真年代》《我的心里只有你没有他》，民族歌舞《云上山歌》《雨花石》《山路十八弯》《红嘴唇唇一笑扰乱哥哥的心》《草原之夜》，歌舞《我是一只小小鸟》《caruso》，歌曲《halo》《流浪记》《向天再借五百年》，乐曲《歌剧2》《野蜂飞舞》《查尔达什》等。

（乐　工）

【大都美术馆2014新年音乐会】 12月26日，由北京文化艺术基金会和大都美术馆联合主办的大都美术馆2014新年音乐会在北京大都美术馆上演。音乐会为观众奉上一场柴可夫斯基、巴赫、拉达、福雷等音乐家原创或改编的乐曲，中国钢琴家周琴龄和法国小提琴演奏家奥利维·查利演奏了《咏叹调》《回忆》《梦后》等曲目。

（乐　工）

会议与活动

【中国音协管乐学会年会】　1月19日，中国音协管乐学会2013年年会在解放军军乐团新排练厅举行。中国文联办公室副主任王仁刚、中国音协副秘书长王建国、管乐学会主席于海、解放军军乐团团长邹锐、学会高级顾问、来自全国各地的管乐学会会长、驻京的管乐专家、学会理事、团体会员代表和多家管乐器制造经销商代表近200人出席本次年会。

（乐　工）

【中国音乐剧研究会第五届会员代表大会】　3月2日，中国音乐剧研究会第五届会员代表大会在北京举行。会议由副会长顾夏阳主持，会长王祖皆作了中国音乐剧研究会第四届工作报告，审议通过了第四届工作报告和章程修改草案，选举了第五届理事和常务理事。选举的领导成员是：会长王祖皆，副会长、法定代表人顾夏阳，副会长兼秘书长王道诚，副会长邓一江、李小祥、周志强、郭磊、廖向红、鞠雄志。

（乐　工）

【第二届中国演艺交流会】　3月27日～29日，由中国音乐家协会流行音乐学会指导，中国演艺联盟、中国民营演出联盟、中华演出网、中国音乐金榜主办，北京诚利千代文化传媒有限公司、中亚文化投资有限公司承办的第二届中国演艺交流会在北京伯豪瑞廷酒店举办。交流会以“合作、创新、发展、繁荣”为主题，旨在整合中国音乐演出界资源，加强业内交流与合作，促进资源与市场的对接，搭建音乐演出界交流合作平台，推动行业发展，促进国际国内演艺行业的交流与合作，打造艺术领域的“中国梦”。交流会期间，举办了展览、洽谈、交易、论坛（会议）、演出等活动，展示了新颖多元的艺术表演项目。中国演出行业协会常务副主席朱克宁、中国音协流行音乐学会主席付林、中国演艺联盟理事长张树荣等领导与宋柯、汪正正、纪敏佳、西单女孩、索朗扎西、韩国歌手宋庆琳等演艺明星参加了交流会。

（乐　工）

【“亲历民族音乐”活动】　3月31日，“北京沙龙·亲历北京”大型系列文化活动之“亲历民族音乐”活动在中国音乐学院国音堂音乐厅举行，百余位国际友人应邀欣赏了中国音乐学院紫禁城室内乐团演奏的《步步高》《金蛇狂舞》《二泉映月》和《高山流水》等中国民族器乐名曲。中国音乐学院教授沈诚向嘉宾现场介绍中国民族音乐和乐器文化。现场嘉宾还在音乐家们的指导下，饶有兴致地学习演奏简单乐曲，并参观了设在音乐厅内的中国乐器陈列馆。

（乐　工）

【2013北京迷笛音乐节】　4月29日～5月1日，中国乐谷·2013北京迷笛音乐节在北京平谷中国乐谷草地音乐公园（北京渔阳国际滑雪场）举行。音乐节设有“VANS—唐”“TIGER—宋”“清”“MINI”及“孩子迷笛”5个舞台。来自国内的痛仰、郝云、扭曲机器、木玛 &Third Party等100多支华语乐坛当红及新秀摇滚乐队和来自美国的Cold Cave、丹麦硬摇滚乐队D－A－D领衔的17支国外乐队参加音乐演出。本次音乐节由北京平谷第十五届国际桃花音乐节组委会和北京迷笛音乐学校共同主办，在北京、上海、深圳三地分别演出。北京为期三天的演出吸引了上万名乐迷观看。

（乐　工）

【国家大剧院2013五月音乐节】　5月1日～25日，国家大剧院2013五月音乐节在北京举办。音乐节期间，国家大剧院在院内举办了19场音乐会，院外举办了21场公益演出活动。“小提琴神话”吉顿·克莱默、维也纳爱乐乐团首席雷纳·霍内克、维也纳爱乐乐团大提琴元老杰哈德·考夫曼、美丽的小号女神艾莉森·巴尔松等登台献艺，以瓦格纳、勃拉姆斯、巴托克作品为主打的“作曲家系列”音乐会，以及朱亦兵大提琴乐团、上海四重奏和小提琴家吕思清、钢琴家孙颖迪等中国本土室内乐都得到了展现。

（乐　工）

【美杰三重奏进校园】　5月4日，由吕思清、秦立巍、孙颖迪组成的“美杰三重奏”到清华大学大礼堂学校为师生进行了演出，节目有：勃拉姆斯《第二小提琴钢琴奏鸣曲》第一乐章开场，皮亚佐拉的《华丽大探戈》，德彪西的《月光》，舒伯特的《第一钢琴三重奏》等作品。

（乐　工）

【天天百老汇剧场开业】　5月27日，北京首个儿童音乐剧剧场天天百老汇剧场开业。剧场位于广顺北大街的六佰本商业街，可以容纳观众200人。天天百老汇剧场除了具有演出功能外，还可以培养学员，课程设置包括歌唱、表演、舞蹈、乐理、英语表现、舞台英语能力、中文台词、美术观等，学员跟专业的百老汇学员学习，包括当前百老汇音乐剧曲目的所有经典剧目与片段。经过一段时期的培训，孩子们可以进行音乐剧片段的表演，也可以成为剧团的小演员，与专业剧团合作演出。天天百老汇作为一个集剧场、培训于一体的综合机构，将定期邀请国外的音乐剧演出。

（薛晓金）

【李祥霆古琴演奏作品集与研究文集新闻发布会】 10月16日，由中国唱片总公司、中央音乐学院及中国人民大学出版社三家联合主办的“盛世唐音——唐·至德丙申九霄环佩之声《李祥霆古琴经典古曲及即兴演奏作品集》”新闻发布会在人民大会堂北京厅举行。作品集全套共十辑，既有包含了《梅花三弄》《离骚》等名曲的《古贤经典》，又有其即兴演奏的《心融古今、童叟双琴》《儒思》《杏花天》《太极》《道心》《怀》《佛性》《水殿荷风》《中华六景》等九辑。同时发布的还有李祥霆教授的三本研究文集《古琴综议》《琴声十三象——唐代古琴演奏美学》和《流水幽兰——唐诗琴韵解说》。

（佘　原）

【“美丽中国”出版座谈会】 10月21日，“美丽中国”音像出版工程座谈会在国家新闻出版广电总局书香茶座举办。中国唱片总公司与中国音乐家协会于2013年5月共同策划并发起“美丽中国”全国大型征歌活动，历经5个月评选，《同圆中国梦》《最美是你》等10首最佳创作奖作品和《大路越走越宽阔》《梦想的翅膀》等20首优秀创作奖作品，从参评的1000多首作品中脱颖而出。经过中唱总公司精心编辑制作，《美丽中国——全国征歌获奖作品集》面世。

（乐　工）

【2013中国音乐产业大会】 11月8日～10日，由北京市版权局、国家音乐产业基地主办，中国音像与数字出版协会、音乐产业促进工作委员会、北京国家音乐产业基地数字音乐园区等众多机构联合协办，无限星空音乐集团和热诚文化共同承办的2013中国音乐产业大会在北京金茂威斯汀酒店举行。国家新闻出版广电总局出版管理司音像电子处处长许正明、中国音像与数字出版协会常务副理事长王炬、中国移动无线音乐基地书记闫志强、华谊兄弟音乐CEO袁涛、歌手胡海泉、策划人张绍刚等参加大会。大会以“创新、开放、共赢”为主题，旨在打通全音乐产业链的服务平台，全面展示音乐产业的未来战略，推动音乐产业的发展，提高音乐产业在整个大文化产业中的影响力，立足数字音乐领域为核心的产业新格局，探讨中国音乐产业发展新契机，为更多有音乐梦想的人提供新舞台。大会包括高峰论坛、博览会、音乐嘉年华三大板块。

（乐　工）

【中关村国际音乐剧节】 11月15日～12月11日，由北京大学主办，北京大学艺术学院、民族音乐与音乐剧研究中心、中国音乐剧孵化基地承办的“中关村国际音乐剧节”在北京举行。该项活动旨在推广音乐剧艺术，繁荣音乐剧市场，增强中外音乐剧行业交流，促进中国音乐剧行业发展。音乐剧节期间，以海淀区中关村演艺大道为中心设立主会场，并在北京市内设立3个分会场，展演了《曹雪芹》《大红灯笼》《大梦神猴》《洛神赋》等10余部国内原创音乐剧以及《美国百老汇音乐剧集锦》等西方音乐剧目。

（乐　工）

【2014青少年新年系列音乐会】 12月3日～17日，国家大剧院推出“2014青少年新年系列音乐会”。活动期间，6所大学、中学的音乐团体进行了演出，它们分别是：北京市第十九中学金帆民乐团的“经典名曲迎新年大型民族管弦乐音乐会”，北京理工大学交响乐团、北京理工大学学生合唱团的“北京理工大学交响合唱音乐会”，北京八中金帆交响乐团的“献给青少年的新年礼物：‘零距离接触交响乐——大剧院里的音乐课’”，北京第八十中学的“我们梦想一定实现”音乐会，北京工业大学学生交响乐团的“2014年北京大学生新年音乐会”和北京科技大学学生管乐团的“北科华章”——北京科技大学学生管乐团专场音乐会。

（乐　工）

交　流

【中央民族乐团赴台湾演出】 1月3日～9日，中央民族乐团携《泱泱国风》赴台湾进行交流演出。中央民族乐团本次赴台分别在台中、高雄和嘉义进行了4场交流演出，共有5000多人到现场观看。《泱泱国风》是中央民族乐团新创作的一台展示我国不同地区、不同民族代表性音乐风格的音乐会，曲目风格多样。

（乐　工）

【中国国家交响乐团2013赴美巡演】 1月17日～3月9日，由中国对外文化集团公司、美国哥伦比亚演艺经纪公司和中国国家交响乐团三方联手，中国国家交响乐团在美国进行了53天的商业巡演，在16个州的29个城市进行了30场交响音乐会的演出，观众达4

万余人。这次巡演，乐团既演奏了贝多芬的《第七交响曲》、拉赫玛尼诺夫的《第二交响曲》和理查·施特劳斯的交响诗《英雄生涯》这样的大部头交响曲，也演奏了柴可夫斯基第一钢琴协奏曲、西贝柳斯小提琴协奏曲、《梁祝》小提琴协奏曲、康戈尔德的小提琴协奏曲和《黄河》钢琴协奏曲，还带去了关峡的《大地安魂曲》第一乐章。演出分别由李心草和邵恩执棒，并与龚天鹏、布索尼、吴牧野、黄滨、李传韵、徐扬等钢琴家、小提琴家进行了合作。

（张燕鹰）

【芝加哥交响乐团到京演出】 2月3日，美国芝加哥交响乐团音乐会在国家大剧院演出。音乐会演奏了莫扎特《C大调第四十一交响曲》，勃拉姆斯《第二交响曲》。指挥洛林·马泽尔。

（乐　工）

【郎朗赴美与波士顿交响乐团合作演出】 2月28日~3月2日，在美国波士顿交响乐大厅举行了纪念不久前刚刚去世的美国著名钢琴大师范·克莱本的音乐会，郎朗作为特邀钢琴家同波士顿交响乐团合作演绎了《拉赫玛尼诺夫第二钢琴协奏曲》。音乐会还演奏了欣德密特的《Konzertmusik 的弦乐和铜管》和巴托克的《乐队协奏曲》。演出均由拉斐尔·弗吕贝克·德·伯格斯执棒指挥。

（乐　工）

【世界作曲家谱写中国音乐会】 3月17日，由国家大剧院策划、筹备的“乐咏中国：世界作曲家谱写中国”音乐会在国家大剧院演出。音乐会演出了国家大剧院所委约的五位国际顶尖作曲家创作的五部管弦乐作品，展现了他们心目中的“美丽中国”。五部作品分别是：芬兰作曲家卡列维·阿霍创作的交响诗《革家》，英国作曲家罗宾·霍洛韦的《在中国》，美国作曲家塞巴斯蒂安·柯瑞尔的《量子群》，美国作曲家迈克尔·戈登的《北京和声》和美国作女曲家作曲家奥古丝塔·里德·托马斯的《丰收之鼓》。音乐会由国家大剧院管弦乐团演奏，克里斯蒂安·雅尔维与张艺联袂指挥。

（乐　工）

【李云迪赴欧洲巡演首场音乐会】 3月18日，李云迪在德国格平根城市大厅举行了他欧洲巡演的首场音乐会。由于德国当地大雪，李云迪所定航班被迫取消李云迪改乘火车，在音乐会开始前赶到了格平根。音乐会上，他演奏了肖邦的两首《夜曲》及贝多芬的《月光》《悲怆》《热情》三首奏鸣曲等作品，并在观众的欢迎下，加演了一首饱含中国京剧元素的《皮黄》。

（乐　工）

【内蒙古音乐家进京演出马头琴音乐会】 3月23日，内蒙古民族歌舞剧院、内蒙古音乐家协会等单位的135位艺术家在马头琴演奏家、作曲家齐·宝力高带领下，在北京保利剧院举办了“聆听草原”马头琴精品音乐会。音乐会上，演奏了《万马奔腾》《成吉思汗的两匹骏马》《万马奔腾》等曲目。

（乐　工）

【郎朗参加荷兰阿姆斯特丹大会堂管弦交响乐团125周年庆典】 4月10日，荷兰阿姆斯特丹大会堂管弦交响乐团及音乐厅双双迎来了125周岁的生日，中国钢琴家郎朗受邀出席了此次庆典音乐会，并与该团以及指挥马里斯·杨松斯合作，演奏了前苏联作曲家普罗科菲耶夫的《第三钢琴协奏曲》。

（乐　工）

【慕尼黑爱乐乐团到京演出】 4月24日，德国慕尼黑爱乐乐团在国家大剧院举办马泽尔与慕尼黑爱乐乐团音乐会。演出曲目有：柴可夫斯基的《罗密欧与朱丽叶幻想序曲》、贝多芬的《第四钢琴协奏曲》和斯特拉文斯基的《春之祭》。

（乐　工）

【卡雷拉斯北京独唱音乐会】 4月27日，世界三大男高音之一何塞·卡雷拉斯的“北京·世界”独唱音乐会作为第十三届“相约北京”联欢活动开幕演出在国家大剧院举办。音乐会上，卡雷拉斯演唱了《纳布科》序曲，《玛莱卡莱》《小夜曲》和《阿莱城的姑娘》选段等曲目，中国女高音歌唱家王莉演唱了《霍夫曼的故事》选段和《贾尼·斯基齐》选段，卡雷拉斯还用中文与王莉演唱了中文歌《我的北京我的家》。

（乐　工）

【海顿爱乐乐团到京演出】 5月1日，奥地利—匈牙利海顿爱乐乐团（以下简称海顿爱乐乐团）在国家大剧院举办奥地利—匈牙利海顿爱乐乐团音乐会。音乐会以海顿的歌剧《菲德尔特》序曲开场，随后演奏了海顿第94号交响曲《惊愕》，莫扎特的《第五小提琴协奏曲》等作品。

（乐　工）

【土耳其国家歌剧院到京演出】 5月1日~2日，土耳其国家歌剧院在国家大剧院演出莫扎特以15世纪土耳其为故事背景的德语歌剧《后宫诱逃》。歌剧由耶克塔·卡拉导演，伦吉姆·格克门指挥，艾库特·奇纳尔、费亚尔·蒂尔克奥卢等土耳其国家歌剧院一线歌唱家领衔演出。2013年是中国土耳其文化年，这是土耳其国家歌剧院首度访华演出。

（乐　工）

【重庆歌剧院进京演出】　5月5日~6日，重庆歌剧院原创歌剧《钓鱼城》在国家大剧院上演。该剧以宋末元初蒙古族与汉族发生在重庆合川钓鱼城的战争史实为背景，讲述蒙古人攻打钓鱼城36年未果，攻守双方主要人物在经历战与和、生与死、爱与恨的极度纠结后，最终用理智战胜了情感，用和平的歌声驱走了战争的阴霾。编剧冯柏铭，作曲金湘。演出票房收入捐给了雅安地震灾区。

（乐　工）

【北京交响乐团2013保利院线全国巡演青岛首演】　5月7日，北京交响乐团2013保利院线全国巡演首场演出在青岛大剧院举行。音乐会上半场演奏了苏佩的《黑桃皇后》序曲、马斯卡尼的《乡村骑士》间奏曲、雷哈尔的《金银圆舞曲》、芭蕾舞剧《葛佩莉亚》选曲等经典；下半场演奏了穆索尔斯基作曲、拉威尔配器的交响音画《图画展览会》。

（乐　工）

【美国“后街男孩”组合到京演出】　5月25日，2013“后街男孩”北京演唱会在北京万事达中心举办，拉开纪念“后街男孩”组合组建二十周年世界巡演中国站的序幕。演唱会前，“后街男孩”在官方网站上发起投票，将此次演唱会曲目的选择权交给了歌迷。

（乐　工）

【豫剧交响合唱《朝阳沟》进京演出】　5月27日，由河南省文化厅主办，河南歌舞演艺集团承办的交响合唱版《朝阳沟》在国家大剧院音乐厅演出。该作品由豫剧现代戏《朝阳沟》改编，河南交响乐团、河南省歌剧团和中国国家交响乐团合唱团联合演出。作品由关峡作曲、刘麟作词，金巍编配合唱。

（乐　工）

【宓多里·果到京演出】　5月31日，日本小提琴家宓多里·果在中山公园音乐堂与北京交响乐团合作举办音乐会，演出曲目有贝多芬的《D大调小提琴协奏曲》、及德沃夏克的《d小调第四交响曲》、歌剧《罗恩格林》第三幕前奏曲等作品。

（乐　工）

【鲁多维科·艾诺迪到京演出】　6月6日，意大利作曲家、钢琴家鲁多维科·艾诺迪在中山音乐堂举办钢琴独奏音乐会。演出曲目有他近10年创作的《海浪》《日子》，以及《时光流逝》等作品。

（乐　工）

【中央民族乐团赴成都演出】　6月7日，“大地情深”——中央民族乐团音乐会在成都市成华区龙潭水乡举行。此次演出是中央民族乐团志愿服务走基层的首场演出。中央民族乐团的12位志愿者在撑着的雨伞下，冒雨为成都基层群众表演了唢呐独奏《大枣》、二胡齐奏《赛马》、女声独唱《我是中国人》等作品。

（乐　工）

【谭盾“武侠三部曲”音乐会】　6月9日，美籍华裔作曲家谭盾的“武侠三部曲”——大型户外多媒体交响音乐会在北京朝阳公园万人广场上演。“武侠三部曲”是谭盾为《卧虎藏龙》《英雄》和《夜宴》创作的电影音乐，其中《卧虎藏龙》音乐创作曾获奥斯卡最佳原创音乐奖。音乐会由谭盾指挥，中国钢琴家郎朗、日本小提琴演奏家五嶋龙、意大利大提琴演奏家阿梅迪尔，以及中国歌手张靓颖等参加演出，音乐会演出乐队由中国国家交响乐团担任。

（乐　工）

【杨珊珊、王宏伟夫妇赴柏林举办音乐会】　6月23日，“如此珊琴——杨珊珊钢琴独奏音乐会”在德国柏林爱乐音乐厅举行。音乐会由中国钢琴家杨珊珊和男高音歌唱家王宏伟夫妇合作演出。杨珊珊演奏了肖邦的《b小调第一钢琴谐谑曲》《升c小调圆舞曲》《降A大调圆舞曲》，贝多芬的《第十八钢琴奏鸣曲》等曲目，王宏伟演唱了《小黄马》《阿瓦尔古丽》《牡丹汗》等歌曲。

（乐　工）

【三亚市艺术团进京演出】　6月26日，由共青团中央、中共海南省委联合主办的海南青春歌舞剧《执着》汇报演出在人民大会堂举行。该剧以鹦哥岭自然保护区管理站青年团队的真实事迹为原型，反映了大学生们坚守大山深处，开展生态保护和科研工作的苦与乐、寂寞与精彩、付出与收获。编导王迪，三亚市艺术团演出。

（乐　工）

【儿童音乐剧《小美人鱼》到京演出】　7月12日~14日，美国潘多斯儿童剧院在北京保利剧院演出了儿童音乐剧《小美人鱼》。该剧改编自安徒生童话《人鱼公主》，叙述了善良温柔的人鱼公主艾莉儿与王子安东尼的爱情故事。剧中台词诙谐有趣，风格混搭，加入了许多中国小朋友耳熟能详的儿童英文歌谣和当下流行音乐要素。

（乐　工）

【郎朗赴法国参演法国国庆音乐会】　7月14日，法国国庆音乐会在巴黎埃菲尔铁塔边上的战神广场举行。中国钢琴家郎朗应邀在音乐会上演奏了法国作曲家拉威尔的《G大调钢琴协奏曲第三章》，与法国国家交响乐团和法国广播电台合唱团及世界知名歌唱家、演奏家同台庆祝法国国庆。

（乐　工）

【美国音乐剧《艾摩和超级英雄》到京演出】 7月19日～21日，美国原版芝麻街音乐剧《艾摩和超级英雄》在北京工人体育馆演出。故事讲述Grover失去超级能力后，在芝麻街朋友帮助下，通过健康的生活习惯上的习得帮助Grover和孩子们变成超级英雄。全剧不单使用美国原版舞美道具，演员也全是美国班底。为了让中国小观众看得懂剧情，制作方特别为角色配备了中文配音演员。

（乐　工）

【2013中韩友好音乐会】 7月20日，中国国家交响乐团与韩国KBS交响乐团在国家大剧院合作演出"梦想百年大计——北京交响之夜"2013中韩友好音乐。演奏曲目有崔成焕的《阿里郎幻想曲》、柴可夫斯基的《D大调小提琴协奏曲》以及理查·施特劳斯的交响诗《英雄生涯》等。担任此次演出指挥的是现任中国国家交响乐团首席常任指挥李心草和韩国大邱交响乐团音乐总监郭昇。

（乐　工）

【英国BBC音乐会管弦乐团到京演出】 7月23日～24日，英国BBC音乐会管弦乐团在国家大剧院举办音乐会。23日，大提琴家朱利安·韦伯为观众演绎了英国作曲家埃尔加的《e小调大提琴协奏曲》，该乐团了布里顿、沃尔顿等一系列英国作曲家作品。24日，演奏曲目有李斯特的《匈牙利狂想曲》、西贝柳斯的《芬兰颂》、威廉斯的《绿袖幻想曲》，以及德沃夏克、韦伯等的作品；瓦伦蒂娜·娜芙妮策还演唱了威尔第歌剧《弄臣》中的《亲爱的名字》，以及德沃夏克歌剧《水仙女》中的《月亮颂》等。

（乐　工）

【2013国家大剧院京港台青少年系列音乐会】 8月1日～6日，2013国家大剧院京港台青少年系列音乐会在国家大剧院举办，该系列音乐会包括香港青年爱乐乐团、台湾新竹青年国乐团、北京市昌平区第二中学金帆民乐团、北京八中金帆交响乐团、北京七彩梦想合唱团5个青少年艺术团演出的4场专场音乐会及1场闭幕音乐会。香港青年爱乐乐团演奏了肖斯塔科维奇的《圆舞曲》、柴可夫斯基的《意大利随想曲》、穆索尔斯基的《图画展览会》，台湾新竹青年国乐团演奏了《风城序曲》《丰年祭》《昭君怨》《客家音画》《台湾追想曲》，昌平二中金帆民乐团演奏了《丝绸之路》《莫高风铃》《飞天》，北京八中金帆交响乐团演奏了比才的《卡门》第一组曲、威尔第的《西西里晚祷》序曲，北京七彩梦想合唱团演唱了《夜宴》《唱唱唱》等作品。

（乐　工）

【太阳剧团到京演出】 8月8日～11日，迈克尔·杰克逊遗产管理委员会和加拿大太阳剧团联手举办的"迈克尔·杰克逊不朽传奇世界巡演"在北京万事达中心举办。巨幕投射出的游乐园影像下，太阳剧团标志性的默剧小丑带领观众走进Neverland的金色大门，启动探索杰克逊一生的音乐旅程。整场演出由35首杰克逊经典串联而成，从*Childhood*到*Thriller*再到*They Don't Care About Us*等歌曲伴随杂技、舞蹈，多种表演同时进行。

（乐　工）

【音乐孔子学院赴法国演出】 8月22日，应丹麦皇室的邀请，由中央音乐学院党委书记、全球首家音乐孔子学院理事长郭淑兰带队的音乐孔子学院中方代表团联合丹麦皇室，在位于法国南部城市卡奥尔的CAYX城堡举办丹麦皇室夏季音乐会。中央音乐学院的古琴演奏家李祥霆，扬琴演奏家刘月宁，琵琶演奏家章红艳，青年古筝及笙演奏家吉炜、王磊等参加演出。

（乐　工）

【保加利亚国家广播童声合唱团到京演出】 8月24日，水晶天籁之音——保加利亚国家广播童声合唱团音乐会在中山公园音乐堂举办。音乐会演唱了舒伯特的《小夜曲》、舒曼的《吉卜赛的生活》、弗朗克的《天使之粮》、电影《音乐之声》的选曲《雪绒花》、披头士歌曲《奥布－拉－迪，奥布－拉－达》、俄罗斯民歌《夜莺》等西方作品，保加利亚民歌《雪莲花盛开》《索菲亚有一对蓝眼睛》《奇迹》《你太美了，我的森林》，以及中国歌曲《大海啊故乡》等曲目。

（乐　工）

【"歌声带我去旅行"的童声合唱音乐会】 8月30日，世界和平合唱团在北京音乐厅举办"歌声带我去旅行"的童声合唱音乐会。来自奥地利、澳大利亚、印度、中国等国家的30多名合唱团成员，身着各色民族服饰，演唱了20多首颇具各国特色的世界经典名曲，并与北京市丰台区少年宫女声合唱团、北京王府学校合唱团合作演唱了世界和平合唱节的主题曲《为歌唱而来，为和平未来》。该团是"世界和平合唱节"的常驻团和主力团，也是全世界独一无二的"联合国式"童声合唱团。目前已有来自美国、奥地利、澳大利亚、西班牙、捷克、罗马尼亚、爱沙尼亚、波兰、保加利亚、马来西亚、印度、南非、中国等国家的优秀团员入选该团。

（乐　工）

【蔡健雅进京演唱】 8月31日，台湾歌手蔡健雅在北京工人体育馆举办“美丽突然发生”北京演唱会。演唱会上，蔡健雅演唱了新歌《极光》，以及《当你离开的时候》《若你碰到她》《纪念》《夜盲症》《多少》《空白格》等广为传唱的歌曲。

（乐　工）

【上海音乐家进京演出】　9月5日，由中国音乐家协会、上海之春国际音乐节组委会主办，上海文联艺术促进中心承办的“中国，我可爱的母亲——陆在易作品音乐会”在国家大剧院音乐厅举行。音乐会由指挥家陈燮阳执棒，上海交响乐团担任演奏，歌唱家廖昌永、周进华、方琼等担任领唱、独唱，上海歌剧院合唱团担任合唱。曲目包括合唱序曲《在十八岁生日晚会上》、合唱音画《行路难》、混声合唱与乐队《雨后彩虹》、音乐抒情诗《中国，我可爱的母亲——为大型合唱队与交响乐队而作》等上海音协主席陆在易的作品。

（乐　工）

【北京交响乐团第七次欧洲巡演】　9月6日～17日，谭利华率北京交响乐团进行了第七次欧洲巡演。乐团先后在奥地利维也纳音乐厅、瑞士伯尔尼文娱宫、奥地利布鲁克纳音乐厅和捷克布拉格鲁道夫宫举办了4场音乐会。其中，第三场是参加奥地利林茨“布鲁克纳国际艺术节”的演出，第四场是参加第13届德沃夏克国际音乐节的演出。

（张燕鹰）

【中国国家交响乐团合唱团赴韩国演出】　9月14日，中国国家交响乐团合唱团在韩国大田文化艺术中心举办了“中外经典名曲合唱作品音乐会”。音乐会演唱了瓦格纳、勃拉姆斯、威尔第、莫扎特等多首歌剧选段和名曲，包括《德意志安魂曲》《赞美圣母玛利亚》《哦，命运女神》《哈利路亚》等西方名曲与《在那遥远的地方》《牧歌》《嘎哦丽泰》《思念》等中国作品。

（乐　工）

【庾澄庆进京演出】　9月14日，台湾歌手庾澄庆在万事达中心举办了“我要给你——2013庾澄庆世界巡回演唱会”北京站的演出。演唱会演唱了《改变所有的错》《只有为你》《熟悉》等歌曲，并用琵琶演奏了一段《十面埋伏》，还表演了琵琶弹唱《情非得已》。

（乐　工）

【中国音乐学院华夏民族乐团赴澳大利亚演出】　9月17日，中国音乐学院华夏民族乐团在澳大利亚国立大学音乐厅举办中秋音乐会。音乐会在关乃忠的指挥下，围绕“共赏圆月”的主题，由宋飞等民乐演奏家演奏了《花好月圆》《二泉映月》《夜深沉》《月夜愁》等曲目。中国名曲《彩云追月》和澳大利亚民歌《剪羊毛》巧妙组合的乐曲得到了当地观众的欢迎。

（乐　工）

【法国广播交响乐团到京演出】　9月20日，法国广播爱乐乐团在国家大剧院举办音乐会。演出曲目有柏辽兹的《罗马狂欢节序曲》、拉威尔的《G大调钢琴协奏曲》和圣－桑的《第三交响曲“管风琴”》等。

（乐　工）

【加拿大流行歌手贾斯汀·比伯到京演唱】　9月29日，加拿大流行歌手贾斯汀·比伯在北京万事达中心举办贾斯汀比伯2013北京演唱会。演唱曲目有*All Around the World*、*Die In Your Arms*、*Everything Is Gonna Be Alright*、*You Smile*、*Out of Town Girl*、*Believe*、*Boyfriend*、*Baby*等。

（乐　工）

【北京交响乐团2013年美洲巡演】　10月7日～22日，北京交响乐团2013年美洲巡演在墨西哥和美国进行。整个巡演共演出7场。分别是在墨西哥的墨西哥城艺术皇宫、萨拉戈萨市议会中心、墨西哥瓜纳华托塞万提诺国际艺术节和阿瓜斯卡连特斯帕特里亚广场的4场演出，以及在美国纽约卡内基音乐厅、新布伦瑞克州立剧院和华盛顿特拉斯默尔音乐厅的3场演出。

（张燕鹰）

【伦敦之声合唱团到京演出】　10月8日，英国指挥家邓肯·沃德指挥杭州爱乐乐团与伦敦之声合唱团联手在北京保利剧院演绎布里顿歌剧杰作《彼得·格莱姆斯》，英国男高音歌唱家安德鲁·斯特普尔斯饰演男主角彼得·格莱姆斯。

（乐　工）

【台湾朱宗庆打击乐团进京演出】　10月15日，有“台湾打击乐第一团”之称的朱宗庆打击乐团在国家大剧院演出了音乐戏剧《木兰》。该团融合打击乐与京剧两种艺术表演形式，以打击乐协奏曲方式重新演绎了花木兰的故事。

（乐　工）

【向大师致敬音乐会】　10月18日，成立30周年的上海四重奏团“向大师致敬音乐会”在北京音乐厅举办。音乐会曲目包括瓦格纳《齐格弗里德牧歌》管弦乐曲的四重奏改编版，威尔第歌剧《阿依达》中的选段《E小调弦乐四重奏》和布里顿的《C大调弦乐四重奏第二号》等古典音乐大家的弦乐四重奏，中国作曲家周龙的《琴曲》与贺绿汀的《摇篮曲》，波兰作曲家潘德列茨基为上海四重奏25周年纪念而作的《第三弦乐四重奏》以及美国作曲家罗伯特·奥尔德里奇专门为上海四重奏30周年而作的四重奏等作品。音乐会开始前，北京国际音乐节将2013年的“年度艺术家”称号颁发给了当晚演出的主角——上海四重奏团，以表彰他们的杰出成就。

（乐　工）

【“向天而歌又十年”北京答谢音乐会】 10月21日，太行盲艺人刘红权在北京皇家粮仓举办“向天而歌又十年”北京答谢音乐会。刘红权演唱了《光棍苦》《冯魁卖妻》《谁说桃花红谁说杏花白》《问天问地问爹娘》等民间歌曲；羊倌歌手石占明，晋剧、民歌双栖歌星刘海萍助兴演出。国内诸多音乐院校和专业团体的音乐学家、作曲家、指挥家、歌唱家观看了演出。

（乐　工）

【法国音乐人类学家到京交流】 10月29日~11月3日，法国巴黎大学（第十）音乐人类学专家萨宾娜、尼古拉斯在中国音乐学院举办学术讲座，进行学术交流。他们分别以“中亚音乐研究”“当代法国音乐人类学研究”“音乐人类学档案管理”为题，介绍了中亚、西亚“十二木卡姆”的跨国研究情况；以中非郫格米部落音乐研究为例，讨论古典音乐学与人类学分支——人类音乐学派系观点和方法的异同，以及法国巴黎大学音乐人类学档案中心CREM的资料收集及数字化管理情况，让北京从事民族音乐研究的学者、师生了解到法国音乐人类学研究新的动态与状况。

（乐　工）

【法国爵士口琴家到京演出】 10月30日，法国爵士口琴演奏家罗朗·穆赫在中山公园音乐堂举办音乐会。罗朗·穆赫与吉他、钢琴、长笛、贝司、鼓等多位音乐家同台，演奏了《玫瑰人生》《秋叶》《爱的阴影》《相信青春》《漠不关心》《我们的爱情哪里去了?》等多首爵士风格的口琴独奏与重奏曲，还特邀中国歌手谷峰进行了演唱。

（乐　工）

【维也纳爱乐乐团到京演出】 11月2日~4日，维也纳爱乐乐团在国家大剧院音乐厅举办了3场贝多芬作品音乐会的演出，指挥蒂勒曼。三场演出的曲目分别是：《C大调第一交响曲》《降E大调第三交响曲》；《降B大调第四交响曲》《c小调第五交响曲》；《第二钢琴协奏曲》《第一钢琴协奏曲》和《第五钢琴协奏曲》。

（乐　工）

【荷兰皇家音乐厅管弦乐团到京演出】 11月13日~14日，荷兰阿姆斯特丹皇家音乐厅管弦乐团建团125周年纪念演出在国家大剧院举行。两天的演出曲目分别是：约翰·瓦赫纳尔的《驯悍记》序曲、斯特拉文斯基的《火鸟》、柴可夫斯基的《第五交响曲》；贝多芬的《第三钢琴协奏曲》和理查·施特劳斯的《英雄生涯》。

（乐　工）

【瑞士钢琴家安德烈·汉弗里格到京演出】 11月15日，瑞士钢琴家安德烈·汉弗里格在国家大剧院举办音乐会。曲目为贝多芬的《第10号钢琴奏鸣曲》《第30号钢琴奏鸣曲》，舒曼的钢琴曲与意大利当代作曲大师贝里奥的钢琴作品。

（乐　工）

【俄罗斯马林斯基交响乐团到京演出】 12月7日~8日，为庆祝斯特拉文斯基《春之祭》上演100周年，俄罗斯马林斯基交响乐团在国家大剧院举办了一场斯特拉文斯基作品音乐会和一场斯特拉文斯基钢琴作品介绍音乐会。音乐会演奏了斯特拉文斯基的《火鸟》《彼得鲁什卡》《春之祭》等作品。钢琴作品介绍音乐会挑选了三部斯特拉文斯基和钢琴相关的曲目，包括双钢琴协奏曲，钢琴与管乐器协奏曲和为四架三角钢琴、小型合唱团及乐队改编的《婚礼》。

（乐　工）

【俄罗斯小提琴家马克西姆·文格洛夫到京演出】 12月8日，俄罗斯小提琴家马克西姆·文格洛夫与中国爱乐乐团在中山公园音乐堂举办音乐会。演出曲目为柴科夫斯基的《D大调小提琴协奏曲》和穆索尔斯基的《图画展览会》。

（乐　工）

【紫禁城室内乐团与新西兰弦乐四重奏音乐会】 12月17日，“四面来风——紫禁城室内乐团与新西兰弦乐四重奏音乐会”在中山公园音乐堂举行。中国的紫禁城室内乐团和新西兰弦乐四重奏乐团联袂演奏了《四不像》《嵌合体》《静谧·听琴》《打》《五行》《喀迈拉》《十变五化》等曲目。

（乐　工）

【德国班贝格交响乐团到京演出】 12月31日，德国班贝格交响乐团在人民大会堂举办2014北京新年音乐会。演奏曲目有中国作品《红旗颂》，柴可夫斯基《天鹅湖》中的华尔兹序曲和《胡桃夹子》中的双人舞曲，瓦格纳的《罗恩格林》以及德沃夏克的《第九交响曲（自新大陆）》等。

（乐　工）

赛事与评奖

【第十七届全国音乐作品（合唱、室内乐）评奖结果揭晓】 1月15日，由文化部主办的第十七届全国音乐作品（合唱、室内乐）评奖结果揭晓。19部合唱作品、31部室内乐作品获奖。其中，《引子与托卡塔》获合唱作品组一等奖，《小河淌水》《学生日记》获二等奖，《长江》《木兰辞》《醉在云故乡》《美丽的白云》《次撮》获三等奖，《拂晓之光》等11部作品获优秀奖；室内乐作品组一等奖空缺，《彝歌》获二等奖，《雨打芭蕉》《上海印象·1930》《我的精神家园》《山寨欢歌》获三等奖，《独白》等26部作品获优秀奖。

（乐　工）

【"中国之声"第一届作曲比赛】 3月21日，由中国音乐学院主办的"中国之声"（第一届）作曲比赛在中国音乐学院国音堂举行颁奖仪式暨获奖作品音乐会。在参赛的200余部作品中，经过初赛、复赛，评审出34部作品进入决赛（其中学生组和作曲家组各17部），通过现场演奏评选出了作品一、二、三等奖以及作品演奏奖。获学生组一等奖的作品有马林巴独奏《土风》作曲王亚明，古筝独奏《追风2》作曲贾悦，钢琴独奏《幽兰》作曲饶鹏程。获作曲家组一等奖的作品有竖琴独奏《弦诗》作曲王非，古筝独奏《八折戏》作曲费诚，钢琴独奏《纳西纹谱》作曲张志亮。

（乐　工）

【第二届中国少数民族风格室内乐新作品比赛】 4月20日，"第二届中国少数民族风格室内乐新作品比赛颁奖仪式暨获奖作品音乐会"在中央民族大学中慧楼音乐厅隆重举行。这是继"首届中国少数民族风格室内乐新作品比赛"后，为传承与弘扬少数民族音乐文化、推动中国少数民族音乐创作的又一赛事。本次比赛共有13部作品获奖：一等奖空缺，四川音乐学院黄旭的《老阿訇的叮嘱》、中央音乐学院张媛的《山涧鸣V》、中国音乐学院黄恺然的《越人歌》获二等奖，中国音乐学院郭红喜的《丹葛夜话》、中国音乐学院江雪的《草原即景》、中央音乐学院欧晨琛的《感恩——爱》获三等奖，中国音乐学院张倩的《草原随想》、广西戏剧院壮剧团刘艺的《壮乡狂想曲》、内蒙古民族大学音乐学院贺希格图的《绽放》、中国音乐学院孙程程的《情歌》获优秀奖，贵州黎平县文化馆石成的《鼓楼月夜情》、广西艺术学院黄喜昌的《山歌，山歌》、西藏大学艺术学院音乐系罗雪来的《哈洛提》获入围奖。音乐会上演奏了《绽放》《情歌》《草原随想》《越人歌》，这些作品不仅展现了作曲家们的个性特点，而且较好地融入了少数民族音乐的风格。

（乐　工）

【郎朗获美国杜希金大奖】 5月13日，中国钢琴家郎朗出席了美国芝加哥音乐学院83周年庆典并获得该学院颁发的杜希金大奖（Dushkin Award），成为获得该奖的首位中国籍艺术家。杜希金奖于1985年为纪念芝加哥音乐学院的两位创始人——桃乐茜（Dorothy）和大卫·杜希金（David Dushkin）而设。

（乐　工）

【"新绎杯"经典民族管弦乐（协奏曲）作品评奖】 6月6日，由文化部艺术司、中国民族管弦乐学会主办，新绎文化发展有限公司协办的第二届华乐论坛暨"新绎杯"经典民族管弦乐（协奏曲）作品评奖颁奖音乐会在北京音乐厅举行。顾冠仁创作的《花木兰》、刘锡津的《北方民族生活素描》、刘星的《云南回忆》、王建民的《第一二胡狂想曲》、王惠然的《江月琴声》、杨青的《苍》、郭文景的《愁空山》、唐建平的《春秋》、秦文琛的《唤凤》、罗永晖的《千章扫》共10首经典民族管弦乐协奏曲从50首入围作品中脱颖而出，并获每部作品10万元奖金的奖励。李焕之的《汨罗江幻想曲》、刘文金的《长城随想曲》2首作品被授予特别荣誉奖。本届比赛一等奖空缺。颁奖后，中央民族乐团由指挥家许知俊指挥演奏了10首获奖经典协奏曲精选乐章，吴玉霞、邓建栋、石海滨、唐俊乔、王红艺、魏玉茹等民乐演奏家担任独奏。

（乐　工）

【第二届中国（北京）国际提琴及琴弓制作比赛】 9月7日～10日，第二届中国（北京）国际提琴及琴弓制作比赛在中央音乐学院举行。本届比赛分为提琴制作和琴弓制作2个类别，小提琴、中提琴和大提琴制作，小提琴弓、中提琴弓、大提琴弓低音提琴弓制作7个项目。参加比赛的有中国、意大利、法国、美国、加拿大等11个国家和地区的245名制琴师，提交提琴和琴弓参赛作品399件，其中包括50多件琴弓作品和50多把国外参赛提琴。比赛评委会由来自美国、法国、意大利、德国、英国的10名评委和中国的8名评委组成，共评出各单项金奖、银奖、铜奖作品21项，特别奖5项。中国乐谷管委会26岁的选手常虹，获得特别奖暨"小提琴最年轻决赛者奖"，北京的陈祥伟获小提琴和大提琴制作金奖。比赛结束后，在国家大剧院举办了第二届中国（北京）国际提琴及琴弓制作比赛作品展，同期还在国家大剧院举办了20场作品音乐会，由不同的演奏家试奏不同的获奖提琴和琴弓。

（乐　工）

第二届中国（北京）国际提琴及琴弓制作比赛颁奖音乐会

【谭利华获德沃夏克音乐节贡献奖】　9月14日，谭利华指挥北京交响乐团在捷克举办的德沃夏克国际音乐节演出结束后，主办方向谭利华颁发了德沃夏克国际音乐节特殊贡献奖，以表彰他在推广德沃夏克音乐方面所做出的贡献。

（乐　工）

【郎朗再获德国“回声”大奖】　9月，2013年德国回声大奖公布获奖名单。郎朗因专辑《肖邦》获得此奖。这是郎朗继2011年凭借《2010维也纳独奏会》（*Live in Vienna*）获得德国回声古典音乐奖年度最畅销唱片之后再次获得此奖。

（乐　工）

【2013“兴涛杯”二胡、高胡、板胡小型作品展演决赛】　11月18日，由中国民族管弦乐学会胡琴专业委员会、中央音乐学院民乐系共同主办的2013“兴涛杯”二胡、高胡、板胡小型作品展演决赛在中央音乐学院举行。25件参赛作品都是由组委会将录音资料事先在网上发布，由网友投票选出的。本次活动旨在通过向社会公众征集胡琴小型作品，弥补近年来短小精悍、贴近群众的作品不足的缺憾。决赛共评选出3个金奖，6个银奖，9个铜奖和7个优秀奖。获得金奖的分别是：中央民族大学艺术学院音乐系副教授董锦汉的二胡独奏《云之南》、中央音乐学院研究生陈哲的二胡独奏《归去来兮》和中央音乐学院本科生李博禅的高胡独奏《虞美人》。

（乐　工）

【中央音乐学院室内歌剧颁奖音乐会】　12月11日，中央音乐学院作曲系“中国室内歌剧创作推动计划”颁奖作品音乐会在中央音乐学院音乐厅举行。《盲哑女的歌玄》《挪威的森林》《奔月》《全蚀》《蛊镇》5部作品胜出。颁奖旨在促进中国歌剧事业的发展，使年轻作曲家获得实践机会，填补教学中长期存在的空白。获奖作品除了以音乐会加简约灯光、服装形式进行首演外，音乐会上还为每部获奖的音乐创作颁发奖金人民币1万元，为每部获奖的剧本创作颁发奖金人民币5000元。

（乐　工）

【第一届管乐队（青少年组）新作品征集比赛】　12月13日，中国音协管乐学会与北京市教委艺术教育委员会在解放军军乐厅举办“第一届管乐队（青少年组）新作品征集比赛”决赛作品音乐会，解放军军乐团担任现场演奏。征集比赛共征得25首作品，最终陈黔的《幸福的格物》获金奖；陈丹的《庆典序曲》、唐建平的《节日舞》获银奖；王和声的《雪景》、李婵的《征程》、娜拉的《黎明之歌》获铜奖；朱彬的《鼓乐激扬》、于建芳的《金色年华》、梁文曦的《壶口号子》、饶鹏程的《千里共婵娟》、房晓敏的《广东映象》、程保华的《社火闹长安》获优秀奖。

（乐　工）

【“青年作曲家计划”第二期评奖】　12月16日，由国家大剧院发起并主办，旨在支持和鼓励中国青年作曲家音乐创作的第二期“青年作曲家计划”于12月16日举办终评音乐会。青年作曲家肖瀛的《天边一朵云》、叶彦辰的《碧塔海之晨》以及周娟的《中国制造》分获前三名。第二期国家大剧院“青年作曲家计划”于2012年4月正式启动，共征集到61部优秀作品。自2013年7月起，中央歌剧院交响乐团、中国国家芭蕾舞团交响乐团、中国广播电影交响乐团、北京交响乐团与国家大剧院管弦乐团等国内优秀专业乐团分别对12部入围作品进行了展演，共有超过万名观众亲临现场聆听作品演出。在颁奖现场，英国威尔士德拉摩根音乐节艺术总监约翰·迈特卡夫宣布肖瀛的《天边一朵云》将赴威尔士德拉摩根音乐节演出。

（乐　工）

【陈其钢获法国文学与艺术骑士勋章】　12月20日，法国政府授予中国作曲家陈其钢法国文学与艺术骑士勋章的授勋仪式在法国驻华大使馆举行，法国驻华大使白林主持仪式并为其颁发勋章。陈其钢器乐作品《蝶恋花》《逝去的时光》《五行》等多次获得国际音乐大奖，最为人们熟知的是 2008 年北京奥运会主题曲《我和你》。此外，电影《山楂树之恋》《金陵十三钗》的音乐也出自其手。

（乐　工）

评论与研究

【第二届中国少数民族风格室内乐新作品比赛研讨会】 4 月 20 日，第二届中国少数民族风格室内乐新作品比赛研讨会在中央民族大学中慧楼第一会议室举行。作曲家杜鸣心、王震亚、唐建平、高为杰、王西麟、金湘，音乐理论家李吉提，指挥家金正平，中国音协副主席陈卫东，中央民族大学音乐学院作曲系原主任斯仁教，首都师范大学特聘教授高平，以及《人民音乐》《音乐周报》《音乐创作》等媒体代表参加了研讨会。与会者针对本次参赛作品以及今后少数民族音乐的创作方向展开了讨论。提出了作品的创作要把情感与音乐素材进行深入的结合，用更简练的手段表达最丰富的感情和多样性，以及对少数民族乐器要做到扎实的研究等观点。

（张燕鹰）

【第二届全国音乐分析学学术研讨会】 5 月 18 日 ~21 日，由中国音协音乐分析学学会与中国音乐学院共同主办的第二届全国音乐分析学学术研讨会在北京郁金香会议中心举行。包括 9 个音乐学院、11 个艺术学院和 41 个大学音乐系的 200 余人参加了研讨会。中国音乐学院、中央音乐学院、上海音乐学院、武汉音乐学院、沈阳音乐学院、首都师范大学、人民音乐出版社的 17 位专家代表进行了发言。英国剑桥大学尼古拉斯·库克教授与来自德国音乐理论研究协会的歌思尼·施罗德教授分别就申克音乐分析法的相关问题及德语区音乐分析法的历史问题进行了演讲。全国音乐学院、艺术学院及综合大学音乐专业的代表介绍了各自院校教学实践中的方法、经验与所遇到的问题，并就教学方法、选用教材及教学材料方面进行了广泛的交流。会议期间还举办了首届“中国之声”作曲比赛学生获奖作品分析与演奏音乐会，以及以“中国当代音乐创作与研究”为主题的学生论文比赛，并宣布了此次研讨会论文获奖者名单。

（乐　工）

【中国合唱一百年研讨会】 5 月 22 日，中国合唱一百年研讨会在北京举行。中国文联副主席、中国音协分党组书记徐沛东，中国文联理论研究室主任陈建文，中国文联国内联络部副主任李培隽和徐锡宜，田玉斌，戴嘉坊，周国安，向延生等专家、学者出席了研讨会。与会者就中国合唱作品的百年创作历程和中国合唱事业的发展现状进行研讨。

（乐　工）

【2013 世界歌剧院发展论坛】 5 月 22 日 ~24 日，国家大剧院 2013 世界歌剧院发展论坛在北京举行。中国歌剧舞剧院、总政歌剧团、重庆歌剧院、湖北歌剧院及英国皇家歌剧院、意大利圣卡罗歌剧院、美国西雅图歌剧院等 14 家中外表演艺术机构、3 家国际知名歌剧刊物的代表，以及吉尔伯特·德弗洛、乌戈·德·安纳等多位知名歌剧艺术家出席论坛，探讨歌剧发展。此次论坛围绕“威尔第诞辰 200 周年”“瓦格纳诞辰 200 周年”“青年歌剧艺术家的培养”和“歌剧在中国”等主题进行探讨，以期促进歌剧事业进一步发展及世界范围内歌剧机构的交流与协作。

（乐　工）

【音乐剧《钢的琴》专家研讨会】 7 月 19 日，音乐剧《钢的琴》专家研讨会在北京保利剧院举行。中国音乐剧研究会会长、总政歌剧团作曲家王祖皆，中央戏剧学院副院长廖向红，原国家话剧院院长周志强，总政歌舞团作曲家张卓娅等专家与文化部门领导出席研讨会。与会者认为，音乐剧《钢的琴》选材独特，主题积极，人物鲜活，呈现精彩，音乐戏剧化值得肯定。同时，为了该作品的进一步完善，与会者就剧情适度取舍、加强演唱专业性等问题提出了改进意见。

（乐　工）

【2013 北京音乐剧导·表演艺术研讨会】 8 月 11 日，由中国音乐剧孵化基地、北京大学艺术学院民族音乐与音乐剧研究中心主办的 2013 北京音乐剧导·表演艺术研讨会在北京大学举办。来自中央戏剧学院、解放军艺术学院、北京舞蹈学院、北京现代音乐研修学院、上海音乐学院等十几家艺术院校的专家、学者与国内外一线音乐剧演员代表，围绕音乐剧的导演与表演议题展开了讨论。

（乐　工）

【中央电视台青歌赛 30 年研讨会】 8 月 13 日，“坚守与创新——中央电视台青歌赛 30 年大型研讨会”在北京梅迪亚中心举行。中央电视台副台长胡恩、《光明日报》副总编辑李春林、中国音乐家协会副主席孟卫东、国家新闻出版广电总局宣传管理司副司长王丹彦、《文艺报》总编辑阎晶明、中国艺术报社社长向云驹、文化部民族民间艺术发展中心主任李松、中央电视台大型节目中心主任张晓海、中央电视台网络传播中心主任汪文斌、中央电视台大型节目中心副主任周涛、中央电视台发展研究中心副主任任学安、北京大学中文系教授张颐武、国家大剧院合唱团团长黄小曼、《光明日报》文艺部副主任李宏伟、《人民日报》高级编辑向兵、青歌赛金奖获奖歌手刘和刚与雷佳等参加了研讨会。研讨会围绕“传统文艺赛事的创新与突破”“综艺娱乐节目的雅和俗”“原创综艺节目的未来发展”等主题进行了研讨。与会者认为，青歌赛经过30年的实践和不断改革创新，完善赛制，已经成为弘扬民族艺术、普及音乐知识、发现和推出声乐人才、引领及推动中国声乐事业发展的重要平台，成为中国声乐表演的重要赛事。在当下音乐选秀节目火热流行的环境中，青歌赛保持严肃、庄重、大气的风格，体现了国家电视台的文化使命和责任担当。

（乐　工）

【中国音乐文化海外传播国际高端论坛】 12月9日，“与世界分享中国音乐——首届中国音乐文化海外传播国际高端论坛及主题音乐会”在中央音乐学院举办。本次活动旨在使中国音乐文化更好地融入世界，进一步发挥孔子学院在中国音乐文化海外传播中的积极作用。中央音乐学院党委书记、音乐孔子学院理事长郭淑兰，韩国顺天乡大学中文系教授、孔子学院院长朴炯春，中央音乐学院民乐系教授、音乐孔子学院办公室主任、音乐孔子学院理事刘月宁，美国瓦尔普莱索大学教授、孔子学院院长孟剑云等作主旨发言。

（乐　工）

【首届中关村国际音乐剧研讨会】 12月10日～11日，首届中关村国际音乐剧研讨会在北京大学英杰交流中心举行，会议主题是中国原创音乐剧的民族化和国际化。中共北京市委宣传部副部长王海平，中共北京市海淀区委常委、宣传部部长陈名杰，北京大学民族音乐与音乐剧研究中心主任周映辰，中国人民大学艺术学院副院长赵方，山西师范大学音乐学院院长孙鸣、副院长张建强，北京师范大学音乐学院教授周雪石，北京大学艺术学院副教授顾春芳，南京邮电大学传媒艺术学院副教授赵斌，北京曹雪芹学会秘书长李明新，美国孟菲斯大学教授、音乐剧导演科普兰·伍德拉夫，美国音乐剧演员斯科特·普鲁特，以及部分国产原创音乐剧的主创人员和演员参加了研讨会。与会者从“创作与制作”“教育与传播”“产业与推广”等角度进行了交流和探讨，为中国音乐剧发展提供了意见和建议。

（张燕鹰）

【2013全国乐器学研讨会】 12月21日～22日，由中国音乐学院主办，中国音乐学院音乐科技系承办的2013全国乐器学研讨会在北京九华山庄举行。来自中国音乐学院、中央音乐学院、上海音乐学院、武汉音乐学院、四川音乐学院、沈阳音乐学院及中国民族管弦乐协会等多家单位从事乐器学、乐器改良方面的30余名专家、学者到会。与会代表围绕“民族低音拉弦乐器改良与民族管弦乐队发展”的主题作了发言。2013年度国家文化科技提升计划《民族低音拉弦乐器改良》项目成员单位将各自研发的低音拉弦乐器带到会场，并进行了现场演示。

（乐　工）

纪　　念

【汪毓和逝世】 1月4日，音乐理论家汪毓和因病在北京逝世。汪毓和（1929—2013），生于江苏吴县。1955年毕业于中央音乐学院作曲系，历任中央音乐学院讲师、副教授、教授、音乐研究所所长，《人民音乐》副主编，中国音乐史学会副会长。讲授“马思聪全集”“合唱音乐史”等课程，撰有《中国近现代音乐史》等著述，参与编写《欧洲音乐史》等专著与教材。

（乐　工）

【邓丽君60周年诞辰演唱会】 1月26日，经中国台湾邓丽君文教基金会授权，由同一首歌传媒集团、北京世纪飞歌国际文化传媒有限公司、北京春夏秋冬文化发展有限公司联手打造的“同一首歌·十九亿个掌声——邓丽君诞辰60周年演唱会”在北京万事达中心举行。演唱会音乐总监卞留念，导演杨嵘，舞蹈总监陈刚，歌手沙宝亮、满文军、钟镇涛、郝歌、吉克隽逸、陈楚生、袁娅维、金莎、刘惜君、王静、念君女孩、陈佳、李伟等参加了演出。演出由中国东方演艺集团东方流行乐团、Soul side 乐队、新华交响乐团伴奏。

（乐　工）

【纪念周恩来总理115周年诞辰音乐会】 3月14日，由中国人民对外友好协会、超艺理想文化学会、大名娱乐有限公司和国家大剧院联合主办的“中国梦——纪念周恩来总理诞辰115周年音乐会”在国家大剧院举办。整场音乐会以“中国梦”为主题线索，分为家国梦、世界梦和民族梦三大篇章，对已故中国总理周恩来进行了缅怀和歌颂。

（乐 工）

【纪念王洛宾主题活动】 3月14日，“纪念王洛宾主题活动”在北京市东城区方家胡同46号院举行。活动由民谣音乐人洪启发起，每年都在王洛宾忌日——3月14日如期举行。2013年活动的主题是纪念王洛宾创作的歌曲《高高的白杨》，这是王洛宾为同狱维吾尔族青年吾甫尔江的新娘阿依古丽写的一首纪念歌曲。活动现场没有炫目的舞台，没有明星，只有一两把木吉他和清淡质朴的歌喉。新疆生产建设兵团歌舞团演唱队的女歌手李秀莲演唱了这首歌曲。

（乐 工）

【纪念李叔同创作第一首合唱曲100周年音乐会】 5月21日，由中国文联、中国音协、国家大剧院共同主办，中国音协合唱联盟承办的“中国合唱100周年——纪念李叔同创作第一首合唱曲100周年音乐会”在国家大剧院音乐厅举办。1913年，李叔同用五线谱的形式公开发表了中国人运用西洋作曲技法写成的第一首合唱作品《春游》。国家大剧院合唱团、中国人民解放军合唱团、中国音协合唱联盟经典合唱团、武警男声合唱团在吴灵芬、徐锡宜、郑健、李玉宁的指挥下，演绎了《春游》《送别》《毕业歌》《祖国歌》《大江东去》《黄水谣》《全世界无产者联合起来》《满江红》《游击队歌》《我像雪花天上来》《半个月亮爬上来》《天路》《同一首歌》等在中国近现代各个历史时期创作的、具有代表性的经典合唱作品。

（乐 工）

【中国爱乐乐团建团13周年庆典音乐会】 5月25日，中国爱乐乐团建团13周年庆典音乐会在北京保利剧院举行。音乐会演唱了《音乐之声》《飞燕金枪》《波吉与贝丝》《窈窕淑女》等百老汇经典音乐剧歌曲。美国女高音歌唱家黛博拉·沃伊特参加了演出。

（乐 工）

【李遇秋逝世】 6月14日，作曲家李遇秋因病在北京逝世。李遇秋（1929—2013），生于河北省深泽县。1945年在晋察冀军区抗敌剧社（战友歌舞团前身）学拉手风琴。1950年入上海音乐学院作曲系学习，毕业后回战友歌舞团工作。主要作品有：歌曲《一壶水》《祖国的早晨》，大合唱《八一军旗高高飘扬》《静静的山谷》，组曲《都市之声》，手风琴曲《天女散花》《红叶抒怀》，小合唱《生长在祖国的怀抱里》，男女声二重唱《各族人民心向党》、《长征组歌》之《红军不怕远征难》等。曾任军区政治部战友歌舞团副团长。

（乐 工）

【杨文涛逝世】 6月10日，手风琴演奏家杨文涛因病在北京逝世。杨文涛（1936—2013），生于山东蓬莱。1949年6月后学习手风琴演奏，曾为多位歌唱家伴奏《献给北京的歌》《我和班长》《师长有床绿军被》《我爱这蓝色的海洋》等歌曲，创编作品有《水兵进行曲》《前进！我们的战舰》《火车向着韶山跑》等独奏、重奏曲；著有《手风琴技巧训练》等，出版有通俗曲集《再现悠扬》《手风琴抒情歌曲伴奏集》等。为海政歌舞团国家一级演员，全国乐器考级专家评审委员。

（乐 工）

【陈贻鑫逝世】 7月26日，指挥家陈贻鑫因病在北京逝世。陈贻鑫（1926—2013），生于武汉，13岁考入重庆育才学校，学习演奏钢琴与大提琴，曾任该校音乐组主任。1954年，任中央乐团大提琴演奏员。1956年，到德国指挥专家戈斯林教授主持的指挥班学习指挥。1958年，任天津歌舞剧院指挥。1980年，调入中央音乐学院指挥系任教，曾任指挥系副主任。创作有合唱《谷子在仓里叫》，独唱《我爱天安门广场》《啊，心帆》，管弦乐曲《抗战随想曲》，交响诗《抗洪凯歌》等。著有《指挥法基础》，与妻子龚琪合著《管弦笔耕共交响》，译有《指挥法的基本规则》，编有《外国著名指挥家词典》等。培养了邵恩、翁维智、邹小龙、张春和、王诺文、卞祖善、郑健、曹丁等指挥家，大提琴家林应荣、宗柏，钢琴家李其芳、钟慧、唐重庆，作曲家施咏康、徐锡宜等音乐人才。

（乐 工）

【纪念威尔第200周年诞辰歌剧音乐会】 8月22日～23日，国家大剧院纪念威尔第200周年诞辰歌剧音乐会在国家大剧院歌剧院上演。音乐会演出了威尔第10部经典作品中的24个精彩唱段。音乐会由吕嘉指挥，意大利歌唱家罗贝托·斯坎迪乌齐、伊丽莎白·马托斯和佛朗哥·瓦萨洛罗贝托·斯坎迪乌齐、伊丽莎白·马托斯、佛朗哥·瓦萨洛、杨光、魏松、迪里拜尔、袁晨野、和慧、戴玉强、孙秀苇等十位优秀的华人歌唱家以及大剧院合唱团、交响乐团参加演出。指挥吕嘉。

（乐 工）

【纪念威尔第与瓦格纳200周年诞辰音乐会】 10月4日，纪念威尔第与瓦格纳200周年诞辰音乐会在国家大剧院举办。指挥家余隆携和慧、康姆罗茜等中外歌唱家为观众献上了两位歌剧大师的经典作品。上半场演出了瓦格纳歌剧《唐豪瑟》《特里斯坦与伊索尔德》中的序曲和精华唱段，下半场由《命运之力》《西西里晚祷》《弄臣》《阿依达》等威尔第经典剧目中的唱段组成。

（乐　工）

【百年光未然作品朗诵音乐会】 10月29日，由中国作协主办的百年光未然作品朗诵音乐会在中国现代文学馆举行。众多表演艺术家和光未然的亲朋好友，以诗歌朗诵的形式共同纪念他。音乐会主题为“黄河的歌者，长江的儿子”，朗诵了光未然的诗歌、歌词，演唱了《黄河大合唱》的部分选段。

（乐　工）

【纪念李凌百年诞辰系列活动】 12月10日～11日，由中国文联、中国音协、中国交响乐团、中国音乐学院、中央音乐学院等李凌生前工作过的单位共同主办的“跋涉人生——纪念李凌百年诞辰”系列活动在北京举行。活动包括在人民大会堂举行的“跋涉人生——纪念李凌先生诞辰百年座谈会暨系列图书首发仪式座谈会”，在北京音乐厅举行的“百年琴思——中国交响乐团纪念李凌百年诞辰音乐会”和“李凌音乐思想纪念研讨会”。

（乐　工）

【纪念毛泽东120周年诞辰音乐会】 12月25日，由国家大剧院和中国音乐家协会联合主办的“人民的毛泽东——纪念毛泽东诞辰120周年音乐会”在国家大剧院举行。中国爱乐乐团、国家大剧院合唱团、中国歌剧舞剧院歌剧团参加演出，指挥余隆。音乐会演唱了歌颂毛泽东的《东方红》《浏阳河》《延安颂》《毛主席的恩情比山高比水深》《金瓶似的小山》，以及毛泽东诗词《七律·长征》《沁园春·雪》《卜算子·咏梅》《清平乐·六盘山》《浪淘沙·北戴河》《蝶恋花·答李淑一》等音乐作品，音乐会还为观众表演了《人民万岁》《人民的毛泽东》等配乐诗朗诵。

（乐　工）

出　版

【《中国艺术歌曲曲选》】 1月，文化部艺术司组织相关专家编辑的《全国声乐比赛参考曲目丛书》之《中国艺术歌曲曲选（上、下卷）》由文化艺术出版社出版。丛书邀请音乐界专家多次论证，收录了历届全国声乐比赛艺术歌曲参考曲目数十首，体现出国家级赛事在音乐艺术发展领域发挥的示范性、代表性和导向性作用。

（乐　工）

【《马思聪百年诞辰纪念文集》】 3月，王次炤任主编、戴嘉枋任执行主编的《马思聪百年诞辰纪念文集》由中央音乐学院出版社出版。该文集记录了在马思聪百年诞辰纪念活动中音乐界领导和嘉宾的纪念会致辞，同时收入了多位学者对马思聪作品与生平研究的学术成果。

（余　原）

【《中国民乐室内乐教程（现代卷）》】 3月，兰维薇编写的《中国民乐室内乐教程（现代卷）》由中央音乐学院出版社出版。该套教程是中央音乐学院民乐室内乐课程的教学用书，共分为传统卷和现代卷。此为现代卷，收录了当代创作及改编作品。所选作品均在历年课堂上排练并在教学音乐会中表演过，难度适中，编制常规，适合大学课堂操作。

（乐　工）

【《纯真钢琴——美国流行钢琴大师布伦·克莱恩新世纪天籁钢琴曲集》】 4月，焦慧明、梁淇赟主编的《纯真钢琴——美国流行钢琴大师布伦·克莱恩新世纪天籁钢琴曲集》由北京体育大学出版社出版。曲集收录了美国流行钢琴演奏家演奏或创编的数十首流行钢琴乐曲，为国内流行钢琴演奏、教学与研究者提供了一手资料。

（乐　工）

【《龙之韵·独奏卷》】 4月，徐昌俊、李光华主编的《龙之韵·独奏卷》由中央音乐学院出版社出版。本书为中央音乐学院“211工程”三期建设“中国民族器乐精品创作”项目成果之一——独奏曲集，曲目由项目组委约作品和征集作品构成，包括古筝、竹笛、笙、二胡、琵琶、扬琴、民乐打击乐等十余首由不同乐器演奏的曲目。

（余　原）

【《婴幼儿音乐学习的秘密（2003版）》】 5月，美国音乐教育家与研究家戈登著，余原翻译的《婴幼儿音乐学习的秘密（2003版）》由中央音乐学院出版社出版。书中强调了自出生至五周岁是每个人音乐学习的关键期，并陈述作者近三十年来有关引导幼儿音乐学习方面的洞察和研究。书中介绍许多引发及鼓励小朋友音乐内心听觉的方法，新版的资料也解说了幼童如何学习音乐内心听觉与发展音乐理解。此外，还增添了有关幼儿音乐园之创立及组织筹划的新章节。

（余　原）

【《声乐分级教程》】 5月，隆强主编的《声乐分级教程》（全8

册）由中央音乐学院出版社出版。随着《全国普通高等学校音乐学本科专业课程指导方案》和《全国普通高等学校音乐学科专业必修课程教学指导纲要》的相继颁发，音乐师范类的声乐教学逐渐体现出与过去不同的特点。编者通过对方案和纲要的认真解读，并结合目前教学对象的实际情况，联合多所师范院校和艺术院校的师范类专业声乐教师策划、编写了这套教材。本教材曲目选编以学年为序，教学内容以文件为标准，在内涵和外延上延伸。原则上一学期一级，一学年完成两级，九至十级作为补充和提高用。

（余　原）

【《西安鼓乐释读手册》】　5月，焦杰编著的《西安鼓乐释读手册》由中央音乐学院出版社出版。书中对西安鼓乐四调和所含三种音阶进行全面的研究，并且是用图解的方法来解读乐、律、谱、器与现今的五线谱、简谱，民间的工尺谱与俗字谱乐器音位的关系。

（余　原）

【《小老鼠学五线谱》】　6月，罗宾娜和葛登·斯彼里特夫妇［奥］合著，杨沐翻译的少儿乐理入门图书《小老鼠学五线谱》（共3册）由人民音乐出版社出版。该书介绍了一些音乐知识，并通过做练习（包括填空、画乐器、猜谜、辨别正误等）循序渐进地学习五线谱及相关乐理，目的在于培养孩子对节奏和音高的感觉、对音乐语言的理解以及对音乐的热爱。

（乐　工）

【《白洋淀上的一颗民间音乐明珠：圈头村“音乐圣会”》】　6月，项阳、张国振主编的《白洋淀上的一颗民间音乐明珠：圈头村“音乐圣会”》由中央音乐学院出版社出版。圈头村音乐会始于明末清初，延续至今。其乐谱、乐曲是僧传，属北乐。乐队由笙、管、笛、云锣、鼓、镲、铙、钹、铛子等乐器组成，乐曲保留了明清时代甚至更古老的曲目，该音乐会形成以来，一直在圈头村代代相传，主要为该村丧礼、民间祭祀活动无偿服务，在民俗文化中占有重要地位。本书收集了大量图片、乐谱以及学者、媒体的评论文章，完整地记录了这一音乐圣会，对于保护和记录非物质文化遗产具有特殊意义。

（余　原）

【《古乐新生——屈家营音乐会璀璨征程》】　6月，赵复兴、胡庆军主编的《古乐新生——屈家营音乐会璀璨征程》由中央音乐学院出版社出版。屈家营音乐会是浓缩民族文化传统的吹奏打击乐，相传源于元明之际的寺院佛教音乐，它既有北方音乐的古朴粗犷，又兼备南方音乐的婉转清幽，主要用于祭祀和丧礼仪式，有管、笛、笙、云锣等传统乐器，运用“工尺”方式记谱，传承至今。该书汇集的大量图片、乐谱，完整地体现了屈家营音乐会的全貌。专家、学者和媒体的评论文章，则多方位的阐明了保护这一非物质文化遗产的意义。

（余　原）

【《东方音乐文化》】　6月，俞人豪、陈自明所著《东方音乐文化》由中央音乐学院出版社出版。本书所探讨的是除中国以外的亚洲以及与西亚属于同一乐系的北非、阿拉伯地区的音乐文化。按照音乐文化与风格的特点大体划分了四个大的区域，分别是东亚、东南亚、南亚和西亚北非。从每个地区中又选出一个国家或地区的音乐进行重点论述，依次为日本、印度尼西亚、印度和阿拉伯，同时也兼顾介绍其他一些较有特点的国家的音乐。该书的叙述对象以传统音乐为主，仅在少数国家的个别章节中涉及现代专业音乐。

（余　原）

【《首套3D式管乐队基础训练教材》】　6月，普罗亥、泽普［美］编著，张伯瑜、胡啸翻译的《首套3D式管乐队基础训练教材》由中央音乐学院出版社出版。这套乐队丛书是用三维的办法为排练而准备的，分为三个部分：调式热身、调训练、节奏训练。该书提供的全部预备训练将使每一次排练获得更多的收获和享受。其中全部的调音和热身将会减轻排练压力，达到事半功倍的效果。本套教材共有18册，分别是指挥用总谱卷、长笛卷、单簧管卷、降E中音单簧管卷、降B低音单簧管卷、巴松卷、降E中音萨克斯卷、降B高音萨克斯卷、双簧管卷、降E上低音萨克斯卷、降B短小号卷、圆号卷、长号卷、上低音（高音谱号）卷、上低音（低音谱号）卷、大号卷、鼓卷、钟琴卷。

（余　原）

【《西安鼓乐歌章》】　7月，西安音乐学院教授冯亚兰、焦杰编著的《西安鼓乐歌章》由中央音乐学院出版社出版。西安鼓乐被誉为千年活化石，其乐谱中有一种曲体体裁为歌章，是以古代诗词为歌词的唱曲。本书编者二十多年来专心研究乐曲与古代诗词的关系，译配了近三十多首古代诗词的歌章，还原了这些古代诗词的最初演唱形式，该书中选用了其中二十多首古代诗词歌章与十多首念词，使今人能够欣赏宝贵的千年古老的音乐文化艺术。

（余　原）

【《高等院校音乐教育专业实习课教程（小学一年级·上册）》】　8月，《高等院校音乐教育专业实习课教程（小学一年级·上册）》由中央音乐学院出版社出版。高等院校音乐教育专业的学生需要在就读期间，到中小学进行音乐课教学实习。该书即是为满足这一需要而编写的音乐课实习指导用书。本书按课编写，每一课都明确了教学目的，详细罗列了具体课例及具体操作过程，非常有指导意义和可操作性。

（余　原）

【《爱德华·格里格的音乐与生平》】 9月，阿凌·达尔［挪威］著、张先先翻译的《爱德华·格里格的音乐与生平》由中央音乐学院出版社出版。本书是一本关于介绍挪威民族作曲家爱德华·格里格音乐与生平的译文。该书作者曾担任挪威特罗豪根爱德华·格里格博物馆馆长13年之久，特罗豪根作为格里格的故居有大量珍贵的关于格里格的历史资料。因此，该书是一本拥有第一手资料的人物传记，不仅可以作为格里格研究的音乐学史料，也可以供广大音乐爱好者赏读。

（余　原）

【《汉唐音乐史第二届国际研讨会论文集》】 9月，《汉唐音乐史第二届国际研讨会论文集》由中央音乐学院出版社出版。该文集收录了西安音乐学院举办的第二届汉唐音乐史国际研讨会的专家论文，包括研究汉魏时期音乐文化的论文7篇，研究隋唐时期音乐文化的论文9篇。具有较高的学术价值。

（余　原）

【《文化同源　音乐异声——中日韩三位现代音乐作曲家作品及其相关历史文化探究》】 10月，中央音乐学院作曲博士、玉音坊艺术总监宝玉的博士论文《文化同源　音乐异声——中日韩三位现代音乐作曲家作品及其相关历史文化探究》由中央音乐学院出版社出版。该书从地理位置相邻、文化传统相像，有“东亚汉文化圈”或“中华文化圈”之称的东亚三国中遴选出三位年龄相当、履历相近、乐风相映，在以西方文化为主导的国际音乐舞台上各执牛耳、独具风骚的中国、日本、朝鲜三位现代音乐作曲家（周文中、武满彻和尹一桑），对他们的作品及其相关历史文化进行了跨时空、多维度的文化比较和深层的音乐创作思想的探究。

（余　原）

【《李岚清音乐作品集》】 10月，《李岚清音乐作品集》由中央音乐学院出版社出版。该书收录了他创作的《蓓蕾之歌》《鉴真东渡》《北国之恋》等作品，并由多位当代作曲家编配成不同的演奏形式。

（余　原）

【《赵紫宸圣乐专集》】 10月，赵紫宸创编的《赵紫宸圣乐专集》由商务印书馆出版。专集收录的《民众圣歌集》《团契圣歌集》《圣诞曲》和《普天颂赞》是作者多年从事创作的众多宗教音乐作品中的代表作，体现了他宗教体验的情感与音乐创作才华。

（余　原）

舞　　蹈

2013年，北京舞蹈界，在作品、演出、评奖、交流等方面都呈现出了一些新的面貌。舞蹈界的各类活动，丰富了首都的文化舞台，推进了首都舞蹈事业的发展，各类舞蹈艺术流活动也有力地促进了中外舞蹈艺术与文化的交融、互鉴。

一批立足传统文化资源、富有特色的舞蹈作品展示在首都文艺舞台。中国歌剧舞剧院创作的大型民族舞剧《孔子》，用舞蹈的艺术形式诠释了孔子的“大同理想”以及儒家伦理思想的深沉意蕴。青年舞蹈编导赵小刚、张云峰编导的舞蹈剧《肥唐瘦宋》，以娴熟的编舞技法将剧场、舞蹈、文学三者有机融合成一个整体。大型舞剧《太极图》，通过一位旅行者奔走于世界各地的表演，将太极融入个人生活的故事，展示了东方文化特有的神韵。

一批新锐作品也不断刷新人们的视觉感受。北京雷动天下现代舞团制作的青年艺术家现代舞作品专场——《秋分》，展现了舞团新一代舞者朝气蓬勃的风貌。青年编舞家史晶歆和她的“歆舞界·艺术实验室”上演的《双城》，用身体语言讲述了上海与北京这两座城市的变迁。王亚彬的新作《生长》，关注自然和人类的生长，同样具有实验性。北京当代芭蕾舞团的舞剧《夜宴》，改编于《哈姆雷特》和电影《夜宴》，用舞蹈的语言重新讲述一个关于爱情和生死的故事。

各类舞蹈演出活动缤纷绚烂。中央芭蕾舞团的贺岁芭蕾舞剧《过年》增添了浓重的中国“年味儿”。中央芭蕾舞团根据音乐史上极具分量的名作而推出的芭蕾作品《春之祭》《波莱罗》《火鸟》，让人们观赏到音乐之外的舞蹈经典。国家大剧院举办“中国舞蹈十二天”系列演出，为观众呈现了6台12场优秀青年编舞家作品。“北京舞蹈双周”上，来自世界各地的17台精彩节目为舞蹈双周增添了新的魅力。东方歌舞团有限公司推出的舞蹈晚会“天涯若比邻”，首次尝试以演出制作费入股的形式，与演出经纪商进行战略合作，开创了全国演出界的先河。中央芭蕾舞团排演了纽里耶夫版大型三幕古典芭蕾舞剧《堂·吉诃德》，这部舞剧被公认为“一块检验芭蕾舞演员表演能力与才华的试金石”。首届中国国际芭蕾演出季，中外院团带来了各自的精品节目，如上海芭蕾舞团的《简·爱》，广州芭蕾舞团的《吉赛尔》，辽宁芭蕾舞团的《末代皇帝》，俄罗斯国家芭蕾舞团的《天鹅湖》，北京当代芭蕾舞团的《夜宴》、美国亚特兰大芭蕾舞团的《芭蕾精品荟萃》、瑞士贝嘉鲁德拉精英舞蹈学校的《精品晚会》、中央芭蕾舞团的《小美人鱼》等。第十一届北京国际戏剧·舞蹈演出季，100余场国际化、高品质剧目在2013年北京秋冬的舞台留下了浓墨重彩的一笔，为首都观众的文化艺术生活增添了亮色。张继钢推出的大型音画舞剧《千手观音》，使得传统题材的演绎有了国际水准。来自台湾的云门舞集的《九歌》，对屈原的作品进行了全新的阐释。香港舞蹈团的《兰亭·祭侄》，以舞蹈的语言表现了中国书法史上“天下第一行书”“天下第二行书”的意境之美与思想内涵。中央音乐学院与北京舞蹈学院协同创新培养高端舞蹈创编人才计划成果汇报音乐舞蹈晚会——“音舞集”给现场观众留下了美好的印象。

各类赛事、评奖促进了舞蹈事业的发展。第十三届北京舞蹈大赛上，共有26个作品获金奖，40个作品获银奖，65个作品获铜奖。第二届北京国际芭蕾舞暨编舞比赛来自世界各地的近百位选手在国家大剧院展开激烈的角逐。由中国国际标准舞总会、北京市文学艺术界联合会联合主办的第15届CBDF国际标准舞“院校促进杯”公开赛，有近1000对全国各地国际舞专业院校和普通高校的学生参加了比赛。第七届“小荷风采”全国少年儿童舞蹈展演展示了近年来少儿舞蹈创作方面的丰硕成果。“舞动北京——群众舞蹈大赛”原创精品节目展上，《雷锋精神代代传》《梦天桥》《月韵荷花》《美酒献给最亲的人》《中国鼓》等节目令人印象深刻。

各类研讨、讲座活动，不断深化人们对舞蹈艺术、舞蹈规律的认识。第二届国际创意舞蹈研讨会以“创意”为主线，探讨在舞蹈教育、舞蹈发展等问题中呈现的新动态与新趋势。2013舞蹈教育与科学研习会，汇集了海内外的舞蹈、运动科学、医学等领域的百余位专家、学者，全面探讨国内外舞蹈教育与科学的发展现状及趋势，推介前沿性理论实践研究成果，强化舞蹈教育科学化理念。

总政歌舞团建团60周年理论研讨会，深入总结和梳理了总政歌舞团60年来在音乐、舞蹈、舞美等领域取得的巨大成就。60年来，总政歌舞团一直致力于弘扬主旋律，忠实服务军队和人民群众，坚持以人民为中心的创作导向，尊重人才和艺术规律并紧跟时代发展的潮流，是我国文化艺术领域的一面旗帜。

对外交流不断增进了中外舞蹈文化的交融、互鉴。美国芭蕾舞剧院九位首席演员来华演出，带来的《你的眼神让我沉醉》《摩尔人的帕凡舞》《牛仔竞技》等节目，展示了美国舞蹈的多元性、现代性与通俗性。新西兰皇家芭蕾舞团的《吉赛尔》，柏林芭蕾舞团的《仙媛》，西班牙的《卡门》，蒙特卡洛芭蕾舞团的《罗密欧与朱丽叶》，《大河之舞》的姊妹篇《舞起狂澜》，瑞士日内瓦大剧院的《吉赛尔》，智利圣地亚哥国家芭蕾舞团的《卡门》，不断装扮着北京的舞蹈演出市场。北京现代舞团的舞剧《二十四节气·花间十二声》，在以色列首都特拉维夫展示了中国文化中古老的时间观念和春夏秋冬四季的变化。现代大型舞剧《牡丹亭》在悉尼用优美的舞蹈诠释发生在中国400年前的“人鬼情未了”的故事。中央芭蕾舞团的《天鹅湖》在巴黎夏特莱剧院的激情演绎展示了中国经典芭蕾艺术的整体风貌。

（郭　涛）

作　品

【现代舞《白夜》】 4月12日~14日，由北京雷动天下文化发展有限公司出品的现代舞《白夜》在雷动天下剧场上演。作品在70分钟的时间内，在白与黑之间的色彩“过渡地带”演绎了不同的色彩质感。编舞汪圆清，北京雷动天下现代舞团舞者演出。

（郭　涛）

【中国版芭蕾舞剧《春之祭》】 5月9日~11日，为纪念斯特拉文斯基《春之祭》首演100周年，由中央芭蕾舞团制作并演出的中国版芭蕾舞剧《春之祭》在国家大剧院首演。该剧讲述一个部落里的人们，依据传统在冬去春来之际，通过古老游戏方式，选出一个少女作为献给大地之神的神圣礼物，以此来迎接春天到来的故事。编导王新鹏，主演曹舒磁、马晓东等。

（郭　涛）

【舞蹈剧场《肥唐瘦宋》】 5月18日~19日，由北京闲舞人文化传播有限公司、北京闲舞人工作室出品的舞蹈剧场《肥唐瘦宋》在天桥剧场演出。该剧用舞蹈肢体作为语言，游走于唐诗、宋词的字里行间。编导赵小刚、张云峰，舞者武巍峰、朱磊、刘畅、李超、胡阳、姜巍、贺梦娇、李或彧、王念慈、王瑶、张云峰、曾明、刘萌萌，特邀舞者刘陆、阮伟旌。

（郭　涛）

【功夫舞剧《门》】 6月10日~11日，功夫舞剧《门》在北京大学百周年纪念讲堂上演。编导刘璐。整段舞蹈时长50分钟，首先是一段街舞感的“门”舞，随后邀请五位观众上台随机开启一扇门，进入不同的“寻宝旅程”，五段寓意深刻的舞蹈依次呈现，分别是：设计源自佛家典故“三不猴”的钟摆舞，脱胎于民间最古老舞蹈潮州英歌舞的鼓棒舞，采用咏春拳抵御心魔的影镜舞，来自内家拳太极八卦和形意的太极八卦舞以及运用京剧招牌水袖功的水袖舞。

（郭　涛）

【舞剧《警幻绝》】 7月2日，为纪念曹雪芹逝世250周年，原创舞剧《警幻绝》在天桥剧场演出。该剧取材于《红楼梦》，讲述宝玉梦游太虚幻境的故事。舞剧通过“太虚幻境”的意象，表现唯有东方美学才能意会的生命体悟。导演赵梁，北京9当代舞团演出。

（郭　涛）

【民族舞剧《孔子》】 8月16日~17日，由中国歌剧舞剧院创作的大型民族舞剧《孔子》在国家大剧院歌剧院上演。全剧分为《序·问》《乱世》《绝粮》《大同》《仁殇》《尾声·乐》六部分，以孔子生命中最重要的几个片段，中国人耳熟能详的代表性事件为切入点，讲述了孔子周游列国的历史故事。剧中，演员们通过独舞、双人舞、三人舞三种形式，从不同角度诠释了君、臣、妃之间的戏剧关系，体现孔子的“大同理想”以及儒家伦理思想的深沉意蕴。在舞蹈的设计上也是对春秋战国舞蹈进行了改良，这样既充分体现了古典韵味又赋予了舞蹈新的创意。编剧、导演孔德辛，主演胡阳、唐诗逸。

（郭　涛）

【舞蹈剧场《双城》】 8月16日~17日，歆舞界·艺术实验室在国家大剧院小剧场上演《双城》。该剧由当代舞《圆明园》（编舞史晶歆，舞者项玉洁、乔靖宇）和舞蹈剧场《活着就好》（导演、编舞史晶歆，舞者王佳馨、袁文彬、史晶歆）两个风格不同的作品组成。整台演出借助实验音乐、环境空间、戏剧表演、声音文本、纪实影像、舞台装置等不同媒介，用身体语言分别演绎了北京和上海这两座城市的变迁。

（郭　涛）

【现代舞专场《秋分》】 9月13日~14日及20日~21日，由北京雷动天下现代舞团制作的青年艺术家现代舞作品专场——《秋分》在雷动天下舞团剧场公演。《秋分》是雷动天下年轻艺术家们最新创作的试验场，由12位年轻编导的12部作品组成的2台演出。《秋分》之一（13日~14日）演出的6个舞蹈分别为：《原色·桃色》（编舞刘吟涛，舞者刘吟涛、谢勇超）、《线索》（编舞汤婷婷，舞者汤婷婷、胡沈员）、《如果不是，为什么?》（编舞、舞者谢勇超）、《端》（编舞李玥，舞者李玥、訾伟）、《听说》（编舞钱琨，舞者张鹤腾）、《回》（编舞钱琨，舞者李玥、汤婷婷、刘吟涛、谢勇超、李可华、龚兴兴、扎西旺加、阿迪亚、郭伟、高扬）；《秋分》之二（20日~21日）演出的6个舞蹈分别为：《流沙》（编舞、舞者龚兴兴）、《头撞地》（编舞许一鸣，舞者许一鸣、谢欣）、《巴别塔》（编舞、舞者郭伟）、《迈》（编舞阿迪亚，舞者阿迪亚、李玥）、《眼泪》（编舞、舞者宋婷婷）、《时间线》（编舞扎西旺加，舞者汤婷婷、刘吟涛、谢欣、谢勇超、李可华、龚兴兴、钱琨、扎西旺加、阿迪亚、郭伟、高扬）。

（郭　涛）

【舞剧《情·缘》】　11月9日~10日，由北京舞蹈学院出品的舞剧《情·缘》在国家大剧院演出。舞剧以徐志摩与张幼仪、林徽因、陆小曼三位女性的三段情感纠葛为主线，用肢体语言表达出了“有缘无情、有情无缘、有情有缘却错失所爱”的情愫与无奈。该剧以双人舞为核心舞段，以独舞刻画人物内心的悲喜、纠结和无奈，而三人舞则加强了舞作的层次和矛盾点，使得人物关系更加丰富。总导演邓一江，北京舞蹈学院青年舞团演出。

（郭　涛）

【舞剧《生长》】　11月14日~15日，舞剧《生长》在国家大剧院进行首轮演出，这是王亚彬品牌作品“亚彬和她的朋友”的第五季。作品关注自然和人类的生长，以“结构的初始和创作的初始”为主题，表现了基因的聚合、分裂、再聚合而形成的结构，并以树为喻，呈现过去与现在、现在与未来、过去与未来的关系，以及生长与环境的关联。该剧由王亚彬与比利时艺术家西迪·拉比·彻克奥维共同创作。

（郭　涛）

【舞剧《夜宴》】　12月3日，由北京当代芭蕾舞团、上海百老汇剧院管理公司推出的舞剧《夜宴》在天桥剧场首演。此剧改编于莎士比亚戏剧《哈姆雷特》及冯小刚电影《夜宴》，该剧由原著中汲取出王魂、新王、母后、王子及花灵几个主要人物，重新塑造了一个关于生死与爱情的故事。编导王媛媛，北京当代芭蕾舞团演出。

（郭　涛）

演　出

【贺岁芭蕾舞剧《过年》上演】　1月8日~10日，中央芭蕾舞团在天桥剧场上演贺岁芭蕾舞剧《过年》。该剧是中国版《胡桃夹子》新的名称。首演于1892年的芭蕾舞剧《胡桃夹子》是俄罗斯芭蕾学派的典范。2000年，中央芭蕾舞团将中国元素融入该剧，推出中国版《胡桃夹子》；2010年，又推出了中国版第二版的贺岁芭蕾舞剧《胡桃夹子》。2013年，该剧正式更名为《过年》。中芭将该剧搬上新年档期，意在用中国新年元素绘制一幅属于中华民族喜迎新年的芭蕾画卷。

（郭　涛）

【音乐舞蹈晚会“音舞集”】　4月7日~8日，中央音乐学院与北京舞蹈学院协同创新培养高端舞蹈创编人才计划成果汇报音乐舞蹈晚会——“音舞集”，分别在中央音乐学院、北京舞蹈学院各上演一场。晚会上，《光阴的故事》《母亲》《梅·枝》等11个由中央音乐学院作曲系的学生负责编曲，北京舞蹈学院舞蹈编导系的学生负责舞蹈排演的节目，以自身的音乐特点和舞蹈语言，展示了学生们的创编成果。

（郭　涛）

【中芭第四届芭蕾创意工作坊晚会】　4月19日~20日，中芭第四届芭蕾创意工作坊晚会在天桥剧场上演。晚会的主题为“温故·知新”，集中呈现给观众前三届芭蕾创意工作坊部分优秀编导作品，并推出两个新创作品。“温故”部分包括张镇新编导的《天黑请闭眼》，李俊编导的《白蛇·人间》，余波、邢亮编导的《极》，王琪、邢亮编导的《你是谁?》。“知新”部分包括费波编导的《纪念碑》，旅德华人舞蹈编导、德国多特蒙德国家芭蕾舞团团长兼艺术总监王新鹏在传统芭蕾舞剧《天鹅湖》基础上创编的一段《白天鹅与王子双人舞》。

（郭　涛）

【中芭举行赈灾义演】　4月20日，中央芭蕾舞团第四届芭蕾创意工作坊晚会在天桥剧场举行。为了向四川芦山地震灾区人民献上一份爱心，中央芭蕾舞团决定将当晚演出作为赈灾义演，把全部票房收入捐给灾区。

（郭　涛）

【2013北京舞蹈双周】　7月14日~26日，由北京雷动天下现代

舞团、广东现代舞团、香港城市当代舞蹈团联合主办的2013北京舞蹈双周在北京举行。来自世界各地的17台节目分别在“青年舞展”“另类平台”“焦点舞台”三个板块中呈现。“青年舞展”上演了55个年轻编舞的原创作品，表现了国内外新生代的鲜活创意。“另类平台”主要展现当今国际上有特别创意，又跟主流大相径庭的舞蹈作品，呈现了欧美小剧场实验、先锋作品的潮流及方向。“焦点舞台”则集中展示了北京雷动天下舞团的《满江红·踏莎行》、以色列玛利金刚舞蹈团的《开启源代码》、香港城市当代舞蹈团与挪威编舞伊娜·约翰内森合作的《野鸭·女孩》、德国吉森舞蹈团的现代爵士版《麦克白》、广东现代舞团的《运动逻辑移植报告—2013》、芬兰苏珊兰娜尼舞蹈团的《心路潜行》等作品。

（郭　涛）

【首都艺术家走基层“舞之梦·中国梦”系列演出】　7月26日~9月17日，由北京舞协组织的“让艺术为中国梦插上腾飞的翅膀——首都艺术家走基层‘舞之梦·中国梦’”活动分别在大兴驻地部队、房山燕山石化、北京医院、顺义牛栏山一中、东城东花市社区进行了5场演出。观摩观众5000多人，参演演员620人次，舞蹈家陈爱莲等随同下乡演出。

（郭　涛）

【国家大剧院2013“中国舞蹈十二天”系列演出】　7月30日~8月31日，国家大剧院推出2013年的“中国舞蹈十二天”系列演出。在系列演出的12天中，6台节目各演2场。6台节目分别是北京现代舞团《三更雨·愿》，陶身体剧场数位系列的《2》《4》，张晓雄作品《春之祭·离骚》，歆舞界舞蹈剧场作品《双城》，北京9当代舞团的《玫瑰之名》和上海歌舞团、东方青春舞蹈团的《舞集·大地》。

（张燕鹰）

首都艺术家走基层演出

【舞蹈晚会《天涯若比邻》】　9月1日，由中国东方演艺集团新成立的子公司“东方歌舞团有限公司”推出的舞蹈晚会“天涯若比邻”在世纪剧院上演。晚会根据非洲、阿拉伯、西班牙、印度、韩国、中国等国家和地区的传统舞蹈元素编舞，在《INDIA·心灵的香气》《AFRICA·我们的庆典》《ARAB·沙漠的花朵》《KOREA·啊，大长今》《SPAIN·激情安达卢鲁西亚》和《CHINA·海内存知己》6个单元中，展现了各地不同的民族舞蹈文化。

（郭　涛）

【中芭复排《堂·吉诃德》】　9月11日~15日，为纪念纽里耶夫诞辰75周年、逝世20周年，中央芭蕾舞团在北京天桥剧场上演了再次复排的纽里耶夫版大型三幕古典芭蕾舞剧《堂·吉诃德》。导演张卫强。

（郭　涛）

【新人新作芭蕾荟萃专场演出】　9月18日，中央芭蕾舞团“心灵守望——新人新作芭蕾荟萃”专场演出在北京大学百周年纪念讲堂举办，演出集中展示了该团新创排的作品和芭蕾新星。《萨拉班得男子四人舞》、古典芭蕾舞剧片段《海盗》双人舞、年轻编导张镇新编创的现代芭蕾舞《天黑请闭眼》及驻团编导费波编创的现代芭蕾舞《波莱罗》4部作品各具特色，全面展示了中芭青年编导队伍的实力。

（郭　涛）

【2013首届中国国际芭蕾演出季】　11月1日~12月31日，由中央芭蕾舞团主办，中芭演出公司和天桥剧场承办的2013首届中国国际芭蕾演出季在天桥剧场举办。演出季进行了30多场演出，演出节目有上海芭蕾舞团的《简·爱》，广州芭蕾舞团的《吉赛尔》，辽宁芭蕾舞团的《末代皇帝》，俄罗斯国家芭蕾舞团的《天鹅湖》，韩国国立芭蕾舞团的《卡门》《阿莱城的姑娘》，北京当代芭蕾舞团的《夜宴》，苏州文化艺术中心芭蕾舞团的《罗密欧与朱丽叶》，天津芭蕾舞团的《海侠》，中央芭蕾舞团的《过年》《小美人鱼》，以及美国亚特兰大芭蕾舞团的芭蕾精品晚会，瑞士贝嘉鲁德拉精英舞

蹈学校的精品晚会等。

（郭　涛）

【敦煌壁画伎乐天男子舞展演】 11月2日，“敦煌壁画伎乐天男子舞学术展演”在国家大剧院小剧场举行。展演包括：启示·冥想、伎乐护法三十六姿、伎乐天三十六姿、妙音伽陵频迦、反弹琵琶品、降魔金刚、飞天长绸技、敦煌健舞八个部分。北京舞蹈学院教授史敏通过一边是舞台表演，一边是旁白解读的形式，引导观众鉴赏敦煌舞蹈和敦煌艺术。

（郭　涛）

会议、活动

【舞蹈艺术家赴顺义开展“学雷锋”活动】 3月5日，北京舞蹈家协会为了纪念毛主席“向雷锋同志学习”题词发表50周年，深入落实“走、转、改”精神，组织舞蹈艺术家赴顺义区开展“学雷锋”志愿服务活动。舞蹈家们到顺义区后沙峪镇万科社区城花舞蹈队和顺义区老干部舞蹈团指导，观看了顺义区杨镇中心小学孩子们表演的少儿舞蹈《快乐的狮子》，并为国标舞爱好者作了现场表演和指导。北京舞协名誉副主席李毓珊，为顺义舞蹈家协会部分会员进行关于创编舞蹈的讲座，并亲自为顺义社区舞蹈队的排练进行现场指导和示范。文联党组副书记张光一，北京舞协驻会副主席兼秘书长王晨，副秘书长李成福，顺义区文联主席高源，顺义区文联副主席、舞蹈家协会主席王玉玺等参加了活动。

（郭　涛）

【“足尖上的绚丽·感受芭蕾之美”讲座】 3月7日，中国舞协主席赵汝蘅携张剑、盛世东、邱芸庭和武思聪四位演员，在中国文艺家之家为中国文联的女职工举行了一场题为“足尖上的绚丽·感受芭蕾之美”的芭蕾舞讲座。演讲中赵汝蘅通过播放短片、现场演示等手段为观众讲述了芭蕾舞从兴起到发展的历程，也为观众呈现了芭蕾舞在传入中国之后，在中国舞蹈人一代代的努力下所赋予的民族色彩。

（郭　涛）

【中国国标舞总会“院校促进杯”国际著名导师讲座】 3月25日，中国国际标准舞总会“院校促进杯”国际著名导师讲座在北京举行。世界舞蹈理事会荣誉会长、世界锦标赛和英国UK公开赛主办人罗宾·肖特［英］，英国舞者联盟主席、前世界职业摩登舞冠军黑池舞蹈节评审肯尼·威尔士［英］，以及黑泽尔·纽贝里［英］、迈克尔·巴尔［英］、奥古斯托·夏沃［意］、阿兰·弗莱切［英］、凯伦·哈迪［英］、尤卡·哈帕莱宁［芬］、汉斯·高科［德］、迈克尔·马林托斯基、乔安娜·兰尼［波兰］、维克多·冯/安娜斯塔斯亚·穆拉维耶娃［美］等就《舞蹈的音乐性》《具有节奏性的动作和充满韵律感的舞蹈》《编舞的目的》《拉丁舞的基本技术》《与舞伴的合作》《关于编舞》《舞蹈中的运动力学》《舞伴和舞伴的关系》《摩登舞的基本技术》《舞蹈的风格与它的动力性》《如何来呈现摆荡的舞蹈》《舞蹈的艺术性》等专题进行了讲解。来自全国各地的中国国标舞总会的WDC的评审、国家A级评审和各地的国标舞专业老师与职业选手等共130余人听取了讲座。

（郭　涛）

【舞蹈家赴宋庄镇疃里村惠民服务】 4月11日，北京舞蹈家协会组织了北京舞蹈家赴通州区宋庄镇疃里村开展“面向基层、面向大众”的惠民服务活动。舞蹈家们对社区创编的舞蹈作品进行点评指导，并针对适合社区百姓学习的新创舞蹈进行排练。北京市文联党组副书记张光一、通州区文联主席杜德久参加了活动。

（郭　涛）

【中国歌剧舞剧院与中戏签署培养舞剧表演人才协议】 7月18日，中央戏剧学院与中国歌剧舞剧院共同签署《中国歌剧舞剧院与中央戏剧学院合作培养2014级舞剧表演本科班协议》。中央戏剧学院院长徐翔、书记刘立滨、舞剧系（筹）主任沈培艺，中国歌剧舞剧院副院长张亚峰等出席签字仪式。根据协议，双方本着“联合招生、共同培养”的原则，在2014年面向全国招收30名学生，学制5年。中央戏剧学院颁发教育部统一核发的毕业证书；对符合学位授予条件的学生，授予艺术学学位并颁发学位证书。学生毕业时，中国歌剧舞剧院将秉持“双向选择、择优录用”的原则，对该班成绩优异的学生进行招录。

（郭　涛）

【中国国际标准舞总会第二次全国代表大会】 8月14日，中国国际标准舞总会第二次全国代表大会在北京会议中心举行，近百名来自全国各地的国标舞从业者代表参会。会议审议通过了中国国际标准舞总会的工作报告，修订了《中国国际标准舞总会章程》，选举产生了第二届理事会。中国文联副主席杨承志当选为中国国际标准舞总会新一届主席，中国舞蹈家协会分党组副书记、秘书长、博士生导师罗斌，中央电视台戏曲、音乐部主任频道总监郎昆，北京军区战友文工团艺术指导、国家一级编导赵明，原港龙舞蹈文化机构主席王永刚，北京舞蹈学院研究生部主任教授赵铁春当选为副主席，王永刚兼秘书长。原文化部副部长、中国文联党组书记高占祥为名誉主席，舞蹈家贾作光为终身荣誉主席。聘任王镇、吕艺生、季晓明、朱良津、胡珍、曾庆淮、朱德方为顾问。

（郭　涛）

【中国舞蹈家协会街舞委员会成立大会】　9月16日，首届中国舞蹈家协会街舞委员会成立大会在北京长白山国际酒店召开。出席成立大会的领导有全国政协委员、中国舞蹈家协会分党组书记、中国舞蹈家驻会副主席冯双白，中国舞蹈家协会分党组副书记、秘书长罗斌，中国舞蹈家协会街舞委员会发起人夏锐，以及来自北京、上海、广州、长沙、武汉、济南、吉林等地共30多名中国街舞文化推广者的代表。大会确定并通过了《中国舞蹈家协会街舞委员会章程（草案）》以及首届中国舞蹈家协会街舞委员会常务理事以上的领导班子名单。选举冯双白为名誉主任，罗斌为主任，夏锐为常务副主任。

（郭　涛）

评奖　比赛

【第15届CBDF国际标准舞“院校促进杯”公开赛】　3月21日～24日，由中国国际标准舞总会、北京市文学艺术界联合会联合主办的第15届CBDF国际标准舞“院校促进杯”公开赛暨北京轮椅舞公开赛在地坛体育馆举行。来自全国各地国标舞专业院校和普通高校的60余支参赛团队近1000对学生及来自国内外的数十对轮椅舞选手参加了比赛。本届“院校促进杯”公开赛除了设置职业组、业余组（甲A组）外，还主要为21岁以下各年龄段的学生设立了组别，让不同年龄的学生进行公平的比赛，并首次增加了由残疾人士参与的国标舞即轮椅舞比赛。杨超、谭轶凌获职业组摩登舞冠军，赵亮、苏薇塔获职业组拉丁舞冠军，何艟、单菁获甲A组摩登舞冠军，王棘、潘健卉获甲A组拉丁舞冠军。比赛还邀请了北京舞蹈学院、北京国际标准舞研修学院、广州市艺术学校、广东文艺职业学院等国际舞专业艺术院校展示了各自的国标舞教学课程。

（郭　涛）

【第二届北京市老年舞蹈大赛颁奖】　4月22日，由北京市老年艺术协会、北京舞蹈家协会、中国网络电视台喜乐乐频道、北京广播电视报社等单位联合主办的“春舞京华”2013第二届北京市老年舞蹈大赛颁奖晚会在北京剧院举行。东方印象舞蹈团演出的《袖舞蹁跹》等20个作品获得金葵花奖，北京朝鲜族老年协会舞蹈团的《书生舞》等48个作品获得银玉兰奖，欣艺舞蹈团的《陕北的婆姨黄河的汉》等48个作品获得铜黄玫瑰奖。全国人大常委会原副委员长何鲁丽，北京市政协原主席王大明，北京市原副市长胡昭广，北京市老年艺术协会会长朱祖朴和北京广播电视报社社长李浩等为获奖团队颁奖。本次大赛共有来自北京各区县、机关、军队和社区的170多支老年舞蹈队报名参加，参赛队员的平均年龄超过60岁，比赛的舞蹈有民族舞、拉丁舞、健身舞和自创编舞蹈等种类。

（郭　涛）

【第二届北京国际芭蕾舞暨编舞比赛】　7月5日～13日，由文化部认定，北京市政府支持，中国国家大剧院主办的第二届北京国际芭蕾舞暨编舞比赛在北京举行。比赛分为古典芭蕾部分和编舞部分比赛，古典芭蕾比赛年龄限制在17岁至26岁之间，编舞比赛年龄限制在18岁至40岁之间，参赛选手必须是专业演员或专业编舞。来自世界各地的近百位选手参加了比赛。来自中国的武思聪、邱芸庭获得古典芭蕾少年组金奖，杨畅获得编舞组金奖。比赛期间，还开展了论坛、国际级名家授课等活动。

（郭　涛）

【第十三届北京舞蹈大赛颁奖】　7月7日，由北京市文联主办，北

第十三届北京舞蹈大赛颁奖仪式

京舞蹈家协会承办的第十三届北京舞蹈大赛决赛颁奖晚会在国安剧场举行。大赛共有31个作品获金奖，56个作品获银奖，80个作品获铜奖，115个作品获优秀奖，2个节目获特别表演奖，10个优秀组织奖。中国文联副主席杨承志，中国舞蹈家协会分党组书记冯双白，中国舞蹈家协会名誉主席白淑湘，中共北京市委宣传部常务副部长王海平，北京市文联党组书记、常务副主席陈启刚，北京舞蹈家协会主席陈维亚等出席了颁奖晚会，并为获奖的单位和个人颁奖。

（郭　涛）

【2013年中国北京国际体育舞蹈公开赛】　9月7日~8日，由世界体育舞蹈联合会、国家体育总局社会体育指导中心、中国体育舞蹈联合会、北京市体育局、北京市体育总会、北京市东城区人民政府共同主办的2013年中国北京国际体育舞蹈公开赛在地坛体育馆举行。本届比赛有30个国家及地区的700多对选手报名参加。此次活动进行了2013中国北京国际体育舞蹈公开赛、2013世界表演舞锦标赛、世界体育舞蹈大奖赛，以及2013年中国体育舞蹈公开赛（北京站），共产生了8个组别的16项冠军、亚军和季军。德国的选手组合Simone Segatori、Annette Sudol获得世界表演舞锦标赛标准舞冠军，法国选手Charles－Guillaume Schmitt、Elena Salikhova获得世界表演舞锦标赛拉丁舞冠军，意大利代表队的Emanuel Valeri、Tania Kehlet组合获得世界体育舞蹈大奖赛标准舞的冠军，俄罗斯的Tsaturyan Armen、Gudyno Svetlana选手组合获得世界体育舞蹈大奖赛拉丁舞冠军。中国选手莫然、周洁获世界表演舞锦标赛标准舞比赛第六名，黄思达、田源获得世界表演舞锦标赛拉丁舞比赛第七名。在中国体育舞蹈公开赛比赛中，太原选手侯寅山、田甜获得职业组L冠军，上海选手赵鹏、汪琪获A组S冠军，北京选手沈宏、梁瑜洁获职业组S冠军；上海选手侯垚、庄婷获A组L冠军。

（郭　涛）

【第五届“怀柔杯”国际标准舞全国公开赛】　10月11日~13日，由北京市怀柔区文委、怀柔区文联主办的第五届“怀柔杯”国际标准舞全国公开赛暨首届北京怀柔金秋舞蹈节在怀柔体育馆举行。本次大赛有来自全国各地的30余支代表队千余名选手参加了比赛。比赛分为专业院校组、职业组、业余组、非职业组和少儿精英5大组别，包括摩登舞、拉丁舞、十项全能、交谊舞和国标集体舞5个系列。上海回向文化发展基金会的李伟平、郑岑获得职业摩登舞冠军，北京舞蹈学院的王为、陈金获得职业拉丁舞冠军，北京百汇演艺学校的彭佳男、钟佳慈获得业余组（甲A组）摩登舞冠军，北京百汇演艺学校的陈祥宇、焦玥涵获专业院校摩登舞21岁以下组冠军，北京百汇演艺学校的马大钧、丁雨萌获专业院校摩登舞16岁以下组冠军，北京百汇演艺学校的黄一航、陈露瑶获专业院校摩登舞14岁以下组冠军，北京百汇演艺学校张魏新、王澄获专业院校摩登舞13岁以下组冠军，北京舞蹈学院的王为、陈金获职业拉丁舞冠军，北京百汇演艺学校的李威、周婷获专业院校拉丁舞18岁以下组冠军，北京百汇演艺学校的马大钧、丁雨萌获专业院校拉丁舞16岁以下组冠军，北京百汇演艺学校的石滨瑞、马婧怡获专业院校拉丁舞14岁以下组冠军，北京阎岭舞蹈学院的郑皓天、王鑫森获专业院校拉丁舞13岁以下组冠军，北京国标舞学院李玓、赵蕾获得获业余组（甲A组）拉丁舞冠军，上海群星职业技术学校的李孟举、于雪娇获专业院校拉丁舞21岁以下组冠军，北京百汇演艺学校的黄一航、陈露瑶获专业院校十项全能14岁以下组冠军，北京百汇演艺学校的马大钧、丁雨萌获专业院校十项全能16岁以下组冠军，北京百汇演艺学校的陈祥宇、焦玥涵获专业院校十项全能21岁以下组冠军，北京华嘉专修学院的高润泽、吕行获专业院校新人组拉丁舞冠军，北京阎岭舞蹈学院的李仁杰、崔亚馨获专业院校新人组摩登舞冠军。

（郭　涛）

【北京多部舞蹈作品获第九届中国舞蹈“荷花奖”】　11月11日~14日，由中国文联、中国舞蹈家协会主办的第九届中国舞蹈“荷花奖”民族民间舞决赛在贵阳举行。此次比赛共产生金奖6个，银奖17个，铜奖14个，单项奖3个，“十佳作品”荣誉称号14个。北京地区获得的奖项有：中央民族大学舞蹈学院的《金色贝多罗》获得单人舞、双人舞、三人舞组表演金奖；中国歌剧舞剧院的《梵境》获得作品银奖，北京舞蹈学院的《莲花》、海军政治部文工团的《在那高山顶上》获得表演银奖，中央民族大学舞蹈学院的《石人与天鹅》获得群舞组作品银奖；中央民族大学舞蹈学院的《鹤》获得编导铜奖，中央民族大学舞蹈学院的《天地间》获得表演铜奖，北京舞蹈学院的《吉祥树》、中央民族大学舞蹈学院的《天鹅之歌》获得作品铜奖；中央民族大学舞蹈学院的《鄂温克的拉玛湖》、中国歌剧舞剧院的《翡翠》获得“十佳作品”荣誉称号；北京舞蹈家协会获优秀组织奖。

（郭　涛）

【“舞动北京——群众舞蹈大赛”原创精品节目展演】　11月30日，由北京市文化局支持，北京文化艺术活动中心（北京群众艺术馆）主办，石景山区文化委员会承办，各区县文委、文化馆协办的“舞动北京——群众舞蹈大赛”原创精品节目展演在石景山区举行。本次展演活动是近年来北京市群众舞蹈艺术成果的集中展示，以回顾历届比赛精品节目展示为主要内容，来自北京全市16个区县19个文化馆及相关委办局选送的共20件作品参加了本次活动。活动共分为五个篇章：第一场“萌动的希望”，儿童舞蹈集锦。选自第六、七、八届“舞动北京——群众舞蹈大赛”少儿组精品节目，包括通州区青少年活动中心选送的《雷锋精神代代传》、昌平区文化馆选送的《拔萝卜》、石景山区文化馆启明星少年艺术团选送的《放学路上》、怀柔区文化馆少儿舞蹈队表演的《粉墨童年》等作品；第二场“韵味的家园”，以“这里是北京”为主线，从北京百姓眼里看北京、演北京、爱北京。选自第二、三、四、五届“舞动北京——群众舞蹈大赛”中老年组精品节目，包括东城区选送的《梦天桥》、西城区第二文化馆选送的《梨园情梦》、朝阳区安贞街道的男子舞蹈队的《二胡声声》、西城区牛街街道民族舞蹈队的《京竹声声》等，舞出北京百姓的精气神儿；第三场“活力的时代”，选自第四、七、八届“舞动北京——群众舞蹈大赛”青年组精品节目，包括通州区文化馆选送的《月韵荷花》、延庆县文化馆妫川华彩青年舞蹈队表演的《向往》、顺义区文化馆国标舞表演的《炫丽的玫瑰》，展现了活力四射的青春正能量；第四场“多彩的都市”，绚丽多姿的民族舞集锦，包括了新疆舞、蒙古舞、朝鲜舞，都是来自近年来“舞动北京——群众舞蹈大赛”精品获奖节目。包括大兴区文化馆老年舞蹈队表演的《美酒献给最亲的人》、房山区文化馆选送的《草原风》，尤其是朝鲜族舞蹈《白山欢歌》曾代表北京市群众舞蹈团队入选CCTV舞蹈大赛，并取得优异成绩；第五场“吉祥的北京”，来自近年来“舞动北京——群众舞蹈大赛”广场舞组精品节目，包括平谷区绿谷小香玉艺术学校选送的作品《中国鼓》、门头沟区文化馆杨帆少儿舞蹈团选送的《我和爷爷学打鼓》，密云县文化馆选送的《吉祥彩蝶》。

（郭　涛）

研究与评论

【《肥唐瘦宋》创作研讨会】　5月23日，由解放军艺术学院舞蹈系主办的“舞蹈剧场《肥唐瘦宋》创作研讨会”，在解放军艺术学院部队文艺创作研究中心召开。赵汝蘅、冯双白、左青、刘敏、潘志涛、肖苏华、罗宾、江东、苏自红、赵明、杨威、张萍、段妃、赵小刚、张云峰、毛亚琛、应杰等参加了研讨会。与会者就舞蹈剧场《肥唐瘦宋》的创作模式、创作经验进行了研讨。

（郭　涛）

【总政歌舞团举行建团60周年理论研讨会】　6月19日，中国人民解放军总政治部歌舞团、中国音乐家协会、中国舞蹈家协会在京共同举办“回顾与展望——总政歌舞团建团60周年理论研讨会”，与会的20多位艺术家和专家、学者总结、梳理了总政歌舞团60年来在音乐、舞蹈、舞美等领域取得的成就。贾作光、白淑湘、阎肃等老艺术家在发言中结合亲身经历，对总政歌舞团60年的成就和贡献表示了肯定。中国舞蹈家协会、中国艺术研究院、解放军艺术学院、北京舞蹈学院、南京艺术学院、西安音乐学院、南昌陆军学院等单位的专家、学者，分别就总政歌舞团在舞蹈、音乐、声乐、舞美创作等方面的成就进行了理论阐释和分析。

（郭　涛）

【2013年舞蹈教育与科学研习会】7月28日~8月3日，中国艺术医学协会举办的“2013舞蹈教育与科学研习会”在北京舞蹈学院召开。来自北京、天津、上海、沈阳、四川、广东、中国香港、中国台湾等17个省、市、地区，以及美国、德国等海内外的舞蹈、运动科学、医学等领域的百余位专家、学者、教师、医生、学生参加了此次研习会。此次研习会旨在全面、系统地介绍国内外舞蹈教育与科学的发展现状和趋势，推介前沿性理论实践研究成果，强化舞蹈教育科学化理念，搭建一个开放式的专业学术交流平台，最终推动舞蹈教育与科学的全面发展，提升国民身心健康。

（郭　涛）

【第二届国际创意舞蹈研讨会】9月13日~16日，第二届国际创意舞蹈研讨会在北京师范大学举行。本届研讨会以“创意”为核心，旨在为国际舞蹈高校搭建一个资源共享的平台，在舞蹈交流领域中互通有无，在舞蹈学术研究领域中取长补短，通过彼此真诚的了解与沟通，共同解决现今舞蹈界乃至艺术界所出现的问题，并致力探索发现高校舞蹈教育的新模式。论坛上，自来美国的南佛罗里达大学，澳大利亚的西澳表演艺术学院，北京师范大学艺术与传媒学院，中国台湾的中国文化大学和台北艺术大学舞蹈学院等多所中外高校的专家、学者，围绕舞蹈专业办学、舞蹈创意人才培养、儿童舞蹈教学、社区舞蹈运作模式等多个话题展开研讨。

（郭 涛）

交 流

【北京现代舞团赴以色列演出】 2月18日~22日，受以色列苏珊答腊舞蹈戏剧中心邀请，由中华人民共和国文化部委派的北京现代舞团打造的舞剧《二十四节气·花间十二声》，在以色列首都特拉维夫连演4场。作品以二十四节气这种中国人特有的计算时间的方式，描述了宇宙的律动与生命的节奏。

（郭 涛）

【台湾云门舞集携舞剧《九歌》进京演出】 2月28日~3月2日，台湾云门舞集的舞剧《九歌》在国家大剧院演出。该剧取材自屈原的诗篇，由林怀民创作。

（郭 涛）

【美国芭蕾舞剧院到京演出】 3月6日~10日，美国芭蕾舞剧院的两台节目在国家大剧院演出5场。前两场为现代芭蕾集锦，包括《你的眼神让我沉醉》《摩尔人的帕凡舞》《牛仔竞技》，展示了美国舞蹈的多元性、现代性与通俗性。后三场演出的是由美国芭蕾舞剧院现任艺术总监凯文·麦肯金改编的芭蕾《天鹅湖》。

（郭 涛）

【韩国歌舞剧《爱舞动》到京演出】 3月8日~9日，韩国原创青春励志歌舞剧《爱舞动》在北京保利剧院演出。该剧讲述了Jun、Sun、Bin三个好朋友从出生到青春期成长过程中，Jun通过自己的努力，从一个受人欺负和嘲笑的舞蹈菜鸟成长为最棒的舞者的教引。两男一女的情感故事贯穿全剧，爱与恨，梦想与成长，借助舞蹈一一呈现给观众。该剧包括Hip-hop、爵士舞、现代舞、霹雳舞等众多流行舞种。

（乐 工）

【新西兰皇家芭蕾舞团到京演出】 4月17日~18日，新西兰皇家芭蕾舞团为纪念该团成立60周年，与中国国家芭蕾舞团交响乐团联袂演出的《吉赛尔》在国家大剧院上演。此次上演的版本是伊森·斯蒂菲尔和吉莉安·莫非版本的《吉赛尔》。

（郭 涛）

【柏林芭蕾舞团到京演出】 6月5日~9日，德国柏林芭蕾舞团访华巡演在国家大剧院举行。演出包括两场“芭蕾精品荟萃”和两场芭蕾舞剧《仙媛》。

（郭 涛）

【法国卡菲舞团到京演出】 6月15日，法国卡菲舞团携新作《有机体》在解放军歌剧院演出。该剧创意源于中国台湾时装设计师古又文的羊毛编织作品，融合了街舞与现代舞。编舞家穆哈·莫苏奇。古又文制作服装的奇特手法让莫苏奇感到，这是一个逐步编织的“有机过程”，舞作灵感就此诞生。莫苏奇甄选出五位法国街舞舞者和五位中国台湾现代舞舞者共同演出。

（郭 涛）

【中国民族舞剧《马可·波罗传奇》赴美国演出】 8月9日~11月10日，中国大型民族舞台剧《马可·波罗传奇》在美国布兰森市白宫剧院演出。该剧是由北京市文化局及天创国际演艺制作交流有限公司与呼和浩特民族演艺集团联合制作、排演的以展现中国元代文明和蒙古族文化的剧目。舞剧以800多年前，意大利旅行家马可·波罗从威尼斯来到蒙古草原抵达元大都并游历华夏的历史故事为题材，体现了中国元朝的繁盛、博大、包容、开放与和谐。

（郭 涛）

【西班牙穆尔西亚舞蹈团到京演出】 9月18日，作为“2013中关村金秋演出季”系列演出之一，西班牙经典弗拉明戈舞剧《卡门》在北京新清华学堂上演。此次上演的弗拉明戈舞剧《卡门》是西班牙弗拉明戈舞的“梦之队”——穆尔西亚舞蹈团的改编本。

（郭 涛）

【香港舞蹈团进京演出】 9月18日~19日，香港舞蹈团在其艺术总监杨云涛的带领下，携其创作的舞蹈《兰亭·祭侄》在国家大剧院演出。作品灵感来源于中国书法中的“天下第一行书”《兰亭序》和“天下第二行书”《祭侄稿》。全剧分上、下半场，上半场《兰亭·意》和下半场《祭侄·恸》，以舞蹈的语言表现了这两部书法作品的意境之美与思想内涵。

（郭 涛）

【中央芭蕾舞团赴法国演出】 9月25日~10月3日，中央芭蕾舞团一行96人在法国巴黎夏特莱剧院连续演出6场《天鹅湖》和3场《红色娘子军》。

（郭 涛）

【蒙特卡洛芭蕾舞团到京演出】 10月23日~27日，蒙特卡洛芭蕾舞团参加了在国家大剧院举办的“第十一届北京国际戏剧舞蹈演出季暨2013国家大剧院舞蹈节”。23日演出了《罗密欧与朱丽叶》，26日~27日演出了《天鹅湖》。

（郭 涛）

【瑞士日内瓦大剧院芭蕾舞团到京演出】 11月8日~9日，瑞士日内瓦大剧院芭蕾舞团的舞剧《吉赛尔》在国家大剧院演出。此次日内瓦大剧院芭蕾舞团现代版《吉赛尔》由蓬托斯·里德贝格全新编排，莎拉瓦尼·塔娜塔尼特领衔主演。

（郭　涛）

【杨百翰大学舞团到京演出】　11月13日，美国杨百翰大学当代舞蹈剧场演出团舞蹈作品晚会“相遇”在国家大剧院演出。此次演出，该团邀请了大学生和中学生舞蹈爱好者、听力障碍学生及农民工子弟学生观摩了排练场的演出。

（郭　涛）

【中国歌剧舞剧院赴悉尼演出】　11月17日，中国歌剧舞剧院携大型情景歌舞晚会“四季情韵”在悉尼市政厅演出。整场演出由夏、秋、冬、春4个板块构成，大型舞蹈《茉莉花》是压轴节目。

（郭　涛）

【爱尔兰舞蹈《舞起狂澜》到京演出】　11月29日～30日，由《大河之舞》制作团队推出的爱尔兰舞蹈《舞起狂澜》在首都体育馆上演。中国北京是该舞蹈世界巡演的首站。

（郭　涛）

【智利圣地亚哥国家芭蕾舞团到京演出】　12月5日～7日，智利圣地亚哥国家芭蕾舞团携舞剧《卡门》在国家大剧院演出。此次演出的剧目《卡门》，由该团艺术总监，已经76岁高龄的玛西娅·海蒂编舞。

（郭　涛）

【辽宁芭蕾舞团进京演出】　12月9日～10日，辽宁芭蕾舞团在国家大剧院上演了世界经典芭蕾舞剧《斯巴达克》。该剧由前苏联芭蕾舞艺术家格里戈罗维奇创排，最大特点是改变了以往以女性为主的芭蕾，主角是男性。

（郭　涛）

【江西歌舞进京演出】　12月10日，由江西省吉安市采茶歌舞剧院和井冈山大学附属艺术学校共同表演的情景主题歌舞《记忆庐陵》在北京保利剧院演出。整场演出共分为“喊船”“春晖”“书院”“珍陶”“正气”“永慕”6个篇章，向观众呈现了集江南民歌、民舞、民乐、民风、民俗为一体的庐陵文化。

（郭　涛）

【首届杨丽萍国际舞蹈季·北京会场】　12月11日～19日，杨丽萍国际舞蹈季北京会场在风尚剧场举办，其主会场设在昆明。此次舞蹈季虽以杨丽萍的名字命名，但并不是她个人舞蹈作品的演出季，而是荟萃了世界各地的经典舞蹈作品。北京分会场活动，包括美国舞台特技艺术大师马克·内色创作的《4D魔幻舞蹈秀》，北京现代舞团的经典代表作《三更雨·愿》，俄罗斯艺术家Olga的独舞作品《困境》和美国爱文·尼可拉斯现代舞团的《爱文·尼可拉斯经典集萃》。

（郭　涛）

美　　术

2013 年的北京美术，继续蓬勃兴盛。

展事依然繁多。而随着思想和学术探索的不断深入，策展理念和设计观念的不断更新，美术展览的风格与样式也愈渐多样化，艺术性、学术性、观赏性都持续提升，呈现出许多精彩的景观。

以“全国十大美术馆藏精品展”“中国美术馆建馆 50 周年藏品大展”“北平艺专精品陈列（中国画部分）展”“留学到苏联”“全国写生美术作品展”为代表的一批回顾性展览，与诸多老艺术家的数十年创作回顾展和前辈艺术大师的经典作品展一道，以更加广阔的视野、更多精心选择的视角、更深入的学术探究、更深沉的反思，一再回望中国美术一个多世纪来的发展历程。

以潘公凯的“弥散与生成”、卢甫圣的“知一知二之间”、陈家泠的“化境”、石虎的书画大展、徐希的作品展为代表的诸多展览，展现了全球化语境下当代中国美术极富创新精神的艺术家们，在继承传统的基础上，广泛吸收融合各种艺术经验，锐意探索和创新的杰出成就。

“列支敦士登王室珍藏展”“20 世纪西班牙雕塑艺术展”“地中海文明——法国卢浮宫博物馆藏文物精品”“社会雕塑：博伊斯在中国”“杜尚·与/或/在·中国”“面对面——中荷肖像画及室内绘画展”等展览，以及中国美术赴法国、西班牙、美国和非洲的展览，反映出艺术交流的愈益广泛及艺术对话水准的不断提高。

文化部首次主持召开全国美术工作会议，中国民族民间工艺美术家协会、中国美术家协会民族美术艺委会的成立，大都美术馆的成立，中国国家画院（国展）美术中心、展洲国际艺术区的成立等等，都是与北京美术事业发展相关的重要建设性事件。

（黎　明）

机　　构

【中国民族民间工艺美术家协会】 1 月 15 日，中国民族民间工艺美术家协会成立大会在北京召开。国家民委副主任丹珠昂奔当选为协会会长，国家民委原副主任文精被聘为名誉会长。该协会由国家民委主管，将致力于更好地发掘、保护、传承、发展中国各民族工艺美术，发挥联络协调作用，在民族民间工艺美术项目的抢救挖掘、人才的保护培养、产品的产业化、艺术的研究交流等方面开展工作。

（黎　明）

【中国美术家协会民族美术艺委会】 2 月 26 日，中国美术家协会民族美术艺委会在北京成立。中央民族大学美术学院院长殷会利任主任。该艺委会由大部分来自少数民族地区的各专业美术家、评论家及美术工作者组成，旨在提高民族美术家的创作水平，充分挖掘民族地区的人文资源，增进各民族美术家的团结与合作，加强民族美术的推广与交流，推动民族美术事业的发展。

（黎　明）

【中国艺术研究院中国版画院】 4 月 25 日，中国艺术研究院中国版画院成立庆典暨揭牌仪式在中国艺术研究院举行。王琦出任该院名誉院长，版画家、中国书画家协会主席王炜任院长，版画家郑作良、徐仲偶、王华祥、隋自更任副院长。该院将根据中国艺术研究院艺术研究、艺术创作、艺术教育“三位一体”的建院方针，开展版画艺术研究、创作、教育、推广、普及等工作。成立仪式上，中国版画艺术大师古元、黄新波、李桦的后人向该院捐赠了画册及文献资料。

（黎　明）

【曹勇艺术世界】 5 月 11 日，美籍华裔油画家曹勇的艺术中心“曹勇艺术世界”在 798 艺术区举行揭幕仪式。揭幕展展出了曹勇 30 年来创作的“西藏系列”“欧洲和美国系列”“回归系列”的 40 余幅作品。“西藏系列”是曹勇 1983 年于河南大学艺术系毕业后，志愿赴藏，任教于西藏大学艺术系7年间的作品；“欧洲和美国系列”是他1994年由日本转赴美国后的作品；“回归系列”则主要是他2004年回到中国后的作品。

（黎　明）

【中国国家画院（国展）美术中心】　5月25日，由中国国家画院主办的“中国国家画院（国展）美术中心启动暨美丽中国·中国国家画院美术作品展开幕式”在国展美术中心举行。该中心由中国国家画院、香港俊安集团和中国国际展览中心合作建立，是集艺术创作、交流、展览、销售、流通等功能于一体的国家级艺术品流通平台。开幕展展出了中国国家画院200多位艺术家的国画、油画、版画、雕塑、书法和篆刻作品400余件。

（黎　明）

【展洲国际艺术区】　6月15日，坐落于房山区阎村镇的展洲国际艺术区举行开园典礼，由此正式开启继798、宋庄等艺术区之后北京的又一个综合性艺术园区。该艺术区由北京福展洲文化艺术发展有限公司独资兴建，总建筑面积约5万平方米，由专业展览展示区域、艺术家创作工作室区域和艺术休闲区域组成，是集艺术创作、展示、交流、交易于一体的专业化艺术平台。

（黎　明）

【中国国际科技促进会书画研究院、中国国际艺术研究院】　6月21日，中国国际科技促进会书画研究院、中国国际艺术研究院揭牌仪式暨“中国梦·沂蒙情”刘文祥画展，在北京武青会议中心举行。该两院的建立旨在传承和弘扬中华优秀传统文化，积极探索科技艺术与书画艺术相结合的途径，促进国际艺术交流。画展“中国梦·沂蒙情”展出中国美术家协会会员、山东中国画研究院院长刘文祥的52幅花鸟画作品。

（黎　明）

【韩美林艺术基金会】　6月23日，在韩美林艺术馆南馆区开馆仪式暨5周年馆庆开幕式上，韩美林艺术基金会宣布成立。该基金会是由民政部批准设立，文化部主管的全国性非公募基金会，旨在研究韩美林艺术和学术思想，奖励、资助对民族文化艺术传承有卓越贡献的团体及个人，开展各项学术活动，加强国内外文化交流，推动中国艺术的创新发展。同时，该基金会以首笔基金200万元人民币捐赠清华大学，成立韩美林艺术奖学基金，用于奖励有天赋却没有经济能力继续学习和深造的学生，支持艺术人才的培养。

（黎　明）

【中国岩画学会】　6月29日，中国岩画学会成立大会暨首届中国岩画遗址遗产研讨会在北京内蒙古大厦举行。该学会是由民政部注册、文化部主管的全国性、学术性、非营利性社会团体，致力于岩画的保护和研究。岩画学者王建平任学会会长。

（黎　明）

【中国政协文史馆油画研究院】　8月5日，中国政协文史馆油画研究院成立。范迪安、许江、戴士和受聘为中国政协文史馆文化艺术指导委员会委员和中国政协文史馆研究馆员。范迪安任中国政协文史馆油画研究院名誉院长，许江任学术委员会名誉主任，戴士和任院长、学术委员会主任，王琨、孙建平、王辉、袁文彬任副院长。

（黎　明）

【中国政协文史馆工艺美术研究院】　10月16日，中国政协文史馆工艺美术研究院成立。袁运甫任该院名誉院长，陈良敏任院长，徐朝兴、陆光正、黄宝庆、邵顺生、周金甫、黄福华任副院长。

（黎　明）

【大都美术馆】　10月19日，大都美术馆在国子监文化区开馆。该馆由北京文化艺术基金会与中国油画学会合作建立，为专业收藏、研究和展示油画艺术的美术馆，总建筑面积约11000多平方米，是公益性油画专业美术馆。靳尚谊任馆长，张祖英、雷波任副馆长，钟涵、全山石、詹建俊、邵大箴等专家组成艺术委员会。该馆以馆内藏品常设陈列展为主，辅以画家的研究性专题展及流动性展览，同时开展与国内外著名艺术机构的交流、合作，鼓励油画创作和理论研究的新探索。

（黎　明）

【正观美术馆】　11月23日，正观美术馆开馆仪式暨“正观·文脉30家中国画展”开幕式在琉璃厂举行。该馆是由北京市文化局主管、北京市民政局备案的民办公益美术馆，致力于中国书画艺术的收藏、陈列、展示和交流。开馆展展出了王镛、唐勇力、范扬等30位艺术家的百余幅作品。

（黎　明）

【中国国家画院博士后科研工作站】　11月28日，中国国家画院博士后科研工作站挂牌仪式在中国国家画院美术馆举行。该工作站的建立，旨在提升画院的学术水准，进一步推动艺术创作，扩展与国内外文化艺术界交流。

（黎　明）

展　览

【马琳油画作品展】　1月11日～16日，北京画院主办的“漫道独白——马琳油画作品展”

在北京画院美术馆举办。展览展出了北京画院专职画家、国家一级美术师马琳多年来创作的油画40余幅。

（黎　明）

【第三届“挖掘·发现——中国油画新人展”】　1月12日～27日，由中国艺术研究院、中国油画院主办的第三届“挖掘·发现——中国油画新人展”在中国油画院美术馆举办。该展从1200余名报名作者中，由展览艺委会评选出参展的200余件作品。展览分为特邀历届获奖作品、本届获奖作品及优秀作品、入选作品三部分。本次展览由台湾山艺术文教基金会支持，设“中国油画院山艺术奖”。

（黎　明）

【全国十大美术馆藏精品展】　1月18日～2月26日，“群珍荟萃——全国十大美术馆藏精品展”在中国美术馆举办。该展汇集了中国美术馆、中华艺术宫（上海美术馆）、江苏省美术馆、广东美术馆、陕西省美术博物馆、湖北美术馆、深圳市关山月美术馆、北京画院美术馆、中央美院美术馆和浙江美术馆的馆藏精品，这样规模的集中展示在新中国成立以来尚属首次。

（黎　明）

【王苏灵工笔画展】　2月22日～23日，王苏灵工笔画展在全国政协礼堂举办。该展览首次展出了画家隐居多年创作的百幅工笔花卉作品《百花仙子图》。画展开幕当天，还举行了《中国当代名家画集·王苏灵》首发式。

（张燕鹰）

【中国油画名家写生研究展】　3月1日～12日，由中国油画杂志社主办的“再写生·共写意——中国油画名家写生研究展”在中国美术馆举办。该展邀集戴士和、丁一林、洪凌、忻东旺等45位中国油画家，展出他们近10年来的写生作品150余幅。参展画家们都擅长室外写生，又都崇尚中国传统绘画的写意精神，有志于创造具有中国气象的写意油画，以作品表达他们对写生和写意独到的理解。展览根据写生的主观情态分为“理性从容，精神直观”“解衣磅礴，激情表现”“超逸忘形，心象人生”3个主题。

（黎　明）

【“留学到苏联”美术作品展】　3月1日～28日，由中国美术馆主办的“20世纪中国美术之旅——留学到苏联”美术作品展在该馆举行。作为中国美术馆建馆50周年的重要学术项目，该展是为纪念新中国首次公派留学生赴前苏联学习美术60周年而举办。1953年到1961年间，中国先后选派了7批共33名优秀学生赴前苏联学习油画、雕塑、版画、舞台美术和美术史论等专业。该展展出的400多件作品、600多件文献和实物，大部分是由当年留学苏联的艺术家及家属提供的历史资料，包含油画、雕塑、舞台美术、美术史论等方面内容。展览分“新的开始”“基础训练”“写生实习”“创作研究”“感受经典”“青春风采”6个篇章，全面呈现留苏美术家当年的生活、学习、创作和研究的历程。

（黎　明）

【李叔同油画珍品研究展】　3月1日～4月25日，由中央美术学院、日本东京艺术大学主办的“芳草长亭——李叔同油画珍品研究展”在中央美术学院美术馆举办。展览包含四部分：第一部分介绍李叔同油画《半裸女像》的重新发现与相关研究，包括《半裸女像》的流传经历及相关记载、《半裸女像》的技术检测、《半裸女像》1920年图像与2011年图像的对比研究；第二部分介绍李叔同油画《自画像》与早期留日中国学生的情况；第三部分介绍李叔同的早期艺术活动；第四部分为李叔同早期活动年表。《半裸女像》和《自画像》是目前确知的李叔同仅有的两件存世油画作品。《半裸女像》现藏于中央美术学院美术馆；《自画像》现藏于日本东京艺术大学。

（黎　明）

【中国女美术家年度提名展】　3月9日～16日，由中国女画家协会主办的“水墨清韵——2013·中国女美术家年度提名展”在北京规划展览馆举办。该展集中展出了中国当代最具代表性的30余位女性水墨画家的作品共160余幅。该展是中国女画家协会成立后主办的首次展览，旨在对当代中国女性艺术家在水墨艺术领域的成就进行研究和梳理，推动当代中国女性美术家的水墨艺术创作。3月9日，“水墨清韵——2013·中国女美术家年度提名展”研讨会在北京规划展览馆举行，20多位美术界专家共同研讨了当代中国女性艺术家在水墨艺术领域所取得的成就和发展规划。

（黎　明）

【“潘公凯——弥散与生成”展览】　3月10日～31日，由今日美术馆、亚洲协会中美关系中心、中央美术学院主办的“潘公凯——弥散与生成”展览在今日美术馆举办。展览分为以“笔墨与人格精神”“错构与转念”“自觉与四大主义”“营造与生成”命名的水墨画、装置、史论和建筑4个板块，展示中央美术学院院长潘公凯近年来在这几个独立领域中跨界实验的成果，并穿插展示相关影像、文献和手稿等。同时，该展从作者的艺术思考和实验出发，提出在全球一体化背景下，在文化艺术无边际流动扩散而形成碎片化、拼贴化、扁平化和通俗化的“弥散”大趋势中，如何为艺术的创新“生成”寻找生长点和发展路径的问题，以期引起广泛的探索和讨论。围绕这一问题和思路，展览期间即举办了数场学术研讨会。与该展4部分同名的一套4本展览文献图录也配合出版，除收录展览作品图片外，还集中刊载了潘公凯与其他知名学者近年撰写的理论研究和学术评论文章，以及潘公凯与学者、学生、同行的多次重要的学术谈话。

（黎　明）

【第二届中国女美术家作品展】 3月12日~4月26日，由文化部、全国妇联、中国文联共同主办，全国妇联宣传部、文化部艺术司、中国美术家协会、中国妇女儿童博物馆承办的第二届中国女美术家作品展在北京中国妇女儿童博物馆举办。该展汇集了常沙娜、单应桂、赵友萍、王迎春、庞涛、何韵兰、夏俊娜、刘虹等当代中国优秀女美术家风格各异的100余件作品。

（黎　明）

【“民族百花”美术交流展】 3月16日~4月3日，由中国少数民族美术促进会和民族文化宫共同主办的“2013庆两会·迎新春‘民族百花’美术交流展”在民族文化宫举办。展览汇集了蒙古族、藏族、裕固族、畲族、回族、满族、壮族、鄂伦春族、东乡族、锡伯族等少数民族艺术家和汉族艺术家的36幅美术作品，其中包括尼玛泽仁、官布、雷正民等老艺术家的代表作品。参展作品多以少数民族生活为题材，展示少数民族地区的传统文化、社会生活、风土人情以及各民族和谐发展的美好景象。

（黎　明）

【张公者诗书画印展】 3月21日~24日，由中国书法家协会、中国国家画院、西泠印社、中华诗词学会、中华书画家杂志社、中国书画杂志社共同主办的“张公者诗书画印展”在北京画院美术馆举办。该展为张公者首次在北京举办的个人作品展，展出作品共50余件。张公者，1967年生于辽宁兴城，当代著名学者艺术家，诗书画印兼擅，作品风格鲜明独特；中国美术家协会会员，中国书法家协会理事，西泠印社社员，中华诗词学会会员，中国国家画院研究员，多所大学兼职、客座教授，中国传媒艺术委员会副主任。

（黎　明）

【《中国国家画廊》年度学术邀请展】 3月26日~30日，由中国国家画院、《中国国家画廊》杂志主办的“一人一品·《中国国家画廊》年度学术邀请展”在中国国家画院美术馆举办。该展汇聚了来自全国各地120余位艺术家的人物、山水、花鸟等题材及写意、工笔等形式的艺术作品，体现了中国国家画院一直提倡的“大美为真，一人一品”的艺术主张。

（黎　明）

【明清扇面艺术展】 2013年3月29日~2014年3月28日，“小品大艺——馆藏明清扇面艺术展”在中国国家博物馆举办。该展展出中国国家博物馆从馆藏珍品中精选的90件明清时期的扇面作品。作品多数为首次公开展示，分为山水、花鸟、人物、书法四个单元，其中既有文征明、董其昌、陈洪绶等书画家，也有王思任、吴伟业、林则徐等官绅、学者的作品。

（黎　明）

【第一届全国中国画学术展】 4月3日~7日，由中国画学会主办，厦门当代投资集团、厦门当代复文集团、当代东方投资股份有限公司承办，厦门拓文文化传播有限公司协办的“第一届全国中国画学术展”在中国人民革命军事博物馆举办。展出作品300余幅，主要部分是由展览评委会从3000余件投稿作品中评选出的225件，其中39件获优秀奖；还有特邀部分知名画家的作品。该展是中国画学会成立以来主办的第一个全国性大型展览。由人民美术出版社出版的展览作品集与展览开幕同步首发。

（黎　明）

【王琦“水墨新旅程”书画展】 4月3日~17日，由文化部、中国文学艺术界联合会、中国艺术研究院、中国美术家协会、中国书法家协会、中央美术学院、中国国家画院、中国美术馆、国际中国书画家交流促进会主办的“纪念王琦从艺75周年暨95华诞——王琦‘水墨新旅程’书画展”在中国美术馆举办。该展展出的著名美术家、美术理论家、教育家和活动家王琦90岁高龄后创作的近50幅作品，分为银色世界系列、金色的田野系列、农家小屋系列、江南水乡系列、北京古木系列、独木成林系列、南方古镇系列，以山水风景、大树古木、三峡风光、江南水乡、民居文化为题材，融合中西绘画技法，充满浓郁的生命气息，具有独特的艺术风格。

（黎　明）

【张江舟水墨艺术展】 4月9日~17日，由中国国家画院、中国美术家协会、中国美术馆、河南省文学艺术界联合会、山东省文学艺术界联合会、广东省文学艺术界联合会联合主办的“生命·墨语——张江舟水墨艺术展”在中国美术馆举办。展出的作品分3部分：自从为“5·12”汶川特大地震创作《殇·戊子记忆》以来，围绕母题“生命之殇”创作的40余幅系列巨幅水墨人物画；入选“国家重大历史题材美术创作工程”的史诗性画作，包括最知名的《热血12·9——北平12·9学生运动》；近年的数十幅写生作品。本展是4月~10月间在北京、郑州、西安、济南、南京、广州六城市作巡回展出的“生命·墨语——张江舟水墨艺术展”的首站。该展学术研讨会同期举行。《生命·墨语——张江舟绘画作品集》同步发行，其中特别收录了画家早期创作的油画、浮雕、连环画等作品。

（黎　明）

【陈玉先从艺50年水墨舞蹈画展】 4月10日~16日，由中国美术家协会主办的“墨舞中华——陈玉先从艺50年水墨舞蹈画展”在中国美术馆举办。该展展示了国画家陈玉先50年来的艺术创作、探索和成就。展览展出的100余幅水墨舞蹈作品，大部分以民族舞蹈为题材，描绘各民族欢歌喜舞、激情飞扬的情景。

（黎　明）

【忻东旺艺术作品展】 4月20日~5月5日，由中国油画院、中央新闻纪录电影制片厂主办的“相由心生——忻东旺艺术作品展”在中国油画院美术馆举办。该展系中国油画院策划的“油画家学术研究”系列展之一。展览展出了油画家忻东旺创作的百余幅作品。

（黎　明）

【军地书画研究院作品展】 4月26日~28日，由中国君仁爱心工程协会、军地书画研究院联合主办的“促进社会主义文化大发展大繁荣——军地书画研究院作品展”，在军事博物馆举办。该展展出书画作品共160余幅，包括中央军委原副主席张万年的书法横幅《军地同心》、总政原副主任华楠的行书中堂《推动社会主义文化大发展大繁荣》、总政原副主任刘振起的山水画《春华秋实》、中国美术家协会主席刘大为的《边塞图》、中国美术家协会原书记处常务书记雷正民的山水画《烟云大江行》、中国书法家协会理事张道兴的山水画《海上的风》等。

（黎　明）

【杨力舟·王迎春艺术回顾展】 5月3日~14日，作为中国美术馆建馆50周年的重要展览项目之一，由文化部、中国文联、中央文史研究馆、中国美术馆、中国国家画院、中国美协、中央美术学院和北京市文史研究馆联合主办的“扶犁回望——杨力舟·王迎春艺术回顾展”在中国美术馆举办。展览首次集中展示年逾七旬的画坛伉俪杨力舟和王迎春半个世纪的艺术探索和杰出贡献。展出的300余幅作品，以国画为主，兼有油画、水彩、素描、速写和书法作品；既有二人合力创作的主题性代表作品，也有王迎春表达对女性的人文关怀和黄土风情系列作品，以及杨力舟的赛马和陕北牧歌系列作品。同时展出的还有二位艺术家的艺术创作年表和主题创作相关文献。该展学术研讨会也在展览开幕当日举行。

（黎　明）

【“心象·诗性”风景油画邀请展】 5月12日~6月9日，“心象·诗性”风景油画邀请展在筑中美术馆举办。该展由中国美术家协会油画艺委会主任张祖英策展，集中展出了钟涵、詹建俊、赵友萍、张祖英、洪凌、王克举、朝戈、张冬峰、段正渠、白羽平和任传文的近50幅风景油画作品。

（黎　明）

【靳尚谊经典作品版画展】 5月15日~26日，“靳尚谊经典作品版画展”在中央美术学院美术馆举办。该展由中央美术学院主办，共展出靳尚谊35件经典作品的特质版画。其中，油画版画15件，包括了《塔吉克新娘》《高原情》《詹建俊》《延安老农》《黄宾虹》等经典作品；素描版画20件，呈现靳尚谊早期对素描的探索历程。在版画制作过程中，中央美院与法国巴黎、日本版画工作坊协作，利用最新科技，在制版和印刷方式上作了大量的实验及创新，以使复制版画能完美呈现原作的风貌。

（黎　明）

【故宫藏历代书画展】 5月17日~7月16日，“故宫藏历代书画展”第六期在故宫武英殿书画馆举办。10件国宝级书画作品在该展亮相，其中包括被称为中国十大传世名画之一的宋代王希孟的《千里江山图卷》、被乾隆皇帝誉为“三希”之一的东晋王献之（传）的《行书中秋帖卷》、唐代大诗人李白传世唯一书迹的《草书上阳台帖卷》均为首次全卷展示。

（黎　明）

【中国当代象牙雕刻艺术成就展暨敦煌题材·象牙雕刻艺术展】 5月18日~6月3日，由中国工艺美术协会象牙雕刻专业委员会主办、北京象牙雕刻厂承办的“中国当代象牙雕刻艺术成就展暨敦煌题材·象牙雕刻艺术展”在华夏珍宝博物馆举办。展出的作品分为两部分，一部分是从全国甄选出来的仕女、佛人、武人、花卉等传统类别牙雕珍品60余件，其中不乏孙森、时金兰、柴慈继、李春珂等中国工艺美术大师、“非遗”项目代表性传承人的作品；另一部分是由北京象牙雕刻厂牙雕老技师杨春和创作的敦煌题材牙雕作品30余件。

（黎　明）

【中国美术馆建馆50周年藏品大展】　5月18日~7月8日，“与时代同行——中国美术馆建馆50周年藏品大展”在中国美术馆举行。大展选出涵盖中国画、油画、版画、雕塑、连环画、年画、漫画、宣传画、水彩画、装置、综合绘画等各门类的666件馆藏珍品，分为“传承与引进”“苦难与抗争”“探求与拓进”“主人与家园”“反思与开放”“多样与繁荣”六部分，辅以珍贵美术书刊和美术大事年表，在展现中国现代美术一百多年历史的同时，也展示了中国美术馆50年的发展历程。

（黎　明）

【2013中国水墨漫画精品展】　5月19日~6月2日，由中国新闻漫画研究会主办，北京元素画廊协办的“2013中国水墨漫画精品展—798展”在798艺术区北京元素画廊举办。展览展出了华君武、丁聪、方成、黄苗子等大师和李滨声、缪印堂、王复羊、孙以增等著名漫画家的作品共30多幅。

（黎　明）

【庆祝中国作家书画院成立书画展】　5月23日，由中国作家书画院主办的“庆祝中国作家书画院成立书画展”在中国现代文学馆开幕。展览汇集了当代作家、诗人、书画家的书画作品100余幅，作者有刘征、高莽、廖奔、邵华泽、王巨才、舒乙、白描、赵丽宏、朱向前、斯舜威、唐吟方、张瑞田等众多当代学者、作家、诗人，还有以文学作品插图、连环画或文学主题绘画著称的秦龙、李晨、董辰生、刘辉煌、余魁军、周雅玲等知名画家。开幕式上，中国作协鲁迅文学院副院长、中国作家书画院常务副院长白描，代表中国作家书画院向中国现代文学馆赠送了10幅当代作家的书法作品。该展学术研讨会也于开幕式后举行。中国作家书画院是2012年8月8日宣布成立的。

（黎　明）

【李岚清艺术展】　5月23日~6月23日，由文化部主办，国家博物馆承办的“李岚清艺术展”在国家博物馆举办。该展是曾多年担任党和国家领导人的李岚清以往数十次国内外艺术巡展的总结性展览。展览分篆刻、书法、素描、陶瓷4部分，辅以创作工具及著作的陈列，系统展示李岚清的艺术成果。展览展出的融诗、书、画、印于一体的陶瓷作品，以及专为本次展览而精选古代才女卓文君、蔡文姬、上官婉儿、李清照的名篇佳作所创作的书法和篆刻作品，为本展别添特色。李岚清还在展览开幕式上，将特别创作的“中华人民共和国之宝”巨型印章赠送给国家博物馆收藏。

（黎　明）

【北京2013中华玉雕精品展】　5月25日，由中国商业联合会珠宝首饰委员会玉雕艺术研究会、中国地质博物馆主办的“北京2013中华玉雕精品展”在中国地质博物馆举办，展期一个月。该展汇聚了数十位国家级、省市级玉石雕刻大师及年轻玉雕新秀的玉雕精品600余件，涵盖翡翠、和田玉、独山玉、密玉、玛瑙、水晶等各种玉材，涉及各种题材、款制、造型、工艺，创意独特、技艺精湛，全面展示了我国玉雕艺术的整体水平。玉雕精品“中华龙奖”评奖、“中华玉雕艺术大师、工艺师”评定、“郭石林大师从艺五十周年研讨会”等活动也在展览期间先后举行。

（黎　明）

【北京画院少数民族题材作品展】　5月30日~6月18日，由北京画院主办的“疆域行歌——北京画院少数民族题材作品展”在北京画院美术馆举办。此为画院画家首次集体展示民族题材作品，展览展出了20余位画家创作的国画、油画、雕塑和版画作品40余件，包括院长王明明创作于1994年的国画《夕阳归》、袁武的新作《大昭寺的清晨》组图和蔡玉水的数件雕塑作品等。

（黎　明）

【首届中国绘本展】　6月1日~6日，由中国出版集团和中国友好和平发展基金会共同主办的首届中国绘本展在中国人民对外友好协会和平宫举办。该展按作品创作时间分成三部分：1949年以前的绘本、1949年至1980年的绘本、1980年以后的绘本。展览共有参展作品200件，包括了张乐平的《三毛流浪记》《东郭先生》，张光宇的《西游漫记》，赵宏本和钱笑呆的《三打白骨精》，任率英的《白蛇传》《桃花扇》，刘继卣的《武松打虎》，余理的《老鼠嫁女》，刘巨德的《九色鹿》，杨永青的《神笔马良》，几米的《时光电影院》，以及慕容引刀、熊亮等画家的作品，展现了绘本在我国的整个发展历程。

（黎　明）

【北平艺专精品陈列（中国画部分）】　6月6日~12月1日，由中央美术学院主办的“中央美术学院美术馆藏：北平艺专精品陈列（中国画部分）”在中央美术学院美术馆举办。展出的39件作品，创作年代自1917年至1949年，贯穿了国立北平艺专发展的各个重要时期；涉及作者30余位，包括当时的中国画教学骨干郑锦、陈师曾、王梦白、姚华、徐悲鸿、林风眠、齐白石、张大千、黄宾虹、溥心畬、于非闇、宗其香、李可染、李苦禅等国画大家；作品多为大师们的上乘之作及很少公开展示的作品。

（黎　明）

【中国梦·生态文化艺术精品展】 6月15日~7月15日，由全国政协书画室、中国书法家协会、中国美术家协会、中国生态书画院主办的“中国梦·生态文化艺术精品展”在中国生态书画院举办。该展旨在通过将当代著名书画家、雕刻家的生态艺术作品与野生动物标本、科普知识作联合展示，倡导生态艺术和生态文化，探索生态文明建设的新路。展览汇聚了张思卿、欧阳中石、谢云等人的书法作品，刘大为、王西京、杜滋龄、王界山等人的绘画作品，以及林亨云、孙森等人的雕刻作品。

（黎　明）

【2013中国雕塑年鉴展】 6月16日~7月8日，由中国对外文化交流协会、中国工艺美术学会和国家大剧院主办，中国工艺美术学会雕塑专业委员会及《雕塑》杂志社承办的“语言的飞扬——2013中国雕塑年鉴展”在国家大剧院举办。该展览展出的从《2013中国雕塑年鉴》收录作品中再度精选出来的110多件雕塑作品，均为老中青三代百余位雕塑艺术家近两三年的新作，颇具代表性地展示了中国雕塑艺术创作的整体面貌和最新成就。

（黎　明）

【吴镜汀书画艺术精品展】 6月20日~7月16日，作为北京画院策划举办的“二十世纪中国美术大家系列展”之一，由中国美术家协会、北京美术家协会、北京画院共同主办的“灵怀独诣——吴镜汀书画艺术精品展”在北京画院美术馆举办。展览展出京派山水画家吴镜汀创作于20世纪40年代到70年代的60余件山水、书法精品。

（黎　明）

【“南北宗——回望董其昌”中国山水画学术研究邀请展】 6月22日~7月6日，由河北出版集团、炎黄艺术馆、中央美术学院联合主办的“南北宗——回望董其昌”中国山水画学术研究邀请展在炎黄艺术馆举办。受邀参展的龙瑞、崔振宽、卢禹舜、范扬、许钦松、梅墨生、程大利等来自全国各地域、各路画风的近40余位画家，代表了当今中国山水画创作的主流；同时，张大千、黄宾虹、傅抱石、黄秋园、钱松嵒、方召麐等20世纪山水画创作的主要代表性画家，也作为特邀艺术家参展。该展旨在回顾探讨明代董其昌提出的，在中国绘画史上产生了重要的影响的“南北宗”论，并以此为视角，重新审视20世纪以至当今中国山水画的发展及风格流变。与展览同时，参展艺术家及艺术批评家围绕相关主题进行了学术研讨。

（黎　明）

【白伯骅书画展】 6月22日~7月7日，“白伯骅书画展”在新华书画院举办。展览展出了北京文史馆馆员白伯骅近年创作的绘画、书法作品30余幅。白伯骅是蒋兆和的入室弟子，深得先生真传。其所擅长的人物画，融合中西技法，写实传神，具有独特而优雅的风格。

（黎　明）

【庆“七一”农民优秀书画家作品联展】 6月30日~7月5日，由中国农民书画研究会主办的“庆‘七一’农民优秀书画家作品联展”在中国农民书画研究会美术馆举办。杨贵、丁玉来、孙永玉、乔永胜、许文纪、张蛟生等来自全国各地的20位农民优秀书画家的百余幅书画作品参加了展览。展览作品包括书法、国画、农民画，题材丰富、风格多样，反映了当今农村生活的方方面面，表达了他们对新农村的热爱和对美好未来的梦想。

（黎　明）

【当代优秀艺术家中国画提名展】 7月17日~23日，由北京四季水墨文化艺术中心和美术杂志社联合举办的“2013·四季水墨——当代优秀艺术家中国画提名展”在北京画院美术馆举办。该展展出本届提名的杜大恺、刘牧、张培成、老圃、袁武、周京新、蔡广斌、徐华翔、方向、雷子人、丘挺11位艺术家近期创作的水墨新作90余幅。四季水墨学术研讨会也同期举行。

（黎　明）

【今日美术馆第8届艺术院校大学生年度提名展】 7月19日~8月22日，由今日美术馆主办，凯撒旅游冠名赞助的“游与艺——2013·凯撒艺术新星·今日美术馆第8届艺术院校大学生年度提名展”在今日美术馆举办。经数月面向全球的作品征集，该展收到来自百余所艺术院校3000余学生的7000多件报名作品，从中评选出150余件作品入围参展，并再从入围作品中评选出了特别奖1名、冠名奖5名（以艺术家冠名的徐唯辛奖、苏新平奖、周京新奖、瞿广慈奖、张见奖）、金奖3名、银奖6名、铜奖12名和优秀奖14名。本届展览在“游与艺”的主题下，分设“心动”与“抵达”两个展览单元，并增设了影像专区。

（黎　明）

【于非闇、陈之佛精品展】 7月25日~9月2日，由中国美术家协会、北京美术家协会、南京博物院、北京画院联合主办的“妙于陈馨——于非闇、陈之佛精品展”在北京画院美术馆举办。该展汇集北京画院和南京博物院收藏的于非闇、陈之佛两位工笔花鸟画大师各个时期的代表性画作70幅，包括于非闇的《牡丹双鸽》和陈之佛晚年专为新中国成立十周年献礼的工笔花鸟画巨制《松龄鹤寿》。

（黎　明）

【景泰蓝当代最高成就展】 7月26日~8月26日，由北京工艺美术行业协会主办的“纪念北京建都860周年暨宫廷艺术·景泰蓝当代最高成就展”在华夏珍宝博物馆举办。该展展出了包括5位中国工艺美术大师张同禄、米振雄、戴嘉林、霍铁辉、钟连盛在内的20位当代景泰蓝艺术大师的200余件景泰蓝精品，其中不乏大师们的代表作、获奖作、孤品作或首次公开展示之作。

（黎　明）

【全国写生美术作品展】 7月29日~8月7日，由中国文联、中国美协主办，中央美院美术馆、北京市黄胄美术基金会协办的“在时代的‘现场’——全国写生美术作品展”在中国人民革命军事博物馆举办。该展以“写生与人文”“写生与思想”“写生与自然”“写生与社会”为主题，汇集80余年来140位具有代表性的艺术家的近400件优秀写生作品，回顾我国现代美术写生的历史，旨在强调写生的重要价值，倡导当代美术要密切与现实生活的联系。

（黎　明）

【北京工笔重彩画会成立34周年特展】 8月3日~30日，“复兴之路——北京工笔重彩画会成立34周年特展”在北京798艺术区玺·美术馆举办。本次展览将分为8月3日~15日，8月18日~30日两个阶段进行展出。该展收入改革开放以来各时期代表性画家的作品近80件，包括潘絜兹、刘凌沧、任率英、蒋采苹、李魁正、胡勃、何家英、冯大中、萧玉田、孙志钧等工笔画名家的精品画作，展示工笔画艺术30多年来的发展脉络和创作成果。玺·美术馆开馆典礼与该展开幕式同时举行。

（黎　明）

【嘎玛·多吉次仁（吾要）艺术作品展】 8月4日~29日，“心中的曼陀罗——嘎玛·多吉次仁（吾要）艺术作品展”在798艺术区白玛梅朵艺术中心举办。该展展出著名藏族艺术家嘎玛·多吉次仁（吾要）近年来创作的纸本线描、版画以及综合材料作品近百件（组），展示出作者深植于藏文化传统、充满想象与诗意、具有探索创新性的鲜明、独特的艺术风格。

（黎　明）

【金鸿钧从艺60周年回顾展】 8月5日~14日，由中央文史研究馆、中国和平统一促进会、中国美术家协会、中国美术馆、中央美术学院、中国画学会共同主办，中央文史研究馆书画院承办的“锦绣前程——金鸿钧从艺60周年回顾展”在中国美术馆举办。该展精选工笔画家、中央美术学院教授金鸿钧的作品近百幅，其中包括《万紫千红》《叶落归根》等代表性精品画作。

（黎　明）

【李可染画院首届院展】 8月7日~19日，在李可染画院成立一周年之际，由中央美术学院、中国国家画院、中国美术馆、中国国家博物馆、李可染画院共同主办的“可贵者胆——李可染画院首届院展”在中国美术馆举办。该展收入140位艺术家的200幅作品，分三个板块展示：第一板块为李可染作品特展，选取李可染最具代表性的60余幅中国画，并配合展出林风眠、叶浅予、黄胄、徐悲鸿等国画大师的作品；第二板块为李可染画院研究员作品邀请展，展示50多位画院研究员近年创作的中国画及书法作品；第三板块为山水画作品邀请展，展示画院邀请的120位画家的山水画作品。

（黎　明）

【黄永玉九十画展】 8月16日~9月16日，“黄永玉九十画展”在中国国家博物馆举办。该展展出黄永玉自1949年至2013年间创作的版画、国画、油画、书法、雕塑、设计、玻璃工艺等各类作品300多件，分为5部分：第一部分为1949~2004年的综合作品；第二、三部分为2004~2013年的国画作品；第四部分为2004年~2013年的综合作品；第五部分是1959年创作的壁画《中国各族人民大团结》，展示了20世纪50年代硕果仅存的壁画原作、新近发现的壁画草图以及壁画迁移与安装的过程。

（黎　明）

【侯一民两幅历史画学术解析展】 8月18日~26日，由中国美术家协会、中央美术学院、中国美术馆、北京大学、吴作人国际美术基金会主办，中国壁画学会协办的“侯一民两幅历史画学术解析展”在中国美术馆举办。该展展出侯一民两幅主题性作品《刘少奇与安源矿工》和《毛主席与安源矿工》的原作以及人物素描稿、创作草图、资料解读等百余件展品，充分呈现了作品的创作环境和创作过程，以揭示作品的历史意义。该展还以资料图片的形式展示了侯一民的艺术创造历程，及其除油画以外，在壁画、雕塑、中国画、书法等多方面的艺术成就。

（黎　明）

【北京油画学会第二届作品展】 8月18日～9月17日，由北京油画学会主办的“用油画表达中国梦——北京油画学会第二届作品展”在北京银河空间美术馆举办。该展汇集了靳尚谊、赵友萍、潘世勋、李天祥、闻立鹏、卫祖荫、李骏、杨飞云、张文新、丁一林、崔开玺、邵晶坤以及王功学、黄承志、刘学文、刘烽、周绳武等当代中国油画界有代表性的老中青三代油画家的作品150余件。

（黎　明）

【马泉从艺六十周年书画展】 8月20日～27日，由北京画院和北京美协主办的“马泉从艺六十周年书画展”在中国美术馆举办。展览展出的作品分为“革命历史与现实人物”“山水、花卉与书法”“文学创作与历史人物”三个部分，其中包括再现开国大典的《中国人民站起来了》，表现孔子周游列国的巨幅长卷《问学千里》，《苏武》《李白》《岳飞》等历史人物画，为《水浒传》《红楼梦》创作的工笔重彩和写意人物画，还有以真、草、隶、篆各体书写的古诗词、自作诗词及篆刻作品。

（黎　明）

【“中国名家画北京”主题创作展】 9月3日～9日，“中国名家画北京”主题创作展在中华世纪坛举办。由北京市文联主办、北京美术家协会承办的“中国名家画北京”主题创作展览活动于2012年5月启动，采取邀请名家创作和面向全国公开征稿相结合、命题创作与画家自由创作相结合的方式，共征集作品700余幅。其中113幅经评审入选本次展览，分别以古都风韵、名人故居、城市巨变、辉煌盛典、美好生活五个创作主题，展现北京的历史文化和当代风貌。

（黎　明）

【卢沉写意人物画展】 9月4日～16日，由中国美术家协会、中国艺术研究院、中央美术学院、北京美术家协会、北京画院联合主办的“逸韵舒怀——卢沉写意人物画展”在北京画院美术馆举办。该展汇集已故著名国画家卢沉1985年至2003年间创作的现代都市人物题材和古代人物题材的写意人物画以及书法类作品60余件，旨在全面呈现画家晚年的创作状态和对人物画发展所作的不懈探索。

（黎　明）

【曹春生从艺60年作品展】 9月10日～18日，由中国美术家协会、中央美术学院、中国美术馆、中国雕塑学会、中国艺术研究院中国雕塑院、全国城市雕塑建设指导委员会艺术委员会共同主办的“春华秋实——曹春生从艺60周年作品展”在中国美术馆举办。该展作为雕塑家曹春生的首次国内个展，展出他创作的200余件最具代表性的雕塑、绘画作品，其中包括他的历史人物题材雕塑《毛泽东》《周恩来》《弘一法师》，他参与集体创作的经典群雕《农奴愤——农奴斗争盼解放》《鼓舞——民族大团结》，以及他的部分雕塑和素描习作。由吉林美术出版社出版的《春华秋实——曹春生从艺60年作品集（绘画卷）（雕塑卷）》大型画册同期发行。

（黎　明）

【覃志刚书画展】 9月16日～22日，由中国美协、中国艺术研究院、中国国家画院主办的“镕铸丹青——覃志刚书画展”在中国国家画院美术馆举办。展览展出了中国文联党组副书记、副主席覃志刚历年创作的书法和绘画作品百余件。覃志刚书画作品研讨会也同期举行。

（黎　明）

【爱新觉罗·启骧、李味辛伉俪书画展】 9月17日～10月7日，“爱新觉罗·启骧、李味辛伉俪书画展”在北京饭店人民艺术展览馆举办。该展展出启骧的楷、行、草体书法作品及李味辛的写意花鸟作品共96幅，多为以往未曾展出过的或近年新创作的作品。

（黎　明）

【“中国美术家眼中的世界”美术作品展】 9月23日～26日，由中国美术家协会与炎黄艺术馆共同主办的“中国美术家眼中的世界”美术作品展在炎黄艺术馆举办。该展作为中国美协两大对外美术交流项目——“中国美术世界行”和“中国中青年美术家海外研修工程”实施五周年纪念活动的一部分，参展画家以参与了两个交流项目的美术家为主，参展的国画、油画、版画、雕塑等多门类作品共140余件，全部以海外风情为题材，内容涉及五大洲41个国家和地区。“中国美术世界行”学术论坛也同期举行。

（黎　明）

【第七届中国现代手工艺学院展】 9月24日～10月8日，由中国美术家协会工艺美术艺委会、中国国家画院公共艺术院主办的“生活之美——第七届中国现代手工艺学院展”在中华世纪坛当代艺术馆举办。该展共展出清华大学美术学院、上海大学美术学院、南京艺术学院、西安美术学院、山东工艺美术学院、中央美术学院、广州美术学院、四川美术学院、鲁迅美术学院、天津美术学院、湖北美术学院、北京服装学院、山东艺术学院、苏州工艺美术职业学院等14所院校的师生们创作的255件（套）现代手工艺作品。本届展览是该学院展首次走出校园举办展示，旨在强调手工艺术与生活的关系，推动学院派艺术走出“象牙塔”、走进生活。展览期间还举办了“生活之美——第七届中国现代手工艺学术研讨会”，参展院校的教师、专家们围绕传统手工艺的文化价值、工艺美术的设计创新、工艺美术学科建设与教育实践等议题展开研讨。

（黎　明）

【李琦书画展暨李琦、冯真家藏展】　9月27日～10月7日，李琦书画展暨李琦、冯真家藏展在保利艺术博物馆举办。展览展出已故肖像画家、中央美术学院教授李琦（1928—2009）的书画作品，以及李琦与夫人冯真收藏的一些书画大师的作品，共200余件。展出的李琦作品中，包括了《主席走遍全国》（毛泽东）、《永远活在人们心中》（周恩来）、《我们的总设计师》（邓小平），以及李人钊、彭德怀、鲁迅、白求恩等众多著名人物肖像。而展出的李琦、冯真家藏书画，则是出自齐白石、石鲁、黄胄、吴作人、李可染、张仃、董寿平、黎雄才、孙其峰等艺术大师之手的画作。

（黎　明）

【石虎书画大展】　10月11日～30日，由中国美术家协会、中国美术馆、中国国家画院和人民美术出版社联合主办的“石虎书画大展”在中国美术馆举办。展览分为书法、水墨人体、水墨山水和重彩油画几大部分，展出作品近千幅，全面展现了这位艺术家十多年来的艺术探索和成果。

（黎　明）

【邵飞捐赠作品展】　10月13日～26日，由中国美术馆、中国美术家协会、北京画院共同主办的“梦归家园——邵飞捐赠作品展”在中国美术馆举办。该展展出了北京画院专职画家邵飞捐赠给中国美术馆的油画创作“梦归家园”系列作品共45件，同时展出她的“救荒本草”系列、“山海经”系列等彩墨画作品共50件。

（黎　明）

【司徒兆光作品展】　10月15日～30日，“生命之歌——司徒兆光的艺术情怀”展览在国家大剧院举办。展览分“体验生活”“写意生活”“歌颂生活”三个板块，展出了雕塑家司徒兆光近百件雕塑及速写作品，其中包括他的《背》《扬青稞》《喂鹿》《遐思》《妮》等代表性作品，展示了这位新中国培养的第一代雕塑家在数十年的创作中对生活的深切感悟。

（黎　明）

【溥心畬绘画作品展】　10月25日～11月20日，由中国美术家协会、北京美术家协会、吉林省博物院、首都博物馆、北京画院联合主办的“松窗采薇——溥心畬绘画作品展”在北京画院美术馆举办。该展汇聚了溥心畬各时期作品百余幅，其中包括首都博物馆收藏的画家17岁时的学画习作《秋山图》，吉林省博物院收藏的《鲍照诗意图》《松隐图》《湘帆图》，以及1949年赴台后的画作。同时展出的还有一批画稿。

（黎　明）

【邢少臣写意花鸟画学术展】　11月6日～11日，由中央美术学院中国画学院、中国美术家协会、中国画学会、中国国家画院主办的“正道沧桑——邢少臣写意花鸟画学术展”在中央美术学院教学展厅举办。展览展出了大写意花鸟画家邢少臣近两年创作的80余件作品。

（黎　明）

【北京意象——创意大兴】　11月15日～25日，由北京市文联、大兴区委、区政府主办，北京美术家协会、北京画院、大兴区委宣传部和区文联共同承办的“北京意象——创意大兴”绘画作品展在中国美术馆举办。参展的125幅作品，分“人文经典”“城乡之光”和“苑囿文化”三个版块，旨在展现大兴区的城市风貌、人文景观和生态环境。

（黎　明）

【中国写实画派九周年展】　11月20日～12月1日，由北京画院主办的“2013·中国写实画派九周年展”在中国美术馆举办。该展收入艾轩、杨飞云、王沂东等20多位画家的100余幅写实风格的油画作品，全面呈现画家们创作的基本面貌。2004年，在油画家艾轩、杨飞云、王沂东的倡导下，“北京写实画派”成立，并于2005年更名为“中国写实画派”，成员也由最初的13人扩大到30人。

（黎　明）

【走向西部——中国美术馆馆藏精品展】　2013年11月23日～2014年1月9日，“走向西部——中国美术馆馆藏精品展”在中国美术馆举办。展览分“发现西部”“高原阳光”“寻源拓展”3个章节，展出的西部主题作品共计150余件，涵盖国画、油画、版画、雕塑、连环画等各艺术门类，包括了张大千、孙宗慰、常书鸿、董希文、司徒乔、韩乐然、潘絜兹、叶浅予、黄胄、董希文、潘世勋、李焕民等名家的作品，全面展现了20世纪以来不同时期艺术家发现、认识和表现西部的历史现象及创作历程。

（黎　明）

【钟涵艺术展】　11月24日～12月4日，由中国美术馆、中央美术学院、中国美术家协会、中国油画学会共同主办的“厚土人文——钟涵艺术展”在中国美术馆举办。展览展出的近300件作品分为“大河上下”“画室来鸽”“人文视像”“乡土小品”4个篇章，通过展览全面回顾了画家钟涵60年来对“中国油画精神”的探索和艺术创新实践。开展之际，钟涵将他的10件代表作品捐赠给中国美术馆。

（黎　明）

【中国国家画院美术作品展暨“艺术水立方杯”国际书画大展】 12月3日~13日，由中国国家画院、国家游泳中心、永康坦博文化有限公司主办的“写意中国——中国国家画院美术作品展”暨“上善若水——第三届‘艺术水立方杯’国际书画大展”在北京国家游泳中心（水立方）举办。两展汇聚国家画院及全国300余位老中青艺术家的500多件艺术作品，涵盖国画、油画、版画、雕塑、书法及公共艺术等各门类，展示出中国当代美术家的整体创作风貌和水平。

（黎　明）

【“中国梦·美丽中国”国画展】 12月6日~8日，由人民日报社环球人物杂志社主办的“中国梦·美丽中国”——2013大型国画展在炎黄艺术馆举办。该展展出了刘大为、刘文西、赵振川、吴山明、霍春阳、何家英、卢禹舜等50位国画艺术家的近200幅作品。

（黎　明）

【“北京神韵”山水画展】 12月7日~15日，由北京市文史研究馆、中国美术馆共同主办的“北京神韵——重大历史题材中国山水画展”在中国美术馆举办。该展展出的，是北京市文史研究馆组织馆内文史专家和书画家历时3年合作创作的作品，表现了古都北京的自然生态、人文地理和历史文化景观；其中包括《燕蓟形胜图》《古都揽胜》《圆明神韵图》《南囿秋风》《颐和春色》《盛夏琼华》《香山秋韵》《雄关冬雪》等8件巨幅作品（2米×10米、2米×8米）。这些作品的创作，在文史和美术结合、中西绘画技法结合、传统和创新结合等方面作出了新的尝试。“北京神韵——重大历史题材中国山水画展”学术研讨会同期举行。

（黎　明）

【第九届中国工笔画大展】 12月18日~26日，由中国美术家协会、中国美术馆、中国工笔画学会共同主办的“工·在当代——2013第九届中国工笔画大展”在中国美术馆举办。该展展出了18位特邀、60位学术提名和68位社会征集入选的共146位艺术家的近400件作品。参展者基本囊括了工笔画领域最为活跃的老中青三代创作中坚；参展作品大部分为近3年的新作，涵盖水墨、彩墨、综合材料、绘画装置等多种媒材，展示出当代中国工笔画多样的发展路径和丰富的探索实践。

（黎　明）

活　　动

【《汤文选全集》首发新闻发布会】 1月11日，由长江出版集团和湖北美术出版社出版发行的《汤文选全集》首发新闻发布会在中国国际展览中心举行。该书为精装8卷本，邵大箴任主编，2012年11月出版，收录湖北画家汤文选自20世纪40年代至21世纪初的60多年中创作的2000余幅作品，包括写意与工笔的人物、山水、花鸟和书法作品；同时还收录了汤文选的诗词、从艺心得、语录以及他的传略、年谱和评论文章等。

（黎　明）

【全国美术工作会议】 4月18日~19日，新中国成立以来首次由文化部主持召开的全国美术工作会议在北京举行。会议旨在从国家文化发展的战略高度，通过回顾总结近年来美术工作的经验，分析面临的形势及存在的问题，深入研究经济全球化和社会主义市场经济条件下促进美术事业健康发展的新机制，并对当前与今后一个时期的国家美术发展做出部署。文化部党组书记、部长蔡武出席会议并讲话。文化部副部长董伟，中国文联、中宣部文艺局、总政宣传部艺术局、文化部有关司局和直属单位、各地文化厅（局）领导，中国美协、中国书协、全国各美术馆、画院、美术学院、美术社团负责人及部分美术家代表出席了会议。

（黎　明）

【中国美协水彩画艺委会、漫画艺委会换届大会】 4月24日，中国美协水彩画艺委会、漫画艺委会换届大会在北京召开。会议成立第四届水彩画艺委会和第四届漫画艺委会并聘任委员。根据《中国美术家协会关于第四届水彩画艺术委员会成员的聘任决定》，黄铁山被聘任为水彩画艺委会名誉主任，诸迪被聘任为水彩画艺委会主任，刘亚平、周刚、铁扬等任副主任。根据《中国美术家协会关于第四届漫画艺术委员会成员的聘任决定》，徐鹏飞被聘任为主任，郑辛遥、张耀宁、黎青等任副主任。

（黎　明）

【市文化局主办“名家名作进社区”系列活动】 5月11日，北京画院副院长袁武率北京画院美术馆馆长吴洪亮及优秀青年画家李凤龙、乐祥海，携艺术大师齐白石的30幅作品，走进东城区东四奥林匹克社区，通过举办画展、艺术讲座、对艺术爱好者的书画作品给予指导等形式，与社区居民互动交流。“名家名作进社区”

系列活动也由此启动。“名家名作进社区”系列活动，是北京市政府2013年推出的一项重要的为民办实事的文化惠民工程，由市文化局主办，由北京市及中央在京各国有和民营艺术机构承办。该系列活动以“艺术服务大众”为理念，旨在通过进社区举办名作展览、名家讲座及现场互动交流等活动，广泛普及艺术教育，提高市民艺术素养，培育潜在的艺术品消费人群，为建设文化之都、艺术之都奠定坚实的群众基础。该系列活动在东城、西城、朝阳、海淀等区县的街道、社区和学校全面展开，全年共完成50场活动，并于2013年12月28日~2014年1月4日在中间美术馆举办了“2013‘名家名作进社区’总结展”。

（黎　明）

【《中国工艺美术大师·钱美华：景泰蓝》新书发布会】　5月12日，由中国工艺美术学会、北京非物质文化遗产保护中心等单位主办的《中国工艺美术大师·钱美华：景泰蓝》新书发布会，在北京市珐琅厂有限责任公司举办。该书是凤凰出版传媒集团·江苏美术出版社出版的《中国工艺美术大师》系列丛书中的一卷，2013年4月出版，原中国工艺美术学会副理事长唐克美任主编。书中收录了钱美华数十年中创作的大量经典作品的实物图片、设计图稿、专业分析文章，以及她的生平事迹，呈现并解读了这位工艺美术大师杰出的艺术成就。

（黎　明）

【中国美协建军节慰问基层武警官兵】　8月1日，中国美协组织在京美术家到北京武警某支队慰问基层官兵。中国美协分党组书记、驻会副主席吴长江和秘书长刘健，将精美画册及美术书籍赠与官兵。刘健、中国美协副秘书长张旭光以及画家朱凡、张文华，将他们创作的书法和美术作品赠与官兵。战士们用训练科目表演，欢迎艺术家们的到来。吴长江、刘健、李翔、朱理存、邹立颖、王界山、何加林等20多位美术家现场挥毫，创作了多幅山水、花鸟、人物画作品，与喜爱美术的官兵交流切磋，并对部分战士创作的美术作品进行了指导。

（黎　明）

北京画院艺术家在社区与群众交流

【庆祝中国作家书画院成立一周年笔会】　8月8日，“庆祝中国作家书画院成立一周年笔会”在鲁迅文学院举行。中国作协副主席廖奔、高洪波出席并致辞。中国作家书画院常务副院长白描回顾了该院成立一年来的工作。与会领导与戴清民、柳萌、周明、杨匡满、宗鄂、石祥、峭岩、余魁军、周云芳、李新、刘家科、郑美秋、严学章、那耘等作家、书法家和画家，现场创作了数十幅书画作品。

（黎　明）

【中国工笔画学会第二次全国会员代表大会】　9月7日，中国工笔画学会第二次全国会员代表大会在北京召开。来自全国各地的139名会员代表出席会议。会议审议了工作报告，通过了《中国工笔画学会会章》修改草案，选举产生了中国工笔画学会第二届理事会、常务理事会，选举出新一届领导班子。冯大中当选为会长，萧玉田为常务副会长，谢振瓯、王天胜、唐勇力、孙志钧、何家英、陈孟昕、张策、刘金贵、喻慧、牛克诚为副会长。根据新会章关于学会常设专家委员会的规定，会议选举出19名专家委员会委员。会议表决任命了秘书长、副秘书长；秘书长由萧玉田兼任。会议聘请该学会前任领导林凡为名誉会长，朱理存、李魁正、胡勃为艺术顾问，还聘请了刘大为、冯远、吴长江、王明明等20余位关心中国工笔画事业的艺术家和理论家为艺术顾问。

（黎　明）

【《石虎书画全集》首发】　10月8日，由人民美术出版社和雅昌文化集团共同举办的《石虎书画全集》首发仪式在雅昌（北京）艺术中心举行。由人民美术出版社出版发行、雅昌印刷集团设计印制的《石虎书画全集》7卷本，是画家石虎海外归来潜心绘画10余年后，对其创作的一次系统梳理。他近年对汉字艺术和水墨线条的独特探索的最新成果也收录其中。

（黎　明）

【中法艺术高层论坛】 11月15日~17日，由法国巴黎美爵文化艺术时尚创意产业促进会发起，巴黎美爵艺术基金支持的中西方艺术高层系列论坛，与法国巴黎美爵艺术基金举办的“2013秋季大型艺术品拍卖会暨中法绘画及奢侈品亚洲首场拍卖会”同期在亚洲大酒店举办。论坛由“中国书画与西方绘画高层论坛”“中法油画家高层对话”“中国新油画运动的方向”3场艺术与学术研讨组成。法兰西学院油画院院士 Pierre Carron，法国美术家协会主席 Remy Aron、法国国家博物馆联盟主席 Jean - Paul Cluzel、奥赛博物馆馆长 Guy Cogeval，卢浮宫博物馆馆长 Jean - Luc Martomez，蓬皮杜艺术中心主席 Alain Pierre Seban 等法国艺术界人士和刘大为、范迪安、邵大箴、杨晓阳、龙瑞、范扬、何家英、苏士澍、靳尚谊、詹建俊、张祖英、全山石、雷波、尚晖、张晓刚、隋建国、展望、徐冰、吕澎等中国著名艺术家与理论家，分别参加了各场研讨。

（黎　明）

【中国美术家协会第八次全国代表大会】 11月25日~27日，中国美术家协会第八次全国代表大会在北京召开，来自全国各地的440余名代表参加了大会。根据议程，大会审议了工作报告，修改了《中国美术家协会章程》，选举产生了由225人组成的中国美术家协会第八届理事会和主席团。刘大为当选为主席。王明明、韦尔申、冯远、许江、许钦松、李翔、杨晓阳、吴长江、吴为山、何家英、范迪安、施大畏、黄格胜、曾成钢当选为副主席。会议任命徐里为秘书长，推举靳尚谊为中国美协第八届名誉主席，聘请王琦、王明旨、尼玛泽仁、刘文西、刘勃舒、李焕民、杨力舟、肖峰、林墉、罗中立、哈孜·艾买提、秦征、黄永玉、常沙娜、詹建俊、潘公凯为中国美协第八届顾问。

（黎　明）

【中国少数民族美术促进会第五次会员代表大会】 11月28日，中国少数民族美术促进会第五次会员代表大会在北京召开。全国各地22个少数民族的百余名美术家代表参加大会。大会审议通过了工作报告、审计报告和修改章程报告，并选举产生新一届领导班子：尼玛泽仁任会长，陆耀儒任常务副会长兼法人代表，郭正英、钟志金、徐恩存、胡宝利、沈刚纪任副会长。

（黎　明）

交　　流

【维尔纳·贝格作品展】 1月5日~14日，由奥地利驻华大使馆、中国美术馆、舒茨艺术典藏、维尔纳·贝格美术馆主办的“维尔纳·贝格——从表现主义到波普艺术”作品展在中国美术馆举办。该展展出来自于奥地利收藏家约瑟夫·舒茨收藏的20世纪奥地利著名画家维尔纳·贝格（1904—1981）的70多件油画及16件版画作品。维尔纳·贝格自1931年即远离城市喧嚣到农村度过了大半生。他的油画和木刻作品大多描绘斯洛文尼亚与奥地利边境地区原始、古朴的农村生活，常采用明确的构图和近景的手法，具有凝练、简洁、清晰的独特风格与丰富的表现力。

（黎　明）

【中央美术学院油画系全体教师作品展在纽约举办】 1月22日~2月17日，“来自北京”——中央美术学院油画系全体教师作品展在美国纽约艺术学院举办。该展汇集了胡建成、孙逊、林笑初等21位教授和艺术家的作品，全面展示了中央美院油画系的教师面貌、教学体系，以及中央美院坚守传统、与时俱进的“学院派”教学理会和中国当代油画艺术的发展现状。

（黎　明）

【谢天赐大写意花鸟画作品展】 1月27日~30日，由中国国家画院、广东省文化厅主办，《中国国家画廊》《中国画家》杂志承办的“天心赐意——谢天赐大写意花鸟画作品展”在中国国家画院美术馆举办。该画展汇集了中央文史研究馆书画院南方分院副院长谢天赐近年新作100余幅，其中包括十几幅高2.5米，宽近5米的大画，展现了画家在写意花鸟画的继承和创新方面取得的成果。

（黎　明）

【中荷肖像画及室内绘画展】 3月4日~30日，“面对面——中荷肖像画及室内绘画展”在今日美术馆举办。该展汇集中国的陈丹青、毛焰和荷兰的让·沃斯特（Jan Worst）、菲利普·阿克曼（Philip Akkerman）四位艺术家的作品，以在绘画史上占有重要地位的肖像画与室内画这一经典主题，呈现了文化背景差异很大的几位艺术家对人类情感和精神状态的观察及思考，以及处理方式和风格迥异的艺术表现，进行了一场具有独特意味的跨文化与艺术传统的对话。

（黎　明）

【“时间——时间设计·设计时间”展览】 3月7日~4月10日，由中央美术学院美术馆和意大利米兰三年展设计博物馆（Triennale

Design Museum）联合主办，获得意大利驻华使馆文化处协助、高级腕表制造商沛纳海（Officine Panerai）赞助的“时间——时间设计·设计时间”展览在中央美术学院美术馆举办。展览由Silvana Annicchiarico及Jan van Rossem共同策划，Patricia Urquiola作展览设计，旨在探索时间与艺术和设计的关系。展览主体沿用了2011年米兰三年展设计博物馆同名展览的共68件（组）展品，包括设计、装置、影像等，全部出自如Damien Hirst、Marcel Wanders、Maarten Baas、Fabrica工作室、Vinta设计、Front设计工作室等国际著名的艺术家、设计师及设计工作室之手。展览还收入了音乐家约翰·凯奇的经典作品《4分33秒》，以及特邀的张恩利、于伯公、吴啸海、杨心广、王煜宏、贾善国等6位中国新锐设计师的作品。众多艺术家和设计师以精彩纷呈的作品，对时间的流逝、时间的度量与时间的理念表达了各异其趣的主观感受。

（黎　明）

【卡洛斯·克鲁兹－迭斯艺术展】 3月9日～4月10日，“卡洛斯·克鲁兹－迭斯艺术展：色彩环境与模糊”2013年中国校园巡展首站在中央美术学院美术馆举办。展览由克鲁兹－迭斯基金会、中国青年出版社与法国ZBL艺书版权公司共同主办，中央美术学院美术馆、中国美术学院美术馆、上海视觉艺术学院和香港科技大学艺术中心联合举办。该展展出欧普艺术最具影响力的代表艺术家之一、被誉为“色彩运动艺术之父”的法籍委内瑞拉艺术家卡洛斯·克鲁兹－迭斯（Carlos Cruz－Diez）的绘画、装置、建筑设计、多媒体等多方面的艺术作品，展示了他对色彩的独特研究和艺术实践成果。

（黎　明）

【杨佴旻新水墨画中国巡回展】 3月16日～31日，“他的史诗——杨佴旻新水墨画中国巡回展北京站”在中国美术馆举办。该展展出旅居海外，并活跃于国际画坛的杨佴旻1992年以来创作的新水墨画作品近百幅。

（黎　明）

【何多苓写意作品展】 3月16日～4月14日，“写意的减法——何多苓写意作品”展览在798艺术区的山艺术·北京林正艺术空间举办。该展展出成都画院专职油画家何多苓1992年至1993年间创作的写意作品30余幅。这些作品表现出画家对中国水墨画写意境界的追求。

（黎　明）

【童乃寿中国画展】 3月17日～26日，由中共安徽省委宣传部、中国美术家协会艺委会、安徽省文化厅、安徽省文联、安徽省文史馆、中共合肥市委宣传部共同主办的“妙师造化——童乃寿中国画展”在中国美术馆举办。该展收入合肥市书画院专职画家童乃寿40多年来创作的200多幅山水、花鸟画和书法作品，其中包括数十件首次公开展示的以黄山为题材的巨幅山水画。

（黎　明）

【周刚水彩艺术展】 3月26日～31日，由中国美术学院、中共杭州市委宣传部主办的“周刚水彩艺术展”在北京画院美术馆举办。该展以“矿工”系列、“青春少女”系列、“园林风景”系列和“蓝色西湖”系列4部分，展示中国美术学院教授周刚的水彩人物与风景画作品近80件。周刚水彩艺术学术研讨会在开幕式当天举行。

（黎　明）

【方骏中国画展】 3月27日～4月6日，由文化部艺术司、中国艺术研究院、中国国家画院、中国美术家协会、中国美术馆、江苏省文化厅和南京艺术学院主办的“倚江南——方骏中国画展”在中国美术馆举办。展览精选江苏画家方骏不同时期的代表性山水画作品150多件，集中展示了他数十年的艺术探索和风格独特的“方家山水”。

（黎　明）

【许鸿飞雕塑展】 3月28日～4月6日，由中共广州市委宣传部、广东省美协、广东美术馆和雕塑杂志社共同主办的“平民史诗——许鸿飞雕塑展”在中国美术馆举办。展览展出广州雕塑院院长许鸿飞的56件雕塑作品，塑造了形态各异的壮硕、朴实、乐观的平民胖女形象，具有鲜明的生活化、夸张写意、幽默诙谐的艺术风格。

（黎　明）

【“美丽台湾——台湾近现代名家经典作品展（1911～2011）”】 4月2日～4月16日，由全国台联、台湾文化会馆基金会、中华文化联谊会、中国美术馆、中国国家画院共同主办的“美丽台湾——台湾近现代名家经典作品展（1911～2011）”在中国美术馆举办。该展是对台湾百年美术发展历史的系统回顾，也是两岸交流以来规模最大的一次台湾美术展览。参展画家共140余位，其中包括张大千、黄君璧、溥心畬、李仲生等大陆赴台画家，郭柏川、陈澄波等曾在大陆学习的台湾本土画家，以及李奇茂、欧豪年、刘国松、江明贤等台湾当代画家。参展作品共166件，包括水墨画、胶彩画、版画、油画、水彩画等画种。

（黎　明）

【韩家英设计展】 4月5日～25日，由中央美术学院美术馆、中央美术学院城市设计学院、中央美术学院设计学院主办，深圳华·美术馆协办的“镜像——韩家英设计展”在中央美术学院美术馆举办。展览通过“设计隐藏的本质”“身份的缘起”“视觉的解构与重建”三个主题单元，以深圳设计师韩家英20年来为企业、产品、书籍、电影、时尚品牌等所创作的CI、海报、封面装帧、装置等众多经典设计作品，以及为展览本身所做的平面、多媒体和装置设计，全面展示了他的艺术探索历程与创作成就。展览期间还举办了该展的论坛。

（黎　明）

“搜妙创真”——松石斋藏陆俨少书画精品展研讨会

【万鼎山水画展】　4月13日～17日，由中国美术家协会艺术委员会、陕西省文学艺术界联合会、陕西省美术家协会、陕西省广博电影电视管理局、西安美术学院联合主办的“以丹青的名义——守护大秦岭”万鼎山水画展在中国国家画院美术馆举办。该展展出了“长安画派”画家万鼎近年来创作的以大秦岭山水为题材的作品70余幅。展览研讨会在开幕当天举行。

（黎　明）

【松石斋藏陆俨少书画精品展】　4月16日～5月28日，由中国美术家协会、北京美术家协会、北京画院、浙江画院、陆俨少艺术院共同主办的“搜妙创真——松石斋藏陆俨少书画精品展”，在北京画院美术馆举办。展览展出的100余幅陆俨少书画精品，为20世纪50年代至80年代创作，大部分为手卷、册页，其中多件甚至未收入2008年出版的《陆俨少全集》，相当一批还是首度面世，具有较高的艺术与学术价值。

（黎　明）

【国际媒体艺术展】　4月19日～5月12日，由中国美术馆主办的“移位：动为行——国际媒体艺术辑选”展览在中国美术馆举办。展览展出了国际新媒体艺术领域包括德国、美国、比利时、爱尔兰、日本、奥地利、西班牙和中国的14位代表性艺术家的一批经典作品，如新媒体艺术先驱彼得·威贝尔创作于1960年的《无尽的重叠》，比约恩·许尔克创作于2012年的《空间一号》，中国录像艺术开拓者张培力的代表作品《焦距》，劳伦斯·马尔斯塔夫的大型装置作品《传输者》，还有近年活跃于新媒体艺术界的迈克尔·华金·格雷、欧拉利娅·巴利多塞拉以及中国艺术家展望等人的最新作品。

（黎　明）

【秦宣夫艺术展】　4月20日～27日，“抱朴自然——秦宣夫艺术展”在中国美术馆举办。该展展出秦宣夫20世纪30年代至90年代创作的油画、水粉、水彩、素描、速写和版画等多画种的主要艺术作品200余件。在展览开幕式上，秦宣夫的亲属向中国美术馆捐赠了他的23幅作品，填补了该馆藏秦宣夫作品的空白。

（黎　明）

【20世纪西班牙雕塑艺术展】　4月21日～6月30日，由西班牙官方信贷局基金会、西班牙文化行动、西班牙驻华大使馆和中国美术馆共同主办的“从毕加索到巴塞罗——20世纪西班牙雕塑艺术展”在中国美术馆举办。该展展出西班牙官方信贷局收藏的高迪、毕加索、达利、米罗、巴塞罗、齐伊达、帕拉苏埃洛、达比埃斯和索拉诺等31位代表性艺术家的79件雕塑及绘画作品，呈现了西班牙雕塑艺术从20世纪初以来的现代演变历程。

（黎　明）

【杨惠姗、张毅琉璃艺术联展】　4月23日～5月12日，由中国美术馆与上海琉璃艺术博物馆共同主办的“琉璃之人间探索——杨惠姗、张毅联展”在中国美术馆举办。本次展览是现代中国琉璃艺术的开拓者杨惠姗与张毅伉俪的首次联展，展出杨惠姗“一朵中国琉璃花”“更见菩提”“无相无无相”以及张毅“自在”“焰火禅心”5大系列共近50件琉璃艺术新作，以晶莹剔透、变幻多彩的琉璃雕塑，表达对人间生命意义及中国传统文化深邃智慧的感悟。杨惠姗和张毅的琉璃艺术作品此前已为北京故宫博物院、美国康宁博物馆、英国维多利亚与亚伯特博物馆等博物馆所收藏，中国美术馆此次也收藏了杨惠姗、张毅各1件作品，开该馆收藏琉璃艺术作品的先例。

（黎　明）

【“杜尚·与/或/在·中国”展】 4月26日~6月16日，作为2013中法文化之春的重点项目，由尤伦斯当代艺术中心与北京法国文化中心联合举办的“杜尚·与/或/在·中国”展览在798艺术区尤伦斯当代艺术中心展出。展览共展出被誉为“现代艺术的守护神”的著名法国艺术家马塞尔·杜尚的31件作品，其中包括首次在中国展出的杜尚收藏的自己80件最重要作品之一的微型复制版《手提箱里的盒子》，以及他的《新娘》《下楼梯的裸女》等其他作品的复制品。展览同时展出了包括黄永砯、吴山专、王鲁炎、宋冬、尹秀珍、李杰和艾未未在内的15位深受杜尚影响的中国艺术家的作品，意在反映杜尚对中国当代艺术发展的持续影响。

（黎　明）

【北京国际和平艺术家作品展】 4月27日，由外交部、文化部、北京市政府联合主办的“北京国际和平艺术家作品展”在人民大会堂举行。作品展汇集了来自中国、美国、俄罗斯、塔吉克斯坦、吉尔吉斯斯坦、乌兹别克斯坦、埃及、孟加拉等国家的100余位画家的200余幅美术精品，集中展示了各国具有代表性的艺术创作手法。参展的中国艺术家中有冯远、范扬、卢禹舜、苗再新等，作品涵盖了山水、人物、花鸟等。

（白　莲）

【崔如琢指墨书画展暨所藏《石涛罗汉百开册页》展】 5月5日~14日，由中共北京市委宣传部、清华大学、中国艺术研究院、中国美术家协会主办的“崔如琢指墨书画展暨所藏《石涛罗汉百开册页》展”在清华大学美术学院美术馆举办。该展展出了著名美籍华人书画家、鉴藏家崔如琢的书画及指墨精品100余幅，包括巨幅画作《指墨江天　千山醉雪》（2.8×17.5米）、《荷风千秋》（3.65×17.5米），展览还同时展出了崔如琢珍藏的国宝级珍品《石涛罗汉百开册页》。展览期间，崔如琢还向清华大学捐赠其作品《玉山银海送清辉》，以祝贺母校建校102周年。

（黎　明）

【约瑟普·布歌马尔蒂作品展】 5月8日~6月1日，作为纪念中国与西班牙建交40周年重要的文化交流活动之一，西班牙艺术大师约瑟普·布歌马尔蒂作品展“眼睛的故事”在中华世纪坛当代艺术馆举办。该展展出约瑟普·布歌马尔蒂十几年来的主要代表作和新作共120件，其中包括105件油画和15件雕塑作品。艺术家将自己一生的艺术实践概括为“眼睛的故事”，本次展览即展示了一系列以“眼睛”为题材的风格独特的作品。

（黎　明）

【冯健亲油画新作展】 5月11日~16日，冯健亲油画新作展在中国国家画院美术馆举办。展览展出了南京艺术学院教授冯健亲近5年来创作的人物、风景等题材的油画作品60余幅。

（黎　明）

【走进西非——当代中国画精品展】 5月21日~6月1日，由中国美术家协会、中国驻科特迪瓦大使馆、科特迪瓦文化和法语国家事务部共同主办的“走进西非——当代中国画精品展”在科特迪瓦首都阿比让 La Rotonde des Arts 举办。展览展出了刘大为、吴长江、龙瑞、许钦松、于志学、姜宝林等40位中国当代美术名家的40幅中国画精品。本次展览同时是纪念中科建交30周年系列文化活动和中国美协“中国美术世界行”系列活动的组成部分。

（黎　明）

【王伟中画展】 5月22日~6月11日，由文化部恭王府管理中心主办的著名旅美画家王伟中“青花·水天堂”画展在北京恭王府安善堂举办。该展展出的王伟中50余幅水墨精品，多为清纯佳丽题材的人物创作，以宁静、淡雅、如水流动的色彩和线条，展示了画家独特的“水韵画派”艺术风格。最新出版的《王伟中画集》与该展同步发行。

（黎　明）

【余本写生作品巡回展】 5月23日~6月19日，由中央美术学院美术馆、广东画院、广东东莞市莞城美术馆共同主办的“大地之美——余本写生作品巡回展”首站在中央美术学院美术馆举办。该展共展出广东画家余本的97件作品，按创作时间分为“香港忆昔”“南粤写照”“北方寄情”三个部分，全面回顾了画家的艺术历程与成就。

（黎　明）

【阿里吉·沙梭回顾展】 5月24日~6月18日，由中央美术学院美术馆、阿里吉·沙梭和海伦·奥利弗基金会联合主办的“赤子之心——纪念阿里吉·沙梭诞辰100周年回顾展”在中央美术学院美术馆举办。展览展出了意大利现代艺术史上最具代表性的艺术家之一、生前曾两度来访中国的阿里吉·沙梭的140余件作品，其中包括他的代表作“红色的人”系列作品，以及1956年他率领意大利艺术界和知识界代表团访问中国时创作的《北京先锋——新中国》等以中国见闻为素材的油画、水彩画和水墨画等。

（黎　明）

【舒乙赴法画展】 5月31日~6月6日，由巴黎中国文化中心、中国国务院参事室、中央文史研究馆和中国公共外交协会共同主办的舒乙画展“我眼中的世界”在巴黎中国文化中心举办。展览展出舒乙描绘他眼中的家乡和世界各地风貌的作品40余幅，其中半数为近作，三分之一作品的题材涉及法国。

（黎　明）

【中国国家画院扇面作品赴美举办邀请展】 6月18日~20日，由中国人民对外友好协会、中国国家画院主办，美国中国文化艺术基金会承办的“美丽中国——中国国家画院扇面作品邀请展”在美国华盛顿子午线国际中心举办。展览展出了中国国家画院杨晓阳、卢禹舜、张江舟、赵卫、范扬、何家林、孔紫等画家的山水、人物、花鸟扇面画作品共计46件。

（黎　明）

【萧晖荣艺术展】 7月1日~4日，为庆祝香港回归祖国16周年，由中国文联、全国政协书画室、中国美术家协会联合主办的“萧晖荣中国画·书法·雕塑艺术展”在全国政协礼堂举办。该展展出了香港书画家、雕塑家萧晖荣中国画、书法和雕塑作品共计200余件。

（黎　明）

【德国新表现主义/当代艺术展】 7月6日~18日，由中华世纪坛世界艺术馆、展洲国际艺术区主办的“2013穷尽：德国新表现主义/当代艺术展”在中华世纪坛世界艺术馆举办。继6月15日在展洲国际艺术区开幕的首场“穷尽：德国新表现主义/当代艺术展”之后，本次作为第二展场的展览，再次呈现了安塞尔姆·基弗、乔治·巴塞利兹、约尔格·伊门多夫、马库斯·吕佩尔兹、西格玛尔·波尔克、A·R·彭克等6位德国新表现主义大师的作品，以及瑞士、波兰、韩国等国的14位艺术家的20幅作品和中国12位艺术家的20多幅作品。“对话新表现之后”学术研讨会在开幕式后举行。

（黎　明）

【中国美术馆藏路德维希夫妇捐赠国际作品选展】 7月12日~8月4日，“中国美术馆藏路德维希夫妇捐赠国际作品选展”在中国美术馆举办。德国收藏家彼得·路德维希和伊蕾娜·路德维希夫妇于1996年向中国美术馆捐赠了欧美82位艺术家的89件（117幅）作品，反映了欧美艺术自20世纪70年代以来的发展演变，涵盖了现代主义各个阶段不同流派的大师名作。本次展览从路德维希夫妇捐赠的作品中精选出绘画、雕塑和装置等门类的作品50件，包括安迪·沃霍尔、毕加索、大卫·霍克尼、利希滕斯坦、汤姆·魏塞尔曼等大师的作品，分为西欧、东欧与美洲三个板块展出。

（黎　明）

【新疆中国画全国行作品展】 7月13日~19日，由新疆维吾尔自治区党委宣传部、中国美术馆、新疆维吾尔自治区文联共同主办的“大美天山——新疆中国画全国行作品展”首展在中国美术馆举办。展出的101幅作品中，有从400多幅应征作品中精选出来的包括徐庶之、哈孜·艾买提、吴奇峰、龚建新、龙清廉、李灼、邓维东、吐尔地·伊明等在内的新疆各族老中青画家的作品91幅，还有中国美术馆馆藏的赵望云、黄胄、叶浅予、杨之光、张仃、刘大为等著名画家的新疆题材中国画作品10幅。本次展览是庆祝新疆文联成立60周年的活动之一。

（黎　明）

【走进东非——当代中国画精品展】 7月18日~25日，“走进东非——当代中国画精品展”在毛里求斯中国文化中心举办。该展是为庆祝毛里求斯中国文化中心成立25周年，由中国美术家协会、中国驻毛里求斯大使馆、毛里求斯中国文化中心、荣宝斋共同主办的。展览展出了刘大为、吴长江、龙瑞、谢志高、郜宗远等33位中国当代美术家的30余件精品。该展是中国美术家协会“中国美术世界行”系列活动之一。

（黎　明）

【庞茂琨艺术展】 7月22日~8月5日，由中国美术馆与北京市国家文化资产监督管理办公室联合主办的“浮世·游观——庞茂琨艺术展”在中国美术馆举办。该展展出了四川油画家庞茂坤近年创作的50余件作品，并以作品、手稿、文献相结合的呈现方式，展示画家最新阶段的创作状态。展览以“浮世·游观”为名，强调艺术家要站在超现实的视角来观察、体验和表现现实世界，展现出既关联又疏离于现实的精神景观。

（黎　明）

【陈文灿漆画、水墨画展】 7月24日~8月2日，由福建省委宣传部、厦门市人民政府、中国美术家协会、福建省文联、福建省美术家协会等单位联合主办的“苍茫与浪漫——陈文灿漆画、水墨画展”在中国美术馆举办。该展展出了福建艺术家陈文灿各个时期创作的漆画代表性作品和退休后转向创作的水墨画精选作品，是他40年艺术创作生涯的集中展现。陈文灿漆画、水墨画学术研讨会于开幕式当日举行。

（黎　明）

【青海热贡唐卡美术大师作品联展】 8月4日～10月8日，由由青海省文化厅、普罗艺术、青海省黄南藏族自治区同仁县文化局联合策划的“青海热贡唐卡美术大师作品联展”在798艺术区莲生妙相唐卡艺术中心举办。展览汇集了国家级工艺美术大师娘本、斗尕、西合道、更登达吉和国家级非物质文化遗产项目热贡艺术代表性传承人罗藏旦巴、俄玛才旦、夏吾角的唐卡画作近40幅，涵盖了彩唐、黑唐、金唐、红唐等种类。

（黎　明）

【中央文史研究馆书画院赴俄举办中国书画展】 8月5日～10日，应圣彼得堡美术家协会邀请，中央文史研究馆书画院院长马振声率艺术家一行，赴俄罗斯圣彼得堡举办“交流与交融—　中国书画展”并进行文化艺术交流。展览在俄罗斯圣彼得堡列宾美术学院学术交流博物馆举行，展出了金默如、马振声、薛永年、吴静山、朱理存、张仁芝等28位书画家创作的60余幅中国画人物、花鸟、山水作品和中国书法作品。

（黎　明）

【罗映球版画艺术展】 8月5日～14日，由中国美术馆、中国美术家协会、广东省委宣传部主办的“铁笔如椽——罗映球版画艺术展”在中国美术馆举办。该展展出了广东版画家罗映球250余件版画作品，展示这位亲历了中国现代版画发展历程的木刻版画家70余年艺术创作的成就。开幕式上，罗映球的亲属将所藏罗映球的180幅版画作品和23件木刻原版捐赠给中国美术馆。

（黎　明）

【李小超雕塑与绘画系列作品展】 8月8日～18日，由保利艺术博物馆、中国公共关系协会和陕西省文化厅主办的“远去的村庄——李小超雕塑与绘画系列作品展”在保利艺术博物馆举办。展览展出的陕西雕塑家、画家李小超新近创作的89件雕塑、绘画作品，以农村生活场景为题材，展示了时代变迁中正渐渐消失的传统乡村生活情态，表达了作者试图以艺术手段留住对“远去的村庄”温暖而美好的记忆的强烈愿望。

（黎　明）

【中国美术馆藏品选萃展】 8月21日～11月10日，由中国美术馆和大连现代博物馆共同主办的“共和国美术之路——中国美术馆藏品选萃”展览在大连现代博物馆举办。该展以“主人与家园”“反思与开放”和“多元的时代”3个篇章，展出新中国成立以来艺术家们创作的100件作品，其中包括徐悲鸿、齐白石、傅抱石、李可染、蒋兆和、吴作人、潘天寿、黄胄等绘画大师的经典作品，展示了新中国美术的发展历程和成就。

（黎　明）

【2013海峡两岸当代艺术展】 8月26日～9月25日，由中华文化联谊会、台湾美术基金会、中国美术馆、台湾美术馆联合主办的“交互视像——2013海峡两岸当代艺术展”在中国美术馆举办。展览展出的展望、陈文令、李义弘等36位大陆和台湾艺术家的绘画、雕塑、影像、声音及互动装置等艺术作品，采取将海峡两岸艺术家作品一对一并置展示的布展方式，在呈现海峡两岸当代艺术创作现状与最新成果的同时，也充分展现海峡两岸艺术同中有异、异中有同的发展特征。该展览此前已于5月4日～7月7日在台湾美术馆先期举办。

（黎　明）

【徐希作品展】 8月28日～9月8日，由中国美术馆和中国美术学院共同主办的“徐希作品展”在中国美术馆举办。该展分为中国画、油画、速写、花卉、墨韵五大系列，集中展示旅美画家徐希40年来的主要作品150余幅，其中包括首次公开展示的19幅水墨巨作。

（黎　明）

【“社会雕塑：博伊斯在中国”展】 9月7日～11月15日，由中央美术学院主办，中央美术学院美术馆与昊美术馆承办，北京大学视觉与图像研究中心、K11艺术基金及歌德学院（北京）协办的“社会雕塑：博伊斯在中国”展在中央美术学院美术馆举办。该展是作为20世纪后半叶最重要的西方艺术家之一的德国艺术家约瑟夫·博伊斯（1921—1986）作品在中国的首次个展，展览展出了博伊斯在20世纪70～80年代创作的包括装置、行为艺术影像、图片、素描、手稿等共计300余件作品及文献资料。展览期间还配合举办了系列学术讲座，围绕博伊斯的艺术、历史影响及其与中国当代艺术的关系展开了探讨。

（黎　明）

【卢甫圣艺术展】 9月20日～28日，由中国文学艺术界联合会、中央文史研究馆、中国美术馆、中国美术家协会、上海市文学艺术界联合会、上海市美术家协会共同主办的“知一知二之间：卢甫圣艺术展”在中国美术馆举办。展览精选了上海中国画院画师卢甫圣新近创作的130余件绘画作品，以及上百万字的史论著作、诗词和文献等，全面展示了这位学者型艺术家多领域的成就。开展当天还举行了主题为“中国绘画的主观性空间”和“数字时代的绘画可能性”的两场学术论坛。

（黎　明）

【周波艺术展】 9月21日～28日，由中国美术家协会艺委会、中国画学会、广州美术学院、广东省美术家协会共同主办的“生活之美——周波艺术展”在中国美术馆举办。展览展出的115件广州美术学院教授周波中国画作品，包含其早年经典之作和近年新创作品。

（黎　明）

【天津泥人张彩塑优秀作品进京展】　9月21日~28日，由天津市文化广播影视局主办，天津泥人张彩塑工作室、天津美术馆共同承办的“天津泥人张彩塑优秀作品进京展”在中国美术馆举办。展览展出的作品共计70件（套），汇聚了泥人张彩塑自清朝道光年间由张明山创始至今170多年来的优秀作品，既有出自泥人张家族的，也有彩塑工作室专业技术人员创作的。其中，中国美术馆馆藏作品12件（套），如傅长圣的《山里红》、杨志忠的《扁鹊》、张玉生的《磨刀人》等；天津博物馆馆藏作品8件（套），如张明山的《二仕女》、张玉亭的《三娘教子》、张景祜的《红娘》等；天津泥人张彩塑工作室收藏作品50件（套）。

（黎　明）

【陈家泠艺术展】　9月22日~10月12日，由中国国家博物馆主办的“化境——陈家泠艺术展”在中国国家博物馆举办。展览通过“万紫千红”“万水千山”“万种风情”“万变为宗”4个主题，分别展示了上海大学美术学院国画系教授陈家泠近年创作的花鸟画、山水画、人物画以及陶瓷、家具、缂丝、服装、织锦等艺术作品200余件。展览期间（10月11日），陈家泠艺术作品捐赠仪式和学术研讨会在国家博物馆举行。陈家泠向该馆捐赠了12件代表作品，其中包括《桂林山水甲天下》《梦笔生花》等9件绘画作品和《梦里江南》《荷叶鸳鸯》《印象黄山》3件陶瓷作品。

（黎　明）

【尼玛泽仁绘画艺术展】　9月27日~10月9日，由中央电视台书画频道主办的“苍茫无语——班禅画师尼玛泽仁绘画艺术展”在书画频道美术馆举办。展览展出了著名藏族艺术家尼玛泽仁的绘画作品百余幅，其中包括巨幅佛教画像和采风作品等。

（黎　明）

【韩书力进藏40年绘画展】　9月29日~10月8日，由中国文联、全国政协书画室、西藏自治区党委宣传部、中国美协、中国美术馆、李可染艺术基金会、西藏文联共同主办的“韩书力进藏40年绘画展”在中国美术馆举办。该展展出了“西藏画派”领军人物韩书力进藏40年间创作的90余幅作品。

（黎　明）

【欧豪年书画展】　9月29日~10月11日，由中华文化发展促进会主办，国务院台湾事务办公室、中国国家画院、中国艺术研究院、中国美术家协会和香港大公报社等单位协办的“鹏翼展天宽——欧豪年书画展”在中国国家博物馆举办。该展展出了台湾画家欧豪年的水墨山水、花鸟画和诗词书法作品160余幅。

（黎　明）

【安迪·沃霍尔回顾展】　9月29日~11月15日，由中央美术学院美术馆、中国对外文化集团、安迪·沃霍尔博物馆联合主办的“安迪·沃霍尔：十五分钟的永恒”回顾展在中央美术学院美术馆举办。该展展出了美国当代艺术家沃霍尔（1928—1987）各个创作时期的艺术作品及艺术创作档案共101组，包括绘画、摄影、装置、影视、丝网印刷、素描、雕塑作品，以及书信、手稿、创作灵感的来源资料等，全面呈现了这位波普艺术领袖人物的艺术人生。

（黎　明）

【东北油画艺术邀请展】　9月30日~10月8日，由沈阳书画院、沈阳油画学会策划，中共沈阳市委宣传部、沈阳市文联主办的“黑土地之歌——东北油画艺术邀请展”在中国美术馆举办。该展邀请了东北三省及内蒙古东部地区的主要油画创作骨干，以及一些曾在沈阳生活和工作过的北京等地知名油画家共68位艺术家参展，还另外调集部分已被美术馆和收藏机构收藏的获奖作品，共展出作品近170件。该展是对东北地区近年油画创作成果的一次集中展示，参展作品既有显著的东北地域特色，体现出艺术家们对写实绘画传统的坚守，又体现出他们对艺术形式创新和艺术风格个性化的追求。

（黎　明）

【朝鲜美术作品展】　10月10日~17日，由中国人民对外友好协会、中朝友好协会和朝鲜对外文化联络委员会共同主办，华岳集团承办的“庆祝中朝·朝中友好协会成立55周年——朝鲜美术作品展”在公共外交文化交流中心举办。展览展出了30余位朝鲜人民艺术家、功勋艺术家和一级画家的150余幅作品，包括油画、丙烯画、宝石画、朝鲜画4大类型。开幕式上，华岳集团向人民大会堂捐赠由高基雄等5位朝鲜著名画家共同创作的7.58米×3.48米巨幅丙烯画作《海情》。

（黎　明）

【当代岭南十人邀请展】　10月11日~17日，由广东省美术家协会、广州美术学院、保利艺术博物馆、保利艺术中心、当代岭南艺术中心主办的“大家·当代岭南十人邀请展”在保利艺术博物馆举办。参展的尚涛、林丰俗、陈政明、林墉、陈永锵、陈新华、方楚雄、许钦松、李劲堃、方向10位具有独特艺术风格和重要影响的岭南画家，以他们的代表性作品及近年新作，展示了他们在人物、山水、花鸟各领域的不断探索和创新，反映出当代岭南中国画的创作趋势和发展面貌。

（黎　明）

【中国当代艺术展赴西班牙举办】 2013年10月15日～2014年1月5日，作为庆祝中西建交40周年重要展览项目，由中国美术馆、马德里孔德杜克中心、西班牙国际发展合作署以及马德里中国文化中心共同主办的“新境——中国当代艺术展”在西班牙马德里孔德杜克中心举办。该展览分为“时代变迁”“诗意自然”和“多元探索”三个部分，展出了中国改革开放以来具有代表性的中国画、油画、雕塑、摄影等作品60件。

（黎　明）

【杨燕屏画展】 10月17日～22日，由北京画院主办的杨燕屏画展在北京画院美术馆举办。该展是杨燕屏旅居海外近30年后，首次在国内举办的作品回顾展。展览展出了《原野秋》《雪山》《秋颂》《秋风》《洪荒》等特色鲜明的作品。

（黎　明）

【2013中法艺术展在法举办】 10月22日～28日，由文化部中外文化交流中心主办，索非亚国际艺术基金会协办的“2013中法艺术展”在法国巴黎香榭丽舍大道举办。展览共展出郭润文、朝戈、谭平、杨飞云等28位中国艺术家和14位法国艺术家的200余件油画、雕塑和版画作品，集中展示了中法艺术家近30年的艺术发展历程和成就。

（黎　明）

【“地中海文明——法国卢浮宫博物馆藏文物精品”展】 2013年10月29日～2014年2月10日，作为中国国家博物馆与法国卢浮宫博物馆首次合作的“地中海文明——法国卢浮宫博物馆藏文物精品展览”在中国国家博物馆举办。由卢浮宫博物馆馆长让－吕克·马丁内兹担任本次展览的策展人，精选了卢浮宫博物馆馆藏的埃及、腓尼基、迦太基、希腊、罗马等重要古代文明的文物珍品280件（套），其中包括石雕、陶器、金银器、油画、素描等作品，展现了从古埃及到14世纪欧洲“文艺复兴”的4000年间地中海沿岸地区的文明发展历程。

（黎　明）

【台湾中部美术协会大陆首展】 10月31日～11月13日，由全国台联、台中市文教基金会共同主办的“台湾中部美术协会60年北京首展”在北京台湾会馆举办。该展为创立于1954年的台湾中部美术协会在大陆举办的首次展览，展出了国画、油画、水彩、雕塑、摄影等多种形式的93件作品，集中展现了台湾中部地区艺术家的风采。开幕式当天，北京市文联、全国台联主办了“北京·台湾艺术交流座谈会”，台湾美术家和北京美协的美术家在会上进行了笔会。

（黎　明）

【“鲁本斯、凡·戴克与佛兰德斯画派——列支敦士登王室珍藏展”】 2013年11月5日～2014年2月15日，“鲁本斯、凡·戴克与佛兰德斯画派——列支敦士登王室珍藏展”在中国国家博物馆举办。展览展出了从列支敦士登王室珍藏中精选出的巴洛克时期佛兰德斯画派具有代表性的油画、版画与挂毯等艺术作品100件，其中包括彼得·保罗·鲁本斯、安东尼·凡·戴克、昆丁·马西斯、扬·德·考克、勃鲁盖尔家族成员、雅各布·约丹斯等西方艺术史上声名显赫的艺术大师的诸多杰作。国家主席习近平发来贺信，对展览的举办表示热烈祝贺。

（黎　明）

【上海美术作品进京展】 11月8日～19日，由中共上海市委宣传部、中国美协、中国美术馆、上海市文联共同主办的“上海美术作品进京展”在中国美术馆举办。展览着重体现当代上海美术创作的整体风貌，展出包括中国画、油画、版画、雕塑等多种艺术形式的作品102件，包括当代名家名作、改革开放以来历届全国美展和上海美术大展中的获奖作品以及中青年美术家的优秀作品。配合展览，收录所有参展作品的《上海美术作品进京展作品集》，精选海派美术150余年发展历程中最具代表性的虚谷、任伯年、吴昌硕、刘海粟、林风眠、陆俨少等18位画家的《海派百年代表画家系列作品集》18卷，以及《海派百年代表画家评论集》，也同步发行。

（黎　明）

【韩书力经版与水墨作品展】 11月29日～12月3日，由中国美协艺委会、西藏自治区文联、北京美协、西藏美协、北京画院、西藏书画院、李可染艺术基金会共同主办的“是什么就是什么——韩书力经版与水墨作品展”在北京画院美术馆举办。作为韩书力进藏40年成果的专题展示，该展展出了他近年来创作的经版水墨作品50余幅。这些在藏传佛教木雕经版上拓印并绘制水墨而创作的作品，具有藏汉艺术兼容、古今文化并蓄的独特风格。

（黎　明）

【李夜冰画展】 12月6日～15日，由中央文史研究馆、中共山西省委宣传部、山西省文化厅、山西省文学艺术界联合会共同主办的“彩墨情韵——李夜冰画展”在中国美术馆举办。该展展出了山西美术家李夜冰的107幅作品，其中包括分为“荷塘寄怀”“民居寻梦”“异国探胜”3个系列的彩墨作品以及部分钢笔写生作品，重点呈现了画家在彩墨国画方面的探索和中西融合的独特艺术风格。

（黎　明）

【中国国家画院扇面作品展赴法举办】 2013年12月11日~2014年1月29日，作为庆祝2014年中法建交50周年系列活动之一，“美丽中国——中国国家画院扇面作品展”在法国巴黎中国文化中心举办。该展展出了中国国家画院杨晓阳、卢禹舜、张江舟、赵卫、范扬、何家林、梁占岩等27位画家的近50件扇面作品。

（黎　明）

【新中国美术家系列——江苏省国画作品展】 2013年12月28日~2014年1月5日，由中国国家画院和江苏省文化厅主办的“新中国美术家系列——江苏省国画作品展”在中国国家画院美术馆举办。展览展出了高云、周京新、胡宁娜、薛亮、喻慧、常进、徐乐乐、王野翔、桑建国、张友宪、刘赦、尚可、朱建忠、周矩敏、栾剑15位新中国成立后出生的江苏籍画家的代表性作品。

（黎　明）

评　　奖

【第二届“中国美术奖·终身成就奖”颁奖】 1月29日，第二届“中国美术奖·终身成就奖”颁奖仪式在中国文联文艺家之家举行。方增先、孙其峰、杨之光、李焕民、侯一民、詹建俊6位老艺术家获得“中国美术奖·终身成就奖”。文化部、中国文联和中国美协相关领导，中国美协各艺委会负责人以及在京的美术家代表等百余人参加了颁奖仪式。

（黎　明）

【中国美协表彰美术史论家】 7月30日，由中国美协主办的“卓有成就的美术史论家表彰大会”在北京举行。于风、郭因、马文启、俞永康、程永江、彭鸿远、邵养德、谭永泰、邵大箴、水天中、刘兴珍、黄可、奚静之、杨泓、姜澄清、夏硕琦、奚传绩、左庄伟、陶咏白、李纪贤、邓惠伯、周积寅、杨悦浦、孙克、聂崇正25人被授予“卓有成就的美术史论家”称号。相关部门领导、部分受到表彰的美术史论家以及家属代表出席了表彰大会。由中国美协理论委员会编辑、河北美术出版社出版的《卓有成就的美术史论家论文集》同时首发。自2004年以来，中国美协表彰了3批共计75位卓有成就的美术史论家。

（黎　明）

捐赠、义演

【老舍夫妇珍藏字画捐赠中国现代文学馆】 4月24日，老舍、胡絜青珍藏字画捐赠仪式在中国现代文学馆举行。老舍子女舒乙、舒济、舒雨、舒立，将老舍、胡絜青夫妇生前珍藏的20幅字画精品捐赠给中国现代文学馆。在捐赠的字画中，计有齐白石国画8幅，黄宾虹国画1幅，傅抱石国画3幅，林风眠国画1幅，老舍书法5幅，胡絜青书法、国画各1幅。铁凝、廖奔、王明明、范迪安等来自首都文学艺术界的作家、画家100多人出席了仪式。捐赠仪式由中国现代文学馆常务副馆长吴义勤主持。

（黎　明）

【高歌为雅安灾区捐赠画作】 4月24日，画家高歌通过中国红十字会为雅安地震灾区捐赠了5幅老虎工笔画。其中1幅是他特意赶绘的《工笔虎头》，其他4幅分别是《雪域霸主》《远望图》《高瞻远瞩》《清风激虎啸》，总价值约100万元。

（黎　明）

【中国美术家协会心系四川雅安赈灾笔会】 4月25日，中国美术家协会心系四川雅安赈灾笔会在北京举办。中国文联、中国美协的相关领导及美术家共60多人参加笔会。艺术家们分山水、人物、花鸟3组进行现场创作，并将创作的作品举行义拍所筹善款全部捐给四川雅安，用于灾区重建。

（黎　明）

【宋步云、孙宗慰、陈烟桥作品捐赠中国美术馆】 7月5日，宋步云、孙宗慰、陈烟桥作品捐赠仪式在中国美术馆举行。20世纪中国著名美术大师宋步云（1910—1992）、孙宗慰（1912—1979）、陈烟桥（1911—1970）的亲属，分别向中国美术馆捐赠出3位艺术家重要的代表性作品，共计81幅。其中，宋步云作品10幅，为其创作于20世纪40~60年代的油画、水彩画、速写和创作于晚年的中国画；孙宗慰作品16幅，包括其西北之行中最重要的代表作《蒙藏生活图》13幅；陈烟桥的版画、漫画、素描、水彩及创作原稿55幅，其中包含13幅版画的木刻原版。

（黎　明）

【王西京为人民大会堂创作《黄河，母亲河》捐赠仪式暨座谈会】 10月19日，由中国美术家协会、中国国家画院、人民大会堂事务管理局和陕西省委宣传部主办，王西京为人民大会堂创作巨幅作品《黄河，母亲河》（372厘米×1800厘米）捐赠仪式暨座谈会在人民大会堂陕西厅举行。该画作是应中共中央办公厅、人民大会堂事务管理局邀请，由陕西省美术家协会主席、画家王西京历时9个多月创作的。40多位文化部门领导、美术理论家和画家出席座谈会。与会者从各个层面就《黄河，母亲河》的创作、成就及意义进行了讨论。

（黎　明）

纪　　念

【于希宁一百周年诞辰艺术展】 3月15日～24日，由文化部和山东省政府主办，山东省文化厅和山东艺术学院承办的“三魂一心——于希宁诞辰一百周年艺术展”在中国美术馆举办。该展展出了于希宁创作于各个时期的代表性作品118件。展览期间，还举办了由中国美术馆和山东艺术学院联合主办的研讨会。

（黎　明）

【张伯驹、潘素书画展】 4月23日～7月10日，由文化部主办，故宫博物院和张伯驹潘素故居纪念馆承办的“纪念张伯驹先生诞辰115周年——张伯驹潘素书画展”在故宫博物院神武门展厅举办。该展在展出张伯驹、潘素伉俪创作的45组书画作品的同时，还展出了有关他们的多种珍贵文献，包括历史图片、手札以及他们的著作和传记等。

（黎　明）

【朱乃正逝世】 7月25日，画家、美术教育家朱乃正因病在北京逝世。朱乃正（1935—2013），浙江海盐人，生于江苏南京。1958年毕业于中央美术学院油画系。1959年，分配到青海工作，曾任青海省美术家协会副主席，青海省人大常委。1980年，调回中央美术学院任教，曾任教授、研究生导师、油画系副主任、院学术委员会主任、副院长。曾任中国美术家协会理事、油画艺委会主任，中国油画学会副主席，全国政协委员。朱乃正毕生致力于油画艺术的探索与教育，是中国油画界领军人物之一；他学通中西，在书法、国画、篆刻、诗文等方面也成就斐然。

（黎　明）

【徐悲鸿国际学术研讨会】 8月24日～26日，为纪念徐悲鸿118周年诞辰、逝世60周年，由中国人民大学徐悲鸿艺术研究院、中国人民大学艺术学院主办的“全球化与民族化：21世纪的徐悲鸿研究及中国美术的发展”国际学术研讨会在中国人民大学召开。研讨会旨在梳理徐悲鸿的艺术成就并阐释其当代意义。其间，来自中国、美国、英国、法国等国家的40余位学者，围绕徐悲鸿与中国画改良、徐悲鸿与写实主义、徐悲鸿书法研究、徐悲鸿与中国美术教育、徐悲鸿艺术的当代意义、艺术思想史视角的徐悲鸿研究、中西美术比较视域中的徐悲鸿研究以及方法与个案研究等8个议题展开讨论。

（黎　明）

【岭南名家墨迹展】 11月5日～7日，由中国艺术研究院、中国政协文史馆、中国文物学会、中国国际文化艺术中心、国际中国书画家交流促进会等共同主办的“纪念中国民主革命伟大先行者孙中山先生诞辰147周年——岭南名家墨迹展”在中国政协文史馆举办。展览展出的近200件作品，有孙中山、康有为、梁启超、何香凝、胡汉民、高剑父、高奇峰、陈垣、叶恭绰、陈树人、苏曼殊、宋庆龄、林风眠、关良、赵少昂、黎雄才、关山月等近现代岭南地区社会文化名人和艺术名家的墨迹，饶宗颐、杨之光、欧豪年、林墉等当代岭南名家的书画作品，还有党和国家领导人以及文艺界知名人士为展览撰写的题词。由文物出版社编辑出版的《岭南名家墨迹》作品集与展览同步首发。

（黎　明）

【毛泽东书法与当代名家雕塑绘画展】 2013年12月23日～2014年3月30日，为纪念毛泽东诞辰120周年，中国国家博物馆与中央档案馆联合举办的“巨人毛泽东——毛泽东书法与当代名家雕塑绘画展”在中国国家博物馆举办。展览包含三部分内容：第一部分是由中央档案馆提供的120件毛泽东书法作品，即毛泽东书写的35件自作诗和85件古诗词；第二部分是现当代名家创作的13件毛泽东雕塑作品，包括刘开渠的《毛泽东》、石建春的《延河边上》等；第三部分是现当代名家创作的与毛泽东相关的油画、国画等58件绘画作品，包括画家董希文创作的油画《开国大典》、全山石的油画《重上井冈山》、石鲁的国画《转战陕北》，还有深藏中国国家博物馆库房47年后首次公开展示的油画《毛主席去安源》的原作。

（黎　明）

【“东方红·中国梦”美术作品邀请展】 2013年12月25日～2014年1月4日，为纪念毛泽东120周年诞辰，表达对实现“中国梦”的理想追求，弘扬民族优秀文化，由中国国际书画艺术研究会主办，湖南省韶山管理局、湖南醴陵红官窑瓷业有限公司协办的“东方红·中国梦——2013 美术作品邀请展”在中国国家博物馆举办。该展展出作品共 360 件，包括书法作品 120 件、中国画作品 120 件、陶瓷作品 120 件；创作者是来自全国各地的书画和陶瓷艺术家，还有特别邀请的龙瑞、于志学、马西光、陈履生、吕章申、王家新、言恭达、张改琴等著名书画家。

（黎　明）

【纪念洪毅然百年诞辰作品文献展】　2013 年 12 月 26 日 ~ 2014 年 1 月 9 日，由炎黄艺术馆、黄胄美术基金会主办，中国美术家协会、中华美学学会协办的“艺术与大众——纪念洪毅然百年诞辰作品文献展”在炎黄艺术馆举办。该展展出了 300 余件洪毅然的西画、国画作品和艺术理论文献，全面展示中国美学家、艺术理论家、美术教育家和画家的艺术创作及理论研究的成就。展览期间还举行了该展研讨会。

（黎　明）

出版物

【《中国文化报》增设《美术文化周刊》】　1 月 6 日，《中国文化报·美术文化周刊》第一期刊出。该刊是中国文化传媒集团创办的新的美术类周刊，每周八个版面，周日出版，全彩印刷。该刊旨在为全国文化系统和各界人士搭建一个观察美术事件、享受美术成果的信息交流平台。

（白　莲）

【《中国友联画院美术书法精品汇编》】　6 月，《中国友联画院美术书法精品汇编》由人民美术出版社出版。该书由邢运明、刘大为任主编，精选中国当代 84 位国画家和 24 位书法家的代表作品，汇编成 18 卷（包含美术 14 卷、书法 4 卷），每卷 6 分册，共 108 册的系列画册。画册全面展现了当代中国画和书法创作的整体面貌，具有较高的资料价值、学术价值与收藏价值。

（黎　明）

【连环画《革命之路》】　9 月，连环画《革命之路》由生活·读书·新知三联书店出版，著者艾玛纽埃尔．勒巴热［法］，译者卞文佳。作者以连环画的形式，描绘了年轻的神学院画家加夫列尔在尼加拉瓜桑地诺民族解放阵线革命时期的经历和成长历程。

（张燕鹰）

【漫画《云中兰若》】　9 月，漫画《云中兰若》由生活·读书·新知三联书店出版，张晓雨编绘。该漫画是新锐漫画家张晓雨长篇系列漫画作品《奇城志》中的一部，描写兰若寺的飞升传说和大法师无根的人生故事。

（张燕鹰）

书法　篆刻

2013 年的北京书法，继续为中国书法艺术传统的继承与弘扬而积极进取，并取得显著成绩。

以“翰墨传承——中国美术馆当代书法邀请展（2013）”“文心墨韵——北京画院藏书法作品展”“金铁烟云——李可染的世界系列作品展（书法篇）”“墨缘书韵——王念堂、王明明、王卫明书法展”“艺舟双楫——李一书法展”“邱振中书法作品展”等为代表的一批引人注目的展览，在展示中国现当代书法艺术家卓著艺术成就的同时，更多地着意于尝试从不同的视角，体察中国书法艺术传统接续的脉络；并结合当代的艺术创作实践，探寻这一传统更新发展的规律和路径。

“中日代表书法家作品展”、“第 8 届中韩书法名家邀请展”、由 8 个国际国内展览组成的超大型展览“东方墨舞——第四届北京国际书法双年展”，以及中国书法家与联合国合作举行的几次书法交流活动，显示出书法艺术国际性交流的趋势与传播广泛而活跃的特性。

中国艺术研究院中国书法院、中国人民大学艺术学院、清华大学美术学院、首都师范大学继续教育学院和北京书协举办的几个书法高研班毕业作品展，展示了新兴书法高等教育人才培养日益丰硕的成果。

而由北京文联、北京书协举办的“梦想缤纷・第七届北京电视书法大奖赛”“第四届北京・美丽乡村书法艺术展”，以及由北京书协及各区书协组织的书法家走基层举办各种书法展览、笔会、讲座、春节祝福、公益文化等活动，则体现了书法界在普及书法艺术、培养书法人才、为书法艺术的传承与发展奠定广泛社会基础而积极努力。

（黎　明）

机　构

【中国新闻出版书法家协会】　6 月 22 日，中国新闻出版书法家协会在北京召开第一次主席团会议，标志着中国新闻出版书法家协会正式成立。中国书协名誉主席沈鹏和中国书协分党组书记、驻会副主席赵长青担任名誉主席，欧阳中石担任总顾问，王云武担任主席。

（黎　明）

【宋庄书法院】　9 月 8 日，宋庄书法院成立暨第一回作品展开幕仪式在宋庄举行。该院旨在搭建一个具有学术品位的书法精品交流平台，促进宋庄向艺术多元化发展。书画家齐剑楠出任该院首任院长。本次作品展选收了 60 余位书画家的百余幅书法作品。

（黎　明）

展　览

【中国美术馆癸巳新春楹联书法大展】　1 月 18 日～2 月 24 日，由中国美术馆策划主办的贺岁展“翰墨传承——中国美术馆癸巳新春楹联书法大展”在中国美术馆展出。经严格评选确定参展的 100 位书法家的 112 件作品，被分为三个部分进行展示：第一部分“福庆初新”，以春联为主；第二部分“昌文咏胜”，呈现楼、阁、亭、台、寺、观等自然与人文景观中的联文；第三部分“铭言寄世”，作品内容多为感叹风物岁时，抒发情怀心志。展览期间，中国美术馆还举办了向观众征联活动、楹联知识学术讲座、“新春对对碰——我在中国美术馆过大年”主题亲子专场活动。

（黎　明）

【北京画院藏书法作品展】　1 月 29 日～2 月 27 日，“文心墨韵——北京画院藏书法作品展”在北京画院美术馆举办。该展汇集了画院所藏 30 余位著名书家的作品共 70 余件，其中既有齐白石、徐悲鸿、李可染、于非闇、刘海粟等艺术家的作品，也有郭沫若、老舍、章士钊、叶公绰等文化名人的作品，还有朱德、董必武、陈毅等政治家的作品。

（黎　明）

【卜希旸书法展】 3月31日~4月9日，由莆田市北京商会、攀天红投资有限公司、北京中研星光文化艺术中心主办的“卜希旸书法展”在攀天红艺术馆举办。该展展出了书法教育家卜希旸近期创作的甲骨文、金文、石鼓文以及楷书、行书、草书等各体作品近百件。

（黎　明）

【王念堂、王明明、王卫明书法展】 4月3日~11日，由北京美术家协会、北京画院联合主办的“墨缘书韵——王念堂、王明明、王卫明书法展”在北京画院美术馆举办。展览汇集了北京画院院长王明明与其父王念堂、其弟王卫明三人的真、行、草、隶等书体作品70余件，包括中堂、对联、扇面、手卷等传统形式，内容以古典诗词、名言警句为主。

（黎　明）

【藏书印与藏书票联展】 4月14日~6月4日，由北京市文物局主办，北京石刻艺术博物馆、北京艺术博物馆、藏书票收藏家子安、艺术家王昆和崔文川合办的“春天时节好读书——藏书印与藏书票联展”在北京石刻艺术博物馆举办。该展展出了数百件明清时期乃至现当代的名家藏书印以及国内外藏书票。展览现场，版画家王昆为观众演示了版画藏书票的制作技法，北京石刻艺术博物馆的篆刻家为爱好者们篆刻了藏书印。

（黎　明）

【第四届北京国际书法双年展】 4月15日~21日，由北京市文联、北京书法家协会主办的“东方墨舞——第四届北京国际书法双年展”在北京举办。本次双年展由八个展览组成：4月15日~21日，“第四届中国少年儿童优秀书法作品展”在北京宋庄小堡驿站美术馆举办；4月16日~21日，“国际书法名家精品邀请展”“中韩书法名家精品交流展”和“中日知名女书家作品邀请展”在北京市劳动人民文化宫举办；4月17日~21日，“中国文化名人手札手卷展”“第四届中国中青年书法家优秀作品邀请展”“第十六届北京书法篆刻精品展”和“第一届北京市六城区书法艺术联展”在中国人民革命军事博物馆举办。来自中国（含港澳台地区）、日本、韩国、新加坡、加拿大、美国、英国、法国、西班牙等24个国家和地区的书法家参展，共展出作品1080件。

（黎　明）

【王泳书法展】 5月1日~6日，由北京书法家协会、首都图书馆主办的“沉毅书道——王泳书法展”在首都图书馆举办。该展展出了王泳多年来创作的正、草、隶、篆、小楷、榜书等多种字体和形式的作品百余件。

（黎　明）

【熊伯齐书画作品展】 5月10日~16日，“熊伯齐书画作品展”在荣宝斋举办，共展出熊伯齐书法、篆刻及绘画作品100余件。由荣宝斋出版社出版的《熊伯齐书画印作品集》也于同期出版发行。

（黎　明）

【恭王府举办印章艺术展】 5月29日~6月13日，由文化部恭王府管理中心主办的“恭王府艺术系列展——金石藏印汇展”在恭王府乐道堂举办。展览展出的印章共计300余枚，年代从战国到民国，有官印和私章，印章材质有田黄、象牙和铜等不同材料，印文风格各异、流派纷呈，其中还有如清宣统“臣载洵恭刊”款王犟山水画意钮田黄石印、清代黄易刻陈曼生加跋“越国公孙”青田石印、清代袁枚题项怀述制象牙印、宋代天禄钮“石湖居士”铜印、台钮“陟都司工”铜印等不少名品印章，生动地反映了历史上的用印制度及印章艺术风貌。

（黎　明）

【邱振中书法作品展】 6月14日~29日，邱振中书法作品展在恭王府举办。该展展出了邱振中近年创作的、以行书和草书为主的作品60余件。

（黎　明）

【包景洲书法作品展】 6月15日~16日，由北京书法家协会、全国政协礼堂主办的“九宇流观——包景洲书法作品展”在全国政协礼堂举办。该展展出了作者近年创作的80多件作品，包括丈二欧楷作品《荀子·劝学篇》、丈二金文毛主席诗词《沁园春·长沙》，以及八条屏作品《朱子治家格言》和《般若波罗蜜多心经》等。该展是作者全国专题巡展的首站。

（黎　明）

【中国书法院结业作品展】 7月2日，由中国艺术研究院中国书法院、研究生院主办的“第八届研究生课程班、高研班暨访问学者结业作品展”在中国书法院展览馆开幕。展览展出的本届107名学员的书法、篆刻作品107件，诸体皆备，形式新颖，碑帖兼容，全面展示了学员们一年来的学习成果和中国书法院的教学成果。

（黎　明）

【人民大学书法高研班毕业展】 7月13日，由中国书法家协会中国书法杂志社、中国书法家协会培训中心和中国人民大学艺术学院联合主办的“第三、四届书法高研班毕业典礼暨毕业展开幕式”

在中国人民大学艺术学院音乐厅举行；“第三、四届书法高研班毕业展”同时在艺术学院展厅开幕。该展展出了近20位人大艺术学院特聘书法名家教授的作品，以及学院书法导师及毕业学员的作品百余幅。

（黎　明）

【美丽中国·全国书法名家邀请展】　7月13日～15日，由中国书画杂志社、北京元亨书画院、人民书画网主办，陕西榆林尚古博物馆、榆林朔方文化投资公司承办的“追梦”系列书法展之——“美丽中国·全国书法名家邀请展”在劳动人民文化宫（太庙）举办。展览邀请了包括中国书法家协会主席张海，中国书协顾问佟韦、张飚、谢云，中国书协副主席王家新、申万胜、苏士澍、言恭达、张改琴、胡抗美，中国书协秘书长陈洪武等在内的121位全国各地具代表性的书法艺术名家参展。

（黎　明）

【中国书法艺术高研班毕业作品展】　7月20日～27日，由清华大学美术学院、首都师范大学继续教育学院和北京书法家协会共同举办“中国书法艺术高研班毕业作品展”在国子监博物馆展出。展出的160余件作品中包括清华大学美术学院、首都师范大学继续教育学院和北京书法家协会合作举办的书法高研班毕业生汇报作品140余件，以及中国书协、北京书协等单位有关负责人、专家题词作品20余件。展览同名作品集在开幕式上首发。

（黎　明）

【中国美术馆当代书法邀请展（2013）】　7月23日～8月19日，由中国美术馆策划并主办的“翰墨传承——中国美术馆当代书法邀请展（2013）”在中国美术馆举办。该展分为“翰豪有仪”“翰采从心”“翰圃积学”三部分，分别展示20世纪30年代及以前出生的书法家、20世纪40年代出生的书法家、取得当代高等书法教育博士学位并有较高实践水平的书法家的作品。孙其峰、冯其庸、欧阳中石、佟韦、李铎，郭子绪、金伯兴、周俊杰、张海、旭宇，韩天雍、白砥、张羽翔、陈海良、吕金光等40余位书法家的作品参展。展览期间还举办了题为“翰墨传承——当代书法的创作、欣赏与普及”的参展书法家与学生代表及现场观众互动的“艺术沙龙”、参展书法家与热爱书法的青少年互动的“艺术家教我来创作”书法体验专场、少儿书法邀请展和书法家协会理事李刚田所作的“展览时代的书法篆刻”学术讲座等活动。

（黎　明）

入太空的《九天揽月》和《谈笑凯歌还》等作品。

（黎　明）

【毛广淞爨体书法巡展】　9月6日，由中国书法家协会、中国书协中央国家机关分会、中国人民武装警察部队美术书法研究院共同主办的“梦回魏晋·牵手隶楷——毛广淞爨体书法巡展”，在北京对外经济贸易大学启动并作首展。爨体是我国魏晋时期流行书体，是隶书向楷书转变的过渡书体，兼有篆、隶、行、草、楷诸体特点。中国书协会员、军旅书法家毛广淞，早年攻隶、楷、行书，后潜心专攻爨体书法。此次展览展出了军旅书法家毛广淞近年创作的爨体书法作品120余件。该展随后赴杭州、深圳、台湾等地巡展。

（黎　明）

中国美术馆当代书法邀请展（2013）

【周鹏飞毛体书法艺术展】　8月1日～18日，由文化部恭王府管理中心主办的“恭王府艺术系列展——周鹏飞毛体书法艺术展”在恭王府嘉乐堂举办。展览展出的周鹏飞以“毛体”书写的67首毛泽东诗词，均为中央文献研究室正式审定后的作品，其中包括未见毛泽东自书墨迹的19首诗词；还包括分别被神八、神九飞船载

【海淀书协临摹作品展】　10月10日，由海淀区文联和海淀书协共同主办的“品味经典——海淀书协临摹作品展”在筑中美术馆开幕。参展的120幅作品，是从300余件投稿中精选而出的，均以临摹碑帖和摹刻印章为展示主体，所临碑帖及印章均为1949年以前的经典作品，书体多种多样。参展者均为海淀书协会员。该展以

"品味经典"为主题，旨在探求书法技法规律之外的内在精神，强调"深挖传统、打牢基本功、在继承中创新"的理念。展期的选择，意在将该展同时作为成立于1980年10月10日的海淀书协成立33周年的纪念展。该展同名作品集同期首发。

（黎 明）

【第四届北京·美丽乡村书法艺术展】 10月13日，由北京市文联、中共北京市委农村工作委员会、北京书协、中共北京市怀柔区委员会、北京市怀柔区人民政府共同举办的"第四届北京·美丽乡村书法艺术展"在怀柔鹅和鸭农庄国际乡村艺术馆开幕。该展共展出作品近200幅；其中165幅，是从10个远郊区县的500余幅投稿作品中，经多轮评审选出的；艺术展同时还展出了特邀书法名家的30幅作品。

（黎 明）

【李一书法展】 11月2日～12日，由中国艺术研究院、中国书法家协会主办的"艺舟双楫——李一书法展"在中国美术馆举办。该展展出了李一近年创作的真、草、隶、篆各体书法作品100余件。作品内容多为作者自作诗词、文章、手稿、读书笔记、书信、题跋等，书写在纸、陶、石、木、竹等各种材质上，体现出作者作为当今书法界"学者书法"代表人物之一，将学术研究、诗词创作与书法创作密切结合所显示出的强烈个人色彩、学术高度以及广泛的形式探索精神。李一书法展座谈会于展览开幕式后举行。《艺舟双楫——李一书法展》图录和诗集《变鲁集》同期发行。

（黎 明）

【马铁汉书法作品展】 11月3日，西城区文联和宣南文化博物馆共同举办的"追寻中国梦·翰墨寄衷情——马铁汉书法作品展"开展。展出的作品中，有作者历年来在国内外参展的作品，更多则为近期新作。内容以追寻"中国梦"、反映改革开放伟大历程为主，也包括历代诗词和楹联等。

（黎 明）

【纪怀昌书法艺术展】 11月6日～9日，"参悟国学·书铸古今——纪怀昌书法艺术展"在全国政协礼堂举办。该展由文化部华夏文化遗产保护中心、中国亚太经济合作中心、中国国土资源报社和中国书法家协会中直机关分会主办，中国禅佛书画院与世博伟业会展策划公司承办。共展出纪怀昌精选书法作品150幅，其中70多幅变隶体对联、草隶和草书作品系首次展示。展览期间，由纪怀昌倡议发起，文化部华夏文化遗产保护中心和北京市少年宫合作创办的"纪怀昌青少年书法艺术传承工作室"正式成立。纪怀昌还将创作的20幅书法精品捐赠给华夏文化遗产保护中心。展览期间还举办了纪怀昌书法艺术研讨会。

（黎 明）

【佛涛书法巡展】 11月9日～16日，作为第25届联合国"国际科学与和平周"主题活动之一，"中国梦·和平世界——佛涛书法巡展"在北京工人体育场文化创意体验馆举办。该展展出了资深学者、中国传统文化促进会专家团主席、著名书法家佛涛的108件书法作品，其中有《泰山龙脉论》《金刚经》《道德经》《心经》《圣教序》《岳飞出师表》《壬辰吟》《陋室铭》和《文心雕龙·原道》9大巨作；有由作者书写的，由中国碑刻非物质文化传承人戈春男镌刻为碑，再制成拓片艺术品，为"神十"搭载巡游太空的书法力作《中国梦》；还有原件已赠予联合国的立体书法雕塑作品《和平》的复制品。展览还同时开设独具特色的体验展，在馆内陈设中国古典家具、文房四宝、书单画案，营造出古色古香的书房氛围，以引导参观者、书法爱好者和青少年亲手挥毫，体会中国文字书写之美妙。

（黎 明）

【对联知识和对联书法展览】 11月23日～27日，作为由北京市文联主办的"中国梦·乐在社区"系列公益文化活动的一个组成部分，"对联知识和对联书法展览"在北海公园小西天景区大殿举办。展览不仅展出著名书法家们书写的古代佳联，还由书法家们现场讲解楹联知识，吸引了大批楹联和书法爱好者观展。

（黎 明）

【首届北京刻字艺术作品展】 12月3日～5日，由北京书协、丰台区文联主办，中国书协刻字研究会、清华美院指导，北京书协刻字委员会、丰台区书协、丰台区书协刻字研究会承办的"情系北京"——首届北京刻字艺术作品展在中国人民革命军事博物馆举办。展出的作品，包括从收到的全国各地298位作者的410件作品中评选出的获奖作品10件、获奖提名作品12件、入展作品82件，邀请参展的中国书协刻字委员会和在历届国内外刻字大展中获奖作者的作品16件，以及当代名家书法作品30件。该展以"书刻同台"为特色，即每位作者在展出一幅刻字作品的同时，也展示一幅书法作品。

（黎 明）

【李可染书法作品展】 2013年12月5日～2014年1月3日，由全国政协书画室、中国美术家协会、中央美术学院、中国国家画院、北京美术家协会、北京画院、李可染艺术基金会联合主办，北

“情系北京”——首届北京刻字艺术作品展

京画院美术馆承办的“金铁烟云——李可染的世界系列作品展（书法篇）”在北京画院美术馆举办。该展是继李可染作品写生篇、人物篇、牧牛篇之后的又一专题展，展览展出了百余件李可染书画力作。展出的作品中，既有20世纪六七十年代李可染手书的大量毛泽东诗词，如《忆秦娥·娄山关》《念奴娇·鸟儿问答》《沁园春·雪》等，也有创作于20世纪80年代中后期的《实者慧》《白发学童》《所要者魂》等作品。展览以李可染不止一次写过的“金铁烟云”做主标题，意在概括李可染书法艺术铁线银钩、烟云缠绕的总体风貌，探究李可染的书法与绘画成就之间的内在联系。

（黎　明）

【全国正书六家展】　12月7日~15日，由中国艺术研究院中国书法院主办的“正大气象——全国正书六家展”在北京三品美术馆举办。该展展出了王友谊、王学岭、刘颜涛、张建会、张继、管峻6位书法家的60幅书法作品，反映了当今书坛楷、隶、篆书创作的多元而典型的书风。

（黎　明）

【第四届中国榜书书法大展】　12月18日~21日，由中国榜书艺术研究会和北京中视北斗传媒有限公司主办的第四届中国榜书书法大展在国粹苑举办。展出的作品，有从全国征集的9000余件作品中经评审选出的近300幅，还有邀请参展的中国书协书法家的50多幅；有真、草、隶、篆等各种书体，包含从四尺至丈二匹的不同尺幅。中国文史出版社出版的展览同名作品集在展览开幕式上发行。

（黎　明）

【禅文化书法展】　12月24日~29日，为纪念中国佛教禅宗六祖惠能圆寂1300周年，由中国艺术研究院、中国政协文史馆支持，广东省佛教协会、南华禅寺、国际中国书画家交流促进会、林若熹艺术基金会主办的“禅文化书法展”，在中国政协文史馆展出。该展展出了100多位当代著名学者、书法家、艺术家及佛教界人士，围绕《坛经》、六祖以及历代人物拜谒南华禅寺、阐释禅文化的诗文，创作出的近200幅书画作品。作品形式涉及隶、篆、草等多种书体和风格。开幕式后，南华禅寺住持传正大和尚代表南华禅寺向中国政协文史馆赠送了32篆体《坛经》及《禅文化书法展作品集》。

（黎　明）

活　　动

【东城区书法家送春联福字到社区】　1月10日，东城区书协的13名书法家应邀到安定门街道为居民义务写春联、福字，送上节日的祝福，为蛇年春节增添喜庆祥和的气氛。

（黎　明）

【北京书协书法家送春联到通州】　1月15日，中国书协理事、北京书协副主席田伯平、杨广馨、孟繁禧，北京书协副主席丁嘉耕，中国书协理事、北京书协理事颜振卿、张维忠，北京书协副秘书长贾伟一行7人，到通州区计生委慰问工作人员们，并现场挥毫泼墨，书写了上百幅春联和福字，赠送给工作人员及独生子女农户代表，为大家送上了新春祝福。

（黎　明）

【丰台书协送春联下基层系列慰问活动】　1月15日~21日，丰台区书协在区文联秘书长韩玉莲、区书协副主席兼秘书长袁永齐的带领下，组成10余人的慰问队，开展送春联、送福字下乡文化惠民活动。书法家们先后走进丰台区辛庄村、东铁匠营村、六圈村、大瓦窑村、西王佐村，为村民们书写春联近千副、福字千余个。

（黎　明）

【北京书协慰问监狱干警】　1月24日，田伯平带领由北京书协9位书法家组成的迎新慰问团到北京市监狱，为工作在一线的监狱干警送上新春的问候。为美化监狱环境、增添文化氛围，书法家们还现场挥毫，创作、赠送了多幅书法作品和对联。慰问团成员还为喜爱书法的服刑人员点评了书作。

（黎　明）

【西城书协送新春祝福到社区】 1月28日，西城区文联主席、区书协主席张世俊，区书协顾问马铁汉，区文联副主席、区书协常务副主席兼秘书长冷万里及区书协的书法家们，到广外街道社区，给社区居民和书画爱好者们送上新春问候。书法家与社区书画爱好者们交流、切磋书法艺术，并挥毫书写春联50余副、福字30多个，赠送给到场居民。

（黎 明）

【石景山区书法家送春联福字到军营】 1月28日，北京石景山区文委、文联、文化馆、书协、苹果园街道联合组织石影山区书法家，到北京军区警卫营为部队官兵写春联、送春联。书法家们与部队书法家同台挥毫；部队官兵还表演了的文艺节目，整场活动洋溢着欢乐祥和的节日气氛。

（黎 明）

【市文联组织楹联家书法家送春联到海淀农家】 1月29日，市文联组织北京楹联学会、北京中韩书画家联谊会、北京九州书画研究会的10位楹联家和书法家，到海淀区东升镇马坊村，现场义务为村民编创、书写了既有时代气息又有个性化的春联150余副，表达新春祝福。

（黎 明）

【通州区举办送春联公益活动】 1月29日，由通州区图书馆和通州书协联合主办的“笔墨凝书香·春联进万家——送春联公益活动”在通州区图书馆举行。通州书协主席张德金带领5位书法家，为活动现场的许多市民书写了春联。

（黎 明）

【北京书协书法家送春联到东城社区】 2月7日，在市文联党组书记陈启刚带领下，北京书协副主席田伯平、杨广馨、孟繁禧等12位书法家，走进东城区永外街道天天家园社区，开展“迎新报喜，墨香社区”送春联活动，为社区居民书写了福字、春联。

（黎 明）

【北京书协庆“三八”女书家书法创作品评会】 3月5日，北京书协主办的每年一度的“庆‘三八’女书家书法创作品评会”，在市文联会议室举行。中国书协顾问、北京书协主席林岫，中国书协理事、北京书协驻会副主席兼秘书长田伯平，中国书协理事、北京书协副主席叶培贵、龙开胜、彭利铭，北京书协副主席丁嘉耕、胡滨，向与会的各区县50多位女书家致以节日的祝福与问候，然后分组对女书家们带来的自创作品作点评讲解，大家就书法学习和创作体会进行了交流切磋。

（黎 明）

【北京书协五届七次理事会】 3月23日，北京书法家协会第五届第七次理事会在市文联召开。市文联、北京书协领导及书协60余位理事出席会议，北京书协主席林岫主持会议。北京书协驻会副主席兼秘书长田伯平作了题为《方向明确 重点突出 亮点纷呈》的北京书协工作报告，在报告中总结了2012年的工作，对2013年的工作方向提出了计划部署。与会理事认真审议了工作报告并发言献策。

（黎 明）

【丰台书协“名家讲座”系列活动启动】 3月24日，作为丰台书协为普及书法知识、提高会员整体书艺水平而举办的2013年度“名家讲座”系列活动的首场，是中国书协楷书委员会委员、北京书协理事、丰台书协副主席张维忠在丰台区图书馆举办的“楷书的临摹与创作”专题讲座。张维忠围绕书坛楷书创作现状、楷书相关知识、楷书的临摹与创作方法等，为100余位区书协会员和书法爱好者作讲解，并对会员们的作品作了点评。

（黎 明）

【北兰亭上巳雅集电视书法晚会】 4月8日，由北兰亭艺术中心和中央数字电视书画频道联合主办，静悟堂及经典艺舫承办的“2013·北兰亭上巳雅集电视书法晚会”在北京举行。众多书法界知名人士出席了晚会。本次雅集以书写长卷“美丽中国”为主题，由书法家欧阳中石开笔，覃志刚、刘大为、官景辉、张旭光等42人依次书写了历代歌颂祖国山河的诗文。同时，艺术家们还现场表演了京剧、京韵大鼓、诗朗诵、古琴演奏等节目。

（黎 明）

【癸巳上巳·妙乐雅集】 4月20日，“癸巳上巳·妙乐雅集”在北京天泰宾馆举行。自2004年开始每年一度的“上巳雅集”活动，均由著名书法家、中国艺术研究院博士生导师张荣庆倡导举办，旨在继承和光大“兰亭精神”。此次雅集，以佛法与书法相结合为主题，故借佛家用语“妙乐”定名。参与雅集的，有包括部分中国书协副主席、理事、兰亭奖和全国展览获奖者在内的43位书法界人士，以及受邀的10位高僧。下午茶话会，书法家们围绕“佛法与书法”主题展开交流讨论。晚宴后的笔会上，书法家们集体创作了以佛教经偈诗文为内容的宽0.36米、长200余米的泥金纸书法长卷两套，现场还同时展示了受邀书法家的43件斗方作品，10位高僧也即兴书写了长卷。雅集期间举行了3个仪式：一、上海岚庭文化传播有限公司向每位高僧个人或其所在寺院赠送《大正新修大藏经》一部，高僧将书写的长卷赠送给该公司；二、10位书法家各以事先书写的《心经》赠与10位高僧，高僧分赠法物礼品与书法家；三、书法家与高僧们，将听闻四川雅安当日早晨发生7.0级地震消息后，便迅即在雅集上发起“大爱雅安”赈灾行动中所创作的赈灾作品，捐赠给中华慈善总会。

（黎　明）

【“中国力量·什邡壮歌”——援建者诗词京川书法展】 5月11日~13日，在汶川特大地震5周年纪念日到来之际，由北京书协、四川省书协、中共什邡市委、什邡市政府等单位共同主办的“中国力量·什邡壮歌——援建者诗词京川书法展”在劳动人民文化宫太庙举办。展览汇集了北京书协主席副主席理事作品、四川省书协主席副主席理事作品、什邡书法家作品、北京有关单位书法家和北京城建集团书法家作品、诗词书法集《什邡壮歌》作者孔繁敬作品，共142幅。作品均以北京对口支援四川“5·12”地震灾区的重建为题材，以北京城建集团援建前线指挥孔繁敬《什邡壮歌》的诗词、北京援建者及京川两地书法家的感言、诗词和联语为内容。展览结束后，部分作品进行了赈灾义拍，并将所得款项捐赠给什邡和芦山地震灾区。

（黎　明）

【联合国官员与中国书法家同书《联合国宪章》百米长卷】 7月14日，为庆祝联合国在华语言项目十周年，由联合国中文组主办，北兰亭艺术中心和人民画报社承办的“中国梦、世界梦——‘企盼和平’百位联合国官员、中国书法家相聚中国太庙同书《联合国宪章》百米长卷暨联合国官员与中国书画名家作品展”在劳动人民文化宫举行。联合国中文组组长何勇，中国文联党组副书记覃志刚，中宣部秘书长官景辉，以及联合国官员、外国在华留学生和中国书画家近200人参加了活动。开幕式上，何勇博士代表联合国向北兰亭赠送了联合国旗。开幕式后，联合国官员、外国留学生、中国书法家近百人在太庙大殿内同书《联合国宪章》百米长卷。长卷创作完成后，百位联合国官员、中国书法家集体手持长卷在太庙大殿广场合影。书画家乙庄代表北兰亭将长卷作为联合国官员与中国书法家共同献上的珍贵礼物捐赠给联合国。“企盼和平——联合国官员与中国书画名家作品展”同时开展。

（黎　明）

【海淀区第二届廉政书画笔会】 8月7日，由海淀区纪委、圆明园管理处联合举办的“荷香雅韵·廉洁清风——第二届廉政书画笔会”在圆明园正觉寺举行。曾来德、解永全、曾翔等10余位书画名家与海淀区的数十位书画爱好者们一起，以“莲与廉”为题进行了即兴创作。本次笔会是海淀区廉政文化品牌创建系列活动之一，旨在以传统书画形式弘扬“以廉为荣、以贪为耻”的良好风尚。海淀区委常委、纪委书记芦育珠，区人大常委会副主任朱春生出席了活动。

（黎　明）

【首届华文书法国际文化节】 8月25日~26日，由中国出版集团公司主办的“首届华文书法国际文化节”在首都师范大学举办。文化节活动项目包括：首届“华文杯”青少年国际书法大赛的颁奖及优秀作品展、首届全国书法名师邀请展、首届华文书法国际论坛、《书法》教材国际版首发暨多语种版权输出签约仪式、我国首家书法文化出版传播专业性研究机构——首都师范大学中国书法出版传播研究中心成立、首届华文书法民族班开班等。

（黎　明）

【“书法名家进校园”活动启动】 12月12日，由国家语言文字工作委员会和中国书法家协会联合组织举办的“书法名家进校园”启动仪式暨首场活动在北京语言大学举行。全国各省、自治区、直辖市将采取各种形式开展活动，引导大中小学校重视和加强汉字书写教育，组织书法家深入校园为师生提供理论讲座、技法示范、临帖指导、习作点评、作品展示和师资培训等服务。启动仪式上，著名书法家欧阳中石向活动赠送题词，言恭达等书法家即兴挥毫创作，现场指导外国留学生用毛笔写汉字并点评中外学生的书法作品。

（黎　明）

交　　流

【王云翔书法展】 3月1日~15日，由国际中国书画家交流促进会、中国国际文化艺术中心、中国收藏家协会、江苏省书协、中共镇江市委宣传部、江苏省丹阳市人民政府联合主办的“游艺守逸——王云翔书法展”在中国美术馆举办。展览展出了江苏省丹阳市书协名誉主席王云翔的80余件作品，真、行、草、隶、篆五体俱备，集中展示了王云翔数十年研习书法的成就。展览开幕式上，王云翔向中华慈善总会捐赠了20幅书法作品。开幕式后举行了有50余位书法家及书法界专家、学者参加的“王云翔书法展”学术研讨会。

（黎　明）

【张旭光赴联合国国际学院作中国书法讲座】 5月23日~28日，应联合国总部邀请，著名书法家、中国美术家协会副秘书长、中国书法家协会草书委员会副主任张旭光访问纽约，为联合国国际学院作中国书法讲座和现场教学。20多个国家常驻联合国的大使和官员参加了讲座。张旭光从中国先民造字的审美选择、中国毛笔的无穷变化、书家的文化修养等方面，诠释中国书法艺术的奥秘，现场示范毛笔的使用，讲解书法的要领，并带领大家共同体验，书写了书法作品。

（黎　明）

【海峡两岸四老遗墨展】　5月30日，为加强两岸文化交流、促进书法事业发展，由全国政协书画室、北京师范大学、中国书法家协会、中国文学艺术基金会、台湾弘道书学会主办的“海峡两岸四老遗墨展”在全国政协礼堂举办。展览展出了海峡两岸四位文化和书画大家台静农、启功、王静芝、陈其铨的书画精品百余件。该展研讨会同期举行。文物出版社配合出版了四老作品集和研讨会资料汇编。

（黎　明）

【李国栋国际书法巡回展】　8月10日，为庆祝国际著名书法家李国栋从事书法创作65周年，“李国栋国际书法巡回展”北京展在恭王府举办。展览展出了旅泰书法家李国栋的书法作品50幅以及他与西方画家联合创作的书画作品10余幅，展期一周。

（黎　明）

【北京国际书法邀请展】　9月23日～28日，由北京书法院和美国汉字书法教育学会联合主办的“2013年北京国际书法邀请展”在首都图书馆第一展厅举办。该展邀请到来自24个国家及地区的133位书法家参展，展出作品180余幅，外国人学习书法的照片30幅。

（黎　明）

【中日代表书法家作品展】　10月25日～11月3日，由中国书法家协会、中国国家博物馆、全日本书道联盟、日本中国文化交流协会主办的“中日代表书法家作品展”在国家博物馆举办。展览展出了中日两国具有代表性的知名书法家近年创作的汉字书法作品81件，其中，中方作品41件，日方作品40件。参展作品展后全部捐赠给国家博物馆。该展是中国书法家协会和全日本书道联盟为纪念中日邦交正常化40周年而举办的。

（黎　明）

【第8届中韩书法名家邀请展】10月25日～11月30日，由中国人民大学艺术学院与韩国驻华文化院联合主办，中国人民大学东方艺术研究所和韩国东方文化交流协会共同承办的“第8届中韩书法名家邀请展”在韩国驻华文化院举办。展览展出了中韩老中青书法家新近创作的楷、行、篆、隶、草诸体书法作品近百幅。参展的书法名家，中方有沈鹏、张海、邵秉仁、申万胜、苏士澍、胡抗美、吴东民、李刚田、刘洪彪、刘恒、王学岭、张继等，韩方有杨镇尼、崔玟烈、金荣基、宣柱善等。展览开幕会后，中韩两国书法家举行了笔会。

（黎　明）

【西安中国书法艺术博物馆馆藏精品展】　11月5日～7日，由北京大学书法艺术研究所与西安中国书法艺术博物馆联合主办的西安中国书法艺术博物馆馆藏书法精品展暨“道在瓦甓”秦汉砖瓦拓片书画名家题跋艺术展在北京大学图书馆举办。展览展出了杨仁恺、沙孟海、钱君匋、何海霞、楚图南、刘自椟、欧阳中石、李铎、张海、钟明善、朱关田、言恭达等名家作品近百件，其中50多幅为秦汉砖瓦拓片题跋作品。

（黎　明）

【刘永泽书法作品展】　11月7日～11日，由北京大学书法艺术研究所、湖北省书法家协会、湖北省书法院、书法报社联合主办的“心铸墨魂——刘永泽书法作品展”在北京视觉经典美术馆举办。该展是湖北省书法院常务副院长刘永泽应北京大学书法艺术研究所邀请，为书法高研班学生作“我们的荆楚书道”学术讲座之后，从创作实践层面对理论所做的回应，展览展出其近年创作的80幅精选作品。刘永泽书法作品研讨会同期举行。《心铸墨魂——刘永泽书法作品集》同期发行。

（黎　明）

【韩忠学书法展】　12月8日～13日，由中国书法家协会和湖北省文联主办的“翰墨情怀——韩忠学书法展”在中国国家画院美术馆举办。展览展出了湖北省书法院院长韩忠学的105件书法作品，均以毛泽东诗词为创作主题。

（黎　明）

赛事、奖项

【2013年“博睿童希杯”北京少儿创意硬笔书法大赛】　6月10日，由海淀书协与北京博睿童希文化传播中心主办的2013年“博睿童希杯”北京少儿创意硬笔书法大赛在亚运村图书大厦举办。本次大赛设有硬笔楷书和创意字体两个比赛环节，设一等奖、二等奖、三等奖、创意奖4个奖项。参赛选手年龄均在6～10岁之间。

（黎　明）

【第七届北京电视书法大奖赛闭赛】　11月23日，由市文联、北京书协、中央数字电视书画频道共同主办的“梦想缤纷·第七届北京电视书法大奖赛”，举行了决赛和颁奖仪式。本次大奖赛于7月底启动，共征集到近6000幅作品，年龄最大的投稿者93岁，最小的仅5岁。经初评、复评、复赛、决赛，最终评出了青少组、成人组的金奖各1名，银奖各2名，铜奖各4名，优秀奖各5名；还评选出了耆英奖4名，禾苗奖2名，优秀组织奖6个，优秀园丁奖7名，文化小使者奖4名和文化交流使者1名。现场录制的决赛和大赛颁奖仪式，于12月18日~22日在中央电视数字书画频道分别播出。

（黎　明）

捐赠、慰问

【“心系灾区·大爱雅安”书法界赈灾笔会】　5月3日，由中国书法家协会、中央数字电视书画频道联合举办的“心系灾区·大爱雅安中国书法界大型赈灾笔会”在书画频道美术馆举行。中国文联和中国书协相关领导、中国书协部分理事以及著名书法家等40余人参加赈灾笔会，并创作了60米长卷及90幅作品。笔会部分作品由河南新纪元防腐绝热工程有限公司收藏，义购款全部用于雅安芦山兴建兰亭学校。

（黎　明）

【北京书协慰问武警官兵】　7月30日，北京书协组织首都书法家9人，在田伯平带领下，赴武警北京总队第十五支队进行慰问和文化交流活动。书法家们观看了战士们的军事科目表演和该支队官兵2012年参与“7·21”北京特大暴雨救灾的纪录片。交流笔会上，书法家们现场挥毫，创作近百幅紧贴部队文化建设精神的书法作品，并与喜爱书法的官兵们作书艺交流。

（黎　明）

【西城书协慰问子弟兵】　7月30日，西城区文联主席、区书协主席张世俊率书法家和艺术家们，走进什刹海街道柳荫街北京卫戍区某部驻地慰问子弟兵。艺术家们在军营观看了部队官兵们的训练表演。随后，在柳荫社区，艺术家与战士们同台表演了文艺节目；书法家们为官兵们现场挥毫泼墨，书写了反映部队传统文化精神的警句名言。

（黎　明）

【北京书协赴通州慰问教师】　9月4日，北京书协组织首都书法家一行人，在田伯平带领下，到通州区潞城镇中心小学，慰问教学一线的园丁们。书法家们为该校的教师们现场书写了近30幅书法作品。

（黎　明）

摄　　影

2013年，摄影活动在北京不断地普及，鳞次栉比的摄影比赛和摄影展览对摄影工作者与摄影爱好者好像是一种催化剂，使他们对摄影艺术的追求上了更高的台阶。

2013年1月，第三届“聚焦美丽乡村”摄影大赛落下帷幕，北京摄影家协会又继续联手市农委举办了第四届北京“聚焦美丽乡村”摄影大赛，并开展了摄影讲座、专题采风、作品交流会等活动。2月，由中共北京市委宣传部、北京市人民政府主办的美丽北京“北京精神”群众摄影文化活动优秀作品摄影展在首都博物馆展出。4月，第十六届中国国际照相机械影像器材与技术博览会在国家会议中心举办。5月，中国摄影家协会第八届主席团第二次会议在北京召开。由北京市人民政府新闻办公室和北京市对外文化交流协会主办的“2013外国摄影师拍北京”活动在园博园启动。中国女摄影家协会第四次全国代表大会在北京远望楼宾馆闭幕。7月，“我心中的最美消防员”消防士兵摄影大赛评选结果在北京揭晓。8月，由北京市文联、北京摄影家协会主办的“中国梦想，光影同行——首届北京摄影艺术大展”在首都图书馆隆重开幕。10月，由中华人民共和国文化部、北京市政府主办的“北京国际摄影周2013”大型摄影主题活动在北京举行。11月，“美丽中国·和谐家园”民族题材摄影获奖作品展在民族文化宫展出。中国摄影家协会创办的“影像国际网”（www. photoint. net）在中国摄影家协会办公楼举行开通仪式。12月，中国第一个专门的摄影展览馆——中国摄影展览馆建成开馆。由西城区白纸坊街道崇效寺社区举办的“社区摄影展”在崇效寺社区活动中心展出。由北京市文化局主办的“影像北京——共筑中国梦”2013北京市群众美术、书法、摄影大赛在首都图书馆举办。

2013年第二十五届中国华北摄影艺术展在河北举办，北京摄影家协会作为主办方之一，积极配合河北摄协，精心选送了30幅反映北京境内长城专题的摄影精品。

是年，北京摄影家协会继续发挥了行业领头军与桥头堡作用，深入各个区县，结合当地文化发展特点，为本地区开展摄影活动制定了详尽的实施计划，并给予其最具实操性的指导。北京摄影家协会在延续以往实地沙龙活动的同时，结合“美丽北京”摄影作品在线征集活动，增设在线沙龙活动专区，与实地相配合，增加活动次数，提高活动质量，持续打造首都摄影文化品牌活动的影响力。

（吴赣生）

机　　构

【中国农村金融摄影家协会】　5月26日，中国农村金融摄影家协会成立大会在北京召开。来自全国各地的代表、摄影爱好者和中国银监会、中国金融工会、中国银行业协会、中国摄影家协会、中国金融摄影家协会的嘉宾70多人参加了会议。大会表决通过了协会《章程》《经费管理办法》和《中国农村金融摄影家协会第一届会员代表会议决议》，选举产生了首届协会理事单位和常务理事单位、秘书长、副主席和主席等协会领导成员，通过了聘任本届协会艺术顾问、艺术总监等事项。张宝成当选为主席，肖四如、唐忠民、王华、王国琛、张建文当选为副主席，王峥为秘书长。

（吴赣生）

【中国区尼克尔俱乐部】　7月23日，由尼康映像仪器销售（中国）有限公司举办的中国区“尼克尔俱乐部”创立新闻发布会在北京东方君悦大酒店举行。作为中国区尼克尔俱乐部的第一任会长，尼康董事长兼总经理金子博明出席发布会并致辞，同时发布了尼克尔俱乐部的徽标。中国5位摄影家于云天、陈海汶、黄文、李舸、王磊担任俱乐部顾问，并由金子博明授予了顾问委任状。

（吴赣生）

【中国财政摄影家协会】　10月19日，中国财政摄影家协会在北京成立。第一届会员代表大会审议通过了《中国财政摄影家协会章程》，选举产生了主席团、理事会。贺邦靖当选为摄影协会主席。丁允衍等12人当选为副主席，王武洪兼任秘书长。中国财政摄影家协会是由全国财政系统摄影家和摄影工作者组成的专业性文化团体。

（吴赣生）

【纽约摄影学院北京学习中心】10月19日，北京翠湖影缘摄影俱乐部暨纽约摄影学院北京学习中心成立挂牌仪式在北京翠湖别墅区举行，同日展出了俱乐部部分会员的摄影作品。翠湖影缘摄影俱乐部是以摄影为主题的专属休闲会所。

（吴赣生）

【影像国际网】　11月5日，由中国摄影家协会创办的“影像国际网”（www. photoint. net）在中国摄影家协会办公楼举行开通仪式。影像国际网从2013年年初开始筹建规划，形成了以动态纵览、合作交流、学术理论、博物馆、名家廊、图片博览6个核心频道为主的内容架构。通过网络广泛联络国际摄影组织、机构和国际摄影名家，影像国际网成为中华文化“走出去”的通道和国际摄影交流的新媒体平台。中国文联党组书记、副主席赵实，中国摄协主席、分党组书记王瑶等出席了开通仪式。

（吴赣生）

【中国职工摄影家协会】　12月6日，中国职工摄影家协会在北京成立。协会是中国职工文化体育协会的内设机构，是工会系统内的摄影组织，是非盈利性质的专业组织。在当天的成立大会上，与会代表审议通过了《中国职工摄影家协会章程》，推选了中国职工摄影家协会领导机构，中华全国总工会原副主席、书记处书记苏立清当选为会长，田喜荣等6人当选为名誉会长。

（吴赣生）

【中国摄影展览馆】　12月20日，中国第一个专业的摄影展览馆——中国摄影展览馆开馆。展览馆由中国摄影家协会与北京设计之都发展有限公司合作共建。中国摄影展览馆占地2000余平方米，位于北京市马甸商圈设计之都大厦B1层。作为中国第一个专业摄影展览馆，首展展品中包括了多个“第一”：中国第一台木质外拍相机、中国批量化生产的第一款机械相机、中国第一部摄影技术理论手稿……同时，一批最早记录中国社会风俗的影像作品、各种摄影工艺技艺的原作、新华典藏和中国典藏作品，以及作为中国摄影家协会文物级藏品的白求恩、沙飞、毛泽民用过的相机也都是第一次集中对公众展出。

（吴赣生）

展　　览

【中国当代影像简史展】　2012年11月3日~2013年2月3日，由中央美术学院美术馆学术部王春辰博士策划，中央美术学院教授易英、中央戏剧学院副教授顾峥担任学术主持的“观念维新”中国当代影像简史展在寺上美术馆展出。展览展出了数十位艺术家的百余件影像作品，展览内容分为“观念启程”“绝对存在”“文化记忆”“现实提问”“物语新知”“超验对撞”“行为反证”和“镜像密语”几个部分。

（吴赣生）

【“昨天晚上我梦见你了”摄影展】2012年12月15日~2013年1月6日，由孟京辉戏剧工作室主办的“昨天晚上我梦见你了”——刘畅个人摄影展在东城区蜂巢剧场展出，展览展出了41幅摄影作品。刘畅毕业于中央戏剧学院表演系，现为孟京辉戏剧工作室签约演员。

（吴赣生）

中国摄影展览馆

【"云起时"百年街景影像展】 2012年12月16日~2013年1月26日，由西城区委宣传部、西城区文学艺术界联合会、西城区档案馆主办，西城区文化馆、西城区摄影家协会、中国航天华航置业有限责任公司协办的"云起时"百年街景影像展在"云起时"珍宝花园展出。展览展出了来自北京市档案馆和由民间征集来的300多张老照片，影展由20个专题组成，照片反映了近百年来北京城里的街道、牌楼、饭馆、药铺、副食店、菜市场、照相馆、宗教建筑等城市公共建筑、人文和民俗景观，展现了北京城作为清末帝都、民国北平、新中国首都的漫长时空变迁。

（吴赣生）

【"时代影像、奋进中国"摄影艺术展】 1月5日~14日，由中国艺术研究院主办，中国摄影家杂志社承办的"时代影像、奋进中国"摄影艺术大展在中国美术馆展出。展览展出的140幅摄影作品分为"华夏腾飞""社会进步""生活变迁""文化繁荣""美丽中国"5个部分。展览以当前先进的艺术微喷技术，将摄影作品打印在中国传统纸基宣纸上，并以国画形式装裱，从而将摄影的直接性和国画的历史感相结合，这在中国美术馆举办的公共主题性摄影展览中尚属首次。

（吴赣生）

【中国艺术摄影学会会员作品展】 1月12日~18日，由中国艺术摄影学会主办的"万千世界，多彩生活"中国艺术摄影学会会员作品展在中国人民革命军事博物馆展出。展览展出的160幅摄影作品是从全国几千名会员的摄影作品中精选而出的。中国文联荣誉委员、中国艺术摄影学会名誉主席吕厚民，中国艺术摄影学会主席杨元惺等出席了开幕式。

（吴赣生）

【"自圆其说"摄影展】 1月26日~3月1日，由策展人陈光俊策展的"自圆其说"摄影展在798艺术区百年印象摄影画廊展出。展览展出的30张图片为张冰、以绘、王朵三位摄影师拍摄的作品。

（吴赣生）

【"年的记忆"新华影廊图片展】 2月4日~2月24日，由新华社北京分社和王府井地区建设管理办公室联合主办，广州王老吉大健康产业有限公司提供赞助的"年的记忆"新华影廊图片展在北京王府井步行街展出。展览展出的340张图片是从新华社400余万张历史资料图片中精选出来的。

（吴赣生）

【"我眼中的北京城"影像展】 2月9日~16日，由《北京晚报》网络新媒体——北晚新视觉网、中华老字号张一元共同主办的"我眼中的北京城"影像展在地坛春节庙会展出。展览展出了120幅图片，这些拍摄于20世纪50年代~80年代的图片反映了北京人的生活、北京城市变迁的历史。

（吴赣生）

【"诗山河考"摄影作品展】 3月2日~4月7日，塔可的个人摄影展"诗山河考"在前波画廊展出。展览展出了青年摄影师塔可拍摄的九组摄影作品——《雅·颂》《周南·召南》《卫风》《王风》《郑风·桧风》《唐风·魏风》《齐风·曹风》《秦风·豳风》以及《陈风》。

（吴赣生）

【"大熊猫回归自然之路"摄影展】 3月8日~4月16日，由国家林业局和北京市地铁运营有限公司共同主办，中国野生动物保护协会和中国保护大熊猫研究中心承办的"大熊猫回归自然之路"摄影展在北京市地铁五号线磁器口、灯市口、和平里北街三个站厅展出。摄影展是第一次对大熊猫出生、成长、野外驯化、野外放归等阶段全过程进行的拍摄。

（吴赣生）

【"中国的盐田"摄影作品展】 3月20日~4月10日，由中国风景名胜区协会和北京市公园管理中心主办，中国摄影报社、中国风景名胜区协会摄影专业委员会与玉渊潭公园承办的"中国的盐田"摄影作品展在北京市玉渊潭公园展出。展览展出的105幅以盐为表现主题的摄影作品是摄影家宋举浦拍摄的。

（吴赣生）

【藏地掠影展】 3月23日~5月23日，由白玛梅朵艺术中心主办的"拂去心中的霾"藏地掠影展在798艺术区白玛梅朵艺术中心展出。展览展出的21幅摄影作品来自北京秋叶摄影合作社的6位业余摄影师拍摄于拉萨、纳木错、甘孜、青海、德格等地。

（吴赣生）

【第十六届中国国际照相机械影像器材与技术博览会】 4月19日~22日，由中国机械工业联合会、中国文化办公设备制造行业协会、中国摄影家协会联合主办的第十六届中国国际照相机械影像器材与技术博览会在国家会议中心举办。博览会（CHINA P&E）创办于1998年，每年一届，为世界三大国际影像展之一。展出内容包括各类照相机（普通、专业、数码）、录像机、扩印设备及相关产品；幻灯机、投影仪、打印设备及相关产品；影楼设备、影像软件、婚纱、胶片及照相、录像用多种辅助器材等。

（吴赣生）

【第二届“祖国颂”——金秋影友摄影作品联展】 5月8日～13日，由中国摄影家协会、国家图书馆和中国政协杂志社联合主办的第二届“祖国颂”——金秋影友摄影作品联展在中国人民革命军事博物馆展出。展览展出了107位作者的280余幅摄影作品，这些作品由“鲜红的党旗”“辉煌的成就”“壮美的山河”3个章节组成。

（吴赣生）

【1900年代北京立体影像展】 5月11日，由中信国泰主办，大乾艺术策划执行的“最后的帝都”——孙连工收藏1900年代北京立体影像展在北京建国门外国泰饭店一楼大堂展出。展览展出的是美国摄影师詹姆斯·利卡尔顿1900年左右拍摄的北京立体照片，包括1900年代制作的立体照片、立体照片观片器原件和部分放大复制作品。詹姆斯·利卡尔顿是摄影师、教师、旅行家、发明家。1900年，他从香港一路北上到北京，拍摄了大量图片。这里展出的是他在北京拍摄的部分照片，他还为每张照片都做了详细的文字记录，展现了中国当时的文化、社会、政治、经济、军事、艺术等各个层面的真实状况。

（吴赣生）

【中国农村影像摄影展】 5月11日～6月9日，由独立策展人那日松策展的“王树洲20世纪70年代中国农村影像摄影展”在北京798映艺术中心/映画廊展出。展览展出的38幅作品是摄影师王树洲拍摄的，图片反映了20世纪70年代河南农村——辉县的一些历史事件，是对中国农村社会基本面貌的记录。

（吴赣生）

【“行走·发现”摄影作品展】 5月27日～6月10日，由北京电影学院主办，北京时代美术馆承办的“行走·发现”2013年北京电影学院摄影学院师生作品展在北京时代美术馆展出。展览展出了67名摄影学院师生的147幅作品。展览开幕式后，在北京时代美术馆书吧举办了“中国摄影教育的现状与未来”学术研讨会。

（吴赣生）

【翁乃强捐赠作品展】 5月30日～6月19日，由中央美术学院主办的“记录时代是我的追求”翁乃强捐赠作品展在中央美术学院美术馆展出。展览展出的143幅从未公开发表过的彩色老照片横跨20世纪60年代至80年代。有他记录下的众多重大时间的采访场景，如欢庆打倒“江青反革命集团”、美国乒乓球队访问北京、小提琴大师梅纽因首次来华演出等。在摄影家翁乃强的镜头中，还有很多照片反映那一时期的人民生活以及国家经济和文化建设等方面的成就，如背篓商店、红旗渠、农田水利建设等，都是那个年代留下的影像符号。

（吴赣生）

【鸟类摄影展】 6月1日～30日，由北京野生动物保护协会、北京市野生动物救护中心、圆明园管理处、鸟网和自然之友野鸟会共同举办的首届圆明园鸟类摄影展在圆明园公园展出。展览展出的60幅鸟类摄影作品是18位鸟类摄影人与观鸟爱好者所拍摄的。

（吴赣生）

【“惊梦”摄影作品展】 6月1日～7月15日，由三影堂艺术中心主办的“惊梦”摄影作品展在朝阳区草场地155号三影堂+3画廊展出。展览展出的60张摄影作品为摄影家刘铮所拍摄。

（吴赣生）

【北京律师摄影作品展】 6月25日～30日，由北京市律师协会主办，北京律师摄影俱乐部、东城区律师协会承办的2013北京律师摄影作品展在798艺术区梯级艺术中心展出。展览展出的50位律师的69幅摄影作品是从收到的421幅照片中选出的，内容涵盖风光、艺术、纪实、创意等类型。

（吴赣生）

【“悦·读”读书风景摄影展】 6月29日～7月7日，作为第三届北京阅读季系列活动之一，由中共北京市委宣传部、市新闻出版局联合主办，京华时报社承办的“悦·读”读书风景摄影展在西城区文化中心举行。本次摄影展共征集作品近千组。展览展出了100幅入围作品，其中，《上下求索》等5幅作品为金奖作品，《看世界》等10幅作品为银奖作品，《学海无涯》等20幅作品为铜奖作品，65幅为入围作品，同时展出的还有84幅历届优秀作品。

（徐　玲）

【“夜色长城”摄影展】 7月8日～8月6日，由中国文物保护基金会、中国长城学会宣传工作委员会、中国长城博物馆联合举办的李宗献“夜色长城”摄影展在中国长城博物馆展出。展览展出的50余幅摄影作品是摄影家李宗献历时三年，行程万里拍摄的。他是第一个系统拍摄夜间长城的摄影家。

（吴赣生）

【“显微无间”国际摄影展】 7月19日～28日，由北京ONE国际表演艺术周与国内青年策展实践者于歌共同独立策划的“显微无间”国际摄影展在中环世贸中心D座北京时代美术馆展出。展览的主题取自北宋理学家程颐在其主要著作《伊川易传》中的阐述：“至微者理也，至著者象也；体用一源，显微无间”，影展邀请了国内外11位艺术家参加展览。

（吴赣生）

【“古韵北京、文化东城”摄影展】 7月24日～26日，由北京东城区文联主办，东城区摄影家协会承办的“古韵北京、文化东城”——东城区2013年优秀摄影作品展在王府井步行街展出。展览展出的近百幅摄影作品是东城区以“美丽北京、文化东城”为主题，纪念北京建都860周年的15项重点文化活动之一。

（吴赣生）

【陈履生巴西摄影展】 7月28日～8月18日，由侨福集团主办的“从亚马逊到伊瓜苏”——陈履生巴西摄影展在北京侨福芳草地商厦展出。展览展出的80幅摄影作品是陈履生在2013年2月游历巴西之后从所拍摄的数千张照片中精选而出的。

（吴赣生）

【林然个人摄影展】 8月3日～9月1日，由策展人那日松策展的“心如穹谷”林然个人摄影展在798映艺术中心/映画廊展出。展览展出的23幅摄影作品是摄影家林然“隐居”成都十年里所创作的。

（吴赣生）

【“云淡风清”摄影名家风光作品展】 8月9日～15日，由中国摄影杂志社、尚8文化集团、艺术8主办的“云淡风清”摄影名家风光作品展在北京艺术8展出。影展的参展作品是从《中国摄影》杂志近60年来第一册增刊《论风光》中遴选而出。中国摄影家协会分党组副书记王郑生、中国摄影杂志社主编陈仲元出席了开幕仪式。

（吴赣生）

【张桐胜摄影作品展】 8月13日～18日，由中国文学艺术者联合会、中国摄影家协会共同主办，中国文学艺术基金会承办的“绚彩意象——张桐胜摄影作品展”在中国文联文艺家之家展出。展览展出的60幅作品是军旅摄影家张桐胜在2010年13次深入上海世博园运用纪实的手法所拍摄的。

（吴赣生）

【手机摄影大赛作品展】 8月20日～27日，由西城区文化委员会、西城文学艺术界联合会、西城区第二文化馆联合举办的“拍拍拍”2013手机摄影大赛作品展在北京西城区第二文化馆展出。此次展览是从收到的4000余幅作品中选出的。

（吴赣生）

第一届北京摄影艺术展览

【“绿动京东·美丽平谷”摄影大赛获奖作品展】 8月22日～9月1日，由中共平谷区委宣传部、北京摄影家协会、平谷区文学艺术界联合会、平谷区旅游发展委员会共同举办的“绿动京东·美丽平谷”摄影大赛获奖作品在首都图书馆展出。展览展出的100幅摄影作品以“生态绿谷”“京津商谷”“绿能新谷”“中国乐谷”“幸福平谷”“五谷建设”为创作主题。

（吴赣生）

【第一届北京摄影艺术展览】 8月22日～9月1日，由北京市文学艺术界联合会、北京摄影家协会主办的“中国梦想，光影同行”第一届北京摄影艺术展览在首都图书馆展出。展览展出了319张摄影作品。本次大展分设纪录类与艺术类奖项，杨荣兴、应利民、陆建成等五位摄影家获纪录类金奖，曲扬、李叶茂等获艺术类金奖。中国摄影家协会分党组成员、秘书长高琴，北京摄影家协会主席叶用才，驻会副主席兼秘书长王越，首都摄影界知名人士，大展获奖作者以及广大摄影爱好者近300人参加了开幕仪式。

（吴赣生）

【邵华泽世界风情摄影展】 8月22日～9月7日，由人民日报社、中华全国新闻工作者协会、解放军总政治部宣传部、中国书法家协会、中国摄影家协会主办的“邵华泽世界风情摄影展”在中国人民革命军事博物馆展出。展览展出的120余幅摄影作品是从数万张作品中遴选出来的，以风光和人物为主，纪实性与艺术性兼具，是邵华泽20多年来在国内和出访40多个国家的行程中所拍摄的。

（吴赣生）

【新井卓银版法摄影展】 8月25日~9月23日，由泰吉轩主办的“物语”新井卓银版法摄影展在泰吉轩画廊展出。展览展出的23幅银版法摄影的作品为日本摄影家新井卓拍摄。银版法摄影是法国人路易·雅克·芒代·达盖尔发明的“达盖尔法银版照相”，标志着摄影术的正式诞生。

（吴赣生）

【环宝岛骑行图片展】 8月28日~10月15日，由北京市自行车运动协会、北青文化公司主办的“环宝岛骑行图片展”在辽金城垣博物馆展出。展览展出了80幅图片，图片是2013年5月份一个由46人组成的骑行团队，经过9天的时间，环祖国宝岛台湾完整骑行920公里所拍摄的。该团队人员来自马来西亚、美国等国家，北京、天津、湖北、山东等省市和中国港、澳、台地区，这是“在地球骑行”系列活动之一。

（吴赣生）

【陈亚强摄影艺术作品展】 9月10日~18日，由中国艺术人类学学会主办的“达里雅布依·克里雅人”——陈亚强摄影艺术作品展在中国美术馆展出。展览展出的图片分为“达里雅布依·克里雅人”“不朽的传唱·于田胡杨”“帕米尔高原·塔吉克人”三个部分。

（吴赣生）

【全国海洋摄影展】 9月23日~30日，由中国海洋摄影家协会主办的“美丽海洋”全国海洋摄影展在王府井步行街展出。展览展出的200余幅摄影作品是从首届“美丽海洋”全国海洋摄影大赛征集到的1.6万余幅作品中甄选出的精品。作品展现了海洋的自然风光。

（吴赣生）

【唐晶摄影作品展】 9月28日~10月27日，由三影堂摄影艺术中心主办的“生长”唐晶摄影作品展在朝阳区草场地艺术东区三影堂摄影艺术中心得色空间展出。展览展出了摄影师唐晶所拍摄的“生长”系列中的13幅作品。

（吴赣生）

【“美丽中山”摄影图片展】 9月29日~10月13日，中山公园在唐花坞举办“2013美丽中山摄影征集活动集萃”图片展。展览分为“梅香”“兰姿”“独特视角”“摇曳花姿”等12个主题，共展出26位游客拍摄的“美丽中山”系列摄影作品集的49组作品。

（吴赣生）

【“发现丰台之美”图片展】 10月1日~15日，由北京市委宣传部等单位联合举办的“这里是北京”系列之“发现丰台之美”图片展在首都博物馆一层大厅展出。展览展出的150张图片分为“城记”“城景”“城事”“城脊”“城趣”5个部分。

（吴赣生）

【“高原·水源”摄影展】 10月12日~29日，由映画廊主办的“高原·水源”摄影展在798映艺术中心/映画廊展出。展览展出的23幅摄影作品是四川摄影家王琦对西藏的河流湖泊所进行的航拍影像记录，这些摄影作品是作者专注于高原之“水”的系列影像。

（吴赣生）

【杨建川摄影艺术展】 10月13日~18日，由中国艺术研究院摄影艺术研究所、中国摄影家杂志社、北京艺术摄影协会主办，北京形意智造文化传播有限公司承办的“杨建川摄影艺术展”在中华世纪坛当代艺术馆展出。展览展出的90余幅摄影作品分为“风景本色”“昆韵清梦”“京城记忆”三个主题。

（吴赣生）

【“佳能影像之桥”摄影展】 10月17日~20日，由佳能（中国）公司举办的“佳能影像之桥”摄影展在太古汇展出。展览展出了30余幅来自不同亚洲国家和地区的青少年摄影作品。“佳能影像之桥”项目的前身是“影像·希望之光”公益项目。

（吴赣生）

【北京国际摄影周2013】 10月24日~30日，由中华人民共和国文化部、北京市政府主办，中国艺术摄影学会、中国摄影家协会、新华通讯社图片中心、北京歌华文化发展集团承办，中央美术学院美术馆、中华世纪坛当代艺术馆共同协办的“北京国际摄影周2013”大型摄影主题活动在北京举行。北京国际摄影周以“摄影——聚焦世界”为主题，内容包括开幕活动、系列展览、摄影讲堂、专题活动四大部分，活动覆盖了798艺术区、草场地艺术区、王府井步行街、尚8艺术区等文化场所。

（吴赣生）

【当代摄影艺术展】 10月24日~11月23日，由艺术摄影宋庄研究会主办，北京尚品珍德文化传播有限公司、北京大戚收音机电影机博物馆协办的“由来已久”——当代摄影艺术展在北京大戚收音机电影机博物馆一层展出。参加展览的十位艺术家是陈博、陈宇彤、老杜、林楠、沈敬东、伊德尔、徐信、张汉生、张民强、张苏华。

（吴赣生）

【2013“我爱北京”大栅栏国际摄影展】 10月25日~30日，由前

门大栅栏街道、美国摄影学会（中国）、北京长城摄影协会和搜狐数码公社联合举办的2013“我爱北京”大栅栏国际摄影展在大栅栏西街展出。展览展出的百余幅摄影作品是从来自法国、比利时、意大利和中国的千余幅摄影作品中甄选出来的，这些作品反映了北京地区历史人文风貌和当代自然风光。

（吴赣生）

【“素歌”骆丹摄影展】 10月26日～12月6日，由策展人陈光俊策展的“素歌”骆丹摄影个展在朝阳区酒仙桥798艺术区百年印象摄影画廊展出。展览展出了30张摄影作品。“素歌”系列是摄影师骆丹于2010年前往云南怒江拍摄的作品。这些作品是骆丹运用了始于1850年的传统湿版火棉胶摄影技术，花了数月时间带着便携式暗房在中国南部云南省的偏远山区所拍摄的。

（吴赣生）

【吕晓露手机黑白摄影展】 11月3日～28日，由张馨烨策展，图漫摄影学院协办的“发现”吕晓露手机黑白摄影个展在北京恭王府展出。展览展出了60余幅由摄影家吕晓露用手机拍摄的图片。

（吴赣生）

【中国首届百名企业家摄影联展】 11月9日～13日，由中国商务广告协会、中国企业家摄影学会主办，中国企业家摄影俱乐部、人民摄影报社承办的“中国首届百名企业家摄影联展”在朝阳区高碑店通惠南街1102号国粹苑艺术展览画廊展出。展览展出了1000余幅由企业家们拍摄的作品。

（吴赣生）

【中国美术馆藏邓伟肖像摄影作品选展】 11月14日～25日，由中国美术馆主办的“中国美术馆藏邓伟肖像摄影作品选展”在中国美术馆3号厅展出。20世纪90年代至21世纪初，邓伟在国内外高校讲学、科研之余，自费环球拍摄世界名人，他以独特的视角拍摄了百余幅世界杰出人物肖像作品，钱钟书、冯友兰、里根、基辛格、贝聿铭等中外各界名人都成为了邓伟镜头中的人物。

（吴赣生）

【“海上”摄影展】 11月16日～12月9日，由策展人那日松策展的李杰“海上”摄影展在798映艺术中心/映画廊展出。展览展出的36幅摄影作品均来自摄影家李杰2009年至2012年三年在马来西亚东部海域所拍摄的《海上》系列专题。

（吴赣生）

【“影像·前行”摄影展】 11月21日～27日，由名人视线教育管理集团主办，东方视线摄影学院承办的“影像·前行”第八届OVIP时尚商业摄影展在北京三里屯展出。展览展出了国内一线摄影师和东方视线摄影学院历届学员的优秀作品200余幅。本届影展还展出了澳籍华人摄影师Alex Pan的“Timeless，Love，Unforgettable”（“永恒·爱·难忘”）以及中国十佳摄影师张罗平的“张罗平的肖像馆”两个主题展。本次影展得到Wacom中国公司、德塔颜色公司、景明影像的慷慨赞助，以及法国Sipa图片社、时尚芭莎、腾讯网、文金国际、数码摄影、人像摄影等机构、媒体的大力支持。

（吴赣生）

【第二届“生命人寿杯”全国摄影展】 11月22日～26日，由中国金融文学艺术界联合会、中国金融摄影家协会举办的中国金融摄影家协会第二届“生命人寿杯”全国摄影展在中华世纪坛世界艺术馆展出。经过评委六轮认真严格的评议最终评出特等奖1幅、金奖5幅、银奖15幅、铜奖30幅、优秀奖50幅，共101幅摄影作品获奖。影展期间还举办了“金融摄影论坛”。本届摄影展从3月征稿至6月截稿共收到各类作品近3000件（幅）。

（吴赣生）

【工农兵形象摄影展】 11月22日～27日，由西城区文化委员会、西城区文学艺术界联合会、西城区第二文化馆主办的“时代影像”——工农兵形象摄影展在西城区第二文化馆展出。展览展出了200余幅摄影作品。

（吴赣生）

【北京收藏家协会2013年摄影展】 11月26日～12月5日，由北京收藏家协会主办的“美丽北京、快乐收藏”——北京收藏家协会2013年摄影展在首都博物馆展出。展览展出了69幅获奖作品。作品经过评选评出一等奖2（组）件、二等奖4（组）件、三等奖10（组）件、优秀奖43（组）件、特邀奖10（组）件。

（吴赣生）

【“美丽中国·和谐家园”民族题材摄影获奖作品展】 11月26日～12月8日，由国家民族事务委员会、中国摄影家协会主办，民族文化宫、中华民族文明影像志大型工程办公室、中国网·中国民族频道承办的“美丽中国·和谐家园”民族题材摄影获奖作品展在民族文化宫展出。展览展出的106幅摄影作品是从来自全国的1万多幅参赛作品中评选出来的，最终评选出一等奖10名、二等奖20名、三等奖29名、优秀奖47名。

（吴赣生）

【纪念《开罗宣言》发表70周年图片展】 12月1日～8日，由中华全国台湾同胞联谊会、中国人民抗日战争纪念馆和北京市台联共同主办的纪念《开罗宣言》发表70周年图片展在北京台湾会馆展出。展览展出了60余幅珍贵历史图片和三件历史文物原件及视频资料。

（吴赣生）

【第十一届“北京七日”摄影大赛优秀作品展】　12月10日~20日，由中共北京市委宣传部、北京市文化局、首都精神文明建设委员会办公室、北京市文物局、共青团北京市委员会、北京市人民政府外事办公室联合主办，北京青年宫、首都博物馆承办的第十一届“北京七日”摄影大赛优秀作品展在首都博物馆展出。“北京七日”摄影大赛以“微环保、绿生活”为主题，展览展出了132幅摄影作品。此次大赛评出一等奖6名、二等奖10名，三等奖16名，纪念奖100名。

（吴赣生）

【摄影家采风创作基层行作品展】　12月18日~23日，由中国文学艺术界联合会主办，中国摄影家协会、中国文联国内联络部、中国文学艺术基金会联合承办的“追寻中国梦”摄影家采风创作基层行作品展在中国文艺家之家一层大厅展出。展览展出了160幅摄影作品。这些作品是近20位摄影家和青年摄影师深入边远地区，用手中相机拍摄的“追梦者”工作、生活的场景和瞬间。

（吴赣生）

【“毛主席是我们家里人”纪实摄影展】　12月22日~28日，由中国红色文化研究会、全国公安摄影家协会主办，俊发地产有限公司承办，云南中集展博文化艺术有限公司协办的“毛主席是我们家里人”中国56个民族人文情怀影像纪实摄影展在北京民族文化宫二楼展出。展览展出的90余幅摄影作品为摄影家孙大虹拍摄。影展内容分为四个部分。第一部分，展览前言；第二部分，展示了全国56个民族老百姓家中挂有毛主席画像、放置毛主席塑像的真实生活场景，56个民族各1幅作品；第三部分，展示全国各地公共场所挂有毛主席画像、放置毛主席塑像的社会生活场景；第四部分，展览后记。由中央文献出版社出版的《毛主席是我们家里人——中国56个民族人文情怀影像纪实》画册、摄影文集在摄影展上同期发行。

（吴赣生）

【吕厚民摄影展】　12月28日~30日，由中国摄影家协会主办，中国工艺品进出口总公司承办的“纪念毛泽东同志诞辰120周年”吕厚民摄影展在中国工艺美术大厦展出。展览展出的百余幅照片是从摄影家吕厚民拍摄的千余张照片中精选而出的。吕厚民曾任中南海摄影组组长，担任毛泽东的专职摄影师达12年。

（吴赣生）

会议　活动

【中国摄协第八届主席团第二次会议】　5月11日，中国摄影家协会第八届主席团第二次会议在北京召开。会议传达了中国文联第九届全委会第四次会议精神，听取了中国摄协工作报告，审议并通过了《中国摄影家协会个人会员入会细则》的修改建议案，审议通过了关于中国摄影家协会专业委员会调整和设置的建议案。中国摄协主席、分党组书记王瑶主持会议并作工作报告，对中国摄协2012年工作进行回顾总结，介绍了2013年度已经完成的工作情况和今后一段时间的工作规划安排。中国文联党组成员、书记处书记李前光到会，并与中宣部、中国文联相关部门负责人为中国摄协八届主席团成员颁发任职证书。中国摄协副主席王悦、王文澜、王达军、邓维、李舸、李伟坤、李学亮、李树峰、张桐胜、罗更前、索久林、雍和出席会议。中国摄协分党组副书记王郑生，分党组成员、秘书长高琴，分党组成员、副秘书长顾立群列席会议。中国摄协各部室、各直属单位负责人旁听会议。

（吴赣生）

【“2013外国摄影师拍北京”启动】　5月22日，由北京市人民政府新闻办公室和北京市对外文化交流协会主办的“2013外国摄影师拍北京”活动在园博园启动。本次活动以“北京建都860周年”为主题，邀请了来自29个国家的50位摄影师。他们到北京的世界文化遗产和皇家园林、繁华与时尚的市中心、古老与现代的文化场所、北京市民悠闲生活之地以及自然景观区去拍摄不同的北京。拍摄活动持续一周到28日结束。

（吴赣生）

【中国女摄影家协会第四次全国代表大会】　5月26日，中国女摄影家协会第四次全国代表大会于在北京远望楼宾馆举行。大会选举产生了中国女摄影家协会新一届领导机构，大会按照中国女摄影家协会章程，以无记名投票的方式选出中国女摄影家协会第四届理事会。理事会第一次全体会议以无记名投票方式选举产生了中国女摄影家协会第四届主席团。王瑶当选为中国女摄影家协会主席，吕静波当选为副主席、秘书长，冯凯旋、刘滨、李晓英、居杨、赵红、高琴、黄文当选为副主席。中国女摄影家协会成立于1995年4月18日，是中国文联主管的国家一级社团组织，是全国妇联的团体会员。

（吴赣生）

【中国摄影著作权协会第二次会员代表大会】 8月23日，中国摄影著作权协会第二次会员代表大会在北京召开。来自全国各省、自治区、直辖市，解放军及中直单位的140名会员代表参加大会。会议听取并审议通过了中国摄影著作权协会第一届理事会工作报告、财务报告和修改后的《中国摄影著作权协会章程》，选举产生了新一届理事会。李前光当选中国摄影著作权协会新一届主席，于云天、王郑生、李玉光、宋明昌、陈小波、解海龙当选副主席，林涛当选总干事，侯建江、包旭东被任命为副总干事。李仁臣被推举为中国摄影著作权协会名誉主席，宋举浦、杨再春被聘为顾问。

（吴赣生）

【第二届国际摄影教育高峰论坛会】 9月23日，由北京电影学院主办，北京电影学院摄影学院承办的“第二届国际摄影教育高峰论坛会”在北京电影学院召开。论坛主题为“回归与重建”，与会者就摄影史、摄影文化、高校摄影教育、新时期所面临的问题和“新学院派”的提法等进行了讨论。

（吴赣生）

【袁毅平学术思想研讨会】 10月13日，由北京高校摄影学会与中国摄影出版社、北京稻香湖景酒店共同举办的袁毅平学术思想研讨会在京城北郊稻香湖景酒店举行。三十余位与会专家及研究生共同探讨了袁毅平的摄影理论研究和文艺评论方面的大量成果对中国摄影文化发展的重要影响，特别对高校师生开展摄影理论以及摄影文化传播的内涵研究与摄影理论教育教学的重要价值。袁毅平和北京高校摄影学会理事长殷强，中国摄影出版社总编辑高扬，北京多所高校摄影教育领域的专家、学者，专程赶来出席会议的外省市高校专家与北京市高等教育学会的领导，学会顾问，摄影理论界专家，在校研究生代表等共同出席了会议。

（吴赣生）

交　流

【“镜头里的中国和新西兰”摄影展】 2012年10月31日～2013年2月1日，由中国国家博物馆和新西兰国家博物馆共同主办的“镜头里的中国和新西兰”布莱恩·布瑞克摄影展在中国国家博物馆展出。展览展出的137幅照片对比展示了他拍摄于二十世纪五六十代中国和新西兰的作品，其中既有中国盛大的庆典场面和新西兰壮美的山川风景，也有两国人民日常生活的真实写照。布莱恩·布瑞克是一位国际知名的新西兰摄影师，他也是唯一受邀采访中华人民共和国国庆十周年庆典的西方摄影师。

（吴赣生）

【澳门青年发展图片展】 2012年12月11日～2013年1月18日，由澳门中华总商会青年委员会、澳门中华青年工商联会主办的“澳门青年发展图片展”在澳门特区政府驻北京办事处、清华大学、北京大学三个地点展出。展览展出的600余张图片展现了澳门青年社团的发展史，主要分为澳门青年发展史和中总青委会发展史两大部分。

（吴赣生）

【“最早的中国影像”摄影展】 2012年12月19日～2013年1月3日，由巴黎中国文化中心、中国摄影家协会、中国文学艺术基金会、北京华彬文化基金会和法国埃松省议会、法国摄影博物馆、法国摄影博物馆协会联合举办，祥升行影像技术有限公司、中国建筑工业出版社、华协国际珍品货运服务有限公司以及法国华商会协办的“前尘影事——最早的中国影像”摄影展在华彬艺术博物馆展出。展览展出了15张拍摄于19世纪的照片，这些照片让观展者看到了170年前真实中国的人文景观。这批拍摄的达盖尔法银版照片，是直接在银版上拍摄的正像照片，每次拍摄只有一张，与后来能反复冲印照片的方法完全不同，因此这次展出的每一张照片都是独一无二的。

（吴赣生）

【杨晓宁生态摄影作品展】 2012年12月29日～2013年1月3日，由江西省宜春市委宣传部、中国摄影展览中心、江西省摄影家协会主办的杨晓宁生态摄影作品“灵动——慢门与多重影像展”在中国美术馆展出。展览展出的50幅作品为生态摄影家杨晓宁运用多重曝光和慢门曝光的技法拍摄而成，作品表现了白鹭、鸳鸯、天鹅这三种鸟类的生存状态。全国政协副主席白立忱，中国摄影家协会主席、分党组书记王瑶等出席开展仪式。宜春市委常委、宣传部部长舒建勋主持仪式，中国摄协分党组成员、秘书长高琴致辞。

（吴赣生）

【“守望呼伦贝尔”摄影展】 1月19日～2月5日，由中国摄影家协会和呼伦贝尔农垦集团共同主办，中国摄影出版社和呼伦贝尔学院共同承办的“守望呼伦贝尔”自然风光与人文摄影展在玉渊潭公园百米影像长廊展出。展览展出了近40幅草原题材的摄影作品。

（吴赣生）

【内蒙古生态摄影展】　1月28日~2月2日，由内蒙古自治区政协办公厅、全国政协机关党委、内蒙古自治区政协民族文化促进会共同主办的“碧绿的希望”——内蒙古生态摄影展在全国政协机关展出。展览展出的120幅作品分为蔚蓝高原、永恒薪火、碧绿希望三个部分，图片展示了内蒙古的大美生态及少数民族生产生活与自然和谐共生的生态理念。

（吴赣生）

【镜泊湖四季风光摄影图片展】2月25日~3月18日，由中国风景名胜协会，黑龙江省镜泊湖风景名胜区、自然保护区管理委员会共同主办的“迷奇火山、秀美镜泊湖”——镜泊湖四季风光摄影图片展在北京玉渊潭公园展出。展览展出的120幅作品展示了镜泊湖景区丰富的旅游资源和四季分明的美景。

（吴赣生）

【“千年帝都、牡丹花城”全国摄影展】　3月13日~22日，由中国摄影家协会、北京市东城区人民政府、洛阳市人民政府联合举办的“千年帝都、牡丹花城”全国摄影精品展在王府井步行街展出。展览展出了120余幅以牡丹为主题的摄影作品。

（吴赣生）

【英国收藏的中国影像展】　3月22日~4月7日，由英国驻华使馆主办的“1870—1950：英国收藏的中国影像”展在北京JW万豪酒店展出。展览展出的60幅照片真实再现了19世纪末20世纪初中国的生活状态。展出的照片是英国布里斯托大学“中国历史图片”项目的一部分。

（吴赣生）

【“隐没地”摄影展】　4月8日~28日，由今日美术馆、中国摄影家协会、新华社中国国际文化影像传播有限公司主办，东方国际摄影艺术促进会、宁夏回族自治区摄影家协会、宁夏回族自治区西吉县文联协办的“隐没地”——上圈组村民与艺术家影像实验大展在朝阳区百子湾路今日美术馆展出。展览展出的2000余幅作品是艺术家和村民们共同拍摄的，有不少村民是初次拿起相机用影像记录即将搬迁的村庄的生活点滴。参与活动的村民年龄最长者为67岁，最小的只有4岁。

（吴赣生）

【中伊摄影家四人展】　4月20日~28日，由策展人傅翀策展的“感受伊朗”——中伊摄影家四人展在798映艺术中心展出。展览展出的60幅摄影作品由中国的摄影家刘海星、子夏与来自伊朗的摄影家佩曼·胡什曼德扎德、莎迪·伽迪里安的作品组成。这也是在中国展出的首个伊朗摄影展。

（吴赣生）

【英国野生生物摄影年赛】　5月1日~26日，由英国BBC《野生动物》杂志、英国自然历史博物馆联合举办，中国国家地理、北京动物园承办的“英国野生生物摄影年赛2012年度获奖作品巡展”在北京动物园展出。展览展出的80余幅野生生物影像图片，捕捉了野生生物的精彩瞬间。作品通过“城市野生生物”“植物王国”“原生景观”“动物生肖”“水下世界”“哺乳动物”等主题记录了大自然的奇观与美丽。

（吴赣生）

【朴正民艺术个展】　5月11日~17日，由中日韩经济发展协会主办、东方之光艺术中心承办的“韩国新锐摄影家朴正民艺术个展”在北京798东方之光艺术中心展出。展览展出的43件摄影作品向人们展示出“韩国大众文化”的风格。韩国驻华使馆公使和中国摄影家协会等有关领导出席了开幕式。

（吴赣生）

【阿尔摄影节北京摄影展】　5月11日~26日，由“思想手”和“阿尔摄影艺术国际交流会”主办的2013中法文化之春视觉艺术之阿尔摄影节北京摄影展在北京798时态空间画廊展出。展览展出了五位出自法国阿尔高等摄影艺术学院的艺术家的作品。五位艺术家以各自不同的方式，表现了法国当代的摄影艺术风格。展览得到法国驻中国大使馆的帮助。

（吴赣生）

【山西古代壁画摄影展】　5月19日~25日，由中国壁画学会、中央美术学院、中国美协壁画艺术委员会、山西省文联主办，中央美术学院壁画系、中央美院美术馆承办的“另眼识家珍”——山西省百处古代壁画遗址掇英展暨山西古代壁画摄影展在中央美院美术馆举办。展览展出的300多幅壁画摄影作品均为摄影家武普敖所拍摄。本次展览的主旨是“从绘画再赏传统，从保护关注当今”。

（吴赣生）

【罗曼·罗尼克摄影展】　5月25日~6月23日，由泰吉轩画廊主办的“梦中之光”罗曼·罗尼克摄影展在泰吉轩画廊展出。展览展出的27张摄影作品为美国摄影师罗曼·罗尼克（Roman Loranc）拍摄于欧洲大陆的风光、建筑照片。

（吴赣生）

【西德尼·甘博摄影图片展】 6月18日~7月11日，由美国杜克大学图书馆和首都图书馆共同主办的“一百年前的北京社会”西德尼·甘博摄影图片展在首都图书馆新馆展出。展览展出的114幅珍贵照片是从西德尼·甘博生前拍摄的5000多张中国老照片中挑选出来的，图片向观众展示了20世纪初老北京的日常生活。

（吴赣生）

【法国青年艺术家摄影作品展】 7月2日~15日，由法国阿尔勒国立高等摄影学院、思想手设计计划及798映艺术中心联合主办，作为2013中法文化之春系列活动之一的“注目法国青年艺术家”摄影作品展在798映艺术中心展出。9位参展艺术家均在30岁左右，都是近年来毕业于阿尔勒国立高等摄影学院的学生。7月7日下午，举办了“中法青年摄影师对话”活动。

（吴赣生）

【“以史为鉴”摄影作品展】 7月6日~8月10日，由泰吉轩画廊主办的“以史为鉴”博蒙特·纽霍尔摄影作品展在泰吉轩画廊展出。展览展出了美国摄影家博蒙特·纽霍尔的23幅作品。作为MoMA的第一任摄影部主任，柯达伊斯曼博物馆的重要奠基人，纽霍尔是从理论去对摄影定义，将摄影艺术带入到主流艺术认知领域的领路人。此次展览的是纽霍尔自己拍摄的原作作品。

（吴赣生）

【中日百名儿童系列摄影展】 7月9日~14日，为纪念中日和平友好条约缔结35周年，由中国外文局主办，日本交际网站Billion Beats、北京和侨会日中未来lab、人民中国杂志社共同实施的“中日百名儿童系列摄影展”在北京中华世纪坛当代艺术馆展出。展览展出的作品是三名中国摄影师以及活跃在中国的日本女性摄影师佐渡多真子拍摄的中国孩子，还有日本摄影师今村拓马拍摄的日本儿童。

（吴赣生）

【第二届国际摄影展】 7月12日~18日，由美国摄影学会（中国）（PSA China）主办的“第二届PSA China国际摄影展”在北京金融街购物中心一层中庭展出。展览展出的120幅摄影作品是从全球44个国家和地区以及全国28个省（区、市）675位摄影人投送的7699幅图片中选出的。

（吴赣生）

【“善美保定好风光"摄影展】 7月13日~19日，由中国摄影家协会、中共保定市委、保定市人民政府共同主办，中国摄影出版社、河北摄影家协会承办的“善美保定好风光"摄影展在王府井步行街展出。展览展出的156幅摄影作品以“善美保定”为主题，从“风光无限好”“文明千古颂”“幸福满城乡”“古城在腾飞”四个角度展现了保定的过去、现在和未来。

（吴赣生）

【外国摄影家影像作品展】 7月13日~28日，由炎黄艺术馆、北京市黄胄美术基金会主办，佳能公司公益赞助及多家艺术媒体支持的“in China”外国摄影家影像作品展在炎黄艺术馆展出。展出的摄影作品由10位长期居住在中国的外国艺术家拍摄而成。

（吴赣生）

【“太极”摄影作品展】 7月19日~21日，由北京民族文化宫展览馆、河南省摄影家协会主办，河南全视影像画廊承办的“太极”摄影作品展在民族文化宫展出。展览展出的图片以一黑一白，一正一负，一虚一实的外化形式，表达太极阴阳、动静等核心思想。

（吴赣生）

【游光霖摄影艺术展】 7月20日~8月2日，由中国美术馆、福建省文化厅主办的“游目骋怀”游光霖摄影艺术展在中国美术馆展出。展览展出了摄影家游光霖拍摄的55幅作品。游光霖是福建省美术馆馆长，他利用反光、剪影等手法，用高仿真的技术，以宣纸、油画布、水彩纸等制作作品，为观众呈现出水墨画、油画、水彩画等视觉效果。

（吴赣生）

【“美丽中国·幸福江山”摄影展】 7月30日~8月18日，由中国风景名胜区协会摄影专业委员会、浙江省江山市联合主办的“美丽中国·幸福江山”摄影展在北京玉渊潭公园“玉和光影”百米影廊展出。展览展出的400多幅摄影作品展现了浙江省江山市的自然人文风光。作品分为：江郎山、浮盖山、廿八都、清漾村、江山城、百姓乐6个部分。

（吴赣生）

【珠海蝴蝶摄影作品展】 8月1日~9月30日，由中国昆虫学会、中国昆虫学会蝴蝶分会、中国科普作家协会、广东省昆虫学会和国家动物博物馆联合主办，中共珠海市委宣传部、广东省湖北商会珠海分会、广东省昆虫摄影协会协办，国家动物博物馆承办的“大自然的舞姬”——珠海蝴蝶摄影作品展在北京国家动物博物馆展出。展览展出的160多幅蝴蝶生态摄影作品为珠海摄影家陈敢清所拍摄。

（吴赣生）

【中国当代影像展】 8月3日~9月12日，由方蕾策划，宋庄美术馆主办，广西友茗堂文化交流有限公司协办，雪景观（北京）文化艺术有限公司承办的“有多远”——中国当代影像展在宋庄美术馆展出。展览展出的60余件摄影作品由11位艺术家拍摄。

（吴赣生）

【“共和国不会忘记”摄影作品展】 8月5日~14日，由湖南省文联、中共平江县委、平江县人民政府、中国摄影家协会展览中心联合举办的“共和国不会忘记”——湖南省平江县失散老红军肖像摄影展在北京中国美术馆展出。展览展出的19幅摄影作品是摄影家阳红光采用4×5座机历时1年多创作完成。作品记录了湖南省平江县在世的24位失散老红军正面巨幅黑白照片，包括群像作品1件，单幅肖像作品18件，其中年龄最小的89岁、最大的101岁。

（吴赣生）

【“韩国摄影家眼中的中国—北京”摄影展】 8月7日~26日，由首尔中国文化中心、北京市文化局主办，韩中摄影文化交流会承办的“韩国摄影家眼中的中国—北京”摄影展在首尔中国文化中心2楼展厅展出。展览展出了4名韩国摄影家拍摄的38幅摄影作品。

（吴赣生）

【“美丽的苏木山”摄影展】 8月18日~9月6日，由内蒙古自治区兴和县委、县政府，内蒙古自治区苏木山旅游开发有限公司主办的“美丽的苏木山”摄影展在北京玉渊潭公园百米长廊展出。展览展出的百幅作品是从乌兰察布市摄影者拍摄的上万幅摄影作品中精选出来的，作品记录了苏木山的自然风光。

（吴赣生）

【安塞尔·亚当斯原作摄影展】 9月21日~10月18日，由吉泰轩画廊主办的“安塞尔·亚当斯原作摄影展”在吉泰轩画廊展出。展览展出了23幅摄影作品。美国摄影家安塞尔·亚当斯（1902—1984）是摄影史上最重要和知名度最高的摄影家之一，也是纯影派摄影的创始人和代表性人物。此次，泰吉轩画廊与安塞尔·亚当斯基金会合作将安塞尔·亚当斯约塞米蒂风景系列作品呈现给中国的收藏家与观众。

（吴赣生）

【“中国长寿之乡”百岁老人图片展】 9月23日~27日，由中国新闻摄影学会和中共永嘉县委等单位主办，北京同济医院等给予支持的“中国长寿之乡”浙江永嘉百岁老人图片展在北京金仕德国际会议中心展出。展览展出了100张图片，其中有80名百岁老人的80张照片，还有20张永嘉山水景致和民俗风情照片，这些照片由新华社人像摄影家郝远征和当地摄影师叶新人拍摄。2012年7月，永嘉被授予“中国长寿之乡”的称号，由此成为浙江首个“中国长寿之乡”。

（吴赣生）

【余慧文摄影展】 9月30日~10月8日，由上海市公共关系协会和上海市摄影家协会共同主办的“美滋润心”——余慧文摄影展在北京中国美术馆展出。展览展出的数十幅摄影作品是从余慧文多年拍摄积累的数千幅照片中精选而出的代表作，涵盖了自然风光、城市景观、动植物及微观摄影等主题。

（吴赣生）

【千山风光大型摄影图片展】 10月1日~20日，由中国风景名胜区摄影专业委员会支持，千山风景名胜区管理委员会主办的“千山风光大型摄影图片展”在北京玉渊潭公园展出。展览展出的61幅作品是从数千幅反映千山秀美风光的图片中甄选出的，分为千山之春、千山之夏、千山之秋、千山之冬等六个部分。

（吴赣生）

【“生命北极”摄影展】 10月11日~24日，由中华文化促进会和哈尔滨市委宣传部主办的“生命北极”——王建男环北极摄影观察（17回合）作品展在北京卓展购物中心展出。展览展出的400幅摄影作品分为三部分：人文部分，包括“渔猎民族”“聚落风情”“迎接太阳回来”“新淘金时代”等；生态部分，包括“地貌”“天象”“物种”；概览部分，分为“北极表情100”和“17次北上回眸”。作品解读了北极人的生存现状，展示了人与动物与自然的特殊关系。

（吴赣生）

【郎静山摄影艺术特展】 10月11日~30日，由中国美术馆、中国摄影家协会、亚洲影艺联盟（台湾）、郎静山艺术文化发展学会（台湾）共同主办的“静山远韵——郎静山摄影艺术特展”在中国美术馆展出。展览展出了134幅郎静山之女郎毓文向国家捐赠的郎静山的摄影作品。这些作品为中国美术馆永久收藏。

（吴赣生）

【“待发现的立陶宛”摄影展】 10月20日~11月3日，由立陶宛共和国大使馆与中华世纪坛数字艺术馆联合举办的“待发现的立陶宛”摄影展在中华世纪坛数字艺术馆展出。展览展出的40幅作品来自《待发现的立陶宛》摄影集，内容涵盖自然景观、城乡风貌、森林河流以及维尔纽斯古城等历史遗迹。

（吴赣生）

【海宁中青年摄影家作品晋京联展】 11月8日~17日，由浙江省海宁市人民政府主办，浙江省海宁市文联、中国摄影家杂志、北京艺术博物馆、北京狮子座视觉文化传播有限公司、北京皇家摄影俱乐部共同承办的“镜间30°”——海宁中青年摄影家作品晋京联展在北京艺术博物馆展出。展览展出了浙江省海宁市摄影家张庆中、王超英、朱峰、潘天勇、陈杰5人共100幅摄影作品。展览开幕式后，在北京艺术博物馆会议室举行了“影像：在现实与艺术之间——海宁五位摄影家作品研讨会”。与会专家从五位海宁中青年摄影家的作品内涵、创作手法、成长空间等方面进行了研讨。

（吴赣生）

【“云中藏歌”摄影展】　12月6日~15日，由华熙国际投资集团、西藏自治区文学艺术界联合会主办，北京时代美术馆承办，西藏文化经济交流中心、西藏自治区人民政府驻北京办事处经济信息联络处协办的“云中藏歌——西藏文化题材系列展”在北京时代美术馆展出。展览展出的40余幅摄影作品为摄影家王艺所拍摄。

（吴赣生）

【李永琪北大荒摄影展】　12月8日~22日，由北京艺术博物馆主办，北京皇家摄影俱乐部承办的“耕耘与奉献”——李永琪北大荒摄影展在北京艺术博物馆展出。展览展出的68幅摄影作品为北大荒摄影家李永琪所拍摄。

（吴赣生）

纪　念

【邓伟逝世】　2月3日，摄影家邓伟因病在北京逝世。邓伟（1959—2013），生于北京，青少年时期师从画家李可染、美学家朱光潜。1978年考入北京电影学院摄影系。1982年毕业，留校任教。后受聘于清华大学任教授、博士生导师。20世纪80年代，他拍摄完成了名人肖像摄影集《中国文化人影录》。20世纪90年代到21世纪初，完成环球世界名人拍摄计划，足迹遍及五大洲。拍摄了百余幅世界杰出人物的肖像作品，笔记百万余字，被誉为“人类摄影史上的创举”。在国内外大学讲学，传播、倡导“文化摄影学”理念。

（吴赣生）

【韩子善逝世】　8月21日，人体摄影家、摄影理论教育家、清华大学美术学院教授韩子善因病在北京逝世。韩子善（1940—2013），生于四川成都。后在首都师范大学读书，毕业后曾在多家单位工作，是《大众摄影》编委、《当代中国人体摄影》主编。他对于美学理论与摄影理论有较深的研究，发表大量文章，编辑出版有《摄影美随想》《摄影美欣赏》《摄影，神奇的眼睛》《图书摄影用光》《时装摄影精品欣赏》《中国青年摄影家作品系列》《阅读摄影经典系列》等及“中国青年摄影家”“阅读摄影经典”系列图书。他还勤于摄影实践，拍摄发表了数十个摄影专题。2006年，被中国摄影家协会授予“有突出贡献摄影工作者”称号。

（吴赣生）

赛事　奖项

【全球旅游摄影大赛颁奖】　3月19日，由《摄影旅游》杂志和英菲尼迪联合主办，阿联酋航空、Patagonia赞助的“越界、阅不凡”2012全球旅游摄影大赛颁奖典礼在北京798映艺术中心举行。经过评选选出一等奖1名、二等奖2名、三等奖2名。从2012年8月起，共收到30147幅参赛摄影作品。

（吴赣生）

【“诗意中国”图片摄影大赛】　4月12日，由《光明日报》、CCTV、中华书局主办，中国移动协办，光明网承办的“诗意中国”图片摄影大赛获奖名单揭晓。此次获奖的65幅作品经过专家评审和网友投票评出金奖5名、银奖10名、铜奖20名、优秀奖30名。“诗意中国”图片摄影大赛自征稿以来，收到投稿逾万幅。

（吴赣生）

【三影堂摄影奖】　4月13日，由三影堂艺术中心主办的第五届三影堂摄影奖在北京草场地艺术区三影堂摄影艺术中心揭晓。经过评选，青年摄影师李俊荣获2013三影堂新摄影大奖，女摄影师杜艳芳荣获了资生堂年度女性摄影师奖。2013三影堂摄影奖一共有504位投稿人，其中，共有28位摄影师入围并参加第五届三影堂摄影奖的评选。

（吴赣生）

【中国古建摄影大赛颁奖】　7月15日，由华润雪花啤酒（中国）有限公司、清华大学建筑学院主办的第五届“雪花纯生·中国古建筑摄影大赛”——寻踪营造学社之路颁奖典礼在北京举行。大赛设有“寻踪营造学社奖”和“古都·传承奖”2个奖项。经过评选评出古都·传承一等奖1名、二等奖2名、三等奖1名，寻踪营造学社一等奖2名、二等奖10名、三等奖13名，优秀奖100名。大赛从2013年1月中旬启动，至5月初截稿，共计120万人参赛，参赛作品高达200多万幅。

（吴赣生）

【全国消防摄影大赛】 7月29日，由公安部消防局主办，全国公安摄影家协会、全国消防文联、中国消防博物馆承办的“我心中的最美消防员”消防士兵摄影大赛评选结果揭晓。大赛共评选出特等奖1名、一等奖3名、二等奖6名、三等奖10名、优秀奖130名和组织奖6名。从5月初开始，经过3个月时间，共征集来自全国消防部队士兵和合同制消防员参赛作品5000余幅，经各总队筛选共有3012幅摄影作品参加最终评选。

（吴赣生）

【首届“镜头中的中国”图片大赛】 8月19日，由视觉中国集团主办，CFP汉华易美、Shijue.me承办，《中国摄影报》支持的“镜头中的中国”视觉中国集团首届图片故事征集大赛揭晓。大赛评选分设为社会万象类、人文艺术类、自然环境类3个类别，每个类别分别评出一等奖1名，二等奖2名，优秀奖6名，并评出全场大奖1名。这次大赛5月15日启动，7月31日结束。

（吴赣生）

【中国广播影视摄影艺术大赛颁奖】 8月20日，“巴可杯”第一届中国广播影视摄影艺术大赛颁奖典礼在北京举行。经过评选最终评选出了金奖3名、银奖9名、铜奖18名、优秀奖48名、特别贡献奖1名以及组织奖3名。本次大赛自4月份征集作品以来吸引了来自广播影视各级用户单位、行业机构、设备生产企业等摄影爱好者近311人参加，共计投稿逾2000幅。

（吴赣生）

【“亚洲大学生摄影展”评选揭晓】 9月16日，由亚洲教育北京论坛、中国青年报社、中国高校传媒联盟共同主办，平遥国际摄影大赛组委会协办的第八届“亚洲大学生摄影展”优秀作品评选揭晓。本届摄影展评出获奖作品37件。其中，一等奖1名，二等奖3名，三等奖8名，优秀奖25名。本届摄影展主题：“温暖”——用影像传递身边的正能量。从2013年5月启动，征集了来自30多个国家和地区的大学生作品2100余件，入围作品244件。

（吴赣生）

【中国铁路2013摄影大展】 9月25日，中国铁路2013摄影大展评选在北京揭晓。本次大展有30个铁路参展单位选送的50余幅作品参展，经过评选评出一等奖6幅，二等奖12幅，三等奖18幅，优秀奖14幅。中国摄影家协会主席、分党组书记王瑶，中国摄影家协会分党组成员、秘书长高琴出席了评选会。

（吴赣生）

【青少年摄影比赛颁奖典礼】 10月18日，由北京正阳门管理处联合北京市西城区关心下一代工作委员会和西城区青少年儿童图书馆共同举办了“走进博物馆、图书馆”青少年摄影比赛颁奖典礼在北京西城区青少年儿童图书馆举行。经过评选，共选出一等奖10幅，二等奖20幅，三等奖50幅。大赛从6月份开始征集作品，来自全区49所小学推荐了244幅作品参赛。

（吴赣生）

【地坛银杏节摄影大赛】 12月9日，由地坛公园管理处主办，北京晨报社协办的首届地坛银杏节摄影大赛获奖作品揭晓。经过专家评选，评出一等奖1名、二等奖3名、三等奖5名、优秀奖15名。大赛从11月1日开始征集作品到17日结束，共收到260余人投送的作品共计1300余幅。

（吴赣生）

【中国航空航天摄影大赛颁奖】 12月28日，由中国航空报社主办，中航工业特种所、北京武备模型工作室、共青团北京航空航天大学委员会、北京航空航天博物馆协办的“特种所杯”第三届中国航空航天摄影大赛颁奖仪式在北京航空航天大学航空航天博物馆举行。经过评选评出杰出航空航天摄影师奖2名、优秀航空航天摄影师奖10名、优秀航空航天摄影作品奖20名。大赛于2013年6月开始征稿，11月30日截稿，共收到来自全国各地千余名作者投送的数千余幅摄影作品。

（吴赣生）

图　书　馆

2013年，北京地区各类型图书馆重视传统服务与利用现代化设备开展创新服务相结合。在进一步完善传统服务的基础上，挖掘自助化、数字化服务方式，尝试利用微博、微信等平台，打造移动图书馆，使读者服务做得生动有效，图书馆事业取得长足发展。

大力推进各项文化惠民项目。在首都图书馆建馆100周年活动中，深挖首都图书馆的服务潜力，推出了多项惠民服务，包括重新开馆的少儿图书馆，改造后的少儿阅览面积由以前的1000平方米扩展为4000平方米，成为国内首家可面对0岁以上全年龄层读者开展服务的公共图书馆，提供多达15万册书刊的借阅服务，开展了“七彩悦读成长计划”等十余项活动。同时推进数字文化社区建设、图书通借通还等一系列文化惠民公益项目。全市已建成102个图书通借通还网点，实现国图与首图读者卡互通。24个市属图书馆全年总流通人次1033万人。

在全国第五次图书馆评估工作中，首都图书馆获得自评估工作开展以来的首个满分，并荣获“市级法治文化建设示范点”称号，全市有17个区县图书馆评估为一级馆。稳步推进数字化社区建设，新建200个数字文化社区，并对已建成的100个数字文化社区加强了运营管理和服务推广。推动24小时自助图书馆体系建设，在全市大型社区等公共场所开通了134台24小时自助图书机。在农村文化室实施“四网合一”工程，已有8个区县2659个村完成了合网工作。

BALIS（北京地区高校图书馆文献资源保障体系）馆际互借中心系统内开户数87家，正式签约馆增加至77家。读者注册人数新增12108人，提交请求22369条。请求已满足数16250条，BALIS馆际互借服务共计借出图书16250册，满足率为73%。BALIS原文传递中心读者注册量13487人次，服务请求量达67896条，满足量达58728条，满足率86.5%。BALIS联合信息咨询中心为广大用户提供的委托数量为2134项，受理数量为1975项，满足率为92.5%。培训中心组织了多次专业培训，取得很好效果。

加强中小学的阅读指导。第三届“书香燕京——北京市中小学阅读指导活动”启动。本次阅读指导活动以“中国梦——我的梦”为主题。通过北京市中小学图书馆建设研讨会的讨论，认识到北京市中小学图书馆建设需要进一步规范化、制度化，管理水平应与首善之区地位相一致。

空军指挥学院图书馆承建的军队院校图书馆联合书目中心、空军院校联合数字图书馆、中国军事图书总库、中国军事期刊论文总库、中外文军事报纸文章数据库、中文学术图书资源库、中文畅销图书资源库取得新的进展，资源库数据总量达到6TB，并为全军112个单位开展了数据共享服务，产生了较好的应用效益。

北京市图书馆协会第五次会员代表大会对协会第一届理事会工作进行审议，选举产生协会第二届理事会、监事会及领导机构。新一届理事会以推进北京市公共文化服务体系建设为目标而努力奋斗。

（张小野）

机　　构

【清华大学金融图书馆开馆】　2月25日，清华大学金融图书馆开馆。金融图书馆的前身是成立于1981年的人民银行研究生部图书馆。金融图书馆馆藏以经济、金融类为主，总量约87000余册，包括：中文图书32299种（61758册），西文图书（含俄文）5084种（6646册），日文图书779种（894册），中文合订期刊810种（7265册），西文合订期刊147种（4028册），日文合订期刊12种（205册），五道口金融学院博士论文513册，五道口金融学院硕士论文5712册，每年订购纸本中外文报刊200种左右。另外，还藏有珍贵的国际金融组织资料2万余件。金融图书馆与经管图书馆、建筑图书馆、法律图书馆、人文社科图书馆、美术图书馆、医学图书馆一起共同构成清华大学的7个专业图书馆。金融图书馆隶属于清华大学图书馆，其管理、文献资料、设备、人员以及运行经费等由校图书馆提供；馆舍由清华大学五道口金融学院提供。

（清华大学图书馆）

【“国家级古籍修复技艺传习中心”揭牌】　6月8日，“国家级古籍修复技艺传习中心”揭牌暨国家级非物质文化遗产项目古籍修复技艺代表性传承人杜伟生收徒仪式在国家图书馆古籍馆举行。馆长周和平、文化部非物质文化遗产司司长马文辉出席仪式，并为“国家级古籍修复技艺传习中心”揭牌。国家图书馆八位年轻的修复馆员正式拜国家级非物质文化遗产项目古籍修复技艺代表性传承人杜伟生为师。多位古籍修复专家、文献整理专家出席仪式。配合仪式，活动现场还举办了“国家图书馆古籍修复成果展”，集中展示了国图专业人员完成的馆藏《赵城金藏》、《永乐大典》、西夏文献、敦煌遗书等国宝级珍贵文献的修复成果。

（国家图书馆）

【国家图书馆团中央分馆在中国青年政治学院揭牌】　6月28日，共青团中央、国家图书馆在中国青年政治学院签署合作协议，国家图书馆团中央分馆同时揭牌。这标志着以中国青年政治学院图书馆为平台的国家图书馆团中央分馆正式成立。仪式上，共青团中央办公厅主任康国明，国家图书馆馆长助理孙一钢签署合作协议。中国青年政治学院党委书记倪邦文，国图副馆长魏大威分别致辞。共青团中央书记处常务书记贺军科，国图馆长周和平共同为分馆揭牌。与会者还观看了国图立法决策服务平台——团中央分馆平台并听取了相关介绍说明。国图为团中央分馆建设个性化信息平台，提供数字资源触屏阅读服务；根据团中央工作需求和专题调研题目，有重点地开展文献信息支撑保障服务；支持分馆开展青少年研究信息资料中心和共青团文库等特色资源库建设并提供文献资料、专题数据库及数字化服务等方面的保障；承担分馆有关文献资源（包括传统书刊及其他数字资源）的代采、代编目加工业务等。团中央方面支持中国青年政治学院与国图在科学研究和学术交流方面加强合作，联合申报或共同设立科研课题，互派专家参与对方承担的课题研究，共同举办或合作开展专题学术活动等。国家图书馆团中央分馆是国家图书馆第14家部委分馆。

（国家图书馆）

【全国科学院联盟文献情报分会成立】　11月5日，全国科学院联盟文献情报分会在北京成立。分会本着“资源共享、优势互补、交流合作、共同发展”原则，依托中国科学院文献情报中心，联合省科学院开展文献情报服务共享，提高文献信息保障效率，促进成员单位科技创新能力提升。这是落实中科院与各省科学院协同创新、服务区域发展的重大创新举措之一。分会成立后，中国科学院文献情报中心继续探索巩固全国科学院协同共享的服务机制，把省级科学院文献情报能力纳入发展力量的一部分，将已有的资源、能力转移、转化到省级科学院，与各个省级科学院协力打造一流的文献情报服务共享体系，建设一流的共享文献情报服务合作机制，建成一流的省级科技战略、产业战略支撑平台。

（吕秋培）

活　　动

·会议与研讨·

【2012年北京地区高校图书馆年会】　1月4日，北京地区高校图书馆2012年会在中国人民大学国学院报告厅举行，来自北京地区高校图书馆和相关企业代表共160多人参加了大会。图书馆工作委员会主任委员、北京市教委副主任付志峰在开幕式上讲话，他介绍了北京地区高等教育的现状，指出当前各高校要提高教学质量，改变教学和培养模式，要使学生的知识结构与能力结构适应北京市建设发展的人才需求。而作为高等教育重要文献信息资源保障的高校图书馆则要积极配合。北京大学图书馆馆长朱强主持学术报告会，清华大学图书馆副馆长姜爱蓉作题为《现代图书馆的技术发展与应对》的报告。图工委秘书长刘大椿作题为《2012年北京高校图工委的工作总结》的报告，并介绍了2013年~2015年的发展规划和工作设想。4日下午，大会进行分组讨论。各馆代表就新馆规划与建设、文献利用与推广、图书馆人员管理与引进等主题进行了深入研讨。

（魏　微）

【首图“乡土课堂”十周年纪念仪式暨2013年讲座计划新闻发布会】　1月12日，“乡土课堂”十周年纪念仪式暨2013年讲座计划新闻发布会在首都图书馆A座二层报告厅举行。400余名市民到场参与，其中不乏“乡土课堂”的忠实听众。仪式上，首图馆长倪晓建带领观众回顾了“乡土课堂”十年发展历程，正式发布了2013年“乡土课堂”的讲座举办计划。北京史研究会副会长、中国文物交流中心副主任姚安表示，除常规的北京历史文化讲座外，2013 年的重点是“美丽北京”主题系列讲座。同时，由首图推出的“乡土课堂”全新文集《熟悉 · 陌生——北京城》也正式与读者见面。该书作为“乡土课堂”十周年纪念文集，精选了十余篇讲座文稿，经主讲人指导及细心修改，最终编辑成册。

（张小野）

【BALIS 馆际互借中心委员馆工作会议】 1 月 15 日，BALIS 馆际互借中心委员馆工作会议在北京邮电大学图书馆召开。会议主要讨论了 BALIS 馆际互借图书自取问题以及系统与联合体借书证的融合问题。自取方式和联合体借阅证的融合让读者不仅能够获得 BALIS 共享体系内的纸质文献资源，而且还可以获得 BALIS 共享体系内其他图书馆现场服务环境的体验。BALIS 馆际互借管理中心主任、北京邮电大学图书馆馆长严潮斌，BALIS 馆际互借管理中心委员、北京化工大学图书馆副馆长杨宁文，BALIS 馆际互借中心秘书长王茜，BALIS 馆际互借中心技术负责人董晓霞，北京邮电大学图书馆咨询部主任周婕，北京创讯未来软件技术有限公司的总经理李高虎、工程师郭勇出席了本次会议。

（魏 微）

【北京高校网络图书馆虚拟参考咨询系统升级建设需求可行性论证会】 1 月 15 日，北京高校网络图书馆虚拟参考咨询系统升级建设需求可行性论证会在首都医科大学图书馆召开。首都师范大学出版社社长胡越、北京科技大学图书馆常务副馆长季淑娟、首都师范大学图书馆副馆长熊丽、北京友谊医院图书馆馆长吴晓海、北京第二外国语学院图书馆宋亚军等专家对系统的升级方案进行可行性论证。首都医科大学图书馆馆长马路、副馆长黄芳、副馆长龚佳剑、咨询部主任李宁，同方光盘股份有限公司代表等共 12 人参加了论证会。

（杨 霏）

【民国时期文献整理出版专家咨询会】 2 月 26 日，民国时期文献整理出版专家咨询会在国家图书馆举行。中国社会科学院新疆发展研究中心主任马大正，中国社会科学院荣誉学部委员杨天石，中国社会科学院近代史研究所所长、党委书记王建朗，北京大学历史学系教授、中外关系史研究所所长王晓秋，中国社会科学院近代史研究所原所长、研究员步平，中国社会科学院近代史研究所研究员陈铁健，四川大学、北京大学历史学系教授罗志田，中共中央党史研究室研究员黄修荣应邀参会。国图馆长周和平出席，副馆长陈力主持会议。国家图书馆《民国时期文献整理出版工作方案（2013 ~ 2015）》，初步拟定两大出版专题，一是民国时期文献整理出版系列，包括民国文献资料丛编、民国时期边政史料丛刊、远东国际军事法庭庭审文献专题、“满铁”资料系列等；二是革命历史文献整理出版系列，包括革命历史文献书目提要和革命历史文献丛编。

（国家图书馆）

【2013 年北京地区高校数字图书馆专业委员会工作会议】 3 月 26 日，北京地区高校数字图书馆专业委员会工作会议在清华大学人文学院图书馆举行，共计 17 人参加会议。首先由专委会主任委员，清华大学图书馆副馆长姜爱蓉介绍了专委会相关内部事务与人员变动，随后各位委员介绍了各自图书馆数字图书馆方面的规划与工作、当前技术发展热点、对专委会工作的建议等。

（清华大学图书馆）

【“数字环境下图书馆外语学习资源建设与服务”研讨会】 4 月 12 日，“数字环境下图书馆外语学习资源建设与服务”研讨会在北京外国语大学文华厅召开。此次会议由 BALIS 资源协调中心、外语教学与研究出版社、图书情报工作社联合主办。BALIS 管理中心副主任、中国人民大学图书馆副馆长刘春鸿，BALIS 资源协调中心主任、首都师范大学图书馆副馆长熊丽，图书情报工作社社长初景利，中国人民大学信息资源管理学院教授索传军，图书馆报执行编辑姜火明，外研社副社长沈立军以及来自北京地区高校负责文献资源建设的近百名馆长、老师参加了此次研讨会。

（魏 微）

【第三届“书香燕京——北京市中小学阅读指导活动”启动会】 4 月 23 日，第三届“书香燕京——北京市中小学阅读指导活动”启动会在北京市京源学校召开。教育部基础教育课程教材发展中心、北京教育学院等支持单位的领导和市教委相关处室出席了本次启动会，全市十六个区县的装备部门、学校图书馆代表，学生代表共两百余人，参加了本次会议。本次阅读指导活动以“中国梦——我的梦”为主题，引导师生阅读、观看图书馆以及数字图书馆馆藏的各种书籍、期刊、视频等各种资料，撰写如何实现“中华民族伟大复兴——我的中国梦”的心得、体会，通过撰写自己的理想抒发和表达爱国之心、强国之愿、报国之志。

（张 涛）

【新型数字图书馆的多元化应用学术研讨会】　4月25日，“新型数字图书馆的多元化应用学术研讨会”在北京第九中学召开。此次研讨会由北京市中小学教育文献信息研究会主办，石景山区教育装备站、北京第九中学承办，超星数字图书馆策划协办。会议通过来自教育装备部门、相关文献研究会、一线教师、企业代表的报告探讨了在信息技术引领下数字化图书馆的多元化应用问题，学习了以石景山区各学校的数字图书馆建设为代表的经验，为全市的数字图书馆发展提供了新的应用思路。

（杨艳萍）

【民国时期文献整理出版项目专家评审会】　5月3日，“民国时期文献整理出版项目专家评审会”在北京召开。国图馆长周和平出席会议，就评审工作提出要求并与专家进行交流。中国社会科学院荣誉学部委员、教授杨天石，中国社会科学院近代史研究所研究员陈铁健，清华大学历史系教授刘桂生等20余位民国时期文献保护工作专家委员会委员参加评审。国图副馆长陈力主持会议。陈力介绍了民国时期文献整理出版项目的立项背景和前期工作开展情况。国家图书馆民国时期文献保护工作办公室主任高红介绍项目申报情况，对参评的45个项目逐一作介绍。与会专家在充分交流意见的基础上进行了评审。与会专家根据项目意义、实施基础和方案可行性，将参评项目评审分为四类：一是项目立意好、基础好、实施方案成熟的同意立即实施。二是同类别申报项目，将在专家指导下分类统筹整合，形成专题系列。三是项目立意好，但策划不够完善、体系不够完备的项目要提出整改意见，并将委托专家对项目进行指导，待策划成熟后再予实施。四是价值不大、实施基础薄弱项目暂不予立项。专家们还对民国时期文献整理工作提出了很多建设性意见和建议。

（国家图书馆）

【文献为证——钓鱼岛文献整理出版座谈会】　6月3日，由国家图书馆主办的“文献为证——钓鱼岛文献整理出版座谈会”在北京召开。馆长周和平和来自中国社会科学院、北京大学、北京师范大学、国家图书馆等单位的边疆问题研究、中日关系、国际法等领域以及文献整理研究方面的资深专家王晓秋、厉声、李国强、万明、赵英军、黄润华、王菡等出席了座谈会。馆长助理孙一钢主持会议。《钓鱼岛文献图籍录》图文并茂，全面揭示钓鱼岛文献。全书分为四章，包括：钓鱼岛及其附属岛屿概况、古代文献中的钓鱼岛、近现代文献中的钓鱼岛、中外舆图中的钓鱼岛。拟收录文献约120种、260幅图，其中，古籍34种、近现代文献55种、中外舆图27种。该书从文献学的角度揭示文献，尽量收录最早、最佳版本的原典文献，采取图文并茂的形式，对文献成书背景、版本项、著者情况以及所涉钓鱼岛相关内容等作详细说明，按照文献成书年代或事件发生时间顺序加以排列，旨在客观、准确呈现文献所记载钓鱼岛及钓鱼岛问题历史概貌。

（国家图书馆）

【“大数据时代图书馆创新服务”研讨会】　6月25日，“大数据时代图书馆创新服务”研讨会在北京师范大学图书馆举办。该研讨会由BALIS培训中心组织。北京大学图书馆、清华大学图书馆、中科院图书馆、北京师范大学图书馆的专家，与参会的北京地区各高校图书馆领导，共同关注和探讨图书馆在大数据环境下对知识发现、知识服务等应用的认识及展望。北京大学图书馆副馆长陈凌、清华大学图书馆副馆长姜爱蓉、北京师范大学图书馆教授孙魁明作了重点发言。北京方正阿帕比技术有限公司展示了新的图书馆创新服务解决方案。此次共有60余人参加了会议。

（魏　微）

【北京市中小学图书馆建设研讨会】　8月30日，“北京市中小学图书馆建设研讨会”在北京紫玉饭店召开。中国图书馆学会中小学委员会秘书长骆桂明，北京市教育技术设备中心主任丁书林、副主任祁昕，首都师范大学图书馆副馆长熊丽，科学出版社信息中心主任史建华，日坛中学图书馆馆长李小燕，育英学校图书馆馆长张克静，北京四中图书馆馆长庞振华，京源学校图书馆馆长张亚莲，北京教育学会小学教育研究会理事、玉臣时代咨询公司总经理朱晓宇等参加会议。专家围绕图书馆（室）建设、图书馆藏书配置、数字资源建设、阅读指导工作、校园文化建设（书香校园）等议题从各自的角度进行了讨论。专家们认为北京市中小学图书馆建设需要进一步规范化、制度化，管理水平应与首善之区地位相一致。

（张　涛）

【“网络资源采集与数字资源长期保存”研讨会】　9月10日～11日，“网络资源采集与数字资源长期保存”研讨会在北京会议中心举办。研讨会由中国国家图书馆主办。来自国家档案局、国家科学图书馆、新西兰国家图书馆、新加坡国家图书馆以及60余所公共图书馆、专业图书馆和高校图书馆的专家、研究人员参加了会议。针对信息社会中海量数字资源带来的挑战，与会专家各抒己见。国图副馆长魏大威在会上作了主旨发言，他提出依托国家数字图书馆建设，在全国构建分级分布数字资源保存保障体系，从而实现文化的传播和文明的传承；国图现代技术研究所所长孙一钢作了《利用现代信息技术推动图书馆事业跨越式发展》的主题报告，对图书馆现代信息技术的使用进行了概括，并对未来图书馆技术的发展进行了展望；国家档案局技术部专家蔡学美介绍了国内外档案系统中电子文件长期保存的概念、相关技术、重要项目等内容；国家科学图书馆馆长助理张智雄介绍了当前国际上对大数据环境的研究热点——数据掌管；新西兰国家图书馆和新加坡国家图书馆的专家也分享了各自在网络资源维护和保存、数字资源保存体系等领域的实践经验。

（国家图书馆）

【CALIS 承办国际图联第 13 届馆际互借与文献传递会议】 10 月 16 日 ~18 日，国际图联第 13 届馆际互借与文献传递会议在北京大学举办。此次会议由 CALIS（中国高等教育保障系统）承办。来自 19 个国家的 150 多位公共图书馆、专业图书馆和大学图书馆的馆际互借与文献传递业务主管馆长和工作负责人参加会议。与会代表围绕“全球视野与本地策略”的大会主题展开讨论。会议报告主要有三个方面的侧重点：区域间的资源共享、馆际互借与文献传递的实证研究、馆际互借与文献传递发展前景探讨。这是国际图联馆际互借与文献提供会议首次在中国举办。

（刘彦丽）

【高等艺术院校专业委员会第一次工作会议】 10 月 15 日，北京高教学会图书馆工作研究会高等艺术院校专业委员会第一次工作会议在北京电影学院召开。出席会议的有主任委员北京电影学院馆长、中国图书馆学会理事刘军，副主任委员北京服装学院图书馆馆长李雪飞、中国传媒大学图书馆副馆长卢晋、中央音乐学院图书馆副馆长吴旭、清华大学美术学院图书馆副馆长高军善等。会议宣布了新一届北京高教学会图书馆工作研究会高等艺术院校专业委员会成立，学习了《北京高教学会图书馆工作研究会下属专业委员会管理办法》，集中讨论了艺术类高校图书馆的创新管理模式、人才队伍建设、馆舍布局、服务方式拓展以及共同面临的问题。

（魏 微）

【第二届全国开放获取推介周】 10 月 21 日 ~23 日，中国科学院文献情报中心组织第二届全国开放获取推介周，来自国内图书馆界、学术界、期刊界、出版界的专家近 400 人参加。活动包括“开放获取知识库日”“开放获取出版日”“开放获取资源日”三个主题，主要内容包括机构知识库的建设模式与角色定位、机构知识库用户的使用与期待、学术期刊对机构知识库存储论文的意见，以及机构知识库的未来可持续发展方向、机构知识库的激励措施与评价方式、开放获取期刊的运营模式与创新发展、开放获取的支撑服务、新兴的开放获取资源等。会议组织了 22 个专题报告与 3 场互动交流，全面系统地探讨了开放获取在中国当前的发展现状、实践案例以及支持政策和服务机制。

（吕秋培）

【“艺术高校图书馆的创新服务”主题年会】 11 月 15 日 ~16 日，北京高教学会图书馆工作研究会高等艺术院校专业委员会召开以“艺术高校图书馆的创新服务”为主题的年会，20 家成员馆及 6 家图书馆服务商参会。北京高教学会图书馆工作研究会理事长姜爱蓉到会致辞祝贺并作专题报告，另有 5 家图书馆作了相关主题报告。报告就服务理念、服务模式、规范管理等方面进行了交流，各馆还就艺术高校图书馆发展的问题展开了讨论。

（魏 微）

【北京市图书馆协会第五次会员代表大会】 12 月 18 日，北京市图书馆协会第五次会员代表大会在首都图书馆召开，会员代表及嘉宾近 380 人参加会议。中国图书馆学会等单位相关领导出席会议。本次大会对协会第一届理事会工作进行审议，选举产生协会第二届理事会、监事会及领导机构。会议期间，与会代表听取了北京市图书馆协会第一届常务副理事长倪晓建的《北京市图书馆协会第一届理事会工作报告》，副理事长王超湘的《北京市图书馆协会第一届财务工作报告》，监事齐金薇的《北京市图书馆协会监事会工作报告》。全体会员代表经审议通过第一届理事会的上述报告。与会会员代表审议通过了《北京市图书馆协会程章（草案）》《北京市图书馆协会会费管理办法（草案）》，并就理事、监事进行选举及投票表决，最终产生理事 48 名，监事 3 名。由理事会成员选举产生常务理事 15 名。确认首都图书馆馆长倪晓建当选为协会第二届理事长；首都图书馆副馆长邓菊英当选为常务副理事长兼秘书长；首都图书馆副馆长陈坚、北京联合大学应用文理学院副院长王彤、首都师范大学图书馆副馆长熊丽、西城区第二图书馆馆长李金龙、东城区第一图书馆馆长肖佐刚、北京友谊医院图书馆馆长吴晓海当选为副理事长。会上，经监事会选举通过由首都图书馆书记肖维平担任监事长。理事长倪晓建表示将带领新一届理事会，继续完善协会组织的管理与建设，维护会员权益，为会员创造更多的发展机会；积极促进各系统图书馆间的交流与合作，利用各成员馆的文献资源优势开展资源共建和共享；大力开展学术研究与交流，完善图书馆专业人才的培养体制和模式，促进图书馆专业人才的知识更新。

（张小野）

【北京市中小学教育文献信息研究会 2013 学术年会】 12 月 25 日，北京市中小学教育文献信息研究会2013 学术年会在北京教育学院召开。北京教育学院副院长张彦春，北京市教育技术装备中心张涛，研究会理事长朱宝利、秘书长邢素丽出席了会议，来自北京市部分区县装备部门和中小学图书馆教师代表近百人参加了会议。

（杨艳萍）

【2013 年北京地区高校图书馆年会】 12 月 27 日 ~28 日，2013 年北京地区高校图书馆年会在怀柔雁栖山庄举办。北京市教工委委员、市教委高教处处长黄侃，北京市教委高教处副处长金红莲，北京高校图工委副主任、秘书长、中国人民大学图书馆馆长刘大椿，北京高校图工委副主任、清华大学图书馆馆长邓景康，北京高校图工委副主任、北京邮电大学图书馆馆长严潮斌，北京高校图工委副主任、首都师范大学图书馆馆长方敏等来自北京各高校图书馆的馆长和负责人以及相关企业代表 90 多人出席了会议。黄侃在开幕式上讲话，肯定了 BALIS 建设得到的发展；刘大椿向大会做了 2013 年北京高校图工委工作总结报告，从五个方面对图工委主要完成的工作进行了概括总结，并提出了 2014 年工作设想；中国科学院国家科学图书馆副馆长孙坦以“面向语义知识服务的数字知识资源建设”为主题做了学术报告。28 日，大会进行分组讨论，来自北京各高校馆负责人围绕图工委 2013 年工作与 2014 年计划、华北图协年会、统一检索平台、各馆特色数据库建设等主题展开讨论。

（魏　微）

·考　察·

【陈刚一行到首图参与学雷锋志愿服务】 3 月 5 日，市委常委陈刚到首都图书馆，作为一名志愿者与其他文化志愿者共同参与了“3·5”北京志愿服务活动。共青团北京市委员会书记常宇，市委社会工委书记、市社会办主任宋贵伦，市委办公厅副主任费宝歧，市文化局副局长王珠一同参与了志愿服务。陈刚一行作为普通志愿者参与了志愿服务。在工作人员的指导下，他们接受了志愿服务岗前培训，学习志愿服务基础知识、了解当日志愿服务内容，并与其他志愿者一起将读者归还的图书排序、整理上架，操作移动图书点检车进行校验与定位。

（张小野）

【许其亮到国防大学图书馆调研】 4 月 3 日，中央军委副主席许其亮到国防大学图书馆调研。许其亮听取了馆长于代军关于数字图书馆和网络信息资源情况汇报，观看了图书馆信息资源服务功能的演示，并对国防大学数字图书馆的建设给予了充分肯定。副总参谋长孙建国、总政治部副主任杜金才和国防大学校长王喜斌、副校长王朝田、副政委郭俊波等陪同调研。

（祁长松）

【北京社科院图书信息中心成员到中国科学院文献情报中心调研】 7 月 5 日，北京社科院图书信息中心成员和院务调研团队共十人，由纪检组组长殷爱平率领，到中国科学院文献情报中心调研。此次调研与中国科学院国家科学图书馆情报部科技战略与政策团队进行了深入交流，情报部主任杨帆、支部书记胡智慧及政策团队参加了本次交流会议。调研组先后参观了国科图智慧中心、阅览室及科技展厅。殷爱平表示应与国科图保持长期沟通交流，并将其作为学习对象，进一步探索和发展社会科学情报技术服务科研的能力。

（孙慧）

【张育林到装备学院图书馆调研】 10 月 10 日，总装备部副部长张育林率工作组到建设中的装备学院图书馆新馆调研，仔细询问了新馆的建设进度和建设规模，听取了馆长尹志忠有关新馆建设及整体工作情况的情况报告。学院院长邹鹏和郑怀洲、于斌及机关各部领导陪同调研。

（祁长松）

·讲座与论坛·

【“梦里中国——关于生活、爱与语言”讲座】 3 月 4 日，公益文化讲座“Understand China through Mandarin Learning 梦里中国——关于生活、爱与语言”，在首图 A 座一层多功能厅举办。讲座由美国驻华大使馆和首都图书馆联合举办。来自美国的作家、语言学家 Deborah Fallows（黛博拉·法罗斯）此次做客首图，带来了她在中国生活和学习中的趣闻趣事，与读者一同分享了她对中文、中国、中国文化的独特理解与感悟。她以独特的美国语言学家视角，用其诙谐幽默的语言生动传递了她眼中的中国魅力。美国大使馆公使衔新闻文化参赞 Thomas Hodges（何志）和 Deborah Fallows 一起向首图副馆长邓菊英赠送了

Dreaming in Chinese——Mandarin Lessons in Life, Love, and Language（《梦里中文：有关生活、爱与语言的中文课程》）图书。

（张小野）

【国防大学图书馆开办“周六讲坛”】　3月9日开始，国防大学图书馆举办“周六讲坛”，全年共举办7期。举办“周六讲坛”，是图书馆转变服务理念、创新服务模式、深化知识服务、帮助读者开阔学术理论视野的重要途径，也是为读者搭建的开展学术争鸣、促进学术交流互动的平台。为办好讲坛，图书馆走访教研部，听取专家意见，精选讲座的知名专家，协商沟通讲授题目及内容。

（祁长松）

【马未都做客首图讲坛】　5月4日，“醉看中华文化——马未都《醉文明》系列丛书读者分享会”在首都图书馆剧场举行。分享会由首图、中信出版社联合推出。主讲人马未都用幽默风趣的演讲，与现场500余名市民分享了自己的阅读之道。马未都为现场读者讲述了阅读对人生的重要意义，通过介绍古人一生三个阅读阶段的变化，讲述了阅读对人类成长起到的明心、启智的重要作用。他建议现场观众走进图书馆，善于运用当代的优质文化资源。此外，根据马未都《醉文明》系列丛书，首图还策划了“映——藏品里的中式生活”主题展，在首图A座二层文化艺术展厅展出。

（张小野）

【“期刊发展与评价”主题论坛】　5月17日，北京高教学会图书馆工作研究会期刊专业委员会在北京大学图书馆举办以“期刊发展与评价”为主题的学术论坛。来自北京地区的高校图书馆以及学术期刊编辑部的工作人员共计80人参加了此次活动。此次学术论坛旨在促进期刊研究领域的学术交流和信息共享，对提升高校图书馆在期刊采访、资源组织、阅览服务等方面的业务工作水平，以及图书馆印本期刊与电子期刊工作的全面协调及可持续发展起到推动作用。

（魏　微）

【首图“生活中的化学”主题讲座】　5月19日～24日，首都图书馆联手北京地球村环境教育中心策划了“生活中的化学”主题讲座。主讲专家以通俗易懂的讲述方式，带领市民走进化学的奇妙世界，了解与人类生活息息相关的科普知识。讲座分为“生活中的化学系列讲座之漫谈化学品安全”“生活中的化学系列讲座之空气、水与我们的健康”“生活中的化学系列讲座之家居消毒”和“生活中的化学系列讲座之身边污染危险知多少”四讲。

（张小野）

【非物质文化遗产保护讲座周】　6月7日～14日，“非物质文化遗产保护讲座周”在国家图书馆总馆北区学津堂开讲。活动由文化部非物质文化遗产司与国图联合主办。国图馆长周和平作了题为“我国非物质文化遗产保护的实践与创新”的首场讲座。其他讲座分别为“非物质文化遗产的生产性保护”“话说端午节及节日遗产保护”　“我的演奏，我的创作”“一个琴人眼中的古琴‘世遗’”“非物质文化遗产与传统手工艺的保护”“二十一世纪：民间文艺学的使命”“当今社会历史条件下的非物质文化遗产保护”。

（国家图书馆）

【“《读字》——发现汉字之美”主题讲座】　7月20日，“《读字》——发现汉字之美”主题讲座在首都图书馆A座一层多功能厅举行。讲座由首图、作家出版社联合举办。《读字》的两位创作者谢飞东、聂晖做客“首图讲坛”，与现场200余名读者分享了创作感想、汉字之美及其中隐藏的国人哲学。聂晖以一曲古琴曲《流水》拉开讲座序幕，从琴曲谈到“琴”字及相关历史文化故事。随后，两位作者从最早的汉字——甲骨文讲起，描述了汉字的音、形、义之美。现场还展出了谢飞东、聂晖的书、画、篆刻作品。

（张小野）

【奚韵流长·京剧公开课】　8月25日，“奚韵流长·京剧公开课”在首都图书馆A座二层报告厅开讲。公开课由北京京剧院、首都图书馆联合举办，吸引了近600位观众参与。当代著名书法家、京剧艺术家欧阳中石担任老师，为弟子青年奚派名家张建峰和喜爱戏剧的市民们上了一堂别开生面的公开课。欧阳中石为大家讲述了奚派艺术创始人奚啸伯从师言菊朋、问艺余叔岩的故事。作为欧阳中石年龄最小的弟子，张建峰在课堂上精彩演绎了奚派代表剧目《空城计》《白帝城》和《范进中举》中的名段，并向师父请教。“京剧公开课”活动形式在“首图讲坛”尚属首次。

（张小野）

【新材料和新能源学术主论坛】　9月11日，2013诺贝尔奖获得者北京论坛“新材料和新能源学术主论坛”在首都图书馆B座剧场举办。罗伯特·蒙代尔、埃德蒙·菲尔普斯等6位外方相关领域专家与中国科学家出席了本次论坛。嘉宾们围绕“美国和全球货币及汇率政策与世界经济”“新材料、新能源与人类发展”等11个分主题进行发言。活动共吸引1500余名观众参与其中。诺贝尔奖获得者北京论坛是国务院发展研究中心、中国科学院、中国科学技术协会、北京市人民政府共同主办的一项重要活动。

（张小野）

【首图与中国社科院打造“社科讲堂”】 9月14日，首图讲坛“社科讲堂”成立仪式暨首场讲座在首都图书馆A座二层报告厅举行。首图讲坛“社科讲堂”是由中国社会科学院、首都图书馆联合打造的全新社科类讲座品牌。讲堂积极发挥中国社会科学院专家云集、学术权威的资源优势，把资深的、离退休的学部委员、荣誉学部委员、研究员请进首图，为市民带来国际政治、经济、文化等各个学科领域的权威讲座。“社科讲堂”每月举办一场。首场讲座是中国社科院荣誉学部委员张椿年带来的“走向海洋，强国之道——西方海洋大国的发展历程”。

（张小野）

·读者活动·

【“北京之光”新年文化活动】 2012年12月26日~2013年2月8日，市国有文化资产监督管理办公室、市文化局、市文学艺术界联合会等多家单位在中华世纪坛联合主办“北京之光”新年文化活动。为发挥公共图书馆在首都文化建设中的作用，首都图书馆积极响应并精心策划活动方案，将首图品牌少儿活动——“首图动漫在线”和“巧巧手美劳加工厂”带进本次冬令营。“首图动漫在线”是首都图书馆专为青少年量身打造的创新性服务品牌，采用体验式方法，特别推出了“看动漫、答问题、续编剧”的互动活动，选择了信息素质教育、文明礼仪教育、美德修养三个主题的动漫故事，根据参加活动营员的年龄特点，开展深度不同的互动。深受未成年人欢迎的“巧巧手美劳加工厂”，推出了“送福到家”和“制作飞机模型”两项活动。

（张小野）

【第十三届新世纪女性健康生活大型公益活动】 3月8日，第十三届新世纪女性健康生活大型公益活动在国家图书馆开幕。全国人大十届环境与资源保护委员会委员刘海荣，国家图书馆馆长周和平，中国科学技术协会原副主席刘恕出席了活动开幕式。中国妇女活动中心主任、党委书记郭象主持开幕式，刘海荣、周和平共同为“国图·爱家讲堂”揭牌，国图副馆长、党委副书记常丕军致辞，华夏银行总行副行长黄金老宣读了《环保倡议书》。作为此次活动的开幕大戏，由中国妇女活动中心、国图、华夏银行共同主办的“我的绿色生活圈”环保展览和专题讲座也在国图展出。展览设在总馆北区二层大厅，围绕“做华夏丽人，享绿色生活”的主题，以“家”为出发点，从衣食住行、休闲社交、购物育儿等多个方面进行展示。启动仪式之后，主办单位还特邀刘恕在总馆北区学津堂作了题为“女性——环境保护的生力军”的公益讲座。

（国家图书馆）

【首图“来自澳大利亚的问候”系列活动】 3月16日，“来自澳大利亚的问候”系列活动在首都图书馆启动。此活动由澳大利亚驻华使馆、首图、Books Illustrated画廊及澳大利亚出版代理公司（CAL）等机构联合推出的。“来自澳大利亚的问候”系列活动是2013年澳大利亚文学周的重要项目之一。在为期5天的活动中，小读者们不仅体味到澳洲儿童图书的风采，还与当地的儿童绘本作家、插画家进行了亲密接触和愉快交流。本次活动吸引了约1100名儿童及家长参与。

（张小野）

【“心阅书香”——盲人有声阅读活动】 3月17日，“心阅书香”——盲人有声阅读活动在首都图书馆A座一层视听集体阅览室举行。30位盲人朋友来到活动现场，一起聆听了北京电视台主持人和志愿者们分角色朗诵的小说《山楂树之恋》的两个章节。由于盲人阅读存在的特殊性，主持人和志愿者们在活动开始之初，便用自己的方式向盲人朋友打招呼，希望盲人熟悉自己的声音。他们声情并茂地讲述着书中的故事，全身心地投入到角色表演之中。

盲人有声阅读志愿者合影

盲人读者细心聆听，融入到志愿者们的诵读中。此活动由北京市残疾人活动中心、首都图书馆、北京电视台《书香北京》栏目、北京市残联社会工作部、北京红丹丹教育文化交流中心共同举办。

（张小野）

【2013 全国少年儿童阅读年启动仪式】 4 月 2 日，“科普阅读——开启智慧人生”2013 全国少年儿童阅读年系列活动启动仪式在国家图书馆举行。活动由国家图书馆、中国图书馆学会联合主办。国务院妇女儿童工作委员会办公室副主任宋文珍，中国图书馆学会副理事长、国家图书馆副馆长陈力，中国图书馆学会未成年人图书馆服务委员会主任李俊国出席启动仪式并分别致辞，来自共青团中央、图书馆界、出版界、教育界的专家、学者及少年儿童代表 100 余人参加了活动。启动仪式上，国家图书馆馆长助理汪东波向少年儿童代表赠送了系列图书，小朋友们表演了诗朗诵、歌曲演唱等精彩节目，五位少年儿童代表上台共同触摸水晶球，正式启动“2013 全国少年儿童阅读年”系列活动。仪式结束后，北京天文馆馆长朱进应邀做客“文津少儿讲坛”，作了题为《什么是天文》的精彩报告。“2013 全国少年儿童阅读年”系列活动是全国公共图书馆系统贯彻落实《中国儿童发展纲要》，加强公共文化服务体系建设和未成人服务工作的重要举措。

（国家图书馆）

【“书香四月、阅读启智”国际儿童图书日专场活动】 4 月 2 日，首都图书馆策划了“别样课堂在首图”主题系列活动。旨在更好落实中国图书馆学会 2013 年 3 月 10 日发布的“关于举办‘2013 年全国少年儿童阅读年活动’的通知”精神。来自朝阳区枣营幼儿园、南磨房中心小学、劲松四中的近 600 名师生分别参加了本系列活动。本次活动共包含“童心对话名家”“书影共读”“书海寻宝”3 个项目。

（张小野）

【首图第三届北京换书大集】 4 月 19 日～20 日，第三届“北京换书大集”正式启动。该活动由首都图书馆联盟、首都图书馆联合中国科学院国家科学图书馆、北京大学图书馆、对外经济贸易大学图书馆及北京市区县图书馆举办。本届换书大集延续“分享阅读交换快乐”口号，号召市民将家中闲置书刊流动起来，与其他市民交换阅读，推动社会阅读发展，倡导分享阅读、绿色阅读、快乐阅读的理念。本届换书大集除将首图作为主会场，还增设了中科院国家科学图书馆等 12 家分会场，方便市民就近交换。主会场换书空间翻倍，启用了 1000 余平方米的新馆展厅。北京大学出版社、中国人民大学出版社、商务印书馆等机构也携新书加入。4 月 3 日～4 月 14 日，活动首先启动了收书环节，要求闲置书刊须为公开正式出版物，内容健康，品相较好无严重残损，教材教辅类书籍不接收，刊物需为 2011 年及其以后出版的非新闻时事类刊物。

（张小野）

【“4·23”世界读书日优秀图书推介活动】 4 月 23 日，书香中国·阅读让人生更美好——“4·23”世界读书日优秀图书推介活动在国家图书馆举办。国图馆长、文津图书奖组委会主任周和平，文化部公共文化司巡视员、文津图书奖组委会副主任刘小琴，国图党委书记、常务副馆长、文津图书奖组委会副主任詹福瑞，国图副馆长张志清等领导出席了活动。出席现场的嘉宾还包括：第八届文津图书奖获奖图书作者和出版单位代表，文津图书奖组委会、专家评审委员会、媒体评审委员会的代表。此外，来自全国的公共图书馆和高校图书馆代表、读者、青少年代表等 200 余人参加了活动。“‘4·23’世界读书日优秀图书推介活动”以第八届文津图书奖获奖图书的发布拉开帷幕。加多宝集团是第八届文津图书奖的独家支持单位，这是文津图书奖首度引入社会力量共建阅读文化项目。加多宝集团现场向国图捐赠阅读推广公益金 300 万元人民币，周和平代表主办单位向其颁发了“国家图书馆中华传统文化传承卓越贡献奖”荣誉奖牌和证书。

（国家图书馆）

【“书香首图、阅读启智”世界读书日主题活动】 4 月 23 日，首都图书馆举办了“书眼看世界——与高卢英雄一起历险”世界读书日主题活动。来自西城区实验小学的 420 余名师生与童书编辑邢培健分享了《高卢英雄历险记》中的经典镜头，共同了解作者的创作初衷和创作过程中的故事。主讲人带领现场小读者欣赏了《阿斯特克斯环游高卢》一书。随后，孩子们还欣赏了根据该套图书改编的电影片段，以帮助他们更好地了解作品的创作背景。

（张小野）

【“学在清华·真人图书馆”项目启动】 5 月 9 日，“学在清华·真人图书馆”项目正式启动，首场活动同期在清华大学人文社科图书馆举行。该活动由清华大学研究生会、清华大学人文社科图书馆和清华大学国家大学生文化素质教育基地等单位联合推出。“学在清华·真人图书馆”是指通过预约的方式，约定老师、学者、校友以及有专长的学生等进行面对面交流和沟通，图书馆邀请清华大学优秀师生以及知名校友等作为可借阅的“真人书”组成真人图书馆。学生需要在网上提前预约“借阅”，之后进行小型交流活动，一般在20至30人。第一期活动邀请九次“良师益友”称号获得者、钱学森力学班项目主任、工程力学系教授朱克勤作为嘉宾，人文社科图书馆副馆长张秋主持。

（清华大学图书馆）

【2013年北京市“红读”活动青少年原创科普剧比赛】　5月18日，2013年北京市红领巾读书活动青少年原创科普剧比赛在首都图书馆举行。全市共有16个区县的19支代表队，近300名中小学生参与其中。本届比赛主题为“促进生态文明、建设美丽北京”。海淀区图书馆代表队表演的《2063社团在行动》，就“光盘行动”展开讨论，向现场观众传递了节约粮食的传统美德；西城区青少年儿童图书馆代表队带来的《拯救蓝天计划之寻找希望》，阐述了治理雾霾污染的必要性；朝阳区少儿图书馆代表队参赛剧目《爷爷的鸟笼》展现了人与自然和谐共处的美丽图画；昌平区图书馆代表队参赛剧目《海豚的微笑》则向观众揭示了爱护动物就是保护人类自身的道理。

（张小野）

【图书馆文化助残系列活动】　5月25日，“书香中国·让知识的阳光照亮每一个人的心灵”——图书馆文化助残系列活动在国家图书馆启动。活动由中国残联和国家图书馆联合主办。中国残联党组副书记、常务副理事长王乃坤，国图馆长周和平出席了本次活动。残疾人读者代表和首都师范大学的大学生志愿者等100余人到现场参加了活动。活动中，中国残联和国家图书馆联合发出《图书馆知识助残行动倡议书》。副馆长陈力代表主办方宣读了倡议书，呼吁全国各级各类图书馆一起行动起来，与残疾人组织、各级民政部门、特殊教育学校等机构共同协作，深入开展面向残疾人的无障碍、针对性、多样化信息服务，构建覆盖全国的残疾人知识援助协作网，为残疾人创造良好的学习和信息获取环境，缓解并逐步消除残疾人的知识贫困，使残疾人能够平等、充分地参与社会生活。作为落实倡议书的举措之一，国家图书馆与中国残联共同创立了“文津·阳光讲坛”，周和平和王乃坤为讲坛揭牌。

（国家图书馆）

【首都图书馆“六一”儿童节活动形式多样】　6月1日~2日，首都图书馆举办了种类丰富、形式多样的少儿文化活动。“点亮孩子童年的中国经典民间童话”带领小读者分享了童话故事《神笔马良》《老鼠嫁女》。小观众不仅通过游戏和动画片了解了故事内容，还亲自上台参与童话故事表演。“经典少年游”少儿诗词朗诵大赛让他们通过诗歌朗诵感受中国古代诗歌抑扬顿挫的韵律之美。由十位自闭症儿童带来的别出心裁的舞台剧表演《桃花源记》，提醒大家关注那些需要社会关怀和帮助的小朋友。“童心影视窗”播放的《冰河世纪3》动画片也受到小读者喜爱。少儿英文阅览室表演的英文手偶剧《三只小猪》，不仅为少年儿童增添了阅读乐趣，还向他们普及了简单的英语知识。两天活动，首图共接待青少年读者3000余人，外借图书3300余册。

（张小野）

【解放军医学图书馆成功举办首届外文新书展】　9月2日~6日，解放军医学图书馆举办了首届生物医学外文新书展。此次书展紧紧围绕“以读者为中心，满足读者需求”的主题，展出众多国际知名出版社最新生物、医学类进口原版图书2600余册。活动期间，共有近400名读者到馆选书、荐书，读者向该馆成功推荐264本图书、价值33万余元。

（祁长松）

【“读世界，看天下”——首都家庭阅读国际文化推广活动】　11月23日，“‘读世界，看天下’——首都家庭阅读国际文化推广活动”在首都图书馆举行。活动由北京市妇女联合会和首图共同主办。来自俄罗斯文化处的艺术总监卡佳首先为小读者们带来了童话故事《渔夫和金鱼的故事》，这首由19世纪俄罗斯伟大的诗人、文学家普希金创作的叙事诗，吸引了在座的小朋友。俄罗斯少年儿童走上首图“童心舞台”，用木勺、多木拉琴、古斯里琴等俄罗斯传统民族乐器演奏了民间舞曲，并献上俄罗斯民歌《格林卡》小合唱，引领在座观众感受俄罗斯独特的艺术风情。活动中的展览项目——“小绘本、大世界”原版图画书展也已经展出，来自北京塞万提斯学院和北京俄罗斯文化中心的60余本绘本、画册，让小读者直观感受到异国文化魅力；“一书一世界”图片展则由首图联合以上两家文化机构以及外语教学与研究出版社，为爱读书的小朋友推荐了近50本中外童书，帮助小书迷们开阔眼界、接触新知。

（张小野）

【2013年“心阅书香”盲人有声阅读全年展演活动】　12月2日，“心阅书香”盲人有声阅读全年展演活动在首都图书馆A座一层报告厅拉开帷幕。该活动由北京市

残疾人活动中心、首都图书馆、北京电视台《书香北京》栏目、北京市残疾人联合会社会工作部、北京文化志愿者首图分中心、北京市红丹丹视障文化服务中心共同举办。现场表演的朗读剧《塞纳河少女的面模（片段）》《等》都是2013年“心阅书香”活动中脱颖而出的优秀节目，所有节目由10余名视障朋友及志愿者共同完成。现场200余名观众不时为演出报以热烈掌声。“心阅书香”盲人有声阅读大型公益活动于3月17日正式启动，全年共举办了有声阅读志愿服务14场，400余位盲人朋友参与其中。活动不仅拉近了盲人与书籍的距离，更唤起了社会对残障人士的关注与关爱。本次“心阅书香”盲人有声阅读展演活动是2013年主题活动的收官之作。

（张小野）

【第十五届齐越朗诵艺术节暨全国大学生朗诵大会优秀作品展演】 12月8日，以“中国梦，我的梦！2013”为主题的第十五届齐越朗诵艺术节暨全国大学生朗诵大会优秀作品展演在首都图书馆B座剧场举行。此次展演由首都图书馆联盟、首都图书馆、中国传媒大学播音主持艺术学院和北京教育系统关心下一代工作委员会联合主办，来自全国8所高校的14部优秀作品一一登场，节目中既有《野草题辞》《光的赞歌》《谁是最可爱的人》这样的经典名篇，也有《川江号子》《郎在对面唱山歌》《枸杞红了》这样紧扣时代脉搏、用个人故事书写追梦精神的感人佳作。作为特邀环节，北京101中学的6名学生还表演了朗诵《我骄傲，我是中国人》，展现了当代中学生的风采。演出最后，北京朗诵艺术团领队、朗诵艺术家郑健康登上舞台，对之前的学生作品进行了点评，并为现场观众带来名篇朗诵《可爱的中国（节选）》。

（张小野）

·捐赠与收藏·

【国图与中国延安精神研究会签署合作备忘录】 1月28日，国家图书馆与中国延安精神研究会合作备忘录签约仪式在国家图书馆举行。国家图书馆副馆长张志清出席仪式，代表国图签订合作备忘录，接受捐赠，并颁发捐赠证书；中国延安精神研究会理事胡木英等出席了活动。国图与中国延安精神研究会以“继承革命传统，弘扬延安精神”为宗旨，经双方协商，形成合作备忘：中国延安精神研究会发挥组织优势，搭建平台，协助国图开展革命历史文献、名家手稿、信札等珍贵文献资源的搜集整理，加强革命历史文献的抢救保护、整理揭示；中国延安精神研究会配合国图开展“中国记忆”文化项目，在红色记忆等专题口述史制作方面提供帮助；国图利用现有社会教育服务平台，配合中国延安精神研究会开展革命历史传统宣传教育工作，设置专题讲座，开展革命历史传统教育讲座。与会嘉宾就双方合作的细节及今后工作的开展等问题进行了交流和探讨。仪式上，胡木英代表中国延安精神研究会向国图赠送口述历史原始音像资料19盘（1100分钟），老一辈无产阶级革命家谢觉哉之子谢飘向国图捐赠《谢觉哉日记（1921）》。

（国家图书馆）

【《中国航天事业发展的哲学思想》捐赠国图】 3月1日，《中国航天事业发展的哲学思想》一书的捐赠仪式在国家图书馆举行。图书总编、中国运载火箭与战略导弹控制技术专家、国家航天局原局长刘纪，国图馆长周和平出席了仪式并致辞。中国运载火箭技术研究院党委书记兼副院长、高级工程师梁小虹，代表中国运载火箭技术研究院向国家图书馆捐赠图书，周和平接受捐赠，并代表国家图书馆向中国运载火箭技术研究院颁发捐赠证书。双方单位相关负责人及《中国航天事业发展的哲学思想》项目组成员参加了本次活动。此次由中国运载火箭技术研究院捐赠的《中国航天事业发展的哲学思想》一书，对中国航天事业50多年的发展历程进行了全面总结，从哲学层面对我国航天事业的发展进行思考，探讨了中国航天事业发展背后系统化、理论化、条理化的规律，将哲学理论与中国航天事业的实践活动紧密融合。

（国家图书馆）

【中国交响乐发展基金会向国图捐赠音乐资料】 3月14日，《世纪交响——中国杰出音乐家访谈录》和《交响世界》杂志等资料的捐赠仪式在国家图书馆举行。馆长周和平出席仪式并讲话，中国交响乐发展基金会理事长、中国国家交响乐团原副团长郭珊代表中国交响乐发展基金会向国家图书馆捐赠资料，周和平接受捐赠，并向对方颁发了捐赠证书。国家图书馆副馆长张志清主持捐赠仪式。此次捐赠的音乐文献从未公开发行过。纪录片《世纪交响——中国杰出音乐家访谈录》是对中国第一代交响乐人黄飞立、韩中杰、严良堃、黄晓同、朱践耳、吴祖强、杜鸣心、罗忠镕、郑小瑛、马思聪、黄贻钧、江文也、萧友梅、李德伦、李凌15位艺术家的访谈记录。

（国家图书馆）

【民盟清华大学委员会向清华大学图书馆捐赠《清华盟讯》】 5月28日，民盟清华大学委员会向清华图书馆捐赠《清华盟讯》（以下简称《盟讯》）仪式在图书馆逸夫馆举行。民盟清华大学委员会主委何福胜代表民盟清华大学委员会向校图书馆捐赠已出版到108期的《盟讯》，校图书馆将《盟讯》作为特藏永久保留，并继续收藏以后出版的《盟讯》。校统战部负责人以及清华民盟的相关成员参加仪式，图书馆特藏部主任袁欣主持仪式。《清华盟讯》于1986年10月首次出版。1995年清华民盟成立45周年之际，时任民盟中央名誉主席的费孝通为该刊题写刊名“清华盟讯”，并沿用至今。

（清华大学图书馆）

【《永乐大典》入藏国图仪式暨《永乐大典》特展开幕式】 9月30日，《永乐大典》入藏国家图书馆仪式暨《永乐大典》特展开幕式在国家图书馆举行。文化部副部长、国家文物局局长励小捷，国图馆长周和平，国家文物局副局长宋新潮，国图党委书记、常务副馆长詹福瑞，国家文物局博物馆与社会文物司司长段勇出席了仪式。文化部、国家文物局、中国文物信息咨询中心、国图有关负责人，以及中国工程院院士、国家文物鉴定委员会主任傅熹年等专家、学者参加了仪式。展览开幕式上，段勇、詹福瑞先后致辞，傅熹年介绍了《永乐大典》文物、文献价值。此次在国家财政的支持下，国家文物局、中国文物信息咨询中心与国图合作，通过实施国家重点珍贵文物征集项目，使海外藏卷2272至2274卷“模”字韵的“湖”字一册《永乐大典》回归，并与国家图书馆藏《永乐大典》前、后各一册相缀，使“湖”字部分合璧，馆藏数量达222册。配合该册《永乐大典》的交接，《永乐大典》特展在总馆北区一层稽古厅举行，展出了馆藏的42册及刚刚入藏的1册《永乐大典》原件，文津阁《四库全书》中从《永乐大典》中辑佚的《旧五代史》原件、相关档案、赵万里辑佚稿、不同时期的影印本等，旨在较为全面地揭示《永乐大典》价值。展览从10月1日～6日，每天上午9时至下午16时向公众免费开放。

（国家图书馆）

2010年首次合作之后，首都图书馆与北京市委机关开展的第三次文献转赠合作。这些文献有效丰富了首都图书馆北京地方文献馆藏，为市民调研相关资料提供便利。文献转赠活动自开展以来，得到了北京市委机关各处、室的广泛支持。

（张小野）

《永乐大典》一册入藏国家图书馆仪式暨《永乐大典》特展开幕式

【厄瓜多尔驻华使馆向中国国家图书馆赠送图书】 11月20日，厄瓜多尔驻华使馆向中国国家图书馆捐赠图书100册，赠书及交接单签署仪式在中国国家图书馆总馆北区外文阅览室举办。厄瓜多尔外交部部长里卡多·帕蒂尼奥、厄瓜多尔驻华大使何塞·博尔哈，国图常务副馆长詹福瑞、中国文化部对外文化联络局局长助理李立言等出席了仪式。此次捐赠的100册图书均由厄瓜多尔作者使用西班牙语撰写，内容涉及文学、地理、经贸、法律等领域，包含有关介绍厄瓜多尔国情的图书。

（国家图书馆）

【市委机关向首都图书馆捐赠文献资料】 12月19日，首都图书馆接受来自北京市委机关各处、室捐赠文献近3万册件。这是继

【《京剧艺术传承与保护工程——老艺术家谈戏说艺》音像出版物捐赠仪式】 12月10日，中国京剧艺术基金会向国家图书馆捐赠《京剧艺术传承与保护工程——老艺术家谈戏说艺》大型音像出版物，首都图书馆、国家京剧院、上海戏剧学院等十余家机构亦接受馈赠，捐赠仪式在国图古籍馆举行。第十一届全国人大常委会副委员长陈至立，中华文化促进会主席高占祥，国图馆长周和平，京剧表演艺术家刘长瑜，国图副馆长魏大威等出席捐赠仪式。仪式上，魏大威代表国图接受捐赠并向中国京剧艺术基金会颁发捐赠证书。《京剧艺术传承与保护工程——老艺术家谈戏说艺》由中国京剧艺术基金会主办并组织拍摄，历经三年完成了第一期工作，采访拍摄了全国七十位京

剧老艺术家谈艺说戏的珍贵影像资料。

（国家图书馆）

【《古今形胜之图》高仿复制件入藏国图】 12月23日，历史学家、"台湾清华大学"人文社会学院院长黄一农向国家图书馆捐赠明刻版《古今形胜之图》高仿复制件。国图副馆长张志清代表国图接受捐赠，并颁发捐赠证书。"台湾清华大学"助理教授李毓中代表黄一农出席了捐赠仪式，来自中国社会科学院、北京大学、北京外国语大学的有关专家参加了捐赠仪式。《古今形胜之图》原图纵115厘米，横100厘米，木刻墨印着色，为明嘉靖三十四年（1555）福建省龙溪县金沙书院重刻本，绘图作者是喻时。黄一农及其研究团队近年来致力于《古今形胜之图》的研究，是世界上唯一得到原图复制权的团队。复制后的《古今形胜之图》更加清晰，可以从中发现许多之前难以辨识的信息。

（国家图书馆）

·读者服务·

【BALIS与CALIS原文传递融合系统服务启动】 1月1日，BALIS与CALIS原文传递融合系统（http://www.bj.calis.edu.cn）正式启动服务，北京地区高校约50家成员馆加入到系统开展服务。该系统可传递报刊文献、科技报告、会议论文、标准、专利、学位论文和图书部分内容，可获取北京高校图书馆、全国高校图书馆、国家图书馆、上海图书馆、NSTL（国家科技图书文献中心）的文献全文，还可通过代查代检馆获取国外文献资源。文献获取费用由BALIS和CALIS分担，读者享受文献获取全免费服务。通过融合系统，BALIS原文传递可以有效利用CALIS原文传递系统提供服务，从而拓宽了北京地区高校图书馆读者原文传递的渠道。

（魏　微）

【国家图书馆启动2013年两会服务】 3月1日，国家图书馆两会服务正式启动。主要服务举措有：精心编辑两会专题信息资料，根据2012年至2013年期间国民经济和社会发展的热点、焦点问题，精心编辑了"五位一体建设""改进工作作风""政府职能转变与机构改革""转变经济发展方式""房地产市场调控""收入分配改革"等34个专题资料；充实完善国家图书馆大会信息服务平台和国家图书馆两会服务平台，平台主要包含"我的数字图书馆（大会信息服务平台专有）、专题资料、国图推荐、实时报刊、电子书库、文化长廊"等8个栏目，内容涵盖国家图书馆精选的海量外购数据库信息；由国家图书馆立法决策服务部专业咨询团队自主开发的"各国议会数据库""国情概况""国际组织""省情概况"4个专题数据库。

（国家图书馆）

【中国人民大学移动图书馆启用】 5月3日，中国人民大学移动图书馆启动仪式在图书馆一层大厅举行。启动仪式由中国人民大学图书馆馆长刘大椿主持，中国人民大学党委副书记兼副校长王利明出席仪式并讲话，来自学校各院系、机关（部、处）的负责人及师生代表、图书馆馆员等共同参加了启动仪式。移动图书馆平台投入使用后，广大读者可以不受时间、地点和空间的限制，通过各种移动设备方便灵活地查询、获取图书馆资源及服务，在无线网覆盖的范围内与图书馆交互，实现泛在服务。

（中国人民大学图书馆）

【国图新浪官方微博开通试运行】 5月6日，国家图书馆新浪官方认证微博开通试运行。在新开通的新浪官方微博里，初步设置预告、服务导航、每日经典诵读、每周一库、书刊推荐、馆藏精品、国图新闻、业界动态等栏目。国图希望借助微博这一重要社交平台进一步拓宽读者服务渠道，实现知识的裂变传播和共享，将拥有共同文化爱好的群体快速集合起来，让更多的人了解图书馆、走进图书馆、利用图书馆；让知识文化的温度和力量触手可及。

（国家图书馆）

【北京大学图书馆数字特藏主页】 7月3日，北京大学图书馆数字特藏主页（http://www.lib.pku.edu.cn/portal/special）正式发布。北京大学图书馆拥有诸多的特藏，包括国内外名人学者捐赠给北京大学的资源，北京大学收集整理的一些资料，以及北京大学特有的一些资源，如北大讲座、北大博文、李政道图书馆、季羡林书屋等。该主页全面展示了这些特藏资源，为读者提供符合特藏资源检索与服务的界面及功能。

（刘彦丽）

【国家图书馆推出读者服务新举措】 9月9日，国家图书馆推出一系列读者服务重要新举措，进一步创新服务模式、深化服务内涵、扩大开放范围，整体提升服务能力和水平。国图公共服务区域面向未成年人全面开放。总馆北区中外文文献开架阅览区，接待读者年龄由年满16周岁调整为年满13周岁；国图少年儿童馆接待12周岁（含）以下少年儿童。每日定时安排专人引导12周岁（含）以下少年儿童参观国图，全年接待中小学校组织的集体参观。加强远程网络服务，推出基于智能手机、平板电脑等移动终端的"数字图书馆移动阅读平台"（http：//m. ndlib. cn），向国图及地方馆认证读者提供个性化、免费的移动服务。设立读者培训处，每日定时组织培训，介绍馆情、馆藏及特色服务项目，并在国家图书馆主页增设读者培训栏目，开展读者远程培训。在总馆北区数字共享空间开展“数字资源与服务”读者培训，辅导读者利用国家数字图书馆信息资源，提升读者信息素养。加强馆藏建设和利用，拓展社会教育职能。国家图书馆联合业界发出《共创文明图书馆倡议书》，向图书馆倡议，发挥图书馆作为公民终身学校的作用，为读者提供一个开放包容、有教无类的终身学习空间；以读者为一切工作的出发点，为读者提供普遍均等、优质、高效、专业的服务；发挥图书馆员知识导航员作用，与读者共创文明阅览环境。向读者倡议，希望广大读者以主人翁的姿态，共同维护正常的公共秩序；文明阅览，营造一个安静舒适的学习环境；珍惜时间，爱护书籍，合理利用公共资源；讲究礼仪，衣冠整洁，举止文明。

（国家图书馆）

【北京工商大学图书馆推出移动服务】　9月，北京工商大学图书馆推出移动终端图书书目检索、移动阅读等服务，实现利用智能手机或者平板电脑等移动设备进行馆藏资源检索、读者借阅信息查询、图书续借、阅读电子书等功能。移动图书馆将图书馆的传统服务内容延伸到手机等无线终端领域，既丰富了图书馆的服务手段，又满足年轻读者随时随地获取信息的新需求。

（刘　峰）

【首图官方微信开通】　11月，首都图书馆微信公众账号开通（微信号：shoutu1913），这是继进驻豆瓣小站、新浪博客、新浪微博、腾讯微博等几大社交媒体后，首图紧跟科技发展步伐推出的又一个官方发布平台，更是主动服务读者、实现与读者密切互动的又一重要渠道。读者打开手机微信客户端，通过“联系人→添加→查找公众号→搜索‘首都图书馆’”或“发现→扫一扫→扫描以下二维码”两个途径中的任意一种，即可关注首图官方微信公众账号。关注后，读者可以用微信查询首图基本情况，接收首图的活动精选、资源推荐、书摘书评，更有名家留声、线上展览等仅通过微信推送的独家精彩内容；读者还可以通过微信参与线上互动或预约线下活动。

（张小野）

国家图书馆推出读者服务新举措新闻发布会

·展　览·

【“阅读的力量”大型主题展】　1月，首都图书馆主办的“阅读的力量”大型主题展在北京大学图书馆展出。展览共分为历史篇、阅读篇、力量篇、行动篇4部分，配以200余张史料图片，讲述了书籍的发展历程、名人与阅读的故事以及阅读方式的变化等内容。通过阅读的世界重现人类社会的发展历程，真实再现社会各层面的阅读风貌，为师生普及历史文化知识，吸引读者亲近阅读、热爱阅读。

（张小野）

【“京城·惊喜——美丽北京发现之旅”主题展】　2月~3月，“京城·惊喜——美丽北京发现之旅”主题展在首都图书馆在A座二层文化艺术展厅展出。33个好玩、好看且极具京城文化特色的观赏景点中，有琉璃厂、西什库教堂、协和别墅、汇通祠、美国学校等景点，既有读者熟悉的，也有陌生的。展览中幽默生动的语言、丰富的图片资料，引领读者重访那些被人遗忘的北京秘境，感悟北京文化。为拓展读者视野，首图还在3月2日举办了相关主题讲座，带领读者通过展览了解北京的历史文化发展历程。同时，首图在自己的网站上推出“京城·惊喜”电子版展览，使更多读者观看到本次展览。

（张小野）

【中国大漆髹饰暨国家级非物质文化遗产项目代表性传承人作品大展】　6月7日~16日，中国记忆项目系列展览之“大漆的记忆——中国大漆髹饰暨国家级非物质文化遗产项目代表性传承人作品大展”在国家图书馆总馆北区举办。展览由文化部非物质文化遗产司与国家图书馆共同主办。来自文化部、国图、加多宝集团等单位的相关负责人以及非物质文化遗产专家与传承人、全国图书馆优秀读者代表参加了活动。开幕式上，文化部非物质文化遗产司司长马文辉、“非遗”传承人代表文乾刚先后致辞。馆长周和平代表国图接受了16位国家级非物质文化遗产大漆髹饰项目代表性传承人捐赠的17幅漆艺作品，并向传承人颁发了捐赠证书。捐赠作品作为国图馆藏永久保存。展览展出了不同地域、不同流派的漆器精品238件，国图馆藏相关珍贵典籍260种，以及由北京金漆镶嵌厂提供的60件大型家具和仿古文物精品；同时，展览还邀请到19位国家级非物质文化遗产项目代表性传承人进行现场演示，为广大观众提供与传承人近距离交流互动的空间。作为这些文献的补充和拓展，国家图书馆中国记忆项目还启动了与大漆髹饰相关的国家级非物质文化遗产项目的技艺影像史拍摄及代表性传承人的口述史访问工作。首批完成了8个“非遗”项目的影像资料摄制及12位传承人的口述史访问，所得资料已全部制作成影片，在展览当中播映。

（国家图书馆）

【首图举办“美丽中国梦”包括主题展览】 6月13日，“美丽中国梦”主题展在首图B座二层连廊展出。展览由首都图书馆策划推出，旨在为贯彻落实两会精神，在广大读者中开展“中国梦”学习教育活动。展览共分为“中国梦的提出”“中国道路”“中国精神”“中国力量”“梦的引领者”“人民的梦”六个部分，通过大量文字、图片及图表，为读者梳理了“中国梦”的内涵，展示“中国梦”的魅力。希望通过展览引起市民对“中国梦”的共鸣，在市民中形成同心共筑“中国梦”的良好氛围。

（张小野）

【首图“廉者仁心”北京古代廉政历史文化展】 7月12日，“廉者仁心”北京古代廉政历史文化展在首都图书馆A座二层文化艺术展厅展出。展览由北京市东城区纪委监察局、首图联合主办。本次展览共分为“廉洁教化”“廉政制度”“廉鉴春秋”三部分。通过大量历史故事、图片资料详细展现了北京金、元、明、清四个朝代的廉政文化。展览以历史人物及故事为切入点，详细讲述了“廉”的起源、社会发展及在古代政权中的表现，强调了廉洁、廉政对社会发展的重要意义。本次展览持续到8月4日，期间免费向广大读者开放。

（张小野）

【“新材料和新能源”主题展】 9月9日，“新材料和新能源”——2013诺贝尔奖获得者北京论坛主题展在首都图书馆B座一层第一展厅展出。罗伯特·蒙代尔、乔治·斯穆特等8位参与本届论坛的国际科研大师及多位国内相关领域专家、学者出席了展览开幕式。本次展览共分为“传承”“变革”“追梦”三个章节。展览内容包括电动螺旋桨驱动的永磁磁悬浮车、兆瓦级的太阳能发电站、先进的压水堆核电站、自主研发的宇航服密封橡胶、10多位诺贝尔奖获得者的经典名言……展览通过47项实物展品、11项多媒体展项以及大量图文资料，生动、直观地向公众展示了新材料和新能源对人类文明的推动作用及给人类带来的巨大变革。诺贝尔奖获得者北京论坛是国务院发展研究中心、中国科学院、中国科学技术协会、北京市人民政府共同主办的一项重要活动，自2005年至今已成功举办六届。本次“新材料和新能源”主题展作为2013年诺贝尔奖获得者北京论坛的重要活动之一，持续到9月20日，期间免费向市民开放。

（张小野）

【京都华彩——北京建都史主题展】 10月12日，“京都华彩——北京建都史主题展”，在首图A座二层文化艺术展厅展出。展览是为了纪念金中都建都860年，由北京市文化局联合首都图书馆策划推出的。本次展览以介绍北京作为金、元、明、清朝代都城的发展历程为主，充分利用图书馆文化辐射职能，向市民传播北京历史文化，加强市民对北京城的了解与认识。本次展览作为首都图书馆百年系列文化活动之一，持续到11月底，期间免费向公众开放。

（张小野）

【十竹斋木版水印“非遗”艺术传承文献展】 11月19日～26日，十竹斋木版水印“非遗”艺术传承文献展在国家图书馆古籍馆展出。展览由国家图书馆、中国非物质文化遗产保护中心主办，杭州十竹斋艺术馆承办。中华文化促进会名誉主席许嘉璐，中国科学院院士、中国工程院院士路甬祥，国务院原副秘书长李树文，中国非物质文化遗产保护中心主任、中国艺术研究院院长王文章，国图副馆长张志清等领导出席开幕式并致词。开幕式上还举办了《十竹斋》丛书首发式。本次展览通过雕刻工具、古代雕版、笺谱、画谱、各类木版水印精品等150余件展品，展示了木版水印技艺的发展历程和在当代的最新发展。

展览期间，杭州十竹斋艺术馆创办人、浙江木板水印非物质文化遗产项目传承人、工艺美术师魏立中偕其弟子与观众互动交流。

（国家图书馆）

【古籍普查重要发现暨第四批国家珍贵古籍特展】　12月3日～25日，“古籍普查重要发现暨第四批国家珍贵古籍特展”在国家图书馆总馆北区开展。本次展览由文化部、国家文物局主办，国家图书馆（国家古籍保护中心）承办，全国60家公共图书馆、高校图书馆、博物馆、民族宗教系统等古籍收藏机构联合举办。展览从第四批《国家珍贵古籍名录》1516部古籍文献中精选110余部极具代表性的古籍珍品，包含甲骨文、敦煌遗书、宋元旧拓、古代舆图、民族古籍和外文善本等，不少珍贵文献为首次面向公众展出。展览持续到12月25日，免费向社会公众开放。

（国家图书馆）

·表彰与奖励·

【首图被评为“2013～2015年北京市科普基地”】　6月7日，首都图书馆荣获了由北京市科学技术委员会、北京市科学技术协会联合颁发的“2013～2015年北京市科普基地”荣誉称号。

（张小野）

【第七届中华图书特殊贡献奖评选结果揭晓】　7月2日，第七届中华图书特殊贡献奖评选结果揭晓。6位获奖者中有3位翻译家、2位作家和1位出版家，他们分别是：意大利著名汉学家、出版过150多种介绍中国文化等著作的兰乔第，瑞典著名翻译家、诺贝尔文学奖获得者莫言作品的译者陈安娜，埃及著名翻译家、翻译过大量中国古典文学作品的穆赫森·赛义德·法尔加尼，阿根廷知名中国问题专家、著有多部阐述中国著作的马豪恩，美国著名学者、《邓小平时代》作者傅高义，印度尼西亚出版家、长期出版发行有关中国图书的杨兆骥。

（张燕鹰）

【国家科学图书馆入选2013年知识产权分析评议服务示范创建机构】　7月，中国科学院文献情报中心（国家科学图书馆）入选2013年知识产权分析评议服务示范创建机构。经过自主申报、初评和专家集中评审等多轮评选，全国共有26家单位入选，图书馆行业单位仅国家科学图书馆1家。

（吕秋培）

【首图荣获首届全国图书馆未成年人服务论坛活动案例二等奖】　8月14日～15日，首届全国图书馆未成年人服务论坛在昆明启动，首都图书馆代表作为本次论坛优秀案例报送入围单位例会。首图凭借“共享书与影的精彩世界帮助孩子爱上阅读”活动案例荣获二等奖。该案例是将世界经典儿童图书与其电影作品结合，旨在配合在小学教育阶段中开展的德育、阅读教育等方面的内容，创新儿童阅读活动的新思路。

（张小野）

【北京市高等教育学会图书馆工作研究会获奖】　9月，北京市高等教育学会图书馆工作研究会被评为北京市高等教育学会第六届（2011～2013）先进研究会；姜爱蓉、张兆忠、魏微获得北京市高等教育学会（2009～2013）优秀学会工作者称号。

（魏　微）

【2013年北京科技情报学会评奖】　11月26日，在北京科学技术情报学会2013年学术年会——大数据时代的科技情报服务高峰论坛上，北京信息科技大学图书馆、北京大学图书馆、清华大学图书馆、北京邮电大学图书馆等14家会员单位被评为“2013年北京科技情报学会优秀会员单位”。

（王吉芳）

·交　流·

【首都图书馆与白俄罗斯国家图书馆签署合作协议】　7月17日，《中国首都图书馆与白俄罗斯国家图书馆合作协议》在钓鱼台国宾馆签署，白俄罗斯文化部第一副部长卡拉切夫斯基、首图副馆长邓菊英分别代表双方在协议书上签字。该合作协议在白俄罗斯副总理的见证下签署，是白总统卢卡申科2013年访华期间的成果之一，旨在增进两馆之间的交流与合作，加强双方的文化交流。两馆同意通过一系列彼此认可的活动促进合作，这些活动包括管理层互访、馆员交换以及图书馆业务方面的合作如互办特色馆藏展、开展馆际图书交换和馆际学术交流等。

（张小野）

【塔吉克斯坦文化部国家图书馆代表团参访首图】　12月2日，由塔吉克斯坦文化部文化机构和民间工艺发展局局长沙萨伊多夫·萨法尔·哈萨诺维奇率领的代表团一行7人访问首都图书馆，并参观了首图特色服务阅览室。代表团首先听取了副馆长邓菊英就首图的社会职能、馆藏特色、读者服务、新技术应用和展览等方面的详细介绍，塔方文化部文化机构和民间工艺发展局局长沙萨伊多夫·萨法尔·哈萨诺维奇和国立米尔萨伊特·米尔沙卡尔共和国儿童图书馆馆长阿夫郭诺夫·库尔邦·古洛莫维奇也介绍了塔吉克斯坦国家图书馆的详细情况，并表达了与首图开展合作交流的意向。之后，代表团参观了首图地方文献阅览区、视听文献借阅区、数字文化样板间、少儿综合借阅中心及少儿多媒体视听空间。

（张小野）

【2013年国图交流情况】 2013年，中国国家图书馆馆长周和平陆续会见了来访的新加坡国家图书馆管理局总裁梁宝珠，助理总裁兼公共图书馆馆长郑爱清，新加坡国家图书馆馆长陈惠勇等6人；台北故宫博物院院长冯明珠一行；香港民政事务局局长曾德成一行；澳大利亚艺术部长托尼·伯克，澳大利亚驻华大使孙芳安，澳大利亚区域澳洲、地方政府、艺术与体育部副部长斯戴芙妮·福斯特等6人；以色列国家图书馆馆长奥伦·温伯格；乌克兰文化部第一副部长科汉·季莫菲·格里高利耶维奇、乌克兰驻华使馆参赞瓦连京、乌克兰文化部国际合作司国际双边会议处处长比雷克等一行；新西兰内政部长克里斯·特里曼、新西兰驻华大使伍开文等一行。周和平向来宾们介绍了国图的情况，并组织来宾参观了国图。

（国家图书馆）

基础建设

·设施建设·

【首图少儿馆新馆对外开放】 10月16日，首都图书馆A座场馆恢复对外开放，重装后的新的少年儿童图书馆正式迎接小读者。首图原少儿阅览面积1000平方米，改造后，服务空间达到4000平方米，面积增加3倍。根据不同年龄读者需求，开设“亲子借阅区”“少儿中文书刊借阅区”“少儿英文阅览区”及“青少年多媒体空间”4大区域，为小读者提供多元文化服务。此外，首图还购置了约2万册少儿新书，为小读者提供多达15万册书刊的借阅服务。少儿馆面向未成年读者和教育工作者服务。读者免证入馆阅览。有借书、上网需求的小读者，可凭身份证件办理少儿读者证。少儿馆还增设符合小读者身体特征的迷你版自助借还书机，以简化借还书操作流程。同时推出“七彩悦读成长计划”：所有持有首都图书馆少儿读者卡的未成年读者，今后可通过借阅书刊、参与活动、馆内志愿服务等，获得相应积分，兑换不同等级徽章及小礼物，并通过《七彩悦读成长手册》记录自己在图书馆的成长历程。

（张小野）

【首图康复文献阅览室重装开放】 12月2日，首都图书馆康复文献阅览室重装开放。全新的康复阅览室面积扩充至220平方米，可为残疾读者、老年读者提供文献信息资源服务。阅览室内配备了盲文点显器、有声地图、盲文打印机、电子手持放大器、大字阅读器、电动轮椅等专业设备。其中，盲文点显器可通过盲文及语音的方式，辅助盲人、弱视读者进行网络浏览；文字扫描棒与朗读机配合使用，可通过扫描图书文字进行有声朗读，方便盲人读者阅读书籍；有声地图则为盲人读者提供了中国各省市的有声讲解。此外，广大残障读者还可在康复阅览室内登录文化部全国公共文化发展中心“心声音频馆”网站（http：//yinpin. ndcnc. gov. cn/），聆听有声小说、欣赏名家乐曲、品味影视经典，网站拥有超过2.2万个小时的海量音频资源供大众使用。开放时间为周二至周日9：00～17：00。

（张小野）

·业务建设·

【国图与总后勤部共建军队后勤数字图书馆】 2月22日，由国家图书馆与总后勤部共建的军队后勤数字图书馆在总后勤部档案馆正式开通，面向全军后勤官兵提供个性化、知识化和信息化服务。后勤数字图书馆内容涵盖“衣、食、住、行、医、用、修”等与后勤相关的数字资源和有关文学、艺术、哲学、历史、地理等方面的普适性图书资料。广大官兵可以在电脑上浏览国家图书馆提供的中文电子图书、学术讲座视频、音频资源及老照片等数字资源，资源总量达到8TB。同时，国家图书馆与总后勤部签署了合作共建协议，依托国家数字图书馆和“数字图书馆推广工程”，共同建设强大的军队后勤信息网络平台，为全军后勤指战官兵提供国家数字图书馆更加丰富的建设成果。

（国家图书馆）

【第四批《国家珍贵古籍名录》暨古籍普查重要发现发布】 4月18日，第四批《国家珍贵古籍名录》暨古籍普查重要发现在国家图书馆正式发布。国图副馆长、国家古籍保护中心副主任张志清，全国古籍保护工作专家委员会主任李致忠以及相关古籍善本研究专家分别就第四批《国家珍贵古籍名录》和“全国古籍重点保护单位”以及古籍普查重要发现的相关情况，向近三十家媒体记者作了介绍。第四批《国家珍贵古籍名录》包括189家藏书单位的1516部古籍，囊括汉文古籍1218部，少数民族文字古籍286部，其他文字古籍9部，3种甲骨文。第四批“全国古籍重点保护单位”共16家。通过古籍普查，挖掘出一批不为人知或少为人知的珍贵古籍。国家图书馆藏《大宝积经》是中国也是全人类第一部印本大藏经，目前已知全世界仅存十二卷；军事科学院图书馆藏元刻明修本《十三经注疏》在2007年古籍普查前未为人知，是国内仅存的三部附释音《十三经注疏》之一；河南私人藏明代金陵本《本草纲目》是目前中国民间发现的唯一一部金陵本全本，金陵本作为各版本《本草纲目》的祖本，在此前全世界只存全帙8部，国内仅藏2部，该本的出现意义重大。

（国家图书馆）

【2013年度文化部国家文化创新工程项目启动】　5月22日，文化部国家文化创新工程项目《基于互联网电视平台的数字图书馆应用与示范》启动会在国家图书馆举行。文化部科技司科技处处长陈樱、国家图书馆馆长助理孙一钢、馆外特邀专家、共建单位代表以及项目组成员出席会议，会议由副馆长陈力主持。会上，项目负责人、国家图书馆数字资源部副主任李春明作了开题陈述。《基于互联网电视平台的数字图书馆应用与示范》项目最终研究目的，是摆脱数字图书馆服务中单一化的文献资源数字化和互联网发布方式，建立适用于互联网电视平台需求的数字资源展示与服务规范；研究基于互联网电视平台的数字图书馆分层建设、集成服务的机制，有机整合全国数字图书馆建设资源，获取基于互联网电视的数字图书馆公共文化集成服务理论框架。

（国家图书馆）

【首图接受文化部公共图书馆第五次评估定级工作检查】　7月8日，文化部评估督导组对首都图书馆开展公共图书馆评估督导工作。评估督导组由组长陕西省图书馆馆长谢林，副组长湖北省图书馆馆长汤旭岩，评估组成员辽宁省文化厅社文处处长康尔平、杭州图书馆馆长褚树青、国家图书馆研究院干部邓茜五位专家组成。评估工作汇报会由北京市文化局公共文化事业发展处处长黄海燕主持，市委宣传部副部长、北京市文化局局长陈冬致欢迎辞，北京市文化局副局长王珠作了《北京市公共图书馆事业发展汇报》，首图馆长倪晓建作了题为《理念与创新　品牌与服务——首都图书馆评估定级工作汇报》。下午，评估组专家对北京市公共图书馆事业发展和首都图书馆的各项工作给予了高度评价，认为北京市图书馆事业发展起点高、基础雄厚，在公共图书馆事业发展的多个方面都取得了重要成就，许多文化举措都走在全国前列。

（张小野）

【北京大学机构知识库正式上线】　7月16日，北京大学机构知识库Beta版正式发布。作为支撑北京大学学术研究的基础设施，该库收集并保存北京大学教师和科研人员的学术与智力成果，为北京大学教师、科研人员、学生的学术研究和学术交流提供系列服务。知识库功能包括存档、管理、发布、检索和开放共享。在系统中，学者可以存储、发布、管理自己学术成果，维护个人专有主页，还可以享受检索和开放共享等信息服务。截至12月底，系统内拥有元数据20418条，全文数据8563条，访问量达356万次，下载量为10万余次，参与学院达65个，建立教师学者主页435个。

（刘彦丽）

【北京社科院古籍藏书整理编目工作完成】　7月30日，北京社科院古籍编目建库工作完成。北京社科院古籍藏书共20693册，共计1505种书（包括丛书子目），现已完成整理编目回溯工作。北京社科院古籍藏书成书年代主要是清至民国时期，其中民国线装书及新印古籍约占一半。有一定数量的丛书，如《珍本古籍丛刊》《古今图书集成》等。

（孙　慧）

【国家图书馆藏清宫“天禄琳琅”珍籍修复项目启动】　8月27日，国家图书馆藏清宫“天禄琳琅”珍籍修复项目正式启动。国图副馆长、国家古籍保护中心副主任张志清主持启动会。古籍研究专家、修复专家、20余位新闻媒体记者参加会议。会上，国家图书馆相关专家介绍了“天禄琳琅”及专项修复的背景和修复方案，会议现场展示了待修复的破损古籍。“天禄琳琅”珍籍是清代宫廷昭仁殿所藏宋、元、明本精华，是中国古籍中的奇珍。据统计，存世“天禄琳琅”珍籍约600部，国家图书馆和台北“故宫博物院”收藏数量最多，此外，大陆地区还有41家公藏单位、5名私人藏家也有收藏。

（国家图书馆）

【国家动漫公共素材库正式上线】　8月29日，“国家动漫公共素材库”上线。国家动漫公共素材库是由扶持动漫产业发展部际联席会议办公室主办、国图承办的动漫领域公共性动漫素材服务平台，是一个集多功能于一体的国家级素材资源共享平台。动漫从业者、动漫专业学生及广大爱好者都可以通过域名http：//www. dmsck. org进行访问。素材库以征集和专门制作的精品素材资源为起点，以上传积分贡献制为运转核心，鼓励企业或个人免费注册账户并上传素材资源，获得相应的下载权利，旨在打造一个具有可持续发展能力的素材共享中心，提高全行业的素材复用率，促进动漫产业健康快速发展。目前，国家动漫公共素材库已初步建成，素材库确立了以三维动画素材、二维动画素材、音效素材、创意参考素材4个素材资源大类，199个素材资源小类为代表的资源分类体系；制定了一系列标准规范，提升了素材库的整体质量，并为未来海量素材储备的规范化建设奠定基础；打造了以中国文化为底蕴的九大精品专题素材子库；加强了素材的审核校验，充分保证用户上传素材的合法性、可用性。

（国家图书馆）

【“图书馆面向残疾人的服务模式与规范研究”项目】 11月19日，2013年国家社科基金重点项目“图书馆面向残疾人的服务模式与规范研究”开题会在国家图书馆举行。中央党校科研部规划处处长高彦斌、首都图书馆馆长倪晓健、北京大学信息管理系教授王子舟出席了会议。国图副馆长陈力、中国残联信息中心主任崔慧萍率领课题组成员参加了会议。陈力作为项目负责人，在会上阐述了课题研究思路及前期研究进展。课题组将结合中国图书馆特别是各级公共图书馆服务的实际，提出针对不同残疾类型、不同残疾程度的残疾人士信息需求进行分类、分级保障的方法与模式，在业界推广实践基础上形成《图书馆残疾人服务指南》以及《图书馆残疾人服务规范》等理论成果，从而进一步指导业界相关工作的深入开展，为各级各类图书馆残疾人服务提供参考借鉴。

（国家图书馆）

【北京高科大学联盟图书馆资源生态系统启动仪式】 12月10日，北京高科大学联盟图书馆资源生态系统启动仪式在北京化工大学图书馆举行。北京高科大学联盟简称“北京高科联盟”，由北京邮电大学、西安电子科技大学、北京科技大学、北京交通大学、北京化工大学、北京林业大学、华北电力大学、哈尔滨工程大学、中国地质大学（北京）、中国矿业大学（北京）、中国石油大学（北京）共11所高水平行业特色大学组成。高科联盟图书馆联合目录、资源共享及文献传递项目暨资源生态系统旨在建设高科联盟图书馆各类文献资源的目录导航共享共知文献传递服务系统，全面整合和揭示联盟高校图书馆实体印刷型书刊文献和数字资源的收藏、建设状况，提高联盟书目数据标准化著录水平，方便各馆进行文献交流和馆际互借，最终实现联盟高校文献资源共建、共知、共享。北京化工大学副校长陈标华，教育部科技发展中心成果专利处处长杨健安，北京地区高校图工委副主任兼秘书长中国人民大学图书馆馆长刘大椿，清华大学图书馆馆长邓景康，化工出版社高教化学化工分社社长杜进祥，北京超星集团副总经理叶艳鸣，汤森路透知识产权与科技集团大学市场部业务总监王利及来自30余所高校的近60名馆领导、学者参加启动仪式。会议由图书馆馆长张建文主持。

（任玉荣）

【北大图书馆第二储存馆建成】 2013年，位于北京大学校内教学楼地下室的北京大学图书馆第二储存馆建成，缓解了总馆主书库的压力。年底，将日文、俄文图书共计8.2万册迁入第二储存馆。管理模式全部采用密集书架存放，打破传统的按索书号排架模式，采用架位码管理系统，对读者提供在架预约服务，读者只需在OPAC中检索到记录后就可以直接在网上提交预约，工作人员每天处理预约报表提取图书到总馆，读者收到通知后在总馆完成借书和还书手续。

（刘彦丽）

·队伍建设·

【公共图书馆评估定级工作培训班】 3月13日～14日，公共图书馆评估定级工作培训班在国家图书馆举办。培训班由文化部公共文化司主办，国图承办。来自全国省级、副省级图书馆（包括少儿馆）的馆长及相关部门负责人约100人参加了培训。文化部公共文化司巡视员刘小琴出席开班仪式并致辞。国图馆长周和平出席次日会议并讲话。培训期间，国图馆长助理、研究院院长汪东波，研究院副院长申晓娟对第五次公共图书馆评估标准作了详细解读。本次评估定级工作由文化部公共文化司负责组织实施，各省（区、市）文化厅（局）负责组织本地区的评估定级工作。评估定级的对象是全国省、地、县级公共图书馆（包括少儿馆），依据《公共图书馆评估标准》和定级必备条件，确定上等级图书馆名单，命名为一、二、三级图书馆。

（国家图书馆）

【“数字图书馆推广工程”资源建设及平台应用培训班】 4月11日～12日，“数字图书馆推广工程”资源建设及平台应用培训班在北京举办。培训班由国家图书馆主办。来自国图、全国49家副省级以上图书馆的95名数字资源及系统平台建设相关人员参加了培训。培训班由国图数字资源部主任李晓明主持，国图副馆长魏大威出席培训班并致辞，魏大威在致辞中指出，2013年推广工程将进入全面推广阶段，为了加快提升各地数字图书馆建设及服务水平，推广工程年内将重点开展数字图书馆专网的建设，将继续完善数字图书馆软件平台建设，进一步深化数字资源保障体系建设，同时加强全媒体服务的推广力度，全面开展工程的培训与宣传。培训中，结合上机实践操作，数字资源部、信息网络部的相关项目负责人分别对“政府公开信息整合服务平台”和“唯一标识符平台”的应用进行了详细介绍，并组织与会人员开展了互动交流与讨论。

（国家图书馆）

【**北京地区高校图书馆第9届运动会**】 10月12日，北京地区高校图书馆第9届运动会在北京科技大学体育场举办。来自清华大学、北京大学、中国人民大学、北京师范大学、北京科技大学、北京工业大学、首都师范大学、北京农学院等49所高校的图书馆代表队，共计1500多人参加了此次运动会。本届运动会有1100余名运动员参加了43个项目的比赛，最终清华大学图书馆、北京科技大学图书馆、北京体育大学图书馆、解放军医学图书馆、北京大学图书馆、中国人民大学图书馆、北京师范大学图书馆、首都师范大学图书馆获得团体总分前8名的优秀成绩。团体总分前8名的单位获得了优胜奖，10个单位获得风尚奖；30个单位获得组织奖。

（魏　微）

【**2013年北京市中小学图书馆骨干培训班**】 12月11日~12日，“2013年北京市中小学图书馆骨干培训班”在首都师范大学图书馆举办。全市共有一百余名中小学图书馆管理教师参加。北京市教育技术设备中心主任丁书林出席开班仪式并讲话。简短的仪式之后，培训班围绕九个图书馆建设专题报告陆续展开。本次活动的全部内容通过以“慕课”（MOOC，新涌现出来的一种在线课程开发模式）为载体在“北京教育装备网”的专题活动栏目予以展示。培训班由北京市教育技术设备中心副主任祁昕主持。

（张　涛）

·纪　念·

【**“城市与图书馆”学术论坛暨首都图书馆百年纪念会议**】 10月16日，“城市与图书馆”学术论坛暨首都图书馆百年纪念会议在首图举行。文化部党组副书记、副部长杨志今，北京市市委常委、市委宣传部部长李伟，中国国家图书馆馆长周和平等领导出席纪念会议。来自海内外3大洲11个国家和地区以及国内41个省级、副省级公共图书馆的知名图书馆馆长及专家、学者、首都图书馆联盟成员单位代表、社会各界代表等近800名嘉宾与会。纪念会议由市文化局局长陈冬主持。首图馆长倪晓建致开幕词，他回顾了百年首图的历史发展，介绍了现代首图的多元服务，勾画了未来首图的发展愿景，表达了将首图打造成世界领先公共图书馆的决心。陕西省图书馆馆长谢林代表图书馆界向首都图书馆百年华诞表示祝贺，祝愿首图在今后发展中取得更大的成绩。在文化部、文化局领导和现场观众的见证下，倪晓建与法国蓬皮杜国家艺术和文化中心公共信息图书馆副馆长伊曼纽尔·阿齐扎签署了战略合作协议。双方将在馆员互派、图书交换、合作办展和学术交流等方面开展深入合作。李伟代表北京市委、市政府对首图百年华诞表示祝贺，并对首图近年来的工作实绩给予充分肯定。纪念会议后，“城市与图书馆”学术论坛正式开启。论坛设立了1个主会场和2个分会场。来自亚洲、欧洲和美洲的17名专家、学者，围绕论坛主题，从城市创新、社会责任、时代使命、服务效能、公共关系、少儿图书馆服务等方面进行了多层面、多视角的精彩阐释。市文化局党组书记张文华主持主论坛。国家图书馆馆长周和平作了题为《城镇化条件下我国图书馆事业的发展》的主旨发言。随后，上海图书馆馆长吴建中、法国蓬皮杜国家艺术和文化中心公共信息图书馆副馆长伊曼纽尔·阿奇扎、美国哈佛大学燕京图书馆馆长郑炯文、爱尔兰都柏林市图书馆馆长玛格丽特·海斯先后进行了精彩演讲，他们介绍了城市创新与图书馆发展、图书馆为社会融入和公民所能做的新服务、研究性图书馆的新任务、图书馆的社会责任等多项现代图书馆发展的前沿命题。下午，两场学术论坛分会场活动在首图报告厅和首图影院同时进行。来自荷兰海牙市图书馆、法国里昂市中心图书馆、意大利米兰市图书馆、芬兰赫尔辛基城市图书馆、加拿大不列颠哥伦比亚大学亚洲图书馆、新加坡公共图书馆、美国芝加哥大学东亚图书馆、香港公共图书馆、中国科学院国家科学图书馆、中山大学图书馆、北京大学等国内外图书馆或相关机构的13位馆长、学者进行了大会发言。

（张小野）

专题介绍

【**韬奋图书馆**】 韬奋图书馆由生活·读书·新知三联书店开办，位于三联韬奋书店（北京市东城区美术馆东街22号）东侧，总面积320平方米，阅读区约占150平方米。图书馆于2012年7月16日开馆，是中国目前唯一一家由出版单位设立，以社会公众为服务对象的公益性社区专题图书馆，它以近现代出版史和出版人物研究为特色专题。图书馆大厅，左侧墙上镌刻着邹韬奋1932年为生活书店（三联书店前身）确立的宗旨：“竭诚为读者服务”。两侧悬挂着郭沫若为韬奋图书馆撰写的嵌名联：“韬略终须建新国，奋飞还得读良书。”韬奋图书馆的额匾是郭沫若手书，另一牌匾则由当代书法家黄苗子题写。图书馆现有藏书25000多册，其中约五分之一的藏书是20世纪50年代前的版本。最为珍贵的是抗战胜利后，为筹建韬奋图书馆时各方捐赠购置的图书，书上印有蓝色“韬奋图书馆藏书”字样的椭圆章。工作人员在进行图书整理时，就发现了出版于1938年的《资本论》第一个中文全译本，共5册3卷。图书馆藏书先以三联书店建店80年来出版的图书为主体，再向各出版单位所出版的图书扩展，此后还将开通“网上图书馆”。图书馆聘请了沈昌文、董秀玉、苑兴华三位老出版人担当顾问。三联书店总经理樊希安兼任图书馆馆长。

（张小野）

韬奋图书馆

高级职称15人，中级职称24人，中级职称以下8人。2013年图书馆继续采取措施，深挖潜力，进一步加强管理，不断提升服务质量。重点做了以下几方面的工作：进一步挖掘保存本图书阅览室馆藏资源；有计划地开展读者培训工作；图书馆阅览室座位管理系统投入运行，解决了开馆难题；图书馆阅览室广播系统投入使用，规范闭馆管理；优化、整合借阅环境；认真做好CALIS/BALIS管理中心和网络图书馆部署的各项

生提供了良好的阅读和学习的环境。同时，校图书馆大力发展电子资源，中、外文学术性全文电子期刊逾32000余种，电子图书26万余种，形成了以医学文献为主体，包括中外文图书、期刊和报纸合订本、音像制品以及计算机文档等在内的多种类型、多种载体的综合性馆藏体系。图书馆拥有良好的网络应用环境，可方便地接入互联网，每天24小时提供网络信息服务，师生可以在校园网上的任意客户端自由访问50多种数据库资源，并自行预约和续借图书。同时，图书馆还在培养学生信息素质方面做了大量工作，如开设了“医学文献检索”课程，定期提供各类电子资源及其他资源的讲座等。图书馆还专门针对新生开设“如何利用图书馆”培训，培养他们获取馆藏电子信息资源的能力。图书馆还将引进与开发相结合，建设了网上选书系统、虚拟参考咨询系统、学术资源门户网站Metalib/SFX、研究生学位论文库、中医古籍库与解剖资源库等特色平台和数据库，形成了较为完善的网上信息服务体系。

（杨　霏）

【首都经济贸易大学图书馆】　首都经济贸易大学图书馆始建于1956年，其前身是原北京经济学院图书馆（1956年建馆）和北京财贸学院图书馆（1978年建馆），1995年两校合并。目前，馆舍建筑面积为26200平方米，按教学区分为校本部馆（包括西馆和教学阅览楼）和东馆。两校区共有阅览座位3000余个。图书馆共设有8个部门，分别为馆办公室、资源建设部、图书借阅部、阅览部、信息服务部、技术保障部、特藏部和东馆部，开展流通、阅览、参考咨询、原文传递、馆际互借、读者培训、自助打印、复印等服务工作。现有正式职工47人，其中，工作；在资源建设工作方面，2013年年底前已较好完成了本年度的书、刊采购计划；在信息化建设方面完成了信息化项目申报、图书馆管理系统升级。首都经济贸易大学图书馆现任馆长汪平、党总支书记程显秋、副馆长张桂岩。

（巩　伟）

【首都医科大学图书馆】　首都医科大学图书馆始建于1960年，藏书以生物、医药卫生类为主。2002年新馆建成后校本部图书馆馆舍总面积达13980平方米，每周开放时间为112小时，实行开放式借阅服务。馆藏总量49万余册（件），阅览座位近2000个，为师

出版物

【《中国图书馆事业发展报告（2012）》（蓝皮书）正式出版】　4月27日，《中国图书馆事业发展报告（2012）》（蓝皮书）出版座谈会在国家图书馆举行。国图馆长周和平，文化部政策法规司副司长孙若风、财务司副司长马秦临，以及来自文化部、国图、公共图书馆、高校图书馆、图情类院所、出版社的相关代表、部分媒体记者参加了此次座谈会。《中国图书馆事业发展报

告（2012）》（蓝皮书）是由周和平主编，国图研究院组织图书馆研究和实践领域的百余位专家参与编写，是中国图书馆界第一本综合性研究报告，由国家图书馆出版社出版。该书力求既全面总结当前我国图书馆事业发展现状，又追溯相关政策的理论渊源；既立足当前实际，对成绩、问题和发展特点等进行深入透彻分析，又注重展望未来，对事业发展规律和未来发展趋势进行预测，使读者能够客观、全面、深入地了解图书馆行业。

（国家图书馆）

【《远东国际军事法庭庭审记录》国内首发】　9月2日，由国家图书馆联合上海交通大学整理出版的《远东国际军事法庭庭审记录》首发出版座谈会在国图举行。图书全80卷，上海交通大学出版社与国家图书馆出版社联合出版。文化部副部长杨志今，中国社会科学院原副院长武寅，中国人民大学原党委书记程天权，国图馆长周和平，上海交通大学原党委书记、校务委员会名誉主任王宗光以及来自国家新闻出版广电总局、中央档案馆等单位相关负责人出席座谈会。国内多位近代史、中日关系、抗日战争研究专家以及“东京审判”中国法官梅汝璈、检察官向哲浚、检察组顾问倪征燠的子女等50余人参加会议。该书作为第一手资料，真实、完整地再现了东京审判的全过程。

（国家图书馆）

2013年北京市公共图书馆统计资料表

表1

项　目	总　计	中央属	市　属	区县属
个数（个）	25	1	1	23
从业人员（人）	2981	1727	370	884
总藏数（万册、万件）	5316	3244	688	1384
图书（万册、万件）	2954	1112	553	1289
建筑面积（万平方米）	48.4	24.4	9.4	14.6
阅览座席（个）	20413	4411	2799	13203
总流通人次（万人次）	1452	419	454	579
书刊文献外借人次（万人次）	325	—	67	258
书刊文献外借册次（万册次）	893	—	273	620

（北京市统计局）

2013 年北京市区县街道、社区图书馆（室）基本情况统计表

表 2

项目 / 馆名	乡镇图书馆（室）											村图书馆（室）										
	图书馆（室）	藏书（册）	订报刊（种）	购书费（千元）	工作人员		馆舍面积（平方米）	阅览室座位（个）	累计外借证数（个）	接待读者（人次）	文献外借（册次）	图书馆（室）	藏书（册）	订报刊（种）	购书费（千元）	工作人员		馆舍面积（平方米）	阅览室座位（个）	累计外借证数（个）	接待读者（人次）	文献外借（册次）
					专职（人）	兼职（人）										专职（人）	兼职（人）					
东城（北区）	10	122530	300	271.56	13	7	1547	219	11397	73915	98106	85	255306	284	—	5	97	3608	1198	—	12567	6703
东城（南区）	7	65898	59	238.26	7	3	625	81	1143	5285	10346	1	6775	5	16.26	—	2	100	50	106	96	220
西城（北区）	14	262411	570	109.24	28	38	1525	297	22697	220465	304627	40	76155	478	—	—	—	982.7	486	社区不办证	15970	24826
西城（南区）	15	159196	379	40	15	12	1730	586	7418	80208	76966	80	97927	311	11.3	20	86	2333	996	1420	11887	8218
石景山	9	128744	137	348.19	4	5	915	335	1037	22185	23788	111	267064	684	—	—	111	9701.4	3203	—	1241	611
朝阳	25	253943	2978	100.16	41	16	5359.4	151	1668	345376	424841	277	825815	8088	539	247	361	18009.42	4783	—	811782	907039
海淀	26	143376	189	149	10	15	2776.1	730	8447	177030	48502	324	318568	17229	111.6	54	54	5427	2146	9935	20582	22617
丰台	16	78526	199	51.6	3	22	1520	476	2420	11712	11852	196	618310	618	151	148	172	14399	14399	10421	70721	53445
顺义	6	60000	120	—	—	6	180	80	—	43800	20000	55	139029	550	—	—	55	1100	1100	—	200750	180000
昌平	2	16218	—	—	2	—	120	50	—	—	—	144	163453	—	—	—	144	3268	1440	3112	43200	129600
门头沟	4	20000	20	—	—	4	240	30	—	3921	7881	43	129000	20	—	14	29	1290	430	—	47085	84170
通州	3	11000	32	36	1	3	340	55	150	276	1180	57	100909	306	287.1	11	47	2145	883	1083	4477	9468
房山	3	12085	47	—	—	3	146	64	3096	9594	5609	4	4400	68	—	1	3	150	60	2729	6915	4035
燕山	5	77270	20	1	—	5	600	125	—	14223	16452	31	21886	51	7	1	48	1619	321	—	17340	18785
大兴	3	2000	2	—	2	3	140	52	29	1023	1140	65	600	12	2	6	83	2855.24	1075	351	27287	22772
怀柔	2	19000	—	—	—	2	120	60	—	3125	2638	31	71500	—	—	31	—	950	445	—	71298	69355
平谷	2	5000	80	—	—	2	350	30	450	3997	5399	30	45000	600	—	—	30	600	450	4212	10988	23175
延庆	3	5400	—	—	—	1	270	—	—	—	—	33	59400	—	—	—	1	990	—	—	—	—
密云	3	84646	81	107.5	5	12	1200	145	5478	26700	13605	17	33327	122	20	—	17	455	242	—	15000	3624
合计	158	1527243	5213	1452.51	131	159	19703.5	4726	65430	1042835	1072932	1624	3234424	29426	1145.26	538	1340	69982.76	33707	33369	1389186	1568663

注：西城区北区街道图书馆（室）藏书都由区图书馆配送

（首都图书馆）

2013年北京市区县乡镇、村图书馆（室）基本情况统计表

表3

项目 / 馆名	乡镇图书馆（室）											村图书馆（室）										
	图书馆（室）	藏书（册）	订报刊（种）	购书费（千元）	工作人员 专职（人）	工作人员 兼职（人）	馆舍面积（平方米）	阅览室座位（个）	累计外借证数（个）	接待读者（人次）	文献外借（册次）	图书馆（室）	藏书（册）	订报刊（种）	购书费（千元）	工作人员 专职（人）	工作人员 兼职（人）	馆舍面积（平方米）	阅览室座位（个）	累计外借证数（个）	接待读者（人次）	文献外借（册次）
朝阳	19	253943	868	209.5	17	23	2727	587	1482	306939	374620	62	166093	952	236.58	46	52	4157	977	—	102639	122459
海淀	8	43050	33	20	1	8	1075	280	565	4287	6621	87	87084	134	33.6	19	9	1319	295	2045	40601	8674
丰台	5	66451	104	30	4	3	1230	186	891	13878	45218	66	198523	619	52.8	71	88	5948	1758	5790	46045	53052
顺义	19	202789	380	—	—	19	570	570	—	138700	60000	405	937750	2025	—	—	405	4050	4050	—	1215000	600000
昌平	15	182577	—	—	4	12	1580	354	806	15509	48816	303	464300	—	—	—	303	6060	3140	10415	101808	273600
门头沟	9	45000	20	—	2	7	900	180	—	6572	11140	142	426000	20	—	2	140	2840	568	—	91830	183667
通州	5	47300	69	73	4	3	380	158	2403	3899	8596	398	919908	2474	1051.72	148	377	22515	8018	78885	111588	200430
房山	20	60566	206	—	—	20	1135	625	5313	22661	11325	76	129038	530	—	—	76	3511	1572	3512	33337	17458
大兴	9	14437	25	15.5	19	7	1390	463	601	7249	13111	446	68277	828	141.32	98	443	16619	6705	—	86533	63346
怀柔	14	29680	—	—	—	14	795	259	—	13352	12181	284	693288	—	—	284	—	9018	3257	—	261280	250177
平谷	16	80000	320	—	—	16	2400	480	2149	33690	52371	271	406500	5420	—	—	271	5420	4065	28694	84572	10487
延庆	15	15765	—	—	—	1	450	—	—	—	—	19	19969	—	—	—	1	570	—	—	—	—
密云	17	141119	122	106	21	16	1115	364	3140	18800	9105	330	546415	1670	80	—	330	11219	8932	4391	89900	50010
合计	171	1182677	2147	454	72	149	15747	4506	17350	585536	653104	2889	5063145	14672	1596.02	668	2495	93246	43337	133732	2265133	1833360

（首都图书馆）

群众文化

2013年，加强首都公共文化服务体系建设成为北京市文化工作的重中之重。首都群众文化以创建国家公共文化服务体系示范区（项目）为契机，以保障首都人民群众基本文化需求为出发点和落脚点，在基层公共文化服务现代化、城乡文化建设一体化、群众文化权益均等化和社会资源整合规模化上进行了积极创新和探索。

首都群众文化活动丰富有序，群众文化队伍继续发展壮大。全市群众文化机构从业人员2321人；共有群众业余文艺团队9204个，共计28万人，年活动次数48.7万次。全市16个区县的19个文化志愿分中心在册文化志愿者27004名，志愿团队311个，2013年为老年人、残疾人、外来务工子弟等特殊群体提供文化服务99.68万个小时。春节期间，北京市举行各类舞台演出635场，举办各类庙会、灯会36个。同时，18家文化馆、23家图书馆、15家美术馆免费开放，为市民奉献了一个充满文化气息的春节。9月中旬起，由首都文明办、市文化局等单位联合主办的第六届北京卢沟晓月中秋群众文化节，在全市范围内陆续开展200多项群众性宣传文化活动，其中包括5项市级重点活动。

群众文化活动的蓬勃发展得益于公共文化惠民措施的大力开展。2013年，全市有四级公共文化设施6691个，平均覆盖率98.14%；市、区、县级文图两馆44个，覆盖率100%；街道文化服务中心、乡镇综合文化站322个，覆盖率99.1%；社区行政村文化室6323个，覆盖率94.07%。

北京市广泛开展基层群众文化活动，推进群众文化活动体系化。除了继续做好文化馆（站）、公共图书馆和公共美术馆三馆免费开放工作，还发挥首都文化联盟作用，整合首都资源优势。首都剧院联盟推行低票价演出补贴等惠民服务措施，2013年参与100元以下低票价惠民活动的剧场数量由15家增加至23家，在国家大剧院等单位试点开展针对高端艺术演出的200元以下低票价补贴。

北京市全年举办展览、文艺活动、公益讲座、培训等各类活动5万余次。各区县举办的特色品牌文化活动影响日益扩大，群众文化活动艺术水准不断提升，园博会“北京周”文化活动、北京公园群众文化活动巡礼、“爱我家，唱我家，我的北京我的家”大型群众歌曲演唱电视竞赛活动等一批高水平、影响广泛的品牌性文化活动纷纷涌现。

群众文化精品迭出，经过2年的筹备选拔，全市推荐8个项目进入文化部“群星奖”决赛比赛，最后北京市共获得群星奖作品类奖项5项。同时，还获得4个工作项目奖和3个“群文之星”奖。

中央对北京提出建设有世界影响力的文化中心城市和中国特色社会主义先进文化之都的新要求，对完善公共文化服务体系、提高服务效能做出了新部署，2013年，北京群众文化活力充沛，全力推动首都公共文化服务体系建设实现跨越式发展。

（徐　玲）

机　　构

【丰台区教师艺术团】　9月10日，在第二十九个教师节之际，丰台区教师艺术团正式宣布成立。教师艺术团的建立，为喜爱和擅长艺术的教师搭建了表现自我、交流技艺、提升水平、施展才华的平台。该团致力于推进学校艺术活动的开展，提高教师艺术欣赏水平、技能和艺术表现力，提升教师职业幸福感。

（徐　玲）

【花钹大鼓传承基地】　9月25日，国家级非物质文化遗产项目花钹大鼓传承基地在昌平区小汤山镇后牛坊村揭牌成立。该基地建筑面积500平方米，展厅和排练厅各占一半面积，可供人们参观和进行花钹大鼓的排练。2008年，“花钹大鼓”被列入《第二批国家级非物质文化遗产名录》。

（徐　玲）

【北京市少年宫迁址】　11月18日，坐落在北京景山后街的北京市少年宫迁入新址。新建成的北京市少年宫位于北京市东城区左安门西街11号。总建筑面积4.92万平方米，占地面积14.42万平方米，地下2层、地上5层，比原少年宫面积大3倍左右。新的少年宫设有艺术活动区、体育活动区、绿色科技活动区、学生活动区、展览中心剧场，以及附属配套设施等功能分区，可同时容纳2500名学生参加校外活动。

（张燕鹰）

活　　动

【朝阳门街道迎新春音乐会】　1月25日，朝阳门街道迎新春音乐会在该办事处礼堂举办。音乐会上，歌唱家李光曦演唱了歌曲《鼓浪屿之歌》《祝酒歌》和《革命人永远是年轻》；萨克斯演奏家刘家军演奏了《记忆》和多支世界名曲的“串烧”；央视《星光大道》《梦想剧场》《欢乐中国行》等节目的特邀嘉宾崔山用高胡演奏了《拉德斯基进行曲》并用二胡、京胡、巴乌、陶笛等演奏了多个曲目；紫晶乐坊室内乐组合演奏了小提琴曲《蓝色多瑙河圆舞曲》和歌剧《茶花女》选段《饮酒歌》；朝内头条社区延歌情民乐团演奏了民乐《喜洋洋》；楚博霖文化传播有限公司的女鼓手进行了水鼓表演；华丰合唱团演唱了《木兰从军》和《共产党好 共产党亲》。此外，还有京剧演唱、口琴合奏等多种节目。

（徐　玲）

【西红门镇第九届文化艺术节】　1月28日，大兴区西红门镇第九届文化艺术节在大兴区文化馆小剧场举行开幕演出。此次艺术节的特色是节目全部由当地社区居民和住区武警部队自编、自导、自演。演出的主要节目有：舞蹈《红红火火舞起来》《花花朵妹》《溜溜康定情》《美好祝福》《军营热舞》，京剧《沙家浜》选段《智斗》，曲艺情景剧《前门情思大碗茶》，小品《甄囧传》以及《歌曲联唱》等。

（徐　玲）

【张山营镇村民自编、自导春节团拜会】　1月29日，张山营镇村民自编、自导的春节团拜会活动在延庆县文化活动中心举办。演出的主要节目有：舞蹈《红红的中国结》、快板《我是文化组织员》以及三句半《十八大精神放光芒》等。

（徐　玲）

【“我的童年在北京”冬令营】　1月29日~31日，西城区什刹海街道举办“我的童年在北京”冬令营活动。在40多名参加活动的居住在什刹海地区的孩子中，有大约80%是外来务工人员的子女。他们与北京的孩子们一起画风筝、绘脸谱、捏面人、做毛猴，在冬令营活动中，体验了老北京传统的民间绝活儿。

（张燕鹰）

【北京文化志愿者“送福到家”活动】　2月1日~21日，第五届北京文化志愿者“送福到家”活动在北京各区县进行。该活动是北京文化艺术活动中心、北京市文化志愿者服务中心在北京市文化局支持下，由各区县文化志愿者分中心配合开展的系列文化活动。2013年，有近2000名文化志愿者深入到社区街道、乡镇农村、驻京部队等基层单位，为群众送去祝福。除现场书写、赠送春联、“福”字等传统活动外，志愿者们还组织了花会、灯会、联欢、培训、全家福拍摄等69项文化服务活动。

（徐　玲）

【北京市春节文化活动】　2月3日（农历小年）~2月24日（元宵节），北京市在春节期间举行了多种文化艺术活动。包括各类专业院团舞台艺术演出635场，其中，戏剧340场、戏曲曲艺233场、音乐会39场、综艺23场。美国芝加哥交响乐团音乐会，俄罗斯芭蕾舞剧院《天鹅湖》《胡桃夹子》《睡美人》，爱尔兰的《大河之舞》等外国演出团体的节目在国家大剧院、北京保利剧院、北展剧场分别上演。国家大剧院原创话剧《王府井》、长安大戏院京剧《龙凤呈祥》、北京音乐厅北京新春音乐会、人民大会堂名家精品荟萃新春综艺晚会、海淀剧院开心麻花《夏洛特烦恼》等一批国内优秀节目也在春节期间亮相。2013年春节期间，北京市还推出了以“北京故事”为主题的小剧场贺岁演出，有在青蓝剧场演出的《建家小业》、在中华世纪坛演出的《风把我带到这个地方》、在国话先锋小剧场演出的《北京的“味道”之大前门》等10部剧目。春节期间，北京进行的惠民演出有126场。首都剧场、长安大戏院、中山公园音乐厅、梅兰芳大剧院、中国儿童艺术剧院、中国木偶剧院、天桥剧场、北京音乐厅等演出场所均推出了100元以下的低价票。春节期间，北京还举行36个重点庙会、灯会、文化活动，其中的厂甸庙会、龙潭湖庙会、地坛庙会、东岳庙庙会、朝阳国际风情节、石景山游乐园洋庙会、圆明园皇家庙会、春节天坛文化周等各具特色。此外，北京还有18家文化馆，23家图书馆，15家美术馆免费开放，并举办了各类活动，包括国家图书馆的网络书香过大年、首都图书馆的“新年悦读活动”、朝阳图书馆的“用英语讲述中国年”、北京画院美术馆的“文心墨韵——北京画院院藏书法精品展”等。

（徐　玲）

【市民新春联欢会】 2月11日~14日（正月初二到初五），首都文明办和国家大剧院联合举办的第二届“我爱北京——市民新春联欢会”，在国家大剧院连续演出8场，其中，一半以上的节目是由普通市民表演的。参加此次联欢会的节目是从征集到的500余个节目中遴选出来的，直接参与演出的有1400余人。演出团体既有国内的，又有多个国家驻华使馆选送的。演出节目有：由北京师范大学附属中学西藏班学生组成的玉树天使艺术团演出的西藏舞蹈《雪域雄鹰》，由西城区宣武文化馆舞蹈队演出的舞蹈《京竹声声》，由现役文艺兵自发组织的军星爱乐合唱团演出的表演唱《女兵走在大街上》，由退休后才开始学习芭蕾的老人组成的青清舞苑演出的芭蕾舞《芭蕾的天空》，以及由俄罗斯驻华使馆选送的喀秋莎合唱团、手递手合唱团、小铃铛合唱团的合唱节目，由澳大利亚驻华使馆推荐的箜篌和钢琴合奏，由印尼驻华使馆推荐的亚蓬舞蹈等。参加演出的团体还有北京金融街金旋民族管弦乐团、万寿路干休所海军老干部合唱团、北京联合大学应用文理学院箜篌乐团、由原中央人民广播电台少年广播合唱团团员组成的童心合唱团、金融街少年宫合唱团等。应邀参加演出的艺术家有姜嘉锵、吕薇、朱亦兵、谭正岩、王亚彬、孙砾、关致京、王庆爽、窦晓璇、张卓等。

（徐 玲）

【庆祝“三八”国际妇女节文化活动周】 3月3日~8日，由中国妇女报社、中国西部研究与发展促进会、中央国家机关美术家协会、北京市妇联等单位共同主办的庆“三八”国际妇女节文化活动周在北京举办。活动周以“妇女文化扶贫”为主题，涵盖13项内容，共有3万多名妇女参与。活动包含书画名家大型公益笔会、中华女性书画摄影大赛获奖作品展、国乐表演、美容讲座、珠宝珍品鉴赏等，文化周期间展出的书画作品和珠宝产品还进行了公益拍卖，所得的资金全部用于西部贫困地区妇女文化扶贫。

（徐 玲）

【第二届“爱在西城”公益文化节】 3月5日，由西城区委宣传部、西城区委社会工作委员会、西城区民政局、西城区精神文明建设委员会办公室、西城区团委、西城区新闻中心联合主办，西城区公益文化传播中心承办的历时3个月的第二届“爱在西城”公益文化节开幕式在西城区社会服务中心阳光大厅开幕。本届公益文化节，以“让公益更有力量”为主题，分为“区级”和“街道社区级”两大类，范围涉及志愿服务、慈善救助、环境保护、青少关爱、文化助残、便民服务、心理咨询、应急救援、“非遗”保护、舞台剧目等20多个公益文化领域，弘扬了“直接公益、身边公益、透明公益”的公益理念。其中，区级系列活动包括民生服务创新工作法及公益服务品牌推介，以实现帮扶需求与企业责任对接为主旨的“企业社会责任展洽会”，以弘扬慈善理念、大病儿童救助为主旨的品牌公益活动“爱在西城”颁奖典礼和“天使圆梦行动”，还有体现创新帮扶模式的公益连锁画廊“一维画廊”，以及由残障儿童本色出演的原创舞台剧《愿望树》等15项主题活动、50余场次专题活动。同时，在全区255个社区开展了“首届月坛地区公益推广会”“大栅栏传雷锋精神·点志愿之光”“和谐生态·魅力什刹海”“春暖人心·情满椿树”等130余项专题活动。

（徐 玲）

【国家级非物质文化遗产民族民间舞蹈展演】 3月15日~20日，中央电视台《舞蹈世界》栏目与中国舞蹈家协会联合举办国家级非物质文化遗产民族民间舞蹈展演活动，在中央电视台演播大厅举行。由北京文化艺术活动中心负责指导推荐的“非遗”民间广场舞蹈，密云县的《蝴蝶会》、门头沟区的《太平鼓》、大兴区的《武吵子》通过组委会评委评议，作为北京地区舞蹈作品参加本次舞蹈展演活动展演及录制工作。

（郭 涛）

【陶然亭公园首届“风筝春花文化节”】 3月30日~5月3日，由北京市陶然亭公园管理处主办，山东省潍坊市工艺美术研究所等协办的首届“风筝春花文化节”在陶然亭公园举办。此次活动以“沐浴陶然春风，放飞美好希望”为主题，展示了形态各异，五彩缤纷的风筝2000余只。同时，打造了“亭文化”风筝墙、“古典人物”风筝墙、“脸谱”风筝墙、“卡通风筝”、“海洋动物”等10个风筝观赏景区，并举办了专业风筝艺人现场扎制表演、儿童风筝绘画DIY、儿童油画DIY、木板年画印制表演与互动、“山东潍坊精品风筝展”5项活动。

（徐 玲）

【2013年北京合唱节】 4月18日~6月28日，由北京市文联、北京音协、北京音乐广播、北京文化艺术活动中心共同主办，北京合唱协会、中音在线协办的“同心共筑中国梦”2013年北京合唱节在北京举办。参与此次合唱节的有近100个基层业余群众合唱团，参与者包括有退休干部、退休军人、社区居民、工人，大学生、小学生、农民等共5000余人。

（乐 工）

2013 年北京合唱节颁奖典礼

【亚运村文化艺术节】　4 月 26 日，由亚运村街道工委、亚运村街道办事处主办，亚运村街道总工会、团工委、妇联、社区活动中心和北京中华民族园共同承办的“唱响春天，我声飞扬”第二届亚运村文化艺术节在北京中华民族博物院傣族广场举行开幕式。亚运村街道职工艺术团、中国音乐学院声歌系和音教系的歌手与首届亚运村街道非公企业职工歌手选拔赛一、二、三等奖的获奖歌手进行了演出。街道辖区 13 家非公企业与非公企业职工代表、社区居民代表 400 余人出席了开幕式。

（徐　玲）

【工艺大师收残疾人徒弟】　5 月 19 日，在第 23 个全国助残日活动中，北京市举行了“提供一个岗位，幸福一个家庭”主题活动，包括北京住总第一开发建设有限公司、IBM、当当网等在内的 282 家国企、外企和民企单位提供了工作岗位 2500 多个。其中，在西城区残联举办的残疾人专场招聘会上，北京市玩具协会的国家级“非遗”传承人谢珊珊，北京市一级民间工艺美术大师郎志丽、杨玉栋，市民间玩具工艺大师孔令民、姜守煜、刘以馨 6 人分别收面塑、脸谱、风筝、毛猴、内画壶和堆绣 6 项技艺的残疾人为徒。

（徐　玲）

【第五届北京端午文化节】　6 月 10 日～12 日，由市委宣传部等多家单位共同举办的第五届北京端午文化节分别在顺义奥林匹克水上公园、延庆夏都公园两个主会场举行。顺义主会场共有 44 支队伍 700 多人参加了龙舟直道竞速赛。活动现场设置了北京市非物质文化遗产项目展示体验活动。延庆主会场有来自湖北秭归、江苏苏州和湖南汨罗的代表将象征三地文化渊源的河水共同注入延庆的母亲河——妫河，寓意着全国各地端午文化传统的彼此交融。延庆的舞狮《隆庆狮魂》、湖北秭归的《打硪新歌》、苏州市的《盘答歌》和黄石市的《陈贵舞龙》进行了表演。本届端午文化节还组织开展了“博物馆里过端午”“第六届龙潭端午文化节”等 9 项市级重点活动和 150 余项区县群众性活动。

（徐　玲）

【第九届“舞燃情”国际标准舞（体育舞蹈）、交谊舞全国邀请赛】　6 月 29 日～30 日，由北京文化艺术活动中心、北京市海淀区文化委员会主办的 2013 北京第九届“舞燃情”国际标准舞（体育舞蹈）、交谊舞全国邀请赛在北京大学生体育馆举行，来自国内外近千名选手参赛。该赛事旨在传播融表演、竞技、娱乐、健身、社交等多功能于一身的国标舞、交谊舞文化，搭建国内外舞蹈爱好者交流的平台。

（徐　玲）

【音乐艺术夏令营】　7 月 15 日～8 月 6 日，作为 2013 年“做文明有礼的北京人——市民高雅艺术殿堂文明行”推出的新活动，首都文明办和国家大剧院共同举办了“音乐艺术夏令营”，来自北京各区县的 60 名青少年成为首批“七彩梦想合唱团”团员。这些团员年龄集中在 13 岁至 16 岁，从小学到高中都有，大多没有经过专业的合唱培训。该团由艺术家吴灵芬担任艺术总监和指挥，并由吴灵芬合唱工作室承担日常排练指导工作。经过专业培训，小团员们学会了《青春舞曲》《远方的客人请你留下来》《爱无疆》《小瘤牛》*Always there* 等多种语言的合唱歌曲 10 余首，并在 8 月 1 日进行了汇报演出，又在 8 月 6 日举行的“北京行，民族情，中国梦——京港台青少年系列音乐会”上代表北京青少年出场，与来自中国香港地区、台湾地区的团体同台演出。

（徐　玲）

【相约北京——2013 国际青少年大联欢】　7 月 25 日～8 月 1 日，由市政府外办和中央电视台共同主办的“相约北京——2013 国际青少年大联欢”在北京举办。来自美国、韩国、越南、乌干达、印度、埃及 6 国的 150 多位青少年受邀参加。各国代表团除了录制“相约北京——国际青少年大联欢”文艺晚会节目外，还在居庸关长城脚下、朝阳区东湖街道社区、北京园博园等处进行了表演。

（徐　玲）

【全国城区少年宫系统舞蹈专场展演】　7月29日～30日，由全国城区少年宫工作研究会主办，丰台区少年宫承办的全国城区少年宫系统舞蹈专场展演在第九届中国（北京）国际园林博览会上进行演出。22个省、自治区、直辖市以及香港特别行政区的800余位少年儿童演出的28个舞蹈节目是从全国范围内征集来的140多个舞蹈中挑选出来的，有民族舞、现代舞、古典芭蕾舞等，舞蹈风格各异，每个舞蹈都是20人左右的集体舞，参演的小演员年龄自五岁至十六七岁不等。

（郭　涛）

【王府少年讲堂】　8月3日，文化部恭王府管理中心举办了“王府少年讲堂”。该项活动是恭王府开展的青少年社会教育活动。本次活动聘请到中国博物馆学会社会教育委员会主任、中国国家博物馆第一代讲解员齐吉祥，他以生动的语言为孩子们介绍了中国历史文化中的民俗知识以及这些习俗在恭王府中的体现。40多名来自什刹海地区的青少年及家长饶有兴趣地参加了活动。

（徐　玲）

【2013金刺猬大学生戏剧节】　8月3日～18日，2013金刺猬大学生戏剧节在北京举办。参加本次戏剧节的有：中南民族大学月亮化石剧团的《额吉》、四川大学话世工作室的《隔壁病房》、西北师大话剧社的《女生禁入》、宁波大学科学技术学院汐草街话剧社的《救赎ing》、北京外国语大学北外剧社的《福仕德》、中国农业大学黑白灰话剧社的《真相和谎言只有一线之隔》、北京理工大学太阳剧社的

2013金刺猬大学生戏剧节开幕式演出

《再见，旧时光》、中南大学校话剧团的《莱姆病人》、海南大学海棠剧社的《常规与例外》、中国戏曲学院纽带戏剧工作室的《伥鬼》、华南师范大学菁菁剧社的《你是我的一棵树》、长安大学生如夏花话剧社的《玩笑》12部话剧作品，以及北京红丹丹教育文化交流中心心目剧团的盲人文学朗读剧《塞纳河少女的面模》。经过评委会专家评审，《女生禁入》获金刺猬奖，《常规与例外》获得最佳舞台设计奖，《伥鬼》获得最佳形体设计奖，《隔壁病房》获得最佳剧本奖，《额吉》和《你是我的一棵树》获最佳演出奖。

（张燕鹰）

【第四届前门历史文化节】　8月7日～25日，第四届前门历史文化节在前门商业区举行。此次文化节围绕“庆祝北京建都860周年，传承展示前门历史文化，繁荣振兴前门商业经济”的主线，举办了中轴诗会，天街亮宝会，“老字号、新体验”前门购物季，台湾民俗文化展演季，《前门人家》话剧演出，“古韵前门、焕发青春——前门修缮成果展”，“文化东城——东城区老建筑图片展”，“美丽北京——中轴历史文化展”等活动。

（徐　玲）

【首届北京七夕文化节】　8月9日～13日，由北京市委宣传部、首都文明办、通州区委、区政府等主办的“情定运河、梦圆北京”首届北京市七夕文化节在通州区举行。七夕节其期间，共开展了17项活动，包括“七夕歌会”，“相爱运河”婚礼文化展，“大美运河”七夕传统文化展，还制作了3D鹊桥，为单身男女搭建鹊桥相会的平台。

（徐　玲）

【中华世纪坛艺术大家营】　8月10日～18日，由中华世纪坛主办的中华世纪坛艺术大家营在中华世纪坛举办。该活动分为“艺术游戏区”“艺术生活区”和“艺术创造区”，是专为3～12岁的儿童设计的。全部活动均由儿童心理专家针对各年龄段孩子的身心特点，按照“多样化、体验式、娱乐性”的原则进行设计，主题涵盖音乐、美术、文学、手工艺、影视、传统文化等艺术领域。该活动参考了国际流行的青少年营地模式，力图逐步打造成具有国际水

准的少儿体验式艺术教育品牌。

（徐　玲）

【第八届北京公园节】 8月18日~9月28日，由北京市公园绿地协会主办的主题为"美丽公园，放飞梦想"的第八届北京公园节活动在北京100多个公园举行。公园节在百余家公园设立活动咨询台，并举办了"百园千米百万游人签名"活动，即：一百个公园、一千米签名幔帐、百万游人签名，号召和鼓励游客文明游园，共同创建公园美好环境。公园节期间，举办了10项群众比赛：颐和园健步走、天坛公园太极拳、陶然亭公园地书、中山公园太极球、玉渊潭公园健身操、北海公园踢毽子、香山公园登山、景山公园抖空竹、紫竹院公园集体舞、植物园拔河。本届公园节还开展了弱势群体关爱活动。北海公园举行自闭儿童画展，香山公园开展携手盲人登山活动，圆明园全面升级园内的志愿者服务站。市公园管理中心还组织各市属公园免费向郊区共建单位、公园发放游览票，邀请郊区民众到公园参观游览。

（徐　玲）

【第六届北京卢沟晓月中秋群众文化节】 9月17日~21日，由首都文明办、市文化局等单位联合主办的第六届北京卢沟晓月中秋群众文化节在北京多个地点同时举办，共开展了200多项活动。较有代表性的活动有：在月坛公园举办的"月圆中秋，浓情西城"月坛游园赏月活动，内容为舞狮，空竹表演，"非遗"项目展演、展示、互动，中秋月文化展，传统戏曲演出等；在中华世纪坛举办的"诗意中国"世纪坛中秋诗会，内容为朗诵与月亮有关的原创诗歌；在卢沟桥举办的"花好月圆"中秋文化活动，内容为卢沟桥赏月、敬花神、民间花会表演、花车巡游等。此外，还有在首都博物馆、北京石刻艺术博物馆、北京宣南文化博物馆、中国电影博物馆、北京民俗博物馆等举办的博物馆里过中秋活动，以及景山公园的中秋品茗赏月、北海公园的"荡舟赏月"、紫竹院公园的荷花渡游船、香山公园的登高活动和颐和园桂花文化展等"秋夕园梦"中秋主题游园活动。

（徐　玲）

【花乡中秋花卉文化节】 9月18日~21日，2013"花好月圆·花样生活"花乡中秋花卉文化节在北京世界花卉大观园和世界公园内举行。在主会场花乡世界花卉大观园，共举办了各种文化活动16项。除了向每位游客赠送一袋花种外，还为游客提供种花、养花技术咨询，并举办了花卉文化与产业融合发展的研讨会。最具特色的是展示了按照1∶10的比例制作的木质结构的花神庙，举行了敬花神表演，按照请花神、敬花神、宣读注文、撒鲜花4个程序，传播爱花、护花、敬花的理念。在世界公园分会场，进行了环球风情歌舞荟萃、环球风情花车大巡游、非洲土著鼓舞等表演。

（徐　玲）

【"中国梦·家庭梦"中秋分享会】 9月19日，作为2013第十一届北京（第二届国际）图书节的主题日活动之一，由中央人民广播电台文艺之声和北京新闻出版局共同主办的"中国梦·家庭梦"中秋分享会在奥林匹克公园举行。分享会上，电影导演冯小宁、刘小微夫妇，朗诵艺术家瞿弦和、张筠英夫妇，以及歌手胡月，何静母女领衔的明星家庭与五组普通家庭代表同台展示，以小品、朗诵、歌曲等形式讲述了关于幸福、梦想、快乐、感动的家庭故事。五个北京普通家庭的故事是从"中国梦·家庭梦"有奖征文活动中的上千篇征文中遴选出来的，他们中有爱岗敬业的民警家庭、自强自立的盲人家庭、孝老爱亲的知识分子家庭、文化融合的跨国家庭等，每个家庭以不同的方式表达了他们的家庭梦想和对中国梦的理解。

（徐　玲）

【2013北京通州运河艺术节】 9月19日~10月3日，2013北京通州运河艺术节在通州区举办。艺术节包括运河之夜周末场文艺演出、文艺演出进基层、"我的舞台"说唱运河·运河沿线优秀节目展演、"情系运河·圆梦通州"国际歌舞艺术交流晚会、唱响长征组歌、中秋灯会、运河麒麟国际音乐节在内的15项活动，演出134场，参与人数达10万余人。本届艺术节以"传承运河情，构筑通州梦"为主题，强调群众参与性，通过群众喜闻乐见的文化活动，传承文明，全面展示通州"首都城市副中心"的软实力和通州建设现代化国际新城的精神与人文面貌。作为首届北京惠民文化消费季的一部分，艺术节推出多项惠民文化措施。只需5元，群众就可观看最新上映的热门影片。在社区、村庄便可看到专业院团的精彩演出，拥有"想唱就唱、想跳就跳"的舞台。

（徐　玲）

【第十届海淀文化节】 9月22日~11月6日，由海淀区文委主办，海淀区文化馆承办的"为红叶的交响"第十届海淀文化节在海淀区举办。艺术节主题为"锦绣欢歌"，把海淀区"三山五园"的历史文化积淀与基层群众文艺活动相结合，突出群众广泛参与的特点，并侧重了群众文化活动分类赛事的选拔。该活动共分6个板块35项活动，参与群众超过55万人次。第一板块是“历史在这里回旋”大型摄影、展览、艺术沙龙、主题宣讲活动；第二板块是“徜徉于山水之间”文化体验、展演活动；第三板块是“2013缤纷天地”歌舞嘉年华活动；第四板块是“文化惠民暖人心”特别慰问活动；第五板块是“红衣绿袖”戏曲艺术在海淀活动；第六板块是“我是读者我是书”全民读书阅读活动。文化节上，海淀区政府还对44支优秀群众文艺团队进行了命名与奖励。

（徐　玲）

【第二届丰台时尚戏曲文化节】 10月4日~6日，第二届丰台时尚戏曲文化节在万芳亭公园举行。文化节的活动包括：“锣鼓喧天”全市戏曲票友演出邀请赛、“霓裳丽影”时尚戏曲服饰秀、“戏语连篇”戏曲文化展、“梨园经典”传统剧演出、“身临其境”戏曲互动体验活动、“群英荟萃”戏曲大联欢等。京剧、评剧、昆曲、河北梆子的名家名角和戏曲票友演参加了演出。文化节将传统戏曲文化与时尚的多媒体展示相结合，既让热爱戏曲的市民过足了戏瘾，也向不了解戏曲的游客普及了基础常识。

（徐　玲）

【北京市第24届农民艺术节开幕】 10月10日，由中共北京市委宣传部、市委农工委、首都文明办等委办局和13个涉农区县共同举办的北京市第24届农民艺术节在大兴剧院开幕，整个活动一直持续到2014年1月。开幕式上，由大兴区的精品团队进行了表演。首场演出结束后，北京的另外12个涉农区县相继搭起擂台，推出一台台具有当地特色的反映新农村文化建设的群众精品节目专场演出，农民自编自演节目，走上舞台，当主角、展风采。此次农民艺术节主要开展的活动有：2013年度“乡村大舞台”群众文艺会演系列活动、“美丽乡村”文化主题展播系列活动和“美丽乡村”艺术展览系列活动。

（徐　玲）

【2013年北京文化志愿者敬老爱老月】 10月11日，由北京文化艺术活动中心、市文化志愿者服务中心主办，全市21个文化志愿者服务分中心承办的厚德润京华——2013年北京文化志愿者敬老爱老月活动正式启动。在一个月的敬老爱老月活动中，文化志愿者们为全市老人送去慰问演出、公益讲座，并为空巢老人、深居老人、行动不方便的老人们送去“最美夕阳红”主题摄影活动等文化大餐。东城区文化志愿者服务中心为新四军老战士拍摄了生活照，石景山区、房山区、大兴区联合组织文化志愿者开展了敬老月登高活动，密云县文化志愿者在敬老院举行了文艺演出，延庆县为老人们拍摄了全家福照片，燕山文化志愿者分中心组织摄影志愿者为金婚夫妇拍摄了婚纱照。

（徐　玲）

【白庙计划——艺术乡村建设季（第1季）】 10月23日，白庙计划——艺术乡村建设季（第1季）开幕式在通州区白庙老村和艺兵空间举办。“白庙计划”是“白庙艺术互联计划”的简称，由陈晓峰、徐弘滨、长风发起，村民张洁兵为召集人。近百名艺术家在白庙村老村进村200米路面两旁展开了一场用艺术群体的智慧和行动改变乡村的艺术乡村建设活动。开幕活动现场有五个主题活动，即：宋庄自由艺术家展、艺术家个案展、白庙计划文献展、诗歌现场、村民音乐互动现场。在白庙计划实施的30多天时间里，共完成了近80件公共艺术，包括墙绘和装置作品，改造了村口的垃圾问题，对破旧的超市外墙、废品收购站、厕所以及道路两边进行了墙绘，以及公共装置艺术品等，还帮助村民建立了白庙村第一个文献馆。该计划既美化了村里的环境，也让村民感受到艺术的力量。

（徐　玲）

【麦子店第三届国际社区文化节】 10月~12月，朝阳区麦子店街道举办第三届国际社区文化节。此次文化节以“麦 home · dream · 和美家园梦”为主题，共推出体育活动、科教文化、媒体互动三个方面十多个项目，由中外居民共同参与。其中，体育项目有“健康·麦 Home”篮球比赛、亲子趣味运动会、“树下扑克赛”等；科教文板块有汉语讲堂、科技讲堂、亲子讲堂、北京文化讲座、茶文化以及紫砂文化表演展示等活动；通过媒体进行的有“麦 Home 的记忆”短文有奖征文、“我眼中的麦 Home”手机摄影微信展活动。

（徐　玲）

【国际志愿者日北京文化志愿服务主题活动】 12月2日，北京文化艺术活动中心、北京市文化志愿者服务中心联合全市21个文化志愿者分中心在大兴区文化馆举行了“文化感动生活——国际志愿者日北京文化志愿服务主题活动”。活动当天，主办方在现场设置了摄影作品展示区、书法展示区、手工艺品展示区、志愿者招募区等多个活动区域，通过手工艺品及摄影作品展览、写赠书法作品、文艺演出等形式，展示了文化志愿者们创作的各类文艺作品。身着印有“北京文化志愿者”标识蓝色马甲的志愿者在现场与市民互动。此次活动集中体现了北京文化志愿服务的多样性和文化志愿者的风采。

（徐　玲）

演　出

【杨君丽从艺四十年戏曲专场演唱会】　1月16日，由平谷区文联、区文委和区旅游委联合举办的“梨园春秋·杨君丽从艺四十年戏曲专场演唱会”在平谷区文化馆剧场举行。杨君丽是一直活跃在平谷区的资深的戏剧、戏曲演员，2008年组织成立了“绿谷评剧团”，排演了一批群众喜闻乐见的戏剧节目。此次演唱会杨君丽演唱的剧种包括河北梆子、京剧、评剧、豫剧四个剧种，主要节目有河北梆子《龙江颂》选段《望北京更使我增添力量》和《为人类求解放奋斗终身》，以及豫剧《朝阳沟》选段《人也留来地也留》等。500余人观看了演出。

（徐　玲）

【八路军老战士文工团进社区演出】　1月28日，八路军老战士文工团到东城区和平里街道，进行了“爱国主义教育进社区”的首场演出。演出前，放映了该团制作的爱国教育专题片《爱国大业》。演出的主要节目有：合唱《八路军军歌》《南湖的船、党的摇篮》《中国人民志愿军战歌》等不同年代的革命歌曲，京剧演员于兰演唱的京剧《杜鹃山》选段《家住安源》和《穆桂英挂帅》选段《我一人能挡百万兵》，评书表演艺术家刘兰芳表演的评书《民族魂》，曲艺演员杨菲表演的京韵大鼓《重整河山待后生》，相声演员宋德全、王玉表演的相声《姓名研究》，手风琴演员金春实演奏的手风琴独奏曲《斗牛士之歌》等。之后，该团还到朝阳门街道办事处等社区进行了演出。

（徐　玲）

【八路军老战士文工团进校园演出】　4月15日，“爱国教育进校园”八路军老战士文工团巡回文艺演出在北京市第二十七中学举行。演出前，放映了该团制作的爱国教育专题片《爱国大业》。演出的主要节目有：刘兰芳的评书《民族魂》、于兰的京剧《家住安源》、种玉杰的京韵大鼓《重整河山待后生》、金春实的手风琴《名曲联奏》，齐唱《没有共产党就没有新中国》等。

（张燕鹰）

【第九届中国（北京）国际园林博览会文化演出活动】　5月18日~11月18日，第九届中国（北京）国际园林博览会在丰台永定河畔举办。在此期间，园内设6个演艺广场，共举办5大类21项文化活动，累计演出1200余场次，28个国家、48个城市派出演出团队参加活动，天天有演出，直接参与表演人员4.5万人次，演出文艺节目7400场次。此外，还有以文化广场舞台演出为主的花车巡游、区县文化日、城市周等活动。

（徐　玲）

【唱响强军战歌主题歌咏会】　7月31日，为庆祝中国人民解放军建军86周年，唱响强军战歌主题歌咏会在二炮机关礼堂举办。来自二炮政治部文工团和驻京部队180多名官兵表演了19个节目。其中既有《练为战》《女兵谣》等全军官兵统一学唱的队列歌曲，也有《我们的杀手锏》《出征》等二炮部队特色曲目；既有《七律·长征》《大刀向鬼子头上砍去》《人民解放军占领南京》等红色经典老歌，也有《点火》《强军战歌最嘹亮》《强军路上大步走》等新创曲目。现场千余名官兵还共同演唱了《强军战歌》。整台歌咏会鲜明体现了唱响强军战歌、献身强军实践的主题。

（徐　玲）

【首都老干部2013老年节音乐会】　10月10日，由中共中央组织部、解放军总政治部、中共北京市委主办的“同心共筑中国梦”——首都老干部2013老年节音乐会在国家大剧院举行。整场音乐会以老人演、老人看为特色，全国人大常委会、中组部、北京军区、北京市老干部活动中心等单位老干部业余合唱团与吴碧霞、拉苏荣等专业歌手同台演唱了《祖国给我理想》《南泥湾》《革命人永远是年轻》等近30首深受老年人喜爱的歌曲。

（徐　玲）

【小井隆韵戏迷社演出京剧大戏《八珍汤》】　11月11日，由小井隆韵戏迷社表演的全本京剧大戏《八珍汤》在卢沟桥乡小井村上演，台上进行唱、念、做、打表演的，是小井村的普通村民。该村的戏迷社成立13年以来，从最初的不到10人发展到40多人，是北京知名的票友戏迷社。

（徐　玲）

展　览

【中央国家机关干部职工摄影作品展】　1月5日~7日，由中央国家机关工会联合会主办的“科学发展、岗位建功”——中央国家机关干部职工摄影作品展在中国人民革命军事博物馆展出。展览展出的300幅（组）摄影作品分为“科学发展”“岗位建功”“繁荣文化”“和谐社会”“美丽中国”5个篇章。作品出自57个国家部委干部、职工之手。

（吴赣生）

【“北京精神”群众摄影文化活动优秀作品摄影展】　2月5日~5

月19日，由中共北京市委宣传部、北京市人民政府主办的“美丽北京”——“北京精神”群众摄影文化活动优秀作品摄影展在首都博物馆展出。展览展出的340余幅摄影作品分为“美丽爱国情怀”“美丽创新品质”“美丽包容心态”“美丽厚德风尚”和“外国友人眼中的‘北京精神’”5个部分。此次群众摄影文化活动自2012年启动以来，近1年的时间，总共收到来自社会各界的摄影作品4万余幅，其中包括来自63个国家的外国友人拍摄的作品3700余幅。这次摄影活动评出一等奖5名、二等奖10名、三等奖20名、优秀奖300名、最佳光影故事奖10名。

（吴赣生）

【“永远的雷锋”大型主题展览】 3月4日~20日，由首都精神文明建设委员会主办，中共北京市委宣传部、首都文明办、中国摄影家协会、中国社会福利基金会学雷锋基金管委会和北京歌华文化发展集团共同承办的“永远的雷锋”大型主题展览在中华世纪坛举办。此次展览由“光辉榜样，时代楷模”和“身边雷锋·最美北京人”两部分组成。第一部分展出雷锋生平事迹及典藏实物，第二部分展出雷锋式的模范人物形象，也展示了来自普通百姓的“身边的雷锋”。共有14.4万人参观了展览，8672人通过实名注册的方式加入了学雷锋志愿者的队伍，观众留言8757条。

（徐　玲）

【“音画梦想坊”儿童摄影展】 3月24日，由雨枫书馆、新华社摄影部中国室党支部、木兰社区活动中心主办，音画梦想坊承办的“儿童摄影展览暨摄影画册”发布会在崇文门新世界女子百货的雨枫书馆举办。展览照片来自于一群平均年龄10岁的孩子，他们在北京昌平区北七家镇东沙各庄村生长，而家乡却在五湖四海。2011年9月，在东沙各庄村的木兰社区活动中心开设了一门摄影课程，二十余个孩子自愿报名，每周日上午拿到相机，根据不同主题进行创作，他们已累计拍摄1万余幅照片。为孩子们开设摄影课的是名为“音画梦想坊”的公益项目。

（吴赣生）

【朝阳巧娘400件作品在潘家园展出】 5月10日~17日，为迎接“5·15”国际家庭日到来，由朝阳区妇联与北京潘家园国际民间文化发展有限公司联合举办的第二届朝阳区家庭文化节“巧手扮靓生活”巧娘作品展在潘家园旧货市场现代收藏大厅举行。展出的400件作品全部来自于朝阳区四十多个街道和社会单位的巧娘之手，展品种类涉及布艺、珠绣、刺绣、手工编织、雕塑、纸艺、绢花、蕾丝花、堆绣、烙烫、剪纸等十余类。除展品外，展览期间每天都有巧娘现场进行手工制作表演，可供手工爱好者学习和交流。

（徐　玲）

【“亲历与见证”主题摄影展】 5月17日~26日，由景山街道工委、街道办事处、中国美术馆公共教育部主办，景山街道团工委、文明办、宣传部、文教卫体科、智慧大家园·社区青年汇承办的“亲历与见证——中国梦·景山情”主题摄影展在中国美术馆展出。展览展出的60幅摄影作品及反映景山历史遗存的16幅老照片由“中国美术馆风采”“景山历史风韵”“人文景山风情”“文明景山风貌”4个部分组成。这些作品全都是由社区居民、社会单位和民间摄影爱好者拍摄，让民间摄影作品进入中国美术馆展出尚属首次。

（吴赣生）

【北京电影学院老年摄影展】 5月20日~31日，由北京电影学院老年摄影协会主办，学院离退休办公室支持的“中国梦”——北京电影学院老年摄影展在学院A楼一层展厅展出。展览展出的170幅作品，是由25位退休老者拍摄的。

（吴赣生）

【中小学生摄影展】 5月30日~6月12日，由北京校外教育协会主办，北京市朝阳区三里屯小学（北京儿童摄影学校）承办，首都博物馆、北京少年报社等单位支持的“美丽北京，圆梦中国”2013年北京阳光少年文化节中小学生摄影作品展在首都博物馆展出。展览展共出了157幅作品。

（吴赣生）

【“放飞艺术梦想，成就幸福童年”书画作品展】 5月31日~6月8日，北京艺术博物馆与育英学校小学部共同举办的“放飞艺术梦想，成就幸福童年”书画作品展在北京艺术博物馆展出。展览展出的40余幅作品，有书法、国画、素描、水彩等，都是由育英学校美术教研组老师从众多学生作品中精选出来的。

（徐　玲）

【昌平农家妇女村中自办画展】 10月10日，昌平区流村镇南流村举办了一场特殊的画展。近百幅参展作品，全部来自该村张秀芬、周春玲、彭淑荣、李凤兰4名农家妇女之手。展出的作品既有临摹林风眠的《双鹭》、徐悲鸿的《立马图》、宋人的《桑果山鸟图》等名家的作品，又有村民自家院里的磨盘盖柿，房前屋后的绿柳雏菊，闲步村中的猫、狗、鸡、鸭。这4名妇女平均年龄在60岁以上，是村里的退休职工林唯真2011年自发创办的“仰山堂”农民画室的首批学员。

（徐　玲）

【北京通州老年书画艺术、文化养生作品展】 11月11日～12月6日，由通州区老干部局主办，区老年书画研究会承办的北京通州老年书画艺术、文化养生作品展在通州区老干部局举办。此次作品展共展出作品170件，其中，书法作品84件、绘画作品86件。展出的作品是专家从300余幅书画中遴选出来的。

（徐　玲）

【特殊儿童美术作品展】 12月3日，由中国美术家协会少儿美术艺术委员会、北京市朝阳区文化馆主办，北京市晨光脑瘫儿童康复中心、东城区少年宫、朝阳区文化志愿者服务中心等单位承办的“生命的痕迹”特殊儿童美术作品展，在朝阳区文化馆举行。在展览开幕式上，10名脑瘫儿童吃力地用手语表演了歌曲《感恩的心》，以此表达对长期关爱和帮助他们的社会志愿人士的感谢。此次展览展出的100余幅画作均出自北京市晨光脑瘫儿童康复中心脑瘫患儿之手。

（徐　玲）

【2013北京市群众美术、书法、摄影大赛作品展】 12月18日～22日，由北京市文化局主办，北京文化艺术活动中心承办的“影像北京——共筑中国梦”2013北京市群众美术、书法、摄影大赛作品展在首都图书馆新馆展览厅举行。该展览是北京文化艺术活动中心在全市群文系统美术、书法、摄影工作者和爱好者中征集以“建设美丽北京、共筑中国梦”为主题的近年原创作品，并在参赛作品中遴选出100幅余美术、书法、摄影获奖作品进行展出。此次作品展展现了北京的山水和人文风貌。大赛共评出9名一等奖、15名二等奖、24名三等奖和7个组织奖。

（徐　玲）

【社区摄影展】 12月25日～31日，由西城区白纸坊街道崇效寺社区举办的“社区摄影展”在崇效寺社区活动中心展出。展览展出的32幅摄影作品全部由社区居民中的摄影爱好者拍摄。

（吴赣生）

校园文化

【东直门中学举办首届“传统文化校园日”活动】 4月17日，东直门中学举办首届“传统文化校园日”活动，校方请来的北京民间技艺师傅在展示各自技艺的同时，还指导学生体验了雕漆、料器、泥塑、糖画等的传统制作工艺。

（徐　玲）

【儿童环保舞剧《羚羚的故事》演出】 5月31日，为庆祝“六一”儿童节，由北京市海淀区万泉小学师生策划，该校学生舞蹈团、合唱团、武术团共同参与的儿童环保舞剧《羚羚的故事》在国安剧院演出。该剧表达了人与自然和谐共处、共建美好家园的主题。故事的主人公是只藏羚羊“羚羚”，它生活在可可西里草原上，过着自由自在的生活。一天，偷猎者的枪声打破了草原的宁静，数万只藏羚羊遭到猎杀。羊妈妈带着羚羚背井离乡，然而路上遇到沼泽，为了让孩子们安全渡过，羊妈妈们毅然地跳了进去，搭起生命之桥。这时，一名藏族少年出现了，搭救了小羚羊们。羚羚渐渐长大，已经成为孩子的妈妈了，国家保护藏羚羊的举措也实施了，草原上又出现了勃勃生机。

（郭　涛）

【中关村二小金帆交响乐团赴美演出】 7月20日，中关村二小金帆交响乐团在美国莫德斯音乐厅举行演出。当晚孩子们演出了《天空之城》《加勒比海盗》等经典曲目。

（乐　工）

【北京五中专场音乐会】 9月7日，北京市第五中学建校85周年、北京五中分校建校15周年校庆音乐会在中山公园音乐堂举办。音乐会由北京五中金帆民乐团、北京五中分校合唱团，北京五中风鹏男声合唱团以及五中分校初三年级（十一）班的班级合唱团共同演出。五中的新老毕业生、在校师生共1000多人，一起参加了这场全部由学生自己编排演出的音乐会。

（徐　玲）

【景山学校排演英文音乐剧】 9月13日～15日，北京景山学校在北京保利剧院连续演出五场英文音乐剧《绿野仙踪》。该剧专门聘请空政话剧团的导演团队，同时安排学校英语、音乐及舞蹈教师共同对学生进行培训。北京景山学校小学二年级到高中三年级共150余名学生参与了演出。

（徐　玲）

【实验中学开设评书课】 2013年秋季学期，北京师范大学附属实验中学开设评书选修课，目的在于探索一种学生乐于接受的传承传统文化的学习形式。该课教师校内美术老师吴荻是评书票友，曾拜评书表演艺术家连丽如为师，2007年起尝试进书馆说书。评书课是允许高一和初二两个年级开设的选修课。

（徐　玲）

【北京五中合唱节】 12月3日，以“班歌嘹亮、自主原创”为特点的“唱响青春的旋律——北京市第五中学第十届校园合唱节”在东城区图书馆影剧院举办。合唱节上演唱的各班班歌都是由学生们自己谱曲、填词完成的。

（徐　玲）

【培新小学2014年新年音乐会】 12月29日，东城区培新小学“2014年新年音乐会”在中山公园音乐堂举行。该校“竹娃”管乐团的150名小演员为师生、家长及来宾演奏了《早安老师》《二泉映月》《七侠荡寇》《五声神韵》等17首中外名曲。其中B团最小的乐手还不到8岁，学习管乐还不到一年的时间。

（乐　工）

民俗活动

【2013年小年文化庙会】 2月3日~5日，由历代帝王庙博物馆和西城区文物研究所共同主办的“2013（癸巳）年小年文化庙会”在历代帝王庙博物馆举办。庙会期间，可以免费领取到春联、糖瓜儿、灶王爷画像等“京味儿”十足的礼物，还有敲钟祈福、敬香纳祥、姓氏寻宗、“非遗”展示、花会表演和庙会文化专题展、历代帝王庙首届水仙文化展等活动。

（徐　玲）

【第28届北京地坛庙会】 2月9日~16日，第28届地坛春节文化庙会在地坛公园举行。庙会中既有“仿清祭地”表演仪式，北京杂技、“天桥式”摔跤、民族风情演出和戏曲、相声演出，还推出了图文并茂的展示天坛、地坛、日坛、月坛等坛庙的珍贵图片和历史资料的“北京坛庙文化展——天地日月”，以及展示能演奏优美旋律的景德镇青花瓷乐器的“景德镇青花瓷艺术展”，并与中国邮政合作，推出百元爱心包裹捐助贫困学生宣传活动。

（徐　玲）

【2013年春节厂甸庙会】 2月10日~14日，2013年春节厂甸庙会在东、西琉璃厂和陶然亭公园同时举办。东、西琉璃厂是厂甸庙会的文市区，陶然亭公园是厂甸庙会的民俗区。此次庙会的主题是“启迪千年文化，传承传统精品”，主要活动有陶然之星表演、“非遗”产品制作展示、民俗表演以及商品展示等，同时厂甸庙会三大传统代表风车、空竹、糖葫芦的元素也得到了充分体现。

（徐　玲）

【北京图书大厦第三届春节文化庙会】 2月10日~14日，“畅游书海、文化过年——北京图书大厦第三届春节文化庙会”在北京图书大厦举办。庙会期间，开展了“写春联 送福字”、风筝制作工艺体验、软陶雕塑体验、雕版印刷展示、自由漫画创作、金漆镶嵌宫廷艺术讲座和非物质文化遗产展卖等主题活动。

（徐　玲）

【第十五届北京东岳庙春节文化庙会】 2月10日~15日，第十二届北京民俗文化节暨第十五届北京东岳庙春节文化庙会在北京东岳庙举办。本届庙会主题为“逛东岳庙会、品民俗风情、祈国富民安”。由高跷走兽现京城、幡鼓齐动十三档、袖珍演员秀影戏、祈福迎祥过大年、祭祀仪式祈祥瑞、民间童玩游乐汇、民俗展览忆往昔、东岳论坛话“礼仪”、东岳讲堂传文化、少年书春送祝福十个板块组成。其中，高跷走兽是由山西省稷山县清河镇阳城村高跷走兽社火队伍进行的展演。

（徐　玲）

【第四届圆明园皇家庙会】 2月10日~15日，2013第四届圆明园皇家庙会在圆明园举办。本次庙会的主题为“最炫民族风、爱聚圆明园”。主要活动有宫廷歌舞表演、皇家冰嬉表演、“非遗”文化展演、游戏嘉年华、猜灯谜和电影《十二生肖》道具“十二兽首”展等活动，并布置了“皇家买卖街”，游客可兑换特别定制的铜钱“圆明通宝”进行消费。

（徐　玲）

【第五届新春文化庙会】 2月17日~24日，第五届新春文化庙会在中华民族艺术珍品馆举办。此次庙会以“活态传承”为核心理念，在1000平方米的展厅中，多位民间工艺美术大师现场演示了他们各自掌握的绝技。演示项目包括：葫芦烙画、葫芦雕刻、剪

第十二届北京民俗文化节暨第十五届北京东岳庙春节文化庙会

纸、面塑、毛猴、料器、内画鼻烟壶、风筝、中国结、绘画等。

（徐　玲）

【延庆元宵节花会展演】　2月24日，延庆县2013年“果园老农杯”元宵节花会展演在延庆县城举行。本届元宵节花会展演以“魅力妫川荟萃传统文化，美丽延庆展示北京精神”为主题，从延庆全县15个乡镇、3个街道400余档花会队伍中选拔出了36档花会、共1400人的队伍在1.8公里的表演路段上进行了展演。经过评选，利民街的九只船、石佛寺的舞龙获最佳表演奖；大营的满族高跷、老银庄的九只船、北红门的舞狮、新庄堡的高跷获优秀表演奖；南关村的竹马、新兴东社区的长扇灯笼舞、永安社区的“五谷丰登闹元宵”、振兴南社区的“激情红绸”、河南村的高跷、刘斌堡村的九只船获表演奖，其余24档花会均获组织奖。

（徐　玲）

【2013年秋歌花会进城大拜年活动】　2月24日，平谷区第三届中国乐谷欢乐节暨2013年秧歌花会进城大拜年活动在平谷区举办。花会表演由“欢乐平谷”“美丽平谷”和“幸福平谷”三个部分组成，平谷各乡镇、单位和来自亚洲、非洲、欧洲的一些国家，以及京、津、晋、冀、内蒙古五省市和平谷周边区县的60支优秀花会秧歌和巡游表演队伍，共5000余名演职人员在26辆彩车的引领下进行了盛装行进表演。

（徐　玲）

【龙潭地区文化大集】　4月22日，龙潭地区文化大集暨纪念北京建都860周年高潮日活动在百工坊院内启动，居民在参观、互动中体验“京味儿”文化。“非遗”传承人现场表演传统工艺，居民还可以体验捏泥人、编中国结等手工制作。

（徐　玲）

【老北京民俗表演】　7月23日，北京东城区铃铛胡同的京城老物件陈列室举行了5周年庆祝活动。活动当天，全体演出人员身穿百年以上的大褂、手拿道具进行了一场老北京民俗表演，各种吆喝声此起彼伏，将老北京传统民俗特色展现得淋漓尽致。

（徐　玲）

【首届民间传统文化艺术节】　11月1日～3日，京城百工坊举办首届民间传统文化艺术节系列活动。该活动包括多位国家级“非遗”传承人新作首次亮相、百工坊“非遗”项目技艺传习所正式揭牌、“非遗”大师手工技艺表演，亲自互动手工技艺体验、景德镇瓷器展销等。文化艺术节上展示了近百件国家级、市区级工艺美术大师优秀作品，国家级雕漆技艺“非遗”传承人殷秀云的12寸雕漆盘《春晓》、国家级象牙雕刻技艺“非遗”传承人孙森的圆雕《举头闻鹊喜》、国家级花丝镶嵌技艺“非遗”传承人程淑美的银镶翡翠花丝如意《盛世永年》、国家级抽纱技艺“非遗”传承人崔洁的丝绫堆绣《八十七神仙卷》、国家级象牙雕刻技艺“非遗”传承人王树的文花丝镶嵌多宝捧盒《龙凤福喜》、国家级景泰蓝制作技艺“非遗”传承人张同禄的景泰蓝《龟寿盒》、国家级北京内画鼻烟壶技艺“非遗”传承人刘守本的水晶内画炉《群仙祝寿》、国家级北京料器技艺“非遗”传承人邢兰的香料器《年年有鱼》、市级工艺美术大师苏然的墨碧玉《大鹏展翅》、市工艺美术大师杨宝忠的作品《白玉花篮》、北京民间工艺大师徐阳的剪纸《百工十年》等。

（徐　玲）

赛　　事

【2012北京群众文化论文颁奖】　3月20日，首都公共文化工作会议暨2012北京群众文化论文颁奖会在北京文化艺术活动中心召开。会上颁发了“村级文化建设与公共文化服务体系构建”全国群众文化2012年度论文评选奖：北京文化艺术活动中心徐玲的论文《公共文化数字化建设：直面城乡现实，跨越数字鸿沟》获二等奖；海淀区文化馆张雪薇的论文《创新基层公共文化服务方式，探索北京市村级文化建设新思路》，西城区文化馆（北馆）周咏梅的论文《城市公园中的群众文化现象思考与探讨》，延庆县文化馆郭延辉的论文《关于公共文化服务体系下村级文化建设的若干研议》获三等奖。北京市参加“群星璀璨20年”全国群文征稿获奖者共7人，其中北京文化艺术活动中心徐玲的《符合特点 鼓励创新 理论建设——对群星奖奖项设置的建议与思考》获一等奖。2012北京群众文化论文共23篇论文获奖，其中徐玲、张雪薇的论文获一等奖。会上还颁发了北京市获天津市第二十一届“东丽杯”征文获奖名单，东城区第二文化馆杨建业获单篇散文类三等奖。

（徐　玲）

【“北京精神给我力量”系列文化活动颁奖】　4月22日，“北京精神给我力量”系列文化活动颁奖晚会在东城区文化馆举行。该活动由北京市委社工委、市总工会主办，劳动人民文化宫承办，包括原创歌曲创作演唱比赛、诗文创作朗诵比赛、曲艺小品创作表演比赛及基层文艺展示。最后评选出《北京精神给我力量》《我爱北京》《学做雷锋》等15首作品获优秀创作歌曲。诗文创作比赛共收到反映当代现实生活的小说、散文、诗歌等百余篇作品，11部曲艺小品进入决赛。颁奖晚会上，演唱了歌曲《学做雷锋》《京华彩瓷》，表演了舞蹈《盛世欢歌》，小品《北京力量》和杂技《扫帚情怀》等节目。

（徐　玲）

【劲松街道百姓大舞台总决赛】 5月25日，朝阳区劲松街道百姓大舞台总决赛在劲松电影院举行。该赛事从2012年5月26日开始海选，是由社区百姓参加、展现市民才华的草根文艺活动。经过海选和社区选拔赛、晋级挑战赛，最终有17名选手入围年度总决赛，3位普通居民分获冠军、亚军和季军。

（徐　玲）

【“爱我家、唱我家，我的北京我的家”大型群众歌曲演唱电视竞赛】 5月26日，由中共北京市委宣传部主办，北京市文化局和北京电视台共同承办的“爱我家、唱我家，我的北京我的家”大型群众歌曲演唱电视竞赛总决赛暨颁奖典礼举行，曲迎春凭借演唱《你去飞》，以及和中国三大男高音之一的戴玉强导师合唱的《告别时刻》两首歌曲，获得本次大赛第一名，释小虎获第二名，肖大可获第三名。

（徐　玲）

【第二届巾帼健身风采展示活动】 6月15日，由北京市妇女联合会、北京妇女儿童发展基金会与宝健（中国）日用品有限公司携手举办的“宝健健舞，舞动梦想——第二届巾帼健身风采展示活动”结束。北京市大兴区的中国运载火箭研究院长征艺术团获一等奖，黑龙江省哈尔滨市龙艺歌舞团获二等奖，河北省石家庄市宝力舞蹈队获三等奖，北京市朝阳区高娃舞蹈艺术团、内蒙古包头市迎宾社区舞蹈队获四等奖，另有8支队伍获优秀奖。全国有17个省市、超过1000支舞蹈队伍报名参赛，过万人参与其中。

（徐　玲）

【2013年北京合唱节合唱比赛】 6月15日～22日，2013年北京合唱节合唱比赛在中国音乐学院国音堂举行。6月15日～16日进行初赛，6月22日进行决赛。进入决赛的合唱团共50个，包括小合唱9个团队，成年组8个团队，老年组33个团队。最终，华北电力大学蓝色动力合唱团、金隅合唱团获成年组金奖；北京海燕合唱团、北京十六分音符合唱团获小合唱组金奖；北京东城第二文化馆华风合唱团、北京非常组合男声合唱团、石景山文化馆金声合唱团、北京秋之韵合唱团、北京盛锡福亚奥女子合唱团获得老年组金奖。

（张燕鹰）

【“鼓舞喧天”全国鼓舞邀请赛】 6月19日～21日，“鼓舞喧天”全国鼓舞邀请赛在大兴区南海子郊野公园举办。来自山东、山西、河南、安徽、吉林、广西等地的11支鼓舞代表团队同台竞技。经过激烈角逐，来自北京的门头沟京西太平鼓艺术团凭借《鼓舞太平》获得了“鼓舞喧天”全国鼓舞邀请赛“金鼓奖”。本次邀请赛还设置了“特色奖”，山西《翼城花鼓》获“欢乐之鼓”称号，安徽花鼓灯《欢腾的故乡》被赞为“神奇之鼓”，北京八角鼓《南海回声》则被称为“梦想之鼓”。

（徐　玲）

【北京阅读季评选出阅读示范社区】 7月5日，由北京市新闻出版局主办的第三届北京阅读季“北京市阅读示范社区”评选结果公布。十个阅读示范社区分别是：朝阳区豆各庄万科青青家园、海淀区橡树湾社区、昌平区回龙观社区爱丁岛、大兴金地格林小镇、朝阳区国贸社区时尚廊、悠贝亲子图书馆、绿孩子、皮卡书屋、朝阳区建外SOHO社区（蒲蒲兰绘本馆）、海淀区曙光街道诚品建设社区。

（徐　玲）

【第十届景山合唱节】 7月13日，由北京文化艺术活动中心、西城区文化委员会、北京景山公园联合举办的第十届北京景山合唱节评选结果揭晓。本届合唱节设有功勋奖和新星奖两大类奖项。功勋奖是在进入2012年北京景山合唱节决赛的12支团队中评选出一、二、三等奖，新星奖是在新报名的团队中筛选出12支优秀合唱团进入决赛。获得功勋奖各奖项的团队分别是：东城区第二文化馆华风合唱团获一等奖；北京友谊合唱团、西城区春之声合唱团获二等奖；中国科学院合唱团、北京好利来合唱团、北京非常男声组合获三等奖；金融街合唱团等6支队伍获优秀奖。获得新星奖各奖项的团队分别是：金融爱乐合唱团、北京海燕合唱团获一等奖；军星爱乐合唱团、四五六合唱团、北京春之声合唱团、北京亚奥女子合唱团获二等奖；首钢老干部合唱团、爱乐女合唱团、西城区残疾人合唱团、北京秋之韵合唱团、北京布谷鸟合唱团、牛街民族之声合唱团获三等奖；北京月坛乐之上等5支队伍获优秀奖。

（徐　玲）

【第七届“小荷风采”全国少儿舞蹈展演】 7月25日～31日，由中国文联、中国舞协主办的第七届“小荷风采”全国少年儿童舞蹈展演在清华学堂举行。来自全国各地的 137 个作品、4000 名少年儿童进行了 5 场展演活动，展示了少儿舞蹈创作方面的成果。展演最终评选出了“小荷新秀”“小荷之星”“优秀编导”“最佳编导”“优秀组织奖”“特殊贡献奖”6 个奖项。

（郭 涛）

【第七届北京家庭才艺大赛】 9 月 21 日，由市文化局等单位主办，北京青年宫等单位承办的“我的北京我的家——第七届北京家庭才艺大赛”在世纪剧院举行颁奖晚会。此次大赛分为舞蹈、器乐、声乐、综合 4 个艺术类别，21 个节目最终获奖。通州区选送的三姐妹演唱的《含苞欲放的花》获声乐类一等奖；东城区推荐的原创作品《奔腾变奏曲》获器乐类一等奖；全家参与大秀绝活的《开路飞叉》《中华神韵》获综合类一等奖；舞蹈类一等奖空缺。

（徐 玲）

【第六届“中复杯”舞蹈普及推广赛】 10 月 12 日，“追梦之舞、旋舞朝阳‘中复杯’舞蹈普及推广赛”在朝阳体育馆举行。此次活动，由组织动员、舞蹈培训普及推广、初赛、决赛、群众舞蹈展演 5 个环节构成。来自全区街道、农村地区、委办局、企事业单位和社会团体等方面的 55 个单位、61 支队伍、1310 人参加比赛。经过初赛、决赛，评出特等奖 1 名、创编奖 2 名、一等奖 3 名、二等奖 7 名、三等奖 13 名、优秀组织工作奖组织工作奖及特别支持奖若干名。

（徐 玲）

【怀柔区举行万人广场舞大赛】 10 月 15 日，2013 年怀柔区万人广场舞决赛暨颁奖总结在怀柔体育馆举办。怀柔区各乡镇、街道共有 41 支舞蹈队参加决赛，参赛队员人数近千人。比赛分山区组和平原组进行。通过激烈角逐，渤海镇南冶村舞蹈队、杨宋镇一队、泉河街道三队等 7 支代表队获一等奖。怀柔区万人广场舞大赛是该区创办的区域性大型群众性文化活动。

（徐 玲）

【北京市健身腰鼓大赛暨第五届“白纸坊杯”健身腰鼓邀请赛】 10 月 18 日，由北京市体育局社会体育管理中心、西城区体育局、白纸坊街道联合主办的北京市健身腰鼓大赛暨第五届“白纸坊杯”健身腰鼓邀请赛在大观园举办，来自北京市 14 个区县的 39 支腰鼓队、700 余名腰鼓手进行了比赛。经过一整天的激烈比赛，最终海淀区西北旺镇腰鼓队、昌平区回龙观文化中心腰鼓队获得规定套路一等奖；西城区展览路腰鼓队、东城区景山街道社区艺术团等 6 支腰鼓队获得了自选套路的一等奖。

（徐 玲）

【2013 年奥运社区大舞台时尚流行舞大赛】 11 月 16 日，由奥运村街道等主办的 2013 年奥运社区大舞台时尚流行舞大赛在解放军 306 医院进行。从 16 个区县近百支队伍中脱颖而出的 12 支中老年队伍闯进决赛，角逐流行舞冠军。最终，石景山区文化馆金枫舞蹈团凭借《映山红 · 记忆》夺冠。

（徐 玲）

【2013 北京市群众文化论文颁奖】 12 月 4 日，北京文化艺术活动中心在昌平区召开《首都公共文化》年度会议和北京市群众文化论文颁奖会议。向“城镇化进程中的文化建设”北京市和全国群众文化 2013 年度论文评选的获奖者颁发了获奖证书。2013 年的群众文化论文评奖活动共收到论文 33 篇，有 26 篇论文获得了市级不同奖项，北京文化艺术活动中心徐玲、海淀区文化馆张雪薇、石景山区文化馆苗天娥的论文获一等奖。北京市有 4 篇论文获得国家级奖项，其中，徐玲的《浅析我国城镇化进程中农民工文化服务与文化建设》获一等奖，海淀区文化馆张雪薇的《以民为本 开拓创新 探索北京市城镇化进程中文化建设新思路》获二等奖，东城区第一文化馆王敏的《加强城镇化进程中文化建设与保护的思考和建议》、丰台区文化馆马海晶的《“都市放牛”——城镇化进程中的文化之路》获三等奖。

（徐 玲）

【京、津、沪、渝“都市风采”器乐大赛（北京赛区）】 12 月 8 日，由北京文化艺术活动中心、北京音乐家协会联合主办，北京市西城区文化馆二馆承办的京、津、沪、渝“都市风采”器乐大赛（北京赛区）在北京市鑫融剧院落下帷幕。本次大赛自 10 月起，共吸引了来自全市各区县、乡镇、街道、社区的数千名器乐爱好者报名参赛。《龙腾虎跃》《鸟语虫鸣》《我的北京我的家》等节目分别获得少儿组、成人独奏组和合奏组的金奖，《云之南》《江河水》《茶马古道》等节目分别获得少儿组、成人独奏组和合奏组的银奖，《童锦幻想曲》等 21 个节目获得铜奖。《在北京的金山上》获得了特别表演奖。16 个区县文化馆获得优秀组织奖。

（徐 玲）

【“美丽北京 · 你好丰台”2013 年原创歌词评选】 12 月 11 日，由北京作家协会、北京音乐家协会、北京戏剧家协会、丰台区文联共同主办，丰台区作家协会、区音乐舞蹈家协会、区戏剧协会承办的“美丽北京 · 你好丰台”2013

年原创歌词评选工作结束。该项活动以“美丽北京·你好丰台”为主题，自8月15日起向社会公开征稿起，至10月20日截稿，共收到来自全国27个省、市、自治区200多名专业、业余歌词创作者的400余篇作品。经过为期一个月的评选，最终评选出20首获奖作品。安徽省词作者陈善友的作品《卢沟月》获得一等奖，湖北省黎长墝的作品《卢沟晓月》等3部作品获二等奖，北京市丰台区马海晶的作品《丰台摇篮曲》、北京市朝阳区祁建的作品《怎能叫我不感动》以及其他4部作品获三等奖，另有10部作品获优秀奖。

（徐 玲）

【首届“京剧启蒙、国粹传承”节目展演】 12月11日～12日，由市文联、北京少儿京昆艺术教育学会主办，北京电视台《国粹生香》栏目、北京戏曲艺术职业学院、北京长安大戏院协办的“中国梦·乐在社区”之首届“京剧启蒙、国粹传承”节目展演在长安大戏院举办。东城区少年宫、西城区少年宫、中国人民大学附属小学、官静艺术团、本真双语艺术幼稚园、本真培训学校等学校和培训机构的50多个孩子为观众奉献了18段京剧唱段表演。中关村一小、本真双语艺术幼稚园、江苏省沭阳东关实验小学等14个学校被评为京剧启蒙教育先进集体，沈长春、陈秀华等33名教师被评为先进个人。

（徐 玲）

【“艺韵北京”北京市曲艺大赛】 12月13日，由北京文化艺术活动中心、北京市曲协共同主办，各区县文委、文化馆协办的“艺韵北京”北京市曲艺大赛总决赛在鑫融剧院举行。参加此次比赛的600多支团队来自全市各区县、街道、乡镇、社区，参赛作品包括“诵说类”“鼓曲类”两大类别，涵盖相声、评书、快板、快书、京韵大鼓、京东大鼓、梅花大鼓、西河大鼓、单弦、河南坠子、琴书等诸多艺术类型。张硕表演的评书《桃花庄》等3个节目获颂说类一等奖，绳宝珍表演的鼓曲《一分钱一两米》等3个节目获鼓曲类一等奖。

（徐 玲）

【2013年北京市群众艺术精品展演及表彰活动】 12月21日，由北京市文化局主办的群星璀璨耀京华——2013年北京市群众艺术精品展演及表彰活动在首都图书馆大剧场举行。展演活动展示了在“群星奖”“舞动北京”舞蹈大赛等活动中涌现出的多部优秀群众文艺作品。展演过程中，还穿插进行了多个群众文化项目的表彰颁奖活动。受到表彰的有：朝阳区文委、大兴区文委、房山区文委、东城区文委、密云县文委、延庆县文委、平谷区文委、海淀区文委获2013年北京市公共文化服务工作“突出贡献奖”；西城区文委、丰台区文委、石景山区文委、通州区文委、顺义区文委、昌平区文委、怀柔区文委、门头沟区文委获公共文化服务“贡献奖”；北京文化艺术活动中心的“春雨工程——2012年新疆和田市文工团进京培训”、朝阳区文化馆的“肩并肩农民工志愿工程”、顺义区文化馆的“文化公益大讲堂”、怀柔区文化馆的“文化志愿者义务辅导站网络建设”、房山区文化馆的“文化志愿者5285工程”被评为“文化志愿者基层服务年”示范项目；首都图书馆的“播撒幸福的种子”讲故事志愿者杨子湘、东城区文化馆（二馆）快板沙龙负责人李世儒、海淀区文化馆舞蹈队队员马崇阳被评为优秀文化志愿者。朝阳区获首批国家公共文化服务体系示范区称号，东城区、大兴区的两个项目获国家公共文化体系示范项目称号。同时，活动还表彰了北京市在全国第十六届“群星奖”中获得的奖项。作品类有：大兴区的舞蹈《都市白领》《新居》，朝阳区的舞蹈《青春的记忆》，房山区的小品《伟大的青春》，平谷区的小品《乐谷之声》。项目类有：朝阳区的“社区一家亲”文化活动，房山区的“文化周末大舞台”品牌系列文化活动，密云县的“暖心工程”，延庆县的“端午文化节系列群众文化活动”。获得“群文之星”称号的有：西城区文化委员会副主任兼西城区文化馆馆长黄群，东城区体育馆路街道文化服务中心主任王玉梅，朝阳区“快板刘”文化大院创办人刘士华。获得优秀表演奖的节目有：石景山区的音乐《孔子说》，通州区的曲艺《虞美人》，门头沟区的广场舞《鼓舞太平》。获得优秀表演奖的团体有：东城区文化馆（二馆）的华风合唱团、海淀区的海燕合唱团。

（徐 玲）

探索与研究

【理论家新春走基层】 2月16日，北京市社会科学院首都文化发展研究中心副主任沈望舒、北京师范大学北京文化发展研究院教授万安伦与东华门街道办事处工作人员、社区居民就“首善之区文化建设”，以及基层文化建设、文化强国等问题进行了交流讨论。这是“理论家新春走基层”活动之一。

（徐 玲）

【《北京公园群众文化活动巡礼》座谈会】 4月24日，由北京市委宣传部指导，北京市文化局、北京市园林局、北京市公园管理中心、北京电视台共同主办的“42集大型系列专题片《北京公园群众文化活动巡礼》座谈会暨公园群众文化活动主题歌发布会”在中山公园音乐堂举行。相关领导及参与专题片拍摄制作的北京公园群众文化活动基层代表、文化界专家、学者、来自北京各个公园的代表、参与专题片拍摄并积极推动群众文化活动的艺术家代表以及专题片主创团队代表参加了座谈会。与会代表认为，《北京公园群众文化活动巡礼》不仅展现了北京公园的山水之美，更展现了北京作为文化之都群众文化的绚丽景象和蓬勃生机。

（徐　玲）

【第五届全国服务农民、服务基层文化建设先进集体表彰座谈会】 11月6日，第五届全国服务农民、服务基层文化建设先进集体表彰座谈会在京举行，241个文化单位（团体）受到表彰。部分获奖单位代表在座谈会上发言。这些来自基层的文化单位，在为农民、为基层提供文化服务的过程中，不仅做出了突出贡献，也积累了丰富经验。他们的发言是基层文化建设和基层文化服务的经验之谈。

（徐　玲）

【《首都公共文化》专家研讨会】 12月4日，北京文化艺术活动中心市级内刊《首都公共文化》专家研讨会在昌平区举行，文化部文化产业司巡视员孙若风，北京市文化局副局长王珠，文化部公共文化司文化馆处处长白雪华，中央文化管理干部学院文化发展论坛主编苏峰，中国人民大学新闻学院教授钟新，朝阳区文化委员会副主任、朝阳区文化馆馆长徐伟，龙源期刊网总裁助理何东艳等专家出席研讨会。专家们对《首都公共文化》试刊提出了建议和意见，希望刊物能全面反映首都公共文化发展的步伐，利用首都在全国的地位，发挥刊物的优势，对有价值的文化工作进行深度报道，对当今公共文化发展的前沿课题进行理论探讨。

（徐　玲）

区县文情

东　城　区

概　况

东城区位于北京城区东部，面积41.84平方公里，常住人口90.9万人。设17个街道办事处，187个社区居民委员会。

东城区文化委员会（以下简称区文委），机构设置10个，即党委办公室、监察科、办公室、公共文化事业科、文化市场管理科、文物管理科、综合审批科、演艺产业发展促进科、人事科、财务科。区文委行政执法队设：办公室，第一、二、三、四执法分队。有公务员编制85人，事业单位17个。

2013年，成功申报东城区创建国家公共文化服务示范区；在全国率先建立公共文化服务导航网。全系统获得国家级荣誉19项，市级奖励60项，区级奖励14项。

2013年文化艺术发展

领导视察调研

王晨阳到区文委调研　6月5日，副区长王晨阳到区文委调研，听取文委主任李承刚关于“非遗”保护与传承工作情况汇报。

李宏到东城区调研　7月5日，全国文化信息资源共享工程国家中心主任李宏到东城区调研，区委常委、宣传部部长金晖，区委常委、副区长朴学东，副区长王晨阳陪同调研。

王晨阳调研文，图两馆工作　7月9日，副区长王晨阳到文委调研文、图两馆工作，听取情况汇报。

杨晓超到北京国话先锋剧场检查　9月26日，北京市副市长杨晓超到北京国话先锋剧场进行检查，要求确保国庆期间各文化娱乐场所安全生产。

项兆伦到东城区召开座谈会　12月3日，文化部副部长项兆伦带队到东城区召开“网吧转型升级现场工作座谈会”。东城区文委、中国互联网上网服务营业场所行业协会、北京互联网上网服务营业场所行业协会、东城区网吧营业场所业主代表参加座谈会。

庹祖海到东城区调研　12月16日，文化部市场司副司长庹祖海，深入北京站地区网吧，就网吧转型升级、调整经营思路等问题进行调研。

工作会议

文化志愿者表彰大会　12月21日，“2009年～2013年东城区文化志愿者表彰大会”在东城区第一文化馆举行。大会总结了东城区近5年来的文化志愿服务工作，评选出25名先进个人，17个先进团队。

创建国家公共文化服务体系示范区（项目）

公共文化服务体系示范区专题培训　2月4日～5日，区文委举办2013年创建国家公共文化服务体系示范区专题培训，区文委系统干部参加培训。

争创国家公共文化服务体系示范区推进会　3月22日，区政府召开“争创国家公共文化服务体系示范区推进会”，区委常委、宣传部部长金晖介绍东城区争创国家公共文化服务体系示范区规划方案。北京市文化局副局长王珠出席，全区各委办局、街道办事处主管领导60余人参加会议。

公共文化资源普查工作动员会　3月27日，区文委组织各街道文教科科长及文体中心主任40余人召开公共文化资源普查工作动员会。进一步满足公众的文化需求，提升公共文化服务效能，全力争创国家公共文化服务体系示范区。

王珠到东城区调研　4月25日，市文化局副局长王珠带队赴东城调研创建国家公共文化服务体系示范项目完成情况。实地考察东华门街道文体中心和台基厂社区文化站，了解文体中心和文化站在建设发展及日常开放中的具体困难与解决措施。东城区副区长王晨阳一同调研。

“公共文化资源分类供给”通过验收　4月25日，东城区创建国家公共文化服务体系示范项目——“公共文化资源分类供给”通过文化部验收。

东城区公共文化服务导航网正式开通　5月8日，东城区全国首个公共文化服务导航网正式开通运行。

陈冬到东城区调研　5月8日，市文化局局长陈冬一行到东城区就公共文化建设和示范区创建工作调研。区委常委、宣传部部长金晖，区委常委、副区长朴学东，副区长王晨阳参加调研。

牛青山到区文委调研　5月22日，区委副书记、区长牛青山赴文化委调研国家公共文化服务体系示范区创建工作情况。区委常委、宣传部部长金晖，区委常委、副区长朴学东，副区长王晨阳参加。

创建国家公共文化服务体系示范区专题调度会　10月9日，区委常委、宣传部部长金晖组织召开创建国家公共文化服务体系示范区专题调度会，副区长王晨阳参加会议。

创建国家公共文化服务体系示范区规划和制度设计方案研讨会　10月17日，区委常委、宣传部部长金晖组织召开创建国家公共文化服务体系示范区规划和制度设计方案研讨会，副区长王晨阳参加会议。来自北京大学、清华大学和华东师范大学的专家提出修改意见，强调规划和制度设计要突出特色和亮点。

国家公共文化服务体系示范区创建规划研讨会　10月25日，区委常委、宣传部部长金晖组织召开国家公共文化服务体系示范区创建规划专题研讨会，副区长王晨阳参加会议。

东城区入选第二批国家公共文化服务体系示范区名单　11月6日~8日，区委常委、宣传部部长金晖一行赴上海参加2013年中国图书馆年会暨国家公共文化服务体系示范区工作会议。文化部、财政部为东城区“公共文化资源分类供给”示范项目颁牌，宣布东城区成功入选第二批国家公共文化服务体系示范区名单。副区长王晨阳代表东城区签署责任书。在图书馆年会闭幕活动上，东城区作为2014年中国图书馆年会承办单位播放了城市宣传片，区委常委、宣传部部长金晖致辞并与上海浦东新区领导进行了会旗交接。

创建国家公共文化服务体系示范区协调会　11月29日，区委常委、副区长朴学东主持召开创建国家公共文化服务体系示范区协调会，副区长王晨阳参加会议。

参加第二批示范区创建规划和制度设计方案初审工作会　12月5日，市文化局举办第二批示范区创建规划和制度设计方案初审工作会，市文化局副局长王珠主持。区委常委、宣传部部长金晖代表东城区向与会专家和领导汇报《北京市东城区创建国家公共文化服务体系示范区规划（2013年~2015年）（讨论稿）》和制度设计课题研究方案。

参加第二批示范区创建规划和制度设计方案评审会议　12月17日，文化部在中央文化管理干部学院召开的第二批国家公共文化服务体系示范区创建规划和制度设计研究方案评审会议。区委常委、宣传部部长金晖向与会专家组汇报了东城区创建规划和制度设计研究工作方案总体思路，评审结果纳入示范区验收。

第二期群众文化干部培训班暨东城区创建国家公共文化服务体系示范区培训班　12月23日~27日，区文委举办2013年第二期群众文化干部培训班暨东城区创建国家公共文化服务体系示范区培训班，区文委系统群众文化干部参加培训班。

文化惠民

数字文化社区　4月10日，在东城区第一图书馆开展2013年“数字文化社区”专题培训工作。9月11日，召开2013年“数字文化社区”建设动员会。

第九届首都职工文化艺术节　5月22日~23日，由市委宣传部、首都精神文明办、北京市文化局等单位主办的第九届首都职工文化艺术节——美丽北京“五月的鲜花”群众歌咏合唱决赛在东城区第一文化馆举行。

第九届中国国际民间艺术节　9月23日，第九届中国国际民间艺术节暨东城区群众文化展演季闭幕演出在玉蜓公园市民文化广场举办。

为外来务工人员送戏　9月29日，区文委联合区建委举办“为外来务工人员送戏”活动，组织区内300余名外来务工人员在龙潭剧场免费观看冰上杂技《幻境极光》。

戏剧进工地　10月30日，区文委组织曲艺演员在幸福大街区公安分局工地为建筑工人奉上演出。“戏剧进工地”是东城区文化惠民系列活动重要组织部分。

“我的舞台、我的梦”　11月2日，东城区第一文化馆“我的舞台、我的梦”群众文化系列活动

"2013民族艺术进校园专场音乐会"在风尚剧场举行。

戏剧建设

南锣鼓巷戏剧展演季　5月20日，2013南锣鼓巷戏剧展演季在北京人艺实验剧场开幕，东城区委常委、宣传部部长金晖，副区长王晨阳出席开幕式。7月30日闭幕，历时89天，上演了39部剧目，共演出80余场。

戏剧进校园　5月21日，东城区"戏剧进校园"活动在一师附小正式启动，东城区副区长颜华等领导出席。革新里小学、一师附小、景泰小学、定安里小学、宝华里小学的师生代表观看了话剧《想飞的孩子》。为期6个月的活动时间里，共组织北京儿艺、中国儿艺将《想飞的孩子》《我爱北京我的家》等优秀儿童剧目送进东城区63所小学。

第三届中国儿童戏剧节工作协调会　6月13日，区委常委、副区长朴学东召开第三届中国儿童戏剧节工作协调会，副区长王晨阳参加。中国儿童戏剧节于7月12日~8月31日举行，共演出30余个剧目、200余场。

话剧《前门人家》　东城区第二文化馆非遗部主任杨建业创作话剧《前门人家》于8月21日在前门天乐园大戏楼举行首场演出。原政协主席王再云，区委常委、副区长朴学东，副区长陈之常、王晨阳等有关领导及非物质文化遗产国家级代表性传承人观看演出。

项目资金补贴评审会　2013年度东城区戏剧发展公益补贴资金项目公开评审会于12月20日在区文委召开。区戏剧建设促进委员会成员单位和区戏剧项目评审委员会专家对初市通过的9部优秀剧目、8个优秀剧场以及2013年度戏剧品牌活动、公益性戏剧普及活动、宣传推介和氛围营造等5个项目进行公开评审。评审会一致同意给予该5个项目申请项目资金补贴。

特色文化活动

第十六届"群星奖"活动　1月5日，全国第十六届"群星奖"（曲艺类）北京地区选拔活动在东城区第一文化馆风尚剧场举行。目的是实现"挖掘一批文艺精品、培养一批工作骨干、选拔一批特色项目"的工作目标。

第四届现代戏票友大赛　1月6日，北京市第四届"京、评、梆"现代戏票友大赛总决赛在刘老根大舞台举行，参赛人数500余人。大赛评出一等奖1名、二等奖3名、三等奖6名。市文化局副局长王珠，区委常委、宣传部部长金晖等领导出席。

第四届北京快板邀请赛　1月18日，第四届北京快板邀请赛决赛和颁奖仪式在北京刘老根大舞台举行。300余人参加决赛和颁奖仪式。决赛评选出一等奖2个、二等奖4个、三等奖6个，以及创作奖、新苗奖、特别奖、组织奖和优秀奖。

春节期间文化活动　东城区春节期间主要文化活动总参与人数达到210万人次。地坛庙会102万人次，龙潭庙会75万人次，天坛文化周30万人次，文化馆新春游乐会1.5万人次。

2013年龙潭湖公园庙会

"三八"节文艺演出　3月6日，"美丽东城"——纪念"三八"国际妇女节103周年文艺演出在风尚剧场举行。区委常委、宣传部部长金晖，区委组织部部长吴松元，区人大常委会副主任高桂强、于静，副区长颜华、汤钦飞，区政协副主席王红等领导以及来自东城区各族各界的妇女、社区居民近400人观看演出。

老北京民俗画展　3月~6月，王府井古人类文化遗址博物馆举办"老北京民俗画展"展览。

清明节活动　4月1日，"金蛇狂舞、放飞梦想"——东城区清明节风筝放飞活动在永定门广场举行。

纪念北京建都文化遗产大展　5月11日，纪念北京建都860周年文化遗产大展暨北京天宝润德艺术品博览会在北京天宝润德会展中心开幕。北京市文物局局长舒晓峰、副局长于萍，北京市文化局副局长王珠，东城区区长牛青山，区委常委、区委宣传部部长金晖出席开幕式。

北京画院艺术家进社区　5月11日，"北京画院艺术家走进东四奥林匹克社区"活动在东四奥林匹克社区体育文化中心举办，活动由北京市文化局、中共东城区委、东城区人民政府联合主办。北京市文化局副局长关宇、东城区副区长汤钦飞等领导及百余名书画爱好者参加。

天坛主题音乐会　5月18日，"梦想北京·中国三大男高音"天坛主题音乐会在世界文化遗产——天坛公园祈年殿广场举办。此活动为纪念北京建都

860周年系列文化活动，中国著名三大男高音歌唱家戴玉强、魏松、莫华伦与特邀嘉宾京剧名家王蓉蓉用现代歌剧与古典京剧跨界合作。区级优秀品牌文化团队华风合唱团参演。活动由北京市文化局，北京市公园管理中心，东城区委、区政府主办，北京市文化局局长陈冬、副局长王珠，杨柳荫、冯熙、金晖、朴学东、毛炯、赵中原、陈之常、王晨阳、邵鹏、王红等市区领导与近800名群众共同欣赏此次音乐会。

东城书画研究会书画展　5月21日，“魅力东城、翰墨留香”——东城书画研究会成立三十周年书画展在东城区第一文化馆风尚美术馆开幕。北京书法家协会驻会副主席兼秘书长田伯平，东城书画研究会近百名会员参加。展览持续至5月23日，共展出160幅书画作品。

第六届首都新侨乡文化节　6月25日，以“我的中国梦”为主题的“第六届首都新侨乡文化节东城区文艺演出专场”在东城区第一文化馆举办。中国侨联副主席、北京市人大常委会副主任、北京市侨联主席李昭玲，市侨联副主席李冬娟，东城区委常委、副区长朴学东，东城区委常委、统战部部长周永明，东城区人大常委会副主任王佩立，东城区政协副主席王红及东城区广大归侨侨眷近400人观看演出。

庆“八一”联欢晚会　7月30日，庆“八一”联欢晚会在区消防支队礼堂举行。

文化志愿者交流活动　8月2日，由北京文化艺术活动中心等单位主办的2013“HAND IN HAND·魅力北京”中外文化志愿者交流活动——格鲁吉亚文化志愿服务交流日在东城区第一文化馆举办，市文化局副局长王珠等领导出席活动。

红领巾读书活动　12月11日，“我爱美丽的北京，我爱美丽的东城，童心共筑中国梦”2013年，红领巾读书活动汇报展演在北京第一师范学校附属小学举办。2013年，全区共开展80场“红读”活动，辖区57所学校，近6万名中小学生参与。北京市史家胡同小学等10家单位分别荣获北京市红读活动示范单位称号和优秀组织奖；31家单位荣获东城区红读活动先进单位称号；600余名老师、同学获得表彰。

杨丽萍国际舞蹈季　12月11日～19日，由东城区文化委员会、杨丽萍舞蹈工作室主办的2013首届杨丽萍国际舞蹈季在东城区第一文化馆共举办了10场舞蹈演出，观众近4000人。

第五届北京快板邀请赛　12月19日，第五届北京快板邀请赛决赛暨颁奖仪式在北京刘老根大舞台隆重举行。近100位选手参赛，最终12个节目进入决赛。东城区委常委、宣传部部长金晖，副区长王晨阳等领导出席。邀请赛评选出一等奖2个，二等奖4个、三等奖6个，以及创作奖、贡献奖、组织奖和优秀奖。

东城区2014新年音乐会　12月31日，“东城区2014新年音乐会”在东方剧院举行，音乐会由区委常委、副区长朴学东主持，区长张家明致辞，东城区委、区人大、区政府、区政协、各委办局领导以及驻区部队官兵、学生代表和各界群众1000多人观看。

文化发展专项资金

5月23日，区委常委、副区长朴学东组织召开2012年东城区文化发展专项资金分配方案管理小组会，宣传部、文化委、财政局、审计局负责同志参会。管理小组一致同意2012年东城区文化发展专项资金分配方案。

文化援疆

文化援疆成果交流　6月13日，作为北京市文化援疆工作的成果交流项目，新疆维吾尔自治区和田地区和田市玉都文工团在东城区第一文化馆演出原创民族歌舞《阗舞四季》。

春雨工程　为落实文化部文化援疆“春雨工程”，东城区与新疆维吾尔自治区和田地区墨玉县于2013年10月10日～12日开展“手拉手”文化援疆活动。20人赴和田地区墨玉县举办“东城区优秀书画、工艺美术作品展”、“东城区非物质文化遗产代表项目展”、书画知识讲座，并与墨玉县书画爱好者和非物质文化遗产项目传承人进行了友好交流。活动结束后，大师们将创作的100余件艺术作品捐赠给了墨玉县。

杨丽萍与东城区第一文化馆合作
并设立杨丽萍艺术工作室签约仪式

图书馆

有声图书馆　图书馆开设公共数字有声图书馆。以优质“可听”的文化内容为核心，通过触摸显示

屏和耳麦来收听近4000部约18万集的有声读物。

盲人阅览室　东城图书馆盲人阅览室建成试运行。

古籍保护中心　东城区成立古籍保护中心成立，地点设在东城区图书馆。

图书馆装修竣工　10月22日，东城区第一图书馆外立面装修工程进行竣工验收。

非物质文化遗产保护工作

全区名录项目134个，27个项目入选国家级非物质文化遗产名录，52个项目入选北京市级非物质文化遗产名录。命名126名区级非物质文化遗产项目代表性传承人，28人被命名为国家级代表性传承人，53人被命名为北京世纪非物质文化遗产项目代表性传承人。

非物质文化遗产传承人收徒传艺工程　6月8日，区非遗中心组织东城区部分市级、国家级“非遗”项目代表性传承人出席2013北京文化遗产日主场活动暨“名家传艺——非物质文化遗产代表性传承人收徒传艺工程”启动仪式。区雕漆技艺传承人文乾刚、象牙雕刻传承人李春珂、泥人张彩塑（北京支）传承人张锠共收徒16人。文化部非遗司司长马文辉，市委宣传部副部长、市文化局局长陈冬，市文化局党组书记张文华等领导出席启动仪式。

非物质文化遗产展　“中秋月·非遗情”东城区2013年非物质文化遗产展于9月19日~20日在东城区第一文化馆举办。

澳门国际贸易投资展览会　10月17日~20日，第18届澳门国际贸易投资展览会在澳门威尼斯人酒店举行。北京绒花绒鸟、内画鼻烟壶和北京面人3个项目参加展览会。澳门特别行政区行政长官崔世安在东城区副区长许汇等陪同下参观北京馆。

非物质文化遗产保护工作会　11月14日，非物质文化遗产保护工作会议召开，区委常委、宣传部部长金晖出席会议。

非遗名录项目传承人培训班　12月16日~17日，东城区非物质文化遗产保护中心举办第四批区级非遗名录项目保护单位工作人员及项目传承人培训班。

文化市场管理

行政许可工作　年内，共办理行政许可497件，其中，新审批企业设立36件，办理变更46件，审批演出415件。新审批游艺娱乐场所7家、营业性演出415件、营业性演出场所备案1件、文艺表演团体3家。至年末，文化市场有各类经营单位806家，其中，歌厅126家，网吧91家，游艺厅35家，演出场所29家，演出团体70家。

获奖情况

集体

区文委　获第三届北京市阅读季优秀组织奖；第三届北京阅读季“百姓读书大讲堂”活动优秀组织奖。

东城区图书馆　获第三届北京阅读季先进集体奖。

东城区图书馆　在市委宣传部、市社工委社区大讲堂暨科普基地活动启动仪式上，被授予“全国人文社会科学普及基地”称号。

个人

郑石萍、郑文萍　获得“我的北京、我的家——第七届北京家庭才艺大赛”一等奖。

容　静　获得2013年“京、津、沪、渝四直辖市‘都市风采’主持人大赛”舞台演出主持人组金奖。

东城区文化委员会

书　记　杨　新（7月免）
　　　　王伟东（12月任）
主　任　李承刚

（吴洁莎）

西　城　区

概　况

西城区是首都功能核心区之一。辖区面积50.70平方公里。全区常住人口130.3万人。辖区设15个街道、255个社区。

北京市西城区文化委员会（以下简称区文委）是区政府主管文化、文物、新闻出版和广播电影电视事业管理工作的职能部门。设办公室、政策法规科（研究室）、公共文化科、非物质文化遗产科、文化产业科、文化市场管理科、文物科、财务审计科、党群工作办公室、人事科，行政编制45人。区文委所属区文化执法队设综合科、文化市场治理办公室、法制监督科、财务科、执法一分队、执法二分队、执法三分队、执法四分队、执法五分队，行政编制37人。

年内，区文委完善公共文化服务体系，提升公共文化服务水平，加强非物质文化遗产保护利用，促进文化产业健康发展，维护文化市场繁荣稳定，推进文化艺术发展繁荣。

2013 年文化艺术发展

重要活动

传统节日文化活动　2 月 3 日 ~5 日，癸巳年小年文化庙会在历代帝王庙举办。庙会活动包括送春联、赏花迎春、专场演出和赠送糖瓜二、灶王爷像、“年运亨通之敲钟祈福”、“叩拜关帝之敬香纳祥”、“寻根问祖之姓氏寻踪”、“爱不释手之非遗展示”、“缤纷绚丽之花会表演”、首届水仙文化展等内容和展览。4 月 3 日，“同品寒食、踏青寻春”清明节系列文化活动在什刹海前海小广场启动。整个活动分为文艺演出、“非遗”展示、民俗知识展览三个板块进行，著名民俗专家高巍与北京市级非遗项目传承人白大成一起为系列活动揭幕。6 月 9 日，“走进什刹三海、体验端午习俗”端午节系列文化活动在什刹海地区举行。活动内容包括端午祭祀、第二届“什刹海杯”龙舟竞渡邀请赛活动、传统民俗曲艺表演、“非遗”手工技艺互动展示、饮荷叶茶、品五毒饼等。6 月 10 日，“中国梦、民族情、乐享在陶然”端午系列活动在陶然亭公园拉开帷幕。9 月 17 日 ~19 日，“月圆中秋、浓情西城”西城区 2013 年中秋节赏月游园会在月坛公园举行。

春节庙会活动　2 月 9 日 ~14 日，举办北京厂甸庙会和北京大观园第十八届红楼庙会，两大庙会各具特色，以传统文化展演突出西城区独具特色的文化底蕴。厂甸庙会共接待游客 33 万余人次，大观园第十八届红楼庙会共接待游客 7 万余人次。

“非遗”文化专场演出系列活动　3 月 30 日，由区文委与中国音乐学院共同主办的西城区非物质文化遗产专场演出之古典诗词歌曲演唱会在西城区文化馆剧场举办。演唱会由中国音乐学院声乐教授、著名女高音歌唱家、国家一级演员、中国古诗词歌曲专家王苏芬携弟子联袂演出。本次演出的曲目有诗经、楚辞、汉乐府及唐、宋、元、明、清各朝代的古典诗词歌赋，其中大部分作品为古传的原词、原谱，有较高的学术价值和艺术价值。6 月 8 日，北京传统皮影戏《樊梨花》复排公演活动在万胜剧场举行。北京皮影剧团本着“抢救第一，保护为主”的“非遗”保护工作原则，积极进行传统唱腔的抢救、挖掘工作，专门聘请退休的皮影老艺术家进行唱腔等方面的指导，对剧本唱腔进行梳理，恢复了配器和练乐，影人的设计、刻制，布景的制作等工作。7 月 30 日，西城区非物质文化遗产专场演出之评书（北京）专场在西城区文化中心举办。作为西城区非物质文化遗产项目，评书（北京）代表性传承人马岐携弟子李富衡、勾超，义子王军等演出了评书经典选段《八仙传说》《金镖黄天霸》《白马坡》《酒雁》等节目。

24 小时自助图书馆　4 月 26 日，位于西城区图书馆门口东侧的西城区第一台 24 小时自助图书馆正式投入运营。截至年底，西城区共计有 6 台 24 小时自助图书馆投入使用。

“非遗”文化走进回民校园　5 月 7 日，区文委与北京市回民学校举办“非遗”进校园活动。针对回民学校的民族特色，区文委组织了辖区内羊头马、年糕钱、正兴德、聚德华天控股有限公司等老字号和餐饮公司的“非遗”项目走进校园。

2013 西城文化节系列活动　5 月 10 日，“多彩·中国梦”——2013 西城文化节之青年艺术节音乐汇拉开了 2013 西城文化节序幕。5 月 ~11 月期间，共推出演出 100 余场，区域内中央、市属和区属专业文化艺术院团及西城区群众文化团队 5000 余名演员参演，12 万名西城居民受益。活动包括：以缅怀先贤、歌颂春天、弘扬美德、畅想“中国梦”为主题的“清明·陶然诗会”，以展示西城美好人文景观和美丽自然景致为主要内容的“荷舞莲香”系列主题文化活动，以展示京腔京韵的京味文化为主要内容的“京韵陶然”系列主题文化活动，以丰富百姓文化生活的 50 场“百姓周末大舞台”演出活动，以专业文艺团体和专业演出场所积极参与为主要内容的“万人走进艺术殿堂”系列主题文化活动共 25 场，2500 余人次参与。5 月 25 日，“金色中国梦”金融街文化节在民族文化宫剧场上演，共 800 余人参加活动。纪念建军 86 周年文艺演出，总参政治部及多位市、区领导出席活动，共计 1300 余人观看演出。5 月 ~8 月开展了以丰富群众文化生活、提高群众文化活动水平为主要目的的“畅想中国梦”——第十届北京景山合唱节。10 月 30 日 ~11 月 15 日举行了 2013 年“欢乐飞飏”北京社区舞蹈大赛，展示了北京的文化魅力。1 月 20 日、21 日在北展剧场上演了原创情景剧《北京人家·心愿》。

文化遗产日活动暨“动物与民俗”展　6 月 8 日，由区文委、北京动物园主办的“做文化遗产的小主人”——2013 年西城区文化遗产日活动暨“动物与民俗”展在动物园科普馆举办。展览共设置 24 个展区，近 200 件作品，每日到馆游客达数千人。

百场文化艺术讲座进社区　6 月 13 日，百场文化艺术讲座进社区活动，有 24 名业务干部深入 15 个街道、41 个社区，完成各类讲座 58 场，历时 3 个月。此活动自 2002 年始创，已连续举办 12 年。讲座涉及声乐、舞蹈、绘画、摄影、化妆、戏曲、小品、音乐入门、合唱与指挥、群众文化策划等多个门类。

优秀品牌文艺团队评比　8 月 8 日 ~9 月 11 日，

2013 年西城区优秀品牌文艺团队评比活动

西城区举办了“秀我梦想，共展风采”百姓欢乐季暨2013年西城区优秀品牌文艺团队评比活动。本次活动全区15个街道推选出了30个团队参加复赛，共评选出5个一等奖，10个二等奖，15个三等奖。

“非遗”项目参加对外文化交流活动　9月27日~10月1日，区文委组团赴瑞士蒙特勒市参加“西城文化友城行”之友城大会文艺演出。赴瑞士交流团由西城区内“非遗”项目口技、八卦掌、抖空竹等项目传承人7人组成。

非物质文化遗产项目专题展　10月26日~28日，由区文委主办，西城区非物质文化遗产保护中心承办的“韵满西城、技耀京华”2013年西城区非物质文化遗产展演展示活动暨北京天桥民俗展示活动在天桥剧场举办。活动汇集了包括国家级非物质文化遗产项目北京评书、单弦（岔曲）、口技，以及西城区非物质文化遗产项目古代诗词歌曲在内的多种传统表演形式。其中，北京评书代表性传承人连丽如、单弦（岔曲）代表性传承人张蕴华、口技代表性传承人牛玉亮以及古代诗词歌曲代表性传承人王苏芬领衔主演。为配合演出，还举办了区非物质文化遗产展示活动，包括内画鼻烟壶、药香制作技艺、面塑、泥塑脸谱制作技艺等在内的传统手工技艺展示和学明艺术团带来的非物质文化遗产项目在活动中进行了展演展示。12月23日，由区文委主办，西城区金融街创新发展服务中心承办的西城区非物质文化遗产走进金融街系列活动——“武动人生”传统武术类“非遗”展示交流活动在月坛体育馆举办。

开展公益文化原创剧目　11月20日~21日，由区文委出品，西城区文化馆业务干部主演的原创情景剧《北京人家·心愿》在北展剧场上演。该剧以“北京一人家”为结构主线，以西城区著名的北海、西单、大栅栏、天桥四个区域为创作命题，共4000余人观看演出。

北京东方艺术品博览会活动　11月27日~12月1日，首届“北京东方艺术品博览会”（以下简称艺博会）由文化部批准，西城区文化委员会与中国国际书画艺术研究会、中国文物信息咨询中心等单位合作，在北京展览馆和琉璃厂举行。爵中之王“盂爵”、西周方座“虎簋”等大量国宝级重器集中亮相。该届艺博会设立西城金融展区、“非遗”项目专区。

中国盲文图书馆支馆正式挂牌　12月3日，中国盲文图书馆与西城区第一图书馆签订了支馆协议，中国盲文图书馆北京市西城区支馆正式挂牌。协议本着“自愿合作、资源共享、互助互动”的原则，由中国盲文图书馆给予资源支持和业务指导，双方将在文献资源、活动资源、培训资源及读者资源上实现共建共享。

红领巾读书活动　年内，西城区青少年儿童图书馆以“我爱美丽的北京”为主题，组织开展“传承中华美德，共圆中国梦想”讲故事比赛、“生态文明建设，共同创建美丽家园”童谣诵读比赛、“新创意”中小学生征文比赛、“科技创新”青少年科普剧比赛、第十四届“读书小状元”评比活动、“我的藏书票”设计比赛、“美丽北京、我的家”摄影比赛、“我的梦、中国梦——让历史告诉未来”知识答卷、西城区第十三届高中生辩论赛和“红领巾讲坛”共10项活动，全区75所中小学校5万余人次参与活动，覆盖率达98%。

“科普讲座进校园”活动　年内，西城区青少年儿童图书馆以“科普讲座进校园”活动为主导，聘请了以中国科学院老科学家为主并包括各部委、院、校的专家、教授组成的科普演讲团，走进校园，在全区中小学校组织讲座30场，参与人数13057人。

文化馆

西城区第一文化馆　一级文化馆。编制83人，在职82人。内设办公室、人事部、财务部、后勤保障部、网络技术部、音乐部、舞蹈部、戏剧曲艺部、摄影美术部、研究创作部、社区部、剧场管理部、厅室活动部、舞美工作部、艺术培训部15个部门。西城区文联下设的多个艺术家协会及文化馆6个主要业余文艺团队常年在馆开展文化活动。年内，在西城区委、区政府的大力支持下，西城区第一文化馆致力于建设“区域文化的枢纽、艺术展示的殿堂、文艺人才的摇篮、成果展示的平台”，通过对内完善组织机构改革，圆满地完成了各项工作。年内，西城区第一文化馆继续推进“文化馆免费开放”工作，在文化馆阵地开展5项公益活动，完成公益演出131场、公益展览22场、公益讲座75场、公益电影54场、公益培训6700余人次。西城区第一文化馆还充分利用场地优势提供公益性服务，共承接活动 377 场，舞蹈排练厅排练 51 场，其他厅室提供文化服务 1008 场。西城区第一文化馆还创编情景剧《北京人家·心愿》，主要演职人员均为文化馆业务骨干，在北展剧场连演 2 场。复排音乐剧《北京人家》，共演出 8 场。此外，西城区第一文化馆还组织并承办了市、区级多个精品文化活动，如五项公益、景山合唱节、2013 年“欢乐飞飚”北京社区群众舞蹈大赛、“社区杯”六艺大比拼、群星大舞台、月末大舞台、民工剧场、周末音乐·汇等。

西城区第二文化馆　一级文化馆。内设有舞蹈排练厅、综合排练厅、小剧场；有设施齐全的美术教室、琴房；还有宽敞明亮的大小展厅。现有员工 32 人，内设文化活动部、音乐部、舞蹈部、美术摄影部、戏剧部、曲艺部、办公室、财务室，志愿者分中心，即“六部两室一中心”。第二文化馆坚持免费开放美术展览厅、小剧场、非物质文化遗产保护展示厅、舞蹈排练厅等设施场地，为群众文化活动提供公共空间。全年举办京剧、评剧、河北梆子、歌舞、综合文艺演出 100 余场，免费发放各类门票 13721 张。组织各类演出 60 余场，受益观众达 12 万人。推出艺术展览活动 12 次，展出作品 2500 幅。多次举办舞蹈、美术、书法与音乐培训班，免费对群众文化骨干进行授课培训。举办舞蹈培训 216 次，累计 7174 人次参加；朗诵培训 48 次，累计 2280 人次参加；声乐培训 48 次，累计 5800 人次参加；艺术培训 20 次，2550 人次参加；素描、油画培训共 2 期 4 个班次，总计 164 次，累计 1728 人次参加；乐器培训 72 次，7176 人次参加。

图书馆

西城区第一图书馆　该馆为全国首家获得国际图联会员资格的区县级公共图书馆，建筑面积 11720.28 平方米。馆内设有报刊阅览室、德国信息与德语自学中心、中瑞可持续发展信息中心、视障人阅览室、集体视听室、多媒体网络中心、旅游资料室、音乐资料室、参考资料室、古籍资料室、少儿阅览室、个人借阅部、自习室 13 个服务厅室。按照文化部、财政部联合下发的《关于推进全国美术馆、公共图书馆、文化馆（站）免费开放工作的意见》中的要求，实行免费开放。截至 2013 年年底，西城区第一图书馆馆藏图书 693242 册。办理“一卡通”读者证 3779 个；借阅量达到 510199 人次、借书 435791 册次；上网浏览 17230 人次；视听欣赏 4576 人次；自习 45835 人次；举办读者活动（讲座、培训、展览）215 次，参加活动 109328 人次，其中，讲座 74 次，吸引听众 6164 人次，展览 23 场，参观人数达 80100 人次；流动图书车借书 4712 人次，

西城区首届视障人演讲比赛现场

38448 册次；基层辅导 108 次。

西城区第二图书馆　成立于 1952 年，建筑面积约 3500 平方米，馆内设外借部（报刊阅览室）、少儿部、资料阅览部、电子阅览部、采编部、宣传辅导部等业务部室。现馆藏图书 56 万余册，服务窗口 6 个，是北京市公共图书馆“一卡通”借阅成员馆之一。按照文化部、财政部联合下发的《关于推进全国美术馆、公共图书馆、文化馆（站）免费开放工作的意见》中的要求，全年免费向社会开放。年内，为落实西城区“1121”基层文化设施工程建设，已建成 16 个街道社区图书分馆，率先在牛街和广外街道社区安装 24 小自助借还一体机并投入使用，基本实现“15 分钟文化服务圈”的目标。2013 年，西城区第二图书馆圆满完成文化部第五次公共图书馆评估定级工作。2013 年，西城区第二图书馆采购新书 4.7 万余册；办理“一卡通”读者证 2638 个；借阅量 21 万余人次、借书 21 万余册次；举办讲座报告会 119 场、受益听众 5000 人次；送书下基层 105 次，送书 29800 册；网上阅览活动 51 场，接待网上阅览读者近 2 万人次；举办展览 5 场，参观人数 2.3 万余人次；开展少年儿童读书活动 24 场，6000 余人次参与。开展北京民俗文化课题研究；举办“第十二届法源寺丁香诗会暨西城区直机关第一届文化艺术节”，著名诗人、作家、社区百姓及西城区直机关工委等 200 余人参加了诗会，参与原创稿件作者 138 人，征集诗稿 356 首；“读书的艺术”摄影大赛作品征集活动荣获全国“2013 出版界图书馆界全民阅读年会”优秀案例“特别奖”。

西城区青少年儿童图书馆　内设综合阅览室、儿童阅览室、报刊阅览室、电子阅览室、音像视听室、玩具乐园、数字电影厅、乒乓球厅等 13 个开放厅室，面向西城区及北京市 18 岁以下青少年儿童开放。年内，新增图书 20053 册，总计消费 50 万元；接待读者 20 万人次；外借图书 321770 册次；办理图书借阅证 5065 个；流动图书车下基层 129 次；开展各项读者活动 303 场，58753 人次。年内，馆藏图书

398797 册，开辟学校、幼儿园、社区服务点 32 个。网站（www. xslib. net）总点击率达 266 万人次。全年围绕“实现中国梦”这一主线，充分发挥市级爱国主义教育基地、区科普教育基地、区法制教育基地、区市民终身学习教育基地“四大教育基地”的作用，开展了丰富多彩的读书活动。

文化市场管理

行政许可工作　2013 年，受理网吧变更 16 家，停业 23 家，留证 6 家；新设立电子游艺娱乐场所 2 家，变更 1 家，停业 2 家；新设立歌舞厅 2 家，变更 8 家，注销 30 家；新设立文艺表演团体 2 家，变更 3 家；营业性演出 419 台，8791 场次。截至 2013 年年底，西城区共有文化市场经营单位 954 家。其中，网吧 116 家，歌厅 88 家，电子游艺厅 23 家，文艺表演团体 51 家，演出场所经营单位 33 家，从事美术品经营活动的单位 54 家。

文化市场执法检查　年内，出动检查人员 4290 人次，检查文娱经营单位 334 家，开展夜间检查 63 次，关停无证照歌厅 2 家；检查网吧 300 家次；检查游艺厅 40 家次。联合市公安分局、市文化执法总队、区公安分局侦破刑事案件 2 件，刑事拘留 26 人。年内，立案 74 件，结案 69 件，罚款 5 万元。在市“岗位大练兵、技能大比武”活动中取得第二名，文化执法信息报送工作排名第二。

西城区文化委员会

书　记　张云裳
主　任　李征帆（8 月免）
　　　　孙劲松（8 月任）

（王　莹）

朝 阳 区

概　况

朝阳区位于北京市城区东部，区域面积 470.8 平方公里，下辖 24 个街道办事处，19 个乡（地区办事处），常住人口 384.1 万人，是北京市面积最大、人口最多的城区。

朝阳区文化委员会（以下简称区文委）是负责该区文化、文物、新闻出版和广播电影电视工作的政府组成部门。内设办公室、文化科、文物管理科、出版发行管理科（审批管理科）、电视音像管理科（调研室）、组宣人事科、财务基建科及文化执法队。人员编制 60 名，其中，行政编制 30 名，行政执法专项编制 27 名，工勤编制 3 名。直属单位有文化馆、图书馆、北京民俗博物馆、朝阳剧场、紫光影城、香河园地区文化中心、劲松电影院、垡头地区文化中心、群众文化厅、朝阳京剧文化艺术中心、文物管理所、国声京剧文化艺术中心。

2013 年，区文委以建设文化强区为目标，以创建国家公共文化服务体系示范区为契机，以文化惠民为出发点和落脚点，全面夯实基础，坚持改革创新，逐步完善具有朝阳特色的公共文化服务体系，更好地保障人民群众的基本文化权益，实现朝阳文化大发展大繁荣，成功创建首批国家公共文化服务体系示范区。

2013 年文化艺术发展

文化设施建设

年内，劲松地区文化中心开工建设，香河园地区文化中心进行建设招投标，常营地区文化中心进行装修立项。街乡文化中心设置率 100%，社区、村文化活动室设置率 100%。全区各级文化设施近千个，基本形成覆盖城乡的“15 分钟文化服务圈”。新建数字文化社区 46 个。

朝阳区图书馆新馆开馆　12 月 26 日，区图书馆新馆建成开馆。该馆坐落于广渠路 66 号院，建筑面积 14600 平方米。

重要会议

公共文化服务体系建设与民办图书馆发展研讨会　2 月 1 日，朝阳区公共文化服务体系建设与民办图书馆发展研讨会召开。会议围绕“吸引社会力量参与公共文化建设”进行了专题研讨。区图书馆、民办图书馆、区文委、首都图书馆负责人进行了发言和讲话，国家公共文化服务体系建设专家委员会副主任、北京大学信息管理系教授李国新从政府层面、民办图书馆层面分别提出具体的指导意见。

文化市场管理（“扫黄打非”）工作部署会　2 月 27 日，朝阳区文化市场管理（“扫黄打非”）工作部署会召开。会议传达了中央、北京市有关领导讲话精神，部署了朝阳区文化市场管理（“扫黄打非”）工作方案及全国两会期间工作方案。

公共文化工作专题会　3 月 13 日，召开公共文化工作专题会。会议对公共文化服务体系示范区创建和全区新任职人员培训两项工作进行再动员、再部署。

公共文化服务体系建设大会　5 月 3 日，召开朝阳区公共文化服务体系建设大会，贯彻落实中央、北京市有关会议精神，总结 2011 年以来朝阳区创建国家公共文化服务体系示范区工作，部署迎接国家公共文化服务体系示范区检查验收阶段各项任务。

国家公共文化服务体系示范区实地验收工作座谈会　6月17日，国家公共文化服务体系示范区实地验收工作座谈会在朝阳区举办。市委宣传部副部长、市文化局局长陈冬主持会议，市文化局副局长王珠，朝阳区领导程连元、吴桂英，谢莹、朱春霞、张立新、郑煌出席会议。文化部公共文化司副司长阿山江·买买提江率领的示范区检查组听取了朝阳区区长吴桂英关于朝阳区创建国家公共文化服务体系示范区工作情况的汇报。

文化体制改革

建设"文化居委会"基层文化自治组织　以垡头地区文化中心为试点，建设"文化居委会"基层文化自治组织。1月23日，文化居委会试点工作在垡头地区文化中心启动，来自垡头地区的11个社区的60名居民代表参加了文化居委会筹备工作会，接受了关于朝阳区文化发展现状及特点、建立文化居委会的意义和目的、居委会成员的工作任务、可操作的民主议事程序——《罗伯特议事规则》内容以及满足百姓需求的议事方法等方面的知识培训。4月9日，垡头文化居委会举办学习议事规则培训班，区文化馆的业务干部通过3个小品的表演，对来自垡头地区11个社区的60名居民进行了学习《罗伯特议事规则》的培训。10月12日，垡头地区文化居委会通过票决方式推荐举办"老街坊重阳相聚一杯茶"广场大碗茶活动。"文化居委会"的建立，是朝阳区公共文化建设从关注文化福利到满足文化权益再到实施文化治理的跨越。

调查研究

市民政局综合执法大队到朝阳区调研　1月11日，市民政局综合执法大队到朝阳区调研文化领域民办非企业单位情况，区文委行政执法队队长吴刚，文化科、文物科及审批科相关人员陪同调研。调研组到紫檀博物馆和悠贝亲子图书馆，详细了解两家单位的业务开展、管理及日常运行情况。

陈冬等领导调研公共文化服务体系示范区创建工作情况　4月3日，市委宣传部副部长、市文化局局长陈冬，市文化局副局长王珠一行到朝阳区调研公共文化服务体系示范区创建工作情况。朝阳区副区长张立新、区委宣传部常务副部长高春利、朝阳区文委班子成员、潘家园街道办事处和垡头街道办事处等相关部门主要领导陪同调研。调研组参观了潘家园街道数字文化社区、24小时自助图书馆和垡头地区文化中心，在垡头地区文化中心听取了区文化委员会主任黄晓伟关于朝阳区创建国家公共文化示范区情况的汇报。市文化局局长陈冬对朝阳区国家公共文化服务体系示范区创建工作提出了具体要求。

成功创建首批国家公共文化服务体系示范区

文化部对朝阳区创建国家公共文化服务体系示范区开展验收实地检查　6月18日，文化部对朝阳区创建国家公共文化服务体系示范区开展验收实地检查工作。检查组先后到亚运村街道文化中心、奥运村街道国奥村社区文化活动室（民间奥运博物馆）、来广营乡文化中心、南磨房地区大郊亭村文化活动室和垡头地区文化中心，了解公共文化服务体系建设、文化设施运行、文化活动开展情况，并在垡头地区文化中心召开反馈会，会议由市文化局副局长王珠主持。文化部公共文化司副司长阿山江·买买提江带领的专家组，市文化局副局长王珠，区委常委、区委宣传部部长、统战部部长谢莹，区政府副区长张立新等领导出席会议。

程连元在示范区验收评审会上汇报工作情况　7月30日，区委书记程连元在文化部示范区验收评审会上，进行朝阳区创建国家公共文化服务体系示范区工作情况汇报，赢得了专家组的一致好评，朝阳区顺利地通过了评审。

示范区创建工作取得优异成绩　9月，朝阳区以总分88.91的成绩成功入选首批国家公共文化服务体系示范区，名列直辖市第一、全国第二。

朝阳区接受文化部、财政部颁牌　11月6日，国家公共文化服务体系示范区（项目）创建工作会议在上海浦东干部学院召开。文化部办公厅主任于群宣布第一批31个国家公共文化服务体系示范区和45个示范项目名单。文化部、财政部领导为31个国家公共文化服务体系示范区和9个优秀示范项目获得者授牌。朝阳区副区长张立新代表朝阳区接牌，朝阳区成为北京市首个国家公共文化服务体系示范区。

重要活动

东岳论坛　1月29日，第六届东岳论坛开幕。论坛由北京民俗博物馆·东岳书院、北京电视台《这里是北京》栏目、北京青少年国学社团联盟联合主办，主题为"中华优秀传统文化传承与社区建设"。清华大学国学院院长陈来、中国人民大学教授周孝正、北京社会管理科学研究院院长马仲良、北京市委党校教授吴刚、北京电视台《这里是北京》总制片人李欣，就传统文化与当代城市社区建设的关系、传统文化与社区精神培育等主题进行了精彩的讲演。朝阳区街乡文化工作者、北京民俗博物馆、民间收藏家、朝阳区国学传承校代表结合工作实践介绍了传统文化进社区的经验。

第十二届北京民俗文化节　2月10日～15日（正月初一至初六），第十二届北京民俗文化节暨第十五届北京东岳庙春节文化庙会在北京东岳庙举行。庙会主题为"逛东岳庙会·品民俗风情·祈国富民安"。庙会内容由本命年红腰带、"华夏遗珍——古瓷文明展"、"十二生肖话民俗——蛇生肖展"、国家非物质文化遗产——山西稷山高跷走兽表演、"幡鼓齐动十三档"花会、皮影戏、东岳讲坛、吴桥杂技、"拉洋片"、"扁担戏"、"耍耗子"、"二鬼摔跤"、子时祈福、"福"文化展示、东岳庙道教仪规祭祀等活动构成。庙会共接待中外游客5.5万余人次。

潮流音乐节　4月29日~5月1日，"2013潮流音乐节"（已经举办七届的"朝阳流行音乐周"，从本届开始更名为"潮流音乐节"）分别在朝阳公园和朝阳体育中心两个场地举行音乐节，共搭建了4个舞台，举办了59场演出。音乐节期间，朝阳公园入园人数47500余人次，朝阳体育中心入场人数10000余人次。

2013潮流音乐节

2013金刺猬大学生戏剧节　8月3日~18日，以"追梦"为主题的"2013金刺猬大学生戏剧节"在朝阳区文化馆举办。本届大学生戏剧节由北京戏剧家协会、"北京9剧场"联合主办，报名剧目65部，有来自全国12所高校的12部作品入围，共为观众奉上25场精彩演出。最终，西北师范大学话剧社演出的话剧《女生禁入》摘得大学生戏剧节的最高奖项"金刺猬奖"，在剧中扮演"董玉良"一角的董千里获得最佳表演奖。

文化交流

《俄罗斯芭蕾舞精华集锦》在朝阳区文化馆大剧场上演　2月20日，由俄罗斯圣彼得堡顶尖剧团、知名芭蕾舞舞蹈家带来的《俄罗斯芭蕾舞精华集锦》在朝阳区文化馆大剧场上演，表演演出了《胡桃夹子》《天鹅湖》《堂吉诃德》《天方夜谭》等芭蕾舞选段。

波兰等多个国家参与潮流音乐节演出　4月29日~5月1日，2013潮流音乐节邀请波兰、乌拉圭、厄瓜多尔、英国、美国、俄罗斯、丹麦、哥伦比亚、古巴等多个国家，共参与演出交流活动19场。

北京9当代舞团与西班牙编舞家Jorge Crecis合作的现代舞剧*trans la valo*上演　6月7日，由北京9当代舞团与西班牙编舞家Jorge Crecis合作的现代舞剧*trans la valo*在798玫瑰之名艺术中心上演。

《月亮的味道》作者麦克·格雷涅茨读者见面会　8月30日，波兰《月亮的味道》的作者麦克·格雷涅茨读者见面会于朝阳图书馆二层报告厅举办。

韩国青少年代表团到北京民俗博物馆参观并体验传统民俗活动　9月4日，由政府公务员、青少年工作者、大学生和高中生等组成的韩国青少年代表团一行100人，到北京民俗博物馆参观并体验传统民俗活动，此次访问为两国政府间青少年交流项目。

日本作家宫西达也中国巡回演讲北京站演讲在朝阳区图书馆举行　9月4日，日本"超人气"绘本作家宫西达也中国巡回演讲北京站演讲在朝阳区图书馆举行。

西班牙现代舞表演家汤尼·卓达尔《现代舞蹈说》北京首演在朝阳区文化馆上演　9月23日，西班牙最具代表性的现代舞表演家汤尼·卓达尔，在朝阳区文化馆"北京9剧场"做了《现代舞蹈说》的北京首演，这是2013国际青戏节邀演剧目之一。

陆炳文到北京民俗博物馆参观访问　10月2日，台湾海峡两岸和谐文化交流协进会会长、台湾文化艺术界联合会理事主席、全球中华粥会总会长陆炳文到北京民俗博物馆参观访问。陆炳文当场题写了"永延国祚"墨宝为博物馆留念。

国家"非遗"项目"漂亮的兵马俑灯"在英国伯明翰市展出　10月25日~27日，朝阳区文化馆根据国家非遗项目创意制作的"漂亮的兵马俑灯"，在英国伯明翰市展出，三天展览接待了近4000名观众。

群众文化队伍

全年，对基层文化干部开展业务培训4800余人次、42300余个学时。7月~11月，举办合唱、戏曲、民乐、舞蹈等四大类品牌团队认定比赛，日常表现与比赛成绩相结合，最终认定一类团队（区级示范团队和区级品牌团队）25支、二类团队（区级优秀团队）41支、三类团队（区级特色团队）22支、四类团队（街乡优秀团队）87支、五类团队（普及型团队）1854支。全区有群众文化队伍2029支，比上年提升22%。

非物质文化遗产保护工作

国际博物馆日活动　5月18日，在北京民俗博物馆（东岳庙），举办了以"展现传统文化魅力，关注群众文化需求"为主题的博物馆日活动。活动现场进行了博物馆日及北京民俗博物馆主题有奖知识问答、北京民间艺术荟萃展示、徐艳丰高粱秆扎刻艺术精品展、“华夏遗珍”古瓷欣赏专题讲座以及舞蹈表演。

文化遗产日活动　6月8日，文化遗产日，北京民俗博物馆和朝外街道办事处共同主办主题为“文化遗产与文化传承”的传统文化传播、传承活动。活动由宣传展示、民间工艺展览、文艺表演等部分组成。现场向市民免费发放《北京民俗博物馆年刊》《北京民俗报》《中国梦》《朝阳区公共文化服务设施图册》等多种宣传品。8日晚，区非物质文化遗产保护中心在朝阳区文化馆举办文化遗产日纪念活动。活动中，朝阳区首次为第一批至第三批区级“非遗”项目颁发了项目证书和铜牌。随后，举办了一场名为“琴梦红楼”的琴歌艺术音乐会。“琴梦红楼”将古琴艺术与《红楼梦》艺术系统地结合起来，用古琴弹唱1987年版电视剧《红楼梦》中的经典歌曲，以古琴的音乐梦，开启红楼的文学梦，通过《引子》《晴雯歌》《枉凝眉》《紫菱洲歌》《分骨肉》《红豆曲》《题帕三绝》《聪明累》《叹香菱》《葬花吟》《秋窗风雨夕》《好了歌》12首曲目，全程90分钟的演出，打造了一个综合性、艺术性的“人生梦”。《红楼梦》音乐创作者、国家一级作曲家王立平到场观看了演出。

图书馆

2013年朝阳区第四届“书香朝阳”全民阅读活动　4月19日，朝阳区2013年全民阅读活动启动。全年活动紧密围绕国家公共文化服务体系示范区验收及“首图百年”纪念活动，在提升质量和拓展广度上下功夫，特别是注重吸引特殊群体加入到阅读活动中。先后完成亲子阅读故事剧场系列培训会、“阅读滋养心灵，读书给人力量”朝阳区残疾人原创作品诵读会、朝阳区残疾人“励志人生”报告会、朝阳区第二十五届“孙敬修”杯学生故事比赛，承办“北京市换书大集”朝阳区分会场、“拥军演讲比赛”、“重阳节”笔会等活动。全年组织读书活动90余场，直接参与人数5万余人次。其中，大型读书活动24场，公益讲座254场。

基础业务　全年办理借书证15268个；图书外借总量587052册次，报刊外借总量10257册次，流通328767人次；送书下基层237次、161495册次；新购文献199138册件、报刊1286种、电子视听文献9713件；缴送图书333425册；全年举办各种活动388次，69828人次直接参与。其中：组织外语大课堂243场；朝阳文化讲堂66场；开办法律咨询、讲座及广场活动共23场；其他活动56场。图书配送服务329次，共计161495册；提供流动图书馆现场

朝阳区第四届“书香朝阳”全民阅读活动

阅读服务11次，提供书刊11000册，受众1500余人次；2013年新建数字文化社区46家。

文化市场管理

行政许可工作　简化3项审批程序，取消文艺表演团体变更审批和演出场所经营单位备案变更手续。完成560家出版物零售单位年度核验工作，282家网吧年审换证工作。全年做出行政许可决定480件，现场核查51次，检查场所141家，审阅剧本和演出视频254个。

文化市场执法检查　区文化市场管理（扫黄打非）工作领导小组各成员单位及43个街乡共出动执法检查人员40472人次，车辆15029台次，检查各种文化经营单位或场所50576家次。其中，演出活动及单位173家次，歌厅娱乐场所3610家次，电子游戏场所205家次，互联网上网服务营业场所7490家次，798艺术园区11303家次。组织安全生产例会12次。

获奖情况

集体

朝阳区　被文化部、财政部评为国家公共文化服务体系示范区；获得2013年度北京市公共文化服务工作突出贡献奖。

朝阳区文化馆北京9当代舞团　舞蹈《青春的记忆》获全国第十六届“群星奖”作品奖。

朝阳区文化馆“社区一家亲”系列文化活动　获全国第十六届“群星奖”项目奖。

朝阳区文化志愿者服务中心“肩并肩农民工志愿工程”项目　被文化部评为2013年“文化志愿者基层服务年”示范项目。

潘家园街道图书馆暨数字文化社区　被文化部评为首批“全国文化信息资源共享工程公共电子阅览室示范点”。

朝阳区文化馆玲舞吧拉丁舞团　获北京老年艺术协会、北京舞蹈家协会、中国社区网络电视台、北京广播电视报社颁发的“银玉兰奖”。

第十二届北京民俗文化节暨第十五届东岳庙春节文化庙会 被评为“北京特色活动”。

东岳书院 获北京市第五批“首都市民学习品牌”称号。

个人

刘士华 获全国第十六届“群星奖”群文之星。

朝阳区文化委员会

书 记 李 洋

主 任 黄晓伟（女）

（李雪梅）

海 淀 区

概 况

海淀区位于北京市城区西北部，面积430.77平方公里。下辖22个街道办事处、7个乡镇，570个居委会，84个村委会；截至2013年年底，全区户籍人口235.3万人，常住人口357.6万人。全区有56个民族，是北京市民族成分最多的地区。

海淀区文化委员会（以下简称区文委）是主管海淀区文化、文物、新闻出版和广播电视工作的政府职能部门。内设办公室、组织宣传科、公共文化科、文物科、审批管理科、法制督察科6个职能科室和文化行政执法队。直属事业单位有海淀文化馆、海淀图书馆、海淀博物馆（海淀区文保中心）、电影管理处、海淀剧院、海淀评剧团。

2013年，在区委区政府的领导下，海淀区文化系统的党员干部深入学习贯彻中共十八大和十八届三中全会精神，围绕大局，突出重点，各项工作奋力前行，亮点频现；公共文化服务体系建设取得长足进展，海淀区演出联盟、海淀文化节等文化品牌已成为统筹区域文化资源的强大平台，文化活动四季不断，文化活力竞相迸发；文化遗产保护工作体制健全，强力推进；文化市场监管举措有效，健康有力；海淀区在首都文化领域和历史文化名城建设中的影响力进一步增强。2013年，荣获“全国扫黄打非先进集体”称号及“北京市公共文化服务工作突出贡献奖”。

2013年文化艺术发展

文化设施建设

文化中心重点建设　为全力推进新区级文化中心建设，组织文化馆、图书馆邀请相关专家对文化中心的功能定位进行了反复论证研究，并与北部办、清华建筑设计院多次协调沟通，为文化中心在建筑设计、绿色环保、功能完备等方面达到国内一流水平提供依据。目前，8.8万平方米的文化中心已经正式动工，预计2015年建成。未来两年将在北部形成新的文化、体育聚集区，为区域百姓提供优质的文化活动场所，填补了北部没有大型文化活动设施的空白，促进了区域南北均等化发展。

基层公共文化设施标准化建设　按照文化部《乡镇综合文化站建设标准》和《北京市基层公共文化设施服务规范》，为全面提高基层公共文化设施达标率，区文委与财政局联合制定下发《海淀区争创国家公共文化服务体系示范区建设专项资金管理办法》，从海淀文化发展专项资金中设立1000万元，用以改善街道（镇）、社区（行政村）文化设施条件。同时积极争取市级资金近4000万元，用于支持花园路街道、北太平庄街道、八里庄街道、海淀镇、东升镇文化服务中心、海淀街道、羊坊店街道社区文化活动室等15个项目的建设。

逐步提升文化设施服务功能　在全面提高基层公共文化设施达标的同时，逐步提升文化设施服务功能，着力加强社区（村）文化室网络化、数字化建设。积极争取市级支持，为海淀区建设了49个数字化社区和20个社区益民书屋，在西三旗、青龙桥、海淀、万寿路、海淀园等地大型公共场所，8台24小时图书馆自助借还机已全部对读者开放。

重要活动

海之声——2013新年演出季　1月7日，“海之声——2013新年演出季”正式启动，历时54天，经历春节和元宵节两个传统节日，共上演9类、120场次的演出。演出季强化国际性、高端性与多样性主题教育元素，以“艺术照亮人生”的艺术辐射力引领青年群体对社会主义核心价值观的凝聚，并以此为重心，不断夯实中关村“海之声”艺术教

海之声——2013新年演出季之《炫舞青春》

育的平台。

“送福到家”启动仪式 2月1日，第五届北京文化志愿者“送福到家”启动仪式在清华科技园举行，活动由北京市文化局、海淀区人民政府支持，北京文化艺术活动中心、北京市文化志愿者服务中心、海淀区文化委联合会主办，海淀区文化馆、海淀区文化志愿者服务分中心具体承办。专家型文化志愿者在活动现场为百姓书写春联、“福”字；手工艺志愿者带着吉祥的剪纸、精美的盘扣等民俗工艺品，现场指导参观者制作手工；海淀文化志愿者用丰富的文化志愿服务与科技园企业员工一起庆祝蛇年春节。

文艺轻骑兵“海燕行动” 组织开展文艺轻骑兵“海燕行动”计划，以系列精品文艺演出深入中关村科技园各企业。2月5日、4月27日文艺轻骑兵“海燕行动”分别走进清华科技园、中关村软件园，用定向文化服务促进科技文化双轮驱动，惠及高新技术企业员工2000余人次。

新春系列文化活动 春节期间，区文委组织圆明园皇家庙会、金源新燕莎MALL庙会、新春室内文化庙会、第六届海淀区“百花闹新春”民俗展示展演、龙泉寺灯会等系列文化活动，接待游客约160万人次。在四季青敬老院开展了“同心圆·深情海”慰问文艺演出活动，向老年朋友赠送慰问品。

海淀第四届风筝节 4月3日，由区文委主办，上庄镇政府、区文化馆承办的海淀第四届风筝节在上庄二中举行，来自北京市各区县的20多支代表队展示了各具特色的风筝作品。

第三届海淀阅读季 4月～7月，阅读季期间，由区文委主办、海淀区图书馆承办的益民书屋征文演讲比赛、书香家庭评选、摄影作品展览等40余场民众喜闻乐见的各类阅读活动，吸引2万余人次参与其中。第三届北京换书大集组织全区范围内的换书活动，共接受交换图书、期刊2500余册，吸引社会各界读者600余人参与该次活动。

红领巾读书活动 4月～11月，举办了“美丽北京、我的家”摄影比赛、“我的藏书票”设计比赛、第十四届“读书小状元”评选、青少年科普剧比赛、“我的暑假生活”征文比赛等25场不同规模的主题活动，共有100多所中小学校的1.3万余名中小学生参与。

第三届中关村国际青年艺术节 5月24日～6月28日，由海淀区人民政府主办，区文委、海淀园工委和团区委承办的“青春的海”——第三届中关村国际青年艺术节在新清华学堂开幕。艺术节共分6大板块、19项、120场活动。整合海淀区演出联盟、海淀区教委等区域资源，突出文化与科技、文化与教育结合的力度，体现海淀青春文化特色，约40万人次参与，受到青年群体的欢迎。

第五届海淀端午诗会 6月10日，“海之韵、端午情”第五届海淀端午诗会在圆明园公园南广场举行。数百位海淀市民与田华、任志宏、殷秀梅等著名艺术家一起欢度端午佳节。

百姓周末大舞台 6月～10月，“百姓周末大舞台”在海淀公园举行，中国广播艺术团、中国杂技团、中国评剧院、北京歌剧舞剧院等在海淀公园露天剧场演出50场，表演涵盖京剧、评剧、交响乐、歌舞等多种艺术门类。海淀居民可以在周末和节假日免费观看专业文艺团体的精彩演出，惠及群众约5万人次。

获得国家公共文化服务体系示范项目创建资格 8月，在文化部召开的第二批国家公共文化体系示范区资格评审工作上，海淀区申报的《海淀区高新技术企业园区构建公共文化服务长效机制研究》项目获得第二批国家公共文化服务体系示范项目创建资格。

第二届中关村金秋演出季 9月9日，第二届中关村金秋演出季在北京大学拉开序幕。在90天内，47个国内外演出团体在海淀区12家场馆举办200场文艺演出。演出季以缤纷的剧目、优质的剧场、优秀的演员、优惠的票价，吸引了社会各界的关注。演出季突出政府引导、联盟组织、文化惠民、市场运作四个特点，政府拿出专项资金对演出项目和惠民票款给予补贴。

第十届海淀文化节 9月22日～11月6日，“为红叶的交响”第十届海淀文化节举行，文化节以“三山五园锦绣连绵、中关村里欢歌一片”为主题，分6个板块、35项活动，共举办大型展览、展示和群众性赛事、演出活动等100余场，参与群众近50万人次。

“民营经济文化月”活动 10月14日，海淀区工商联、区文委共同举办的“海淀区民营经济文化月”在用友软件园正式启动，活动历时两个月，是第十届海淀文化节的主题单元，也是开展非公有制经济人士理想信念教育实践活动、配合全国文明城区创建工作、展示海淀区非公经济人士良好精神风貌的重要活动之一。期间共举办20多场各类活动，工商联24家地区、行业分会参加，影响带动2000多家会员企业的近10万名员工。

公共文化服务共享工程 10月16日，区文委试点推出“公共文化服务共享工程”。该工程由区文委，区娱乐行业协会、互联网上网服务行业协会承办，学院路等11条街道协助开展，北京欢乐汇餐饮娱乐有限公司、北京花园麦颂娱乐有限公司、北京五色鸟上网服务中心等14家文化娱乐场所参与。公共文化服务共享工程由政府提供50万元补贴，利用

海淀区歌厅、网吧等文化娱乐场所，重点针对文化娱乐场所所属街道低收入居民及退休人群，就近为其提供质量相对较高、价格适中的文化消费服务，以弥补公益文化设施的不足。活动期间，共发放6800张文化娱乐场所惠民消费券。

海淀区文委主任陈静（右一）在“公共文化服务共享工程”中向群众代表赠送文化消费优惠券

第二届文化大擂台　11月~12月，举办第三届海淀文化大擂台。本届比赛面向全区业余文艺爱好者，分戏曲、器乐、合唱、舞蹈4个门类，来自各街镇的89个团队参与其中，共举办18场比赛，每周评选出周擂主，年终参加总决赛，决出4个门类的年度总擂主。

调查研究

文化部调研区公共文化建设工作　12月23日，文化部公共文化司到海淀区调研公共文化建设工作。文化部一行首先考察了解放军艺术学院、羊坊店街道文化服务中心，随后与区委、区政府主要领导进行座谈，听取关于海淀区文化及国家公共文化服务体系示范区建设情况的汇报。文化部表示将支持海淀区“在高新技术企业园区构建公共文化服务长效机制”示范项目建设，为全国提供借鉴经验。

文化培训

举办基层文化干部艺术素养培训班　11月15日，海淀区百余名基层文化干部走进解放军艺术学院接受系统的艺术培训。本次活动由区文委主办，解放军艺术学院承办。按照“区属资源为主、社会资源参与，政府引导、社会化运作”的工作思路，统筹社会文化资源，参与公共文化服务体系建设。

培训文化骨干　年内，针对街道、镇文化组织员，百度、用友、安泰等企业文艺骨干和文化志愿者进行舞蹈、声乐、绘画、摄影等多方面艺术辅导。策划组织海淀区基层文化干部艺术素养培训班、群文干部合唱指挥培训班、群文干部群众文化活动组织培训班、文体专干培训班、数字文化社区管理员培训班、益民书屋管理员培训班、图书管理员培训班，开展公益讲座50余场，培训文化骨干3650人。

图书馆

日常工作　截至2013年年底，图书馆共办理读者证5122个。接待各类读者24万余人次，借阅书刊34万余册次。流动图书车年均安全行驶里程3800余公里，服务基层图书流动点近200次。分编加工新书1.8万余种，6.2万余册，记到新刊和报纸共3万余份。面向市民举办免费读者活动105次、讲座50场、培训50场、展览12场，受益群众超过10万余人次。

图书馆新馆建设方案　为确保图书馆新馆建成后在功能设计、服务理念、发展思路等方面在全市乃至全国处于领先地位，图书馆专门组织了相关专家为图书馆新馆设计出谋划策，拿出了切实可行的意见建议，为新馆发展建设提供了科学的参考依据。特别是，通过与相关专家和清华大学建筑设计院多次的讨论、修改，海淀区图书馆新馆内部规划设计已初见成效。新馆已于2013年8月正式动工开建。

建设企业图书流动站点　面向全区发布了《海淀区企业图书流动站申建公告》，得到了驻区企业的积极响应。目前，与图书馆签订企业图书流动站点的企业已达16家。企业图书流动站点的建立在丰富企业职工业余文化生活、助力企业文化发展方面发挥了重要作用，受到了广大企业职工的热烈欢迎。

基层图书馆建设　在2013年基层图书分馆图书的划拨工作中，图书馆打破以往“一刀切”的工作做法，对53家基层图书分馆实施了逐个考核、分级划拨的办法，极大地提高了基层图书分馆的使用效率，全年为基层图书分馆配发图书26000余册，有效补充了基层图书分馆的馆藏资源。同时，在图书馆的积极协调下，全区共有10家基层图书分馆实现了全市性的通借通还服务，受到了广大读者的欢迎和好评。

非物质文化遗产保护工作

开展第四次“非遗”项目普查工作　2013年，在全区范围内进一步全面开展第四次“非遗”项目普查工作，现已普查到连氏艾灸疗法、戴氏御贡年画、翰林院五虎棍、内画鼻烟壶等涵盖传统医药、手工技艺等门类的10多个“非遗”项目。开展第四次市级申报准备工作，完成临清潭腿、内画鼻烟壶、西路评剧、荣派单弦、中式盘扣、太少狮6个区级“非遗”项目的拍摄稿并完善相关申报资料。召开推荐申报第四批国家级非遗项目的专家论证会，邀请国家非物质文化遗产保护专家委员会委员以及其他专家对拟申报项目进行论证，并推选六郎庄五虎棍、太平歌词等5个市级项目申报第四批国家级非遗项目名录。

组织特色非物质文化遗产项目展演　充分利用

圆明园春节庙会、文化馆新春大观园室内庙会、清明节、端午节、中关村美食节等活动，在活动中进行展示展演，让辖区百姓充分感受“非遗”魅力。圆明园春节庙会，组织舞狮、飞叉、中幡、摔跤等“非遗”项目进行了为期6天的表演，吸引近20万名观众前来观看；文化馆新春大观园室内庙会，组织剪纸、绢人、蔡氏脉象、面塑、颖拓等“非遗”项目进行了为期3天的展演，吸引近万名群众参加；清明节期间，组织国家级“非遗”项目“传统插花”传承人在大觉寺为市民举办3次插花讲座，日均参观人数近千人；端午节来临之际，组织“非遗”项目“扑蝴蝶”和翰林院五虎棍参加了北京市举办的文化遗传日活动；中关村美食节，组织颐和园听鹂馆御膳制作技艺、惠丰堂鲁菜制作技艺、于氏手工鲜切羊肉片制作技艺等区内“非遗”精品美食制作技艺向群众进行展示宣传。

大力推进非物质文化遗产保护工作　按照市文化局、语言文字工作委工作要求，做好北京语言文化资源普查工作。重点扶持一批“非遗”项目，对活动优秀的“非遗”项目进行补贴。以“非遗”保护十周年为契机，开展“寻找身边的文化遗产”、“海之印”第四届“非遗”文化节等系列活动。在街道及社区开展以传统美术及传统技艺类项目为主的“非遗”培训。

文化市场管理

首件网络游戏违规运营案　3月，区文委行政执法队办理海淀区首件网络游戏违规运营案件，依法给予当事人罚款5000元整的行政处罚。该案件的办理一方面填补了海淀区未办理网络文化行政执法案件的空白，另一方面也为全区拓宽文化执法思路起到引领作用。

“黄丝带”安全生产月　6月1日~6月30日，区文委开展“黄丝带”安全生产月相关活动，分为安全知识宣传周、安全文化周、安全生产应急演练周和专项整治行动四个阶段。一是组成文化方阵参加北京市“安全生产月”咨询日活动；二是召集全区网吧、娱乐、影院、电游和营业性演出场所主要负责人600余人在海淀剧院接受文化娱乐场所安全生产暨法规培训；三是安全生产应急演练周中在星美国际影城北京金源店首次开展影院应急演练；四是专项整治行动周中区文委会同区消防支队、安监局开展了“安全生产月”专项检查。为扩大宣传范围，区文委结合文化娱乐场所特点编写“文化娱乐场所安全三字经”，设计并发放宣传海报、法规手册、应急演练手册等宣传品。

获得市行政执法大比武第一名　6月，区文委根据《北京文化市场执法总队关于在全市范围开展文化市场综合行政执法岗位大练兵与技能大比武活动的通知》要求，结合实际制定方案，选拔参赛选手，组建海淀区代表队，明确“保二争一”的参赛目标。9月11日，在全市举行的2013年北京市文化市场综合行政执法技能大比武法律知识竞赛中，区文委获全市第一名。

举办文化安全生产公开课　8月14日，区文委在海淀剧院举办海淀文化娱乐场所安全生产大型公开课，邀请区安监、消防等部门针对当前的安全形势和行业特点进行授课。授课结合国内近期发生的几起重大责任事故案例，分析事故发生的原因，剖析事故产生的危害，阐述事故发生应采取的措施；针对文化娱乐场所的行业特点，讲解经营场所在安全生产方面应把握的重点问题。区内文化娱乐场所260余名负责人参加培训。

获奖情况

区文委　被全国“扫黄打非”工作小组授予2013年全国“扫黄打非”先进集体称号；被北京市文化局授予2013年度北京市公共文化服务工作突出贡献奖；荣获2013年北京市文化市场综合行政执法技能大比武法律知识竞赛团队一等奖。

区文化馆　被北京市文化局、北京文化艺术活动中心授予2013年北京市“影像北京，共筑中国梦”群众书画影大赛优秀组织奖；被北京文化艺术活动中心授予第四届北京快板邀请赛、第五届“北京市京、评、梆现代戏票友大赛”、京津沪渝“都市风采”器乐大赛组织奖。

区图书馆　被北京市新闻出版局授予“第三届北京阅读季优秀组织奖”、“中国梦、我的梦”读书益民杯全民诵读活动优秀组织奖、第三届北京阅读季先进集体称号；被市红领巾读书活动办公室授予北京市红领巾读书活动示范单位称号、北京市红领巾读书活动优秀组织奖。

海淀区文化委员会

书　记　刘建朝
主　任　陈　静（女）

（李晶晶）

丰台区

概　况

丰台区地处北京城区西南，面积305.87平方公里。常住人口226.1万人。区辖16个街道办事处、3个乡和2个镇。

丰台区文化委员会（以下简称区文委）为丰台区主管文化事业、文物保护、新闻出版和广播电视行政管理工作的政府职能部门。内设办公室、文化科、文物科、文化市场管理科（出版发行科、版权科）、组织人事科和文化行政执法队，共有行政编制44人。下辖文物管理所、图书馆、文化馆3个全额拨款事业单位。全系统有在职干部职工160人。区少儿图书馆隶属区教委。

2013年，以北京园博会的成功举办为主线，区文委进一步增强工作责任感、使命感和紧迫感，努力实现文化设施均等化、文化活动多样化、文化服务网络化、文化管理科学化的目标，加强公共文化设施建设，推进文化惠民工程，提高公共文化服务能力，努力实现文化凝聚力作用凸显、文化影响力明显提高、文化服务力大幅提升的目标，为建设充满活力的文化强区发挥出应有的作用。

2013年文化艺术发展

领导调研

王苏维调研文化建设情况 3月13日，区人大常委会主任王苏维带队到区文委就丰台区2013年文化工作进行调研，重点听取了区文委主任王虹关于区政府文化建设审议意见书落实情况及文化产业发展情况的工作汇报。王苏维充分肯定了区文委有效发挥政府职能作用，积极落实文化强区战略，在加快区域文化设施建设、丰富区域群众文化活动、打造文化品牌方面取得的显著成效。

重要会议

文化市场监督员工作会 1月23日，丰台区2013年文化市场监督员工作会在区图书馆四楼报告厅召开。会议总结了2012年文化市场监督员工作，表彰了优秀监督员，并对2013年文化市场监督工作进行了部署，明确了任务及要求。

文化市场管理暨“扫黄打非”工作会议 2月28日，文化市场管理暨“扫黄打非”工作会议召开。区委常委、宣传部部长顾晓园到会并讲话。会议充分肯定了2012年丰台区文化市场管理和“扫黄打非”工作成绩；制定下发了工作方案，明确了工作目标、专项任务和工作要求；对2012年度获得北京市以及丰台区文化市场管理和“扫黄打非”工作表彰的先进集体和先进个人进行了通报。

园博动员大会 3月4日，区文委召开园博动员大会，全体机关干部参加。大会专题传达区委书记李超钢在区园博誓师动员大会上的讲话，号召大家坚决贯彻落实区委、区政府要求，全力以赴，以只争朝夕的精神状态全身心投入园博会这一全区性的中心任务之中，保证高标准完成园博会各项文化活动工作任务。

文化工作部署会 3月14日，召开2013文化工作部署会。区文委领导、全区21个街道（乡、镇）文化主管领导、科长（站长）及文化馆、图书馆负责人、业务骨干共60余人参加了会议。会议就群众文化活动、文化市场管理、《基层文化建设“六个十”示范项目》评审等工作进行了全面部署。

“园博文化广场”活动部署会 4月2日，“园博文化广场”活动部署会在区文委六层会议室召开。区文委主管领导、相关单位文教科科（文化站站）长、艺术团团长及文化馆负责人共20余人参加了会议。

行政执法培训会 4月19日，区文委召开行政执法培训会。培训会邀请区政府法制办领导授课，对丰台区文化市场综合行政执法中存在的问题和案卷检查中存在的薄弱环节进行了分析，就如何规范办案流程进行了详细讲解和培训，并就目前丰台区文化市场管理工作中的热点、难点问题进行了讨论。

娱乐场所安全教育培训会 6月27日，区文委召开2013年丰台区娱乐场所安全教育培训会。全区歌舞娱乐、电子游艺、电影放映场法定代表人或负责人250余人参加。

群众文化工作中期推进会 8月9日，区文委召开2013年群众文化工作中期推进会，21个街、乡镇文教科（文化站）的科长（站长）参会。会议总结上半年群众文化工作整体情况，并部署下半年重点工作。

基层文化建设“六个十”示范项目评审会 11月13日，丰台区2013年基层文化建设“六个十”示范项目（评选出10个示范性街、乡镇文化服务中心、优秀文化广场；10个示范性社区文化室、村文化大院；10支优秀群众文艺团队；10个特色文化活动；建立10个基层图书配送点；扶持10个非物质文化遗产项目）评审会在图书馆四层报告厅拉开帷幕。经过前期的项目申报和初审阶段，共有来自全区21个街、乡镇的143个项目参加为期6天的评审工作。最终选出的60个优秀示范项目，真正起到了示范引领作用。

文化娱乐市场安全达标座谈会 12月11日，区文委在六层会议室召开丰台区文化娱乐市场安全达标座谈会暨文娱网吧年会。区文委、区安监局、区文娱协会、区网吧协会及安全达标评审企业北京安科研技术有限公司、北京神龙安科技术发展中心领导参会，共计25人。

文化活动

“三下乡”活动 1月15日~1月19日，区文

委组织开展文化、科技、卫生“三下乡”活动。依托区文化馆、图书馆、文联开展了送文艺演出、送影视光盘、送期刊、送书法、送春联、送字画等活动。

2013年喜迎新春联欢会　2月5日，丰台区2013年喜迎新春联欢会在中国戏曲学院举行。本次联欢会的主题是“金蛇腾沃土，幸福满丰台”。区领导与全区各界军民代表欢聚一堂，共庆癸巳新春。参加联欢会的还有最美丰台人代表，文明引导员代表，环卫工人代表，驻区企业、部队、院团代表，各民主党派代表，各委办局代表，乡镇、街道代表等。

纪念毛泽东题词发表50周年展览　3月3日，丰台区“弘扬雷锋精神、发现丰台之美”纪念毛泽东向雷锋同志学习题词发表50周年展览在丰台文化馆举办。展览为期5天，展出由八一电影制片厂董兴喜收藏并提供有关雷锋的书刊画报、火花、邮票、封、片等作品800余件。

“书香丰台”阅读系列活动　3月～12月，通过推荐阅读书目、图书交流研讨、图书交换大集等多种形式，开展包括“全民阅读推广”、专题讲座和大型文化活动3大板块7大类78项活动，受众3.2万余人次。

农村文艺演出星火工程　4月～10月，北京京上草原艺术团等12个一类演出团队和南苑鱼水情艺术团等6个二类演出团队签约2013年“农村文艺演出星火工程”。演出继续实行“订单式”服务，实现“什么时间看就什么时间演”“看什么演什么”。为辖区68个行政（中心）村演出204场次，观众10万余人次。

“发现丰台之美”主题活动　4月～12月，开展“发现丰台之美”主题活动。活动从城市和人文的角度，在全区范围内通过知识讲座、展览展示、书画摄影和豆瓣官网等线上及线下的形式，深入挖掘、培育、弘扬丰台的美。全年网络上传不同种类的艺术形式作品33万余件，新浪微博、微话题达11万条。从发现丰台自然、历史、创造、成长、奉献和共建之美6个方面，反映出丰台区在城市形象塑造和文明程度提升方面的建设成果。

“我的丰台·我的家”系列文化活动　5月～11月，成功举办了包括周末百姓大舞台、星火工程、相声乐苑、周末场演出等活动在内的“我的丰台·我的家”系列文化活动。全年共开展文化惠民演出922场次。

文化“四进”工程　5月～11月，以文艺演出的形式，组织优秀文艺节目深入社区、村、军营和园博会工地等，进行慰问演出。通过不同专题的21场文艺演出进社区、进农村、进部队、进工地，让文化走近普通百姓，让更多的群众享受到了文化惠民工程建设的成果。

“我的丰台·我的家”系列文化活动启动仪式

端午文化游园会　6月10日～12日，在莲花池公园和北京园博园两个会场同时举办。莲花池会场的活动依托莲花池公园荷塘美景，以“花开丰台”为主题，举行包括端午民俗饰品制作体验、包粽子比赛、“集彩绳”趣味越野闯关等20多项精彩活动。北京园博园会场的活动以“游园博·乐端午”为主题，立足园内多个活动地点，开展一系列文化活动。

群星合唱大赛　6月28日，“我的丰台·我的家”群众合唱大赛决赛在区文化馆举行。此次活动惠及全区21个街道乡镇。结合区域特色组织文艺调演、汇演，经过两个多月的初赛和复赛，共有18支合唱队、总计760名队员进入了决赛。

群众舞蹈大赛　7月23日，“我的丰台·我的家”群众舞蹈大赛决赛在区文化馆举行。经过初赛和复赛，共有18支舞蹈队、总计300余名舞蹈爱好者进入了决赛。

第六届北京“卢沟晓月”中秋群众文化节　9月18日～20日举行。活动坚持走进基层、贴近群众，设置花卉大观园、卢沟桥和园博园三大活动场地，设计了邀月、望月、赏月等系列群众参与性文化活动，3天共接待15万人次。丰台主会场“花好月圆”中秋文化活动圆满完成。中央电视台、北京电视台、《人民日报》、新华网等多家媒体给予了报道。中央电视台新闻中心发起的全国性“最美赏月地”投票活动，北京卢沟桥以绝对优势位列最美赏月地榜首。

第二届丰台时尚戏曲文化节　10月4日～7日在万芳亭公园、10月13日（重阳节）在园博园陆续举办第二届丰台时尚戏曲文化节活动。文化节延续“梨园大舞台、戏曲零距离”的主题。万芳亭公园会场设计了全市戏曲票友邀请赛、时尚戏曲服饰秀、戏曲行装体验等多形式、多层次的文化活动。园博园会场举办了“百花齐放”地方戏曲演出活动。活动得到多家媒体的宣传报道，万芳亭公园在活动期间迎来4万多名游客。

“花好月圆传戏韵”主题活动　年内，以“花好月圆传戏韵”为主题，组织开展“花开丰台”端午文化游园会、“卢沟晓月”中秋群众文化节和“梨园大舞台、戏曲零距离”第二届丰台时尚戏曲文化节，活动通过民俗文化、体验活动等形式，将节庆活动与传统文化相结合，在活动开展的同时，促进传统文化传承发展，各项活动共接待游客近40万人次，使丰台区文化影响力明显提升。

北京园博园文化活动　2013年，在园博园内开展了城市周和区县文化日等主题活动。活动吸引了全市16个区县的艺术团队参与其中，演出74场，吸引了近20万名观众参与。以“绿色交响、五彩绽放”为主题，挑选6支区内“优秀文艺团队”，利用周末在10个“园博文化广场”巡演40场，受众达3万余人次，丰富了辖区群众的文化生活。

周末百姓大舞台　年内，开展周末百姓大舞台活动。旨在培育街乡自己的文艺团队，以文化广场为平台，让各街乡镇的团队有机会在各自的露天舞台上开展演出等文化活动。活动共210场次，受众人数达5万余人。

戏曲进社区（村）　年内，戏曲进社区（村）活动以全新方式开展。举办了84个课时的戏曲知识讲座、124场次的票房剧目指导、24个课时的戏曲健身操和“群艺杯”票房大赛，使戏曲进社区（村）活动呈现出更好的效果。

周末“相声乐苑”和周末场演出　2013年，通过采取“形式活、内容活、场地活、时间活”新形式，开展“百姓周末场”等专业院团的演出，让普通百姓可以欣赏到高水平、低价位的演出。全年共演出周末“相声乐苑”和周末场演出120场次，最高上座率达到了100%。

周末场演出之评剧《张羽煮海》

基层文化设施建设

文化场馆建设　年内，新建社区文化室20个，为全区359个社区、村配备了便携式音箱，新建和改建王佐镇张各庄文化广场、和义街道文化广场、万芳亭公园广场。

“文化社区”创建　年内，积极推进“六型社区”（“干净、规范、服务、安全、健康、文化”六方面全面发展的社区）中“文化社区”的创建。为全区16个街道的62个重点文化室进行重点指导和扶持，结合各文化室实际需求给予购置演出服装、道具、图书、乐器等文化设备的经费支持180余万元，以推进文化室各项工作及文化活动的更好开展。

重点帮扶河西　年内，对河西地区公共文化设施基础相对薄弱的王佐镇魏各庄村、长辛店镇大灰厂村和长辛店镇赵辛店村进行文化帮扶，共给予文化设施、设备方面的资金支持约15万元。

基层设备配备　年内，为满足基层单位基本的文化工作开展需求，通过公开招投标，为全区359个社区、村各配备便携式音箱1台。

文化培训

集邮知识讲座　3月2日，丰台集邮协会聘请崇文集邮协会会长鄂文江为丰台集邮协会全体会员开展了主题为“传承地域文化、拓展集邮思路”专题知识讲座。

基层文艺骨干培训　9月11日，丰台区2013年基层文艺骨干大型活动策划与组织知识讲座在文化馆剧场开课，共有来自全区21个街道、乡镇的300余人参加培训。

文化交流

“新疆和田民族艺术”走进丰台　6月25日，新疆和田市文工团在丰台文化馆剧场为辖区群众送上了一场极具新疆民族特色的歌舞盛宴——“阗舞四季”，共有400余人观看演出。

非物质文化遗产保护工作

第四届室内新春游乐会　2月12日~2月15日，在区文化馆举办第四届室内新春游乐会。游乐会以“文明丰台”为引领，将传统文化与现代科技有机结合，逛、赏、品、购、娱，融知识性、趣味性、娱乐性于一体，让群众在享受“文化福利”的过程中，追求健康文明的节日方式，在文化的滋养中获得精神愉悦。观众人数近万人。

“非遗”名录专家评审会　4月17日，丰台区第三批区级“非物质文化遗产”名录专家评审会在区文化馆召开。专家听取了丰台区非物质文化遗产工作汇报，观看了第三批丰台区区级非物质文化遗产评审项目申报片，对京派内画鼻烟壶制作工艺等11个候选项目进行评审。其中，劈挂拳、南营太平鼓等10个项目建议列入丰台区级非物质文化遗产推荐名单，并同意劈挂拳项目申报北京市级非物质文化遗产名录。

第八个"文化遗产日"活动　6月8日，在区文化馆举办全国第八个"文化遗产日"宣传纪念活动，活动主题是："人人都是文化遗产的主人"。活动通过花会展演、艺术品展示互动、发放宣传品等，吸引更多市民自发加入，使活动更加贴近群众，让非物质文化遗产保护理念走进百姓生活。

文化馆

2013年，区文化馆积极开展丰富多彩的文化活动，营造良好的文化氛围。针对辖区群众日益多元化的精神文化需求，利用小剧场长期举办对各街乡镇文艺骨干队伍免费培训，全年开展合唱指挥、广场舞蹈、大型活动策划等艺术专业培训16期。通过开展周末"相声乐苑"、周末场演出等高水平、低票价的演出，进一步满足不同群体、多样性的文化需求，全年演出近150场次，受众4万余人次。以"我的丰台·我的家"为主题，开展贯穿全年的系列文化活动。举办丰台区百姓周末大舞台、"文化四进"工程、农村文艺演出星火工程、广场舞蹈大赛等活动，在全区范围内掀起"舞丰台、唱丰台、爱丰台"的文化热潮。

图书馆

2013年，区图书馆共采购图书25725册（件），订购报刊841种（份），新增办证数781个。流通接待读者16.6万人次，流通图书13.7万册次。举办报告会等各类读者活动75场次，参加人数3.1万余人次。新建计算机图书联网点5个。图书馆特别针对老年朋友、残障人士免费办理图书借阅卡，对到馆的特殊群体予以特别关注。举办春节、元宵、清明、端午、中秋、重阳、七夕等传统节日文化活动。开展"书香丰台"阅读系列活动，提升了全民阅读活动的层次和水平。

文化市场管理

春节前夕网吧巡查　1月19日~31日起，区文委网络文化经营场所开展了"地毯式"巡查，以检查网吧接纳未成年人为重点，全面检查网吧是否按规定核对、登记上网消费者的有效身份证件，确保各项制度落实到位。对未按规定核对、登记上网消费者有效身份证件，违规接纳未成年人的6家网吧予以警告并给以罚款的行政处罚，责令其切实加强上网消费者实名登记制度的落实。

行政审批　严格审批程序，执行全程办事代理制，窗口受理工作群众满意率为100%。全年共受理各项行政许可申请144项，接待电话、现场咨询2000余次。

市场监管　年内，加大文化市场的监督管理力度。建立行政许可联动机制，规范娱乐场所管理。组织"平安丰台"法律法规、安全培训、消防演练7次，总人数超过3000人次。

行政执法　落实行政执法责任制，进一步规范行政执法案卷。全年共出动执法人员1600余人次、联合执法33次，检查娱乐场所769家次，检查重点地区、点位1130处，取缔摊位48处，受理各类举报80余件，对44家违规文化经营场所处以行政处罚，警告30家、罚款15.4万元，停业整顿3家

文化娱乐场所安全生产工作　年内，与全区娱乐场所签订《安全生产责任书》，开展安全月宣传咨询日活动、"12·4"法制宣传日等宣传活动，发放安全标语、宣传手册等各类宣传材料8500余份，确保全区娱乐场所未发生重大安全事故。

"扫黄打非"工作　年内，相继开展了元旦、春节、全国两会安全保障，"净网""清源""秋风"等多项专项行动。以确保首都安全稳定和文化市场平安有序为目标，以"扫黄打非"查大案要案为突破口，不断强化执法工作，创新管理机制，推进队伍建设，取得了明显成效。

丰台区文化委员会

书　记　周衔临
　　　　王　虹（女）

（王　蕊）

石景山区

概　况

石景山区位于北京市区西部，最东端距天安门16公里，全区总面积84.38平方公里，常住人口63.9万人，全区下辖8个街道办事处、1个社区行政事务管理中心。

北京市石景山区文化委员会（以下简称区文委），是负责全区文化艺术、文物、博物馆、文化娱乐、新闻出版和广播电影电视行业管理工作的区政府工作部门。内设办公室、组织人事科、文化科、文物科、文化市场管理科和监察科5科1室。下属行政执法队、文化馆、图书馆、少儿图书馆、古城电影院、法海寺文保所、慈善寺文保所、承恩寺文保所、冰川馆、文物研究所、会计管理中心11个单位，在职员工192人。

2013年，石景山区文化事业在区委、区政府的领导下，以“文化兴区、文化惠民”为目标，先后举办石景山区军民春节联欢晚会、第30届“古城之春”艺术节、第六届北京“清明诗会”。坚持先进方向、以人为本、创新驱动、多元融合、重点带动、强化特色的原则，着力提升公共文化设施建设水平，着力推进文化惠民工程，着力打造区域文化品牌，不断加强公共文化服务体系建设，推动石景山区公共文化事业建设再上新台阶。

2013年文化艺术发展

群众文化活动

军民春节联欢晚会 2月5日，石景山区军民春节联欢晚会在北京军区大礼堂举行。北京军区副政治委员黄建国，军区司、政、联、装各部的首长，区领导荣华、夏林茂、赵玉民、岳德顺，区四套班子的其他领导和来自全区各条战线的千余名群众、部队官兵欢聚一堂，共贺新春。活动以军地融合发展为主题，本着节约高效办活动的原则以综艺晚会的形式展现CRD建设和军民双拥共建成果，实现思想性、艺术性、群众性的高度结合。

承办第六届北京“清明诗会” 3月31日，由市委宣传部、首都精神文明办、市文化局、石景山区委区政府、北京电视台主办，石景山区宣传部、区文明办、区文委、区体育局承办的第六届北京“清明诗会”在石景山区体育馆举办。市委宣传部副部长张淼、市民政局副局长陈卫东、市旅游委副主任梁勇、市文化局副局长王珠、市文联党组副书记王德新以及石景山区夏林茂、王文光、付生柱、司马红等相关领导出席活动。

第30届“古城之春”艺术节 5月20日，石景山区第30届“古城之春”艺术节开幕式在首钢文馆举行。市文联党组书记、常务副主席、秘书长陈启刚，市文化局副局长王珠，市文联党组副书记、副秘书长王德新等市领导以及石景山区领导王文光、付生柱、司马红、司尚国同近千名群众一起观看了开幕式。开幕式以“春色满园”为主题，分为“春暖花开”“春风化雨”“春华秋实”三个篇章，表现“古城之春”艺术节诞生、成长、壮大的发展历程。7月19日，以“美丽石景山·幸福新生活”为主题的石景山区第30届“古城之春”艺术节在区文化馆百姓剧场圆满落下帷幕。区领导王文光、付生柱、司尚国出席活动并为艺术节获奖集体和个人颁奖。第30届“古城之春”艺术节历时两个月，活动以“美丽石景山，幸福新生活”为主题，分为“30年纪念性活动”和“群众性赛事”两条主线。艺术节集艺术比赛、系列展演、图片展览、电视访谈、出版纪念画册和优秀作品集等活动为一体，内容丰富，覆盖面广。艺术节还相继举办了“春色满园”艺术节开幕式，“梦想从现在开始”儿童舞台音乐剧，群众合唱比赛、舞蹈比赛，来京创业人员才艺比赛、器乐比赛，“梦圆五里坨”庆祝建党92周年演出，以及由各街道、各委办局承办的群众系列文艺展演等210余场次文化活动。

本届艺术节在宣传报道上实现跨界联动，借助电视、报纸、广播、网络多媒体打造传播合力，在《北京日报》刊登艺术节30年回顾和区域文化建设专版，北京电视台、《北京日报》、北京人民广播电台等30余家媒体也对艺术节活动做了专题报道。录制了艺术节30周年纪录片及系列电视访谈节目，编辑出版艺术节30年画册及优秀文艺作品集，多方位宣传展现“古城之春”艺术节30年来的发展历程以及区域文化建设成果。

“放飞梦想”——首届北京诗歌朗诵大赛 6月23日，由市文化局、市文联、石景山区人民政府联合主办的“放飞梦想”——首届北京诗歌朗诵大赛决赛在石景山区广电中心举行。大赛以“美丽中国 美丽北京”为主题，旨在通过诗歌朗诵的艺术形式，推出一批优秀原创诗歌朗诵作品及艺术人才，丰富群众文化生活，促进首都文化繁荣发展。活动于5月至6月在全市范围内开展。共有来自14个区县的293件作品、367名诗歌朗诵爱好者参加比赛。经过层层选拔，共有30个少儿组作品、32个成人组作品进入最终决赛。曹灿、瞿弦和、王静、李修平、余声等朗诵艺术专家担任评委。活动推出了一批反映“中国梦”时代主旋律的优秀原创诗歌朗诵作品及艺术人才。市文化局副局长王珠，石景山区领导赵玉民、王文光、付生柱、司尚国参加活动，并为获奖选手和单位颁奖。本次赛事呈现三大特点：一是主题鲜明，时代感强。大赛紧扣时代脉搏，参赛选手通过朗诵作品深情讴歌“中国梦”“美丽中国”“北京精神”等时代主旋律；二是内容丰富，鼓励原创。参赛作品中涵盖歌颂党和祖国、美好生活等十余个题材，原创作品比例达40%以上；三是组织严谨，广泛参与。大赛分为区县初赛、全市复赛、总决赛三个阶段有序进行，参赛选手均为各区县选拔推荐的优秀朗诵人才。年龄最大的87岁，最小的5岁。决赛赛事评审除邀请朗诵艺术专家外，还邀请15名大众评委参与赛事评判，保证了赛事的公正性。

新疆和田市玉都文工团赴京文化交流演出 6月24日，新疆维吾尔自治区和田市玉都文工团赴京文化交流演出在石景山区文化馆百姓剧场举行。和田市文广局书记买买提·艾力，北京文化艺术活动中

心副主任明子琪，区文委纪委书记傅俊英、副主任董聪慧出席活动并和在场200余名观众共同观看演出。活动旨在促进石景山区同新疆各族群众的文化交流，为百姓了解新疆文化搭建了交流平台。

2013夏日文化广场活动　7月19日，石景山区2013年夏日文化广场开幕式在区文化馆百姓剧场举办，区领导王文光、付生柱、司尚国出席活动。本届夏日文化广场活动于7月～9月期间举办。活动突出勤俭节约、形式多样、门类齐全、专群结合等特点，以公益演出和公益电影放映相结合的方式，先后走入石景山区八角街道、苹果园街道、驻区部队等基层单位，开展以“庆祝建党92周年”“八一建军节”“迎国庆”“交通法规宣传”等为主题的综合性文艺演出近20场次、公益电影30场次，惠及群众20000余人次。

重阳诗歌会　10月13日，在八大处公园举办“敬老重阳、放飞梦想”——石景山区2013年重阳诗歌会暨禅林文化节闭幕式活动。活动由石景山区委宣传部、区社工委、区文明办、区文委、区民政局、西山八大处文化景区管委会主办，八大处公园管理处、区文化馆、北京万方荣辉文化发展有限公司承办。诗歌会通过歌曲、小品、诗朗诵等多种艺术形式，弘扬“尊老、敬老、爱老、助老”的传统美德。

“舞动北京——群众舞蹈大赛”原创精品节目展演活动　11月30日，由市文化局主办，北京文化艺术活动中心、石景山区文化委员会承办的“舞动北京——群众舞蹈大赛”原创精品节目展演活动在石景山区体育馆举办。市文化局局长陈冬、副局长王珠等市领导及石景山区领导王文光、付生柱等出席活动。演出以历届比赛精品节目展演为主，分5个篇章共20个节目。“舞动北京——群众舞蹈大赛”已在石景山区成功举办了8届，成为了首都具有影响力的群众文化品牌。

综合文化站评估定级自评工作

下半年，根据文化部、北京市《关于开展第一次综合文化站评估定级工作的通知》的要求，石景山区开展街道综合文化站评估定级自评工作。区文委召开自评工作会，部署各街道自评工作具体事宜，并进行了自评达标工作培训。本次自评工作是对文化站建设和管理水平的摸底，同时达到以评促建、以评促改的目的。各街道按照“北京市乡镇综合文化站评估定级计分表”的各项指标对街道文化站进行自查，整理规范评估档案，撰写自评报告，对发现的问题及时进行整改，进一步提高文化站服务和管理水平，推动街道文化站“建管用”上新台阶。

政府绩效考核

12月底，石景山区开展2013年度北京市政府绩效管理年终考评工作，此次绩效考核主要包括公共文化设施覆盖率、公共文化设施达标率、文化惠民演出场次3项指标。区街道级公共文化设施覆盖率为100%，社区级为96.5%；区街道级公共文化设施达标率为88.9%，社区级达标率为90.1%；区全年组织开展文艺演出共计822场次，同比增长14.5%。均高于市级政府任务指标。

基层文化设施建设

年内，完成了40项公共文化设施项目的申报工作，争取市级文化发展资金1500余万元用于石景山区文化馆、区图书馆、区少儿图书馆以及街道社区的基础文化设施建设。完成了30项基层文化设施项目建设。重点完成了八角街道文化广场改建工程；完成金顶街街道文化活动中心改建工程及音响设施配备；为八宝山街道西里南社区、四季园社区、三山园社区、社区学院建舞蹈室、图书室，并安装LED灯及音响设备；全力推进鲁谷社区半月园文化广场扩建工程和鲁谷人防工程改建、社区文化室内部设施配置工作；完成区文化馆百姓剧场改造、图书馆基础设施改造升级和少儿馆外立面亮化等工程项目。

2013年6月投入使用的八角文化广场百姓大舞台

区文化中心建设项目　年内，石景山区文化中心在区委、区政府的正确领导下，各职能部门攻坚克难，合力推进，筹建工作取得了显著成效。一是圆满完成了立项工作，于5月14日取得了该项目的立项批复，为后续工作的顺利开展提供了法律依据。二是高效完成了建设用地地上物腾退工作，并有序进入征地程序。三是完成了与地铁集团关于6号线线交和文化中心项目交叉施工相关问题的协商工作，并达成一致意见。四是广泛开展了设计方案意见征集工作，使设计理念、思路和方向更加完善，更具特色，为方案设计提供了更多的参考意见。五是有序开展可研编制、环评、交评等前期工作。

非物质文化遗产保护工作

年内，编辑出版《永定河传说》等“非遗”项目丛书；组织实施了10个“非遗”项目的论证报告撰写、修改、申报片拍摄等工作；结合通背拳等武术项目开展“非遗”武术项目进校园系列活动，开展中国文化遗产日等主题宣传活动；建立北辛安小学太平鼓传承示范点，加大活态传承力度；依托《永定河传说》传承教育基地开展民间传说故事传承活动，有力推进“非遗”传承工作。

文艺创作

结合石景山区区域历史文化内涵和CRD建设成果，创编了一批反映传统历史文化、展现区域转型发展成就、弘扬“北京精神”的文艺作品。由石景山区文化馆创编的《映山红·记忆》在2013奥运社区大舞台活动中获得了时尚流行舞第一名。歌曲《孔子说》获得第十届中国艺术节优秀演出奖、全国第十六届“群星奖”优秀表演奖。

文化馆阵地建设

丰富文化馆阵地服务项目和内容。以石景山区文化馆为主阵地，实现文化辅导培训菜单式服务，实施基层文化干部培训工程，开展合唱指挥、诗歌朗诵、活动组织策划等文化艺术培训15期，培训干部1300余人次；创新引进周末剧场演出落户文化馆。采取“公益演出、公司运作、政府购买、百姓受益”运行模式，引进中国评剧院、北京歌剧舞剧院、北京儿童艺术剧院等数十家优秀文艺院团、40余部优秀剧目演出，为群众提供了低票价观看高水平文艺演出的平台。

图书馆

全年，石景山区区图书馆和少儿图书馆共办理借阅证19908个，接待读者630886万人次，外借图书676266万册，送书下基层326次、147932万册次，开展讲座、演出、征文、比赛、展览等读者活动435场次，参与人数达8.517万人次。区图书馆全年代检索课题25项，编制二次文献4种。

设立青少年健康教育基地　石景山区图书馆与区计生委联合在石景山区图书馆设立了“青少年健康教育基地”。1月29日，首场讲座在区图书馆举办，由中国计划生育协会青春健康教育主持人、北京市计划生育协会青春健康教育讲师杨光主讲。

北京市第三届“换书大集”活动　4月19日～20日，石景山区少儿图书馆承办了北京市第三届“换书大集”石景山区分会场的换书活动，参与人数达到500人，收到图书上千册。交换活动不仅盘活了读者手中的闲置图书，也吸引了读者对少儿图书馆的关注，提升了社会影响力。图书馆为百姓提供了一个“分享阅读，交换快乐”的场所，让图书“走”了起来。

全国公共图书馆第五次评估定级　5月，北京市专家评估组对石景山区图书馆和区少儿图书馆进行了第五次全国公共图书馆评估定级检查。评估组按照《地、市级公共图书馆评估定级标准》，通过听取汇报、审阅材料、问卷调查、实地查看等方式，对2009年以来的各项工作进行了全面评审。在本次评估定级工作中，区图书馆和区少儿图书馆均再次被评为国家一级图书馆。

周末社区大讲堂　6月19日，中国中医研究院教授杨力在区图书馆举办养生讲座。把养生与道家、佛家等思想融于一体，充分突出了东方特有的中医养生特色，受到老年读者的欢迎。

全民诵读比赛　8月14日，来自石景山区9个街道的26名选手参加了在区图书馆举办的“实现中国梦，先从读书始”全民诵读比赛。选手通过演讲的方式全方位、多角度地展现了石景山区各行各业的典型事例。

邓小燕作客“名家讲坛”　10月25日，国家审计署退休干部、前国务院副总理邓子恢的女儿邓小燕做客区图书馆“名家讲坛”。邓小燕介绍了其父母一生的革命历程，及其本人作为红色后代的人生道路。

石景山区少儿图书馆“共享工程”工作获殊荣　石景山区少儿支中心（石景山区少年儿童图书馆）荣获文化部颁发的“全国文化信息资源共享工程·公共电子阅览室示范点”荣誉称号。区少儿图书馆以过硬的硬件设施和优质的文化惠民活动，成为全国仅有的两个获奖少儿图书馆之一。2月6日，区文委主任高洪雁为少儿馆举行了正式的挂牌、揭牌仪式。

共享阅读 文化助残　在第23个“全国助残日”到来之际，石景山区少儿图书馆到区培智学校开展了“我们在一起、拥抱中国梦”的助残活动。活动中，区少儿馆将自己精心制作的纪念画册送到了培智学校和少儿图书馆的每一位残疾读者手中，为残疾儿童送去关怀与服务。

少儿特色读书活动　石景山区少儿图书馆认真贯彻中共十八大精神，阵地活动频频出新。先后开展主题为“我爱美丽的北京”系列活动、“小小书虫俱乐部”“开心菜园——我是小小园艺家”蔬菜种植活动、“小叮当手偶剧表演”、“儿童阅读体验剧”等多种特色活动。以读绘本、做手工、画图画等一系列方式开发小读者智力，培养小读者兴趣、促进亲子融洽的读者活动，受到了广大小读者及家长的欢迎。

“小小书虫俱乐部”之“亲子故事会”活动

文化市场管理

年内，区文委共接待咨询办事人员2000余人次，共受理各类行政许可23件，其中，新审批歌舞娱乐场所2家，营业性演出5场7次。受理各类变更事项41家次。完成年度审核换证219家。其中，歌舞厅33家、网吧36家、文艺表演团体8家。

“扫黄打非”工作部署会　2月27日，石景山区召开2013年两会前夕文化市场管理暨“扫黄打非”工作部署会。会议由区委宣传部部长王文光主持，副区长司马红出席，区文化市场管理暨“扫黄打非”工作主要成员单位与会。

网吧安全生产工作部署和法律法规培训会议　5月27日，石景山区召开网吧安全生产工作部署和法律法规培训会议。区文委、区消防支队、区安监局有关领导出席会议，全区50余家网吧法人、负责人共计80余人参加了会议。依据《北京市消防条例》结合人员密集场所安全生产的典型案例，从安全生产形势、消防安全责任、消防安全措施、消防安全“四个能力”和消防安全标准化管理等5个方面对全区网吧进行了讲解与培训。

文化娱乐场所安全工作会议　10月22日，石景山区召开文化娱乐场所安全工作会议。区领导王文光、司马红参加了会议。会议通报了10月11日喜隆多火灾事故情况和市、区紧急会议精神，网吧代表作了应急处置经验介绍，会议还部署了文化娱乐场所安全大检查工作。

文化执法考评工作　12月11日，市文化执法总队副巡视员梁祖国带领市文化执法总队考评组一行5人，到石景山区文委行政执法队考评2013年度石景山区文化市场管理及“扫黄打非”工作，区文委党委书记翟培新陪同。考评组听取了石景山区文化市场及“扫黄打非”工作总体情况的汇报，并对石景山区文化市场基础工作、专项行动、重点工作、市场面貌、案件办理、信息宣传、工作创新等方面进行了全面、认真、严格的测评考核；考评组在听取汇报后，对完善队伍和制度建设、加强市场监管、推进管理创新等方面给予了充分肯定；强调要在全市形成文化市场管理和“扫黄打非”工作的共识，确保首都文化市场安全稳定。

石景山区文化委员会

书　记　翟培新
主　任　高洪雁（女）（12月免）

（黄　杰）

通 州 区

概　况

通州区位于北京市东南部，京杭大运河北端，面积906.28平方公里。全区辖10个镇、1个乡、4个街道。2013年户籍人口69.32万人，其中，非农人口37.38万人，农业人口31.94万人。

通州区文化委员会（以下简称区文委）是通州区人民政府主管文化、文物等工作的职能部门，接受北京市文化局、北京市文物局、北京市新闻出版广电局的业务领导。区文委下设1个文化行政执法队，6个职能科室（办公室、政工科、公共文化科、文化促进及文化市场管理科、文物保护和非物质文化遗产保护科、规划科），6家事业单位（通州区文化馆、通州区图书馆、通州区博物馆、通州区文物管理所、通州区电影管理中心、通州区电影院）和1家企业（新华书店）。全文化系统在职人员183人。

2013年，全区文化工作以科学发展观为统领，围绕首都城市副中心建设这一中心任务，进一步构建公共文化服务体系和现代文化产业体系，加快设施建设，实施惠民工程，开展丰富的文化活动，强化文化品牌，加强文化遗产保护，加大文化市场监管力度，全面开展了“扫黄打非”工作，规划引导了文化产业的发展。

2013年文化艺术发展

文化设施建设

完成了公共文化设施覆盖率95%和公共文化设施达标率60%的目标；完成了张家湾、永乐店、漷县、西集4个乡镇文体活动中心建设工程；完成了于家务乡文化广场和中仓街道文化中心的升级改造工程；完成了玉桥街道新建社区文化中心的交接工作。同时，为23个六型社区配备图书、音响等设备；为15个新达标社区和40个已达标社区配备文化设施；重点解决4个街道文化设施的达标率。

文化活动

2013年，举办了通州区运河之声新年合唱音乐会、“五月的鲜花”群众歌咏比赛等常规性文化活动。开展了清明诗会、七夕联欢、中秋赏月等传统节日的文艺演出。深入社区开展了“我的中国梦、梦想照进现实”演讲比赛、“夏日文化大舞台”等活动。共开展50余场合唱比赛，参与合唱团队达200多支，直接参与群众超过2万人次。“运河之夜”周末场演出共70场次，吸引观众2万人次；“星火工程”文艺演出1056场次，观众超过8万人次。镇域特色文化持续繁荣。为促进基层品牌文化活动开展，制定出台了《通州区品牌文化活动奖励办法》，台湖、张家湾、西集、宋庄、玉桥、永乐店等乡镇、街道举办了独具特色文化艺术节，丰富文化活动的同时也打造了自身文化品牌。潞城、梨园、中仓等乡镇、街道加大了对业余文化团队的扶持力度，提升了辖区内文化队伍水平，丰富了辖区居民的业余文化生活。

“三下乡”活动启动　1月16日，在潞城镇东堡村举办北京市2013年文化、科技、卫生“三下乡”集中示范活动文艺演出。市委宣传部副部长张淼等17家市属“三下乡”成员单位主管领导及通州区“三下乡”成员单位领导、群众近5000人参加了活动。

“三教庙”春节文化庙会　1月31日~2月5日，第七届通州区“三教庙”春节文化庙会在“三庙一塔”景区举办，庙会以“逛新春庙会、赏民俗风情”“祈国泰民安”为主题，组织展览展示、传统游艺、年货展销等多种活动。举办了二十四孝传统文化展、运河出土皇木展、京津冀潮白风情摄影展等多种展览及儒家迎新活动、状元桥——投币祈福、祈福纳祥迎财等多项活动。吸引游客5000余人。

新春团拜会文艺演出　2月6日，在西集阳光会议中心举办2013年新春团拜会。团拜会以“古韵新城梦”为主题，共分为“潞水如歌”“彩虹仙子”“金蛇飞舞”三个篇章。区委书记王云峰，区委副书记、区长岳鹏，区人大常委会主任张文山，区政协主席王春元等区领导与来自全区社会各界的代表一同观看了演出。杂技舞蹈《坝神贺年》、国家大剧院合唱团演唱的《我是运河的流水》、通州特有单琴大鼓《我家住在运河边》，还有原创舞蹈《密符扇》《彩虹仙子》，追梦组合演唱的《我和我的祖国》等节目从不同角度展现着古韵新城的魅力。

“繁荣杯”群众演艺大汇　3月~7月，通州区“繁荣杯”群众演艺大汇在通州区各乡镇、街道、社区、企事业单位展开。此次活动共举办了声乐、戏曲、合唱、舞蹈4种艺术形式的赛事68场，参与人数超过6万人次。

首届北京惠民文化消费季暨2013北京·通州运河艺术节　9月19日~10月3日，首届北京惠民文化消费季暨2013北京·通州运河艺术节举办。此次活动以“传承运河情，构筑通州梦”为主题，以完整复原开漕仪式和运河国际音乐节为亮点，同时拓展群众参与面，穿插群众喜闻乐见的文化活动，传承文明，推陈出新，强化运河艺术节的品牌效应。艺术节分为预热篇、公益篇和商演篇三大板块。其间，共举办艺术节开幕式（包括：风筝表演、花会表演、启动开启仪式）、“传承运河情，共筑通州梦”歌舞晚会、“情系运河·圆梦通州”国际歌舞艺术交流晚会、“传承运河文化、点亮通州新城”——运河麒麟音乐节等15项活动，演出134场，吸引观众80000余人。首届北京惠民文化消费季暨2013北京·通州运河艺术节开幕式由区委副书记李玉君致辞。区委常委、宣传部部长王杰群，区人大常委会副主任宋京璋，区人民政府副区长李亚兰，区政协副主席王子江等领导出席了开幕式。

第九届园博会通州日文化演出　9月21日~22日，组织第九届中国（北京）国际园林博览会通州日文化演出活动。表演了《唢呐表演》、京剧《古韵通州》等节目。

第24届农民艺术节暨“乡村大舞台”通州区选拔赛　10月14日，北京市第24届农民艺术节暨“乡村大舞台”通州区选拔赛，在运河文化广场举办。此次通州区群众文艺演出多为自创节目，艺术种类全，参与农民多，音乐快板《新农村新通州》、女声独唱《中国好人》、舞蹈《锄余》等节目都是通州本土艺术家自编自演的。艺术节通过选拔赛让更多的农民享受到文艺带来的快乐。

文化设施建设

文化中心落成仪式　10月9日，通州区文化中心正式落成开放，中心位于运河东岸，通胡大街南侧。规划用地总面积12688.185平方米，12层，其中，地下2层，地上10层。建设内容包括通州区文化馆及剧场、通州区图书馆、两馆辅助用房以及市政配套设施，是区政府的折子工程。文化中心集市民休闲、青少年活动、借阅图书、文艺演出、展览展示、文化交流、群众文化活动等多种功能和用途于一体。整个建筑设计遵循“以人为本”和“节能、环保、可持续”的原则。文化中心的外部装修融入了通州特有的花丝镶嵌的八大工艺、“一枝塔影认通州”的诗境以及汉代建置的古意等文化元素，文化中心的外部环境融合了中国传统的玉文化与通州本

土的密符扇、运河龙灯、风筝等地域文化特色，体现了中国传统主流文化与地方特色文化的结合。市文化局局长陈东，市委宣传部副部长张淼，区领导王云峰、岳鹏、李玉君、王杰群、张秀余、宋京璋、李亚兰、韩振福等相关领导出席了落成式。当晚，在文化中心内小剧场举办了首场演出《长征组歌》，150余人参演，500多名各行业代表观看了演出。

新落成的通州区文化中心

文化馆

文化馆继续打造“我的舞台”文化品牌，引导群众文娱生活，为全区百姓提供展示自己的平台。共举办“我的舞台”文艺演出10场次，参与群众1万余人；开展送演出进军营、进社区、进村庄活动。举办指挥培训班、戏曲培训班、器乐和美术写成培训班。

参加“群星奖”决赛 1月5日，由通州区文化馆选送作品西河大鼓《霸王别姬》参加第十届中国艺术节“群星奖”（曲艺类）决赛。

书画进校园活动 1月24日，通州区文化馆走进通州区运河小学组织“2013年通州区文化志愿者送书画进校园活动”。

评剧专场演出 2月1日~2月15日，区电影院组织中国评剧院评剧专场演出活动，安排《包青天》《花为媒》等中国评剧院传统剧目，满足戏迷朋友的需求。并组织多种形式的文艺演出庆祝新春佳节的到来。

正月十五戏曲会 2月24日，通州区文化馆组织“名家名票唱响新城暨2013年通州区正月十五戏曲演唱会”。著名戏曲表演艺术家古文月登台献唱。

入围“群星奖”复赛 6月22日，由通州区文化馆选送作品《宴门官儿》参加第十届中国艺术节“群星奖”戏剧门类作品复赛。

“我的舞台”闭幕式 10月11日下午，由通州区文委、区委社会工委、区社会办、区文明办和区民政局联合主办的2013年金秋社区节闭幕式暨“我的舞台”社区文艺汇演活动在北京现代音乐学院举行。闭幕式上，来自各乡镇街道的社区居民表演了扇子舞、太极刀、唢呐、抖空竹等精彩的节目，彰显了城乡居民健康向上的文明风采，也展示了城乡社区建设的成果。社区节紧紧围绕“文明——让生活更美好”这一主题，以社区文化、社区公益、社区文明三大板块为主线，开展了主题鲜明、各具特色、丰富多彩的知识性、趣味性、娱乐性活动，全区564个社区积极参与，让全区的城乡居民充分享受到了北京城市副中心的建设成果。区领导李玉君、赵玉影、王杰群、李亚兰出席闭幕式。

图书馆

2013年，区图书馆到馆读者83345人次，外借24525册次，新增办证3588个，累计书证4227个。文化中心的落成使用成为通州区新的文化坐标，图书馆迁入新址，改变了多年图书馆老旧面貌。图书馆积极开展文化资源信息共享工程维护管理工作、益民书屋建设、“红领巾读书活动”、少儿科普活动等丰富多彩的活动。

送书进福利院 1月23日，通州区图书馆精心挑选了370余册图书，为通州区儿童福利院的孩子们送上一份节日礼物。这批赠书涵盖了文学、传记、科普读物、卡通漫画等多个类别，为促进孤残孩子们快乐成长、实现人生价值提供了关爱和帮助，充分体现出区图书馆作为公益性的文化机构，积极主动为社会弱势群体服务的理念。区图书馆与福利院还达成长期合作协议，定期为图书室更新书籍，满足孩子们的阅览需求。

送春联公益活动 1月29日，通州区书法家协会与图书馆联合开展“笔墨凝书香、春联进万家”送春联公益活动，众多著名书法家免费为市民送春联，同时还赠送精美小礼品。

文化共享工程基层管理员培训 3月20、28日，通州区图书馆辅导部、文化共享工程通州支中心，分别到西集镇文化中心、梨园镇文化中心，开展基层管理员集中培训。主要针对“益民书屋星级达标、文化共享工程服务点考核达标”这两个主题进行讲解。培训不仅为管理员们介绍了通州区这两项惠民工程的具体情况，也为基层管理员详细对如何做好基层服务，各项工作达到标准，顺利通过上级工作组的核查验收打下基础，2个乡镇共计140名管理员参加了此次培训。

2013年百姓读书季启动 4月1日，由区委宣传部、文明办、文化委、文联、图书馆主办的“通晓知书香，周知筑新城——通州区2013年百姓读书季”启动仪式在运河文化广场举行。区委常委、宣

传部部长王杰群宣布活动启动，副区长李亚兰和区文明办负责人共同为活动揭幕，吸引读者500余人。读书季持续到6月底，同时开展了通州区“十大读书人物”评选、通州百姓阅读季精品图书展销、红领巾读书、百姓读书大讲堂、读书风景摄影展等十多项新颖生动、寓教于乐的读书活动。启动式上开展了情景剧《书屋趣事》、朗诵《通州赋》，主题歌演唱等表演活动。活字印刷 、DIY书签、书法家现场书写赠送读书名言、“好书交换、真情互动”换书等互动活动也受到读者好评。此次活动读书季活动以“悦读”为着眼点，倡导主动阅读、快乐阅读。在活动组织方面，主要通过创新阅读形式，拓展阅读的深度和广度，来激发阅读兴趣，提升阅读热情，让书籍走近乡村、走进社区、走进机关、走进校园、走进部队、走进企业、走进家庭、走进百姓，为建设北京城市副中心提供一片文化土壤，继续继承和发扬通州运河文化，打造书香通州。

迎接文化部第五次评估验收　6月21日，通州区图书馆迎来了文化部第五次评估验收。评估组组长、首都图书馆副馆长邓菊英带队，以听取汇报、检查档案及实地考察相结合的方式，从设施设备、经费与人员、文献资源、服务工作、协作协调、管理与表彰及重点文化工程七个方面对区图书馆事业进行了全面检查验收。专家组反馈的评估意见认为，四年来，通州区图书馆管理水平有所提高，队伍精神面貌良好，规章制度健全，服务完善。在发挥社会教育职能方面，内容丰富，针对性强。专家组同时建议通州区图书馆要注重人才队伍的培养，在基础业务建设上，加强资源合理配置。区领导王杰群、李亚兰参加了评估验收。

移动图书馆上线　9月25日，区图书馆为方便读者了解馆内图书资源及服务开通了移动图书馆，用户可以通过在手机、PAD等移动终端，通过访问网址及扫描二维码的方式及时、方便地使用。移动图书馆共分四大功能，分别是：个人借阅查询、馆藏查阅、图书馆最新消息浏览；图书、期刊、报纸、学位论文等电子全文在移动终端上直接阅读使用；接入超星文献共享云服务，获取更多中外文文献；手机上建立个人中心，自由收藏感兴趣文献，订阅图书馆服务。

非物质文化遗产保护工作

2013年，非物质遗产工作稳步推进。组织13项通州区非物质文化遗产项目参加了中国第八届草莓文化节开幕式；组织国家级“非遗”项目花丝镶嵌制作技艺、“面人汤”面塑制作技艺的传承人参加了三期“非遗”市场化运作高级研修班。出版了《通州剪纸》《通州非遗》两本“非遗”书籍。为保护濒危“非遗”项目传承人发放补助资金20万元。举办了“非遗进社区、进乡镇”活动，通过“非遗”演出、展览展示、专家授课等形式，真正把非物质文化遗产带到了百姓身边，集中展现了通州区在“非遗”保护传承方面取得的丰硕成果。

端午节传承非遗活动　6月7日，中国文化遗产日——通州非遗暨端午节传承活动在通州区西集镇郎府中学举行。活动希望通过教学互动的方式为孩子们普及文化遗产知识，传承中华民族的传统文化。通州区非物质文化遗产传承人大风车的制作者梁俊在现场教授风车的制作技艺。除课堂式的手工制作之外还有参与性更强的空竹教学，同学们寓学于乐，既学习了“非遗”知识，又了解了传统民俗。

通州区非物质文化遗产传承人梁俊现场传授大风车的制作技艺

队伍建设

2013年基层，业余文化队伍已增加到681支，文艺骨干、文化志愿者增加到4200余人，组织文艺骨干参加市级培训，并邀请中央文化干部管理学院教授到通州区授课，使得基层业余文艺团队在数量和质量上都有显著提升。文艺表演队在苏州、无锡等运河沿线城市举办的文化节中成功演出自创歌舞《运河号子》，受到业内好评。同时，相继出台了《通州区品牌文化活动奖励办法》《通州区“一村一品”特色文化村（社区）项目奖励办法》和《通州区优秀业余团队奖励办法》，鼓励村、社区打造各具特色的文化活动品牌，评选出“一村一品”22个，优秀团队25支。评出乡镇、街道品牌文化活动A级3个，B级4个，C级5个，共发放奖金235万元。通过对外来务工人员开展文艺专场演出，送电影、送图书进工地、进园区、进部队，完善面向老年人和少年儿童的社区文化服务等措施，丰富了特殊群体的文化生活，提高了群众文化参与度。

文化产业

2013年，开始设立区级文化创意产业专项资金，共征集11个优质项目，并对申报项目进行了预审和把关，最终有8个项目获得了专项资金支持。年内开展的草莓音乐节、运河麒麟国际音乐节等文化品牌活动带动了地区文化产业的发展。确定了第二届艺博会的招投标方案。

文化市场管理

行政审批　严格准入制度和各项审批事项的内容审查，优化服务及办事效能，主动接受社会及政府有关部门的监督，未发生违法违规审批及超时审批的现象。加强文化市场安全生产管理工作，加强宣传、教育和培训工作，建立安全生产检查制度，消除了安全隐患。截至12月中旬，共受理各种行政审批申请152件，办结145件，年检590项，审验各种材料1900余件，接受社会相关咨询2800余人次，获赠锦旗3面。

行政执法　深入开展宋庄艺术园区监管工作，做到早介入、早审查、早处置，坚决杜绝政治性内容作品的展览、展示或交流。开展演出市场专项治理行动，严厉打击未经许可擅自演出和超范围演出等演出经营活动。全年，文化执法工作立案32起，结案32起，罚款8.6万元。会同公安、工商、城管、邮政等部门开展联合执法16次。

获奖情况

区文委　在北京市第23届农民艺术节的比赛中，通州区获得组织奖银奖。其中，独唱《得民心者得天下》获得三等奖，歌舞《在希望的田野上》，合唱《迎风飘扬的旗》，歌曲联唱、歌舞《没有共产党就没有新中国》获得优秀节目奖。

通州区文化委员会

书　记　杜德久
主　任　杜德久

（安晓宇）

顺　义　区

概　况

顺义区位于北京东北方向，距市区30公里，总面积1021平方公里，其中平原面积占95.7%。全区户籍人口60.1万人，常住人口98.3万人，下辖12个镇、7个地区办事处（加挂镇牌）和6个街道办事处，共426个村民委员会、85个居民委员会。

顺义区文化委员会（以下简称区文委）是负责本区文化、文物、新闻出版、广播电影电视等工作的政府工作部门。内设办公室、政工科、计划财务科、文化文物管理科、文化市场管理科及著作权管理科6个职能科室和文化行政执法队（副处级）、文化创意产业促进办公室（副处级）。直属单位有文化馆、图书馆、新华书店、影剧院、电影发行放映管理处、焦庄户地道战遗址纪念馆和文物管理所。

2013年，区文委以“贯彻十八大、唱响中国梦”为主题，按照区委办、区政府办联合下发的《关于进一步加快文化体育事业发展 丰富群众文体活动的意见》的要求，围绕中心、服务大局，面向基层、服务群众。全区各项文化事业保持了蓬勃发展的良好势头，完成了预期目标，较好地满足了人民群众日益增长的精神文化需求，为“建设绿色国际港、打造航空中心核心区”做出了积极贡献。

2013年文化艺术发展

文化企事业

顺义区现有文化设施：文化馆1个、图书馆1个、影剧院10个、镇和街道文化中心25个、国有新华书店1家、焦庄户地道战遗址纪念馆1个和19个镇级文化站，424个行政村级文化大院；6个街道办事处有85个居委会文化室。现已建成镇级文化中心达标单位6个，村级达标文化大院308个。全区镇、村文化设施建筑面积14411平方米，室外活动场地面积168170平方米。共修建文化广场187个，总面积达1297550平方米，投资2.73亿元。有区级广场7个，镇级文化广场（比较有规模的）12个，较好的村级文化广场200多个。文化系统从事群众文化工作专兼职队伍310人，19个镇文化站和6个街道办事处，专职文化干部25人。全区已拥有3000名文化志愿者。现有各类文艺团体200余个，总人数达到1.2万人。其中，戏剧团体35支、音乐队46支、舞蹈队30支、民间花会队73个、杂技曲艺队1个、美术社15个、文学社3个。

公共文化服务体系建设

区级文化中心建设进展顺利　三馆（文化馆、图书馆、博物馆）建设完成总量的20%。文化中心工程，年底影剧院工程主体建设已完工并完成粗装修工作，文化馆工程已完成3/4主体建设，博物馆、图书馆工程已完成1/2主体建设。

基层文化设施建设不断完善　全区基层文化设施建有率达100%，达标率70%（镇、街综合文化站；村、社区文化活动室）。根据市政府折子工程要求，积极推动顺义区四个重点镇文化活动中心建设，高丽营镇、李遂镇、赵全营镇、杨镇文化体育中心建设项目均已得到市发改委的批复，计划于2014年年底前开工建设。

文化惠民演出和电影公益放映工作稳步推进 认真贯彻市文化惠民政策，积极开展农村“星火工程”演出活动，完成全年850场演出任务；周末场演出全年完成演出60场。

重要活动

“二月新春”群众文化活动 以“宣传贯彻十八大、歌颂美丽新顺义”为主题，1～2月，全区各单位广泛开展了“二月新春”群众文化系列活动。通过举办群众性歌舞比赛、戏曲演唱、文艺演出、元宵灯会、文化庙会、贴春联、挂灯笼、民间花会、电影放映等丰富多彩的文化活动，活跃了春节期间的节日气氛，丰富了群众的文化生活。“二月新春”期间共举办60项大型文化活动，共有22万余人次参与。

“五月的鲜花”及主题文化活动 5月～6月，围绕“贯彻十八大、唱响中国梦”主题，举办了以顺义区2013年“五月的鲜花”群众文化活动启动仪式、燕京啤酒节文艺演出、端午文化节“非遗”展演、顺义区百名艺术家“走基层、送文化”活动启动仪式、“彩色的梦”儿童音乐会、“贯彻十八大、唱响中国梦”顺义区庆祝建党92周年群众文艺汇演、群众卡拉OK大赛、职工艺术节、35场基层综合性汇报演出等为主要形式的60余项群众文化系列活动。“五月的鲜花”活动期间，全区共组织文艺比赛和演出480场，演出文艺节目5200个，新创作品160个；参与活动人数达到8万人次，吸引观众30万人次。

顺义区庆祝建党92周年群众文艺汇演 6月28日，由区委宣传部、区文委、区总工会、区文联、区广电中心联合主办的“贯彻十八大、唱响中国梦”顺义区庆祝建党92周年群众文艺汇演在牛栏山一中举行。区委书记王刚、区长卢映川、区人大常委会主任胡尚云、区政协主席杨宝华等应邀出席。汇演在民乐合奏《沿着社会主义大道奔前方》的乐曲声中拉开帷幕。演出分为“美丽顺义之梦”“腾飞空港之梦”“伟大复兴之梦”三个乐章，表演演出了歌伴舞《绿港的事业甜如蜜》、舞蹈《中国美》、合唱《走向复兴》等10个精彩的歌舞节目。节目最后，全体人员齐声唱响那首永恒的经典歌曲——《没有共产党就没有新中国》。

文化艺术精品创作 9月17～18日，区文委与中国评剧院共同排演的大型新编历史评剧《大汉名臣》，在顺义区影剧院进行公演。《大汉名臣》讲述了东汉初期渔阳太守张堪不畏权贵，与邪恶势力誓死抗争，将罪犯绳之以法，并率部击败匈奴、勤政与廉政爱民的故事。担任演出的是顺义区北京凌空评剧团。区委专门发文，组织全区处级干部和区委、区人大、区政府、区政协、综保区领导一起观看，该剧受到一致好评。由顺义区盛世梨园艺术团编排的魔术剧《永恒》被北京市文化局评选为优秀剧目。这两个剧目参加了全市优秀剧目展演。

“十月金秋”群众书法、美术、摄影活动 9月～11月，全区举办了33个基层书法、美术、摄影作品展览；本次活动共收到艺术作品3000余件，上报区组委会优秀艺术作品201件，参观群众约9万人次。同时还举办了北京顺义第二十届“菊展杯”“十月金秋”书法、美术、摄影优秀作品展开幕式和网络展等一系列群众文化活动。

北京市第24届农民艺术节乡村大舞台顺义专场 10月17日，在北小营镇举行。活动由北京市委宣传部、市委农村工作委员会、市农委、市文化局、市文明办、北京电视台和顺义区委、区政府联合主办，顺义区委宣传部、区文委共同承办。此次参加演出的300多名演员全部是来自顺义区基层的普通百姓，参演的节目是从基层33个单位组织的“五月的鲜花”群众文艺大汇演中筛选出来的精品，节目完全是由群众自编、自创、自演的。本次活动既是顺义区“一村一品”活动成果的一次全面展示，也是顺义基层群众文化活动开展情况的一次集中汇报演出。在这些优秀节目中，有基层群众自编、自演的大型舞蹈《梦天桥》《中国美》等，也有为参加这次农民艺术节专门创作的戏剧小品《偷梁换柱》、杂技魔术小品《美丽乡村》等，还有由村民组织的大型合唱团的演唱。

戏剧小品《偷梁换柱》剧照

非物质文化遗产保护工作

围绕春节、清明、中秋、“非遗”日、端午五个传统节日和顺义区第22届燕京啤酒节、北京市第五届端午文化节等重大节日，组织开展非物质文化遗产展演展示庆祝活动20项。编辑出版《北京民歌·顺义卷》上册，共记录和整理顺义民歌900余首，约240万字。

文化创意产业

顺义区共有文化创意企业近3000家，从业人员3万余人。2013年，全区文化创意产业规模以上法人单位（年收入500万元）124家，资产总计130.8亿元，实现营业收入56.2亿元，实现税金总额2.76亿元，实现利润总额3.66亿元。其中，旅游及休闲娱乐、广播电影电视、软件网络及计算机服务、设计服务等行业实现收入分别同比增长40.4%、38.2%、34.6%和21.5%，总体保持了良好的发展态势。2013年，全区文化创意产业规模以上法人单位实现营业收入98亿元，税金总额5.5亿元，利润总额近8亿元，各项指标保持平稳增长，全面呈现“四强四兴”的局面。

文化创意产业专项资金项目服务管理 积极做好2013年区级项目征集、考察、评审、支持工作。共征集项目56个，经专项资金管理各个环节，最终拟支持项目20个，包括13个补贴项目、2个奖励项目、5个融资补助项目。做好市、区级文化创意产业专项资金项目征集管理工作；对项目征集进行广泛宣传，最大限度挖掘、包装；组织专门力量负责项目的辅导审核工作，最终，12个项目进入实地勘察阶段，将得到市级资金支持。

完善文化创意产业政策和服务体系 开通顺义文化创意微博、微信平台，定期编发文化创意产业手机报、工作简报、参阅信息等。修订《顺义区促进文化创意产业发展的若干意见（试行）》，最终以区政府名义印发。出台了《顺义区文化创意产业融资补助办法》《顺义区文化创意产业集聚区评选办法》《顺义区文化创意产业人才评选评选办法》等一系列政策。共评出2013年度区级文创集聚区3个、区级文创人才培养基地3个。

政策培训 邀请市文促中心主任开展文化创意产业发展资讯和政策等培训；成立了“顺义区文化创意产业法律服务团”，针对企业进行法律培训。开展招商引资和论坛活动。协办北京文化商会举办首届“创意经济论坛”；配合市文促中心和市投促局召开“北京市文化创意产业招商引资培训会”。

宣传推介和各项服务工作 参展第八届北京文博会和北京商品博览会，组织专场推介活动。组织“顺诚杯”文化创意产业摄影大赛；举办第二届“华江杯”文化创意企业羽毛球邀请赛；组织“文创春日行”系列宣传推介活动。

推动五彩浅山文化发展

五彩浅山国际休闲度假产业发展带文化资源大型图片展 5月9日，顺义五彩浅山国际休闲度假产业发展带文化资源大型图片展宣传启动仪式在国际鲜花港展馆一楼大厅举行，区委常委、宣传部部长肖承继等领导及浅山区五镇有关代表参加启动仪式。图片展包括属地五镇的名山河流、历史文物、旅游景点、远景规划等8个部分。本次展览还在顺义区第22届燕京啤酒节、北京市第五届端午文化节期间与顺义网城一起进行了巡回展和网上专题展览，共计30万人次参观了展览。

出版“顺义区五彩浅山文化系列丛书” “顺义区五彩浅山文化系列丛书”包括《顺义五彩浅山民间歌曲选》《顺义五彩浅山书画作品集》《顺义五彩浅山摄影作品集》《顺义五彩浅山民间故事选》四本书。“顺义区五彩浅山文化系列丛书”的出版，进一步宣传、推进了浅山区的文化建设，全面展示浅山区（五镇）文化资源风貌。

文化馆

2013年，积极配合全区“二月新春”和“五月的鲜花”等系列活动，文化志愿者以艺术讲座和培训班的形式，为城区居民免费提供合唱、舞蹈、美术、书法等辅导。分别在旺泉街道、光明街道、双丰街道等6个街道、15个社区及村共开展23个培训班，出动文化志愿者560人次，全年，接受服务人数达13300人次。利用场馆资源，让群众享受免费开放服务，文化馆共开设成人美术培训、儿童画培训、素描培训、成人散文、诗歌、曲艺作品创作培训、笛子培训、吉他培训、儿童舞蹈培训等，共17门课程，辅导学员2100人，授课714个课时。

图书馆

全年，区图书馆共接待到馆读者351727人次，借阅图书313661册次；新办读者证3884个；累计书证53415个。入藏新书5004种，40584册，订购报刊801种。举办各种读书活动97余次，4.5万余人参加；编辑出版《决策参考》《顺图信息》《科技信息》《保健常识》共14期，印发放3000余册；送书下乡70次，送书16833册。获市级资金579.99万元，完成149家公共电子阅览室试点建设工作，总计投入电脑1200余台、网络设备100余套以及丰富的数字资源。此批公共电子阅览室已全部建成、开放，可向当地百姓免费提供互联网信息浏览与查询服务。

顺义区文学艺术界联合会

顺义区百名艺术家“走基层送文化”活动 5月23日上午，在仁和公园拉开帷幕。顺义区文学、美术、书法、摄影、音乐、舞蹈、戏曲、曲艺8大门类的100多位艺术家与200名文艺爱好者开展了书画摄影交流，声乐与手风琴辅导，文学知识咨询，

曲艺戏剧、舞蹈知识普及等活动，优美的歌声和悠扬的琴声吸引了众多群众驻足观看。“走基层送文化”活动以“贯彻十八大、唱响中国梦”为主题，由区文联主办、八大文艺家协会承办，持续到年底。区文联组织百名艺术家深入农村、社区、街道、厂矿、军营、校园等，开展日常文化艺术培训、讲座和辅导。这项活动在丰富老百姓文化生活的同时，进一步提高全区文艺骨干的业务水平和组织能力。

文艺创作　区作协，创作和发表了各类文艺作品在《诗刊》《民族文学》等报刊发表各类文学作品300余篇，其中包括《飞天》杂志第8期发表的短篇小说《花为谁开一米路》，《阳光》杂志发表的中篇小说《诗人牧羊》，《都市文学 》发表散文《沉重的牡丹石》等；高国镜创作了专门写菊花的诗集《中国菊》和小小说集《摇落红枣的少女》；编辑出版了《顺文学》刊物；举办了《左邻右舍》征文活动并出版获奖作品集；举办了第三届潮白河文学奖颁奖仪式暨“中国梦与中国菊”诗歌朗诵会，共评选出22部优秀获奖作品，其中，三等奖10部，二等奖7部，一等奖5部。

区影协，7月～11月，李宗印组织15名会员开展了“舞彩浅山大型摄影提名展”拍摄活动；会员们深入生活潜心创作，拍摄了大量反映“五镇”自然环境、社会生活、风俗民情等摄影作品；全年，会员共进行“五镇”拍摄活动500余人次，共拍摄照片60000余张。

区音协，创作歌曲10余首，创作歌词15篇，其中歌曲《中国梦，永远的歌唱》独唱歌曲，深受好评。

区舞协，王玉玺编导的民间舞蹈《龙狮舞动中国梦》在“全国青少年民族民间艺术展演”中荣获金奖和最佳表演奖；杨华编导的少儿舞蹈《快乐的小狮子》在6月俄罗斯举办的“炫舞辉煌——2013年中国、俄罗斯舞蹈及才艺展演”中荣获特等奖。

区戏协，春节期间，《铁弓缘》剧组深入全区16家乡镇敬老院开展慰问演出活动；敬老梨园项目获政府资金补贴6.4万元，首次实现了政府购买社会组织服务民生项目。

区曲协，吴晓义教2名小学生在北京温都水城举办的全国优秀特长生选拔测试大赛上的获特金奖，6名获金奖；12月27日，举办了顺义、廊坊“迎新年”曲艺家联谊会，进一步加强了顺义区文联与河北省廊坊两地艺术家曲艺文化的交流。

区书协，推荐30名书法爱好者参加北京电视台举办的书法大奖赛，有5名会员获国家级书法奖，7名获市级书法奖，18名书法爱好者获区书法奖；组织30人参加北京市“双年展”、北京市文联举办的“美丽乡村书画展”都取得了好成绩。

区美协，5月，在“雪豹杯”雅颂徐霞客全国书画邀请赛万宝江国画“山水”获三等奖；9月25日，在北京美术家协会主办的中国北京国际鲜花港第十一届菊花展暨书画展中，顺义区美协名誉主席刘振河荣获山水组金奖，顺义区美协副主席李向军荣获花鸟组金奖；10月，参加北京市总工会举办的“第九届首都职工文化艺术节书画展”，魏宗安获二等奖，万宝江“山水”获优秀奖。

举办顺义区名家名人系列活动　先后举办了“翰墨春香”——青年美术家李向军书画艺术展暨书画扶困助残捐赠活动，庆“七一”葛惟达（曲艺）、陈雅利（戏曲）演唱会，张广平京胡演奏会，王玉玺从艺50周年研讨会等活动，这些活动全面展示了顺义区文化艺术事业取得的辉煌成就，集中展现了广大文艺工作者崭新的精神面貌。

王玉玺从艺50周年研讨会

推进文联自身建设　2013年，区文联坚持把加强自身建设放在重要位置，进一步建立健全理论学习、工作会议、沟通协调、加强宣传等制度。进一步加大宣传力度，编辑6期《顺义文艺》杂志，同时撰写了50余篇新闻稿件，分别在《北京文联网》、北京文化热线、顺义电台、顺义网城等发表和采用。这些有效措施，进一步使区文联工作有章可循、有制可依，制度化、规范化、科学化程度明显提高。

文化市场管理

加强监管和安全生产工作　2013年，共召开文化娱乐行业会议4次，通过每季度例会和专题会议，明确了企业和政府监管部门的责任，提高了企业负责人守法经营的意识。制定了《推进安全生产标准化建设工作实施方案》，对81家企业进行安全生产标准化的评定。

执法检查　全年，区和各镇、街道办以及成员单位共出动执法人员5000余人次，执法车辆1700余台次，检查场所2400余家次；共办理行政处罚案件36件，罚款人民币17.71万元；依法取缔“黑网吧”“黑电游”“黑歌厅”23家，收缴电脑、电视、游艺机等设备293套；取缔无证照摊点11个。

顺义区文化委员会

书　记　　王　颖

主　任　　王　颖

（关东明）

怀 柔 区

概　况

怀柔区位于北京市的最北端，面积2122.6平方公里，其中山区占89%。辖12个镇、2个满族乡、2个街道办事处，284个行政村。常住人口37.1万人，户籍人口27.7万人。在户籍人口中，农业人口15.5万人，非农业人口12.2万人。有31个少数民族，其中人数最多的为满族，全区有喇叭沟门、长哨营2个满族乡，22个满族村。

怀柔区文化委员会（以下简称区文委）是负责全区文化工作的政府部门。内设办公室、政工科（监察科）、文化科、演艺活动服务中心、行政许可和服务科、行政执法队（副处级）、群众演员协会7个部门。直属企事业基层单位（科级）6个：文化馆、图书馆、博物馆、电影发行放映服务中心、文物管理所和新华书店。全系统在职干部职工175人，离退休人员93人。

2013年，区文委推进文化事业各领域工作，形成了文化活动丰富多彩、文化品牌更加响亮、文化设施日益完善、文化市场繁荣稳定、文物保护卓有成效的文化事业发展新格局。

2013年文化艺术发展

重要会议、调研

区文委2013年思想政治暨党风廉政建设工作会　3月6日，区文委召开2013年思想政治暨党风廉政建设工作会，全面总结2012年思想政治和党风廉政建设工作，部署2013年工作任务。全系统党员干部参加了会议。会上，层层签订了2013年度区文化委员会党风廉政建设责任书。

文化工作研讨会　6月19日，区文委召开文化工作研讨会。区内文化工作者、业务骨干围绕服务雁栖湖生态发展示范区建设展开研讨。会议传达区委书记齐静在雁栖湖生态发展示范区筹备工作动员大会上的讲话。参会人员围绕本单位、本部门实际工作，就做好国际会都建设舆论氛围营造工作进行讨论。

区领导调研文化工作　7月2日，区委常委、宣传部部长彭丽霞，副区长王玉山到区文委调研。区文委领导汇报工作。部长彭丽霞、副区长王玉山对文委工作提出了具体意见：一是加强文委班子的建设。二是确保按时完成年初制定的各项工作目标。三是要加强与市级各主管部门的沟通联系。四是尽早完成区级综合文化活动中心、镇乡街道文体中心、基层文化室建设。五是服务“会都”建设。

王玉山调研镇级文体中心建设项目进展情况　7月11日，副区长王玉山带领区发改委、区文委等相关单位负责人到怀北镇、北房镇和桥梓镇文化体育活动中心建设场地了解项目进展情况，并召开项目推进会。王玉山要求加快推进项目建设前期手续办理工作，施工设计严格按照全市统一建设标准，达到功能完善，布局合理的要求。

区政协委员视察基层文化设施建设和文化活动开展情况　8月8日，区政协副主席史宗祥、闫振佳带领区政协委员一行20余人到渤海镇六渡河村和北沟村，查看了两个村的文化广场、图书室、文化室、多功能厅、灯光篮球场等文化基础设施，并观看了文艺爱好者排练文艺节目。视察结束后，政协委员听取了怀柔区基层文化设施建设和文化活动开展情况的报告，并就相关问题进行座谈。

市文化局领导调研基层文化工作　8月19日，市文化局局长陈冬、副局长吕先富等一行到怀柔调研基层文化工作。区委书记齐静出席座谈并介绍情况，区委常委、宣传部部长彭丽霞，副区长王玉山陪同调研。陈冬一行实地检查了北房镇北房村文化室、文化广场建设情况，到雁栖湖生态发展示范区听取沙盘介绍和观看宣传片。座谈会上，局长陈冬在听取情况汇报后表示，将从人才智力支持等方面为怀柔雁栖湖生态示范区的文化建设提供最大支持。

市文化局调研组调查基层公共文化设施建设情况　11月29日，市文化局调研组一行6人到怀柔调查基层公共文化设施建设情况，并围绕基层公共文化设施布局、设施设备配置及其管理使用等相关问题进行研讨。区文委主管领导，16个镇乡、街道文化中心负责人参加研讨会。与会人员围绕镇级文体中心和行政村（社区）文化室建设情况及实际需求等相关问题进行深入研讨。会后，调研组分成3组实地走访了10个镇乡（街道）、20个行政村（社区）的文化室。

常卫调研文化工作　12月12日，区委副书记、代区长常卫调研区文化工作，副区长王玉山、区政府办公室主任单景民陪同调研，区委宣传部、广电中心、文促中心、文委等部门领导参加调研。区领导首先实地了解文化馆、图书馆两个文化阵地建设、免费开放及服务管理等情况，并带领区发改委、规划分局、国土分局等单位领导查看了区级文化中心拟建地块。

基础建设

怀柔区级文化基础设施有1个文化馆，1个图书馆，1个博物馆，1个新华书店，1个电影发行放映服务中心，2个电影院，1个学生管理活动中心，2个老年活动中心，7个艺术培训学校。共建有区、镇乡（街道）、村三级文化广场230个，总面积45.6万平方米。镇乡、街道级文化基础设施有16个文化服务中心，总建筑总面积1.4万平方米，配备专兼职工作人员70名。村、社区级文化室316个，建筑面积102732.32平方米，人均拥有文化设施的建筑面积为0.27平方米。2013年，投入资金400余万元，以改建、扩建、填充设备方式，扶持了20个村（社区）文化室建设。

重要活动

第二届“怀柔杯”国际大学生公益广告节　自2012年10月启动，历时9个月。共收到中国、英国、加拿大、韩国、墨西哥和中国台湾等8个国家和地区的43所院校的学生作品1430件。参赛学生1683人。比赛设平面、VI等四个类别。最后颁发了金、银、铜奖和优秀奖，15所院校获得优秀组织奖。

春节系列文化活动　2月3日（腊月二十三）~3月1日（正月二十），在青春公园、滨湖公园同步开展以“蛇舞迎新年、欢庆十八大”为主题的迎新春赏花灯游园活动，共吸引8万人次参观游览。怀柔剧场闹新春文艺演出从2月11日（正月初二）~2月14日（正月初五），每天上演河北梆子、评剧2场精彩剧目。演出期间共接待观众近4000人次。

2013年怀柔汤河川满族民俗风情节　于6月10日~6月12日在喇叭沟门、长哨营、汤河口三镇乡举行。6月10日上午，满族民俗风情节开幕式在喇叭沟门满族乡举行。市民委副主任马中璞，区领导齐静、萧有茂、彭丽霞、赵学恭、王玉山、史宗祥出席开幕式。风情节安排了满族体育运动会、撞拐王争霸赛、汤河养生趣味运动会、龙舟表演赛、垂钓比赛、手工艺品展览等30余项特色活动。

2013年夏日文化广场活动　6月28日，2013年怀柔区“放歌新怀柔”夏日文化广场开幕式暨泉河街道专场演出在滨湖公园景观剧场举行。区领导萧有茂、周东金、赵学恭、史宗祥出席活动，并观看演出。2013年夏日文化广场活动历时3个月，组织14个镇乡、2个街道及部分区直单位、企业和群团组织，创作并演出区级专场23场，演出文艺节目近400个，吸引观众近8万人次；组织基层演出300余场，吸引观众16万人次。

第三届中国儿童戏剧节在怀柔开展多项活动　7月12日~8月28日举办。戏剧节期间，在怀柔举办了多项活动。举办了以“儿童戏剧创新与发展”为主题的2013中国儿童戏剧研讨会暨戏剧节闭幕式。8月28日，举行的戏剧节闭幕式上，在怀柔剧场演出了多媒体儿童剧《小布头奇遇记》。儿童戏剧节夏令营举办走进怀柔主题活动，开展儿童戏剧观摩与体验、文化参观等相结合的一日游和两日游项目，让参与夏令营活动的小朋友们了解儿童戏剧的创作过程，了解怀柔文化底蕴。开展优秀儿童剧目展演活动，怀柔暑期儿童剧共展演14部优秀儿童作品，吸引观众近7000余人次。

中秋游园活动　9月19日~9月21日，“星耀影都、美映画城”2013怀柔区中秋游园会在星美今晟影视城举办。游园会免费赠票向公众开放，活动有宝贝天地儿童欢乐嘉年华、星美小镇美食节、游园赏景、京韵民俗嘉年华和“迎中秋、喜游园”综艺演出等。

中秋游园会开幕式文艺演出

群众文艺调演活动　9月23日~24日在滨湖公园景观剧场举办。参加调演的节目由各镇乡、街道组织创作、排练，在本辖区文艺调演预选赛的基础上选送的优秀节目，包括舞蹈类，声乐类，戏曲、曲艺类，器乐类共计86个文艺节目。调演还评选出表演奖、组织奖和创作奖。

第五届“怀柔杯”国际标准舞全国公开赛　10月10日~13日举办。共有来自全国各地的30余支代表队、1300余名参赛选手参赛。公开赛邀请英国、俄罗斯等5个国家和地区的国际评审及国内20余位资深评审参加。比赛设专业院校组、职业组、业余组、非职业组和少儿精英5大组别，包括摩登舞、拉丁舞、十项全能、交谊舞和国标集休舞5大系列。共分4个场次。比赛共吸引各界观众5000余人次。

万人广场舞大赛　大赛以“繁荣群众文化 建设

美好怀柔”为主题，历时7个多月，推广广场舞8支，直接参与人群达6万人次，涉及全区16个镇乡、街道80%以上的行政村、社区。大赛分舞蹈创编、骨干培训、基层推广、初赛、决赛五个阶段，比赛设山区和平原两个组别。10月15日，在怀柔体育馆举办了2013年怀柔区万人广场舞决赛。区领导赵学恭、王玉山和北京文化艺术活动中心书记张迁、中央民族大学舞蹈学院副书记马娟以及区总工会等单位及部门领导出席仪式并为获奖队伍颁奖。最终7支代表队获一等奖，15支代表队获二等奖，19支代表队获三等奖，10个乡镇获优秀组织奖。

文艺演出星火工程 2013年，根据基层群众不同需求，下发了《怀柔区2013年“文艺演出星火工程”实施管理办法》，严格团队演出资质审核。共有20支国家级、市级专业团体和区内21支非专业团队参与演出，累计演出870场，其中，一类团队演出302场，二类团队演出568场。演出节目涉及综艺、歌舞、曲艺和戏曲等多种类。

周末场演出 全年演出62场，剧目包括国家级、市级专业演出院团演出的京剧、评剧、河北梆子、儿童剧、综艺节目等。吸引观众近3万人次，平均上座率为70%，最高上座率达85%。

文化交流

新疆和田市文工团歌舞《阗舞四季》到怀柔演出 6月19日下午，新疆和田市文工团带来的文化交流项目歌舞《阗舞四季》在怀柔剧场上演。晚会共分为“阗舞四季”“春·百花”“夏·热土”“秋·飘香”“冬·恋情”和尾声六个篇章。40名优秀演员用表演的形式向观众展现出了和谐向上的新疆。

西城区“手拉手”百花深处艺术团到怀柔演出 9月12日晚，2013年“放歌新怀柔”夏日文化广场怀柔区西城区“手拉手”百花深处艺术团专场演出在滨湖公园景观剧场举行。演出节目有舞蹈《荷塘悦色》《炫舞民风》，歌曲《团圆酒》《七月的草原》，杂技《蹬人》，西河大鼓《花唱绕口令》，原创相声《为您歌唱》，才艺展示《滑稽小丑》等。

文艺创作

由怀柔区与北方昆曲剧院共同创排的昆曲舞台剧版《红楼梦》在第十届中国艺术节上获文华奖。继昆曲舞台剧演出成功后，经怀柔区和北方昆曲剧院共同努力及多家单位共同参与，以舞台剧为故事蓝本，创作了昆曲艺术片《红楼梦》，该片在10月10日举办的第29届中国电影金鸡奖颁奖典礼上与京剧电影《兰梅记》并列获最佳戏曲片奖。

年内，区文化馆组织业务骨干和创编人员，以“中国梦——我们共同的梦”为主题创作“星火工程”文艺节目。与中央民族大学舞蹈学院共同创编8支广场舞。创作与修改“群星奖”参赛作品。征集与创作“影像北京——共筑中国梦”2013北京市美术、书法、摄影大赛作品。

非物质文化遗产保护工作

推荐市级“非遗”名录项目蹴球申报国家第四批非物质文化遗产名录项目。圣泉山天贶节风俗、满族秧歌、杏核油酿制技术三个项目通过专家评审，入选第四批区级非物质文化遗产名录项目。6月8日，在北京市委宣传部、北京市文化局举办的文化遗产日活动“名家传艺非物质文化遗产代表性传承人收徒传艺工程”启动仪式中，怀柔区博物馆被授予北京市非物质文化遗产保护贡献奖。

文化馆

积极参加各类演出及赛事活动 北京市第24届农民艺术节“乡村大舞台”怀柔区复赛于11月1日下午在怀柔剧场举行。长哨营满族乡的婚俗舞《格格出嫁》进入北京市第24届农民艺术节“乡村大舞台”总决赛。11月2日~3日，为北京园博会怀柔文化日献上2天的精彩演出。原创广场舞《春风的故乡》、数来宝《无名英雄》、杂技表演《欢乐的虹鳟鱼》等节目的精彩演出深受观众喜爱。原创快板作品《相约大树下》，经过激烈角逐，获得第十六届“群星奖”曲艺类节目北京赛区金奖，入选第十六届全国“群星奖”曲艺类复赛，并参加了全国群众文化优秀节目惠民展演。

培训工作 2013年，继续实施文艺培训“春风工程”。培训项目包括声乐、器乐演奏、舞蹈、时装模特、戏曲演唱、曲艺、书画等。培训分基层培训和阵地培训两部分。选派馆内文化志愿者和业务干部根据各镇乡街道及区直单位需求开展培训工作。全年开展各类文艺培训730期，参加各类培训的学员92000人次。

免费开放工作 根据人员分工、活动形式、服务理念、规章制度等方面实际情况，制定了免费开放工作方案。由于活动场地装修，馆内对外开放工作从10月份正式启动，对外开放的培训班包括交谊舞、电钢琴、声乐和国画。

文化志愿者义务辅导站 继续向社会广泛招募各类文化志愿者，截至2013年年底，共招募文化志愿者1050名，其中包括怀柔区群英翠评剧团和腾飞河北梆子剧团2个志愿服务团队。组织文化志愿者开展了“送福到家”“学雷锋月”“助残月”“万人广场舞”等多项活动。2013年，重点打造2个志愿服务品牌项目，怀柔区文化志愿者义务辅导站网络建设项目，被列入全国2013年“文化志愿者基层服务年”示范项目，并受到文化部表彰；怀柔区文化

志愿者“流动戏院”服务项目，被评为市级品牌示范服务项目。

图书馆

怀柔区图书馆第五次评估定级，被认定为“国家一级馆”。2013 年，共接待读者 463786 人次，外接图书 269705 册，办理读书卡 3583 张，累计办证 32374 张，解答读者咨询 5486 条。新购图书 43572 册，报纸 103 种，刊物 980 种。开展网上阅览、知识讲座、展览等读者活动 324 次，参与人数达 246790 人次。新建流动送书服务点 7 个，全年累计送书下乡 2.4 万册，配合“六型”社区建设配送书刊 4700 册。新建图书馆党校分馆。

全民读书活动　活动以“我的梦·中国梦——美好生活从阅读开始”为主题，3 月初下发活动方案至 7 月结束，历时 5 个月。期间，开展包括征文、摄影、“市民大讲堂”、“读书家庭”、“读书状元”、“读书之星”评选、换书大集、微视频大赛、“阅读示范社区”、“最美书香乡村”评选和读书形象大使评选活动。共计收到征文作品 274 篇、摄影作品 294 幅、微视频作品 20 个。组织开展“市民大讲堂”知识讲座 234 场。评选“读书家庭”20 个、“读书状元”与“读书之星”78 名，“阅读示范社区”4 个、“最美书香乡村”11 个。读者交换图书近 2000 册。6 月 26 日，组织完成了演讲比赛复赛。7 月 10 日，完成了演讲比赛决赛及颁奖。

“我的梦·中国梦——美好生活从阅读开始”演讲比赛

数字图书馆、数字文化社区建设　实现了馆内无线网络全覆盖，增加馆内网络带宽至 50 兆，增加存储容量至 156TB，采购电子图书 6.5 万册。争取 11 个数字文化社区建设指标，分别与各乡镇、街道文化中心签订建设协议，对不符合建设标准的社区限期进行整改。完成歌华有线信号的迁入和桌椅等设备采购等工作，并配发到位。

益民书屋建设工作　配合书屋管理，评选上报星级书屋 28 家。积极参加第三届北京阅读季活动，报送读书家庭 12 个，读书人物 12 个，摄影作品 294 幅，有 2 人被评为北京市“十大读书人物”，3 个家庭被评为“北京市优秀读书家庭”，图书馆被评为“先进集体”。

红领巾读书活动　完成了读书小状元评选活动、市区两级科普剧和讲故事比赛。活动吸引全区 31 所中小学，3 万多名中小学生参加。

文化市场管理

行政审批　主动压缩审批时限，不断提高服务效率，加强营业性演出活动和文艺表演团体设立资格审批，完成了市文化局组织的文化市场行政审批大检查工作。连续三次被评为驻厅先进单位，群众满意度测评率达 100%。全年新批、变更、审核换证文化市场经营项目 300 余家，咨询服务 720 余人次，勘察场地 110 余家次。

专项整治行动　深入开展全区文化市场“净网”“清源”“秋风”等专项执法行动，严厉打击违法经营行为。围绕“两节”、两会等重要节点和敏感时期，累计开展文化娱乐、新闻出版、境外卫星等专项执法行动和组织联合执法各 10 余次，累计出动执法检查力量 8342 人次。检查各类文化经营单位包括网吧、歌厅、电子游戏厅、印刷出版企业、网站、货运站、商市场计 1897 家次。查处 1 家擅自从事网络视听节目服务单位，取缔游商 10 个。纠正违规 18 家次。取缔“黑网吧”2 家。警告处罚未及时备案的网站 5 家次。对辖区新增网站部署关键词 956 条、指导网站后台拦截有害信息 3127 余条。

文化市场安全生产　采取以会代训的方式，开展安全生产培训活动 6 次，培训经营场所从业人员 3000 余人次，努力消除各类安全生产事故隐患。

怀柔区文化委员会

书　记　陈宝明
主　任　焦安琦（6 月免）
　　　　吕晓国（6 月任）

（魏　月）

平 谷 区

概　况

平谷区位于北京市东北部，面积 960 平方公里，山区、半山区占 4/7，平原占 3/7。全区辖 14 个镇、2 个乡、2 个街道办事处、4 个地区办事处，269 个行政村、32个居委会，常住人口42万人。

平谷区文化委员会（以下简称区文委）为主管全区文化工作的职能部门。区文委机关公务员16人，其中，处级干部5人。设办公室、政工科、业务科、市场科。下辖9个基层单位，其中，副处级行政单位1个：文化行政执法队；全额拨款事业单位6个：图书馆、文化馆、文物管理所、上宅文化陈列馆、平谷区博物馆、电影发行服务中心；自收自支事业单位1个：影剧院；企业1个：新华书店。全系统在职干部职工192人。

2013年，区文委坚持以“大众化、特色化、精品化、系列化”为总目标，以建设快乐幸福平谷为主线，不断完善公共文化服务体系，提升文化服务的创新能力，圆满完成了各项工作任务。

2013年文化艺术发展

重要会议、调研

2013年中国乐谷欢乐节暨秧歌花会进城“大拜年”活动预备会　1月10日召开，全区各相关单位参加会议。区文委领导部署工作，文化科下发“大拜年”活动方案。

全区文化经营场所安全生产管理工作会　1月14日召开。会议部署安全管理工作，并与各经营单位签定《安全生产、规范经营目标管理责任书》。

全区文化工作会　1月28日，区文委召开全区文化工作会议。区文委主任王振国总结了2012年工作、部署了2013年文化工作，区委常委、副区长屈志奇作总结发言。各镇乡、街道主管领导及文化干部参加会议。

2013年文化市场管理暨“扫黄打非”工作会　3月15日召开。区文化市场管理暨“扫黄打非”工作小组成员单位主管领导参加会议。区委常委、宣传部部长、区文化市场管理（“扫黄打非”）工作领导小组组长韦小玉出席会议并讲话。

王辛庄镇翟各庄村大舞台文化工作现场会　3月21日，屈志奇在王辛庄镇翟各庄村大舞台召开文化工作现场会。全区30余名主管文化领导参观学习翟各庄村大舞台建设及管理经验，总结2013年中国乐谷欢乐节活动，征求各方意见和建议，部署2013年公共文化重点工作。

公共文化服务体系建设实施意见及示范区创建征求意见会　8月7日召开。会议就《平谷区2013～2015年公共文化服务体系建设实施意见》《平谷区创建北京市公共文化服务体系示范区工作方案》《创建公共文化服务体系示范区对比分析》等文件内容进行集中讨论，征求各方意见和建议。会议由屈志奇主持召开，区文委、区政府绩效办、区财政局、区发展改革委、区规划分局、区国土分局、区住房城乡建设委、区教委和各镇乡街道等近40家单位出席会议。

市文化局检查组到平谷文委检查　8月，由市文化局巡视员叶重辉带队，以各区县文委为成员的检查组到平谷区文委检查工作。检查组对平谷区文化市场行政审批工作给予了高度评价。平谷文委取得99.75分的优异成绩，名列各区县第一。

全区第一次乡镇综合文化站评估定级工作会　区文委根据北京市文化局《关于开展我市第一次乡镇综合文化站评估定级工作通知》要求，于9月4日召开全区第一次乡镇综合文化站评估定级工作会，各乡镇、社区主管文化的领导和文化专职干部全部参加。

区政协委员到图书馆视察　11月18日，平谷区政协委员一行20人在区政协主席王春辉、政协副主席白长河的带领下，到区图书馆视察工作。

市文化市场行政执法总队到区文委检查考核　12月10日，市文化市场行政执法总队由副总队长张伟带队对平谷区2013年度文化市场管理暨“扫黄打非”工作进行检查考核。区文化行政执法队队长闫建华代表区文管办（扫黄打非办）汇报了2013年总体工作情况。

文化设施建设

平谷特色文化体育展示中心工程进展顺利，已完成总工程量的90%。年内，以政府采购的方式为80个村级文化活动室配置了总价值500余万元的灯光音响设备；新建9家基层图书分馆、30家基层流动送书点、2个流动图书车服务点、3个进城务工人员“读书驿站”；投入230万元，完成了18个社区公共电子阅览室和6个“六型社区”文化活动室建设；投入288万元对上宅文化陈列馆进行了改造；投资160余万元对影剧院西大厅进行了彻底翻新。

培训

2013年文化干部教育培训班　5月15日～16日，区文委举办2013年文化干部教育培训班。各乡镇、街道主管领导、文化干部，各行政村、社区文化组织员和文委系统相关人员共350人参加培训。屈志奇参加15日的培训并讲话。

文化市场经营者法规培训　8月，开展文化市场经营者法规培训。组织互联网上网服务场所、歌舞娱乐场所、电子游艺场所、印刷企业经营者共计100余人开展为期一天的法规培训。

文化市场法律法规培训　9月14日～15日，组织文化市场法律法规培训。全区娱乐场所、网吧、印刷企业、文化市场监督员和执法人员参加培训。

培训期间组织了2013年度文化娱乐场所安全生产大型公开课。

平谷区2013年文化经营场所法律法规培训会

文化活动

2013年平谷区新春团拜会　2月5日，“幸福平谷快乐年”2013年平谷区新春团拜会在区影剧院举行。区委、区人大、区政府、区政协主要领导与各界代表等共900余人欢聚一堂。团拜会上进行了精彩的文艺演出。

中国乐谷第三届欢乐节暨秧歌花会进城“大拜年”活动　2月24日，在府前大街举办中国乐谷第三届欢乐节暨秧歌花会进城“大拜年”活动。分开幕式及行进表演2项内容。60支区内外展演队伍、5000余名展演人员参与演出，5万余名观众参与活动。

红领巾读书活动青少年科普剧比赛　4月28日，平谷区红领巾读书活动青少年科普剧比赛在区文化馆小剧场举办。经过各校预赛，复赛选拔出的11支代表队为观众呈上了一场精彩的演出。

“走近鲁迅——北京鲁迅博物馆馆校牵手校园行”巡展活动　5月3日，上宅文化陈列馆与北京鲁迅博物馆一起到平谷区金海湖镇第二小学，共同推出“走近鲁迅——北京鲁迅博物馆馆校牵手校园行”巡展活动。活动中共展出展板52块，发放宣传资料200余份，并向学校赠送了羽毛球、乒乓球、跳绳、图书等文化用具。

区首届惠民文化消费季活动启动　9月20日，平谷区首届惠民文化消费季活动在世纪广场桃花大舞台启动。作为北京市惠民文化消费季活动分会场之一，平谷区9月~10月，以“激情消费在乐谷”为主题，举办低票价专业演出、5元电影、免费知识讲座、优惠购书、群众文化赛事等30余项惠民文化活动。

重阳节主题联谊会暨区图书馆公益活动　10月11日，“爱在重阳、沐浴书香”重阳节主题联谊会暨平谷区图书馆“市民书房”公益活动启动仪式在区文化馆小剧场举行。原区文联党组书记李永明，平谷区政协常委、学习与文史委员会主任柴福善，原区委党校副校长、现平谷区老干部思政研究会会长陈德勇及社会各界老年读者代表参加了此次活动。2013年平谷区“十大读书人物”代表柴福善，“书香家庭”代表陈德勇做了精彩演讲。

“激情消费在乐谷”奇石鉴赏惠民消费季活动　10月19日，在平谷奇石城举办。奇石城广场秧歌队进行了表演，工作人员向参与活动的群众发放宣传手册和宣传品。王振国主持活动，向参加的50名文艺团队代表介绍了平谷区首届惠民文化消费季活动情况。区文委副主任逯艳敏讲话，奇石城负责人向大家详细介绍了奇石文化后，带领大家参观了奇石城。

文化消费知识巡展活动　10月23日，“激情消费在乐谷”平谷惠民文化消费季——文化消费知识巡展活动在金海湖镇黑水湾新农村文化活动室举办。共展出宣传展板9块，发放宣传手册、宣传帽和文化衫200余件。老师就文化消费知识向28个村的50余名文艺骨干进行介绍。

非物质文化遗产保护工作

陈列馆举办“感恩思源、传承遗产”主题活动　4月4日，上宅文化陈列馆到园丁社区举办“感恩思源、传承遗产”主题活动。活动包括观看“清明节传统节日展”、讲述民俗知识、发放宣传资料等环节。共展出展板36块，发放宣传品及资料1200份。

上宅陈列馆举行“保护文化遗产、传承中华文明”宣传活动　6月8日，上宅文化陈列馆到平谷区黑豆峪村举行“保护文化遗产、传承中华文明”宣传活动。通过悬挂宣传条幅、开展“中华传统节日展”、发放宣传资料及宣传品等形式，向群众宣传普及“非物质文化遗产保护”“中华传统节日”等方面的知识。活动中共发放宣传资料及纪念品2000余份，展出展板30块，展线35.6米。

丰富、补充区级非物质文化遗产项目　年内，通过走访、调研、拍摄影像资料等形式，丰富、补充区级非物质文化遗产项目“平谷区驴皮影雕刻技艺”“仁义胡同传说”“轩辕黄帝传说”“丫髻山庙会”的内容，拍摄照片共计50余张，录像时常2个小时。

文艺创作

大型画册《平谷观赏石》出版　区文联、区文委联合主编的大型画册《平谷观赏石》于4月中旬由中国图书出版社出版。画册分轩辕石、金海石2个大类，收录全区130余位观赏石收藏者的精品藏石 200 多方，并配以诗、词、曲、赋百余首（篇），对平谷奇石资源和石文化底蕴进行了全面展示和深入的挖掘。

展览

第五届上元雅集篆书作品展　2 月，由平谷文联、平谷书协、平谷区文委联合举办。作品展在区文化馆一层展厅共展出作品 96 件。

“色彩的旋律”美术作品展　3 月，由平谷文联、平谷美协、平谷区文委联合举办。共展出山水、花鸟、人物画作品 60 余件。

平谷区美协美术作品展

走进黄松峪摄影大赛作品展　5 月，由黄松峪乡政府、区文委联合举办。文化广场西展厅共展出参赛作品 320 件。

光之影·平谷区摄影家协会会员摄影精品展　5 月，由平谷文联、平谷影协、平谷区文委联合举办。此次展览在文化馆一层展厅共展出作品 230 余件。

付东升、韩玉良、耿云飞美术作品广场展　9 月下旬举办。共展出 3 人花鸟、油画、山水画作品 70 余件，日观展近千人次。

平谷区摄影协会会员精品展　10 月，在文化馆一层展厅由平谷区影协、平谷区文委共同举办平谷区摄影协会会员精品展。共展出作品 120 余件。

书法家协会举办教师书法展　由区书法家协会 10 月初在文化馆一层展厅举办。展出全区中小学书法教师书法作品 80 余件。

文化馆

2013 年，共策划、组织、开展各类文化活动 130 个，受益群众达 35 万人次。举办艺术展览 11 个，辅导培训基层队伍达 12500 余人次，培养文艺骨干 2000 人，创作文艺类作品 65 件，共获各类奖项 30 个。

全面落实免费开放计划　文化馆继续推进文化场所免费开放。馆内活动厅室，每周对公众开放达到 56 个小时，其中，多功能小剧场为多家相关业务单位、乡镇提供演出和交流机会；培训教室为各乡镇、街道及单位进行业务和专业培训；展厅为民间手工艺品、风光摄影、美术作品提供展览场地；室外活动场地——世纪广场“桃花大舞台”，安排演出 27 场左右。

辅导培训　免费为中老年人群开办二胡、电子琴、京剧班、评剧班、葫芦丝、国画班、硬笔书法艺术培训班。为外来打工子弟学校开设免费儿童画、硬笔书法暑期培训班 4 期；为乡镇文化站工作人员举办摄影知识讲座。为平谷区“中国乐谷合唱大赛”做赛前辅导。

惠民演出　积极发挥绿谷艺术一团文艺演出的引领作用，完成各类演出 130 场次。在星火演出活动中，艺术团编创、排练 20 多个新节目，深入基层村镇、街道，全年累计吸引观众达 4 万余人次。春节和建军节期间，到部队慰问演出。国庆节期间，艺术团在世纪广场“桃花大舞台”与群众一起载歌载舞。扶持基层特色文化团队建设，帮助文化能人和民间艺人成立特色团队。

图书馆

2013 年，完成 63465 册新书采购加工整理工作。采购视听文献 658 件、电子图书 2.5GB。征集地方文献 44 种，57 册。订阅报刊 611 种共 630 份。加工、整理冰心奖图书 5578 册。注销、剔旧图书共计 12822 册。接待读者约 15 万人次，外借图书 20 万册次。各基层分馆接待读者 27 万人次，外借图书 54 万册次。开展送书下基层百余次。举办读者活动近 200 场次。举办展览 12 次。开展各类讲座、培训 70 余场次。

区图书馆正式启动馆内无线网络改造工程　4 月 13 日，平谷区图书馆正式启动馆内无线网络改造工程。借助于 wifi 无线网络，以全新的数字化阅读形式为读者提供了更加广阔的空间。

读者活动　开展了红领巾读书活动、第三届北京阅读季活动、首届北京诗歌朗诵大赛、“科普阅读”开启智慧人生、“2013 全国少年儿童阅读年”系列活动、“我的阅读、我做主”阳光少年文化节、节假日活动。

基层分馆建设　新建北京吉祥腾龙奇石市场有限公司、北京市独乐河禽业有限公司、北京天地合工贸有限责任公司（鑫铭家居）、平谷区医院等基层分馆 9 家，配送图书达 6 万册，总价值约 200 余万元。

益民书屋工作　开展书屋管理员全员培训共 2 次 600 余人次。组织基层图书馆管理员参加北京市“首邑杯”文化惠民工程知识竞赛；组织开展

“实现中国梦，先从读书始”读书益民杯全民征文活动。

共享工程网络培训　全年开展集中、分片培训共2次，网络培训9次，下基层辅导18次，参与培训、辅导3600余人次；全年开展资源服务活动90场次，服务10846人次；完成18家数字文化社区的建设任务；全年新增全文电子图书近百册；正式启动馆内无线网络改造工程，实现读者服务区无线网络信号100%全覆盖。

送书下基层活动　新建平谷一园、碧海山庄等学校、企业基层流动送书点20个，开展送书上门服务。启动“市民书房”公益活动。以“市民书房”公益活动为起点，把书房建到老百姓家中，在全区打造“市民书房”活动品牌。首批新建50家“市民书房”试点，送书5000册。

信息服务工作　编制《绿谷信息共享》《文化信息参考》《中老年健康》《青少年心理健康》《孕产妇保健》二、三次文献6种，共18期。共收到57家单位纸质文件876份，解答咨询百余次。

文化市场管理

执法检查　2013年，按照国家和北京市有关文化市场管理精神，以文化市场管理和“扫黄打非”专项行动为重点，开展“净网”“清源”和“秋风”专项行动，突出对网络市场的检查监管力度，加大娱乐场所经营单位安全生产检查力度。全年共出动执法人员1400余人次，检查各类文化经营场所1280多家次，立案查处违法违规文化经营场所13家，行政罚款2.9万元。

行政审批　严格遵守各项实体法规定，保证文化项目审批合法。共办理行政审批和服务事项700余件，接待群众咨询1200人次，接到锦旗3面，实现了零投诉。

获奖情况

集体

区文委　被首都精神文明建设委员会授予“首都文明单位标兵”称号；获北京市未成人保护工作先进集体称号。

区文委执法队　被北京市安全生产月活动组织委员会评为安全生产月活动优秀组织奖。

区文化馆　作品《乐谷之声》被第十届中国艺术节评为舞台表演戏剧类“群星奖”；获北京市第二十三届农民艺术节“乡村大舞台、一村一品”铜奖1个、组织奖1个、节目一等奖1个、优秀奖5个；被北京文化艺术活动中心评为北京市曲艺大赛优秀组织奖；丫髻山文化庙会被北京市文化局评为“北京特色活动”。

区图书馆　在中国图书馆学会第一届全国图书馆未成年人服务论坛案例征集活动中提交的案例获优秀奖；在2013年北京市红领巾读书活动中获优秀组织奖；在北京市“首邑杯”文化惠民工程知识竞赛中获优秀奖；在2013年度北京市图书馆“全民阅读”活动中获组织奖；在“2013年全国少年儿童阅读年”活动系列之一的“亲子共读、爱的体验——全国家庭亲子阅读推广月活动”优秀案例征集评选中，被评为三等奖；获第三届北京阅读季先进集体称号；获“中国梦、我的梦”读书益民杯全民诵读活动最佳组织奖；被评为第二届北京阳光少年文化节优秀组织奖。

绿谷胜利文化传播有限公司　被中宣部、文化部、国家新闻出版广电总局评为“第五届全国服务农民服务基层文化建设先进集体”。

个人

刘春雨　获“影像北京——共筑中国梦”2013北京市群众美术、书法、摄影大赛摄影一等奖。

王小兵　获“影像北京——共筑中国梦”2013北京市群众美术、书法、摄影大赛摄影三等奖及美术三等奖。

孟小健　在京、津、沪、渝“都市风采”器乐大赛（北京赛区）中，《阳春白雪》获成人独奏组铜奖。

刘维薇　在京、津、沪、渝“都市风采”器乐大赛（北京赛区）中，《葡萄熟了》获成人独奏组铜奖。

杜润启　2013年“艺韵北京”北京市曲艺大赛中，鼓曲类作品《劝人方》获三等奖。

谭学会　2013年“艺韵北京”北京市曲艺大赛中，获“个人优秀组织奖”。

秦国成　获第四届北京快板邀请赛“优秀奖”。

李慧颖、岳坤卿　获北京市文化志愿者先进个人称号。

田淑兰　获北京市文化志愿者先进项目带头人称号。

岳海燕　获北京市文化志愿者先进培训师称号。

王　宇　在“弘扬主旋律、喜迎十八大”北京市千场优秀出版物展节活动中，被评为先进个人；在第三届北京阅读季活动中，被授予“先进个人”称号。

刘凤革、崔东亮　在2013年度北京市红领巾读书活动中荣获优秀辅导员称号。

平谷区文化委员会

书　记　王振国

主　任　王振国

（王文博）

昌 平 区

昌平区位于北京市的西北部，面积1343.5平方公里。辖15个镇、5个街道办事处和1个以企代镇行政单位（北企公司）。行政村303个，社区居委会192个。全区户籍人口57.27万人，常住人口188.9万人。

昌平区文化委员会（以下简称区文委），是负责全区文化、文物、新闻出版和广播电影电视事业管理工作的区政府工作部门。区文委机关内设办公室、文化科、文物科、市场科和区纪委监察局派驻监察科。直属单位共7个，其中，行政单位1个（副处级）：文化行政执法队；全额拨款事业单位3个（正科级）：区文化馆、区图书馆和区文物管理所（博物馆）；自收自支事业单位2个（正科级）：区电影发行放映管理处和区影剧院；企业1个：昌平区新华书店。

2013年，区文委紧紧围绕区委、区政府中心工作，深入学习贯彻中共十八大和十八届三中全会、市十一次党代会和区第四次党代会精神，全面贯彻落实区委区政府《关于进一步加强文化建设打造首都文化强区的意见》工作部署，突出区域特色，坚持创新发展，扎实推进了全区文化工作的深入开展。

2013年文化艺术发展

重要会议

2013年工作部署会　3月25日，区文委召开全系统2013年度工作部署会。刘全新主任对过去一年做了简要回顾和总结，党委书记李志武对2013年工作任务进行了部署，同时还对获得2012年度先进集体和先进个人进行了表彰和颁奖。

2013年度文化工作会议　2013年4月7日～8日，区文委分别在南口镇政府、小汤山镇政府召开镇街道年度文化工作会。由各镇（街）主管副镇长（副主任）结合区文委2013年度工作要点，汇报本镇街道2013年工作亮点、难点和建议，区文委领导班子成员参加并按照各自分工部署2013年度工作。

文脉工程推进会　4月23日，由区委书记侯君舒主持召开了文脉工程推进会，对文脉工程的操作提出了“时间服从质量、课题抓住关键、成果厚重客观”的工作要求。

文脉工程落实推进会　4月27日、5月21日，区委常委、宣传部部长、统战部部长余俊生分别召开了文脉工程落实推进会，提出“抓质量、出精品”，对文脉梳理工程的工作方向和工作重点进行了全面的梳理和全方位的指导。

召开“昌平区进一步加强基层公共文化基础设施建设”研讨会　8月23日，区文委召开了“昌平区进一步加强基层公共文化基础设施建设”研讨会。文委主任刘全新、镇（街）主管领导和相关科室负责人出席会议。

中国北京亚洲大学生魔术交流大会（中国风云会）新闻发布会　8月28日，中国北京亚洲大学生魔术交流大会（中国风云会）新闻发布会在中国青年报社召开，副区长刘淑华，区文委主任刘全新、副主任刘庆华等参加发布会。

领导视察

市文化局领导到昌平区进行行政审批工作检查　8月15日，北京市文化行政审批联合检查组一行15人，在北京市文化局巡视员叶重辉的带领下，到昌平区文委进行行政审批工作区县交叉检查。检查组听取了文化市场行政审批工作的汇报，抽查了2010年以来的行政审批案卷，察看了文化服务窗口，实地检查了北京圣乐嘉华娱乐有限公司，并与场所负责人进行了座谈。

文化实施及队伍建设

文化设施及队伍建设　昌平区级公共文化服务设施有1个文化馆，1个博物馆，1个图书馆，13个区图书分馆，1个新华书店，5个新华书店分店；21个镇级文化服务中心；303个村级文化活动室，益民书屋实现村村全覆盖；192个社区文化室，144个社区图书室（年内，新建益民书屋14家，共有社区益民书屋24家。）全区有区级业余文艺团队1支，镇级50支，村级264支，社区496支，市场注册文艺团体22家。

文化活动

昌平区2013年迎新春先进模范慰问演出　2月4日，由区委、区政府主办，区委宣传部、区文委承办的“昌平区2013年迎新春先进模范慰问演出”在北京人民警察学院礼堂（南口）举行。区委、区人大、区政府、区政协领导和全区直属单位、驻昌平部队、院校、退休干部、企业劳模、基层代表约800余人参加。

昌平区2013年迎新春先进模范慰问演出

元宵节活动 2月24日，由区委宣传部主办、区文委、区体育局承办的昌平区“正月十五闹元宵”花会表演活动在昌平永安公园文化广场举行。全区各镇、(街) 20余支队伍近800余名表演人员齐聚永安公园广场。广场内花钹大鼓、龙鼓、腰鼓、高跷、旱船、小车会、跑驴儿、舞龙舞狮等民间花会参加了表演。昌平区相关单位领导和观众1万多人观看。

首届农业嘉年华 3月23日~5月12日，按照“首届北京农业嘉年华”制定的文化活动工作计划，区文委在草莓博览园东区广场先后组织6场“乡村大舞台”文艺演出。演出的节目有变脸、魔术、舞蹈、武术、歌曲等60余个，受到游客的好评。

“美丽昌平”走基层系列文艺演出活动 5月23日，“美丽昌平”走基层文艺演出活动在汤泉古镇小汤山拉开了帷幕。此次活动自5月起至11月底结束，活动以全区各镇、街业余艺术团演出为主，共演出20场，参与观众达2万余人。

新疆和田地区文工团到昌平进行文化交流 6月20日，由北京市文化局主办，昌平区文化委员会承办的文化援疆“春雨工程”新疆和田地区文工团赴京演出在昌平区广电中心演播大厅举行。参加演员50余人，观众200余人。

中国北京亚洲大学生魔术交流大会 10月25日~27日，在昌平区华北电力大学礼堂举办。市委常委、宣传部部长李伟，市文化局局长陈冬出席大会。此次大会是由文化部艺术司、中国青年报社、北京市文化局、北京市文联、北京市文资办、北京演艺集团、北京市昌平区人民政府主办，中国高校传媒联盟、北京杂技家协会、中国杂技团有限公司、中共北京市昌平区委宣传部、北京市昌平区文化委员会、北京金长城京演魔术文化有限公司承办的。大会期间，来自亚洲12个国家和地区的18位魔术大师及20名大学生魔术参赛选手，同台献艺、竞相角逐、深入研讨，给4000多名观众带来无穷的艺术享受和回味。

第24届农民艺术节“乡村大舞台”昌平专场演出 11月5日，北京市第24届农民艺术节“乡村大舞台”昌平区专场演出活动在区广播电视中心演播大厅举行。市农工委、区委宣传部、区文委、区农委等相关单位领导参加活动。演出由京东大鼓、变脸、杂技、舞蹈、独唱等12个节目组成，300余名观众观看了演出。

第十五届广场舞蹈比赛暨昌平区第十四届艺术节开幕式 11月28日，由区委宣传部主办、昌平区文化委员会承办的“第十五届广场舞蹈比赛暨昌平区第十四届艺术节开幕式”在昌平一中体育馆举行。全区20个镇（街）组队参加，演员480余人，观众1000余人。

“公益惠民”演出 全年共组织“文艺演出星火工程”演出952场，其中，“星火工程”演出专业院团演出304场、非专业团队演出608场、周末场演出12场、“百姓周末大舞台”30场。

非物质文化遗产保护工作

年内，昌平区深入贯彻落实《非物质文化遗产法》，遵循“非遗”保护、传承发展的规律，积极推进各项“非遗”保护传承工作，完成了《张氏正骨》和《漆园村龙鼓》两个国家级“非遗”项目的申报 。6月8日，在第八个文化遗产日期间，利用多种形式，宣传昌平的非物质文化遗产保护传承工作，在群众中普及相关知识，并在非物质文化遗产展厅增设了多种展品，供群众参观。利用液晶壁挂电视、影碟机等多媒体设备，宣传昌平的非物质文化遗产保护工作。在昌平区举办的文化“鉴宝”活动中，为参加活动的人群展演了昌平的“非遗”项目鲁班暗榫动物造型、刘平剪纸、解连环等。2013年，组织相关“非遗”项目传承人，参加了市非遗处举办的非物质文化遗产市场化高级研修培训班；配合昌平区电视台，完成了后牛坊村花钹大鼓、涧头村高跷“非遗”项目的专题片采访、录制任务；在雷锋纪念日，组织国家级项目“王麻子剪刀”在亢山广场举办了为民服务活动。参加了北京市文化局非遗处在温都水城举办的“全市非物质文化遗产研讨会”，听取了专家讲课，与兄弟区县进行了工作交流；组织相关项目传承人，参加了市文化局非遗处举办的非物质文化遗产市场化高级研修班培训。

非遗传承基地落成 9月24日“国家级非物质文化遗产项目花钹大鼓传承基地”在小汤山后牛坊村落成。北京市非物质文化遗产保护中心书记副主任姜婷婷，昌平区委常委、宣传部部长、统战部部长余俊生，副区长刘淑华，区文委主任刘全新参加，并为“国家级非物质文化遗产项目花钹大鼓传承基地”揭牌。小汤山镇政府、后牛坊村约400人参加了活动。

历史文脉梳理工程 2013年年底，历史文脉工程编辑部共完成《居庸关》《明十三陵概览》《昌平史迹要览》《巩华城历史与传承》《昌平民俗非遗概览》五本样书的定稿工作。

文化馆

举办“庆十一”大型原创声乐作品《昌平组歌》专场文艺演出 9月30日，由区委宣传部、区文委主办，区文化馆承办的大型原创声乐作品《昌平组歌》专场文艺演出在华北电力大学礼堂举行。《昌平组歌》是区文化馆组织创作完成的第一部大型音乐原创作品，分为《我的关城我的爱》《我的昌平我的

家》《我的明天我的歌》三大部分。通过14首声乐作品形式向人们充分展示了昌平丰厚的历史文化底蕴、迷人的自然景观和现代化的经济建设，以及昌平未来的文化发展。北京市文化局、市文资办、昌平区委、区人大、区政府、区政协、北京各区县文化馆的相关领导与来自全区机关、企事业单位和驻昌平部队官兵900多人观看了此次演出。

组织文艺演出　年内，参与演出有“政协四下乡文艺演出”、“昌平区直机关工委系统单位之歌演唱会”、庆“八一”慰问部队演出、园博会昌平周的4场展示演出、庆祝昌平区与日本板柳町缔结友好关系20周年文艺演出、“星火工程”文艺演出等。共计完成演出200余场，观众10万余人。

辅导培训　年内，区文化馆组织开展了舞蹈培训班、京剧表演培训班两项阵地培训班，学员共计400余人次。文化馆还深入到农村、乡镇、社区、学校、机关、企事业单位进行声乐、戏曲、摄影、书画等辅导培训，学员共计12000余人次。

文化志愿者服务　文化志愿者昌平文化馆分中心有文化志愿者5718人，志愿团队148个，文化志愿者中有专家型和专业型100余人。年内，昌平文化馆分中心开展了“朝阳夕阳一样红”“大手拉小手”“和谐社区你我他”3个示范项目，服务对象达96000余人次，累计服务时长184000余个小时。组织开展了多个文化志愿服务项目活动：春节前夕，在延寿镇上庄村开展“昌平文化志愿者送福到家”活动，送去了1000副对联、1000个“福”字；3月29日，参加了马池口念头社区举办的以“传承雷锋精神，参与志愿服务，建设幸福社区”为主题的学雷锋文化志愿者专场文化活动；5月29日，参加回龙观地区第23次全国助残日“我们是爱心一家人”帮扶贫困残疾人的专题活动，并代表文化志愿者昌平分中心做了讲话；10月份完成了敬老月的活动等，与此同时，还参加了北京文化艺术活动中心组织的各种志愿者培训班以及志愿服务活动。

图书馆

2013年，区图书馆不断加强馆藏建设，入藏图书15000册，总馆藏达到62万余册件。接待读者28万人次，借阅47万册次；办理一卡通6778个，累计有效持证读者达到33653人；举办各类读者活动110次，参加人数21000人；组织专题讲座和报告会54场，共有3890人参加活动；举办展览活动10场，参与人数9800人次，解答读者咨询1600余条；接收政府信息公开纸质文件200条。

送书下乡　在全区共设立送书点20个。年送书100次，配送图书25500册。

昌平区第三届换书大集走进军营

红领巾读书活动　2013年面向全区中小学校学生举办红领巾读书活动5场。5月18日，在青少年科普剧比赛中，回龙观中心小学代表昌平区参加了北京市2013年科普剧比赛并荣获北京市一等奖。6月6日，举办了以“传承中华美德，共圆中国梦想”为主题的讲故事比赛，沙河中心小学杨跃荣获市级二等奖。9月份举办的全市读书小状元推荐活动，在所推荐的学生中，5名小学生被市评为读书小状元。

第三届北京阅读季　区图书馆在全区开展了系列读书活动5场，参加人数500余人。进行“书香家庭”评选活动，并评选出10个家庭参加市级评选，王兆明家庭被评为北京市示范书香家庭，郑尚可家庭被评为北京市优秀书香家庭；组织各乡镇社区开展“阅读示范社区”活动，共评选出4个社区参加市级评选，回龙观社区爱丁堡读书会被评为北京市“阅读示范社区”；在全区范围内开展昌平区“十大读书人物”评选活动，共评选出7名“十大读书人物”参加市级评选。开展了“悦读读书风景摄影展”活动，收集来自全区摄影爱好者作品100余幅，最后评选出19幅上报市益民办参加市级评选，所报作品《黄金屋》被评为金奖。组织各乡镇积极开展“百姓读书大讲堂”活动，共开展讲座、论谈、报告等系列活动共计14场，参与人数793人次。

为弱势群体服务　区图书馆向福利院、部队等特殊群体赠书9次，共3022册。

益民书屋　举办益民书屋管理员培训6期，培训基层管理员300多人次，在城南街道新汇园社区、霍营街道龙回苑社区建立数字文化社区。

共享工程　昌平支中心全年共实时接收首图分中心分发各类资源4000MB，接受国家中心发送各类光盘资源160余张。共享工程网点培训工作，全年培训基层管理员320人次。

一级公共图书馆评估　5月31日，区图书馆接受全国公共图书馆第五次评估定级专家组的评估，被评为公共图书馆一级图书馆。

文化市场管理

行政执法工作　全年共出动执法人员1855人次，出动车辆642台次，检查各类文化企业2643家次，全年上报信息32篇，查处举报55件，办理案件36件，罚款金额182500元。取缔非法窝点、游商、地摊26家，取缔"黑网吧"18家、"黑歌厅"11家、"黑电游"23家，没收电脑329台、赌博机438台、游戏机主板103块。

行政审批工作　2013年，共办理文化行政许可事项企业62家。新设企业25家，其中，娱乐场所设立18家、文艺表演团体4家、文化类民办非企业单位1家；变更企业37家，其中，网吧企业变更9家、娱乐场所变更25家。现场审核场地50家。举办听证会8次。

获奖情况

集体

区文委　获北京市第23届农民艺术节"乡村大舞台、一村一品"团体奖铜奖；在中国古玩艺术品博览会上获全国地（县）及政府文化传承贡献荣誉奖；获2013年北京市公共文化服务工作贡献奖；歌舞《走在幸福路上》获北京市第24街农民艺术节"乡村大舞台"节目类奖项优秀节目奖。

区文化馆　获北京市第24界农民艺术节乡村大舞台市级决赛优秀节目奖；获舞动北京群众舞蹈大赛贡献奖；昌平区文化志愿者服务分中心回龙观爱心服务队、马池口念头社区服务队，被评为2009～2013年度"北京市先进文化志愿团队"。

区图书馆　获第三届北京阅读季北京市"十大读书人物"评选活动优秀组织奖；获第三届北京阅读季"百姓读书大讲堂"活动优秀组织奖；获第三届北京阅读季优秀组织奖；北京市红领巾读书活动优秀组织奖。

文化行政执法队　获北京市行政执法总队"行政执法岗位大练兵、技能大比武"三等奖。

个人

唐云龙　获北京市文化市场行政执法队"我与文化执法"征文优秀奖。

宫佩轩　获北京市文化市场行政执法队"我与文化执法"征文优秀奖。

张春英　第一届"文化共享杯"全国群众摄影艺术作品二等奖；获2013年北京市红领巾读书优秀辅导员；获第十二届中国社区乡镇图书馆发展战略研讨会论文三等奖。

李　茜　获第十二届中国社区乡镇图书馆发展研讨会优秀论文奖。

杨雪梅　获第十二届中国社区乡镇图书馆发展研讨会优秀论文奖；获第三届北京阅读季先进个人。

宋继红　获第十二届中国社区乡镇图书馆发展战略研讨会论文三等奖。

郭　萌　获第十二届中国社区乡镇图书馆发展战略研讨会论文三等奖。

陈丽娟　获北京市语言文字工作先进个人称号。

孟晓庆　获第三届北京阅读季"悦·读"读书风景摄影展金奖。

张　华　获第十二届中国社区乡镇图书馆发展战略研讨会论文三等奖；获"中国梦、我的梦"读书益民杯主题征文活动一等奖。

张宇英　作品《银山塔林》获得"摄影北京——共筑中国梦"——2013北京市群众美术、书法、摄影大赛二等奖；作品《残香》获得"摄影北京——共筑中国梦"——2013北京市群众美术、书法、摄影大赛三等奖；被命名为北京市职工艺术家。

白俊龙　获第十一届中国菊花展览会书画提名展山水类一等奖；书画作品被"中国人民解放军"三军仪仗队永久收藏；书画作品入展"第四届北京美丽乡村书法艺术展"。

杨　宇　获2009～2013年度"北京市先进文化志愿者培训师"称号。

孙　莹　获2009～2013年度"北京市先进文化志愿者培训师"称号。

昌平区文化委员会

书　记　李志武
主　任　刘全新

（艾俊北）

门头沟区

概　况

门头沟区位于北京城区正西偏南，总面积1455平方公里，山区面积占98.5%，截至2013年年末，常住人口28万人，户籍人口24.4万人。门头沟区辖9个镇、4个街道办事处、177个行政村、99个居委会。

门头沟区文化委员会（以下简称区文委）是门头沟区人民政府主管文化、文物、新闻出版、版权、广播电视、扫黄打非、文化综合执法工作的职能部门，内设7个职能科室及1个文化行政执法队，即办公室、文化科、文物科、文化市场科、计划财务科、政策法规科、纪检监察科、文化行政执法队

（含信息举报中心、行政执法一分队、行政执法二分队、行政执法三分队）。下属 7 个基层事业单位：文化馆、博物馆、图书馆、影剧院、电影发行放映服务中心、文物事业管理所、文化创意产业促进中心。文委系统共有在职职工 121 人。

2013 年，区文委深入贯彻落实科学发展观，认真抓好基层公共文化服务建设和基层公共文化设施达标建设，在普及群众性文化活动的同时，重点打造区域品牌精品文化，加大文化执法检查力度，确保文化市场的安全，完成了区委、区政府交办的各项任务。

2013 年文化艺术发展

重要会议

2013 年基层公共文化工作会　4 月 17 日，召开了 2013 年基层公共文化工作会。全区 13 个镇街主管领导、文化中心主任以及文化科、文化馆、电影放映服务中心的领导参加了会议。会议对 2012 年基层文化考核、星火工程演出进行了总结。对 2013 年星火演出任务、全区重点文化活动、乡镇综合文化站评估定级工作、“六型社区”创建、28 个规范化社区建设、文化资讯栏目、“非遗”保护工作、文化类培训、文化志愿者工作等进行了布置。

文化创意产业领导小组第一次联席会　4 月 26 日，门头沟区文化创意产业领导小组在区政府召开了第一次联席会。区文化创意产业领导小组成员单位主管领导、区重点文化创意项目建设企业代表共 40 余人参加会议。会议总结了 2012 年文化创意产业发展工作，研究了 2013 年及今后一个时期的工作思路和工作重点任务。

重要文化活动

清明踏春——北京庙坛文化展　3 月 19 日 ~4 月 15 日，永定河文化博物馆联合北京庙坛文化研究会、历代帝王庙博物馆、西城区档案局等单位，在永定河文化博物馆举办了以“清明踏春——北京庙坛文化展”“北京传统庙会拾零”为主题的展览，展览运用近百块展板展示了北京庙坛文化和庙会风俗。

清明节民歌、诗歌专场音乐会　4 月 2 日，在影剧院举办了“山歌吟唱、诗韵清风”——门头沟区 2013 年清明节民歌、诗歌专场音乐会。音乐会以“山里的歌”为主题，邀请专家陈树林演唱了《二十四节古人名》《打灯虎》《水工哥》等采录于门头沟区大山深处的民歌。大峪中学及其分校的师生朗诵了新创作的诗歌《清明组诗》《校园文学组诗》《门头沟的沟》等。文化志愿者、在校师生、文艺爱好者 700 余人观看了演出。

2013 年农村文艺演出星火工程工作会　4 月 14 日，区文委召开门头沟区 2013 年农村文艺演出星火工程工作会，20 支市级专业团队、36 支区内业余团队负责人参加了会议。会议对 2013 年的星火工程进行了安排并提出了具体要求。

门头沟区 2013 年清明节民歌、诗歌专场音乐会

文化创意产业银企对接活动　5 月 22 日，区文促中心组织召开区文化创意产业银企对接会，为银行与企业之间搭建融资平台。工商银行门头沟支行行长、工商银行北京分行公司二部负责人及区内 30 余家重点文化企业负责人参加活动。工商银行北京分行就其重点产品、产品特点等情况向企业进行了讲解和介绍，并根据文化企业在不同发展阶段的经营特点及资金需求，提供各类项目产品组合，以满足文化企业与项目营运各方面的融资需求。

“戏韵飘满五月天”门头沟区 2013 年戏曲演出周闭幕　5 月 26 日晚，为期一周“戏韵飘满五月天”的 2013 年戏曲演出周在区影剧院落下帷幕。演出周进行了京剧、评剧、河北梆子等戏曲专场演出。

区文委选送节目在首届北京诗歌朗诵大赛中获奖　6 月 23 日，由北京市文化局、北京市文联、石景山区人民政府联合主办的“放飞梦想”——首届北京诗歌朗诵大赛颁奖在石景山区举行。门头沟区文委选拔的《放飞梦想大讲堂》《梦想》《中国梦》3 篇原创作品分别获得优秀奖和鼓励奖。区文委获大赛组织奖。

区文促中心对全区文化创意工作室进行调研　7 月 8 日 ~11 日，区文促中心对全区文化创意产业工作室情况进行摸底调研。收集了北京漕溪雕塑陶艺工作室、北京琉璃渠成厚琉璃艺术工作室、玻璃粘塑工作室、赵成伟绘画工作室等11家有影响力、有发展潜力的文创工作室情况。

第七届中国北京永定河文化节　7月16日，第七届中国北京永定河文化节在龙泉宾馆正式启动，永定河博物馆出版的永定河文化系列丛书——《永定河志书》首发，200余人参加启动活动。本届永定河文化节以"相约永定河"为主题，举办了"大爱门头沟、情系永定河"剧本征集展示、"聚焦门头沟、印象永定河"微视频作品征集、"古韵门头沟"传统文化游园会、"畅游门头沟、印象永定河"门头沟文化之旅等一系列活动。12月17日，第七届永定河文化节闭幕式暨第二届门头沟区"优秀人才奖""青年人才奖"颁奖典礼在区影剧院举行，市文化局副局长王珠、区委书记韩子荣等出席闭幕式并为本届永定河文化节微视频征集活动优秀作品和剧本征集活动优秀作品颁奖。

"京西民俗文化进军营"专题讲座　7月26日，区文委在驻区部队举办"京西民俗文化进军营"专题讲座。区双拥办、图书馆、区文委、部队领导及官兵60余人参加了活动。活动邀请了北京民俗学家王作辑，从北京的胡同街市文化、京西民俗旅游文化、门头沟特有的古道文化三个方面讲课。

庆"八一"部队慰问演出活动　7月29日~30日，文化馆组织文艺骨干共计25人的慰问团队，前往驻区部队进行专场慰问演出活动，为部队官兵献上了《兄弟干杯》《我骄傲我是军人的妻》《众手编制中国梦》等文艺节目。

第24届农民艺术节"乡村大舞台"总决赛　从8月开始，在门头沟区13个镇街广泛开展"一村（居）一品"活动，对每个镇街对文化节目进行评选，组成区第24届农民文化艺术节优秀节目汇演。市级评委对汇演中的节目作品进行评估，挑选了民乐坐唱《美丽的乡村》参加此次北京市"乡村大舞台"总决赛。最终，民乐坐唱《美丽的乡村》获得最佳原创奖，门头沟区文委获得组织奖金奖。

京西太平鼓团参演中国首届沙滩秧歌节　8月11日，京西太平鼓团参加"好客山东·相约海阳"首届中国沙滩秧歌节，与河北、安徽、胶州等地的团队共同演出。

"古韵门头沟"传统文化游园会精彩开园　10月1日国庆假期，"古韵门头沟"传统文化游园会在永定河文化广场开园。游园会为期3天，举行展演、展览和互动体验等多项活动。3天总客流量达31500人，峰值3000人。

京西太平鼓参加CCTV第七届全国电视舞蹈大

"古韵门头沟"传统文化游园会

赛　10月15日晚，京西太平鼓参加了CCTV中央电视台第七届全国电视舞蹈大赛。参加此次比赛的舞蹈《鼓舞太平》将太平鼓的原汁原味予以提升，保持了经典鼓点"大摘鼓"与"小摘鼓"的特色，展现太平鼓的非物质文化内涵。

门头沟区亮相第八届中国北京国际文化创意产业博览会　11月7日~10日，门头沟区参加第八届中国北京国际文化创意产业博览会。展览以"开门从头跃、沟通连世界"为主题，以斋堂古村落古道文化旅游产业集聚区为重点，宣传门头沟区深厚的历史文化和产业发展亮点及前景。展会期间发放了《开门从头跃、沟通连世界——推介手册》《门头沟招商引资项目册》《皇都古镇 风雅斋堂》《门头沟区旅游图》等8种6000多册宣传资料。

文化企业座谈会　11月22日，区文化创意产业领导小组办公室、区文促中心召开文化企业座谈会。区文委、石龙经济开发区以及辖区内10家文化企业共同参加。与会企业就企业现状、发展远景、目前存在问题等方面分别作了发言。

区美术家协会迎新年画展　12月20日~2014年1月3日，"画笔描绘美好生活"成果展暨美术家协会迎新年画展在永定河文化博物馆展出。共展出区美协画家及社区爱好者绘画作品200余幅。

非物质文化遗产保护工作

2013年文化遗产日主题活动　6月14日，由区文委、龙泉镇人民政府主办，区文化馆非遗保护办公室、龙泉镇文化中心承办的2013年门头沟区文化遗产日主题活动暨龙泉镇非物质文化遗产展演展示活动在龙泉镇龙泉务村旅游驿站广场举行。活动有三家店舞龙、京西太平鼓、龙泉务童子大鼓会等7个"非遗"项目展演；琉璃制品、紫石砚、麦秸画等非遗技艺作品及特色手工艺品展示；三皇炮捶义诊、贾氏中医义诊"非遗"传统医药展示；香白杏、骆驼黄、特菜等特色农产品展卖四大部分。

门头沟区京西太平鼓获全国鼓王金鼓奖　6月20日，区京西太平鼓表演队参加了2013北京·大兴全国鼓舞邀请赛，与广西铜鼓舞、陕西腰鼓、山东鼓子舞、河南盘鼓等全国各地的11支专业鼓舞表演团队同台竞技。门头沟京西太平鼓艺术团的《鼓舞太平》夺得全国鼓王金鼓奖。

2013年“非遗”工作培训班 10月21日，区文委组织举办了2013年“非遗”工作培训班。全区13个镇街主管领导、文化中心主任以及文化科、文化馆、影剧院、文促中心30余人参加了培训。此次培训班历时6天，安排了专家授课、实地观摩、参观考察活动。

文化设施建设

2013年第一批社区文化室设备发放仪式 6月26日，区文委联合区社会办、民政局在京浪岛公园举行2013年门头沟区第一批社区文化室设备发放仪式。此次活动配合规范化社区、“六型社区”、智慧社区的创建，逐步为35个规范化社区文化室配置近560万元的室内设备和近280万元的户外文化广场设备。

建成30个文化艺站志愿服务岗亭 12月中旬，区文化馆、文化志愿者服务中心在清水镇、雁翅镇、斋堂镇、王平镇等街镇的活动广场搭建了17个文化艺站志愿服务岗亭并准时完成市级验收工作。截至年底，全区共搭建文化志愿服务岗亭30个。

文化交流

新疆和田文工团到门头沟专场演出 6月21日，新疆和田市文工团到门头沟区举行主题为“阗舞四季”的专场演出。近千名观众观看了演出。演出包括“序幕”“春·百花”“夏·热土”“秋·飘香”“冬·恋情”和“尾声”6个部分14个节目，用和田民族歌曲、民间舞蹈、民族器乐等艺术形式，反映了和田维吾尔族歌舞的艺术特色。

区文促中心赴西城进行工作交流 8月7日下午，门头沟区文促中心到西城区委宣传部进行文化创意产业工作学习考察。西城区工作人员介绍了西城文化创意产业发展情况，重点介绍了文创产业发展的思路、工作机制、工作重点、有效的工作措施及先进的工作经验。

区文促中心赴怀柔学习考察 8月12日，区文促中心赴怀柔区文化产业发展促进中心交流学习。参观了中影集团电影数字制作基地、星美影城以及北京老爷车博物馆，交流了产业链形成的经验与展望。

图书馆

全年，区图书馆到馆读者13715人次，借阅量达82701册。送书20余次，共计41542册书。为7家单位、企业建设了图书室。协助“六型社区”达标建设，为藏书量不足3000册的社区补充图书，为还没有图书室的社区提供图书和业务指导。

“世界读书日”系列活动 4月23日，区图书馆在永定实验二小附属幼儿园举办了主题为“热爱读书、快乐成长”的活动，拉开了门头沟区图书馆“世界读书日”主题系列活动的序幕。区图书馆采集了低幼各类最新图书605册、低幼儿童期刊100余册，活动还邀请了民间折纸艺术家和剪纸艺术家到现场为孩子们授课。

“永远的雷锋”主题展览基层巡展 4月23日，区图书馆举办了为期十天的“永远的雷锋”主题展览基层巡展。展览内容由两部分组成，第一部分是“光辉榜样，时代楷模”，按照雷锋的五种精神布展，对雷锋精神的发展进行解读；第二部分是“身边雷锋，最美北京人”，主要展出年初北京市评选出的660名“身边雷锋，最美北京人”中的标兵团队和个人先进事迹，展示北京学雷锋活动的最新成果。

“讲座进社区”活动 8月14日，区图书馆在军庄镇举行暑期“讲座进社区”活动，邀请中国人民大学文学院教授朱子辉为众多学生和家长作“谈谈今天孩子们的人格教育”专题讲座。共有军庄镇各村、各社区50余名学生和家长参加。

读书益民杯全民诵读活动 8月21日，区图书馆举办了“实现中国梦、先从读书始”读书益民杯全民诵读活动，共有来自10个乡镇的15名选手参赛。本次比赛以“实现中国梦、先从读书始”为主题，解读“中国梦”的历史底蕴和时代内涵，讴歌伟大的祖国、伟大的人民、伟大的中华民族，弘扬中国传统文化。

加强社区图书室建设 8月27日，区图书馆为推动“六型社区”建设，采集了适合社区居民生活和文化需求的最新图书，打包分配给各办事处所属社区。区图书馆先后为25个参评社区配备新书6万余册，为一部分社区图书室解决了图书室必需的设备，举办各类知识文化讲座和读书活动30余场。

区图书馆为教师赠图书 9月10日，为庆祝教师节，区图书馆将200余册图书送到北京实验二小永定分校附属幼儿园36位教师的手中。

“新希望未成年人义工教育基地”建设工作 区文委与区人民检察院在区图书馆建立“新希望未成年人义工教育基地”，圆满完成了对2个未成年人的教育帮扶工作。区检察院根据具体案情及未成年人的自身特点确定义工考察时间，并根据义工的具体表现情况缩短或延长未成年犯罪嫌疑人做义工时间。

图书送进棚改区 门头沟区图书馆先后为回迁房建筑工地建成了4个工地图书室，并为其配备了图书设备、文体用具和新书。区图书馆在门头沟区刚建成的最大回迁房社区——石门营建成了图书室，让刚搬进新居的居民及时、便捷地借到最新图书。此项活动共送书20余次，轮换图书2万余册。

文化馆

文化馆举办全区“文化组织员培训班” 8月19日~24日，区文化馆组织了为期5天的“文化组织员培训班”。培训班结合基层群众文化实际需求，开设了摄影基础知识，民族乐器——弹拨类、吹奏类、弓弦类合奏训练的培训课程，突出培训的针对性和实用性，提升基层文化组织员队伍水平。4个街道办，9个乡镇及群众爱好者，共计170多人参与培训。

基层文化工作者培训活动 11月4日，门头沟区基层文化工作者培训活动在北京电影制片厂开班。此次活动由区文委主办，区文化馆承办，北京电影制片厂协办。培训班为基层文化工作者开设形体表演、群众文化基础知识、主持人、舞台化妆、戏曲形体表演等文艺技能课。13个乡镇街道办事处的500余位文艺骨干和爱好者参与培训。

文化志愿者服务 2013年，积极发挥文化志愿者与基层群众之间的纽带作用，做好“一湖十园”文化艺站志愿服务常态活动。每天于两个时段开展各个公园文化志愿服务工程，开展秧歌、健身操、踢踏舞、合唱、花会、民族管乐等多种文化活动。举办门头沟区“一湖十园”文化艺站系列文化活动，树立文化志愿服务活动标杆，发挥示范项目示范性。组织15支文化志愿者团队参与“十一”期间广场舞比赛。组织开展敬老月活动，发扬尊老敬老的传统美德，启动重阳节文化艺站志愿服务活动周，同时举办了以“最美夕阳红”为主题的老年人摄影活动，为老年人免费拍摄照片400张，赠送相框400个。

文化市场管理

年内，完成网吧、歌舞厅等184家企业的年检工作。建立网上审批系统、企业QQ群等沟通平台。印制《政务服务工作手册》。共检查网吧171家次，歌舞娱乐场所121家次，游艺厅34家次。整改隐患100余项。受理举报15起。取缔无照经营小型电影院1家，处理“黑网吧”2家，处罚网吧1家，罚款5000元；查抄“黑电子游艺厅”1家。

门头沟区“净网”行动 4月22日，根据《关于开展网络淫秽色情信息专项治理“净网”行动的通知》，区网管办、工商分局、公安分局、文化执法队组成联合执法行动小组，对辖区内3家大规模网吧进行抽查。检查是否存在人员利用网站、在线播放软件、网络资源下载含有淫秽色情的内容，网吧是否存在违规接纳未成年人的情况。经检查，未发现违法行为。

电气安全专项执法检查工作 7月17日~18日，区文化执法队协同区公安分局、安监局等相关部门开展了电气安全隐患专项执法检查行动。主要针对全区歌舞娱乐场所、网吧、宾馆、饭店等重点场所进行地毯式的检查。对存在安全隐患的场所，提出整改意见并责令限期整改，对拒不履行整改或整改不完全的进行处罚。

检查娱乐场所消防安全隐患 9月16日、17日、23日，区文化执法队集中力量检查了歌舞娱乐场所及主要网吧消防安全。对发现的问题，责令场所管理人员立即整改。要求各场所对工作人员进行安全培训，检查消防设施，保证中秋、国庆期间文化市场安定繁荣。

门头沟区文化委员会

书　记　闫洪亮
主　任　闫洪亮

（张　晨）

房　山　区

概　况

房山区地处北京西南，总面积2019平方公里。下辖28个乡镇、街道、地区办事处，461个行政村，121个社区居委会。常住人口94.5万人，户籍人口76.8万人。

房山区文化委员会（以下简称区文委）是房山区政府管理文化工作的职能部门，下设办公室、文化科、文物科、市场科、行政执法队5个职能科、室、队，管理的文化事业单位有：房山区文化馆、房山区图书馆、房山区文物保护所、房山区电影放映服务中心。

2013年，区文委积极推进公共文化服务体系建设，扎实开展文化市场监管工作，不断拓展文化服务领域，全区形成了文化活力持续迸发、社会文化生活丰富多彩、人民基本文化权益得到有效保障的文化工作局面。

2013年文化艺术发展

文化设施建设

房山区群众文化活动中心建设项目正式开工 该项目总占地面积36000平方米，总建筑面积27000平方米，其中，文化馆新馆9263平方米，图书馆新馆15840平方米，总投资1.6亿元。

文化活动

2012年房山区十项群众才艺系列大赛颁奖典礼 1月10日，2012年房山区十项群众才艺系列大赛颁奖典礼在良乡体育中心举行。市、区领导分别为歌曲、戏曲票友、群众舞蹈、达人秀、朗诵、二胡、手风琴、征文、书法、摄影DV十项大赛获奖选手、单位颁奖。来自区直机关工委和乡镇、街道的600多人参加了颁奖典礼。颁奖典礼上表演了朗诵、器乐演奏、歌曲等节目。

正月十五民俗文化展演 2月24日～25日，2013年房山区群众文化活动年“新春乐——正月十五民俗文化展演展示活动”在良乡体育活动中心举行。房山区的小跑跷、水峪女子中幡、大武术，门头沟区太平鼓、童子大鼓，丰台区的叉会，大兴区的武吵子，石景山区的京式旗袍等国家级、市级非物质文化遗产参加展演。北方昆曲剧院折子戏、北京风雷京剧团折子戏参加展演。

第十八个“世界读书日”群众诗歌朗诵会 4月23日下午，“中国梦、北京韵、房山情”——2013年第十八个“世界读书日”群众诗歌朗诵会在北京理工大学良乡校区举行。朗诵会共分为“艰难求索”“东方神话”“春之畅想”“兴我家乡”四个篇章，来自房山区小学生、中学生、大学生、驻区部队、工人代表、社区乡镇等3000余人参加了朗诵会。

房山区2013年文化周末大舞台系列活动 4月26日晚，“中国梦、房山情”——房山区2013年文化周末大舞台系列活动启动仪式在良乡府前广场举行。启动仪式由副区长曹蕾主持，区委常委、宣传部部长赵佳琛在仪式上致辞并宣布开幕。区领导为2012年度文化周末大舞台系列活动获奖单位颁奖，随后区领导与群众共同观看了文化馆编排的文艺节目。10月25日，文化周末大舞台系列活动闭幕。2013年文化周末大舞台系列活动共演出281场。

青少年科普剧比赛 5月8日，由团区委、区少工委、区教委、区文明办、区文委五家单位主办，区少年宫和区图书馆承办的2013年“红读”系列活动——青少年科普剧比赛在房山区五中举行。全区16所中心校的119名小学生参加了比赛。比赛以“促进生态文明、建设美丽北京”为主题。房山区良乡第三小学表演的《大鲤鱼一家的遭遇》获得第一名。

北京儿童艺术影院《想飞的孩子》在房山巡演 5月6日～12日，北京儿童艺术影院大型奇幻现实主义儿童剧《想飞的孩子》房山巡演在良乡影剧院和燕山文化活动中心举行。儿童文化周活动共进行了10场巡演，近6000名小学生观看演出。

青少年科普剧比赛

2013年“红读”系列活动——“传承中华美德共圆中国梦想”讲故事比赛 5月17日，2013年“红读”系列活动——“传承中华美德共圆中国梦想”讲故事比赛在区图书馆举行。全区共有25所中心校的50名学生参加了比赛。5名同学取得了优异的成绩，并代表房山区参加市级讲故事比赛。

房山区第二届家庭人口文化节开幕式文艺演出 5月17日，区文委、区计生委在韩村河镇文化广场举行了房山区“婚育文化百村行，和谐幸福进万家”暨第二届家庭人口文化节开幕式文艺演出。演出向观看群众表演了舞蹈、歌曲、魔术和杂技等十多个节目。

“书香中国——阅读引领未来”图书馆服务宣传周活动 5月28日，“书香中国——阅读引领未来”图书馆服务宣传周暨“六一”赠书、送书进偏远山区幼儿园、学校活动在大安山乡举行。区图书馆到大安山乡中心校幼儿园，向孩子们赠送了少儿类图书杂志100余册。同时，为大安山中心校和大安山二小建立了学校图书室，送去了2000余册图书。

新疆和田地区文工团到房山慰问演出 6月18日，新疆维吾尔自治区和田地区和田市玉都文工团到房山进行慰问演出。演出团队表演了歌伴舞《花儿·阆美生活》、器乐合奏《花儿为什么这样红》、歌曲《新疆民歌联唱》、歌伴舞《中国梦》、双人舞《雪山之恋》等节目。

2013年房山区群众合唱比赛 6月20日～21日，“中国梦、房山情”——2013年房山区群众合唱比赛在良乡体育中心场馆举行。全区共有25个乡镇、街道办事处23支群众业余合唱团1150人参加此次大赛。比赛奖项设置山区组、平原组，各设一等奖1名、二等奖2名、三等奖3名、优秀奖7名。参赛曲目由组委会选定，分为必学曲目、规定曲目和自选曲目。

房山区建党92周年反腐倡廉文艺汇演 6月28日，由区纪委、区委组织部、区委宣传部主办，区文化馆承办的“廉洁颂——房山区建党92周年反腐倡廉文艺汇演”在良乡影剧院举行。演出在音乐快板《廉政颂》中拉开序幕，汇演还为观众呈现了歌舞《莲花廉》《红旗颂》《口碑》，小品《送人情》等节目。

2013年群众合唱展演 7月1日，“党旗红·中国梦·房山情”群众合唱展演活动在房山区良乡体育中心举办。领导向在合唱活动中表现突出的河北镇、韩村河镇、史家营乡等合唱团队颁发了奖项。获奖合唱团队及老同志合唱团等进行了展演，1300多名观众观看了此次演出。7月12日，“党旗红·中国梦·房山情”群众合唱展演活动在房山区府前广场举行，来自房山区平原地区的12支乡镇、街道代表队参加了展演，1000多名观众观看了演出。

“送文化送卫生下乡百场文艺演出” 5月6日~7月12日举行。活动由区文委、区卫生局联合主办，区文化馆承办。区文化馆40多名业务干部深入房山区24个乡镇、街道办事处100多个行政村和社区演出上百场。

文物保护专场演出举行 7月26日，区文委与城关街道在洪寺村文化广场联合举办了“保护文物从我做起，营造良好和谐社会”文艺演出。演出了葫芦丝合奏《荷塘月色》、传统快板《吹牛》、河北梆子《大登殿》、评剧《小酸枣》、现代舞蹈《印度风情》、现代管弦乐队伴奏男女二重唱《再唱为了谁》等节目。

第九届中国（北京）国际园林博览会“北京周”房山文化日举行 9月7日~8日，第九届中国（北京）国际园林博览会“北京周”系列活动迎来了房山文化日，来自房山区的精品团队为游客表演了丰富多彩的文艺演出。演出节目包括歌舞、杂技、诗朗诵、戏曲、器乐等多个艺术门类。同时展出宣传房山人文、历史景观以及文化建设成果作品24幅。

房山区2013年重阳节群众系列文化活动 10月11日，“中国梦，皓首情”房山区2013年重阳节群众系列文化活动启动仪式在波龙堡酒庄举行。16个平原乡镇街道办事处领导、文化志愿者、老年书画家协会会员等1000余人参加了此次活动。活动内容包括系列活动启动仪式、重阳节民俗文化展示、书画作品现场创作、竞走比赛、品酒赏菊、健康知识讲座（咨询、义诊）等。

房山区2013年“讲传统、颂美德”成语故事表演比赛 10月17日，房山区2013年“讲传统、颂美德”成语故事比赛在区文化馆小剧场举行。全区20所中心校的150名小学生参加了比赛。房山区良乡中心校的《亡羊补牢》获得第一名。

房山区首届戏剧节 9月19日~10月19日，房山区举行首届戏剧节。戏剧节邀请了北京京剧院、中国评剧院、北京市河北梆子剧团等11个艺术院团和房山区评剧团、房山区河北梆子团等8支具有房山区本地特色的戏曲艺术团队加盟。共举办包括戏曲周末场、话剧周末场、儿童剧周末场、音乐剧专场、戏剧大讲堂、少儿戏曲赏析、戏曲乡村行、评剧论坛、山梆子论坛及京剧票友联谊会等10大系列共60场活动。参演近3000人次，观众近50000人次，票房收入20000多元。

2013年房山区益民书屋服务纪实情景剧大赛 11月13日，“中国梦、房山情”2013年房山区益民书屋服务纪实情景剧大赛在文化馆小剧场举行。全区共有11个乡镇，13支代表队82人参加了比赛。拱辰街道表演的《梦》、长沟镇表演的《梦想从这里起航》获得了一等奖。

队伍建设

2013年，组织开展了对文艺组织员、文艺骨干和外来务工人员3类人员、6个业务门类、8个班次的培训，包括音响师资格取证培训、摄影、合唱指挥、二胡、电子琴、新秧歌培训等，人均60个课时，培训人员400人次；组织40名文化组织员参加在北京戏曲艺术职业学院举办的音乐，舞蹈，京、评、梆戏曲培训；举办了文化娱乐场所等文化经营场从业人员的行业法规培训，近260家单位参加培训；开展了益民书屋管理员、数字电影放映员、文化资源共享工程管理员的业务培训，共培训1800人次；对2012~2013年度的文化市场监督员进行重新选聘，并组织了培训会。此外，区文化馆还开办了艺术培训班40班次，在校培训学员600余人。同时对文化馆的成人合唱团、少儿合唱团、少儿舞蹈团、诗歌朗诵团每周开展培训活动，共培训课120个课时，5000余人次。

文化下乡活动

全年组织“文艺演出星火工程”演出1300场，其中，专业演出610场，非专业演出690场；参演演员达到3万多人次，观众人数40万多人次。组织“文化下乡”演出1102场，其中，区级团队444场，镇级团队462场，村级团队196场，观众人数近20万人次。组织专业团队周末场演出60场，观众人次达到40000多人，票房收入达40万元。

文化志愿者服务

2013年，针对弱势群体开展文化志愿者服务247次，被服务人次达6408余人次。在外来打工子弟学校民仁学校开展了声乐、绘画、舞蹈3个艺术培训项目，共培训98次，培训1960人次。每月为泊华托老所和城关敬老院的老人表演2场文艺演出，共提供志愿者服务60次。针对残疾群体和特殊儿童，在良乡二小开办了“舞蹈特教班”，开展培训47次，培训263人次。针对肖庄监狱服刑人员开展艺术培训42次，培训1560人次。积极组织文化志愿者参与区内各类文化活动，共计派出志愿者12200人次。

文化馆

2013年，举办了“文化周末大舞台”系列文化活动共计281场。圆满完成了2013年新年音乐会、“正月十五民俗文化展演”“六一”国际儿童节、“中国梦、皓首情”房山区2013年重阳节群众系列文化活动等传统节庆日文化活动。精心组织了房山区首届戏剧节。开展了“送文化送卫生下乡文艺演出”活动，深入24个乡镇、街道办事处，演出100场。成功举办了房山区2013年群众文化活动年启动暨2012年房山区十项群众才艺系列大赛颁奖典礼，“中国梦·北京韵·房山情”2013年第十八个“世界读书日”群众诗歌朗诵会，“中国梦·房山情”2013年房山区群众合唱比赛展演、展示系列活动，“廉洁颂”——房山区建党92周年反腐倡廉文艺汇演，印象良乡纪实摄影图片展等26场大型文化活动。

图书馆

全年，区图书馆共接待读者212218人次，外借图书300295册次，办理图书借阅证2271个。组织开展了“送书下乡”活动，送书下乡152次、113000册。以益民书屋为平台开展了第三届阅读季系列活动，包括北京市“书香家庭”评选活动、“悦·读”风景摄影展活动、百姓读书大讲堂活动、“中国梦·我的梦”读书益民杯主题征文活动、“中国梦·房山情”益民书屋服务纪实情景剧大赛等。在全区中小学中组织开展了“红读”系列活动，包括青少年科普剧比赛、讲故事比赛、摄影比赛、演讲比赛、“红领巾讲坛”、儿童影片展映等。与团区委联合主办了“放飞青年梦、共结读书缘”房山青年交友联谊会，吸引了全区120名单身青年参加。开展了“书香中国——阅读引领未来”图书馆服务宣传周暨“六一”赠书、送书活动，向偏远山区幼儿园、学校赠送少儿类图书杂志1000余册。新建房山区武警房山支队七中队等9个基层图书室，调配图书6900余册。在区政府第三办公区、长阳体育公园、韩村河府前广场设立了自助图书馆。

房山区图书馆被评为国家一级馆　6月17日，第五次全国公共图书馆评估定级检查组对房山区图书馆进行了实地评估检查。10月21日，文化部公布了《文化部办公厅关于公示第五次全国县以上公共图书馆评估定级上等级图书馆名单的公告》，房山区图书馆被评为国家一级馆。

房山区图书馆贾公祠文博分馆联网启动　11月26日，房山区图书馆贾公祠文博分馆联网启动暨故宫博物院捐书仪式在贾公祠举行。房山区图书馆文博分馆正式加入北京市公共图书馆计算机服务网络，实现了与首都图书馆、各区县图书馆通借通还。文化部、故宫博物院等领导为文博分馆捐赠了图书。

文化市场管理

行政许可　完成了文化经营单位的年检、年审、换证、统计等日常监管工作。2013年，全区共有文化经营单位355家（含燕山地区）。

专项整治　全年，组织开展了以打击淫秽色情信息为目标的“净网行动”，以排查整治火灾隐患为目标的“铁拳”行动，“扫黄打非”专项治理行动，春节、全国两会、暑假期间的文化市场专项整治等10余项行动。执法队共组织出动执法人员300余人次，检查文化场所经营单位480余家次，查处文化市场违规案件5起，结案4起，处罚金额12000元。受理文化市场各类举报26件，全部办结。取缔“黑网吧”6家、“黑歌厅”1家。对13家存在不同安全隐患的经营单位发出限改通知书，通过复查，基本能够按要求进行了整改。组织开展了消防安全疏散演练、文化场所安全生产标准化达标及安全生产大检查行动。

燕山地区文化工作

燕山办事处位于房山区中部，燕山地区占地面积40平方公里，建成区面积20平方公里，常住人口近10万人。燕山文化卫生分局隶属燕山工委、办事处领导，直属事业单位有燕山文化活动中心（包括文化馆、图书馆、影剧院、少年宫），企业有新华书店。

2013年，燕山地区文化工作贯彻落实中共十八大会议精神，推进社会主义文化大发展大繁荣，不断提高地区文化软实力，顺利完成“十二五”规划中2013年的工作任务，地区文化事业得到健康、稳步发展。

群众文化活动　组织了周末场演出、电影放映、书画笔会、街道社区文艺演出等活动。开展了夏日文化广场系列活动和第六届文化艺术节系列活动，包括开闭幕式演出、第六届文化艺术节、首届职工文化节、激情夏日群众舞蹈季、街道专场文艺晚会等。燕山地区的各项夏日文化活动共19场，参加演员超过1600余人。

6月20日，燕山地区2013年夏日文化广场开幕式在燕山文化广场举行。晚会由“憧憬”“逐梦”“幸福”3个篇章组成。

燕山地区 2013 年夏日文化广场开幕式文艺演出

6 月 28 日，燕山地区 2013 年第六届文化艺术节诗歌朗诵大赛在燕山文化广场举行。迎风街道选送的穆来福朗诵的《交警四季》获得了大赛一等奖。

8 月 2 日，燕山地区 2013 年第六届文化艺术节歌手大赛在燕山文化广场举行。东风街道选送的王龙、迎风街道选送的张浩分别获得民美组和通俗组一等奖。

8 月 23 日，燕山地区 2013 年第一届职工文化艺术节的歌手大赛在燕山文化广场举办。由华龙公司选送的张翠敏所演唱的《我爱你中国》获得了一等奖。

9 月 6 日，燕山地区 2013 年第六届文化艺术节团队才艺大赛在燕山文化广场举办。由迎风街道选送的东方梦时装队获得一等奖。

9 月 26 日，“迎国庆”2013 年燕山地区夏日文化广场暨第六届文化艺术节活动闭幕。闭幕式上演出了舞蹈《中国范儿》、歌曲《欢聚一堂》、歌舞《中华全家福》等节目。

公益性演出活动　2013 年，开展“周末场演出计划”的文化惠民工程，引进北京曲剧团、心灵之声残疾人艺术团等市级专业文化艺术院团到燕山演出，精心安排深受老年朋友和儿童喜爱的评剧专场和儿童专场，全年完成了 40 场周末场演出。

社区文化工作　全年，各街道社区共组织各类文艺演出、活动、展览、讲座 83 次，参与人数近 3 万人次。

非物质文化遗产保护工作　举办了“手工艺术与京城文明——北京建都 860 周年燕山主题展”；配合北京电视台《这里是北京》栏目拍摄了关于燕山地区国家级非物质文化遗产项目的电视片《杨家将传说——女汉子传奇》。

文化馆　举办了“书写在清明的大地上”百人地书展示活动；开展了社会大讲堂活动，邀请书法、绘画等名师专家普及艺术知识，全年共开展社会大讲堂 30 场，受益群众千余人次；文化志愿者活动深入社区、养老院，全年共开展文化志愿者服务 25 次，300 余名文化志愿者累计服务时长 500 余个小时，受益群众 5000 余人次。

图书馆　利用“一卡通”先进功能，开通网上续借等服务，全年共接待读者 3 万余人次，借阅图书 6.8 万册次，办证 800 余个；全年已建成图书服务网点 50 个、分馆 16 个，送书下基层 120 多次、2 万余册；加强数字社区建设，争取资金、设备在向阳街道进行数字文化社区建设；举办以“分享阅读、交换快乐”为主题的换书大集活动；开展校外教育活动，9 所中小学的 27 名学生参加了红领巾讲故事比赛。

文化市场管理　全年共出动执法人员 560 人次，检查文化经营场所 135 家（次）。

获奖情况

集体

区文委　在“群星璀璨耀京华”2013 年北京市群众艺术精品展演上，获北京市文化工作“突出贡献奖”；“文化周末大舞台”系列文化活动获第十届中国艺术节公共文化项目类“群星奖”，小品《伟大的青春》获文艺作品类“群星奖”；房山区文化志愿服务“5285”工程荣获全国 2013 年“文化志愿者基层服务年”示范项目称号；选送的歌曲联唱《和谐家园》获北京市第 24 届农民艺术节总决赛声乐类一等奖。

个人

张文良　词曲类作品《爷爷晚上抓灵感》获全国“儿童爷爷杯”歌曲大赛一等奖，词曲类作品《好天好地好太阳》获全国“成才之路歌曲大赛”二等奖。

房山区文化委员会

主　任　李立新（9 月免）
王永年（9 月任）

（王新赛）

大 兴 区

概　况

大兴区位于北京南部，距离市区不足 10 公里，面积 1052 平方公里。常住人口 147 万人。辖区内有

14 个镇、527 个村，5 个街道办事处、136 个社区居委会。

大兴区文化委员会（以下简称区文委）是大兴区政府管理文化的职能部门，下设办公室、人事教育科、文化市场管理科（社会文化管理所）、文化科、行政执法队。实有人数 38 人。所属企事业单位有图书馆、文化馆、文物管理所、影剧院（大兴区电影发行放映管理中心）、新华书店，所属社团有北京万兴歌舞团、北京南海画院。

2013 年是大兴区文化工作取得重要进展的一年。区文委结合自身工作职能，深化服务观念、统筹意识、创新精神，紧紧围绕年初确定的工作目标，精心部署，狠抓落实，全面推进全区文化事业的发展。

2013 年文化艺术发展

重要会议、调研

国家、北京市新闻媒体记者团到大兴区参观考察文化执法工作　7 月 9 日，国家、北京市新闻媒体记者团一行 20 人到大兴区参观考察文化市场执法工作。市文化市场执法总队、区文委相关领导陪同考察。区文委执法队负责人就区文化市场基本情况、各专项行动开展情况及队伍建设等情况进行了汇报，并着重汇报了在创新文化市场监管方式、稳步提升执法效能上推行的“风险等级管理与五星级评定双重管理机制”，介绍了今后文化执法工作创新监管方式的一些思路和设想。座谈会后，记者团进行现场参观考察，并观摩执法人员执法。

中宣部到区调研　7 月 19 日，中宣部出版局局长郭义强一行到西红门镇清真寺益民书屋和宏大园益民书屋，对两家书屋的服务内容、服务效果及日常管理等方面情况进行了详细询问与了解。

西城区文委到大兴考察　9 月 26 日，西城区文委与西城区网吧协会带领全区 50 家网吧经营者到大兴区考察、交流，了解新形势下的网吧商业发展模式。走访了大兴区两家特色网吧，现场观摩网吧整体环境与服务特色。

全国基层文化队伍示范性培训班学员到大兴区交流　11 月 1 日，由文化部公共文化司组织的全国基层文化队伍示范性培训第三期 50 名大学生“村官”培训班学员到大兴区交流。学员们参观了观音寺街道办事处地下宣传活动中心，就区国家公共文化服务体系示范项目“公共文化设施空间拓展方式”进行现场观摩。学员还参观了西红门宏大园益民书屋的图书交换区、儿童图书区、畅销书推介区、地下图书借阅室、热土文学社。

市文化市场行政执法总队到大兴区调研　11 月 27 日，市文化市场行政执法总队调研组到大兴区就文化市场监督员工作、京冀“扫黄打非”工作进行调研，就大兴区文化市场监督员的人员任用、管理、绩效考核、激励机制等方面进行深入研讨。

文化设施建设

大兴区申报的第一批国家公共文化服务体系示范项目“公共文化设施空间拓展方式”，于 2013 年 5 月顺利通过文化部验收。大兴区探索建立的“1 + 7”多维度拓展模式，通过挖掘公共设施、企事业单位、人防工事等文化活动空间，共整合各类空间资源 8 万平方米，相当于新建 40 个 2000 平方米的文化活动中心。“1 + 7”为 1 个提升，7 项扩展。

年内，积极争取市级财政资金 983 万元，为瀛海镇、北臧村镇、采育镇、庞各庄镇 4 个镇建设回迁社区文化中心，并购置设备设施。截至 12 月，争取到市级资金 4028 万元。

文化活动

读书益民工程服务纪实情景剧大赛　1 月 11 日，“享惠民硕果、奔文化小康”北京市读书益民工程服务纪实情景剧大赛在大兴区长子营镇文化活动中心举办。全市 16 个区县代表共 200 余人参加活动。本次大赛由 8 支兄弟区县代表队和 8 支区内代表队参加角逐。

2013 年交响音乐会　1 月 23 日，大兴区举办 2013 年视听交响音乐会。来自中国广播电影交响乐团的演奏家为观众演奏了《天鹅湖圆舞曲》《拉科奇进行曲》《山丹丹开花红艳艳》《我们的生活充满阳光》等国内外经典曲目。

大兴区 2013 年“三下乡”活动启动　1 月 31 日，由大兴区委宣传部主办，区文委、区科委、区卫生局共同承办的“大兴区 2013 年‘三下乡’活动启动仪式”在榆垡镇求贤村举行。活动中，区文委、卫生局、科委分别向求贤村赠送了文化、科技、卫生新春大礼包。大兴区原创大型现代评剧《银杏庄》的主要演员为当地群众演唱了《银杏庄》中的主要唱段。北京南海画院的画家们以及大兴书协的书法家们将书写的 500 对春联赠给当地群众，并为群众当场作画、书写春联福字；卫生局专家现场为村民义诊、体检；科协利用科普宣传车进行科普宣传；区委、区政府领导观看了活动，并到困难村民家庭送福慰问，赠送节日物品。

第二届青年京剧演员（北京）邀请赛　3 月 15 日～31 日，“全国青年京剧演员（北京）擂台邀请赛”在大兴剧院举办。来自北京、台湾、湖北、河北、天津、山东等 11 个省市的京剧表演艺术家进行了 16 场精彩演出。

“书香新区”大兴区第二届读书节　5 月 9 日，“书香新区”大兴区第二届读书节启动。本届读书节主题是“阅读精品，助飞中国梦”，开展原创读书格言征集、红领巾读书竞赛、精品图书展览等各类读书活动。

“百姓同欣文化基地”挂牌 5月20日，“百姓同欣文化基地”在大兴剧院挂牌。此活动旨在满足弱势群体文化需求，有针对性地提供公共文化产品和服务，为弱势群体提供一个展示的平台，便利他们走进剧场享受艺术的熏陶。

大兴区第4届民族健身操舞大赛 6月15日，北京市第8届民族健身操舞大赛预赛暨大兴区第4届民族健身操舞大赛举行。27个比赛团队分别展现了蒙古族、傣族、高山族等各民族优秀的传统文化。

全国鼓舞邀请赛 6月20日，全国鼓舞邀请赛在大兴区开赛。来自山东、山西、河南、安徽等地的11支鼓舞表演团队齐聚北京大兴共逐“鼓王”称号。最终，来自门头沟区的鼓舞团队获得全国鼓舞邀请赛“金鼓奖”。

京剧演出季活动 “每周一星到大兴，国粹艺术进基层”京剧演出季于7月15日启动，由北京京剧院著名演员杜镇杰与戏迷朋友的一堂公开课拉开序幕。之后，由京剧院九大头牌、青年领军人物领衔主演的四出大戏轮番上演，让大兴的戏迷有更多机会走近京剧表演艺术家，感受名家的艺术魅力。演出季期间，秉承低票价的原则，为更多的普通百姓提供走进剧场一睹名家风采的机会。

金秋精品文化演出季启动 9月19日~10月7日，大兴剧院举办了2013年金秋精品文化演出季。期间，共安排演出12场，剧目内容涵盖了京剧、河北梆子、评剧、相声、爆笑舞台剧、儿童剧多种形式。

2013年大兴区广场舞大赛 11月1日，由区文委主办、文化馆承办的“美丽大兴我的家”2013年大兴区广场舞大赛在北京石油化工学院体育馆举行。全区14个镇、5个街道、近500支队伍中脱颖而出的38支队伍共800人参加了比赛。

2013年慰问外来务工者文艺演出 11月15日，在榆垡镇举办了“真情温暖你我、共建美丽城市”“我们的节日”——2013大兴区慰问外来务工者文艺演出。此次演出为外来务工者献上精彩的节目，务工者也表演了精彩歌舞。

原创舞蹈大赛 11月28日，大兴区原创舞蹈大赛在文化馆小剧场举行。大赛分中国舞（古典舞、民族民间舞、芭蕾舞）和现代当代舞（国际标准舞、街舞）2个舞种。比赛分为社区组、乡镇组、少儿组3个组别。16支队伍参加了决赛。

“文化感动生活——北京文化志愿服务主题活动”在大兴区举行 12月2日，“文化感动生活——国际志愿者日北京文化志愿服务主题活动”在大兴区举办。来自全市的文化志愿者进行了现场书写及手工技能展示。志愿者代表宣读了文化志愿服务倡议书，与会领导向各区县优秀文化志愿者个人、团体颁发了荣誉证书。首都精神文明建设委员会办公室副主任卜秀均、北京市文化局副局长王珠、大兴区副区长王荣彬等参加了活动。本次活动由北京文化艺术活动中心、北京市文化志愿者服务中心及21个文化志愿者分中心联合举办。

“美丽大兴的我的家”2013年合唱大赛 12月2日，由区文委主办、区文化馆承办的“美丽大兴我的家”2013年大兴区合唱大赛拉开帷幕。大赛为期3天，分为乡镇组、社区组、机关、工会组，共计43支代表队，约3000人参加。乡镇组一等奖由亦庄镇文体中心合唱团获得，社区组一等奖由清源街道阳光合唱团获得，机关组一等奖由开发区机关党员开发区机关合唱团获得，工会组一等奖由旧宫镇总工会京歌艺术团获得。大兴区残疾人联合会的残疾人合唱队获本次大赛的特别奖。

2013“爱·绽放”文化公益行活动正式启动 12月11日，由区文委、团区委共同主办，区图书馆、“爱我大兴”社区青年汇联合承办的“爱·绽放”文化公益行活动启动。志愿者走进山西平遥，开展文化帮扶活动，把各类优秀文化资源送进贫困小学，送到基层群众身边。共募集到御寒衣物2000余件、文具12000余份、图书1100余册，累计参与居民400余位，其中以家庭为单位的捐赠者有50余组。

北京市“首邑杯”读书益民工程知识竞赛 12月18日，由北京市读书益民工程领导小组办公室主办，大兴区文委承办，各区县文委参加的“首邑杯”读书益民工程知识竞赛在大兴区举办。本次竞赛共有来自全市各个区县的15支代表队参加。

合唱、舞蹈精品展演 12月25日，由区文委主办、区文化馆承办的“美丽新区我的家”大兴区合唱、舞蹈精品展演暨迎新春惠民文艺演出举行。本次活动包括精品节目展演和大兴区广场舞大赛、大兴区合唱大赛颁奖。

社区文化

爱心奶奶故事讲堂 春节前夕，清源街道滨河北里社区益民书屋爱心奶奶故事讲堂开讲。“爱心奶奶”李国珍老人向孩子们推荐了《小故事大智慧》一书，同时还为孩子们讲述了一个个书中的孝心故事。滨河北里社区的23名小读者和他们家长参与了活动。

天宫院街道举办“老旧小区综合整治”原创节目展演 5月16日，天宫院街道举办“老旧小区综

合整治”原创节目展演。来自海子角东里等4个社区的居民分别以舞蹈、小品、评剧、快板、音乐说唱等艺术表演形式，为观众们展演了10个优秀原创节目。此次活动是天宫院街道四季社区文化节——“春晓”系列活动之一。“春晓”“夏爽”“秋韵”“冬魅”作为天宫院街道四季社区文化节的主题活动，每季度开展一次。

大兴区社区文化节启动　9月12日，由区文委主办，区文化馆承办的2013年大兴区首届社区文化节暨“构建和谐家园”社区系列文化活动启动。本次文化节的主题为“和谐、健康、活力、文化、艺术”。活动内容为分和谐篇、健康篇、活力篇、文化篇、艺术篇。系列活动于12月底结束。

队伍建设

“我们都是志愿者——向雷锋同志学习，建设美丽新区”主题活动　3月5日，区委宣传部、区文明办、区文委联合举办了纪念毛泽东同志“向雷锋同志学习”题词发表50周年暨“我们都是志愿者——向雷锋同志学习，建设美丽新区”主题活动。

群众文化组织员培训班　3月18日，2013年群众文化组织员培训班开班。此次培训共2期，涉及全区6个镇300余名群众文化组织员，包括各镇、街道办事处的文化骨干及有文艺特长的村官、社会工作者、社会文化类实用人才等。

图书馆

动画片展播月活动　为丰富少儿读者新年假期和即将到来的寒假假期文化生活。1月，区图书馆开展了动画片展播活动，图书馆依托丰富的视频资源，精选出了数十部广受小朋友喜爱的动画影片进行集中展播。

基层图书管理员知识竞赛　3月28日，由区图书馆主办，礼贤镇、采育镇联合承办的“学习十八大服务为大家”基层图书管理员知识竞赛决赛在礼贤镇举办。礼贤镇代表队获得了比赛一等奖。竞赛内容涉及中共十八大精神、“北京精神”、图书管理、文化信息资源共享工程等多方面知识。

“文化助残送书献爱心”活动　5月19日，在第23个全国助残日到来之际，区图书馆精心挑选了生活、哲学、文学、少儿读物等1200册图书，分别送到观音寺街道、兴丰街道、长子营镇温馨家园的残疾读者手中。

全力打造少年儿童“立体阅读”新方式　暑假期间，区图书馆多措并举为少年儿童打造“立体阅读”新方式。一是，继续加强阅读引导工作，除集中上架一批少儿图书，还设立了“红领巾读书活动推荐书目专架”“漫画图书专架”“语文新课标必读书专架”“低幼图书专架”四个图书专架。二是，持

大兴区图书馆举办“知识争先”对抗赛

续关爱打工子弟，为他们开设暑期免费FLASH设计制作培训班，寓教于乐。三是，开辟在线学习新空间，推出“新东方欢乐少儿英语”，完全免费，不受时间、地域限制，自由使用。四是，开展“读书小状元评选”“美丽北京、我的家”摄影大赛等多项活动，丰富少年儿童的暑期文化生活。

建立“军民共建图书室”　8月1日，区文委与区人民武装部签订军民共建协议，建立军民共建图书室。区文委为军民共建图书室提供了书架、电脑及阅览桌椅。区武装部的干部官兵在“家门口”就可以阅读到各类文献资料，并利用电脑远程访问区图书馆的各种数字文献信息。官兵们还可以在线享受文化信息资源共享工程的相关服务，观看戏剧、电影等文艺节目及知识讲座。此外，区图书馆还定期开展阅读需求调查，征求部队读者的意见，为他们定期配送相关图书。

开展暑期儿童电脑公益培训　暑假期间，区图书馆为广大少年儿童举办了为期两周的公益电脑培训活动。培训以现场授课与实际操作相结合的方式，深入浅出地引导小学员们逐步掌握FLASH、网页设计制作方面的基本技能。

文化馆站

区文化馆开展送书画下乡活动　春节前夕，区文化馆组织多名书画志愿者到庞各庄镇薛营回民村慰问村民，书画家现场挥毫泼墨，不仅向村民赠送了书画作品50余幅，还为该村书写了村民公约主题词及公德词，受到广大村民的热烈欢迎。

西红门镇第九届文化艺术节开幕　春节前夕，西红门镇第九届文化艺术节开幕。艺术节演出的所有节目全部为西红门镇居民原创，且为其自编、自导、自演作品。

2013年系列艺术培训活动　4月15日，2013年大兴区文化馆系列艺术培训活动正式启动。此次系列艺术培训包括广场舞小教员培训、合唱指挥、声

乐培训、戏曲类培训、曲艺类培训、摄影培训、美术书法培训、文学培训。

区文化馆业务干部赴房山区学习新秧歌　9月上旬，区文化馆舞蹈业务干部及大兴舞蹈团郭萍老师赴房山区进行新秧歌舞蹈培训。本次活动由房山区文化馆主办，邀请全市各区县文化馆优秀业务人员参加，培训内容涉及舞蹈、演唱、摄影等。

文化交流

《武吵子》在意大利上演　当地时间2月2日晚，由中国驻意大利使馆和北京市政府主办，市文化局承办的2013年“欢乐春节”系列活动在意大利首都罗马精彩上演，来自大兴的北京万兴歌舞团带来了新编《武吵子》表演。

北京万兴歌舞团园博会参演　5月18日，第九届中国（北京）国际园林博览会开幕。北京万兴歌舞团在园博会上表演了舞蹈《荣光绽放》《梨花飞雪》，音乐快板《北京是座创新的城》等精彩文艺节目，受到游客好评。

万兴歌舞团参加全国群众文化优秀节目惠民展演　5月，北京万兴歌舞团应邀到泉城济南，参加了由文化部公共文化司、第十届中国艺术节山东省筹委会主办的“喜迎十艺节、全民共欢乐”全国群众文化优秀节目惠民展演。展演中，演员表演了舞蹈《竹板声声》《新意武吵子》，歌伴舞《中国梦》等优秀文艺节目，受到了当地群众的欢迎和好评。

万兴歌舞团表演的舞蹈《都市白领》

文化市场管理

文化市场行政许可与市场监管培训　1月初，区文委组织文化市场行政许可与市场监管培训。全区221家歌舞娱乐、电子游艺、网吧与电影放映经营单位的主要负责人参加了培训。培训班邀请市文化局、市文化执法总队、区安监局、区消防支队的有关领导针对“文化发展战略与规划政策”“行政许可事项”“文化执法与行业发展”“企业如何落实安全生产主体责任制”“公共娱乐场所的消防安全管理”等课题作了专题讲座。同时对参加学员进行了文化市场安全法律法规考试和现场消防应急疏散实战演练。

获奖情况

集体

区文委　在北京市“中国梦、我的梦”读书益民杯全民诵读活动中获最佳组织奖；通过档案测评荣获市级优秀单位称号。

区文委行政执法队　被中宣部、文化部、国家新闻出版广电总局授予“第五届全国服务农民服务基层文化建设先进集体”称号。

区文化馆　在“我的北京我的家——第七届北京家庭才艺大赛”中，区文化馆推荐的小品《瞧这一家子》获二等奖，快板《美丽大兴我的家》获三等奖。

区图书馆　在北京市“中国梦、我的梦”读书益民杯全民诵读活动中，选送的经典诵读《淡淡书香》获二等奖。

西红门镇宏大园益民书屋　获“全国服务农民、服务基层文化建设先进集体”称号。

个人

申素娟、张久东　在第四届冀京津河北梆子票友邀请赛决赛中，获一等奖；被授予第四届冀京津河北梆子票友邀请赛“十大名票”称号。

孙万霞、刘亚芳　在第四届冀京津河北梆子票友邀请赛决赛中，获二等奖；被授予第四届冀京津河北梆子票友邀请赛“双十佳票友”称号。

大兴区文化委员会

书　记　王　健

主　任　王　健

（韩　莉）

密　云　县

概　况

密云县位于北京东北部燕山山脉脚下，总面积2229.45平方公里，常住人口47.6万人，辖17个镇、2个街道办事处、1各地区办事处，共334个行政村，72个社区居委会。

密云县文化委员会（以下简称县文委）是主管全县文化、文物、新闻出版和广播电影电视工作的政府职能部门。设有文化活动指导科、文化市场管理科、法制科和党政办公室4个职能科室及文化行政执法队（副处级）。下属6个单位：文化馆、图书馆、文物管理所、大剧院、电影发行放映管理中心和新华书店。

年内，县文委深入贯彻落实中共十八大精神，以满足人民群众精神文化需求为出发点和落脚点，进一步加强公共文化设施建设，丰富群众文化生活，繁荣净化文化市场，加强非物质文化遗产的挖掘传承和文物保护工作，大力推进密云文化繁荣发展，为实现“三个走在前列”奋斗目标、建设“绿色国际休闲之都”、树立“三色密云”形象做出了新的贡献。县文委系统单位、个人共获得国家级、市级奖励85项，其中，“暖心工程”被文化部评为第十届中国艺术节项目类“群星奖”；图书馆被评为第五届全国服务农民、服务基层文化建设先进集体；县文委荣获北京市公共文化服务工作突出贡献奖等。

2013 年文化艺术发展

重要会议

密云县2013年宣传思想文化工作会　3月22日上午，密云县2013年宣传思想文化工作会议在县会议中心召开。密云县委常委、宣传部部长刘颖，副县长郭洪泉出席会议。会议现场签订了密云县人民政府2013年文化工作目标管理责任书。将“加快镇（街道、地区）综合文化服务中心建设进程，推进村（社区）文化室建设”等内容列入责任书中，加大县文委监督管理力度。

政府公共文化考核绩效工作会议　9月17日，副县长郭洪泉主持召开了2013年政府公共文化考核绩效工作会议，按照《2013年度密云县政府公共文化服务绩效管理考核方案》的工作分工，进行任务分解，落实责任，加快绩效工作进程。

文化设施建设

乡镇综合文化站评估定级工作　根据北京市文化局《关于开展我市第一次乡镇综合文化站评估定级工作的通知》要求，8月~11月初，对全县17个镇进行了评估定级工作。8月22日，召开了由乡镇、街道办事处文化站长参加的评估定级工作动员会，安排部署评估定级具体工作。9月17日，副县长郭洪泉主持召开县政府办、县文委和各镇街主管领导及有关负责同志参加的乡镇综合文化站评估定级工作专项会议。郭洪泉要求各镇街对评估定级工作要真抓实干，明确任务，狠抓落实，确保文化站评估定级工作顺利实施。县文委根据市文化局要求，10月25日~11月4日，由县文委主管副主任带队，由文化科、文化馆、图书馆、电影中心负责人组成的评估工作检查领导小组，对各镇文化站进行评估定级工作检查，听取情况汇报，查看相关资料，检查面达到了100%。最终溪翁庄镇、古北口镇、东邵渠镇、冯家峪镇被评为一级站，不老屯镇、河南寨镇、石城镇、太师屯镇、穆家峪镇、巨各庄镇、高岭镇、大城子镇、北庄镇、密云镇、十里堡镇评为二级站，西田各庄镇评为三级站。通过开展文化站评估定级工作，在一定程度上促进了乡镇文化站的建设，为推进基层公共文化服务体系建设打下坚实基础。

乡镇综合文化站评估定级工作布置会

重要文化活动

密云县第二十三届艺术节暨2013年春节系列文化活动　按照市委农工委和县委宣传部的工作部署，从2013年元旦开始到2月24日，开展了主题为“美丽密云、幸福密云”密云县第二十三届艺术节暨2013年元旦春节系列文化活动。1月11日，举办了密云县第二十三届艺术节暨2013年春节系列文化活动开幕式。艺术节期间以“乡村大舞台”系列活动以及文化志愿者“暖心工程”送福下乡、庆新春“送文化下乡”活动为主打活动，为新春佳节营造浓厚的节庆氛围。文化馆精心编排的舞蹈“吉祥彩蝶”参加乡村大舞台决赛获得第一名的好成绩。

密云县“五月的鲜花”群众歌咏活动暨合唱大赛　以“繁荣群众文化，唱响和谐密云”为主题，以加强基层文化队伍建设，扶持和培育农村“四品”文化活动，即“一村一品”“一社区一品”“一镇一品”和“一街一品”文化活动为宗旨，以丰富广大群众和干部职工的精神文化生活为目的的2013年“五月的鲜花”群众歌咏活动。活动的最大的特点就是两首参赛合唱歌曲中，一首必须是密云县歌《云水谣》，其次还有就是参与率达到了100%。4月1日，以县文委红头文件形式将活动方案下发到各镇街（地区办事处）、各工委及各委办局，各单位领导高度重视，精心策划，周密组织。比赛于6月29日分农口和城口在密云县文化馆举办。比赛聘请了著名词曲作家、指挥家、音乐理论家、歌唱家、音乐教育家等音乐界知名人士担任决赛评委，进行现场评定、现场点评、现场打分、当场亮分，极具权威性、欣赏性、教育性，增强了广大合唱队伍的精品意识。评出了一、二、三等奖，最佳指挥奖，最佳伴奏奖，特别贡献奖及优秀组织奖。副县长郭洪泉出席合唱大赛决赛。参加活动的还有：县委宣传部常务副部长郝加瑞，县委宣传部副部长、广电中心主任孙明朝，县委宣传部副部长、县文明办主任贾海江，县社会工委书记张志华，县直机关工委书记杨首成，县文委主任李洪仕、李冬雨等部门领导，以及各镇街（地区办事处）、各工委、有关单位主管领导。

“北京城建·上河湾杯”密云县2013年青年歌手电视大赛　8月31日，由县文委和县广播电视中心共同主办，北京城建集团独家冠名赞助的——“北京城建·上河湾杯”密云县2013年青年歌手电视大赛总决赛在密云大剧院礼堂隆重举办。县委常委、宣传部部长刘颖和副县长郭洪泉等县领导观看了此次比赛。本次大赛共有来自各镇街、各工委、各社会团体的114名选手报名参加海选，40名选手进入复赛，30名选手进入半决赛，20名选手进入到总决赛。经过激烈角逐，评出一等奖1名，二等奖3名，三等奖6名以及优秀奖10名。

密云县2013年“霸王鞭”舞蹈大赛　10月29日，密云县2013年“霸王鞭”舞蹈大赛决赛在密云大剧院礼堂隆重举行。县委常委、宣传部部长刘颖，副县长郭洪泉等领导出席并观看了比赛。

“霸王鞭”是县级非物质文化遗产保护项目，“霸王鞭”舞蹈大赛分为库南和库北两个赛区，共有21支队伍400多人参加了决赛。经过了激烈的角逐，檀营地区办事处和冯家峪镇代表队分别获得了库南赛区、库北赛区一等奖。

密云县2013年“贯彻十八大、建设新密云”原创作品大赛暨“乡村大舞台”区县专场擂台赛　从4月份开始筹备，历时半年之久。大赛复赛于11月7日举办，由县文委主办、县文化馆承办，各镇街、各工委及相关单位协办，全县共有24个单位选送的40余个优秀原创文艺节目进行复赛。经过评委的评选，选拔出13个优秀节目组成一台“乡村大舞台”专场擂台赛，参加北京市最佳专场、优秀专场等奖项的评选。本次活动的特点有：一是各级政府高度重视，县主管领导和各级负责人亲自主持召开研讨会，制定活动总体方案、安全预案，进行现场指导，并将此项活动列入了《密云县2013年文化工作目标责任制》；二是各单位参与热情高涨，全县各镇街、各工委、各有关单位踊跃报名，参与率达到了100%；三是参赛原创作品形式多样、精彩纷呈，包括独唱、舞蹈、小品、快板、单弦等；四是主题突出、整台节目围绕中共十八大精神，突出“中国梦”，歌颂新密云。此项活动已连续举办两年，初具规模，逐步形成密云县文化品牌。

农村文艺演出星火工程　围绕县中心工作，按照市文化局要求，此项工程于春节期间启动，做到了策划早、部署早、启动早。为加强科学化、制度化、常态化管理，使广大群众充分享受到政府提供的文化利益，精心、严格制定了“密云县2013年‘文艺演出星火工程’工作方案”，先后召开了各艺术团体负责人和各镇街（地区办事处）文化服务中心主任参加的工作会议，部署工作安排，明确各自职责，与各演出团体签订了演出责任书和演出安全协议。参加演出的专业团体有北京歌舞剧院歌剧团、北京隐形翅膀等近30个艺术团，非专业团体有北京一飞艺术团、檀芳赢正河北梆子艺术团等近50个艺术团。成立了由主管主任为组长，文化科、市场科、法制科等部门为成员的联合检查验收小组，根据各镇安排的时间、地点，检查小组不定期到演出现场实地抽检。工程全年共为广大群众演出1000多场。

培训

基层文化队伍建设　组织“2013年北京市文化站长培训班”邀请北京市文化艺术活动中心专家委员会成员对文化馆业务干部和各镇、街文化中心工作人员，进行大型群众文化活动策划及合唱与指挥等知识培训。组织益民书屋管理员、共享工程基层服务点管理员培训，举办乡镇放映员培训班。文化馆开展舞蹈、合唱、声乐等阵地培训，培训基层文化业务骨干及文化志愿者达1万余人次，选拔业务干部深入石城镇、冯家峪镇等单位进行艺术培训。

对摄影爱好者进行培训

文化志愿者工作

在第十届中国艺术节上，文化志愿服务项目“暖心工程”获得群众文化领域政府奖最高奖项——“群星奖”。组织文化志愿者走进聋人学校和新农村外来务工子女小学开展艺术辅导、文艺演出及捐赠活动。实施“七彩艺术送欢乐、文化惠民送上门”社区入户志愿服务活动。组织书法、绘画、手工剪纸等艺术门类志愿者走进县城街道社区的高龄、孤寡、残障等弱势群体家中，到鼓楼残疾人职业康复站进行一对一艺术辅导。开展摄影志愿服务进山区活动，组织百余名摄影志愿者深入贫困家庭，为孤残及高龄老人拍照送照片。在“九九重阳情”——密云县文化志愿者走进穆家峪镇敬老院活动中，志愿者为老人们表演了精彩的文艺节目。

非物质文化遗产保护工作

在“清明节”、“端午节”和全国第八个“文化遗产日”、“七夕节”、“中秋节”期间，分别举办了“红色沃土的怀念”“五月初五话端阳”“密云县非物质文化遗产琳琅展”“百姓艺苑——七夕秀巧搭鹊桥”等活动，各镇（街）、村（居）组织开展了小型多样、群众喜闻乐见的民俗文化活动。以传统民间舞蹈“蝴蝶会”为基础创作的《吉祥彩蝶》，参加了“舞动北京——群众舞蹈大赛”原创精品节目展演。文化馆荣获“北京市年度非遗保护贡献奖”。

图书馆

第三届密云县全民阅读季活动　开展“我心中的休闲密云”征文、“休闲密云·快乐阅读”读书风景摄影展、红领巾读书活动、“休闲密云大讲堂”活动、“换书大集”、“书香家庭”评选、参加北京市“阅读示范社区”评选、北京市“最美书香乡村”评选等重点活动，同时在各镇（街）、村举办各种读书活动，多层次、全方位营造全县人民读书氛围。在全县少年儿童中广泛开展红领巾读书活动，活动包括：青少年原创科普剧比赛、“阅读丰富我的生活”红领巾讲故事比赛、红领巾推荐图书榜以及第十四届“读书小状元”评比活动。参与首届全国“书香家庭”评选活动获得好成绩，图书馆选送的鼓楼街道读者李铁庄被市读书益民工程办公室推荐参加全国评选。

图书馆评估定级　图书馆通过第五次全国公共图书馆评估定级工作组的检查考评，被文化部命名为国家“一级图书馆”。

文化市场管理

文化市场行政审批工作　实施“全程办事代理制”，进一步理顺行政审批事项，全面实现网上公开。新审批各类经营场所15家，全县文化经营场所达到253家。完成了文化市场行政审批规范化建设暨行政审批大检查工作。

文化市场管理暨“扫黄打非”工作　健全完善文化市场管理暨“扫黄打非”工作机制，研究制定《2013年密云县“扫黄打非”工作方案》，开展了“净网”、“清源”、“秋风”、电游执法周等联合执法行动。制定完善《密云县文化市场和“扫黄打非”工作融入网格化社会服务管理实施方案》及实施意见。全年共出动执法人员2979人次，出动检查车辆1179车次，检查各类场所共3177家次。受理举报11起，办结案件17件，罚款2.2万元，联合公安、工商取缔“黑歌厅”1家，依法收缴涉赌机型17台。

安全监管工作　举办消防安全培训、文化娱乐场所经营单位安全生产大型公开课和“安全生产月”培训等活动，加强两节、两会、国庆、中央全会等重点时期文化市场安全检查。严格执行定期安全检查制度。确保全县文化场所、文物保护单位安全。

获奖情况

集体

县文委　被北京市文化局授予2013年度北京市公共文化服务工作突出贡献奖；荣获第三届北京阅读季北京市“书香家庭”评选活动优秀组织奖；在北京市读书益民工程领导小组办公室举办的“中国梦、我的梦”读书益民杯全民诵读活动中荣获优秀组织奖；获得第三届北京阅读季“悦·读”读书风景摄影展中荣获优秀组织奖；在北京市文化局、北京市文学艺术界联合会、北京市石景山区人民政府举办的“放飞梦想”——首届北京诗歌朗诵大赛中荣获优秀组织奖。

县文化馆　“暖心工程”被文化部评为第十届中国艺术节项目类“群星奖”（国家级）；荣获北京市第24届农民艺术节乡村大舞台组织奖银奖；被北京市农民艺术节指导委员会授予北京市第23届农民艺术节“乡村大舞台、一村一品”节目奖一等奖；舞蹈《枫之韵》荣获北京市第24届农民艺术节乡村大舞台市级决赛节目一等奖；小品《保姆》在北京市社区服务中心举办的第二届“社区之声”文化节文艺汇演中荣获二等奖；在北京文化艺术活动中心举办的“艺韵北京”北京市曲艺大赛中荣获优秀组织奖；被中共北京市委宣传部、北京市文化局、北京市园林绿化局、北京市公园管理中心、北京电视台授予“北京公园群众文化活动组织奖”和“北京公园群众文化活动参与奖”；在北京市文化局、北京市民政局、北京市妇女联合会举办的“我的北京、我的家——第七届北京家庭才艺大赛”中荣获优秀组织奖；在北京文化艺术活动中心举办的京、津、沪、渝四直辖市“都市风采”主持人大赛北京赛区选拔赛中荣获组织奖；荣获都市风采京、津、沪、渝器乐大赛北京赛区优秀组织奖；在北京文化艺术活动中心、东城区文化委员会举办的第五届北京快板邀请赛中荣获组织奖；在北京文化艺术活动中心、

东城区文化委员会举办的第五届北京市京、评、梆现代戏票友大赛中荣获组织奖；被北京市文化局授予“2013北京市年度非遗保护贡献奖”；被北京市文化局授予舞动北京群众舞蹈大赛贡献奖。

县图书馆　被中共中央宣传部、文化部、国家新闻出版广电总局评为第五届全国服务农民、服务基层文化建设先进集体（国家级）；荣获全国中小型公共图书馆联合会2013年征文活动组织奖（国家级）；被文化部命名为国家“一级图书馆”（国家级）；荣获首都图书馆举办的“乡土课堂”十周年庆典“美丽北京”主题演讲会优秀组织称号；荣获北京市文化局举办的北京市图书馆“全民阅读”活动组织奖；被评为第三届北京阅读季先进集体；荣获北京市红领巾读书活动优秀组织奖；荣获北京市红领巾读书活动藏书票比赛北京市一等奖、三等奖；荣获北京市红领巾读书活动故事比赛北京市二等奖、三等奖；荣获北京市红领巾读书活动摄影比赛北京市三等奖；荣获北京市益民工程领导小组办公室举办的“中国梦、我的梦”读书益民杯全民诵读比赛北京市一等奖、三等奖；荣获北京市读书工程领导小组办公室举办的北京市“首邑杯”文化惠民工程知识竞赛三等奖。

个人

孙仲魁　作品《勤俭节约歌》在中国群众文化学会举办的全国少儿歌词创作征集评选活动中荣获三等奖（国家级）。

刘彦灵　作品《国色天香》荣获北京市文化局、北京市民政局、北京市妇女联合会举办的“我的北京、我的家——第七届北京家庭才艺大赛”舞蹈二等奖。

甘益聪　荣获北京文化艺术活动中心举办的京、津、沪、渝四直辖市“都市风采”主持人大赛北京赛区选拔赛郊区组金奖。

张永红　作品《蛟龙出海》在北京市新闻出版局举办的“发现·美”摄影竞赛中，荣获一等奖。

吴　琼　荣获市少工委、教委、文明办、团市委、文化局举办的“中国梦、我的梦”读书益民杯主题征文活动一等奖。

密云县文化委员会

书　记　李洪仕

主　任　李洪仕

（李承平）

延 庆 县

概　况

延庆地处北京市西北部，三面环山一面临水，平均海拔500米以上，地域总面积1993.75平方公里。其中，山区面积占72.8%，平原面积占26.2%，水域面积占1%。生态环境优良，是首都西北重要的生态屏障。县辖11个镇、4个乡、376个行政村；3个街道办事处、30个社区。常住人口31.9万人。

延庆县文化委员会（以下简称县文委）是负责全县文化、文物、广播电视、新闻出版、版权执法与监督的政府文化行政主管部门。机关设文化科、文物科、市场科、行政执法队、政办室、财务审计科6个科室，下属有文化馆、图书馆、文物管理所、文化中心后勤服务中心、电影管理处、新华书店6个单位，共有在编职工124人。

2013年，延庆县经济社会稳步发展。县文委从保障人民群众基本文化权益的高度，充分认识加快公共文化服务体系建设的重要性，不断增强公共文化服务体系建设工作的责任感和使命感，加快推进公共文化服务体系建设工作，不断提升全县公共文化服务的能力和水平，助力建设“幸福延庆”。

2013年文化艺术发展

重要会议

文化市场经营单位安全生产、消防安全工作会　1月16日，县文委组织召开延庆县文化市场经营单位安全生产、消防安全工作会。会上，与文化市场经营单位签订2013年文化市场经营单位安全生产责任书，经营单位就依法文明安全燃放烟花爆竹进行承诺。

2013年重点工作会　1月21日，召开县文委2013年重点工作会，部署2013年相关文化工作。

红领巾读书活动动员会　4月23日，图书馆召开2013年延庆县红领巾读书活动动员会，发布了征文通知。

文化娱乐场所“安全生产月”活动动员部署工作会　6月4日，县文委组织召开2013年文化娱乐场所“安全生产月”活动动员部署工作会议。

文化经营场所安全生产大检查动员会　7月23日，县文委组织召开全县文化经营场所安全生产大检查再动员、再部署会议。会议传达学习了市、县关于安全生产大检查工作文件及会议精神，对安全生产大检查工作进行再动员、再部署。全县歌舞娱乐场所、互联网上网服务营业场所、游艺娱乐场所、电影放映场所经营单位、出版物经营单位、印刷企业等文化经营场所法定代表人和主要负责人参加了会议。

2013 年年终文化工作会　12 月 9 日，县文委召开 2013 年年终文化工作会。会议对延庆县 15 个乡镇、3 个街道办事处 2013 年文化工作进行年终考核，并对 2014 年文化工作进行部署。

重要活动

春节团拜会文艺演出　2 月 5 日，延庆县 2013 年春节团拜会在县影剧院举行。团拜会上进行了精彩的文艺演出，李志军、李先忠、郭振清、赵双利等县领导同全县干部、群众代表一起观看演出。县委书记李志军致新春贺词。2012 年延庆县十大道德模范韩凤英、周尚平、王玖华、肖水仁、李文义、张国强、贺爱忠、王和平、曹冬凤、任志怀在团拜会上集体“亮相”。

“果园老农杯”元宵节花会展演　2 月 24 日，延庆县 2013 年“果园老农杯”元宵节花会展演在县城举行。延庆镇东关舞龙、永宁镇南关竹马等 36 档花会精彩亮相，1400 余名演员大秀才艺，5 万余名市民和游客一饱眼福。县领导李志军、张素枝、李忠义、吕桂富、刘兵到活动指挥部现场指挥。活动持续 3 个小时，来自县内外 52000 余名观众享受了这场文化盛宴。最终永宁镇利民街的九只船、八达岭镇石佛寺村的舞龙获得最佳表演奖。

延庆县 2013 年“果园老农杯”元宵节花会展演

第五届清明文化节　4 月 3 日，延庆县第五届清明文化节在县会展中心文化广场举行开幕式。县委常委、宣传部部长、副县长张素枝出席活动。此次活动以“清明花雨，文化随行”为主题，开展了风筝大赛、诗歌大赛、书法展览及射柳等群众广泛参与的文娱活动。文化节中还进行了延庆县第六届乡村欢乐节书法、绘画、摄影艺术大赛颁奖仪式。

业余文艺团队星级评比　4 月 24 日 ~ 26 日，延庆县 2013 年业余文艺团队星级评比工作正式启动。全县 35 支业余文艺团队参加评比，最终评选出 32 支星级团队参加县 2013 年文艺演出星火工程。此次比赛以“建设美丽延庆，歌颂美好生活”为主题，本着公平、公正、公开的原则，对各团队的专业水平、节目内容、主题导向等进行评审，确保各团队的文艺演出能够充分发挥文化引领风尚、教育人民、服务社会、推动发展的作用。比赛期间，文化部门每天邀请专业评委，按照专业标准对所有参评节目进行现场评分，并以最终成绩确定每个团队的星级评比结果。县纪检监察部门将对比赛进行全程现场监督。本次星级评比团队获得的星级资格有效期为 2 年。2013 年，县文委对所有参加星火演出的团队进行督察，并根据全年各团队演出的群众反馈情况和督察结果，以及 2014 年上报原创作品的评估结果，确定该团队是否具备 2014 年文艺演出“星火工程”演出资格。

第五届北京端午文化节龙舟下水仪式暨延庆县第十八届消夏避暑季开幕式　5 月 25 日，第五届北京端午文化节龙舟下水仪式暨延庆县第十八届消夏避暑季开幕式在延庆夏都公园举行。县委常委、宣传部部长、常务副县长张素枝和县长助理荣书琴出席开幕式。仪式上，县文委、旅游委、体育局负责人为龙头披红、点睛，12 名龙舟手将龙头装在龙舟上。在喧天的锣鼓声中，66 名龙舟手划着经过披红、点睛的三条龙舟驶离船台。龙舟驶离船台后，画王祈福仪式随即开始。荣书琴为“走三朝御路，品端午风情”汽车集结赛鸣枪，张素枝宣布延庆县第十八届消夏避暑季开幕。龙舟下水拉开了延庆县第十八届消夏避暑季的大幕。

第五届北京端午文化节　6 月 10 日上午，以“妫川情、中国梦——休闲延庆、多彩端午”为主题第五届北京端午文化节百姓欢乐季在夏都公园拉开帷幕。副市长苟仲文出席并宣布开幕。县委书记李志军致辞。文化部非物质文化遗产司副司长王福州，中国非物质文化遗产保护中心常务副主任李新风，市委宣传部常务副部长王海平，市体育局局长李颖川和市文化局党组书记、副局长张文华，县领导李先忠、郭振清、赵双利等出席开幕式。开幕式上，李志军致辞，县委常委、宣传部部长、常务副县长张素枝将取自三省四地（湖北省秭归县、黄石市和湖南省汨罗市、江苏省苏州市）承载着端午文化的河水注入妫河。王海平、李颖川、张文华、李先忠、郭振清、赵双利为龙舟披红点睛。随后，延庆《隆庆狮魂》、湖北秭归《打硪新歌》、江苏苏州《盘答歌》、湖北黄石《陈贵舞龙》等“非遗”项目进行了精彩展演。北京电视台对开幕式进行了现场全程直播。本届端午文化节开展了运动健身、民俗体验、主题宣教和文艺四大板块、十二项文化活动。

群众文艺大汇演暨夏日文化广场活动 7月5日晚，延庆县2013年“群众文艺大汇演”暨夏日文化广场活动在会展中心文化广场拉开序幕。此次活动以“妫川情、中国梦”为主题，从7月5日开始，持续至9月28日，历时三个月。整个活动以“共圆中国梦”为主线，通过戏曲、歌舞、快板等多种表演形式，歌颂伟大的祖国、伟大的党、伟大的人民，充分展现各部门、各单位的精神面貌，展现美丽延庆的建设成果和延庆人民的淳朴热情，共圆振兴之梦、发展之梦、幸福之梦。

第六届群众合唱节 8月2日，延庆县举办以“唱响中国梦”为主题的第六届群众合唱节。来自15个乡镇和3个街道的18支合唱队先后演唱了《没有共产党就没有新中国》《北京画廊》等经典曲目。

2013北京延庆长城森林艺术节 8月24日~25日，2013北京延庆长城森林艺术节在水关长城脚下的探戈坞音乐谷举行，共1.2万名观众齐聚音乐谷，乐享音乐盛宴。本届艺术节以“重温经典”和“律动青春”为主题，分别于24日和25日的下午到晚间举行。共组织各类演出6场，包括交响乐、打击乐、泡泡秀、瑜伽等多种艺术形式。参加艺术节的观众在现场搭起帐篷，享受音乐和大自然带来的美感。

第四届群众广场舞蹈大赛 9月30日，延庆县第四届群众广场舞蹈大赛在延庆县井庄镇柳沟村文化广场举行。来自延庆县15个乡镇和3个街道办事处的舞蹈队带来的18个舞蹈参加比赛，各参赛团队人数为24~40人，演员以本乡镇及街道农民或者常住居民为主，表演时间在4分钟到8分钟之间。通过激烈的角逐，香水园街道、八达岭镇、香营乡的舞蹈《火火的中国》《请到延庆来》《欢腾鼓舞幸福年》获得一等奖。

北京市第24届农民艺术节“乡村大舞台”（延庆县）暨延庆县第七届乡村欢乐节 11月4日，北京市第24届农民艺术节“乡村大舞台”（延庆县）暨延庆县第七届乡村欢乐节正式启动。活动以“传递妫川情，共筑中国梦”为主题，共安排培训类、升级改造类、原创作品征集竞赛类、服务类、展演类五大类活动，涵盖了音响设备培训、南关竹马升级改造、全国隶书书法大赛、原创曲艺作品征集、文化志愿者“送福下乡”、元宵节花会展演等12项内容，整个活动持续至2014年4月初。

群众文化组织员交流学习 12月16日~19日，县文委组织全县群众文化组织员交流学习。为提升延庆县群众文化组织员队伍整体素质，进一步达到国家级示范项目的工作标准，县文委组织全县376名群众文化组织员到延庆县延庆镇司家营村和大榆树镇东桑园村两个优秀文化室参观学习，并对益民书屋的管理与使用、农村数字电影放映、群众文化活动组织、农村文化设备设施管理等内容进行交流。

“笑语欢歌中国梦”——2013北京曲艺（相声）新作品展演专场 12月29日，北京周末相声俱乐部“笑语欢歌中国梦”——2013北京曲艺（相声）新作品展演专场演出在永宁文体中心剧场举行。县文委组织各乡镇文化站站长、群众文化组织员、业余文艺团队骨干450余人观看了演出。

文化馆

主题文学讲座 1月7日，民保文学部联合北京作家协会和《东方少年》杂志社联合举办了一场以“东方少年·中国梦”为主题的文学讲座。中国电影集团一级编剧、中国作家协会儿童文学委员会副主任、2005年中国安徒生奖获得者张之路，与延庆县300多名中学生面对面进行文学交流。

自行车骑游大会开幕式文艺演出 6月22日，2013年自行车骑游大会开幕式在会展广场进行，节目《鼓舞欢腾》《骑行天下情景剧》参加演出。

书画摄影大课堂学员作品展览 7月25日起在文化馆一层大厅展览书画摄影大课堂学员作品，刘越岭、闫兴国、赵伯玉3位老师以及19位书法爱好者的28幅作品参展。

中国当代书法名家邀请展 9月6日，“墨润夏都”中国当代书法名家邀请展在县文化馆开幕。本次展览展出了11名国内书法作家的50余幅美术作品。延庆县工商联党组副书记、常务副主席芦永富，县文联主席赵万里，县政协主席赵双利参加开幕式。

北京文化志愿者敬老爱老月启动仪式 10月11日，在八达岭镇石峡村进行“厚德润精华——2013年北京文化志愿者敬老爱老月启动仪式”。该活动由北京文化艺术中心、北京市文化志愿者服务中心、延庆县文委主办，延庆文化馆、延庆县文化志愿者服务中心承办。

毛主席诗词草书展 11月21日，为纪念毛主席120周年诞辰，曹宽“毛主席诗词草书展”在文化馆一层展厅举办。

图书馆

红领巾讲故事展演 6月5日，在少儿部进行“传承中华美德、共圆中国梦想”红领巾讲故事展演。

全民阅读活动 9月2日~15日，图书馆开展全民阅读活动。成人外借部开展了“首都读者周”

系列活动，举办了读书直通车、新书推荐和图书馆知识推广——图书分类连连看活动；少儿部开展了“美丽北京、我的家”摄影比赛和“我的藏书票”设计比赛。

红领巾读书活动　县图书馆联合县教委举办了以“我爱美丽的北京”为主题的2013年红领巾读书系列活动。举办红领巾读书专架设置、讲故事比赛、科普剧比赛、我的藏书票设计比赛、“美丽北京、我的家”摄影大赛、第十四届“读书小状元”评比活动六项活动。

青少年科普剧比赛

全民阅读活动　县图书馆举办了“书香中国·阅读引领未来”——“4·23”世界读书日系列宣传活动。活动内容有接待幼儿园、小学师生数百人到馆参观，举办“京城·惊喜——发现美丽北京之旅”展览，发放办证须知和地方文献征集启示等宣传资料等。报刊阅览室还借此平台特别举办了“好刊推荐”排行榜活动；举办面向全县市民开展的“美丽延庆，我的家乡”演讲比赛活动，得到各乡镇文体中心高度重视和积极参与。少儿部延伸“红读”精神，开展了2013年寒、暑假系列活动，如模型组装、剪纸、围棋、“品味五月五”书面知识等比赛活动和“小小图书管理员”、图书推荐会、儿童影片放映等；一楼大厅中的两台读报机一直为读者所乐道，所到读者无不驻足点看、乐在其中。“元旦送期刊”、新春猜谜活动、“首都读者周”、读书直通车、新书推荐和图书馆知识推广——图书分类连连看等活动的开展，为市民生活增加了文化气息。

益民书屋系列活动　年初，图书馆对星级益民书屋进行了验收自查，对管理员进行了培训90人次，并协助其完成图书整理，最终推荐星级书屋93家参评，并顺利完成专家组对3个五星级书屋和1个四星级书屋的检查验收。县图书馆分别与沈家营镇、大榆树镇益民书屋联合举办知识竞赛和读书竞赛，吸引了104人参加。市益民办举办了“实现中国梦、先从读书始”的主题征文活动，延庆县收集优秀作品202篇，内容涉及广泛，从多个角度展现了祖国、首都、家乡的巨大变化和辉煌成果。暑假期间，全县益民书屋成为了少年儿童的第二课堂，每天开放6个小时，有的还开办画室、练习书法、举办主题演讲比赛等，多个乡镇的活动成果在延庆报上刊登，益民书屋切实成为了少儿的另一乐园。

心灵的导航——妫川大讲堂活动　2013年，县图书馆组织完成妫川大讲堂活动12场。大讲堂宣讲内容包括健康知识、婚姻家庭、延庆文化知识、户外运动等多方面内容，尤其是2013年的骑游知识系列讲座，得到了读者的认可和好评。

数字文化下基层　2013年对全县15个乡镇、376个行政村的共享工程管理员进行了业务指导和培训，全年播放节目3110场，受益人数超过18万人次。

文化市场管理

文化法律法规宣传活动　4月26日，开展知识产权日文化法律法规宣传活动。

主题宣传活动　4月26日，在绿韵广场开展“打击侵权盗版、保护知识产权”主题宣传活动。活动现场设立了咨询台、展板，接受群众咨询1000人次。现场共发放宣传册、绿书签、反盗版宣传品及文化市场普法手册等文化市场法律、法规宣传材料12种、3000余份。

标准化中期评估　10月12日，完成对4家娱乐场所及1家商场旅游标准化中期评估工作。

获奖情况

集体

县文委　北京端午文化节被评为北京特色活动；北京（延庆）端午文化节系列群众文化活动获第十届中国艺术节“群星奖”；获2013年北京市文化市场综合行政执法技能大比武法律知识竞赛团队最佳组织奖；获2013年度北京市公共文化服务工作突出贡献奖；获“影像北京，共筑中国梦”2013北京市群众美术、书法、摄影大赛组织奖；延庆县村级群众文化组织员建设工程获第二批国家公共文化服务体系示范项目创建资格。

图书馆　获第三届北京阅读季先进集体称号；获“中国梦、我的梦”读书益民杯全民诵读活动优秀组织奖；获北京市“首邑杯”文化惠民工程知识竞赛三等奖；获2013年北京市“红读”活动优秀组织奖。

文化馆　获第四届北京快板邀请赛组织奖；歌伴舞《走进新农村》、舞狮《醒狮》、情景歌剧《豆腐歌》、评剧新唱《快乐的文化组织员》获北京市第23届农民艺术节“乡村大舞台、一村一品”优秀奖；对口快板《厚德村里厚德人》获北京市第23届农民艺术节“乡村大舞台、一村一品”二等奖；获2013年北京市年度“非遗”保护贡献奖；获东方少年中国梦首届新创意中小学生作文大赛组织奖；获京、津、沪、渝四直辖市都市采风主持人大赛北京赛区选拔赛优秀组织奖；获2013年北京市第五届健身秧歌大赛自选套路三等奖；获2013年北京市第五届健身秧歌大赛规定套路二等奖；获第五届“白纸坊杯”健身腰鼓邀请赛规定套路二等奖；获第五届“白纸坊杯”健身腰鼓邀请赛自选套路三等奖；获2013奥运社区大舞台“广场舞”优秀奖；获舞动北京群众舞蹈大赛贡献奖；获京、津、沪、渝“都市采风”器乐大赛（北京赛区）优秀组织奖；获2013年北京市区县（局）产（行）业文联优秀原创文艺节目展演优秀奖；获北京市京、评、梆现代戏票友大赛组织奖；获第五届北京快板邀请赛组织奖；获北京市第24届农民艺术节乡村大舞台市级决赛优秀节目奖；获北京市第24届农民艺术节乡村大舞台组织奖。

个人

郭延辉　论文“村级文化建设与公共文化服务体系构建”获北京市群众文化2012年度论文评选二等奖。

帅丽宁　获2013年北京市“红读”活动优秀辅导员称号。

高建华　获2013年北京市“红读”活动优秀辅导员称号。

董向阳　获京、津、沪、渝“都市风采”器乐大赛北京赛区个人优秀组织奖。

吕　健　获影像北京共筑中国梦书法比赛二等奖。

刘越岭　获影像北京共筑中国梦书法比赛三等奖。

史凤祥　获影像北京共筑中国梦书法比赛三等奖。

延庆县文化委员会

书　记　马健壮

主　任　刘永强

（曹欢欢）

▶ 东城区 2013 新年音乐会

◀ 东城区第二文化馆 2013 新春文艺演出

▶东城区第二文化馆新春送福到家活动

▲ 2013 北京管乐节

▲“梦想北京”中国三大男高音天坛音乐会

◀ 东城区百姓周末大舞台演出

▶ 第九届中国国际民间艺术节暨东城区群众文化展演季闭幕演出

◀“我的舞台、我的梦”群众文化系列活动

◀ 西城区纪念建军 86 周年文艺演出

◀ 宣南文化进社区新年歌舞晚会

▶ 纪念北京建都 860 周年诗歌朗诵会在建都纪念阙举办

▶ “多彩·中国梦”2013 西城文化节之青年艺术家音乐汇

◀ 西城区庆“六一”儿童节音乐会

▶ 百姓周末大舞台演出

◀ 小小图书管理员辅导活动

▶ 走进“西城之最”感受深层阅读活动人员合影

◀ 市文化局局长陈冬（右二）到朝阳区调研公共文化服务体系示范区创建工作情况

▶ 朝阳区召开公共文化服务体系建设大会

◀ 第 12 届金刺猬大学生戏剧节剧目讨论会暨闭幕颁奖

▶ 2013 朝阳区公益演出启动仪式

追梦之舞·旋舞朝阳——“中复杯”朝阳区群众舞蹈展演活动

朝阳区图书馆“书香朝阳”系列亲子阅读活动

朝阳区街、乡文化中心新任职人员培训班

垡头文化居委会“老街坊重阳相聚一杯茶”文化活动

▶ 海淀区文化委员会书记刘建朝（右二）带队检查电子游艺场所

◀ 2013 第二届中关村金秋演出季新闻发布会

▶ 与梦一起飞翔——第十届海淀文化节开幕式

◀ 海淀区 2013 年“五月的鲜花”开幕式

◀ 2013 年海淀区第三届文化大擂台歌手赛

▶ 歌剧《王选之歌》

◀ 2013 年海淀区文化娱乐场所安全生产暨法规培训会

▶ 曙光街道上河村社区数字阅读室

丰台区 2013 年“我的丰台·我的家”合唱大赛（复赛）

丰台区 2013 年“文化四进”文艺演出

丰台区 2013 年文化、科技、卫生“三下乡”活动启动仪式

丰台区“书香丰台”阅读系列活动启动仪式

第六届北京“卢沟晓月”中秋群众文化节——忆童趣，乐中秋活动

第二届丰台时尚戏曲文化节

周末相声乐苑

在“花开丰台”端午文化游园会活动中，游客体验端午民俗饰品制作技艺

第 30 届"古城之春"艺术节开幕式演出

舞蹈《神州欢腾》

歌舞《魅力石景山》

舞蹈《阳光路上》

▶ 石景山区少年儿童图书馆被文化部命名为“全国文化信息资源共享工程·公共电子阅览室示范点”

◀ 群众合唱指挥培训班

▲ 网吧安全生产工作部署和法律法规培训会议

◀ “放飞梦想”首届诗歌朗诵决赛参赛选手

◀ 区领导出席通州区文化中心落成仪式演出

▶ 通州区文化委员会主任杜德久（左二）在新春慰问演出现场与演员和群众互动

◀ 通州运河艺术节开幕式演出

▶ 运河沿线各省市文化馆在通州区进行文艺展演

“美丽通州、文化新城”群众文化风采展示活动启动仪式暨“繁荣杯”群众演艺大汇

名家名票唱响新城暨 2013 年通州区正月十五戏曲演唱会

“我是指挥”通州区文化馆 2013 年合唱指挥讲座

通州区“我的舞台”摄影大赛获奖作品在运河文化广场展出

◀ 顺义区“五月的鲜花”群众文化活动开幕式文艺演出

▶ 顺义区“二月新春”群众文化活动启动仪式文艺演出

◀ 顺义区平各庄村第十届民间花会

▶ 端午节文化演出活动

◀ 顺义区获全国校园舞蹈大赛金奖作品《春之韵》

◀ 后沙峪镇广场舞大赛

▶ 顺义区艺术家“走基层送文化”启动仪式

▶ 顺义区举办葛惟达、陈雅利演唱会

◀ 中共怀柔区委副书记、代区长常卫（左一）到区文化委员会调研

▶ 2013 年怀柔区群众文艺调演

▶ 第三届中国儿童戏剧节研讨会在怀柔区召开

▶ 怀柔区 2013 年“放歌新怀柔”夏日文化广场开幕式暨泉河街道专场演出

“繁荣群众文化、建设美好怀柔”万人广场舞大赛决赛

满族风情节开幕式演出

怀柔区文化馆原创群口快板作品《相约大树下》参加第十届中国艺术节“群星奖”比赛

“我的梦·中国梦——美好生活从阅读开始”演讲比赛决赛暨第六届怀柔区全民阅读活动颁奖仪式

中共平谷区委常委、副区长屈志奇（左四）带队检查文化娱乐场所

平谷区 2013 年文化干部培训班

平谷区“书法润绿谷”系列志愿服务活动启动仪式

“传承中华美德、共圆中国梦想”讲故事比赛

第三届中国乐谷欢乐节活动

桃花大舞台系列文艺演出

北京市第二十四届农民艺术节“乡村大舞台”平谷区演出

2013 年平谷区“绿谷情”秧歌、舞蹈大赛决赛

▶ 昌平区正月十五闹元宵花会活动

◀ 北京市第二十四届农民艺术节“乡村大舞台”昌平区演出

▶ 昌平区第十五届艺术节暨广场舞蹈比赛

◀ “美丽昌平”走进汤泉古镇——小汤山文艺演出

◀ 昌平区图书馆第五次评估定级迎检工作会

▶ “传承中华美德、共圆中国梦想”讲故事比赛

◀ 首届北京农业嘉年华开幕式文艺演出

▶ 新疆维吾尔族自治区和田地区和田市玉都文工团在昌平演出

第七届中国北京永定河文化节文艺演出

门头沟区第二十四届文化艺术节“乡村大舞台”优秀节目汇演

“银蛇狂舞闹新春”2013门头沟区迎新春系列文化活动之盛装巡游

门头沟区 2013 年戏曲演出周

◀ 门头沟区文化遗产日主题活动

▶ 门头沟区 2013 年清明节民歌、诗歌专场音乐会

▶ “红歌唱响黄岭西”文艺演出

▶ 门头沟区农民踢踏舞队参加北京电视台春节晚会演出

房山区正月十五民俗文化展演展示活动

"中国梦、北京韵、房山情"——2013年第十八个"世界读书日"群众诗歌朗诵会

房山区首届戏剧节开幕式启动仪式

新疆维吾尔自治区和田市玉都文工团到房山区进行慰问演出

评剧《杨三姐告状》（房山区琉璃河评剧团演出）

燕山文化广场文艺演出

“迎国庆”2013 年燕山地区夏日文化广场暨第六届文化艺术节演出

北京建都 860 周年燕山主题展

◀ 2013 北京文艺演出“星火工程”演出季启动式在庞各庄镇举行

◀ 第二十五届北京大兴西瓜节文艺演出

▶ 爱我新区大舞台——2013 新春精彩嘉年华

▶ 2013 国际志愿者日北京文化志愿服务主题宣传活动

▶"书香新区"大兴区第二届读书节启动式

◀亦庄特色文化艺术团体广场舞展演

▶大兴区林校路街道广场舞培训

◀"五一"劳动节庞各庄镇农民自编、自导、自演才艺展示

团中央第一书记秦宜智（前排左一）到密云县文委调研（右一为县文委主任李洪仕）

北京市第二十四届农民艺术节"乡村大舞台"密云分场

密云县 2013 年"霸王鞭"舞蹈大赛

北京城建·上河湾杯"放歌新密云、实现中国梦"合唱大赛

密云县

◀ 密云县"2013 年贯彻十八大建设新密云"原创作品大赛

▶"笑语欢歌中国梦"——2013 北京曲艺（相声）新作品展演

◀ 2013 年密云县"星火工程"文艺演出

▶ 密云县文化馆（站）人员合唱与指挥培训班

▲ 延庆县 2013 年春节团拜会

◀ 北京市第二十四届农民艺术节“乡村大舞台”暨延庆县第七届乡村欢乐节文艺演出

▶ 第五届北京端午文化节百姓欢乐季在延庆县夏都公园举办

◀ “妫川情、中国梦”张山营镇群众文化组织员文艺中专班“北京画廊”专题演出

▶ 延庆县第六届群众合唱节

▶ 延庆县第四届群众广场舞蹈大赛

◀ “传承中华美德、共圆中国梦想”讲故事比赛

▶ 群众文化组织员交流学习活动

索　引

笔画索引

一画

二画

三画

四画

五画

六画

七画

八画

九画

十画

十一画

十二画

十三画

十四画

十五画

十六画

十七画

十八画

十九画

二十画

拼音索引

C

D

E

F

H

J

K

L

M

N

O

P

Q

R

S

T

W

X

Y

Z